Marion Zerbst    Werner Kafka

# Das große Lexikon
# der Symbole

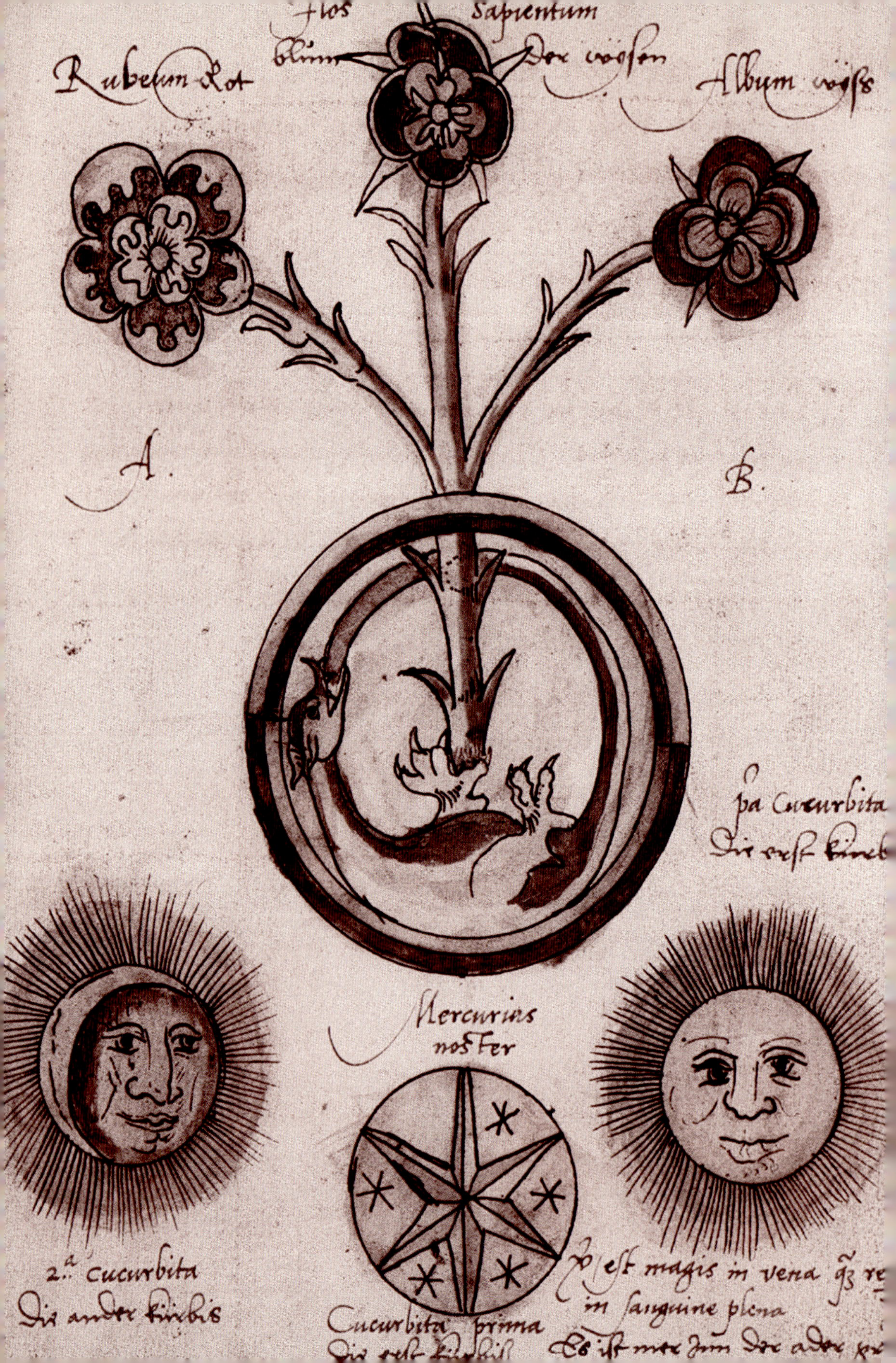

Flos Sapientum

Rubeum Rot    blům    Der rosen    Albun weiß

A.    B.

pa Cucurbita
Die erst künst

Mercurius
noster

2ª cucurbita
Die ander künst

Cucurbita prima
Die erst künst

Io est magis in vena daz re
in sanguine plena
Es ist mer zum der ader ze

Marion Zerbst    Werner Kafka

# Das große Lexikon der Symbole

## Zeichen | Schriften | Marken | Signale

Herausgegeben von
Prof. Dr. Rainer Dierkesmann

E. A. Seemann

Bibliografische Information Der Deutschen Bibliothek
Die Deutsche Bibliothek verzeichnet diese Publikation in der Deutschen Nationalbibliografie;
detaillierte bibliografische Daten sind im Internet über http://dnb.ddb.de abrufbar.

ISBN 3-86502-075-5

© 2003 by E. A. Seemann Verlag
in der Seemann Henschel GmbH & Co. KG, Leipzig
www.seemann-henschel.de

Eine Buchproduktion von WZ-Media, Stuttgart
**Redaktion:** Anne Greveling, Ursula Pieper, Dr. Margot Radovani, Johanna Stotz
**Design:** Dr. Corinne Funke
**DTP:** Karolina Stuhec Meglic
**Bildbearbeitung:** Elke M. Werner
**Umschlaggestaltung:** Mediabureau Di Stefano, Berlin
**Abbildungen:** Verlagsarchiv und WZ-Media; einige Urheber konnten nicht ausfindig
gemacht werden.
**Druck und buchbinderische Verarbeitung:** Jütte-Messedruck Leipzig GmbH

Gedruckt auf alterungsbeständigem Papier mit chlorfrei gebleichtem Zellstoff.
Die Schreibweise folgt den Regeln der neuen Rechtschreibung.

# Ausführlichere Artikel widmen sich folgenden Themen

# Das Weltreich der Symbole

Dieses Buch will Sie zu einer faszinierenden Entdeckungsreise ins Reich der Symbole einladen. Es zeigt und erläutert die wichtigsten Symbole von A bis Z – von den prähistorischen Felszeichnungen und den uralten Sinnbildern der Weltreligionen bis hin zu den modernen Piktogrammen unserer Alltagswelt und der verschlüsselten Bildersprache unserer Träume. Es führt Sie ein in die geheimnisvolle Symbolwelt der Esoterik, Magie und Alchemie und erläutert den Sinnbildgehalt von Märchen und Sagen, Malerei und Literatur. Außerdem bietet es eine Einführung in die Welt der Wappen, Flaggen und politischen Symbole und entschlüsselt uralte Orakelsysteme wie beispielsweise die Bedeutung der Tarockkarten und den Sinn der 64 Hexagramme des „I Ging". Auch auf die Sprache der Liebe und die universale Symbolik von Erotik und Sexualität wird ausführlich eingegangen.

Uns allen ist der Begriff „Symbol" geläufig; und doch gerät man leicht ein wenig ins Schleudern, wenn man versucht, ihn exakt zu definieren. Was sind Symbole eigentlich?

Einfach ausgedrückt, ist ein Symbol etwas, das stellvertretend für etwas anderes steht – ein Begriff oder ein Zeichen, das einen ganz bestimmten (meist abstrakten oder komplexen) Sachverhalt, eine Sache, Idee oder Emotion zum Ausdruck bringt. Im weitesten Sinn umfasst der Begriff „Symbol" nicht nur Sinnbilder wie beispielsweise das Kreuz als Symbol für die christliche Religion oder die rote Rose als Zeichen der Liebe, sondern auch Bilder und Geheimschriften, naturwissenschaftliche Zeichen (z.B. aus Mathematik, Physik, Meteorologie, Biologie und Chemie), Zeichensprachen (etwa die Sprache der Taubstummen) und natürlich die Piktogramme. Das sind einfache, plakative Bildsymbole mit einer meist international verständlichen Bedeutung – z.B. ein durchkreuzter Hund als Hinweis darauf, dass Hunde an einem bestimmten Ort nicht erwünscht sind. Zu den Piktogrammen zählen unter anderem Bedienungsanleitungen, Verkehrszeichen, Hinweisschilder aus den Bereichen Freizeit, Reise und Sport sowie Gefahrenhinweise und Verbote. Sie ermöglichen es, uns auch in Ländern, deren Sprache wir nicht verstehen, zurechtzufinden.

Symbole können je nach ihrem Kontext und dem Kulturkreis bzw. historischen Umfeld, in dem sie entstanden sind, sehr unterschiedliche Bedeutungen haben. So ist z.B. ein

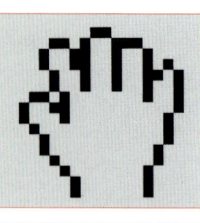

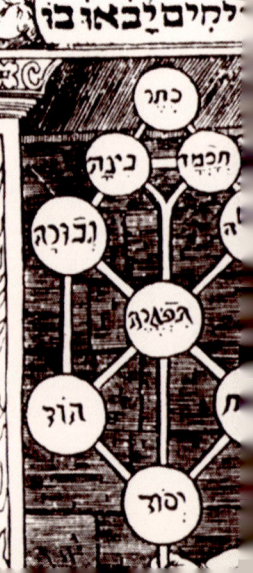

Totenkopf auf dem Etikett einer Flasche eine Warnung vor deren giftigem Inhalt (in diesem Fall handelt es sich um ein Piktogramm); in christlich-mittelalterlichen Darstellungen dagegen ist ein Totenkopf oder Skelett Sinnbild für den Tod oder die Vergänglichkeit allen Lebens – eine Mahnung an den Betrachter, seine Zeit wohlüberlegt zu nutzen, da auch seine Lebensuhr bald abgelaufen sein wird. Der Drache ist im Abendland ein furchterregendes Fabeltier, das mit dem Bösen, mit Satan und den Mächten der Finsternis assoziiert wird. In China hingegen hat der Drache eine durchweg positive Bedeutung: Er gilt als Glücksbringer, repräsentiert kaiserliche Macht und ist in der uralten chinesischen Lehre des Feng Shui das Tier, das die Seite eines Anwesens beschützt – ein Symbol für Kraft, Weisheit, Zuverlässigkeit und Weitblick.

Das Hakenkreuz (Swastika) war ursprünglich ein fast weltweit verbreitetes, bis in prähistorische Zeiten zurückreichendes Symbol, das für Sonne, Glück und Segen stand – bis es im 19./20. Jahrhundert in Deutschland und Österreich zum Sinnbild des Antisemitismus und Nationalsozialismus wurde und Adolf Hitler es zum Symbol der NSDAP erhob. Heute denkt man, wenn man ein Hakenkreuz sieht, zumindest bei uns im Westen eigentlich nur noch an diese negative Symbolbedeutung. Einen ähnlichen Bedeutungswandel machten andere Symbole durch – beispielsweise das Kreuz, das ursprünglich für die vier Himmelsrichtungen stand und somit in vielen alten Kulturen Sinnbild der Erde war, bis es durch den Kreuzestod Jesu Christi zum Symbol der christlichen Religion wurde.

So ist die Beschäftigung mit der farbigen, faszinierenden Welt der Symbole zugleich eine Jahrtausende umspannende Reise durch die Menschheitsgeschichte und ein wichtiger Schlüssel zum Verständnis von Religion, Philosophie, Kunst und Literatur. Man wird dabei große Unterschiede im Denken und Empfinden und in der Bildersprache verschiedener Kulturen und historischer Epochen feststellen. Andererseits wird man aber auch die faszinierende Entdeckung machen, dass bestimmte Motive zu den verschiedensten Zeiten und in den unterschiedlichsten kulturellen Umfeldern immer wiederkehren – und zwar seltsamerweise stets in ähnlicher Bedeutung. Und so bieten Zeichen und Symbole uns auch einen Zugang zu jenen im kollektiven Unbewussten der Menschheit verankerten Urbildern, die der Psychologe C. G. Jung als „Archetypen" bezeichnet hat.

A ▶Alpha

## Aal

Ein Symbol für Lüsternheit und sexuelle Liebe. Im Altertum wurde dem Aal Langlebigkeit, ja sogar Unsterblichkeit nachgesagt; ähnlich wie die Schlange kann er auch ein Phallussymbol sein, so z. B. in China und in Japan.

## Abend vor Allerheiligen

Der Abend (bzw. Tag) vor Allerheiligen steht für die Rückkehr des Winters, das Chaos und die Aufhebung der Grenzen zwischen der Welt der Lebenden und der Toten. Bei den Kelten war das Fest der Toten (Samhuinn) der Jahresbeginn.

## Abendmahl/Eucharistie

Bei der Abendmahlsfeier in der Kirche stehen Hostie (▶Brot) und ▶Wein für den Leib und das ▶Blut Jesu Christi.

## Abgrund

Ein Traumsymbol, das darauf hindeutet, dass man vor irgendetwas Angst hat; das Unterbewusstsein nimmt eine Gefahr oder Bedrohung wahr, vor der es den Träumenden warnen will.

## Ablution (religiöse Waschung)

Jede Art von Waschung ist ein Symbol der Reinigung und Initiation. Vor allem im religiösen Kontext und in der Literatur findet man solche Symbole sehr häufig. Im Christentum bedeutet das Lavabo, die Handwaschung des Priesters: „Ich wasche meine Hände in Unschuld." Auch im Islam ist die Waschung ein sehr wichtiger Ritus und symbolisiert die Rückkehr des Menschen zu ursprünglicher Reinheit. Im Buddhismus stehen die Ablutionen bei der Mönchsweihe für das Abwaschen der Vergangenheit als Laie.

In der Alchemie wird die Seele im „Opus Magnum" durch Waschen gereinigt.

## Abnormität

Dies ist ein ambivalenter Begriff, da die

*Beim Abendmahl spielen Brot und Wein eine wichtige Rolle in der Symbolik.*

*Zwergen werden oft magische Kräfte zugeschrieben.*

Abweichung von der Norm je nach Kontext und persönlicher Anschauung sowohl positiv als auch negativ gewertet werden kann. Doch im Allgemeinen birgt alles Abnorme magische Möglichkeiten oder Fähigkeiten. So haben z. B. Bucklige und Zwerge in Märchen und in der Literatur oft positive Kräfte und gelten als Glücksbringer; schielende Menschen hingegen bedeuten Unglück. Auch andere Abnormitäten wie z. B.

*Urvater Abraham in einer Bibelszene, wie er seinen Sohn Isaak opfert, 16. Jh.*

ein Hahnenschrei am Abend, der Ruf der Eule bei Tage oder eine zu ungewöhnlicher Zeit blühende Blume werden als Anzeichen drohenden Unglücks gedeutet.

### Abrahams Schoß
Symbol für die Geborgenheit eines Menschen in der Obhut eines anderen, der die Rolle des Patriarchen spielt. Romanische und frühgotische Plastiken zeigten dies dergestalt, dass der biblische Urvater auf seinen Knien ein Tuch hält, in dem sich die Seelen der Gläubigen wie eine Kinderschar zusammendrängen.

### Abschied
Ein Traumsymbol, das nicht unbedingt negativ zu werten ist: Es bedeutet, dass im Leben des Träumenden irgendetwas zu Ende geht oder zu Ende gegangen ist – ein Neubeginn, eine innere Ablösung.

### Abstieg
Der Abstieg in die Unterwelt oder die Suche nach unterirdischen Schätzen steht in vielen Ritualen, Mythen und Märchen (und z. T. auch in moderneren literarischen Werken) für die Suche nach mystischer Weisheit, Wiedergeburt und Unsterblichkeit. Er symbolisiert auch das Verständnis für und die Erlösung von der dunklen Seite der menschlichen Natur und die Überwindung des Todes, den Regressus ad uterum (Rückkehr in den Mutterleib), den Abstieg in die Hölle vor der Auferstehung und dem ▸Aufstieg zum Himmel. Er ist die Reise, die bei allen Initiationsriten unternommen wird.

### Abwehrzauber ▸Amulett

### Abyssus
Ein ambivalentes Symbol, das sowohl für die Unergründlichkeit der Tiefe als auch für Demütigung und Unterlegenheit stehen

kann. So symbolisiert die Tiefe der Wasser einerseits die Urquelle des Universums und die Muttergöttin, andererseits aber auch die Unterwelt. In der gnostischen Symbolik steht der Abyssus für das Höchste Sein, den Schöpfer der Äonen.

**Abzeichen** ▶▶Orden, S. 322

**Acanthus** ▶Bärenklau

**Achat** ▶Edelsteine

**Achse**
Die Weltachse ist die Stütze aller Dinge und der Mittelpunkt von Raum und Zeit – das, worum sich alle Dinge drehen, im übertragenen Sinn aber auch die Richtschnur, das Wesen allen Seins. Sie wird häufig durch den Weltenbaum (▶Baum), einen heiligen ▶Berg oder auch durch Säule, Pfahl, Stab, Spindel, Speer, Lanze, Pfeil, Rute, Nabelschnur, Wagenachse, einen Schlüssel oder Nägel symbolisiert.

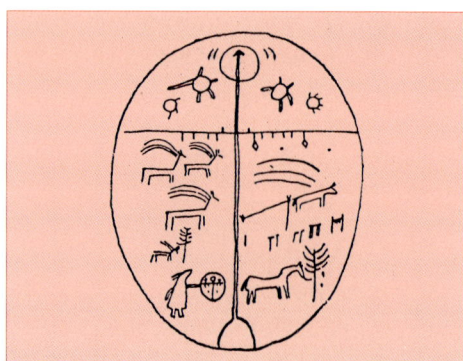

*Diese sibirische Schamanentrommel zeigt die Weltachse als einen Pfeil, der die Welt der Erscheinungen durchdringt.*

**Acht** ▶▶Die Symbolik der Zahlen, S. 452
Die Zahl der Regeneration, Wiedergeburt und Erneuerung. Im Buddhismus ist der „edle achtfache Pfad" der Weg, der nach der Lehre Buddhas zur Erlösung von allem Leiden im Nirvana führt. Er besteht in: 1) vollkommener Erkenntnis, d.h. der Erkenntnis der vier edlen Wahrheiten; 2) vollkommenem Entschluss, d.h. dem Entschluss zur Entsagung und Gewaltlosigkeit bzw. Nicht-Schädigung anderer Lebewesen; 3) vollkommener Rede (d.h. Vermeidung von Lügen, Verleumdung und belanglosem Geschwätz); 4) vollkommenem Handeln (Vermeidung von Handlungen, die gegen die Sittlichkeit verstoßen); 5) vollkommenem Lebenserwerb (d.h. einem Beruf, durch den kein anderes Lebewesen geschädigt wird, also kein Beruf wie z.B. Schlachter, Jäger, Waffenhändler etc.); 6) vollkommener Anstrengung (Bemühung um gutes und Vermeidung von schlechtem Karma); 7) vollkommener Achtsamkeit (beständiger Achtsamkeit auf Körper, Gefühle und Denken) und 8) vollkommener Sammlung (Meditation).

Die „acht Kostbarkeiten" sind wichtige ▶buddhistische Symbole.

In der Mathematik ist eine liegende Acht das Symbol für „unendlich".

**Achteck**
Nach den sieben Stufen der Initiation ist die achte das wiedergewonnene Paradies; der achte Tag schuf den neuen Menschen der Gnade. In einigen Tempeln bzw. Kirchen wird das Rund des Dachs von acht Pfeilern gestützt, die auf einer quadratischen Grundfläche stehen. In verschiedenen Kulturkreisen werden die vier Haupt- und die vier dazwischenliegenden Himmelsrichtungen, die zusammen das Achteck bilden, die „acht Winde" genannt; im Hinduismus stehen sie außerdem auch für die acht Abschnitte des Tages. Im Christentum ist der Taufstein, der für Erneuerung und Wiedergeburt steht, häufig achteckig. In der christlich-europäischen Kunst steht das

Achteck für imperiale Macht (z. B. Kaiserkrone des Heiligen Römischen Reiches, Pfalzkapelle Aachen, Castel del Monte).

### Ackerbau

Der Ackerbau wird häufig durch die Korngöttin mit Weizenähren, durch Pflug, Sichel oder Füllhorn symbolisiert.

### Aconitum ▶Eisenhut

*Der Adler, ein universell eingesetztes Symbol*

### Adler

Der König der Vögel; ein Symbol für Mut, Macht, Stärke, Königswürde und – im religiösen Sinn – für das Göttliche und den Aufstieg zum Himmel.

In der Bibel ist der Adler häufig ein Symbol für die Macht Gottes. Wie der Adler in die Sonne schauen kann, ohne geblendet zu werden, so erblickt Jesus Christus die Herrlichkeit Gottes; wie der Adler seine Jungen der Sonne entgegenträgt, so bringt Christus die Seelen zu Gott. Man glaubte, dass der Adler sein Gefieder erneuert, wenn er zur Sonne fliegt oder ins Meer taucht, deshalb symbolisiert er die Auferstehung und das neue Leben, das man durch die Taufe empfängt. In der christlichen Kunst taucht dieser Vogel als Attribut des Evangelisten Johannes auf. Der Kampf zwischen Adler und Schlange (oder auch ein Adler mit

einer Schlange in den Klauen) stellt den Sieg über die Sünde dar, denn der Adler ist das Symbol der himmlischen Mächte des Guten, während die Schlange die bösen Mächte verkörpert.

Bei den Sumerern stand der Adler für die Mittagssonne und war ein Attribut von Ninurta oder Ningirsu, dem wohltätigen Sonnen- und Kriegsgott von Kanaan und Babylon; außerdem war er Emblemtier des

*Eine griechische Schale aus dem 6. Jh. v. Chr., die den Göttervater Zeus mit seinem Adler als Diener und Begleiter darstellt. Der Adler steht für die Oberhoheit von Zeus, dem Herrscher der Himmel und obersten aller griechischen Götter.*

*Dieses Mosaik aus Konstantinopel (5. Jh. n. Chr.) zeigt den Adler im Kampf mit der Schlange – ein Symbol für den ewigen Konflikt zwischen Gut und Böse, göttlicher Macht und Sünde, Intellekt und niedrigen Instinkten.*

*Als Sonnenadler fliegt das Tier der Sonne entgegen.*

phrygischen Sabazios und dem assyrischen Assur als Sturm-, Blitz- und Fruchtbarkeitsgott heilig. Der doppelköpfige Adler symbolisiert den babylonischen Unterweltsgott Nergal. Auch der babylonische Gott Marduk wird oft als Adler dargestellt.

Im Hinduismus ist der Vogel Garuda, auf dem Vishnu reitet, ein Adler; gleichzeitig ist der Adler auch ein Emblemtier des Gottes Indra.

Bei den Azteken ist der Adler die himmlische Macht und die aufgehende Sonne. Auch bei den australischen Aborigines wird der Adler (oder ▶Falke) mit dem Göttlichen gleichgesetzt. Bei den nordamerikanischen Indianern gilt er ebenfalls als Symbol göttlicher Kraft oder als Mittler zwischen Gott und den Menschen, da kein Vogel so hoch fliegen kann wie er. Außerdem steht er für Kraft, Stolz und Ausdauer – Eigenschaften, die im Denken der Indianer einen sehr hohen Stellenwert einnehmen. Deshalb gilt das Töten eines Adlers als große Heldentat, die der indianische Krieger stolz präsentiert, indem er sich mit einer Adlerfeder schmückt. Die Prärieindianer tragen bei feierlichen Anlässen (z.B. bei Festen, den so genannten Powwows, oder dem heiligen Sonnentanz) noch heute einen prächtigen Kopfputz aus Adlerfedern (▶ Feder).

In der Alchemie ist der aufsteigende Adler der befreite geistig-seelische Teil der prima materia; der Doppeladler steht für das männlich-weibliche Quecksilber. Der gekrönte Adler und Löwe sind Wind und Erde, Quecksilber und Schwefel, das flüchtige und das feste Prinzip.

In der skandinavischen Mythologie ist der Adler ein Wahrzeichen Odins/Wotans und Symbol der Weisheit; er erscheint in den Zweigen des heiligen Baumes Yggdrasil als das Licht im Kampf mit der Schlange der Finsternis. In der griechisch-römischen Mythologie ist der Adler Attribut und Blitzträger von Zeus/Jupiter; er hält manchmal einen Donnerkeil in den Krallen. Ein Adler mit einer Schlange in den Krallen ist nach Homer ein Symbol des Sieges.

Als historisch-politisches Symbol ist der Adler seit der Antike ein Sinnbild königlicher oder kaiserlicher Macht, das vom

*Die Verjüngung des Adlers aus dem Musterbuch des Klosters Rein.*

*Der russische Doppeladler zur Zarenzeit*

*Der Affe gilt im Abendland als Symbol negativer Eigenschaften wie z. B. Eitelkeit.*

Römischen Reich auf das alte Deutsche Reich überging; später wurde er zum Wappentier des Deutschen Reiches (Reichsadler). Heute ist der Adler Wappentier der Bundesrepublik Deutschland (Bundesadler). Auch der Doppeladler ist ein königliches Herrschaftssymbol und war u. a. Hoheitszeichen des Byzantinischen Reichs und der russischen Zaren.

## Adonisröschen

Nach einer griechischen Sage ist diese Pflanze aus dem Blut des schönen Jünglings

*Das Adonisröschen – nach einem griechischen Mythos aus dem Blut des Vegetationsgottes Adonis hervorgegangen*

und Vegetationsgottes Adonis hervorgegangen, der auf der Jagd durch einen Eber tödlich verletzt wurde. Aphrodite begründete daraufhin die Adonien, ein Trauerfest, das im ganzen Mittelmeerraum begangen wurde und bei dem in Schalen gepflanzte Blumen, die rasch wuchsen und ebenso schnell wieder verwelkten (so genannte „Adonisgärtchen"), das rasche Aufblühen und Vergehen des Vegetationsgottes – aber auch seine ewige alljährliche Wiederkehr in der Natur – symbolisierten.

## Affe

Der Affe wird in der abendländischen Symbolik meist mit negativen Eigenschaften in Verbindung gebracht; er steht beispielsweise für Frechheit und Schamlosigkeit, für Nachahmungslust, Neugier, Unfug und alle niedrigen Instinkte.

Im Christentum und in der christlichen Kunst ist der Affe ein Symbol für Eitelkeit, Luxus, List, Neid, Verschlagenheit, Lüsternheit, Ausschweifung, die Sünde und den Teufel. Ein Affe in Ketten bedeutet überwundene Sünde; ein Affe mit einem Apfel im Maul stellt den Sündenfall dar.

In den asiatischen Religionen hat der Affe hingegen meist eine positive Bedeutung. Im Hinduismus ist er der Sohn des Windgottes Vayu und ein Attribut des Affengottes Ha-

# Ägyptische Schrift

Die ägyptische Schrift kombiniert Bildzeichen, Lautzeichen und Deutzeichen. Die Bildzeichen stellen bildlich dar, was gemeint ist, beispielsweise einen Vogel. Wollte man eine Tätigkeit ausdrücken, so zeigte man diese ganz konkret: Das Verb „sitzen" wurde mittels eines sitzenden Mannes dargestellt.

Bildzeichen standen aber außer für die direkt gemeinten Gegenstände auch für gleich lautende Wörter und bezeichneten einen Lautwert. Die ägyptische Schrift kennt allerdings nur Konsonanten. Eine Folge von Konsonanten, etwa die Hieroglyphen für m-n-h, konnte drei verschiedene Gegenstände meinen: einen Papyrus, einen Jüngling oder Wachs. Um dies zu präzisieren, bedurfte es der Deutzeichen: Zu den drei Zeichen für die Konsonanten kam ein viertes, das dem Leser signalisierte, welche der drei Deutungsvarianten gemeint war. Wenn also das Zeichen für Papyrus, Jüngling und Wachs noch mit der Darstellung eines Mannes „gedeutet" wurde, war klar, was gemeint war.

Die Schriftzeichen wurden in Holz geschnitzt oder in Stein gemeißelt.

Dies war ein großer Arbeitsaufwand, der sich für alltägliche Aufzeichnungen, z. B. zur Dokumentation von Warenbeständen, nicht lohnte. So entwickelte sich die hieratische Schriftform (Schrift der Priesterschaft). Man schrieb jetzt mit einer Binse und Tinte auf Papyrus oder Leder.

Zwar ging der oft sehr gegenständliche Bildcharakter der Hieroglyphen dadurch verloren, doch weniger ästhetisch wirkte die hieratische Schrift mit ihrer eleganten Vereinfachung nicht. „Es entstand", schreibt Gustav Barthel in seinem Werk „Konnte Adam schreiben?", „ein neues Bild, ein abstraktes Spiel flüchtig-dekorativer Lineaturen, die bereits handschriftliche Züge verraten."

Noch einfacher wirkte schließlich die nächste Entwicklungsstufe, die demotische Schrift (Volksschrift), die ab dem 7. Jh. v. Chr. die hieratische ablöste. Barthel befindet: „Ganze Gruppen von Hieroglyphen wurden zu einem einzigen Zeichen umgeformt, sodass neue, sehr verkürzte und selbstständige Formen entstanden. Eine Neigung zu alphabetischer Schreibung ist zu beobachten."

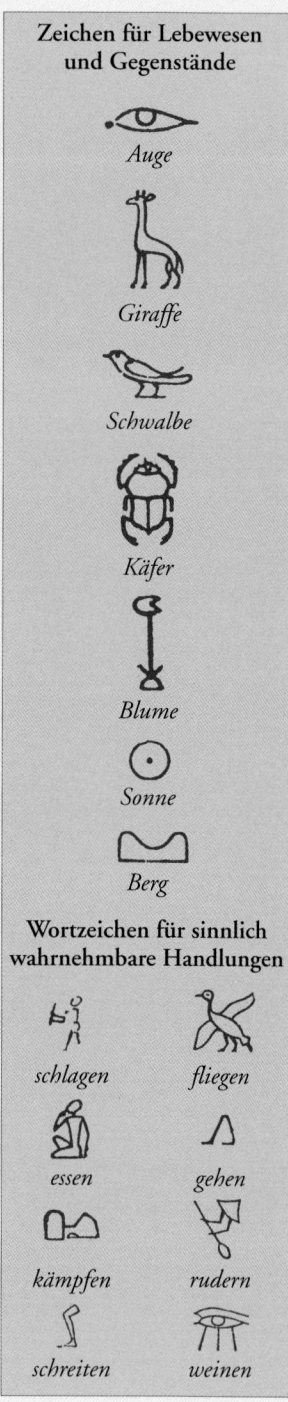

**Zeichen für Lebewesen und Gegenstände**

*Auge*

*Giraffe*

*Schwalbe*

*Käfer*

*Blume*

*Sonne*

*Berg*

**Wortzeichen für sinnlich wahrnehmbare Handlungen**

*schlagen*

*fliegen*

*essen*

*gehen*

*kämpfen*

*rudern*

*schreiten*

*weinen*

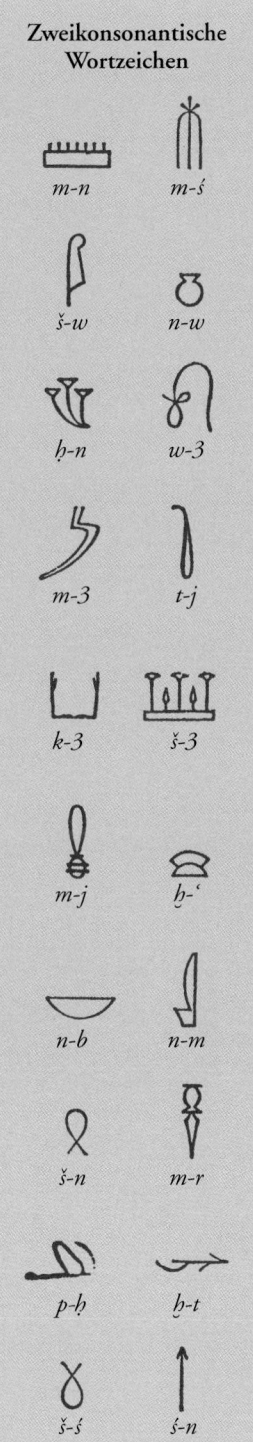

## Zweikonsonantische Wortzeichen

| | |
|---|---|
| *m-n* | *m-ś* |
| *š-w* | *n-w* |
| *ḫ-n* | *w-3* |
| *m-3* | *t-j* |
| *k-3* | *š-3* |
| *m-j* | *ḫ-ʿ* |
| *n-b* | *n-m* |
| *š-n* | *m-r* |
| *p-ḥ* | *ḫ-t* |
| *š-ś* | *š-n* |

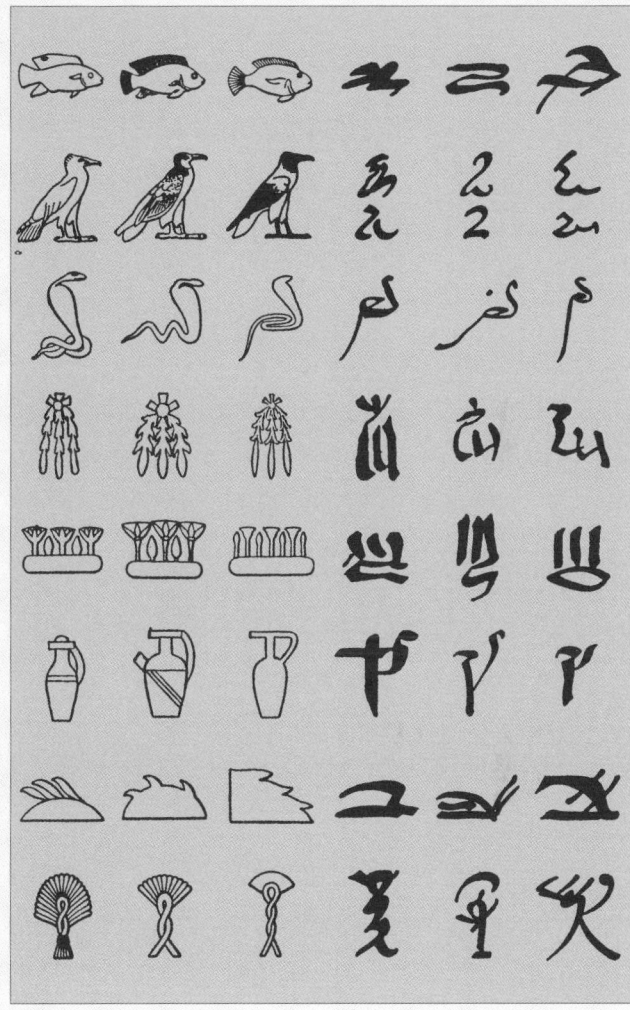

*Herodot ließ um die Mitte des 5. Jhs. v. Chr. wissen, dass die Ägypter zwei verschiedene Arten von Schriftzeichen benützten, „heilige" und „volksmäßige". Die „heiligen" oder hoch stehenden Schriftzeichen der Ägypter wurden als Hieroglyphen bezeichnet. Man findet sie an den Wänden der Grabmonumente, Tempel und Paläste auf Holz oder Stein als Relief gestaltet, meist farbig bemalt und höchst künstlerisch in der Anmutung. Die „volksmäßige" Schriftvariante (als „hieratisch" bezeichnet) ist seit 2700 v. Chr. bekannt und vereinfacht die kunstvollen Hieroglyphen wesentlich. Sie diente im Alltag der Dokumentation geschäftlicher Vorgänge. Gustav Barthel zeigt in seiner Entwicklungstabelle exemplarisch, wie die ursprünglichen Zeichen der Hieroglyphen am Ende der Entwicklung völlig verschwinden und ihren Ursprung kaum noch ahnen lassen.*

numan und steht für Freundlichkeit und Wohltätigkeit. Beim shintoistisch-buddhistischen Koshin-Fest erscheinen die „drei Affen" und erstatten als Boten der Götter Bericht über die Menschen. In diesem Zusammenhang werden sie mit verbundenen Augen bzw. Ohren bzw. zugebundenem Mund dargestellt, was so viel bedeutet wie „Wir sehen nichts Böses, hören nichts Böses und sprechen nichts Böses". Diese Darstellung soll einen Abwehrzauber ausüben.

Der Affe ist eines der Tierkreiszeichen im chinesischen Horoskop (▶▶astrologische Zeichen, S. 46).

## Ägis, Aigis
Ein Symbol für Schutz, Obhut, Schöpferkraft. Die Ägis wurde wie ein Kleidungsstück über Schulter und Brust getragen. Sie ist ein Attribut von Zeus/Jupiter und war aus Ziegenfell gefertigt, weil die Ziege Amalthea Zeus Diktynnos gesäugt hatte. Gleichzeitig ist die Ägis auch ein Attribut der Athena/Minerva und wurde von Achill getragen.

## Ägyptische Schrift ▶▶S. 14

## Ahornblatt
Das Wahrzeichen von Kanada. In China und Japan steht das Ahornblatt für den Herbst und ist außerdem Sinnbild der Liebenden.

## Akazie
In den Mittelmeerländern symbolisiert die Akazie Leben, Unsterblichkeit, platonische Liebe und Zurückgezogenheit. Da sie sowohl weiße als auch rote Blüten haben kann, stellt sie Leben und Tod, Tod und Wiedergeburt dar. Auch bei den Ägyptern war die Akazie ein Symbol für die Unsterblichkeit und das Weiterleben nach dem

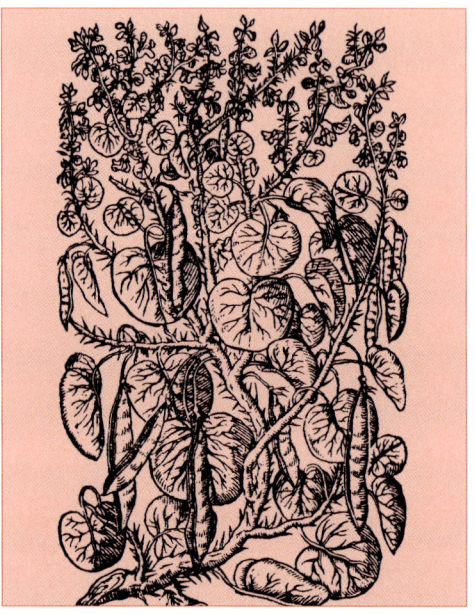

*Die Akazie – in vielen Religionen ein Symbol für Unsterblichkeit und das Weiterleben nach dem Tode*

Tode; außerdem verkörperte sie die Unschuld und war ein Attribut der Neith.

Im Christentum und Judentum steht sie für Unsterblichkeit und ein sittenstrenges Leben; in der jüdischen Religion symbolisiert sie außerdem Unschuld und Trauer und spielt eine Rolle bei Bestattungsriten. Die Akazie ist der Schittah-Baum, aus dessen heiligem Holz (Schittim-Holz) die Bundeslade gefertigt ist. Einer Überlieferung zufolge soll die Dornenkrone Jesu Christi aus Akazienzweigen gewesen sein, und zwar mit der doppelten Absicht, das heilige jüdische Holz zu verhöhnen und zu vernichten.

## Albatros
Dieser Vogel ist ein Symbol für langes, unermüdliches Fliegen und ferne Ozeane; außerdem sagt er schlechtes Wetter und stürmische Winde voraus. Er kann auch die Seele eines toten Seemanns verkörpern; des-

halb heißt es, dass es Unglück bringt, ihn zu töten.

### Albe
Ein weißes Priestergewand. (▶Gewand)

### Alchemie
Im Mittelalter und zu Beginn der Neuzeit verstand man unter Alchemie (auch als Alchimie oder Alchymie bezeichnet) die universalwissenschaftliche Beschäftigung mit chemischen Substanzen. Die Alchemie

Eine typische alchemistische Werkstatt mit Ofen und Glaskolben. Miniatur aus Janus Lacinius von 1583

hielten sich fast alle europäischen Herrscher einen Hofalchemisten. Ihr Interesse war rein pekuniär, denn sie hofften durch die

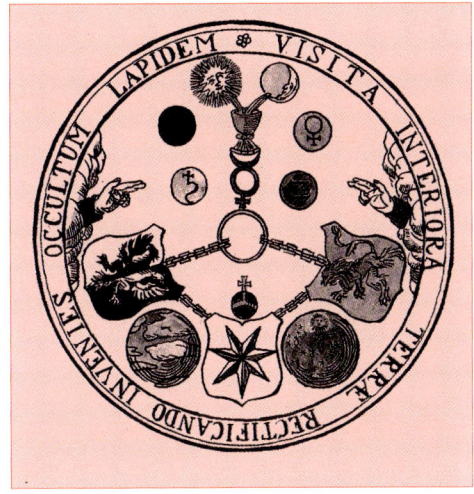

Die Tabula Smaragdina (geheimnisvolles alchemistisches Manuskript), 16. Jh.

wollte Metalle und andere Stoffe veredeln. Entsprechend der Zeit war die Alchemie eine Mischung aus Religion, Psychologie und Mystik. Die Begrenztheit der damaligen Methoden provozierte Fälschungen, um trotz Misserfolgen der finanzierenden Obrigkeit Resultate vorweisen zu können. Nach streng geheim gehaltenen Rezepturen sollte es möglich sein, Gold, Silber, Edelsteine und Farbstoffe zu schaffen. Unedles Metall wurde deshalb z. B. gefärbt oder mit gelblich leuchtenden Legierungen überzogen und als echtes Gold ausgegeben. So

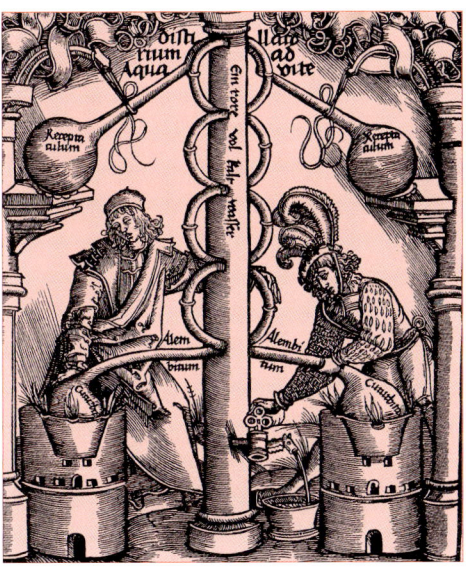

Alchemistenwerkstatt, H. Brunschwig, 1507

Wissenschaftliche Bemühung und religiöse Erbauung gingen in der Alchemie Hand in Hand. Die Abbildung aus einer alchemistischen Handschrift von 1550 stellt den Uroboros dar, die sich in den eigenen Schwanz beißende Schlange, Symbol für den ewigen Kreislauf allen Werdens und Vergehens.

Die Vereinigung von Feuer und Wasser

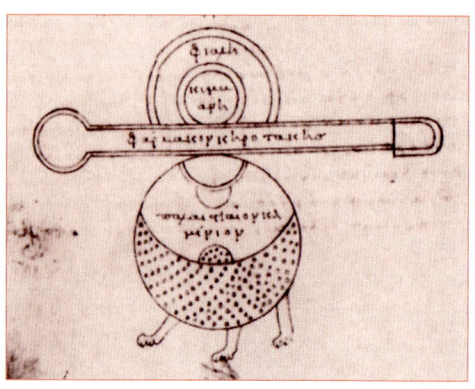

Auf diesem Dreifuß wurde das Gefäß für den alchemistischen Prozess erhitzt.

Erfolge ihrer Alchemisten die Staatsfinanzen aufbessern zu können. Die Resultate waren dabei allerdings meistens enttäuschend.

Die Grundlage alchemistischer Vorstellungen waren die Elementenlehre und Mischungstheorie des Aristoteles, also die Lehre von den vier Elementen Erde, Wasser, Luft und Feuer. Diese Elemente sind Zustandsformen der eigenschaftslosen Grundmaterie. Diese Stoffe lassen sich jedoch auch ineinander umwandeln. ▶▶ Die Zeichen der Alchemisten, S., 20

## Alkohol

In der Alchemie ist der Alkohol das aqua vitae, das sowohl Feuer als auch Wasser bedeutet; die Vereinigung der Gegensätze (coincidentia oppositorum); das Männliche und Weibliche, Aktive und Passive sowohl im Stadium der Erschaffung als auch der Zerstörung.

## Almosenschale ▶buddhistische Symbole

## Aloe

Diese Pflanze steht für Bitterkeit, aber auch für Rechtschaffenheit und Weisheit. In der griechisch-römischen Mythologie war sie dem Zeus/Jupiter geweiht.

## Alpenveilchen

Im Christentum ist das Alpenveilchen ein Attribut der Jungfrau Maria; es heißt auch „Blutende Nonne".

## Alpha

Der erste Buchstabe des griechischen Alphabets steht für den Anfang, das erste Prinzip, von dem alle Dinge ausgehen bzw. aus dem alles entstanden ist.

Alpha und Omega (der letzte griechische Buchstabe) symbolisieren die Totalität, den Anfang und das Ende der Welt, die Unend-

lichkeit, aber auch Gott und Jesus Christus als Schöpfer und Vollender. In der Offenbarung des Johannes (22,13) heißt es: „Ich bin das Alpha und das Omega, der Erste und der Letzte, der Anfang und das Ende." Häufig werden die beiden Buchstaben als Symbole Jesu Christi auf Christusbildern oder links und rechts von Christusmonogrammen dargestellt.

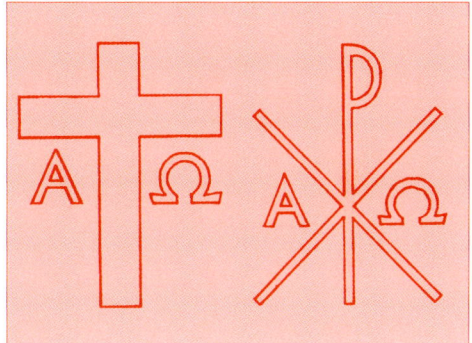

*Alpha und Omega*

## Alraune, Alraunwurzel, Mandragora

Ein menschenähnlicher oder in Menschengestalt geschnitzter Wurzelstock der Mandragora (Mandragora officinalis), eines Nachtschattengewächses; seit der Antike als Zaubermittel bekannt. In der griechischen Mythologie war die Alraune die legendäre Zauberpflanze der Circe und Ingredienz der Zaubertränke, mit denen Circe Männer in Schweine verwandelte; später wurde sie zum Bestandteil aller Hexentränke. Der Glaube an die Zauberkraft dieser stark giftigen, im Mittelalter als Narkotikum verwendeten Wurzel kam durch Händler und Gelehrte aus dem Orient nach Europa. Der Sage nach wächst die Alraune aus dem Harn oder Sperma eines Gehängten unter dem Galgen; ihrem Besitzer soll sie Glück und Reichtum bringen. Vor allem im 16. und 17. Jh. war der Alraunen-Aberglaube weit verbreitet. (Abb. S. 34)

# Die Zeichen der Alchemisten

Man vermutet, dass chemische Zeichen bereits von altägyptischen Priestern entwickelt wurden. Sie verwendeten diese Geheimzeichen jedoch, um das Mystische ihres Treibens und ihren göttlichen Ursprung dem Volk gegenüber zum Ausdruck zu bringen. Eine Profanation dieser Geheimwissenschaft musste unter allen Umständen vermieden werden, um ihre Glaubwürdigkeit und Autorität nicht zu zerstören.

Für die Alchemisten des Mittelalters waren die Zeichen ebenso eine höchst geheime Angelegenheit, um Fremden den Blick auf ihr Treiben zu verwehren. Viele Alchemisten schufen so ihre eigenen Zeichen, die nur ihnen und ihren Schülern geläufig waren, um die Vorgänge, für die jene Zeichen standen, vor einer Preisgabe zu schützen. Die Wahl der Zeichen war meistens beliebig. Oft handelt es sich bei den alchemistischen Zeichen um eine vereinfachte Nachbildung der betreffenden Gegenstände, z. B. einer Retorte, einer Sanduhr oder eines Glaskolbens.

Zahlreiche Symbole wurden auch aus den Anfangsbuchstaben oder aus einer anderen deutschen oder lateinischen Bezeichnung gebildet. Die Sache wurde dann verkompliziert, indem die Buchstaben auf den Kopf gestellt wurden oder mit den Zeichen der Planeten, des Tierkreises oder mit Zahlen kombiniert wurden. Von einer auch nur annähernd wissenschaftlichen Systematik kann dabei nicht gesprochen werden.

Erst mit dem Beginn des 18. Jahrhunderts versuchte man, die Symbolsprache zu vereinheitlichen, sie für jeden, der sich mit dieser Materie beschäftigte, verständlich zu machen und so ihrer Exotik zu entkleiden.

Anfang des 19. Jahrhunderts war es John Dalton (1766–1844), Lehrer für Mathematik und Physik in Manchester, der im Verlauf seiner Experimente mit Gasen eine Entdeckung machte, die zur Grundlage für die Aufstellung seiner Atomtheorie wurde. So entwickelte Dalton sein System der einfachen und der zusammengesetzten Substanzen.

Eine Zusammenstellung der alchemistischen Zeichen des Mittelalters und der beginnenden Neuzeit erlaubt es dem Pharmaziehistoriker, die Bedeutung jener rätselhaften Zeichen in alten Schriften besser zu begreifen und z. B. auch Aufschriften auf alten pharmazeutischen Gefäßen oder die alten Rezepte zu verstehen.

*Joh. Joach. Becheri, „Opuscula chymica rariora" von 1679*

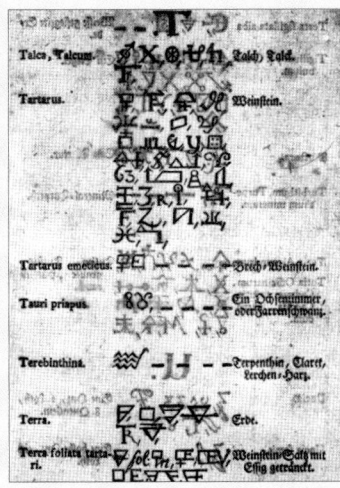

*Abb. links: „Medicinisch-Chymisches Oraculum" von 1755; Abb. rechts: historische pharmazeutische Gefäße; Abb. unten: Daltons Elementsymbole und Darstellungen von Verbindungen*

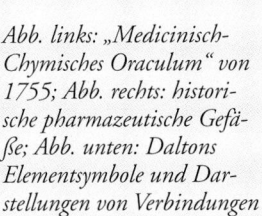

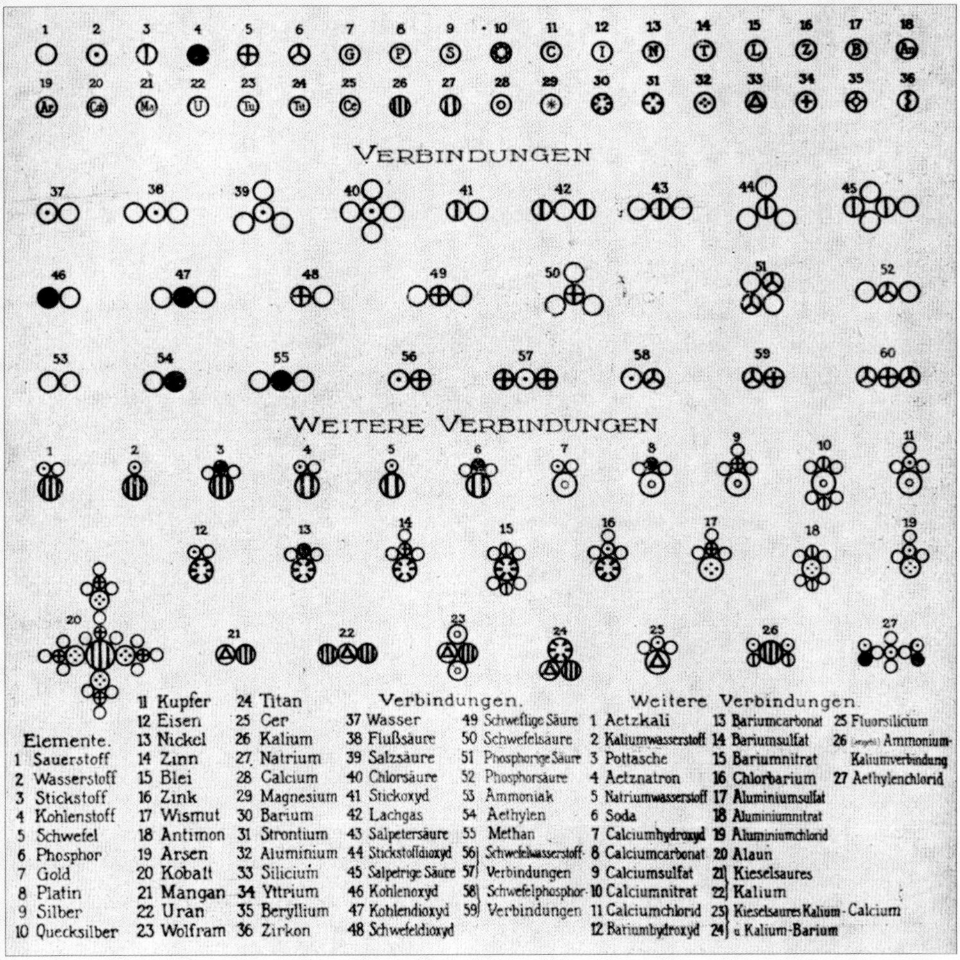

| | |
|---|---|
| **Elemente.** | 11 Kupfer |
| 1 Sauerstoff | 12 Eisen |
| 2 Wasserstoff | 13 Nickel |
| 3 Stickstoff | 14 Zinn |
| 4 Kohlenstoff | 15 Blei |
| 5 Schwefel | 16 Zink |
| 6 Phosphor | 17 Wismut |
| 7 Gold | 18 Antimon |
| 8 Platin | 19 Arsen |
| 9 Silber | 20 Kobalt |
| 10 Quecksilber | 21 Mangan |
| | 22 Uran |
| | 23 Wolfram |

24 Titan
25 Cer
26 Kalium
27 Natrium
28 Calcium
29 Magnesium
30 Barium
31 Strontium
32 Aluminium
33 Silicium
34 Yttrium
35 Beryllium
36 Zirkon

**Verbindungen.**
37 Wasser
38 Flußsäure
39 Salzsäure
40 Chlorsäure
41 Stickoxyd
42 Lachgas
43 Salpetersäure
44 Stickstoffoxyd
45 Salpetrige Säure
46 Kohlenoxyd
47 Kohlendioxyd
48 Schwefeldioxid
49 Schweflige Säure
50 Schwefelsäure
51 Phosphorige Säure
52 Phosphorsäure
53 Ammoniak
54 Aethylen
55 Methan
56 Schwefelwasserstoff
57 Verbindungen
58 Schwefelphosphor
59 Verbindungen

**Weitere Verbindungen.**
1 Actzkali
2 Kaliumwasserstoff
3 Pottasche
4 Aetznatron
5 Natriumwasserstoff
6 Soda
7 Calciumhydroxyd
8 Calciumcarbonat
9 Calciumsulfat
10 Calciumnitrat
11 Calciumchlorid
12 Bariumhydroxyd
13 Bariumcarbonat
14 Bariumsulfat
15 Bariumnitrat
16 Chlorbarium
17 Aluminiumsulfat
18 Aluminiumnitrat
19 Aluminiumchlorid
20 Alaun
21 Kieselsaures
22 Kalium
23 Kieselsaures Kalium-Calcium
24 α Kalium-Barium
25 Fluorsilicium
26 (angeblich) Ammonium-Kaliumverbindung
27 Aethylenchlorid

| | | | | | | | | |
|---|---|---|---|---|---|---|---|---|
| Alcohol vini | | Aes, Cuprum | | Amalgama | | | | |
| Vitriolum Romanum | | Sublimare | | Sulfur | | | | |
| Antimonium | | Sublimare | | Ebullitio | | | | |
| Cinis, Sal alcali | | Sublimare | | Amalgama | | | | |
| Cinis, Sal alcali | | Hora | | Amalgama | | | | |
| Antimonium | | Argentum vivum | | Amalgama | | | | |
| Alumen ustum | | Destillare | | Amalgama | | | | |
| Atramentum, Cinis | | Aes ustum | | Hora | | | | |
| Spiritus communis | | Acetum destillatum | | Abstrahere | | | | |
| Sal commune | | Cerussa | | Vinum album | | | | |
| Aqua pluvialis | | Alumen ustum | | Aes, Venus | | | | |
| Aqua Regis | | Alumen | | Borax | | | | |
| Atramentum album | | Sublimare | | Borax | | | | |
| Acetum destillatum | | Sublimare | | Destillare | | | | |
| Atramentum album | | Sublimare | | Ana | | | | |
| Antimonium spagyriae praep. | | Drachma | | Ana | | | | |
| Sal commune | | Luna deficiens | | Ana | | | | |
| Cera citrina | | Lapis magnes | | Ana | | | | |
| Pulverisare | | Lapis magnes | | Ana | | | | |
| Atramentum album | | Aqua vitae | | Ana | | | | |
| Cobaltum | | Vitrum Antimonii | | Materia | | | | |
| Acetum destillatum | | Vinum adustum | | Amalgama | | | | |
| Sublimare | | Vinum adustum | | Amalgama | | | | |
| Alumen plumosum | | Vinum album | | Amalgama | | | | |
| Volatile | | Aer | | Bolus alba | | | | |
| Volatile | | Aer | | Bolus alba | | | | |
| Leo | | Lapis haematites | | Balneum arenae | | | | |
| Leo | | Lignum | | Cobaltum | | | | |
| Sublimare | | Lignum | | Adde | | | | |
| Leo | | Amalgama | | Ad pondus omnium | | | | |

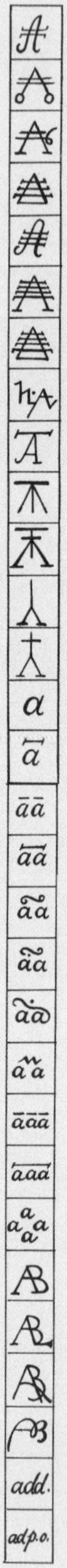

|  |  |
|--------|-----------|
| ÆE | Cera citrina |
| ala | Alumen |
| AIA | Alumen |
| an | Ana |
| Π̅ | Limus |
| A̅ | Limus |
| aq. | Aqua |
| AR | Balneum arenae |
| AR | Lapis Armenus |
| A̅ | Ebullitio |
| A̅ | Abstrahere |
| A̅V | Aqua vitae |

|  |  |
|--------|-----------|
| B | Balneum |
| β | Marcasita aurea |
| ß | Cinnabaris |
| B≠ | Balneum |
| B₊ | Balneum |
| ß | Balneum Mariae |
| ℞ | Recipe ! |
| B̶ | Sal commune |
| B+ | Succinum |
| B∴ | Balneum Arenae |
| ∴B | Balneum Arenae |
| Balneum ∴nae | Balneum Arenae |
| BC | Balneum Cineris |
| B | Marcasita |
| BE | Balneum Cineris |
| B̶ | Flores benzoes |
| B̶ | Flores benzoes |

|  |  |
|--------|-----------|
| BM | Balneum Mariae |
| B.R | Balneum roris |
| BS | Succinum album |
| BV | Balneum Vaporis |
| β | Semis |
| ℬ | Cobaltum |
| ℓ | Sal alcali |
| ℔ | Vitriolum Romanum |

|  |  |
|--------|-----------|
| D | Digerere |
| Ↄ | Argentum pictorium |
| Ↄ | Siccare |
| Ↄ | Argentum pictorium |
| Ⅾ | Argentum pictorium |
| Ↄ | Calx viva |
| Ↄ | Destillare |
| Ↄ | Cinnabaris |
| Đ | Magnesia |
| Đ | Aes destillatum |
| D | Alumen plumosum |
| Đ | Ein doppelter philosoph. Monat |
| Đ | Atramentum album |
| ✠ | Calcinatio Argenti |
| d | Destillare |
| ♂ | Mars |
| 6 | Destillare |
| d | Acetum destillatum |
| ) | Destillare |
| ſ | Lapis calaminaris |
| ᚱ | Destillare |

|  |  |
|--------|-----------|
| ᚱ | Destillare |
| ℓe | Urina |
| ℓe | Tartarus |
| VVI | Destillare |
| tu | Destillare |
| dll | Destillare |
| ∦ | Aes destillatum |
| ∦at | Acetum destillatum |
| blr | Destillare |
| Dea | Durcheinander |
| DG | Digerere |
| D.S. | Da et signa ! |
| DS | Dissolvere |

|  |  |
|--------|-----------|
| E | Solvere |
| E | Amalgama |
| E | Caput mortuum |
| ·E | Elementum |
| +E | Aes, Cuprum |
| +E | Lapis calaminaris |
| Ê | Solvere |
| E | Alumen |
| E | Cinis isatis, Waidasche |

|  |  |
|---|---|
| | Destillare |
| | Calcinatio argenti |
| | Lapis calaminaris |
| | Atramentum |
| | Atramentum |
| | Atramentum album |
| | Sal alcali |
| | Tartarus |
| | Vitriolum |
| | Vitriolum, Atramentum |
| | Alumen plumosum |
| | Fundere |
| | Tartarus |
| | Fusio |
| | Fusio |
| | Ein doppelter philosoph. Monat |
| | Putreficare |
| | Rote Korallen |
| | Korallenextrakt |
| | Acetum |
| | Sal vini essentiale |
| | Sal vini essentiale |
| | Schmelzfeuer |
| | Sal tartari essentiale |
| | Putrefactio |
| | Aurum |
| | Solvere |
| | Essentia |
| | Evaporare |
| | Granum |

|  |  |
|---|---|
| | Reductio |
| | Sextarius |
| | Jupiter |
| | Jupiter |
| | Sextarius |
| | Alumen |
| | Calx metallorum |
| | Cinis |
| | Phlegma |
| | Aqua insipida |
| | Sulfur, Coagulatio |
| | Jupiter, Stannum |
| | Lapides |
| | Flores aeris |
| | Crocus Veneris, Aes ustum |

|  |  |
|---|---|
| | Fluere |
| | Lutum philosophorum |
| | Antimonii vitrum |
| | Sal ammoniacum |
| | Tartarus |
| | Vitellus |
| | Fluere |
| | Oleum tartari |
| | Mercurius Saturni praec., Minium |
| | Flores Benzoes |
| | Tartarus |
| | Fusio |
| | Fusio |
| | Flores |

|  |  |
|---|---|
| | Flores |
| | Fiat |
| | Fiat |
| | Jupiter, Tutia |
| | Saccharum |
| | Sextarius |
| | Stratum super stratum |
| | Solvere |
| | Solvere |
| | Pars |
| | Filtrum |
| | Filtratio |
| | Cinnabaris |
| | Crocus Veneris |
| | Scrupulus |

|  |  |
|---|---|
| | Cornu |
| | Gummi, Gutta |
| | Sal alcali |
| | Calx viva |
| | Calx viva |
| | Gummi |
| | Arsenicum rubrum |
| | Acetum |
| | Sal gemmae |
| | Sal gemmae |
| | Aqua |
| | Nitrum |
| | Calcinare |
| | Granum |

| | |
|---|---|
| | Jupiter, Stannum |
| | Calcinare |
| | Spiritus nitri |
| | Pars |
| | Pars |
| | Gutta |
| | Granum |
| | Gutta |
| | Gutta |
| | Guttae |
| | Gradus ignis |

| | |
|---|---|
| | Herba |
| | Sigillum hermeticum |
| | Plumbum |
| | Hora |
| | Balneum Mariae |
| | Ferrugo |
| | Aurum |
| | Antimonium spagyriae praep. |
| | Lapis magnes |
| | Arsenicum rubrum |
| | Aes destillatum |
| | Destillare |
| | Destillare |
| | Permiscere |
| | Essig von „Mayan Thau" |
| | Antimonium spagyr. praep. |
| | Amalgama |
| | Stratum super stratum |

| | |
|---|---|
| | Ferrugo |
| | Aes ustum |
| | Principia corporum |
| | Elementa |
| | Spiritus Stanni |
| | Viride aeris |
| | Pulverisare |
| | Pulverisare |
| | Cinnabaris |
| | Praeparare |
| | Aqua Regis |
| | Regulus Antimonii |
| | Regulus Antimonii |
| | Jupiter |
| | Jupiter |
| | Sigillum hermeticum |
| | Libra |
| | Sal alcali |
| | Coagulatio |
| | Crystallus |
| | Coagulatio |
| | Crystallus |
| | Lapis crystallus |
| | Aqua fortis |
| | Preaparare |
| | Lana illota |
| | Hermeticum sigillum |
| | Reverberatio |
| | Ferrum |

| | |
|---|---|
| | Scrupulus |
| | Scrupulus |
| | Lutum philosophorum |
| | Jupiter |
| | Marcasita argentea |
| | Aurichalcum |
| | Lithargyrum |
| | Marcasita aurea |
| | Caper, Steinbock |
| | Jupiter |
| | Bismutum |
| | Borax |
| | Acetum destillatum |
| | Dies et nox |
| | Aerugo |
| | Minium |
| | Nitrum commune |
| | Incompletus |
| | Incompletus |
| | Sublimare |

| | |
|---|---|
| | Sal gemmae |
| | Calx viva |
| | Arsenicum album |

| | |
|---|---|
| | Ferrum, Venus |
| | Animalia |
| | Lixivium |
| | Lapis lazuli |
| | Cuprum |

|  |  |
|---|---|
| Lₒ | Ignis lentus |
| Lᵒᵗⁱˢ | Limatura martis |
| L | Aurichalcum |
| IL | Terra Lemnia |
| IL | Minium |
| ℓ | Sulfur |
| ⁊ | Jupiter |
| ⅄ᵣ | Lapis lazuli |
| LA | Sal alcali |
| La | Lege artis |
| l.a. | Lege artis |
| ll | Stannum |
| ℓℓ | Libra |
| ℓℓ½ | Libra semis |
| ℔ | Libra |
| LN | Lutatio |
| Ⅴ | Mercurius vivus |
| Ⅴ | Mercurius vivus |
| Ⅴ | Mercurius vivus |
| M | Lapis magnes |
| Mβ | Manipulus semis |
| Mj | Manipulus unus |
| M | Vitriolum |
| M | Aqua mercurialis |
| M | Nux moschata |
| M̈ | Vinum mortuum |
| M | Marcasita |
| M | Coquere |
| M̈ | Alumen |

|  |  |
|---|---|
| M̌ | Mixtura simplex |
| M̂ | Regulus Antimonii medicin. |
| M | Tutia |
| M | Mercurius Saturni |
| M₃ | Jupiter |
| M | Nitrum commune |
| M | Mercurius sublimatus |
| M | Marcasita |
| M | Manipulus |
| M | Borax |
| M | Realgar |
| M | Miscere |
| Mᵒ | Massa pilularum |
| MP | Mel |
| M | Aq. Mercurii |
| M | Caput mortuum |
| M | Caput mortuum |
| M₂ | Alumen ustum |
| M | Coquere |
| M | Magnesia |
| m | Terra despumata, Scorpio |
| m | Virgo |
| m | Scorpio |
| m | Virgo |
| m | Argentum |
| m | Alumen plumosum |
| m | Alumen plumosum |
| m | Alumen plumosum |
| m | Liquefacere, Scorpio |
| m | Mercurius vivus |

|  |  |
|---|---|
| m | Spiritus vini |
| m | Virgo |
| m | Mortificare |
| m | Scorpio |
| m | Spiritus vini |
| m | Virgo |
| m | Stratum super stratum |
| m | Stratum super stratum |
| m | Viride aeris |
| m | Scorpio |
| m̄ | Tutia |
| m̂ | Alumen plumosum |
| m | Cinnabaris |
| m | Arsenicum sublimatum |
| m | Liquefacere |
| iij | Nitrum commune |
| m | Aquarius |
| m | Amphora, Aqua amphora |
| ≈ | Aquarius, Camphora |
| Maa | Materia |
| Maā | Materia |
| Man | Manipulus |
| Mad | Gradatio |
| MB | Balneum mariae |
| MB | Balneum mariae |
| BM | Balneum mariae |
| Mm | Gradare |
| Mm | Gradare |
| MP | Massa pilularum |
| m.p. | Libra medicinalis |

| | | | | | | |
|---|---|---|---|---|---|
| MR | Mixtura | | Destillare | P̂P | Praecipitare |
| M.S.L. | Mixtura simplex Ludovici | | Aqua, Aquarius, liquefacere | PP | Praeparare |
| Mu | Multiplicare | | Cinnabaris | PP | Praeparare |
| | Destillare | M | Nux moschata | pp t | Praeparatum |
| | | | | pp t | Praeparatum |
| N | Lutatio | O | Capella | PR | Acetabulum |
| N | Plumbum ustum | Œ | Alumen | Pulv. | Pulvis |
| Ñ | Lutare | OP | Alumen plumosum | pbp | Gummi |
| N↓ | Aqua | | | gbg | Gummi |
| N°° | Aqua vitae | P | Plumbum | pbq | Gummi |
| NT | Unica semis | Pᵦ | Pugillus semis | gbg | Gummi |
| Ñ | Borax | P | Unica | | |
| N8 | Borax | P̶ | Pulverisare | Q | Alumen plumosum |
| NM | Nux moschata | P | Capella | Q | Borax |
| NP | Nitrum | T̂ | Praeparare | 2Q | Borax |
| N | Plumbum | P. | Capella | Œ | Quinta essentia |
| Ñ | Tingere | P | Solutio, praeparare, Solvatio | QE | Quinta essentia |
| Nn | Numero | P | Alumen plumosum | QE | Quinta essentia |
| N° | Numero | P | Pulvis | Q | Aqua amphora |
| Ꞵ | Nitrum commune | R | Cerussa | q | Cotyla |
| Ꞵ | Tartarus | P̶ | Pulvis | q | Quinta essentia |
| Ꞵ | Squama aeris | L | Sublimare | qa | Quinta essentia |
| Ꞁ | Lapis lazuli | P | Calx metallorum | qee | Quinta essentia |
| n | Lapis lazuli | P | Pugillus, Pulvis | q.l. | Quantum licet |
| ♃ᵦ | Jupiter | Pᵦ | Pugillus semis | q.p. | Quantum placet |
| ♃ | Jupiter | pi | Pugillus unus | q.pl. | Quantum placet |
| π̄ | Vitriolum | P | Alumen plumosum | q∫ | Quantum satis |
| Ɐ | Sal alcali | p.d. | Per deliquium | q.s. | Quantum satis |
| ʷ | Materia | H | Aqua fortis, Aqua Regis | q.v. | Quantum vis |
| ꟷ | Crocus Solis | PP | Praeparare | | |

| | |
|---|---|
| R | Aqua pluvialis, Tartarus, Reverberatio, Sal alcali, Balneum vaporis, Jupiter, Borax |
| ℛ | Alumen ustum |
| ℜ | Borax |
| ℞ | Recipe ! |
| ℟ | Recipe ! |
| ℜ | Sublimare |
| ℝ | Sal alcali |
| ℬ | Alembicus |
| ℛ⊽ | Aqua pluvialis |
| ℝ⊽ | Aqua pluvialis |
| ℣ℛ | Aqua Regis |
| ℣ℛ | Aqua Regis, Borax |
| ℣ℛ | Aqua Regis |
| ℞̭ | Aqua Regis |
| ℞̰ | Aqua Regis |
| ⊿ℛ | Ignis reverberius |
| ℞̣ | Sulfur tartari |
| ℛ | Aqua Regis |
| ℧ | Vinum rubrum |
| ℾ | Borax |
| ℾ̃ | Tartarus calcinatus |
| ℾ | Mercurius praecipitatus rubr. |
| Rad. | Radix |
| Ras. | Rasura, Raspatum |
| rasur. | Rasura, Raspatum |
| rasp. | Rasura, Raspatum |
| RC | Reducere |
| Rec. | Receptum |
| Recept. | Receptum |
| Rhab. | Rhabarbarum |

| | |
|---|---|
| Recept | Receptum |
| ℞a | Tinctura |
| ℟ | Tinctura |
| S | Semis |
| ⇧S | Calcinare |
| Ṣ̄ | Terra sigillata |
| Ṣ | Tinctura |
| S̃ | Tinctura |
| Ⓢ | Terra sigillata |
| ʃst | Libra |
| S | Solvere |
| S | Solvere |
| ⊶S | Arsenicum album |
| ℍꝫ | Lana illota |
| ⚠ | Cinnabaris |
| ⚠ | Crocus, Crocus aromaticus |
| ⚠ | Chalybs |
| ⚠ | Cinis |
| ⚥ | Spiritus Mercurii |
| ⚥ | Accidus vinosus crudus |
| S | Venus, Cuprum |
| S- | Crocus |
| S | Nox, Chalybs |
| S | Chalybs |
| S | Chalybs |
| S | Solvere |
| S | Crocus, Crocus aromaticus |
| S | Vitellus |
| S | Venus |

| | |
|---|---|
| ♂ | Putreficatio |
| ℭ | Alumen |
| ℨ | Oleum commune |
| ʃ | Semis, siccum |
| ʃʃ | Unica |
| f | Sextarius |
| ʃ | Calx |
| ℵ | Alembicus |
| k | Calx viva |
| ʃ | Calx viva |
| ♄ | Lapis lazuli |
| ⧻ | Stratum super stratum |
| ⧻ | Stratum super stratum |
| A | Crocus Veneris |
| ℛ | Alumen |
| ⌇ | Lapis lazuli |
| x | Oleum expressum |
| ⤳ | Fermentatio |
| ∾ | Fel Vitri, Libra |
| ⤷ | Sal capitis mortui |
| ∾ | Sal capitis mortui |
| ∾ | Solvere |
| ⤴ | Jupiter |
| ∿ | Saturnus |
| ♃ß | Ein halb Pfundt |
| ♈ | Lixivium, Albumen |
| ♈ | Mercurius vivus |
| ♅ | Cucurbita coeca |
| ♅ | Marcasita |
| ♈ | Cobaltum |

| | |
|---|---|
| | Matras |
| | Albumen |
| | Saccharum |
| | Septimana |
| | Septimanae duae |
| SA | Secundum artem |
| S.A | Secundum artem |
| S.a | Secundum artem |
| L.a. | Lege artis |
| L.A | Lege artis |
| L.C | Succinum citrinum |
| Sem. | Semen |
| S.ee | Simplex et compositum |
| Sign. | Signetur, signa ! |
| SP | Spiritus |
| Sp | Spiritus |
| Spec. | Species |
| Spir. | Spiritus |
| SS | Saccharum |
| SS | Unica semis |
| S+S | Gummi arabicum |
| SbeS | Gummi |
| SSS | Stratum super stratum |
| ɔbeS | Gummi arabicum |
| ♀hum | Aes ustum |
| S.V. | Sine vino |
| SVA | Succinum album |
| SYC | Succinum citrinum |

| | |
|---|---|
| | Tigillum, Nitrum commune, gradare, Oboli quatuor, Crucibulum, Tinctura. |
| | Capella |
| | Argentum pictorium |
| | Lutum philosophorum |
| | Sulfur |
| | Digerere |
| | Lapis lazuli |
| | Mercurius sublimatus |
| | Mercurius sublimatus |
| | Mercurius sublimatus |
| | Borax |
| | Aqua vitae |
| | Vitrum |
| | Calcinare |
| | Sal tartari |
| | Viride aeris |
| | Aes, Cuprum |
| | Aes, Cuprum |
| | Argumentum |
| | Testa |
| | Oleum talchi |
| | Fortax, Rost |
| | Oleum talchi |
| | Reverberium |
| | Reverberium |
| | Arsenicum sublimatum |
| | Acetum vini rubri |
| | Aes viride |
| | Borax |
| | Borax |

| | |
|---|---|
| | Vinum album |
| | Venus |
| | Cuprum, Venus |
| | Borax |
| | Borax |
| | Borax |
| | Plumbum |
| | Sal alcali |
| | Plumbum |
| | Plumbum |
| | Caput mortuum, Jupiter, Stannum |
| | Tutia |
| | Antimon. spagyr. praep. |
| | Alumen plumosum |
| | Dies et nox |
| | Alumen |
| | Atramentum, Vitriolum |
| | Tumor |
| | Plumbum, Cornu |
| | Crocus Veneris |
| | Plumbum |
| | Plumbum |
| TR | Tinctura |
| | Tinctura, Terra |
| | Tinctura, Terra |
| Ra | Tinctura |
| Ra | Tinctura |
| | Tinctura |
| | Sal gemmae |
| | Calamus |

| | |
|---|---|
| | Alumen |
| | Libra |
| | Libra |
| | Pulvis |
| | Lapis calaminaris |

| | |
|---|---|
| U | Hydrargyrum |
| U | Alcali, Jupiter |
| Ц | Minium |
| U | Alumen |
| ᘱ | Arculatio |
| ᗄ | Tundere, Aries, solvere |
| ᗃ | Capricornus |
| ᐯ | Aurum, solvere |
| ᗐ | Vinum album |
| ᐱ | Purificare |
| U | Purificare |
| ᐯ | Purificare |
| ᗄ | Purificare |
| ᗃ | Alumen |
| ᗑ | Filum candelae, Docht |
| ᗄ | Vinum rubrum |
| ᗂ | Autumnus |
| ᗯ | Alumen |
| ᗴ | Bolus communis |
| ᗌ | Capricornus |
| ᗌ | Talcum |
| ᗅ | Arena |
| ᗔ | Realgar, purificare |
| ᗘ | Drachma |

| | |
|---|---|
| Ʊ | Argentum vivum |
| ᗷ | Sal gemmae |
| ᗷ | Coagulatio |
| | Vinum mortuum, Acetum |
| ᗄ | Mercurius vivus |
| ᗄ | Mercurius vivus |
| ᗄ | Mercurius vivus |
| ᗄ | Mercurius vivus |
| ᗐ | Crucibulum |
| u | Tartarus |
| Ɛɓ | Libra |
| ᐳᐸ | Spiritus |
| ᐳᐸ | Spiritus |
| ᐳᐸ | Tartarus calcinatus |

| | |
|---|---|
| V | Vinum |
| ᐯ | Vivum |
| ᐱ | Alumen |
| ᐱ | Aries |
| ᐱ | Tartarus, Muffel |
| ᐯ | Marcasita, Nitrum |
| ᐯ | Aries, Lapides |
| ᐯ | Aqua pluvialis |
| ᐯ | Ferrum |
| ᐯ | Argentum |
| ᐱ | Reductio |
| ᐱ | Crucibulum |
| ᐯ | Marcasita, Nitrum |
| ᐱ | Cinnabaris |
| ᐱ | Reductio |

| | |
|---|---|
| ᐱ | Spiritus vini |
| ᐱ | Minium |
| ᐱ | Vitellus |
| ᐱ | Vitellus |
| ᐱ | Argentum vivum |
| ᐱ | Spiritus vini |
| ᐱ | Aqua Regis |
| ᐱ | Aqua Regis |
| ᐱ | Argentum |
| ᐱ | Sulfur |
| ᐱ | Argentum |
| ᐱ | Aqua vitae |
| ᐱ | Quinta essentia |
| ᐱ | Quinta essentia, emeticum |
| ᐱ | Borax |
| ᐱ | Borax |
| ᐱ | Borax |
| ᐱ | Fixus, fixum |
| ᐱ | Filtrare |
| ᐱ | Purificare |
| ᐱ | Spiritus vini |
| ᐱ | Sal alcali, Aqua vitae |
| ᐱ | Aqua vitae |
| ᐱ | Vitellus |
| ᐱ | Sal gemmae |
| ᐱ | Lapides |
| ᐱ | Sal gemmae |
| ᐱ | Crucibulum |
| ᐱ | Vinum circulatum |
| ᐱ | Vinum mortuum |

| | |
|---|---|
| ⊗ | Vinum adustum |
| ᴠ | Argentum |
| ᴠ | Borax |
| ᴠ | Borax |
| ᴠ | Vinum coctum |
| ᴄᴠ | Sal gemmae |
| ᴠ | Vinum sublimatum |
| ᴠ | Aqua |
| ᴠ | Fixare |
| ᴪ | Hydrargyrum |
| ᴠ | Crucibulum |
| ᴠ | Crucibulum |
| ᴠ | Sal alcali |
| ᴠ | Vitriolum |
| ᴠ | Corium |
| ᴠ | Corium |
| ᴧ | Alembicus, Vitrum |
| ᴧ | Vivum |
| ᴧ | Vinum adustum |
| ᴧ | Vinum adustum |
| ᴧ | Alembicus |
| ᴧ | Minium |
| ᴎ | Plumbum ustum |
| ᴧ | Plumbum ustum |
| ᴧ | Terra virginea |
| ᴧ | Sub cinere |
| ᴧ | Spiritus vini tartarisatus |
| ᴧ | Fel vitri |
| ᴧ | Aqua vitae |
| ᴧ | Vinum album |

| | |
|---|---|
| ᴠᴀ | Spiritus vini rect. |
| ᴠʙ | Balneum vaporis |
| ᴠᴄ | Vinum correctum |
| ᴠ | Cornu cervi ustum |
| ᴠ | Cornu cervi ustum |
| ᴠᴇ | Vinum emeticum |
| ᴠʜ | Vinum Hippocraticum |
| ᴛᴠ | Sal alcali |
| ᴠᴍ | Vinum medicatum |
| ᴠ | Cinnabaris |
| ᴠʀ | Aqua Regis, Vinum rubrum, Calx viva, Urina |
| ᴠʀ | Borax |
| ᴠʀ | Spiritus vini rect. |
| ᴠʀ | Spiritus vini rect. |
| ᴠ | Spiritus vini rect. |
| ᴠ | Spiritus vini rect., Aqua vitae |
| ᴠ | Spiritus vini |
| ᴠ | Aqua vitae |
| ᴠᴢ | Cineres clavellati |
| ᴠ | Spiritus vini rect. |

| | |
|---|---|
| ᴡ | Coagulatio |
| ᴡ | Terra virginea |
| ᴡ | Argentum |
| ᴜ | Calx metallorum |
| ᴜ | Alumen |
| ᴜ | Aes, Cuprum |
| ᴡ | Alumen ustum |
| ᴡ | Crocus auri |
| ᴡ | Ignis lentus |

| | |
|---|---|
| ᴡ | Borax |
| ᴡ | Tartarus calcinatus |
| ᴛ | Tartarus |

| | |
|---|---|
| X | Acetum, Sal alcali |
| X | Antimonium |
| X | Crucibulum |
| X | Sal marinum |
| X | Scrupuli quinque |
| X | Antimonium spagyr. praep. |
| X | Crucibulum |
| X | Calx viva |
| X | Vinum |
| X | Tutia |
| X | Vesica destillatoria |
| X | Contervet |
| X | Calx |
| X | Acetum destillatum |
| X | Acetum destillatum |
| X | Cera citrina |
| X | Acetum destillatum |
| X | Rustgelb |
| X | Aurum musicum |
| X | Aurum musicum |
| X | Aurum musicum |
| X | Argentum musicum |
| X | Argentum musicum |
| X | Primus gradus ignis |
| XX | Secundus gradus ignis |
| XXX | Tertius gradus ignis |

| | |
|---|---|
| | Quartus gradus ignis |
| | Calx |
| | Calx, Crucibulum |
| | Crucibulum |
| | Sal commune |
| | Sal commune |
| | Calx viva |
| | Sal gemmae |
| | Sal ammoniacum |
| | Sal ammoniacum |
| | Sal ammoniacum |
| | Hora |
| | Hora |
| | Acetum cydoniorum |
| | Mensis |
| | Acetum destillatum |
| | Mel |
| | Acetum destillatum |
| | Aes, Cuprum |
| | Aes ustum |
| | Cuprum |
| | Cuprum |
| | Compositio |
| | Siehe bei ☽ |
| | Alembicus |
| | Sal ammoniacum |
| | Lux sextilis, Minium |
| | Lux sextilis |
| | Sal ammoniacum |
| | Spiritus |

| | |
|---|---|
| | Spiritus |
| | Chalybs, Ferrum |
| | Cornu |
| | Sal ammoniacum |
| | Alembicus |
| | Alembicus |
| | Granum |
| | Aes dest. |
| | Aes viride |
| | Aes viride |
| | Aes viride |
| | Aes viride |
| | Aes viride |
| | Mel |
| | Mel |
| | Tutia |
| | Tigillum |

| | |
|---|---|
| | Ferrum |
| | Tartarus, Plumbum |
| | Vitriolum |
| | Vitriolum Romanum |
| | Ferrum |
| | Tigillum |
| | Tigillum |
| | Tigillum |
| | Plumbum |
| | Tartarus |
| | Aurum, solvere |
| | Ferrum |

| | |
|---|---|
| | Bismutum |
| | Metalla |
| | Metallum |
| | Metallum |
| | Metalla |
| | Alcali |
| | Sal alcali |
| | Sal ammoniacum |
| | Tigillum |
| | Solvere |

| | |
|---|---|
| | Sal commune |
| | Reverberatio |
| | Flores aeris |
| | Antihecticum Poterii |
| | Flores aeris |
| | Cuprum caldarium |
| | Sal gemmae |
| | Zinc |
| | Calcinare |
| | Tepes archevorum |
| | Ignis |
| | Sal Saturni |
| | Aurum, Spiritus vini |
| | Solvere |
| | Ignis, Tartarus |
| | Sal commune |
| | Lutum sapientiae |
| | Lutum philosophorum |
| | Recipere |

| | |
|---|---|
| | Tartarus |
| | Sal commune |
| | Albumen |
| | Calx viva |
| | Liquefacere |
| | Quinta essentia vini |
| | Caementare |
| | Calx viva |
| | Capitellum |
| | Calx viva |
| | Sal gemmae |
| | Lapis calaminaris |
| | Calx viva |
| | Ferrum |
| | Zingiber |
| | Recipere |
| | Recipere |
| | Calcinare |
| | Caementare |
| | Calx viva |
| | Cinnabaris |
| | Quinta essentia vini |
| | Limatura Stanni |
| | Lapis calaminaris |
| | Quinta essentia vini |
| | Sal commune |
| | Caementare |
| | Caementare |
| | Cinnabaris |
| | Jupiter |

| | |
|---|---|
| | Vitriolum, Atramentum |
| | Saccharum |
| | Drachma |
| | Drachma semis |
| | Unica semis |
| | Alembicus |
| | Alembicus |
| | Mars, Ferrum |
| | Nitrum |
| | Plumbum |
| | Liquefacere |
| | Unica |
| | Semiunica |
| | Jupiter |
| | Cinnabaris, Unica |

| | |
|---|---|
| | Bismutum |
| | Sublimare |
| | Alumen |
| | Amalgama |
| | Alumen |
| | Cuprum |
| | Hora |
| | Hora |
| | Sulfur |
| | Antimonium spagyr. praep. |
| | Levor Auri |
| | Jupiter, Stannum |
| | Fel vitri |
| | Alumen |

*In diesen Alraunen-Darstellungen aus Cubas „Hortus Sanitatis" (1498 n. Chr.) und dem „Codex Neapolitanus" (700 n. Chr.) wird die Menschengestaltigkeit dieser zauberkräftigen Wurzel besonders deutlich.*

## Altar

Eine heilige Stätte, die der Anbetung und Darbringung von Opfergaben für Gottheiten dient. Der Altar steht für die göttliche Gegenwart, das Opfer und gleichzeitig für die Wiedervereinigung mit der Gottheit durch das Opfer. Die zum Altar emporführenden Stufen symbolisieren rituelles Aufsteigen. Steinaltäre oder Baityloi (▶Stein) sind ein Symbol für die Unzerstörbarkeit und Unvergänglichkeit der Gottheit, oft in Verbindung mit dem Baum, der die Vorstellung von Veränderung und Erneuerung repräsentiert.

Im Christentum stellt der Altar sowohl das Grab als auch die Auferstehung und das Opfer Christi im heiligen Abendmahl dar. Auch die Tatsache, dass er sich im Ostteil der Kathedrale oder Kirche befindet, hat eine tiefere Bedeutung: Sie symbolisiert die Gebetshaltung zur Sonne hin und in Richtung auf das Paradies. Das Holz repräsentiert das Kreuz, der Stein den Felsen von Golgatha, und der erhöhte Altar bedeutet sowohl die Himmelfahrt als auch das Leiden Christi auf einem Berg. Die Schranken bezeichnen die Trennung vom Allerheiligsten, das nur der Priester betreten darf. Die drei oder sieben Stufen, die zum Altar führen, symbolisieren die Dreifaltigkeit oder die sieben Gaben des Heiligen Geistes; das Leinentuch auf dem Altar erinnert an das Leichentuch Jesu, und die Brokatdecke steht für die Herrlichkeit des königlichen Throns Gottes.

Im Hinduismus steht der vedische Feueraltar für die Erschaffung der Welt. Der Ton, aus dem er erbaut ist, repräsentiert das Element Erde, das Wasser steht für die Urwasser, und die Seitenwände stellen entweder die Atmosphäre oder den Ozean dar, der die Erde umgibt. Die drei runden, perforierten Ziegel oder Steine, auf denen der Altar ruht, symbolisieren die drei übereinander liegenden Welten und gleichzeitig die drei Gottheiten Agni, Vaya und Aditya, die Lichter der Welt. Der durchgängige Raum in der Mitte des Altars dient als Abzugskanal, ist andererseits aber auch ein Weg zur höheren Welt, der vom Tod zur Unsterblichkeit führt – aus der Dunkelheit zum Licht. Die 360 Ziegelsteine des Feueraltars repräsentieren die Tage des Jahres. Das Opfer auf dem Altar symbolisiert mit seiner Richtung nach Osten – zum Sonnenaufgang hin – ständige Erneuerung, immerwährenden Neubeginn.

Im Buddhismus ist das Zentrum der Andachtsübung eher ein Schrein als ein Altartisch, doch auch ein Altar wird manchmal verwendet, um Bücher, Bildnisse, geweihte Gegenstände und Opfergaben für Buddha zu tragen.

Die Azteken benutzten einen zylindrischen Sonnenstein für Opfer und für astronomische Zwecke.

## Alter Mann

Kann ein Symbol für Weisheit, aber auch für Sterblichkeit sein. Ist er nackt oder teilweise bekleidet, so symbolisiert er die Zeit; häufig wird er als Kahlkopf oder mit nur einer Haarlocke auf der Stirn dargestellt: „der kahlköpfige Totengräber, die Zeit". Oft findet man auch Darstellungen eines alten Mannes mit Krücken, einer Sense oder

*Diesen Altar verwendete der Frankfurter Christian Egenolff im 16. Jh. als Drucker- bzw. Warenzeichen. Die lateinische Inschrift „sacrificium deo" bedeutet „Opfer für Gott" und weist den Altar als Symbol für das Darbringen von Opfern aus.*

einem Stundenglas; dann steht er für den Tod, den „Sensenmann".

In der Kabbalistik bedeutet der alte Mann esoterische und okkulte Weisheit; in der Astrologie repräsentiert er den Planeten Saturn.

## Amarant

Bei den Inkas und Azteken galten die essbaren Körner des Amarant als „Wunderkorn", dem man heilende und lebensverlängernde Wirkung zuschrieb und das bei religiösen Zeremonien eine wichtige Rolle spielte. Bei manchen Ritualen vermischten die Azteken Amarantmehl mit Honig und rotem Blütenfarbstoff des Amarant oder auch mit Blut und formten daraus Tier- und Götterfiguren, die gegessen wurden. Auch bei rituellen Menschenopfern durfte der Amarant nicht fehlen. Die spanischen Eroberer verboten seinen Anbau und bestraften Zuwiderhandlungen mit dem Tod, um das unterjochte Indianervolk dadurch zu demoralisieren und weil sie die religiösen Zeremonien rund um den Amarant als Gotteslästerung empfanden. Doch die Indianer bauten das Getreide heimlich auf versteckten kleinen Äckern im Hochgebirge an. Noch heute gehört der Amarant in Süd- und Mittelamerika zu den Grundnahrungsmitteln.

## Amboss

Symbol für die Erschaffung des Alls, für Erde und Materie; Hammer und Amboss zusammen bedeuten die männlich-weiblichen, gestaltenden Kräfte der Natur, das Aktive und Passive, Positive und Negative. Der Amboss war Attribut aller Sturm-, Donner- und Schmiedegötter (z.B. Hephaistos, Vulcanus, Thor usw.). In der römischen Mythologie wird die Göttin Juno manchmal schwebend mit Ambossen an den Füßen dargestellt, wenn sie die Luft als eines der vier Elemente symbolisiert. Im

*In diesem Dokument fordert Montezuma II. Abgaben (u. a. Amarant) von seinen Provinzen.*

Christentum ist der Amboss ein Attribut des Heiligen Eligius (des Schutzpatrons der Schmiede) und wird auch öfters als Marterinstrument des heiligen Adrian dargestellt.

*Das wichtigste Arbeitsgerät von Schmied und Schlosser, der Amboss, ist wegen der Kraft, mit der der Hammer auf ihn niederfällt, auch ein Symbol der Welterschaffung.*

## Ameise

Ein Symbol des Fleißes (z. B. häufig in Tierfabeln, aber auch z. B. in der Redewendung „fleißig wie eine Ameise"). In der römischen Mythologie ist die Ameise als Getreide sammelndes Tier Attribut der Fruchtbarkeitsgöttin Ceres; im alten China war sie ein Symbol der Ordentlichkeit, Tugend, Vaterlandsliebe und des Gehorsams. Im Hinduismus repräsentiert sie die Vergänglichkeit des Seins.

## Ameisenigel ▶Echidna

## Amethyst ▶Edelsteine

## Amicia/Amikt

Das Leinentuch, mit dem Christus im Prätorium die Augen verbunden wurden; der Helm eines Soldaten Christi.

## Amor

Auch Cupido genannt, griechisch Eros. Er ist das Symbol aufflammender Liebe. Dargestellt wird Amor gerne als Knabe mit Flügeln, ausgestattet mit Pfeil und Bogen. Wen sein Pfeil ins Herz trifft, der wird von heftiger Liebe, ja Leidenschaft zu einer bestimmten Person erfasst.

## Amsel

Im Christentum steht die Amsel wegen ihres lockenden Gesangs und ihres schwarzen Gefieders für die Versuchungen des Fleisches. Bei der Versuchung des heiligen Benedikt erscheint der Teufel in Amselgestalt.

## Amtsstab

Ein Symbol für Macht und Amtsgewalt. (▶Stab)

## Amulett

Ein Abwehrzauber; zauberkräftiger Gegen-

*Amor mit dem Liebespfeil, der die Leidenschaft der Menschen entfacht, ist ein bekanntes Symbol.*
*»Galathea« von Raphael, 16. Jh.*

stand, dem die Fähigkeit zugeschrieben wird, Unglück, Gefahr, Krankheiten und böse Mächte abzuwehren. Er wird getragen, um den Träger zu stärken oder ihm Glück zu bringen. Dem ▶Talisman werden dagegen weniger Unglück abwehrende, sondern mehr Glück bringende Fähigkeiten zugeschrieben; ganz genau lassen die beiden sich jedoch nicht voneinander abgrenzen.

Amulette werden meist am Körper getragen, man kann sie aber auch an seinem Haus oder Fahrzeug befestigen. Als Amulette werden u.a. Spinnen, Schlangen, Kröten, ▶Kleeblätter und Nachbildungen menschlicher Körperteile verwendet, aber auch ▶Edelsteine, Schmuckstücke und Medaillons mit Bildern von Heiligen, Zaubersprüchen, Schriftzeichen oder Inschriften. Amulette haben sich aus prähistorischer Zeit bis heute erhalten.

### Anadem ▶Girlande

### Andreaskreuz

Ein Schrägkreuz, weiß auf blauem Grund; das schottische Nationalsymbol. Seine symbolische Bedeutung verdankt es dem heiligen Andreas, dem schottischen Nationalheiligen, der auf einem Kreuz dieser Form hingerichtet worden sein soll.

### Androgyn, Hermaphrodit

Ein Zwitterwesen, das Männliches und Weibliches in sich vereint. Androgyne Wesen stehen für die ursprüngliche Ganzheit und Vollkommenheit, das wiedergewonnene Paradies, die Wiedervereinigung der männlichen und weiblichen Kräfte und die Vereinigung von Himmel und Erde, Allvater und Allmutter.

In der Alchemie besteht das „Opus magnum" (Große Werk) in der Erschaffung des perfekten, zweigeschlechtigen Menschen, der zur Ganzheit wiederhergestellten

*Das Andreaskreuz ist das schottische Nationalsymbol.*

Menschheit. Als Symbol dafür steht die männlich-weibliche Figur oder das zweigesichtige Haupt von König und Königin, manchmal auch der rote Mann und seine weiße Frau.

In der Götterwelt gibt es viele Symbole für diesen ersehnten paradiesischen Zustand der Einheit: z.B. den androgynen Zurvan, den persischen Gott der grenzenlosen Zeit. In der griechischen Mythologie sind das Chaos und der Erebos geschlechtslos, Zeus und Herakles sind oft als Frauen gekleidet; in Zypern gibt es die bärtige Aphrodite; Dionysos, der griechische Gott des Weins,

*Albertus Magnus mit dem Hermaphroditen. Michael Maier, „Symbola aurea mensae", 1617*

*Der Androgyn verkörpert die Vereinigung der Gegensätze. Mylius, „Philosophia Reformata", 17. Jh.*

### Anemone

Diese Blume steht für Leid und Verzicht. Im Christentum ist sie ein Symbol für die Passion Christi; der rote Fleck auf der Blüte steht für das Blut Jesu, das Dreiblatt für die Dreifaltigkeit. In der griechischen Mythologie ist die Anemone ein Attribut von Venus und Hermes; außerdem steht sie für das Blut des Adonis, der auf Anemonen starb.

### Anker

Ein Symbol für Hoffnung und Standhaftigkeit, Ruhe und Gelassenheit; im religiösen Sinn der Inbegriff der Hoffnung, der Zuversicht und des Heils, da er das Schiff sicher im Hafen verankert und auf hoher See bei Stürmen festhält. Bei vorwiegend zur See fahrenden Völkern ist der Anker auch ein Symbol für Sicherheit und Glück. In der römischen Mythologie war er ein Attribut Neptuns; im Christentum steht er für Rettung, Standhaftigkeit und den wahren Glauben. So wird die Hoffnung auf die

der Fruchtbarkeit und Ekstase, trägt feminine Züge. Der chinesische Gott von Nacht und Tag ist zweigeschlechtig. Die Vollendung des Androgyns wird im Taoismus durch das ▶Yin-Yang-Symbol ausgedrückt, das männliches und weibliches Prinzip in sich vereinigt. Im Hinduismus sind die Shakti und bestimmte andere Gottheiten, vor allem Shiva, mit halb männlichen, halb weiblichen Merkmalen dargestellt. Die semitischen Gottheiten Baal und Astarte sind manchmal Androgyne; frühe Werke des „Midrasch" zeigen Adam als androgynes Wesen, und in Platons „Symposion" war der Mensch ursprünglich zweigeschlechtig.

Weitere androgyne Symbole sind: Lotosblume, Palme, Kreuz, Pfeil, Anker, ein Punkt in einem Kreis, Schlange, Skarabäus und bärtige Frauen.

*Die Anemone – ein Symbol für die Passion Christi*

himmlische Seligkeit im Brief an die Hebräer (6,19) als „sicherer und fester Anker der Seele" bezeichnet. In diesem Sinn findet man ihn in vielen Grabinschriften als eines der ältesten christlichen Symbole. Wird der Anker zusammen mit Delfinen oder Fischen dargestellt, so sind dies Symbole für den gläubigen Menschen oder für Jesus Christus am Kreuz. Außerdem ist der Anker ein Attribut der Heiligen Clemens und Nikolaus von Myra. In der frühen christlichen Kunst wurde er als verschlüsselte Form für das Kreuz verwendet und bedeutete Hoffnung.

### Ankh ▶Kreuz

### Anti-Atomtod-Symbol

Ein in vielen westlichen Ländern verbreitetes Abzeichen der Gegner von Atomwaffen: ein Kreis mit einem weißen Zeichen in der Mitte, das an eine Todesrune erinnert. Als Ansteckabzeichen wird es meist weiß auf schwarzem Grund dargestellt, auf Flugblättern und Plakaten schwarz auf gelbem Grund. Das Symbol wurde im Jahr 1958 von dem britischen Atomwaffengegner Gerald Holtom entworfen.

*Das Anti-Atomtod-Symbol*

### Antilope

In der ägyptischen Religion wurde die Antilope dem ägyptischen Wüstengott Seth geopfert, kann aber auch Osiris und Horus als Gegner von Seth darstellen. Im Hinduismus ist sie ein Attribut von Shiva. In Kleinasien und Europa galt die Antilope als ein Mondtier, das mit der Großen Mutter in Zusammenhang stand; in der sumerosemitischen Religion war sie eine Erscheinungsform von Enki/Ea und Marduk, dem Hauptgott Babyloniens. Ea, der wichtigste mesopotamische Regen- und Wassergott, ist als Fischmensch „die Antilope des unterirdischen Ozeans«, „die Antilope des Apsu", „die Antilope der Schöpfung".

### Apfel

Ein Symbol für Fruchtbarkeit, Liebe und Erkenntnis, aber auch für Verführung, Sünde und Tod. Jemandem einen Apfel darzubieten, bedeutet eine Liebeserklärung. Ebenso wie die Orange wird die Apfelblüte als Symbol der Fruchtbarkeit für Bräute benutzt. In der keltischen Mythologie wurden dem Apfel magische Kräfte zugeschrieben; er war die Frucht des Jenseits, aber auch der Ehe und Fruchtbarkeit.

In der Antike stand der Apfel für Liebe, Fruchtbarkeit und Unsterblichkeit. In der römischen Mythologie war er als Zeichen der Liebe und des Verlangens der Göttin Venus geweiht. In der griechischen Mythologie entfachte Eris, die Göttin des Streits, bei der Hochzeit des Peleus und der Thetis einen Streit zwischen den Göttinnen Hera, Athene und Aphrodite über die Frage, welche von ihnen die schönste sei. Der Hirte Paris wurde zum Schiedsrichter berufen und entschied den Streit zugunsten der Göttin Aphrodite (Urteil des Paris); sie erhielt den „Zankapfel" (Erisapfel) von Paris.

Die goldenen Äpfel der Hesperiden standen für Unsterblichkeit. Die Hesperiden

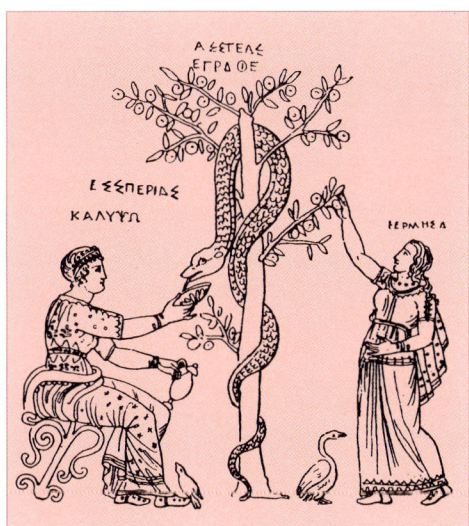

*Der Apfel als Sinnbild der Versuchung*

waren Nymphen, die im Göttergarten zusammen mit dem hundertköpfigen Drachen Ladon den Baum mit den goldenen

*Der Apfelbaum als Baum der Erkenntnis. Buch-illustration von 1679*

Äpfeln hüteten – das Hochzeitsgeschenk der Erdgöttin Gaia an Zeus und Hera. Herakles, der Sohn des Zeus und der Alkmene, gewann die Äpfel, indem er den Drachen tötete bzw. (in einer anderen Version der Sage) indem er Atlas beauftragte, die Äpfel zu holen, und währenddessen an seiner Stelle das Himmelsgewölbe trug. Der Apfelbaum wurde mit Gesundheit und Unsterblichkeit in Zusammenhang gebracht und war dem Apollon geweiht.

Aufgrund seiner Kugelform, seiner verlockenden roten Farbe und vielleicht auch seiner Süße ist der Apfel aber auch ein Symbol der Erde und ihrer sinnlichen Verführungen; noch heute steht er in der Redewendung von den „Äpfeln in Nachbars Garten", die besonders süß und verlockend sind, für den verführerischen Reiz des Verbotenen. Im Christentum wurde der Apfel durch die Geschichte vom Sündenfall des ersten Menschenpaares, Adam und Eva, zum Sinnbild der Versuchung und Sünde: Die ▶Schlange (als Symbol des Teufels) verführt Eva dazu, vom Baum der Erkenntnis von Gut und Böse zu essen, und gibt auch Adam von der Frucht zu kosten, obwohl Gott den beiden das Essen der Früchte von diesem Baum verboten hat. Als Folge ihres Verstoßes gegen Gottes Verbot werden Adam und Eva aus dem Paradies vertrieben, und Sünde und Tod kommen über die Menschheit.

In China ist der Apfel ein Symbol des Friedens und der Eintracht; die Apfelblüte steht für Frieden und Schönheit.

### Aprikose
Als eine sich selbst befruchtende Pflanze symbolisiert die Aprikose den ▶Androgyn. In China ist sie – ebenso wie die Magnolienblüte – Symbol für eine schöne Frau.

**Aquamarin** ▶Edelsteine

*Eine rosa Aprikosenblüte symbolisiert in China eine verheiratete Frau, die ein Verhältnis hat.*

## Arabische Liga

Das Emblem der Liga der arabischen Staaten beinhaltet zwei religiös-politische Symbole des Islam: die Farbe Grün und den Halbmond. Über dem liegenden Halbmond steht in arabischer Zierschrift der Name der Organisation geschrieben; die geschlossene Kette symbolisiert die Einheit der Mitgliedsstaaten; der Blätterkranz ist Symbol des ersehnten wirtschaftlichen Wohlstands.

## Arbeiten

In der griechischen Mythologie werden dem Herakles (Sohn des Zeus und der Alkmene) im Dienst des Eurystheus zwölf Arbeiten auferlegt. So muss er u.a. den Nemeischen Löwen überwinden, die Ställe des Augias reinigen, die goldenen Äpfel der Hesperiden erwerben (▶Apfel) und den Höllenhund Kerberos aus der Unterwelt heraufführen. Diese zwölf Arbeiten des Herakles stehen symbolisch für den Gang der Sonne durch die zwölf Tierkreiszeichen, aber auch für die Mühen und Kämpfe des Menschen in seinem Streben nach Selbst-

verwirklichung und für das Wirken göttlicher Mächte zum Wohle der Menschheit.

## Arche

Ein Mond- und Meeressymbol; außerdem Symbol für das weibliche Prinzip (Träger des Lebens, Mutterschoß) und das ▶Schiff des Schicksals. In der Regel wird sie halbmondförmig dargestellt. Die Arche auf den Wassern bedeutet die Erde, die auf dem Ozean des Alls schwimmt; die Arche mit dem Regenbogen stellt die beiden Mächte der unteren und oberen Wasser dar, die zusammen das Eine bilden und universelle Erneuerung bedeuten.

Zwei Formen der Symbolik beschreiben den fast universellen Mythos von Arche und Flut: die eine (wie im Hinduismus), wo die Arche, die von Manu auf Geheiß des Vishnu gebaut wurde, den Lebenssamen trug, und die andere (wie im Alten Testament), wo Noah auf Jahwes Weisung eine Arche baute, die Menschen und Tiere in sich barg und vor der Sintflut bewahrte. Die reinen und die unreinen Tiere in der Arche Noah symbolisierten Heilige und Sünder. In diesem Sinn ist die Arche ein Symbol der Regeneration – das Schiff des Schicksals, das das Lebensprinzip trägt und weiterreicht; Erhaltung und Bewahrung. In der ägyptischen Religion ist die Arche der Göttin Isis der Schoß der Mutter, der Trä-

*Das Emblem der arabischen Liga*

*Die Arche gilt als Symbol für die Rettung der Menschheit.*

gerin des Lebens. Im Christentum stellt die Arche die Kirche dar, in der der Mensch gerettet werden soll: In ihr gleitet er sicher auf den Wassern des Lebens dahin. Gleichzeitig steht sie auch für Jesus Christus, den Retter der Menschheit, und für die Jungfrau Maria, die Christus geboren hat. In der christlichen Architektur symbolisiert die Arche das Kirchenschiff.

Auch im Judentum bedeutete die Arche die göttliche Gegenwart, die heilige Stätte Gottes.

## Arm

Im Christentum ist der Arm des Herrn das Instrument unumschränkter Herrschaft und göttlichen Willens; er kann aber auch göttliche Rache oder Strafe symbolisieren. In vielen Bildern der christlichen Kunst greift der Arm (oder die Hand) Gottes aus Wolken oder aus dem Himmel herab (häufig in segnender Geste) ins Bild hinein – eines der ältesten Symbole Gottvaters. Die Geste des Handauflegens symbolisiert Segnung oder Heilung (▶Hand); erhobene Arme bedeuten demütiges Flehen, Gebet, Frömmigkeit, Ergebenheit und Ergebung.

Im Hinduismus und Buddhismus stellen die vielen Arme der Götter und Göttinnen mitfühlende Hilfe und – wenn sie verschiedene Symbole tragen – auch die unterschiedlichen Kräfte und Wirkungssphären der betreffenden Gottheit dar. Ein erhobener Arm stellt einen Zeugen- oder Schwurgestus dar.

*Der Aronstab ist nach Aaron, dem älteren Bruder des Mose, benannt, dessen Stab Wunderkräfte besaß. Auf der Abbildung aus der Lübecker Bibel von 1496 sieht man blühende Aronstäbe auf dem Altar.*

### Aronstab

Im Alten Testament war Aaron der ältere Bruder des Mose; sein Stab besaß Wunderkräfte und wurde zur Schlange. Nach ihm ist der Aronstab benannt. (▶Stab)

### Asanas ▶Buddhistische Symbole

### Asche

Ein Symbol für die Sterblichkeit, die Vergänglichkeit des menschlichen Lebens und daher ein wichtiger Bestandteil vieler Buß- und Trauerrituale. Sich in Asche zu setzen oder zu legen oder sich das Haupt mit Asche zu bestreuen, war in vielen alten Kulturen – z. B. bei Griechen und Ägyptern, Juden und Arabern – Brauch, um die Nichtigkeit des Geschöpfes vor seinem Schöpfer auszudrücken. Am Aschermittwoch (dem ersten Tag der Fastenzeit vor Ostern) zeichnet der Priester den Gläubigen nach katholischem Ritus als Symbol der Buße ein Aschenkreuz auf die Stirn.

### Aschera, Aschirat

Altorientalische Göttin der Fruchtbarkeit, auch der Sonne und des Meeres, die durch das Aufstellen von Holzpfählen an Altären symbolisiert wurde; die Holzpfähle stehen für den Lebensbaum. (▶Baum)

### Äskulapstab

Ein von einer Schlange umwundener Stab; Attribut des griechischen Heilgottes Asklepios. Der Äskulapstab symbolisiert den Lebensbaum (▶Baum); die Schlange galt in der Antike als heiliges Tier, ja sogar als Inkarnation des Asklepios. Heute ist der Äskulapstab Symbol des Arztberufs.

### Aspergill

Ein Symbol der Reinigung und Austreibung böser Mächte, auch als Weihwedel bezeichnet

*Shiva Nataraja – der Herr des Tanzes – ist hier mit mehreren Armen dargestellt, von denen jeder eine andere symbolische Bedeutung hat: Der obere rechte Arm hält das Tamburin des Schöpfungsrhythmus, während der obere linke als ausgleichendes Gegengewicht dazu die Flamme der Zerstörung trägt. Die untere rechte Hand formt einen Segensgestus, die untere linke verspricht Erlösung vom Leiden.*

*Asklepios mit dem Schlangenstab, 1647*

## Asphodill, Affodill

In der griechisch-römischen Mythologie stand der Asphodill weiß blühend auf einer Wiese in der Unterwelt, auf den elysischen Gefilden; daher wurde er später zu einem Symbol des Todes und der Trauer, das mit Bestattungsriten und Friedhöfen in Zusammenhang steht.

## Aster

In der griechischen Mythologie war die Aster der Göttin Aphrodite geweiht und galt als ein Symbol der Liebe. In China steht sie für Schönheit, Liebreiz, Demut und Vornehmheit.

## Astrologische Zeichen ▶▶Seite 46

## Atem

Ein Symbol für das Leben und die Seele, die Macht des Geistes, aber auch für das Flüchtige, Vergängliche, Nicht-Materielle und daher schwer Fassbare. Das Ein- und Ausströmen des Atems symbolisiert den Rhythmus von Leben und Tod, Gestaltwerdung und Wiederaufgehen im All.

*Die Astrologie gründet auf dem System der Planeten. Um das Zentrum sind die sieben Planeten mit ihren Häusern angeordnet. Holzschnitt, 15. Jh.*

# Astrologische Zeichen

Planeten, so genannte Wandelsterne, sind kleine Himmelskörper, die keine eigene Energie erzeugen. Sie umkreisen einen wesentlich größeren, selbstleuchtenden Stern. Die Planeten, die die Sonne umkreisen, tragen die Namen Merkur, Venus, Erde, Mars, Jupiter, Saturn, Uranus, Neptun und Pluto.

Jedem Planeten ordnet die Astrologie ganz spezielle Eigenschaften und Prinzipien zu. So steht der Jupiter beispielsweise für Glück, Wohlstand und Optimismus oder der Mars für Kampfgeist, Durchsetzungsvermögen und Aktivität.

Als Sternbilder bezeichnet man Gruppierungen von Einzelsternen. Sternbilder haben physikalisch gesehen keine sinnvollen Grenzen. Aus ihrer Anordnung lassen sich jedoch bestimmte Bilder herauslesen, etwa das Gesicht eines Tieres, oder bestimmte figürliche Darstellungen wie die einer Waage.

Die Astrologen verstehen unter dem Begriff Ekliptik die Tatsache, dass im Laufe eines Jahres die Sonne von der Erde aus gesehen über den Sternenhimmel wandert. Projiziert man nun ihre Bahn auf den Sternenhimmel, so erhält man die Ekliptik. Man bezeichnet sie auch als Zodiakalkreis oder Zodiak.

Unter dem Begriff Tierkreiszeichen versteht man zwölf der 13 Sternbilder der Ekliptik. Auch ihnen ordnet man jeweils bestimmte menschliche Eigenschaften zu. Der Waage sagt man ein ausgleichendes, bedächtiges Wesen nach oder dem Steinbock Ehrgeiz und Sturheit.

Die Astrologie glaubt, dass Charakter und Schicksal jedes Menschen von seiner individuellen Gestirnkonstellation geprägt werden. Man muss also nur den Stand der Gestirne zum Augenblick der Geburt (nicht nur des Tages, sondern auch der genauen Uhrzeit) des betreffenden Individuums feststellen und kann so anhand von Tabellen den jeweiligen Charakter beschreiben und Voraussagen über das weitere Leben treffen. Folgende Faktoren sind für diese Operation ausschlaggebend: die Tierkreiszeichen, die Planeten und die Winkel, die die Gestirne zueinander bilden. Diese Winkel heißen Aspekte.

Es gibt ungünstige und günstige Aspekte. So können je nach ihrem Aspekt zwei Planeten sich gegenseitig in ihrer Wirkung unterstützen (also Harmonie schaffen) oder einander behindern (was Disharmonie bedeutet).

Charakterbild und Schicksalsvoraussage des Astrologen werden als Horoskop bezeichnet.

*Konjunktion: Zwei Planeten bilden einen Winkel von 0 Grad.*

*Quadratur: Zwei Planeten bilden einen rechten Winkel zueinander.*

*Trigon: Zwei Planeten bilden zusammen einen Winkel von 120 Grad.*

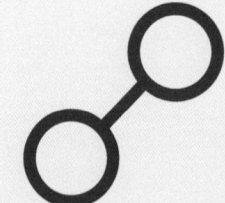

*Opposition: Zwei Planeten stehen einander exakt gegenüber.*

# Astrologische Zeichen: Die Planeten

**Sonne:** *Die Sonne steht im Mittelpunkt unseres Sonnensystems; deshalb ist das Zeichen, indem die Sonne bei unserer Geburt stand, unser Tierkreiszeichen (Sternzeichen, Sonnenzeichen). Die Sonne steht für das Ich des Menschen.*

**Mond:** *Der Mond weist auf das Irrationale und Unbewusste des Menschen. Er repräsentiert das gesamte seelische Erleben. Mondgeprägte Menschen gelten als empfindsam, träumerisch, aber auch launisch.*

**Merkur:** *Dieser Planet steht für Denken, Rationalität, Gelehrsamkeit, Bildung, Wissen. Das Kreuz unten ist ein Sinnbild für die Welt, der Halbkreis oben stellt zwei einander zugewandte Schlangen dar.*

**Venus:** *Dieser Planet ist nach der römischen Liebesgöttin benannt und verkörpert Liebe, Leidenschaft und Sexualität. In dem Symbol sieht man gerne einen Spiegel, in den die Liebesgöttin blickt. Venus repräsentiert so auch Schönheit und Ästhetik.*

**Mars:** *Wie der römische Gott des Krieges steht auch dieser Planet für Gewalt und Aggression, den Kampf, doch er weist auch auf positive Eigenschaften wie Courage, Energie und Durchsetzungsvermögen hin.*

**Jupiter:** *Der römische Gott des Donners gibt diesem Glücksplaneten den Namen. Das Zeichen stellt zum Teil einen Blitz dar. Jupiter steht für das Prinzip Treue, Recht und Rechtschaffenheit.*

**Saturn:** *Man kann in dem Zeichen des „Unglücksplaneten" (der Bogen rechts neben dem Kreuz) die Sichel des römischen Gottes der Aussaat (Saturn) sehen: Der Planet steht für Vergänglichkeit, Tod und Leiden.*

**Uranus:** *Der griechische Gott Uranus ist der Sohn der Erdgöttin Gaia. Der hochstehende Pfeil drückt Aggressivität und Aktivität aus. Der Planet steht für Neues, Revolutionäres, gemeinhin für den Fortschritt, aber auch für Kreativität.*

**Neptun:** *Das Symbol orientiert sich am Dreizack des Meeresgottes Neptun. Der Planet steht für die Eigenschaften Weisheit, Spiritualität und für alles Unterbewusste.*

**Pluto:** *Wie der Namensgeber dieses Planeten, der griechische Gott der Unterwelt, ist er von Finsternis umgeben und steht für das Prinzip des Zerstörerischen, doch auch für die Kräfte des Neubeginns.*

**Aszendent:** *So wird der Punkt der Sonnenbahn bezeichnet, der zur Geburtszeit eines Menschen über dem Osthorizont auftaucht. Der Aszendent bestimmt die Art, wie ein Mensch sich nach außen hin präsentiert.*

# Astrologische Zeichen: Die Sternzeichen

**Widder (21.3.-20.4.):** *Der typische Widder-Mensch gibt sich kämpferisch und impulsiv und kennt keine Widerstände. Er ist ehrlich und leicht zu begeistern.*

**Stier (21.4.-20.5.):** *Gelassenheit und Geduld zeichnen den Stier-Typen aus. Neben einem Hang zur Bodenständigkeit ist er pragmatisch veranlagt und hat einen Sinn für das Geschäft.*

**Zwillinge (21.5.-21.6.):** *Die Eigenschaften des Zwillings: sprunghaft und oberflächlich auf der einen Seite, intellektuell, redegewandt und schnell auf der anderen Seite.*

**Krebs (22.6.-22.7.):** *Krebs-Menschen gelten als einfühlsam, verletzlich, ja sogar als depressiv. Abgesehen von ihrer Introvertiertheit liegt ihnen viel an einem intakten Familienleben.*

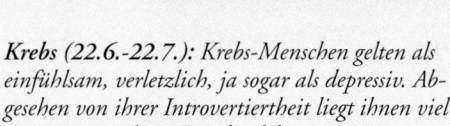

**Löwe (23.7.-23.8.):** *Löwen stehen gerne im Mittelpunkt, wollen führen, sind stolz und selbstbewusst. Doch auch Eigenschaften wie Hilfsbereitschaft gehören dazu.*

**Jungfrau (24.8.-23.9.):** *Gesunder Menschenverstand und Pragmatismus zeichnen den Charakter der Jungfrau aus. Schüchternheit und eine Neigung zur Pedanterie sind die andere Seite.*

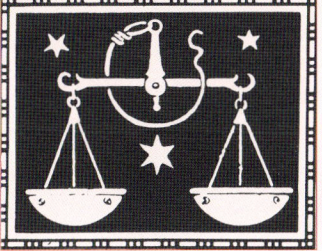

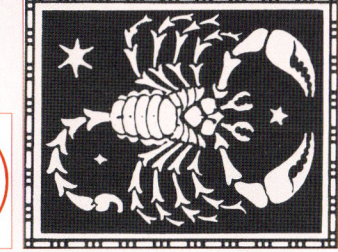

**Waage (24.9.-23.10.):** *Die Waage besticht durch ihr ausgeglichenes Wesen, wie das Symbol deutlich zum Ausdruck bringt. Negativ kann dagegen eine gewisse Konfliktscheu sein.*

**Skorpion (24.10.-22.11.):** *Mit eisernem Willen versucht der Skorpion sich durchzusetzen. Leidenschaftlichkeit und Rachsucht sind weitere hervorstechende Eigenschaften.*

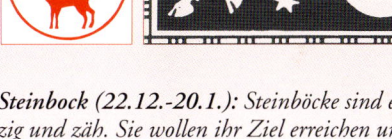

**Schütze (23.11.-21.12.):** *Als Abenteurer ist der Schütze ständig auf der Suche nach Neuem, nach Herausforderungen. Er liebt die Freiheit und hasst jegliche Einschränkungen.*

**Steinbock (22.12.-20.1.):** *Steinböcke sind ehrgeizig und zäh. Sie wollen ihr Ziel erreichen und schenken sich selbst nichts dabei. Sie können aber auch fast eigenbrötlerisch sein.*

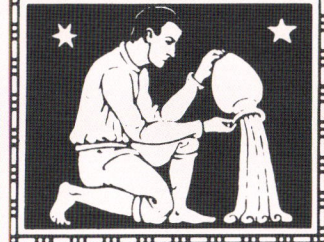

**Wassermann (21.1.-19.2.):** *Der Wassermann-Typus ist überreich an Ideen. Kunst und Genie liegen nahe beieinander. Sein Motor ist die Lust an der steten Veränderung.*

**Fische (20.2.-20.3.):** *Gefühle prägen den Fisch-Typus. Er ist sensibel, träumt gerne und fühlt sich in der Welt seiner Fantasien bedeutend wohler als in der Realität.*

# Astrologische Zeichen: Das chinesische Horoskop

Die zwölf Tierzeichen des chinesischen Horoskops werden nicht von den Gestirnen bestimmt. Die Chinesen verwenden stattdessen Tiere, denen sie die betreffenden Eigenschaften zuweisen.

Die Chinesen teilen ihren Tierkreis zudem nicht in zwölf Monate, sondern in zwölf Jahre ein. So ist jedes Tier für die Spanne eines Jahres zuständig. Den Menschen, die in den betreffenden Jahren geboren sind, werden die Charaktereigenschaften ihres Tieres zugeschrieben.

*Ratte: 5.2.1924–24.1.1925; 24.1.1936–10.2.1937; 10.2.1948–28.1.1949; 28.1.1960–14.2.1961; 16.1.1972–2.2.1973; 2.2.1984–19.2.1985; 19.2.1996–6.2.1997*

*Rind: 25.1.1925–12.2.1926; 11.2.1937–30.1.1938; 29.1.1949–16.2.1950; 15.2.1961–4.2.1962; 3.2.1973–22.1.1974; 20.2.1985–8.2.1986; 7.2.1997–27.1.1998*

*Tiger: 13.2.1926–1.2.1927; 31.1.1938–18.2.1939; 17.2.1950–5.2.1951; 5.2.1962–24.1.1963; 23.1.1974–10.2.1975; 9.2.1986–28.1.1987; 28.1.1988–15.2.1989*

*Hase: 2.2.1927–22.1.1928; 19.2.1939–7.2.1940; 6.2.1951–26.1.1952; 25.1.1963–12.2.1964; 11.2.1975–30.1.1976; 29.1.1987–16.2.1988; 16.2.1999–3.2.2000*

*Wahrsager sind in China äußerst beliebt. Fast jeder Chinese holt sich sowohl in privaten wie geschäftlichen Dingen regelmäßig Rat beim Wahrsager. Dessen Horoskope werden sehr ernst genommen.*

*Drache: 23.1.1928–9.2.1929; 8.2.1940–26.1.1941; 27.1.1952–13.2.1953; 13.2.1964–1.2.1965; 31.1.1976–17.2.1977; 17.2.1988–5.2.1989; 4.2.2000–24.1.2001*

*Schlange:*
10.2.1929–29.1.1930;
27.1.1941–14.2.1942;
14.2.1953–2.2.1954;
2.2.1965–20.1.1966;
18.2.1977–6.2.1978;
6.2.1989–26.1.1990;
25.1.2001–12.2.2002

*Pferd:* 11.2.1918–21.1.1919;
30.1.1930–16.2.1931;
15.2.1942–4.2.1943;
3.2.1954–23.1.1955;
21.1.1966–8.2.1967;
7.2.1978–27.2.1979;
27.1.1990–14.2.1991;
13.2.2002–2.2.2003

*Ziege:* 1.2.1919–19.2.1920;
17.2.1931–5.2.1932;
5.2.1943–24.1.1944;
24.1.1955–11.2.1956;
9.2.1967–29.1.1968;
28.1.1979–15.2.1980;
15.2.1991–3.2.1992;
3.2.2003–20.1.2004

*Affe:* 20.2.1920–7.2.1921;
6.2.1932–25.1.1933;
25.1.1944–12.2.1945;
12.2.1956–30.1.1957;
30.1.1968–16.2.1969;
16.2.1980–4.2.1981;
4.2.1992–22.1.1933;
21.1.2004–8.2.2005

*Hahn:* 8.2.1921–27.1.1922;
26.1.1933–13.2.1934;
13.2.1945–1.2.1946;
31.1.1957–17.2.1958;
17.2.1969–5.2.1970;
5.2.1981–24.1.1982;
23.1.1993–9.2.1994;
9.2.2005–28.1.2006

*Hund:* 28.1.1922–15.2.1923;
14.2.1934–3.2.1935;
2.2.1946–21.1.1947;
18.2.1958–7.2.1959;
6.2.1970–26.1.1971;
25.1.1982–12.2.1983;
10.2.1994–30.1.1995;
29.1.2006–15.2.2007

*Schwein:*
16.2.1923–4.2.1924;
4.2.1935–23.1.1936;
22.1.1947–9.2.1948;
8.2.1959–27.1.1960;
27.1.1971–15.1.1972;
13.2.1983–1.2.1984;
31.1.1995–18.2.1996;
16.2.2007–5.2.2008

*Das Atomium – ein Symbol für Atomzeitalter und technischen Fortschritt*

## Atomium

Das Modell eines Atoms in Form eines 110 m hohen Bauwerks – Sinnbild des Atomzeitalters und des technischen Fortschritts und gleichzeitig Symbol der Brüsseler Weltausstellung im Jahre 1958.

## Auferstehung

Im Christentum gibt es viele Symbole für die Auferstehung Christi vom Tode: den Phönix (der immer wieder neu aus seiner eigenen Asche ersteht, ▶Fabelwesen), den Löwen, den Pfau, den Pelikan, den Salamander und das Osterei.

## Aufstieg

In vielen Religionen und Mythologien (und z. T. auch in moderneren literarischen Werken) ein Symbol für die Überwindung des Menschseins und der Begrenzungen der irdischen Existenz; der Weg zum Absoluten; die Erhebung der Seele zur Einheit mit Gott; der Übergang von der Erde zum Himmel, aus der Dunkelheit ins Licht; der Weg zur Freiheit. Dem Aufstieg geht dabei häufig ein ▶Abstieg in die Unterwelt voraus.

## Auge

In vielen Religionen ein Symbol für göttliche Allmacht und Allwissenheit – das Auge Gottes, das alles sieht. Es kann auch ein Sinnbild für die Fähigkeit zur intuitiven Voraussicht und ein mystisches Symbol des Lichts, der Erleuchtung und des Wissens sein; außerdem steht es für Wachsamkeit und Schutz (das geöffnete Auge, das niemals schläft). Das Auge kann auch den ▶Androgyn darstellen, der aus dem ovalen weiblichen Symbol und dem Kreis (dem Symbol des Männlichen) besteht. Ein einzelnes Auge ist entweder ein Symbol des Bösen (wie bei den Zyklopen) oder das Auge der Erleuchtung, das Auge Gottes und der Ewigkeit. Manchmal übernimmt eine Pfauenfeder die Symbolik des Auges.

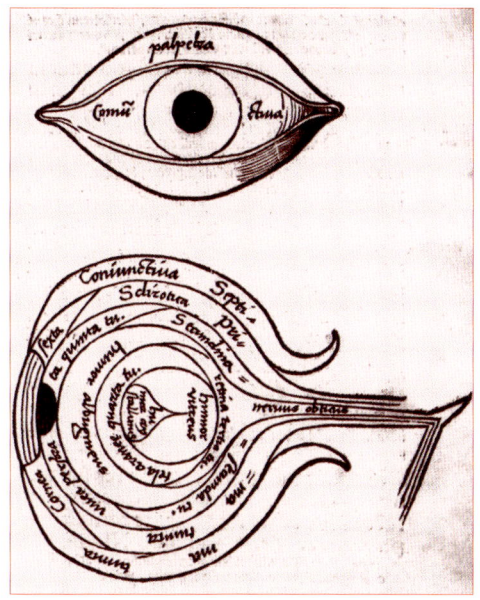

*Das Auge nach mittelalterlichen Vorstellungen.*
*Gregor Reisch, „Pretiosa Margerita", 1502*

In der ägyptischen Religion ist das Auge ein sehr komplexes Symbol. „Das Auge des Horus", das Udjat, das „Allsehende", wird als Polarstern und Erleuchtung gedeutet. Auge und Augenbraue des altägyptischen Gottes Horus stellen Stärke und Macht dar. Zwei geflügelte Augen sind die beiden Bereiche des Himmels, Norden und Süden, Sonne und Mond. Das rechte Auge ist die Sonne und Re und Osiris, das linke der Mond und Isis.

Im Hinduismus stellt das dritte Auge Shivas – die Perle in der Mitte der Stirn – spirituelles Bewusstsein, transzendente Weisheit dar. Das Auge des vedischen Gottes Varuna ist die Sonne. Im Buddhismus steht das Auge für Licht und Weisheit. Das dritte Auge Buddhas ist spirituelles Bewusstsein, transzendente Weisheit. In westlichen esoterischen Lehren ist „drittes Auge" die symbolische Bezeichnung für das auf der Stirn (zwischen den Augenbrauen) liegende sechste ▶Chakra oder Ajna-Chakra im Kundalini-Yoga – für Okkultisten der Sitz übernatürlicher Fähigkeiten. In China und Japan ist das linke Auge die Sonne, das rechte Auge der Mond. Das rechte Auge der shintoistischen Gottheit Izanagi hat den Mondgott hervorgebracht.

In den sumero-semitischen Religionen stellt das Auge Ea bzw. Enki dar, den „Herrn des Heiligen Auges", und bedeutet Weisheit, Allwissenheit, Wachsamkeit. In der iranischen Mythologie besitzt Yima, der mythische Urkönig, der gute Hirte, das Sonnenauge und bewahrt das Geheimnis der Unsterblichkeit. Im Islam ist das „Auge des Herzens" das geistige Zentrum, die Erleuchtung.

Bei den Kelten symbolisierte das Auge den bösen Blick; es war ein Symbol für Böswilligkeit und Neid. Bei den nordamerikanischen Indianern hingegen hat das Auge eine positive Bedeutung: Es ist das Auge des Großen Geistes und steht für Allwissenheit.

In der griechischen Mythologie symbolisiert das Auge Apollon als den, „der vom

*Dieses Medaillon, das die alten Ägypter den Mumien unter den Kopf legten, symbolisiert das Auge eines Gottes (z. B. Re oder Horus), das den Geist des Toten auf seiner Reise in die Unterwelt begleiten sollte.*

Himmel blickt", die Sonne, die auch das Auge von Zeus/Jupiter ist. Der phönikische Kronos hat vier Augen, zwei geöffnet und zwei geschlossen, was ununterbrochene Wachsamkeit symbolisiert.

Im Christentum ist das Auge – von einem Dreieck oder einem Strahlenkranz umgeben – Symbol für die Allgegenwart, Allwissenheit, Allmacht und Heiligkeit Gottes (das Dreieck steht dabei für die Dreifaltigkeit). Die sieben Augen des Lamms in der Apokalypse sind die sieben Geister Gottes. Ein Augenpaar ist Sinnbild der Heiligen Lucia und Ottilia. In der sakralen Architektur ist das Auge die Öffnung zum Himmel in der Mitte der Kuppel eines Tempels, einer Kathedrale, Hütte oder jedes anderen in dieser Tradition gebauten „Weltzentrums"; es verkörpert die Sonnentür, die den Zutritt zu himmlischen Bereichen gewährt.

### Aureole ▶Nimbus

### Aussaat
Der Schöpfungsakt; das Eindringen des Samens in die Mutter Erde; im religiösmoralischen Sinn außerdem ein Symbol für die Tatsache, dass wir früher oder später – im Diesseits oder Jenseits – die Früchte unserer Taten ernten werden. („Man kann nicht säen, was man nicht geerntet hat.") (▶Samenkorn)

### Aussätziger
Der Unreine; der Ausgestoßene; der geistlich und moralisch Gefallene.

### Ausschweifung
Symbole für Ausschweifung sind die Ziege, das Schwein und der Affe.

### Auster
Ein Symbol für den Schoß, die Fruchtbarkeit, die Schöpferkraft des weiblichen Prinzips; Geburt und Wiedergeburt, Initiation. In China bringt man einer Frau, die gerade ein Kind bekommen hat, Austern – ein Symbol für den Wunsch, dass das Kind bald einen jüngeren Bruder bekommen möge.

### Auswanderung
Ein Traumsymbol, das darauf hindeutet, dass der Träumende auf der Suche nach etwas Neuem (Neubeginn oder Abenteuer) und mit seinem jetzigen Leben nicht hundertprozentig zufrieden ist. Möglicherweise steht auch eine Veränderung bevor, deren Bedeutung für sein Leben er noch nicht richtig einzuschätzen weiß: Er ist im Begriff, Neuland zu betreten.

### Autopanne
Eine Autopanne oder ein Stau ist ein Traumsymbol, das bedeutet, dass das Leben des Träumenden in irgendeiner Hinsicht ins Stocken geraten ist: Er kommt mit seinen Plänen oder bei der Lösung eines Problems nicht weiter.

### Autoritätsperson
In Träumen kommen häufig Autoritätspersonen wie Vater, Lehrer oder Chef vor. Wenn solche Träume sich häufiger wiederholen und die Autoritätsperson darin eine negative Rolle spielt oder der Träumende dabei unangenehme Gefühle (Angst, Gefühl der Wehrlosigkeit) hat, deutet dies darauf hin, dass er auch in seinem realen Leben Probleme mit Autoritätspersonen (z. B. mit dem Vater) hat oder hatte.

### Axt, Beil
Schon seit prähistorischer Zeit ein Symbol göttlicher Macht, vor allem Sinnbild des vom Himmelsgott zur Erde herabgeschleuderten Blitzes; kann aber auch ein Symbol des Donners und der Schöpferkraft des

*Die Axt war ein Attribut des heiligen Wolfgang, 1892*

Im Hinduismus ist die Axt – zusammen mit Holz und Blasebalg – Attribut des Feuergottes Agni. Vishnu hält eine Axt in der Hand, mit der er den Baum Samsara (den leidvollen Kreislauf der Wiedergeburten) fällt. Auch im Buddhismus teilt die Axt den Kreis von Geburt und Tod. In China symbolisiert sie Gerechtigkeit, Richterspruch, Autorität und Strafe; die Opferaxt steht für den Tod des der Sinnenlust verhafteten, unwissenden Menschen.

In der babylonischen Religion war die Axt ein Attribut des Vegetationsgottes Tammuz. Die hethitische Axt und Doppelaxt ist ein Attribut von Teschub, dem Sonnengott und Herrn des Himmels, und symbolisiert höchste Gewalt.

In der griechischen Mythologie ist die Axt ein Attribut des obersten Gottes Zeus. Der Ursprung der Doppelaxt auf Kreta ist ungewiss. Vermutlich stand sie auch hier für höchste Gewalt und für die Macht und Gegenwart der Gottheit; wahrscheinlich war die minoische Doppelaxt nicht so sehr ein Symbol als vielmehr eine direkte Verkörperung der Gottheit – ihr wurde übernatürliche Macht zugeschrieben.

Im Christentum ist die Axt ein Sinnbild für Martyrium und Zerstörung und Attribut verschiedener Heiliger.

himmlischen Regens sein. Die Doppelaxt ist mit der Vorstellung von der heiligen Vereinigung des Himmelsgottes und der Erdgöttin verbunden (▶Ehe) und steht gleichzeitig für Donner und Blitz.

In der westafrikanischen Yoruba-Religion symbolisiert die Doppelaxt die magische Macht und den Donnerkeil des Sturmgottes. Bei den alten Ägyptern war die Axt ein Sonnensymbol; bei den Kelten war sie Attribut eines göttlichen Wesens oder eines Häuptlings bzw. Kriegers.

## Azalee

Ein Symbol der Vergänglichkeit. In China steht die Azalee für weibliche Anmut und Schönheit.

## Ba

In der ägyptischen Religion die Seele, dargestellt als Vogel oder auch als Vogel mit Menschenkopf.

## Baby

Als Traumsymbol kann das Baby für einen Kinderwunsch, aber auch für die Sehnsucht nach etwas Neuem stehen.

## Bad

Ein Symbol der Reinigung (z. B. von einer Sünde oder einer bösen Tat), Erneuerung und Regeneration.
▶Ablution ▶Fluss ▶Wasser

## Ba Gua, Pa-kua

Die Basis des I Ging, eines uralten chinesischen Orakelsystems. Der Legende nach wurde es vom ersten Kaiser von China, Fu Hsi, entwickelt. Es besteht aus acht verschiedenen Diagrammen (so genannten Trigrammen), die normalerweise in achteckiger Form angeordnet sind und jeweils aus drei durchbrochenen oder undurchbrochenen Linien bestehen. Die unterbrochenen Linien sind Yin, die durchgehenden Yang. Später wurden diese Trigramme zu insgesamt 64 verschiedenen ▶▶Hexagrammen (S. 224) zusammengesetzt, die jeweils aus sechs Linien bestehen und zum I-Ging-Orakelnehmen verwendet werden.

Jedes Trigramm im Ba Gua verkörpert eine Naturerscheinung und zugleich ein bestimmtes Prinzip. Den einzelnen Trigram-

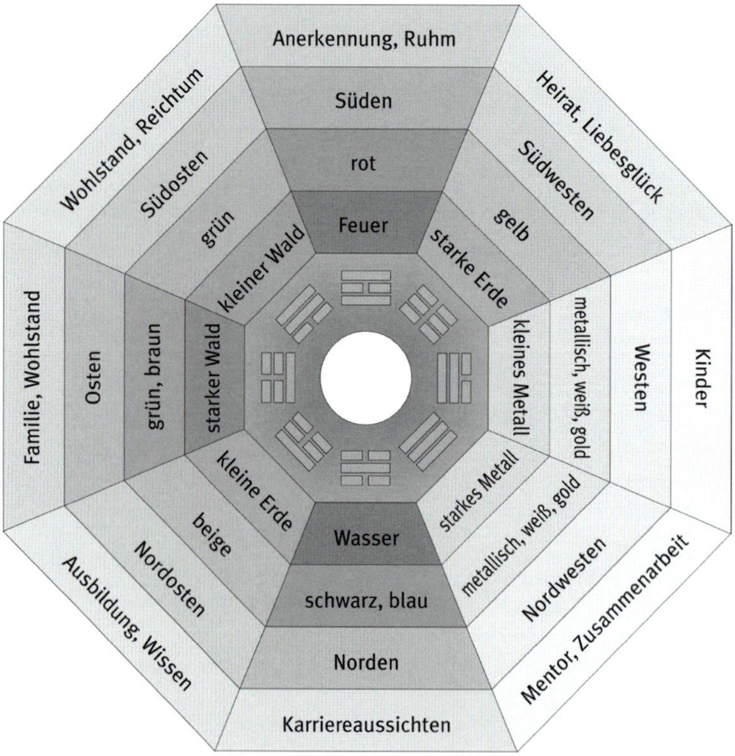

Anerkennung, Ruhm

Süden

rot

Feuer

Heirat, Liebesglück

Südwesten

gelb

starke Erde

Wohlstand, Reichtum

Südosten

grün

kleiner Wald

kleines Metall

metallisch, weiß, gold

Westen

Kinder

Familie, Wohlstand

Osten

grün, braun

starker Wald

kleine Erde

beige

starkes Metall

metallisch, weiß, gold

Nordwesten

Mentor, Zusammenarbeit

Ausbildung, Wissen

Nordosten

Wasser

schwarz, blau

Norden

Karriereaussichten

*Das Ba Gua ist die Grundlage des „Buchs der Wandlungen" (I Ging).*

men sind auch verschiedene Himmelsrichtungen, Tiere und Körperteile zugeordnet:

**Kiën:** Himmel, Firmament; das Aktive; die Macht des Geistes; unermüdliche Kraft, Ausdauer und schöpferische Energie; das männliche Prinzip; der Vater; der Kopf; das Pferd; der Süden.

**Dui:** das Heitere; der See; Sümpfe; Nebel, Wolken; Absorption; Befruchtung, Fruchtbarkeit, aufnahmebereite Weisheit; Erfüllung; sinnliches Vergnügen; das Schaf; Mund und Lippen; der Südosten.

**Li:** Feuer, die Sonne, der Blitz; Hitze, Eifer; die Weisheit der Ergebenheit; Reinigung; Heiterkeit, Eleganz, Schönheit und Intelligenz; die Augen; der Pfau; der Osten.

**Dschen:** Donner; belebende Energie; Macht, Wille, Impuls, Bewegung; Gewaltsamkeit, Spontaneität, Entschlossenheit; Erregung, Kraft und Geschwindigkeit; der Drache; der Fuß; der Nordosten.

**Sun:** Wind; das Sanfte und Eindringende; der Intellekt; der Odem des Lebens; der Geist; Beharrlichkeit; Flexibilität; der Wald; der Oberschenkel; der Hahn; der Südwesten.

**Kan:** Wasser, Regen, Flüsse; der Mond; die Wunschnatur; Gefühle; Instabilität; Reinigung; Einbildungskraft; Schwierigkeit; Gefahr; das Ohr; das Schwein; der Westen.

**Gen:** Berge; physische Natur; Aufsteigen; Stille, Abgeschiedenheit, Einsamkeit; Ernst und Meditation; der Hund; die Hand; der Nordwesten.

**Kun:** Erde; der sanfte, passive, empfangende Aspekt des schöpferischen Geistes; die Formung der Urmaterie; liebe-

*Kaiser Fu-hi aus der Vorzeit mit dem Ba Gua links und der Schildkröte rechts. Die Schildkröte symbolisiert den Kosmos. Ihr Panzer ist nach seinem Vorbild geformt: Unten der quadratische, oben der runde Schalenpanzer. Die Chinesen glaubten, dass die Erde quadratisch sei und darüber sich das Himmelsgewölbe erhebe.*

volle Hingabe; die Mutter; Bauch und Ernährung; die Kuh; der Norden.

## Bahnhof

Ein Traumsymbol, das für Abschied und Aufbruch, den Beginn einer neuen Lebensphase oder den Aufbruch zu einem neuen Ziel steht. Er ist ein Zeichen dafür, dass im Leben des Träumenden eine Veränderung eingetreten ist oder unmittelbar bevorsteht.

## Bahnsignale ▶▶Eisenbahnsignale, S. 124

## Baldachin

Ein Ehrendach aus Seide, das geistliche oder weltliche Autorität, Königswürde und unumschränkte Herrschergewalt symbolisiert – meist über Altären, Thronen, Kanzeln oder Betten angebracht. Im Hinduismus steht ein viereckiger Baldachin für Priester, ein runder für Könige. Ein weißer Baldachin steht für den reinen Geist, der das Dharma ergreift und Menschenwesen schützt. In China symbolisiert der Baldachin Königswürde oder eine würdige Person; im Christentum wird er bei kirchlichen Prozessionen zum Schutz und zur Ehrung an Stangen über geistlichen Würdenträgern oder dem bei der Prozession mitgeführten Allerheiligsten getragen.

### Baldrian

Ein Symbol für Verstellung und Heuchelei; in der griechisch-römischen Mythologie Hermes/Merkur zugehörig.

### Ball

Der Ball kann sowohl die Sonne als auch den Mond verkörpern; Ballspiele stehen mit Sonnen- und Mondfesten und -riten in Verbindung. Sie stehen symbolisch für die Macht der Götter, die die Planeten und Sterne über den Himmel werfen. In der griechischen Mythologie sind goldene Bälle Attribute der Harpyien (▶Fabelwesen).

### Bambus

Ein Symbol für Anmut, Beständigkeit, nachgiebige, aber gleichzeitig widerstandsfähige Kraft, da der Bambus sich vor dem Sturm beugt, sich aber hinterher wieder erhebt. In China symbolisiert diese immergrüne Pflanze Langlebigkeit und ein hohes Lebensalter voller Kraft und Gesundheit, steht aber gleichzeitig auch für kindliche Liebe und die Winterszeit; zusammen mit der Pflaume und der Pinie gilt der Bambus als einer der „drei Freunde des Winters". Der siebenknotige Bambus bedeutet die sieben Stufen der Initiation und Anrufung.

*Der Bambus ist eine zähe Pflanze. Insofern steht sie für Ausdauer und Langlebigkeit.*

Bambus und Sperling zusammen stellen Freundschaft dar; der Bambus mit dem Kranich steht für langes Leben und Glück. In Japan symbolisiert der Bambus Hingabe und Wahrhaftigkeit.

### Banane ▶Pisang

### Band ▶Schnur

### Bande

Bande werden durch alle Dinge symbolisiert, die binden oder umschlingen: Seile, Schnüre, Fesseln, Fangschlingen, Stricke, Fallstricke, ▶Netze, ▶Ketten, ▶Fäden usw. Dies alles sind Attribute von Totengöttern, die die Macht des Bindens und Lösens (d. h. die Macht über Leben und Tod) besitzen, gleichzeitig aber auch über die Toten richten, die Schuldigen binden und in Ketten legen und die Gerechten befreien.

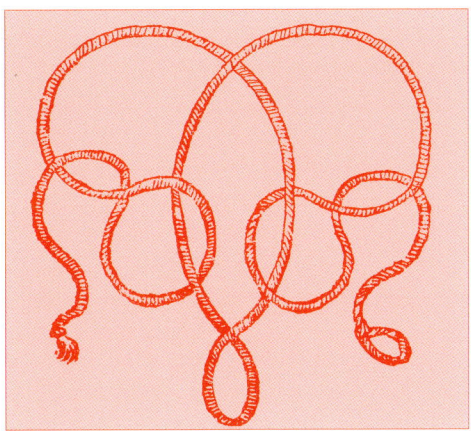

*Ein Band, eine Schnur, eine Kette verbinden und fesseln zugleich – ein Symbol, das sehr verschiedene Bedeutungen haben kann.*

Die Großen Mütter, die alle Spinnerinnen (▶Spinne, ▶Spindel), Weberinnen (▶Weben) und Binderinnen sind, verkörpern das Schicksal, die Zeit, die Endlichkeit und das Unentrinnbare – das, was geschehen muss, was sich nicht verhindern lässt.

In den altnordischen Religionen ist Wotan/Odin ein magischer „Gott der Stricke". In der griechischen Mythologie bindet Uranos seine Rivalen und repräsentiert gleichzeitig das Schicksal; außerdem gibt es die Fesseln des Chronos, der die Personifikation, der Gott der Zeit war; alle Schicksalsgöttinnen weben und binden.

Auch in den sumero-semitischen Religionen kommt Banden und Schlingen eine wichtige symbolische Bedeutung zu. Das Seil bzw. Band war in Babylon ein Symbol für das kosmische Prinzip, das alle Dinge vereint, und für das Gesetz, das alle Dinge stützt und zusammenhält. Der sumerische Vegetationsgott Dumuzi/Tammuz ist der „Herr der Schlingen"; Marduk, der Stadtgott von Babylon, ist ein Meister im Binden mit Fangschlingen, Seilen und Netz. Der mesopotamische Regen- und Wassergott Ea bindet durch Magie; der sumerisch-babylonische Gott Enlil und seine Gemahlin Ninlil sind Mondgottheiten, die die Schuldigen mit Netzen fangen.

Im Hinduismus symbolisiert die Schlinge Wissen und geistige Macht, kann aber auch Tod bedeuten. Der vedische Gott Varuna – allwissender Hüter der Wahrheit und des Rechts und der „Meister der Schlingen" – bindet mit magischer Kraft und trägt eine Schlinge um die Schultern, mit der er die Sünder bindet. Die Schlinge symbolisiert gleichzeitig auch die Sünden, durch die sich die Menschen an die Unwissenheit binden. Yama, der buddhistische Herrscher der Höllen, hält die Bande des Todes und trägt eine Schlinge.

In der römischen Mythologie trug der Gott Saturn stets eine Fußfessel – mit Ausnahme der Saturnalien, während derer das Chaos herrschte.

Bande und das Binden symbolisieren auch Unterwerfung, Sklaverei, Knechtschaft, Gefangenschaft. Eine silberne Schnur bindet die Seele während des Lebens an den Körper und wird zerschnitten, um die Seele beim Tode freizulassen. Marine- und Militärschnüre, Streifen, Tressen, Ordensketten usw. sind Symbole der Bindung an ein Amt.

## Bandera de la Raza

(„Fahne der Rasse"), ein Symbol, das an die gemeinsamen historischen Wurzeln und die

*Die Bandera de la Raza – Symbol der kulturellen Zusammengehörigkeit aller lateinamerikanischen Völker*

*Banner erlauben es, die Truppen zu unterscheiden. Zeichnung von G. A. Cloß, um 1890*

kulturelle Zusammengehörigkeit der latein-amerikanischen Völker trotz der staatlichen Zersplitterung Mittel- und Südamerikas gemahnen und die Erinnerung daran wach-halten soll. Die Fahne zeigt drei purpurne Kreuze auf weißem Feld; das mittlere ist etwas größer als die beiden anderen und von einer bronzenen „Inka-Sonne" gekrönt. Die weiße Farbe des Untergrunds symboli-siert die Sehnsucht der Völker nach Frie-den; die drei Kreuze erinnern an die Kreu-ze, mit denen die Segel auf den Karavellen des Kolumbus geschmückt waren, und sol-len den Entdecker Amerikas ehren. Das Symbol der Inka-Sonne bezieht auch die Ureinwohner Mittel- und Südamerikas – die indianische Bevölkerung – in die natio-nale Gemeinsamkeit mit ein. Der Entwurf für die Fahne und der Name „Bandera de la Raza" stammen von dem uruguayischen Hauptmann Angel Camblor. Die Fahne wurde am „Día de la Raza", dem 12.10.1932, in Montevideo erstmals öffent-

lich gehisst. (Der „Día de la Raza", an dem Christoph Kolumbus im Jahre 1492 die Neue Welt erreichte, ist in Lateinamerika ein Festtag.)

### Banner

Ein Symbol für Sieg und Eroberung; die Standarte eines Kaisers, Königs oder Fürs-ten, die einen Sammelpunkt in der Schlacht bestimmt. Im Hinduismus symbolisiert „Ketu", die indische Flagge, den Sieg über die Finsternis. Im Buddhismus bedeutet das Hissen des Dharma-Banners die Proklamie-rung der „höchsten Lehre". Im Christen-tum ist das Banner ein Siegessymbol. Das Feldzeichen mit dem Kreuz symbolisiert den Sieg über Sünde, Tod oder Verfolgung. ▶▶Wappen, S. 424

### Bär

Der Bär ist ein Symbol der Auferstehung und des neuen Lebens, da er im Frühling nach dem Winterschlaf mit seinem neuge-borenen Jungen wieder aus seiner Winter-höhle herauskommt. Daher ist er auch ein Sinnbild der Initiation und steht mit Riten der Überfahrt in Verbindung.

In der altnordischen und germanischen Mythologie war der Bär dem Donnergott Thor heilig. Die Bärin Atla verkörperte das weibliche und der Bär Atli das männliche

*Der Bär ist ein Symbol für Kraft und Klugheit zugleich.*

*Der Bär war schon kurz nach der Stadtgründung 1237 das Wappentier Berlins.*

**Prinzip.** Im Schamanismus ist der Bär ein Bote der Waldgeister; bei den Indianern symbolisiert er übernatürliche Macht, Stärke und Standhaftigkeit. In der griechisch-römischen Mythologie war der Bär der Jagd- und Mondgöttin Artemis/Diana heilig. Mädchen, die an den Riten der Artemis teilnahmen, wurden „arktoi" (Bärin-

nen) genannt und ahmten diese Tiere nach. Kallisto, die Tochter des arkadischen Königs Lykaon, war eine Gefährtin der Artemis. Als diese entdeckte, dass Kallisto von Zeus schwanger war, verwandelte sie sie in eine Bärin. Es gibt auch noch eine andere Version dieses Mythos, nach der Zeus Kallisto nach der Geburt ihres Sohnes Arkas zum Schutz vor der eifersüchtigen Hera in eine Bärin verwandelte und später als „Großen Bären" zusammen mit Arkas (dem „Kleinen Bären") an den Sternenhimmel versetzte.

In China steht der Bär für Tapferkeit und Stärke, in Japan für Weisheit und Wohlwollen. Im Christentum ist er ein Symbol für den Teufel und das Böse, für Grausamkeit, Habgier und Sinnenlust. Der Kampf Davids mit dem Bären symbolisiert den Konflikt zwischen Jesus Christus und dem Teufel. Man nahm an, dass die Bärenjungen ungestalt geboren würden; daher wurde der Bär auch zum Symbol für die umwandelnde, erneuernde Macht des Christentums gegenüber den Heiden.

Der Berliner Bär, das Wappentier Berlins, erhielt in der Zeit des „Kalten Krieges" zwischen West und Ost die Bedeutung eines Freiheitssymbols. Berlin führt den Bären laut Artikel 5 seiner Verfassung vom 1.9.1950 im Wappen.

### Bärenklau, Acanthus
In den Mittelmeerländern ist der Bärenklau ein Symbol für Leben und Unsterblichkeit; im Christentum stellen seine Dornen Schmerz, Sünde und deren Bestrafung dar.

### Bart
Bei allen barttragenden Völkern gilt der Bart als Symbol von Kraft, Mut, Weisheit, Würde und Männlichkeit. Im Westen symbolisiert er das Mannesalter, im Osten das Greisenalter. Viele männliche Gottheiten

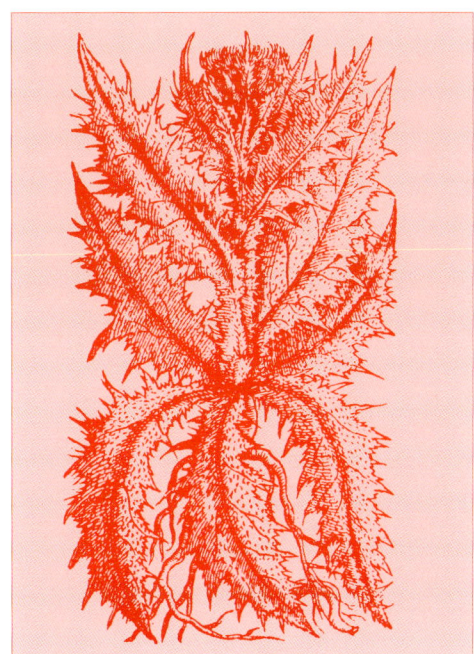

*Bärenklau*

(z. B. Indra, Zeus, Jupiter und Poseidon) werden mit Bart dargestellt. Der Bart von Himmelsgöttern wie Zeus/Jupiter wird unterschiedlich interpretiert: als Sonnenstrahlen, die auf die Erde herniederfallen, oder als fruchtbarer Regen. Bärtige Göttinnen (z. B. Astarte und Venus Mylitta) symbolisieren den ▸Androgyn. Im alten Orient war der Bart ein Standessymbol der Herrscher und Priester. Bei den Germanen war das Abscheren des Bartes ein Symbol des Ehrverlusts.

### Basilikum
Ein Unheil abwehrendes Kraut, das früher bei Bestattungen und Totenriten Verwendung fand.

### Basilisk
Ein Fabeltier, das durch seinen Blick oder seinen Atem Menschen töten kann. ▸Fabelwesen

*Der Basilisk ist ein Mischwesen aus Hahn und Drachen und tötet allein mit seinem Blick.*

### Bauch
Im Westen ein Symbol für großen Hunger, im Orient der Sitz des Lebens. Der Bauch

eines Walfischs, sonstigen großen ▸Fischs oder ▸Fabelwesens steht für die Hölle oder den Hades, den ▸Abstieg in die Unterwelt, Rückkehr in den Mutterschoß (▸Regressus ad uterum) und anschließende Wiedergeburt oder auch für Tod und Wiedergeburt. Bei der Initiation symbolisiert der Bauch den Erwerb von geheimem oder heiligem Wissen über Tod und Auferstehung.

Im Hinduismus wird der Gott der Weisheit, Ganesha, mit fettem Bauch dargestellt; der Bauch steht für Schlemmerei, ist also ein Zeichen des Wohlstands. Eine ähnlich positive Bedeutung hatte der Bauch auch im alten China: Er stand dort für das Lebensideal des Reichtums. Auch Buddha wird in China häufig mit dickem Bauch und glückseligem Lachen dargestellt: Das Lachen ist ein Symbol für seine innere Ruhe und Gelassenheit; der dicke Bauch des „lachenden Buddha" steht für Wohlstand.

In Japan gilt der Bauch („Hara") als Zentrum des Körpers und Sitz des Lebens. In der Alchemie stellt die Dunkelheit des Bauches das transformierende Laboratorium dar.

### Baum
Der Baum hat sehr verschiedene symbolische Bedeutungen.

Als Weltenbaum ist er in vielen Kulturen und Religionen ein Symbol für die Weltachse (axis mundi, ▸Achse). Häufig ist der Weltenbaum auf dem Gipfel eines Berges stehend abgebildet, manchmal auch auf einer Säule. Bisweilen ist er so dargestellt, dass seine Zweige auseinander streben und sich dann wieder vereinigen; oder es entspringen zwei Stämme aus einer Wurzel; oder zwei einzelne Bäume sind nur über einen einzigen Zweig miteinander verbunden, aus dem ein Reis hervorspießt. All dies sind Symbole dafür, dass jede Manifestation

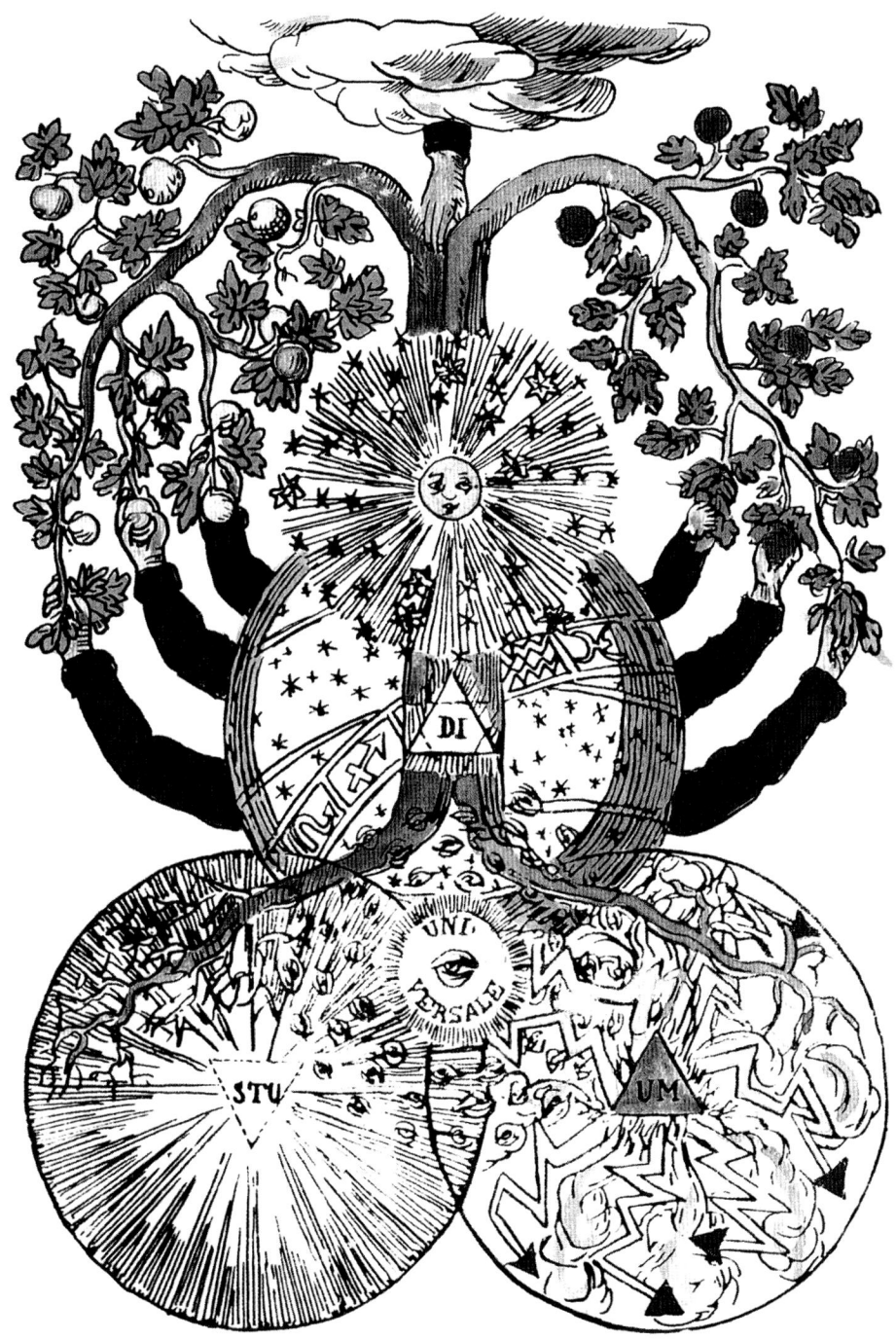

*Die Abbildung des Baums der Erkenntnis entstammt einem anonymen Werk mit dem Titel „Geheime Figuren der Rosenkreuzer aus dem 16ten und 17ten Jahrhundert" (1785). Chemie und religiöse Erbauung gingen eine eigentümliche Synthese ein.*

von der Einheit zur Verschiedenheit und wieder zurück zur Einheit strebt – zur Vereinigung von Himmel und Erde.

Der Baum ist in der Tiefe der Erde (im Weltzentrum) verwurzelt und steht mit den Wassern in Verbindung; und so wächst er in die Welt der Zeit hinein, setzt Ringe an, die sein Alter verkünden, und seine Zweige reichen bis in den Himmel und in die Ewigkeit – auch dies ein Sinnbild für die Verbindung von Himmel und Erde.

Bei den Germanen war der Weltenbaum (und gleichzeitig auch Quelle allen Lebens) die heilige Esche ▶Yggdrasil. Bei den Sumerern symbolisierte der Baum des Lebens kosmische Erneuerung; er hatte sieben Zweige, die für die sieben Planeten und die sieben Himmel standen. Der babylonische Lebensbaum, um den das Universum kreist, hat Zweige aus Lapislazuli und trägt wundersame Früchte. Bei den australischen

*Holzschnitt aus Hieronymus Bocks „Kreutterbuch" von 1577: Der Totenschädel hinter dem Apfelbaum rechts weist auf die Strafe für den Sündenfall hin, den Tod.*

*Adam und Eva, in der Mitte der Apfelbaum, den der Totenschädel als Baum der Sünde charakterisiert. „Ortus Sanitatis von Meydenbach (1491)"*

Aborigines trägt der Weltenbaum das Himmelsgewölbe, und in seinen Zweigen wohnen die Sterne.

Im Hinduismus ist der Kosmos ein großer Baum, der seine Wurzeln in der Unterwelt, seinen Stamm in der Welt der Menschen und der Erde und seine Zweige in den Himmeln hat. Manchmal ist der kosmische Baum so dargestellt, als erwachse er aus dem Welten-Ei und treibe auf dem Ozean des Chaos. Hin und wieder werden auch zwei Bäume mit übereinander liegenden Stämmen abgebildet, von denen der eine göttlich-himmlisch und der andere irdisch ist – ein Symbol dafür, dass diese beiden Welten in Wirklichkeit Spiegelbilder sind: „zwei Erscheinungsformen, ein Wesen".

Im Islam steht der Baum der Gnade, der weder Ost noch West, sondern das Zentrum ist, für geistliche Gnade und Erleuchtung – das Licht Allahs, das die Erde erleuchtet.

Häufig symbolisiert der Baum auch das

weibliche Prinzip, den nährenden, schützenden, Zuflucht und Geborgenheit schenkenden Aspekt der Großen Mutter. Bäume werden daher häufig in Frauengestalt dargestellt. Außerdem verkörpert der Baum immerwährendes Wachstum und Nahrung: Bäume, die lebensnotwendige Nahrung hervorbringen, galten in den verschiedensten Kulturen und Zeitaltern als heilig, so z. B. der Weinstock, der Pfirsichbaum und die Dattelpalme.

In vielen Kulturen und Mythologien war der Baum Aufenthalts- bzw. Erscheinungsort des Göttlichen – ein Wohnort von Göttern oder Geistern. Daher waren Bäume, Haine und Wälder vielfach Kult- oder Ora-

kelstätten, in denen die Menschen Götter verehrten, heilige Riten vollzogen oder sich göttliche Offenbarungen über die Zukunft erhofften. Der Baum kann die Gottheit offenbaren oder ihr Sprachrohr sein, wie z. B. die ▶Eiche von Dodona oder der ▶brennende Busch des Moses. Bei den Kelten galten verschiedene Bäume als heilig, so z. B. die gallische Erle, die irische Stechpalme und die gälische Eberesche, die gleichzeitig auch magische Kräfte besaß. Ein knorriger, verdreht gewachsener Baum ist magisch oder heilig und kann sich in positiver oder negativer Weise auf das Schicksal der Menschen auswirken.

Das Erklettern von Bäumen symbolisiert

*Der Weltenbaum der Azteken; im Mittelpunkt der Feuergott Xiuhtecutli (aus dem altmexikanischen Codex Fejervary-Mayer)*

*In dieser Kreuzigungsszene von Giovanni da Modena wird Christus an dem Baum gekreuzigt, von dem Adam und Eva die Frucht des Sünden- falls aßen – ein Symbol der Erlösung der Mensch- heit von der Ursünde.*

den Übergang von einer Ebene zur anderen: Aufstieg zu den Göttern oder zum Himmel; die Erlangung esoterischen Wissens oder nur Eingeweihten zugänglicher Erkenntnis dadurch, dass man die Welt transzendiert. Im Schamanismus und in Mythen kommt es auch vor, dass Pfähle, Lianen oder andere Kletterpflanzen erklommen werden, um in andere Reiche vorzudringen und magische Kräfte oder Erkenntnisse zu erlangen.

Der blühende, Früchte tragende Baum ist ein Symbol des Lebens. Daher war es auch ein weit verbreiteter Brauch, bei der Geburt eines Kindes einen Baum zu pflanzen. Ein immergrüner Baum steht für ewiges Leben, Unsterblichkeit; vor allem in China wird immergrünen Bäumen wie z. B. dem Bam- bus und der Kiefer die symbolische Eigen- schaft der Langlebigkeit und Beständigkeit zugeschrieben. Ein abgestorbener Baum dagegen ist Sinnbild von Sünde, Tod und Vergänglichkeit. Ein Laubbaum steht für ständige Erneuerung, Regeneration und Auferstehung.

In der jüdischen Geheimlehre der Kabba-

la, die auch viele westliche esoterische Leh- ren beeinflusst hat, ist der Lebensbaum oder Weltenbaum ein zentrales Symbol. Er besteht aus zehn Sephiroth: den zehn ver- schiedenen Manifestationsstufen Gottes, über die Er sich aus sich selbst herausbe- wegt und wieder in sich selbst zurückkehrt. Diese zehn Sephiroth sind: 1) Kether („Krone": der anfängliche Wille Gottes – die höchste Ursache des Weltalls); 2) Chok- mah (die Weisheit oder Uridee Gottes – der Same aller Dinge); 3) Binah (die göttliche Intelligenz); 4) Chesed (die Liebe, Gnade und Güte Gottes); 5) Geburah (die Macht und Strenge Gottes); 6) Tiphereth (die Barmherzigkeit, Pracht und Schönheit Got- tes); 7) Nezach (die „beständige Dauer", der Sieg Gottes); 8) Hod (die Herrlichkeit und Majestät Gottes); 9) Jesod (der Grund aller zeugenden Kräfte Gottes); 10) Malkuth

*Das Gemälde „Madonna mit Kind und die heilige Anna" von Gerolamo dai Libri zeigt die drei im Schatten eines Baumes Schutz suchend, der sowohl den Baum des Sündenfalls als auch den Baum des Kreuzestodes symbolisiert.*

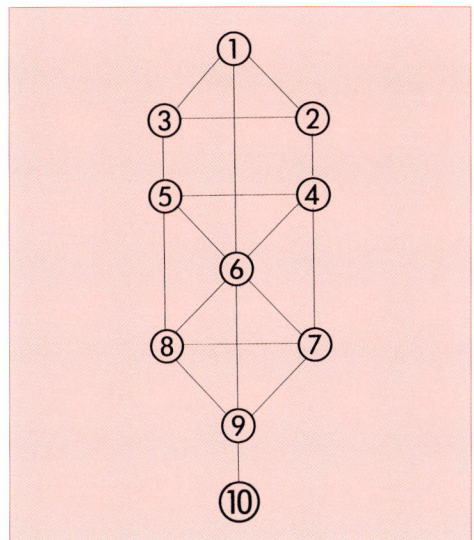

Der kabbalistische Baum des Lebens mit den 10 Sephiroth: 1. Kether, 2. Chokmah, 3. Binah, 4. Chesed, 5.Geburah, 6. Tiphereth , 7. Nezach, 8. Hod, 9. Jesod, 10. Malkuth

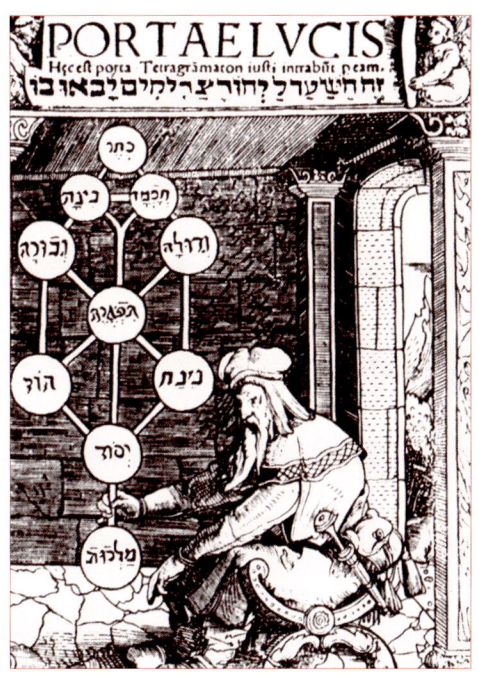

(das Innewohnen Gottes in der Schöpfung). In der Schöpfung ist nur das Wirken der sieben untersten Sephiroth erkennbar; die oberen drei (Kether, Chokmah und Binah) entsprechen der göttlichen Lichtwelt, die durch einen Schleier von den sieben unteren Sephiroth getrennt ist, sodass der Mensch sie nicht wahrnehmen kann.

Auch im Christentum kommt dem Baum eine wichtige symbolische Bedeutung zu: Im Paradies wuchsen der Baum des Lebens und der Baum der Erkenntnis. Der Baum des Lebens steht in der Mitte und bedeutet Regeneration, die Rückkehr zum uranfänglichen Zustand der Vollkommenheit – er ist die kosmische Achse und ein Symbol der Einheit. Dagegen ist der Baum der Erkenntnis dualistisch, denn er vermittelt die Erkenntnis von Gut und Böse. Der verbotene Genuss seiner Frucht führt zum Sündenfall und zur Vertreibung Adams und Evas aus dem Paradies. (▶Apfel)

Gleichzeitig ist der Baum, der sowohl gute als auch schlechte Früchte tragen kann, in der christlichen Symbolik aber auch ein Abbild des Menschen; und der Baum als Sinnbild der Erneuerung durch den Tod Christi am Kreuz versinnbildlicht die Auferstehung. Der Baum des Kreuzes war symbolisch aus dem Holz des Baumes der Erkenntnis gefertigt: Heil und Leben sollten sich an jenem Baum erfüllen, durch den Sündenfall und Tod über die Menschheit gekommen waren – ein Symbol für den Sieg des Göttlichen über das Böse.

Der Baum des Lichts bzw. der himmlische Baum, der in der Nacht leuchtet, ist der Baum der Wiedergeburt, an dem jede Kerze bzw. jedes Licht eine Seele darstellt, z. B. bei buddhistischen Totenfesten, beim christlichen ▶Weihnachtsbaum und beim germanischen Tannenbaum Wotans, dessen Lichter und leuchtende Kugeln Sonne, Mond und Sterne an den Zweigen des Weltenbaumes symbolisieren. Geschenke am Baum waren Gaben an die Götter wie z. B.

Dionysos oder Kybele. Wotan hingegen beschenkte diejenigen, die seinen Baum verehrten.

### Becher
Symbol der Verbundenheit und Freundschaft. Man reicht sich den Becher beim Gelage oder Mahl von Hand zu Hand und signalisiert damit, dass man sich miteinander verbunden fühlt. Dieser Sinn steckt auch in dem Brauch, zur Begrüßung von Gästen z. B. ein Glas Champagner zu reichen und sich gegenseitig zuzutrinken. ▶Kelch

### Becken
Die beiden Halbkugeln der Erde; die Bewegung der Elemente. Becken fanden zusammen mit Trommel und Tamburin bei Orgien zur Untermalung ekstatischer Tänze Verwendung, vor allem bei den Riten des Dionysos/Bacchus und dem Kult für Kybele und Attis. Außerdem war das Becken ein Attribut der Kybele.

### Baumkreuz
Spezielle Form des Kreuzes Christi mit Blättern, Früchten und Blüten, findet man häufig in Italien und Deutschland. Das Baumkreuz ist ein Symbol der Todesüberwindung.

### Behemoth ▶Fabelwesen

### Beil ▶Axt

### Beleibtheit
Beim hinduistischen Gott Shiva verkörpert sie geistige Fähigkeiten, hohen Rang und Bedeutsamkeit. Die Rundheit des chinesischen Gottes des Reichtums und des hinduistischen Ganesha ist ein Symbol für Wohlstand. ▶Bauch

### Berg
Da der Berg ähnlich wie der Baum Himmel und Erde miteinander verbindet, ist er ein Symbol für das Weltzentrum, die Weltachse (▶Achse). Im Hinduismus ist Meru der goldene Weltenberg, der Wohnsitz der Götter, der im Zentrum des Universums steht und die Achse der Welt bildet. Im mittelalterlichen Christentum galt der Kalvarienberg

*Der Berg ist ein Symbol für das Weltzentrum: Mensch, Tiere und Pflanzen leben hier in Harmonie zusammen. Die Abbildung zeigt eine chinesische Darstellung.*

*Der Fujiyama in Japan wird als heiliger Berg verehrt.*

(Golgatha) als Mittelpunkt der Welt. Als Ort der Begegnung von Himmel und Erde steht der Berg gleichzeitig für das Göttliche, die Wohnstatt der Götter oder die Verbindung des Menschen mit Gott: In fast allen Religionen gibt es heilige Berge, z. B. der heilige Berg Athos in Griechenland oder der Fujiyama in Japan. Vor diesem symbolischen Hintergrund ist auch die Himmelfahrt Christi auf dem Ölberg zu verstehen. Tempel wurden häufig in der Form von Bergen gebaut, wie z. B. Borobudur auf Java und die Inka-Tempel, die das Weltzentrum und den Aufstieg der Seele symbolisierten. Im alten China waren Bergkulte weit verbreitet. Wem es gelang, die neun Stufen des im Nordwesten Chinas gelegenen Weltenbergs K'un-lun emporzusteigen, dem war die Unsterblichkeit gewiss. Auch die nordamerikanischen Prärieindianer begaben sich bei ihrer Visionssuche häufig auf einen Berg oder Felsen, weil sie sich dort dem Himmel und damit Gott besonders nahe fühlten. Pilgerfahrten zu heiligen Bergen symbolisieren die Sehnsucht nach dem Göttlichen, die Absage an irdisches Verlangen und den Aufstieg vom Unvollkommenen und Begrenzten zum Ganzen und Unbegrenzten. Zwischen sich schließenden oder berstenden Bergen hindurchzugelangen bedeutet, neue Ebenen des Geistes zu erreichen.

Gleichzeitig verkörpert der Berg aber auch Beständigkeit, Ewigkeit, Festigkeit, Ruhe und Unerschütterlichkeit.

Als Traumsymbol steht er für ein Hindernis im Leben, das es zu überwinden gilt – eine schwierige Aufgabe oder Herausforderung.

**Bernstein** ▶Edelsteine

**Bernsteinbaum**
Dem legendären Bernsteinbaum wurde im Mittelalter nachgesagt, dass er einen tödlichen Atem verströme und so Tiere und Menschen töten könne. Abenteurer brachten diese Kunde aus China mit, wo sie diesen Baum entdeckten. Der Bernsteinbaum wurde so zum Symbol des Todes. Es ist überliefert, dass man zum Tode verurteilte Sträflinge an den Baum band und so tötete. Den giftigen Saft des Baums verwendeten die Eingeborenen auf Java, den Philippinen und Malaysia als Pfeilgift, um damit Tiere zu fangen und zu töten.

**Berufe** ▶▶Symbole der Berufe, S. 70

# Symbole der Berufe

In germanischer Zeit lässt sich ein gewerblich betriebenes Handwerk nicht nachweisen. Erst im frühen Mittelalter findet man die ersten unfreien Handwerker auf grundherrlichen Höfen. Mit dem Aufblühen des Städtewesens im Hochmittelalter aber organisierten sich die Handwerker in einzelnen Zünften und festigten so ihre gesellschaftliche Bedeutung.

Nach der Krise des Handwerks im 19. Jahrhundert etablierten sich bestimmte Handwerkssparten und ließen sich selbstbewusst ihre Handwerksmarken gestalten. Deren wichtigste Ingredienzen waren die typischen Werkzeuge oder auch das Resultat ihrer Arbeit, die Produkte.

*Die Konventionen wurden in den Zünften sehr ernst genommen. Die zeitgenössische Abbildung zeigt einen Gesellen und Lehrjungen in ihrer Festtagskleidung.*

*Stiefelmacher*

*Hufschmied*

*Messermacher*

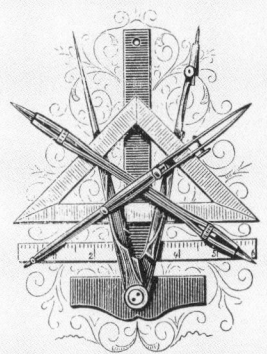

*Maurer*

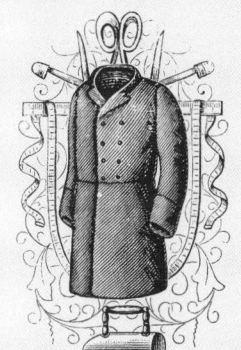

*Schneider*

*Schmied*

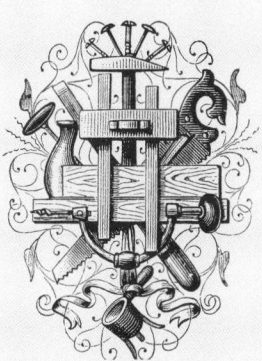

*Zimmermann*

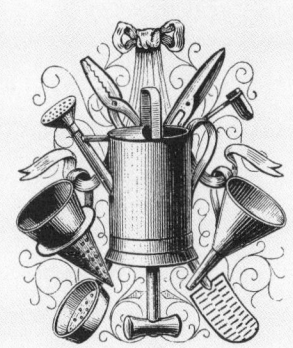

*Gärtner*

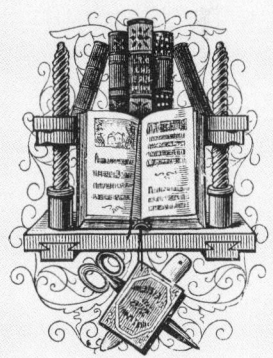

*Buchbinder*

*Schiffszimmermann*

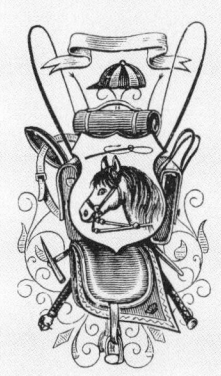

*Sattler*

*Maler*

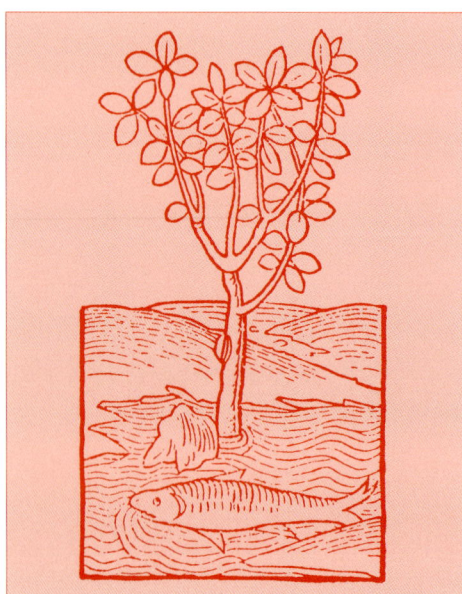

*Der Bernsteinbaum*

### Berühren

Berühren bedeutet Kraft übertragen oder Einfluss ausüben, wie z. B. beim Handauflegen. Holz zu berühren ist ein Symbol dafür, den Weltenbaum, das heilige Weltzentrum und den Ort des Allerheiligsten zu fassen.

### Beryll ▶Edelsteine

*Auch eine einfache Berührung kann symbolischen Charakter haben.*

### Beschneidung

Initiation, Weihe, Reinheit; ein Ritus der Zugehörigkeit zu einer Religion bzw. einem Stamm. Bei Naturvölkern in Mittel- und Südafrika, Indonesien und Ozeanien ist die Beschneidung Bestandteil von Initiationsriten. Im Islam und im Judentum wird die Beschneidung bereits einige Tage nach der Geburt vollzogen. Im Judentum geht sie auf das Alte Testament (1. Buch des Mose 17,12) zurück und gilt als Zeichen des Bundes, den Gott mit Abraham schloss. Im Islam ist sie nicht verbindlich, gilt aber als Symbol der Aufnahme in die Glaubensgemeinschaft.

### Besen

Der Besen spielte im Hexenglauben eine wichtige Rolle: Man stellte sich Hexen auf einem Besen reitend vor. Außerdem war es ein weit verbreiteter Aberglaube, dass der Besen Schaden abwenden kann. In manchen Gegenden wurden im Frühjahr alte Besen verbrannt, oder man lief mit brennenden Besen lärmend über die Felder, um Schaden abzuwehren. In China ist der Besen ein Symbol der Weisheit und Einsicht; gleichzeitig steht er für das Wegfegen von Sorgen und Schwierigkeiten. In Japan wurde beim Frühlingsritual ein aus Gras gefertigter Besen verwendet; er war ein Sinnbild der Reinigung.

In Träumen ist der Besen Symbol für eine innere Reinigung oder für die Lösung eines Problems; er kann jedoch auch ein männliches Sexualsymbol sein.

### Bestiarium

Eine mittelalterliche Form der Tierdichtung, die tatsächliche oder auch nur vermeintliche Merkmale und Charaktereigenschaften von Tieren in moralisierender Absicht zu christlich-religiösen Inhalten in Beziehung setzt. Die wichtigste Quelle die-

*Der Besen ist ein traditionelles Attribut der Hexen, aber er trägt auch eine positive Bedeutung, die der Reinigung. E. Delacroix, Lithografie, 1828*

ser belehrenden Dichtungen sind die Tierbeschreibungen und -deutungen des ▶Physiologus.

### Bestien ▶Fabelwesen

### Bettler
Der Bettler steht auf der untersten Stufe der gesellschaftlichen Hierarchie: Kaiser, König, Edelmann, Bürger, Bauer und Bettler. Der Bettelstab, der sich bis heute im Sprichwort erhalten hat, war ursprünglich ein weißer Stock, der anzeigte, dass es sich um die Person eines Landlosen handelte. Der Bettler ist zur Symbolfigur eines verarmten und auf sozial niedrigster Stufe stehenden Menschen geworden.

### Beutel
Ein Ort der Verwahrung von etwas Kostbarem, hoch Geschätztem; außerdem Kennzeichen des Kaufmanns und aller Götterbo-

ten, vor allem von Hermes/Merkur. Der Beutel mit Stab, Muschel und Sandalen ist ein Attribut des Pilgers.

Im Christentum ist der Beutel Attribut des Judas Ischariot (eine Anspielung auf sein Amt als Schatzmeister oder auf die 30 Silberlinge, für die er Jesus verriet) und des Apostels Matthäus (als ehemaligen Zöllners). Der um den Hals gehängte Beutel in Endgerichtsdarstellungen ist ein Attribut des Geizhalses.

### Bewegungslosigkeit
Die Bewegungslosigkeit symbolisiert ebenso wie der Mittelpunkt des Kreises das ewige Jetzt, die nicht-dualistische Gegenwart, das befreite Selbst. Sie kann aber auch Starrheit, Unbeugsamkeit und übermenschliche Leidenschaftslosigkeit ausdrücken.

### Biber
Ein Symbol des Fleißes und Arbeitseifers.

### Biene
Ein Symbol für Fleiß, aber (aufgrund der straffen Organisation und der strengen Arbeitsteilung im Bienenstaat) auch bereits seit frühester Zeit (schon bei den Sumerern) ein Sinnbild des Königtums. Der römische Schriftsteller Seneca sah in der Biene ein Symbol der Monarchie. Auch die goldenen Bienen auf dem Krönungsmantel Napoleons I. und im Wappen der Familie Bonaparte sind ein imperiales Symbol.

Da die Biene den Winter über im Bienenstock verbleibt und erst im Frühjahr wieder hervorkommt und aktiv zu werden beginnt, ist sie auch ein Symbol für Auferstehung, Wiedergeburt und Unsterblichkeit. Diese Bedeutung haben beispielsweise auf Grabmalen eingemeißelte Bienen.

Bei den Kelten stand die Biene für geheime Weisheit, die aus der anderen Welt kommt.

In der Antike nahm man an, dass Bienen ihre Brut nicht zeugen, sondern von den Blüten absammeln; daher verkörpern sie in der christlichen Symbolik Jungfräulichkeit und Keuschheit. Biene und Bienenkorb sind Symbole für die Jungfrau Maria, die Jesus Christus gebar (der wiederum durch den Honig symbolisiert wird). Daneben wurde die Biene aufgrund ihres Fleißes und ihres streng organisierten Staates zum Idealbild einer frommen, einigen christlichen Gemeinde. Der heilige Ambrosius vergleicht die Kirche mit einem Bienenkorb und die Christen mit fleißigen Arbeitsbienen. Die Biene, von der man annimmt, dass sie niemals schläft, steht für Wachsamkeit und Eifer des Christen. Da sie in der Luft fliegt, verkörpert sie auch die in das Königreich des Himmels eingehende Seele.

Auch im Islam sind Bienen ein Symbol für die Gläubigen und deren Weisheit, Nützlichkeit und Harmlosigkeit. Bienen „nützen den Fruchtblüten, tun Nützliches, arbeiten bei Tage, verzehren nichts, was andere gesammelt haben, verabscheuen Schmutz und üble Gerüche und gehorchen

ihrem Herrscher; sie hassen die Dunkelheit der Indiskretion, die Wolken des Zweifels, den Sturm der Revolte, den Schleier des Verbotenen, das Wasser des Überflusses, das Feuer der Lust" (Ibn al-Athir).

In der Antike wurden Dichter wegen ihrer Beredsamkeit häufig mit Bienen verglichen. Auch große Prediger wie z. B. Bernhard von Clairvaux, Johannes Chrysostomus und Ambrosius werden oft mit einem Bienenstock als Attribut dargestellt, der für den „süßen ▶Honig" ihrer Worte steht.

Bei den Griechen war die Biene ein Symbol der Reinheit, weil sie alles Unreine meidet und ihre Nahrung nur aus Blüten sammelt. Außerdem symbolisierte sie Fleiß, Wohlstand, Unsterblichkeit (man glaubte, dass die Seelen von Verstorbenen in Bienen eingehen können) und Reinheit; Demeter war „die reine Mutterbiene". Die Pythia von Delphi war die „delphische Biene". Bienen verliehen Beredsamkeit und Gesang, sie waren die „Vögel der Musen". Das Erscheinen einer Biene zeigte die Ankunft eines Fremden an. Als Attribut von Demeter, Kybele und Diana war die Biene ein jungfräuliches Wesen. Auch Pan und Priapos schützten und hielten Bienen. Der kretische Zeus wurde in einer Bienenhöhle geboren und von Bienen genährt. Die Römer hingegen glaubten, dass Bienenschwärme Unheil ankündigten.

Im Hinduismus ist eine Biene auf einer Lotosblüte Symbol für den Gott Vishnu; blaue Bienen auf der Stirn symbolisieren Krishna; Bienen als süße Qual bilden die Bogensehne von Kama, dem Gott der Liebe, dem ein Bienenschwarm folgt.

*Eine Münze aus Ephesos (5. Jh. v. Chr.), auf der eine Bienenkönigin – Wahrzeichen der Stadt und gleichzeitig der Großen Mutter – dargestellt ist. Die Priesterinnen der Großen Mutter wurden „melissae" (Bienen) genannt.*

### Bienenkorb, Bienenstock

Ein Symbol für Beredsamkeit („süße Worte") und für eine geordnete Gemeinschaft. ▶Bienen ▶Bienenschwarm.

### Bienenschwarm

Symbol für die von der weiblichen Macht regierte Erde, für Mutterschaft, Fleiß, Achtsamkeit, Ehrsamkeit und Sparsamkeit. Der Bienenkorb steht aber auch für Hoffnung.

Im Christentum symbolisiert der Bienenschwarm wegen seiner mustergültigen Ordnung die streng durchorganisierte Gemeinschaft des klösterlichen Lebens.

### Binsen ▶ Schilfrohr

### Birke

Ein uraltes Symbol der Fruchtbarkeit und des Lichts. Die Birke schützt vor Hexen und treibt böse Geister aus – daher rührt auch der alte Brauch, Schwerverbrecher mit Birkenruten zu schlagen.

In der altnordischen und germanischen Mythologie war die Birke Thor, Donar und Frigga geweiht.

Die Birke gilt als der Weltenbaum des Schamanismus. Wenn der Schamane die sieben oder neun Astansätze des Baumstammes oder Birkenpfahls hinaufsteigt, symbolisiert dies den Aufstieg durch die Planetensphären zum Höchsten Geist.

Als politisches Symbol ist die Birke das Wahrzeichen von Estland.

### Birnbaum, Birne

Ein Symbol der Hoffnung und Gesundheit. In China symbolisiert der Birnbaum ein langes Leben (da er sehr alt werden kann), im Christentum die Liebe Jesu Christi zu den Menschen.

### Bison ▶ Büffel

### Blatt

Ein Symbol für Wachstum, Erneuerung und Fruchtbarkeit. Grüne Blätter symbolisieren (ebenso wie die Farbe Grün) Hoffnung, Wiederbelebung und Erneuerung;

*Aus Blättern windet man den Lorbeerkranz, das Symbol für den Sieger.*

welke oder vertrocknete Blätter hingegen stehen für Trauer, Herbst, Verwesung, Verfall. Kränze aus Blättern symbolisieren Göttlichkeit oder Triumph und Sieg; daher werden Sieger häufig mit einem Kranz (z. B. einem ▶ Lorbeerkranz) gekrönt.

In der chinesischen Symbolik verkörpern die Blätter des Weltenbaumes alle Wesen im Universum – die „zehntausend Dinge".

### Blau ▶▶ Die Symbolik der Farben, S. 152

### Blei

In der Antike galt Blei als zauberkräftiges Metall; so wurden beispielsweise Flüche auf Bleitäfelchen gesetzt. Der griechische Held Bellerophon tötete die Chimaira (▶ Fabelwesen), indem er ihr einen Bleiklumpen in den Rachen warf, der ihre Eingeweide zerstörte. Wegen seines hohen spezifischen Gewichts ist Blei auch ein Symbol der Schwere und Last; so spricht man z. B. von bleierner Müdigkeit, bleischweren Gliedern etc. Auch im Christentum hat das Blei diese Bedeutung: Es steht für Habsucht, die die Seele beherrscht und niederdrückt.

In der Alchemie ist das Blei die schwere, „üble" Beschaffenheit des Metalls oder des menschlichen Lebens bzw. der Seele – das unedle Metall, die Dummheit, das unverständige, sündige leibliche Bewusstsein, aus dem die Alchemisten das leuchtende Gold gewinnen wollten.

Das Bleigießen am Silvesterabend, bei dem man geschmolzenes Blei in Wasser schüttet und aus den Figuren, die dabei entstehen, die Ereignisse des kommenden Jahres vorauszudeuten versucht, ist ein alter Orakelbrauch.

### Blindenschrift ▶▶Seite 78

### Blindheit

Blindheit ist ein Symbol für Ignoranz und Sünde; sie versinnbildlicht das Unvermögen, das Licht zu sehen und den richtigen Weg zu erkennen, Uneinsichtigkeit, aber auch das Irrationale („blinde Wut"). Im Buddhismus symbolisiert die blinde alte Frau im Rad der Existenzen mangelndes Wissen und Unwissenheit, die zum Tode führt. In der griechisch-römischen Mythologie verkörpert Eros/Cupido, dem die Augen verbunden sind, die Blindheit der irdischen Liebe.

In der Bibel sind Ungläubige und Sünder „mit Blindheit geschlagen" – ein äußeres Symbol ihrer inneren Verblendung. In den Evangelien wird von zwei Blindenheilungen durch Jesus Christus berichtet (Markus 10, 46–52, Matthäus 20, 29–34, Johannes 9,1–41), die unterschiedlich interpretiert werden: als Symbol für Erleuchtung und für die Auferstehung, die die Seelen ins Licht des Himmels führt, oder als Hinweis auf Christus als Licht in der seit dem Sündenfall verfinsterten Welt der Menschen.

In Mythen und Märchen kann äußere Blindheit aber auch eine Vorbedingung für inneres Sehen, für göttliche Vorahnung sein. So wird dem blinden Teiresias z. B. von Zeus die Gabe verliehen, die Zukunft vorauszusehen. Auch der germanische Gott

Odin hat eines seiner Augen verpfändet, um höchste Weisheit zu erlangen.

Jemandem die Augen zu verbinden bedeutet Täuschung, Irreführung.

### Blitz

Ein Symbol für geistig-religiöse Erleuchtung, Offenbarung, plötzliche („blitzartige") Erkenntnis der Wahrheit. Gleichzeitig ist der Blitz auch ein Symbol für das männliche Prinzip, die männliche Kraft. Ebenso wie die Sonnenstrahlen kann er befruchtend, zugleich aber auch zerstörerisch sein. Er wird mit allen Sturm- und Donnergöttern assoziiert; seine Symbole sind Dreizack, Axt („Himmelsaxt"), Hammer, Donnerkeil (▶Donner), Pfeil und Raubvogel.

In der griechischen Mythologie konnte der Blitze schleudernde Gott Zeus den Menschen als zorniger, aber auch befruchtender Gott erscheinen. Nach schamanischem Glauben wird demjenigen, der vom Blitz getroffen wird, unmittelbare Initiation zuteil. In der hinduistischen Religion wohnte der vedische Feuergott Agni – Mittler zwischen

*Blitze waren den Menschen von jeher unheimlich und eine Botschaft göttlicher Mächte. Dieser Kupferstich stammt aus dem Jahre 1700.*

Göttern und Menschen – in Gestalt des Blitzes in den Wassern des Himmels.

Für die nordamerikanischen Indianer offenbart sich im Blitz der Große Geist: Der Donner wird durch den Flügelschlag des mythischen Donnervogels verursacht; der Blitz kommt auf Zeichnungen der Dakota-Indianer aus dem Schnabel des Vogels hervor.

**Blöße** ▶Nacktheit

## Blumen

Blumen haben eine sehr vielfältige symbolische Bedeutung.

In der Knospe beinhaltet die Blume noch alle Möglichkeiten und kann dementsprechend ein Symbol für die Jugend, für die Zukunft oder auch für Chancen, Möglichkeiten und Fähigkeiten sein, die in der Zukunft vielleicht zur Blüte gelangen werden. Wenn die Blume sich öffnet und ausbreitet, ist sie ein Sinnbild für die Entfaltung des Lebens oder der Schöpfung. Die Ausbreitung in der Welt der Erscheinungen und die Form der geöffneten Blüte bringen die Blume auch mit der Symbolik des ▶Rades in Verbindung, dessen Speichen wie Strahlen vom Zentrum ausgehen.

Gleichzeitig steht die Blume aufgrund der Form ihrer Blüte für das weiblich-passive Prinzip: Ihr „Kelch" hat die Form eines empfangenden Gefäßes, und somit übernimmt sie auch einen Teil der Symbolik des ▶Kelches.

Blumen sprießen häufig aus dem Blut eines Gottes, wenn es auf den Boden fließt, so z. B. die ▶Anemone aus dem Blut von Adonis, das ▶Veilchen aus dem Blut des Attis, die Hyazinthe aus dem von Hyakinthos und ▶Rosen aus dem Blut Jesu Christi. Elfen und Gottheiten entsteigen auch häufig Blumen – insbesondere dem ▶Lotos, der z. B. Brahma und Buddha hervorbringt.

*Die Kirschblüte steht in China für jungfräuliche Reinheit.*

*Chrysanthemen symbolisieren langes Leben.*

*Orchideen verkörpern die Schönheit einer Frau.*

# Blindenschrift

Der Franzose Louis Braille erblindete bereits im Alter von drei Jahren. Er kam dann an das Institut national des jeunes aveugles in Paris, wo er auch nach Beendigung seiner Schulzeit zuerst als Hilfslehrer blieb.

Erste Blindenschriften gab es bereits seit Jahrhunderten, doch erst Braille gelang es im Alter von 16 Jahren, die heute international gültige Blindenschrift zu entwickeln.

Das System seiner Schrift ist sehr einfach und setzte sich wohl auch deswegen rasch durch. Eine Schrift für Blinde muss immer eine tastbare Schrift sein; sie wird mit den Fingerkuppen gelesen. Als Grundlage der Buchstabenbezeichnung dienen 6 Punkte, die in jeweils zwei Reihen nebeneinander angeordnet sind und miteinander zu den jeweiligen Konsonanten, Vokalen und Satzzeichen kombiniert werden müssen.

Eine gewisse Systematik erlaubt es, das System relativ rasch zu erlernen. Die erste Gruppe zeichnet sich dadurch aus, dass die Punkte 3 und 6 fehlen, in der Gruppe II ist den Zeichen der Gruppe I der Punkt 3 zugefügt. In Gruppe III sind den Zeichen der Gruppe I die Punkte 3 und 6 zugefügt. Und in der Gruppe IV ist den Zeichen der Gruppe I der Punkt 6 zugefügt.

Die Blindenschrift liest man von links nach rechts. Ein im Lesen geübter Blinder kann in dieser Zeichenschrift dargestellte Texte fast ebenso rasch lesen wie ein Sehender.

Später wurde auch eine Blindennotenschrift entwickelt, eine Kurzschrift (Steno), eine Lautumschrift zur Darstellung der Aussprache fremder Sprachen sowie wissenschaftliche Schriften für Mathematik und Chemie.

Ein Blinder kann auf diese Weise auch mit einer speziellen Blindenschriftmaschine, die die Zeichen ins Papier einprägt, Texte verfassen.

Blindendruckereien fertigen Bücher und Schriftstücke für Blinde an. Dabei werden mit Spezialmaschinen die Punkte von unten ins Papier eingeprägt, sodass sie beim Lesen deutlich zu tasten sind.

In Blindenbibliotheken werden in Brailleschrift hergestellte Bücher gesammelt und normale Bücher und Druckwerke in die Blindenschrift übertragen.

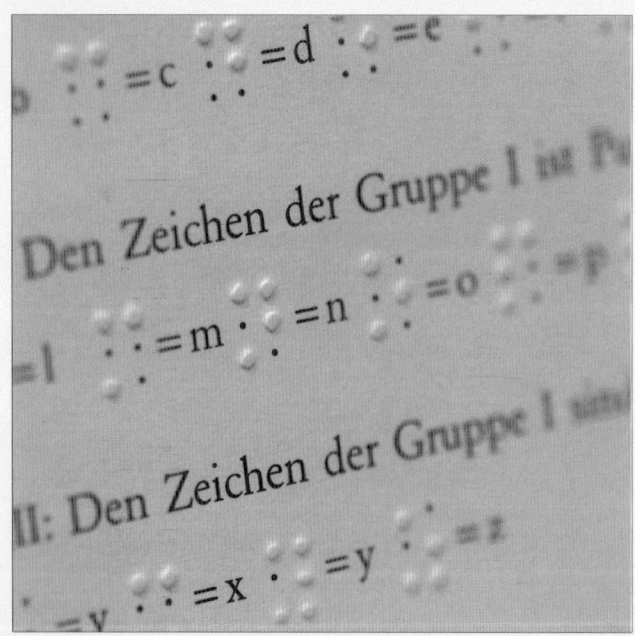

*Die Punkte der Brailleschrift werden von unten in das Papier geprägt.*

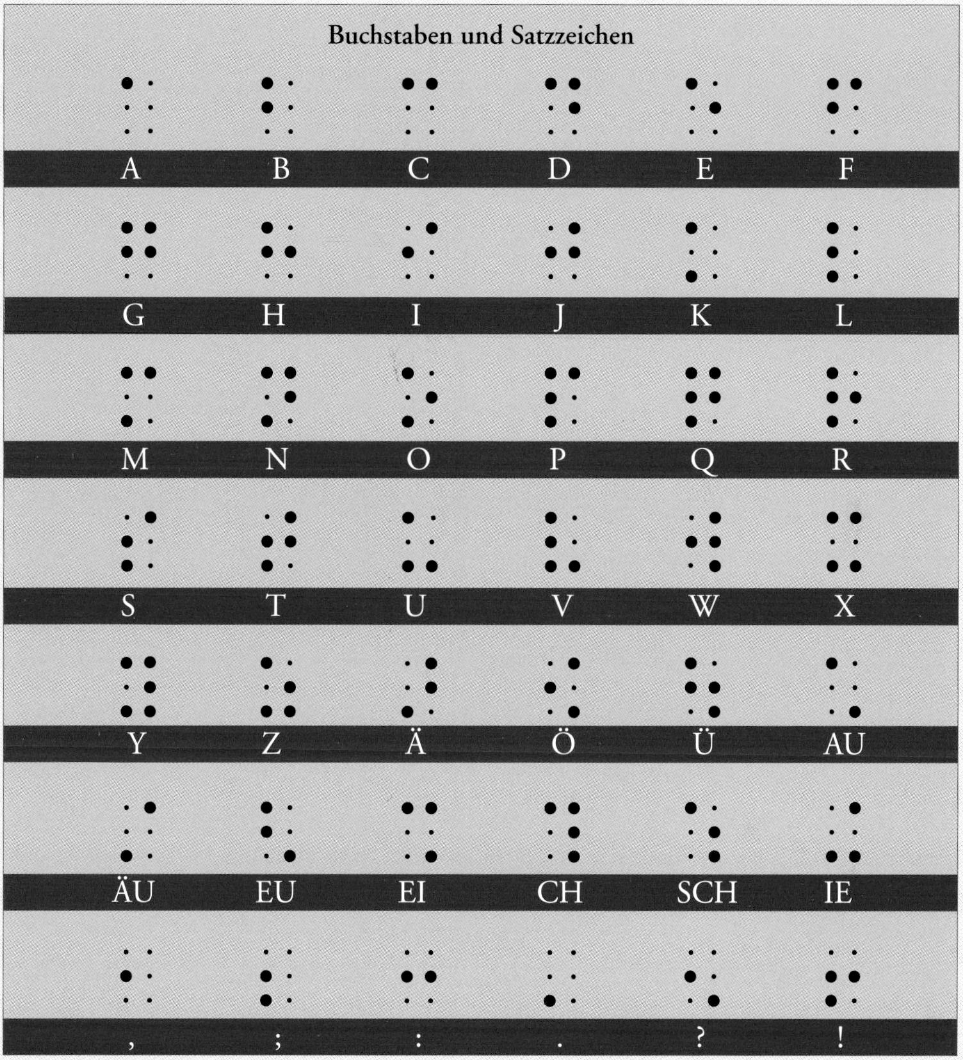

## Buchstaben und Satzzeichen

| | | | | | |
|---|---|---|---|---|---|
| A | B | C | D | E | F |
| G | H | I | J | K | L |
| M | N | O | P | Q | R |
| S | T | U | V | W | X |
| Y | Z | Ä | Ö | Ü | AU |
| ÄU | EU | EI | CH | SCH | IE |
| , | ; | : | . | ? | ! |

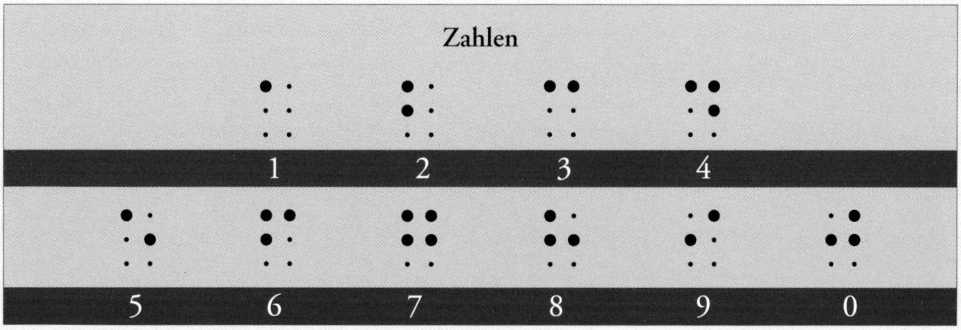

## Zahlen

| | 1 | 2 | 3 | 4 |
|---|---|---|---|---|
| 5 | 6 | 7 | 8 | 9 | 0 |

Daneben versinnbildlichen Blumen das Zarte, Verletzliche und Zerbrechliche des Kindes und die Flüchtigkeit, Vergänglichkeit des Lebens. Entsteigt ein Kind einer Blume, so bedeutet das entweder die Geburt eines Gottes oder den Anbruch des Tages – die Morgendämmerung, neues Leben. Eine Blume kann auch Reinheit, Arglosigkeit, Friedlichkeit und Unschuld symbolisieren: Im Christentum sind Rose und Lilie Attribute der Jungfrau Maria. In der Hippiebewegung wurde die Blume zum wichtigen Symbol und stand dort für ein freies, friedliches, naturverbundenes Leben und eine menschlichere Gesellschaft („Blumenkinder", Flower-Power).

*Farbsymbolik:* Die blaue Blume steht für das Unerreichbare und spielte in der Dichtung der Romantik eine wichtige Rolle: Seit Novalis' Roman „Heinrich von Ofterdingen" (1802) ist sie Symbol der romantischen Poesie und ihrer Sehnsucht nach dem Unendlichen. Die rote Blume ist ein Bild für die Morgenröte, die aufgehende Sonne,

*So harmlos und liebenswürdig wie Blumen wollten die jungen Menschen der Flower-Power-Generation sein. Blumen standen für ein Lebensgefühl.*

kann aber auch Liebe und Leidenschaft symbolisieren. Weiße Blumen stehen für Reinheit und Unschuld. In der Alchemie ist die weiße Blume das Silber, die rote das Gold; die blaue Blume ist die Blume des Weisen.

*Sprache der Blumen:* Etwas „durch die Blume sagen" bedeutet, es nur verhüllt oder in Andeutungen auszudrücken. Bei vielen Völkern werden Blumen als Boten zwischen Liebenden und Freunden verwendet; was damit jeweils ausgedrückt wird, hängt von der Farbe und von der symbolischen Bedeutung der jeweiligen Blumenart ab und kann von Kultur zu Kultur sehr unterschiedlich sein. Im Orient wird der Gedankenaustausch durch die Sprache der Blumen als „Selam" bezeichnet; so ist eine Nelke beispielsweise ein Geständnis heimlicher Liebe; weißer Jasmin bedeutet: „Unsere Liebe wird süß sein", etc.

*Die Hippiebewegung hatte Blumen zu einem ihrer wichtigsten Symbole erhoben.*

## Blumenuhr

Im 19. Jh. entstand dieser Brauch der galanten Welt, der von den exakten Beschreibungen der Botaniker ausging, um welche Tageszeit sich eine Blüte öffnet. Wenn man mit einer Frau ein Rendezvous verabreden wollte, sandte man ihr z. B. einen Strauß bestimmter Blumen, von denen bekannt war, zu welcher Tageszeit sie sich öffnen. Dies war die Information, zu welcher Stunde das Treffen geplant war. Die Symbolik ging oft noch weiter: Sollte die verehrte Person den Zeitpunkt erfahren, so schickte man ihr einen Blumenstrauß mit verschiedenen Blumen, in dem die Blume, auf die es ankam, besonders markiert war, z. B. durch einen Löwenzahnstängel, der in Ringform die betreffende Blume umfasste.

## Blut

Da das Blut für die Aufrechterhaltung der Vitalfunktionen des Menschen so wichtig ist, galt und gilt es in vielen Kulturen als Sitz der Seele und des Lebens. In der mesopotamischen Religion war Blut ein göttliches Element, da man glaubte, dass die Menschen aus dem Blut erschlagener Götter erschaffen worden seien.

In vielen Religionen wohnt dem Blut auch sühnende und den Bund mit Gott erneuernde Kraft inne: daher die in vielen Kulturkreisen üblichen Opferrituale, bei denen Blut

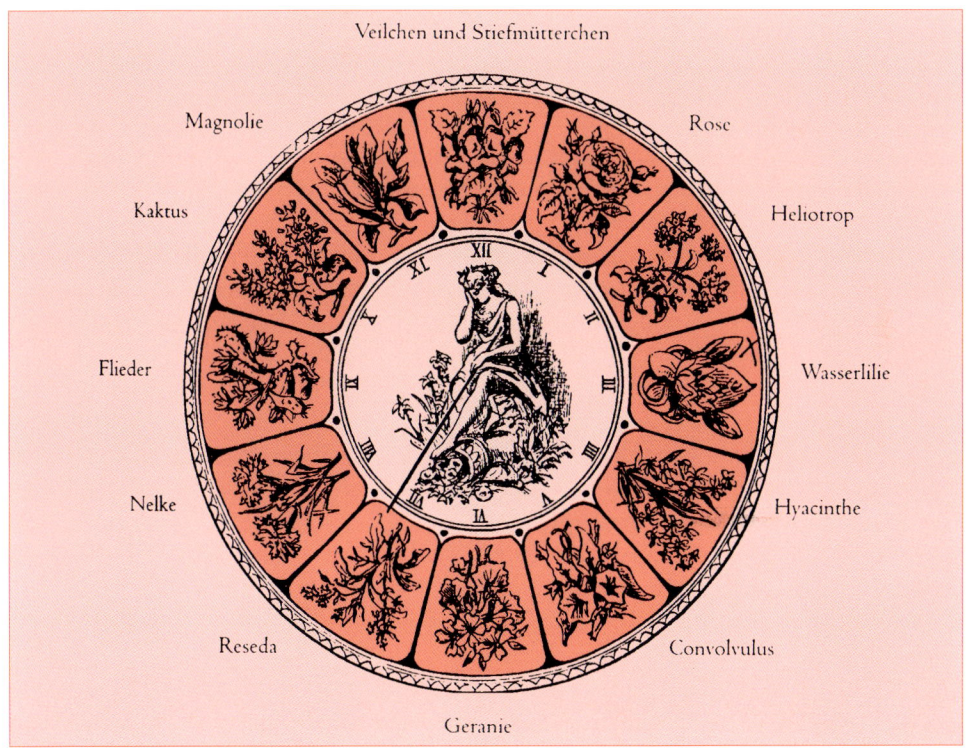

*„Durch jene Eigenschaften der Blumen, und weil viele zu bestimmten Stunden sich öffnen und schließen, kam man auf die Idee, sie um eine Laube, oder einem anderen dazu bestimmten Platze im Garten so nebeneinander zu pflanzen, dass sie in ihrem Erblühen oder Schließen die Stundenfolge anzeigen, und auf solche Weise die Stelle einer Uhr vertreten." J.M. Braun um 1840 in seinem „Taschenbuch der Blumensprache".*

*Ein Mönch in demütiger Haltung fängt das Blut des Gekreuzigten in einem Kelch auf. Fratris Vincentii Koffskhii, „Hermetische Schriften", 1786*

von Tieren oder Menschen dargebracht wurde. Die Lebenskraft des getöteten Opfertiers oder Menschen sollte dabei in Form von Blut den Göttern zugute kommen und sie milde und versöhnlich stimmen. Bei den Azteken diente das Blut ge-opferter Menschen den Göttern als Nahrung.

Auch im Christentum kommt dem Blut die Bedeutung eines Opfers und eine reinigende, erlösende Wirkung zu: Durch seinen Tod am Kreuz erlöste Christus die Menschheit von ihren Sünden und versöhnte sie wieder mit Gott. „Fast alles wird nach dem Gesetz mit Blut gereinigt, und ohne dass Blut vergossen wird, gibt es keine Vergebung", heißt es im Brief an die Hebräer (9,22). Die Symbolik des Blutes wird oft auf die Farbe Rot und auf roten Wein übertragen, so z. B. im Christentum in der Eucharistie, der Abendmahlsfeier in der Kirche, bei der Hostie und Wein für den Leib und das Blut Jesu Christi stehen.

Blut schafft bzw. erneuert aber nicht nur einen Bund zwischen Menschheit und Gott, sondern auch zwischen zwei Menschen, z. B. bei dem Brauch der Blutsbrüderschaft, den es bei vielen Völkern gab und zum Teil auch heute noch gibt; er spielte insbesondere bei den Germanen eine bedeutende Rolle und ist heute teilweise noch bei den Südslawen erhalten. Dabei schließen zwei freundschaftlich eng miteinander verbundene, aber nicht verwandte Männer einen „Bund" miteinander, durch den sie die Rechte und Pflichten leiblicher Brüder übernehmen. Dabei vermischen sie in einem feierlichen Ritual symbolisch ihr Blut miteinander, indem sie blutende Wunden, die sie sich selbst beigebracht haben, aneinander halten oder ihrer beider miteinander vermischtes Blut trinken.

Blut kann aber auch etwas Unreines sein: So mussten sich bei manchen nordamerikanischen Indianerstämmen die Frauen zur Zeit der Menstruation von ihren Stammesgenossen fernhalten und isoliert und zurückgezogen leben, weil man glaubte, dass sie um diese Zeit „unrein" seien. Im Islam und im Judentum ist der Genuss von Blut als etwas Unreinem verboten; daher müssen Schlachttiere geschächtet werden – eine rituelle Schlachtmethode, bei der der Schlächter mit einem Messer Schlagadern, Luft- und Speiseröhre des Schlachttiers durchtrennt, sodass es völlig ausblutet.

**Bock** ▸Hörner ▸Ziege ▸Widder ▸Satyr

**Bodhi-Baum** ▸Feige

## Bogen
In der griechisch-römischen Mythologie sind ▸Pfeil und Bogen Attribute von Apollon, Eros, Artemis und Diana. Im Islam steht der Bogen für die Macht Gottes. Besondere symbolische Bedeutung kommt dem Bogen und der Kunst des Bogenschie-

ßens im Buddhismus (v. a. im Zen-Buddhismus) zu. Hier steht er für Willensstärke: Der Bogen ist der Wille, der die Pfeile der fünf Sinne abschießt. Die Konzentration auf die Kunst des Bogenschießens soll in der japanischen Ausprägung des Zen-Buddhismus ebenso wie die Teezeremonie und die Kunst des Blumensteckens (Ikebana) zu plötzlicher Erleuchtung (Satori) führen.

**Bogenschießen** ▶Bogen

**Boot** ▶Schiff

**Böses**
Die Kräfte der Finsternis; Dämonen; der Teufel, Satan, Beelzebub. Es gibt viele Symbole des Bösen, häufig sind es Tiere: z. B. Schlange, Drache, Skorpion, sämtliche verschlingenden und auch einige gehörnte Tiere wie z. B. der Bock, der in der christlichen Symbolik häufig Satan verkörpert und gleichzeitig für die Sünde der Lüsternheit steht. Auch unter den ▶Fabelwesen gibt es etliche, die das Böse verkörpern.

**Braille** ▶▶Blindenschrift, S. 78

**Brandmarken**
Die Besitzer von Rinderherden in den USA mussten ihre Tiere als ihren Besitz markieren. Die Herden weideten das Jahr über auf weiten Flächen verstreut und wurden im Frühjahr und Herbst zu Herden zusammengetrieben, um die Tiere verkaufen zu können bzw. Jungtiere ebenfalls zu mar-

S. M. Swenson    S. B. Burnett    Pedro Ibardo

*Brandmarken der nordamerikanischen Farmer*

kieren. Die Markierung wurde mit Brandeisen durchgeführt, die ein bestimmtes Zeichen in die Haut der Tiere einbrannten. Man trieb die Tiere in einer Erdmulde oder einem Corral zusammen. Zum Brandmarken wurden sie mit einem Lasso eingefangen. Kräftige Männer hielten die Tiere an den Vorder- und Hinterläufen fest. Der „Iron Man" setzte den glühend heißen Brandstempel jeweils kurz auf die Haut des Tieres und brannte damit das Besitzerzeichen in das Tier.

**Braun** ▶▶Die Symbolik der Farben, S. 152

**Brennender Busch**
Göttliche Offenbarung; die Gegenwart Gottes. Im Hinduismus wird der brennende Busch in der Symbolik des vedischen Feuergottes Agni zum Weltenbaum. Im Alten Testament offenbart Gott sich Moses in einem brennenden Dornbusch (2. Buch des Mose 3,2).

**Brot**
Als Hauptnahrungsmittel vieler Kulturvölker ein Symbol für geistige und leibliche Nahrung, Fruchtbarkeit, Leben; verwandt mit der Symbolik des Getreides (▶Korn). Brot war schon immer ein wichtiges religiöses Symbol: Im Mithras-Kult waren Brot und Weizenähre Sinnbilder neuen Lebens. Im Judentum ist das ungesäuerte Brot Symbol des Passahfests; die zwölf Brotlaibe auf dem Tisch des Tempels repräsentieren die zwölf Monate des Jahres.
Eine besonders wichtige symbolische Bedeutung hat das Brot im Christentum. Es ist ein Symbol des Opfertodes Jesu Christi und des ewigen Lebens, das den Menschen dadurch geschenkt wurde. Jesus bezeichnet sich als das „Brot des Lebens": „Eure Väter haben in der Wüste das Manna gegessen und sind gestorben. So aber ist es mit dem

*Der Maler Arthur Segal schuf das Ölbild „Brot für alle", das in den wirtschaftlich schlechten Zeiten der Weimarer Republik 1931 entstand.*

Brot, das vom Himmel herabkommt: Wenn jemand davon isst, wird er nicht sterben. Ich bin das lebendige Brot, das vom Himmel herabgekommen ist. Wer von diesem Brot isst, wird in Ewigkeit leben. Das Brot, das ich geben werde, ist mein Fleisch ..." (Johannes 6, 48–51). Dementsprechend steht das Brot (die Hostie) in der Abendmahlsfeier für den Leib und der ▶Wein für das Blut Jesu Christi.

## Brücke

Ein Symbol für die Verbindung zwischen Himmel und Erde, Diesseits und Jenseits, der Welt der Menschen (der Sterblichkeit) und dem Reich des Göttlichen (der Unsterblichkeit); spielt in Mythen und Initiationsriten eine wichtige Rolle als Übergang von einer Sphäre in die andere. Im Urzustand, im Goldenen Zeitalter,

konnte der Mensch noch nach Belieben hinüber- und wieder herüberschreiten, da es damals noch keinen Tod gab; jetzt wird die Brücke nur noch beim Tod oder in mystischen Seinszuständen, bei Initiationszeremonien überquert.

Beim Überqueren der Brücke beweist der Mensch, dass er Geist ist und ins verlorene Paradies zurückkehrt. Dazu bedarf es häufig besonderer Fähigkeiten und Eigenschaften wie z. B. Mut, Klugheit, Erfindungsreichtum, Schnelligkeit, Geschicklichkeit. Sie ermöglichen es, die Brücke unversehrt zu überqueren, während die Schwerfälligen, Dummen und Unwissenden in die Hölle oder zu unten lauernden Dämonen und Fabelwesen, Verkörperungen der Sünde und Unwissenheit, hinabstürzen. Das gefährliche Überqueren der Brücke ist der Weg zur Erleuchtung, der Sieg über den Tod.

Schmale, messerrückendünne oder schwerterscharfe Brücken machen das Gefahrvolle dieses Übergangs besonders deutlich und symbolisieren gleichzeitig, dass zwischen diesen beiden Welten nur ein schmaler Grat liegt – millimeterdünn und doch unendlich schwer zu überwinden. Solche Brücken kommen z. B. in den Upanischaden und in der Sage vom Heiligen Gral vor: „eine messerscharfe Schneide, schwer zu überschreiten, ein schwieriger Pfad" (Upanischaden). Auch die Brücke des Islam ist „schmaler als ein Haar".

Es gibt viele verwandte Symbole: Statt über eine Brücke kann man den ▶Fluss auch mit einem Boot (▶Schiff), einem Floß oder an einer Furt überqueren. Häufig wird die Brücke zwischen dieser Welt und der anderen durch einen Regenbogen symbolisiert. Die Brückensymbolik schließt auch den Menschen als Mittler zwischen Himmel und Erde, zwischen Mensch und Gott ein – daher der römische Pontifex (wörtlich übersetzt: „Brückenbauer"), der im alten Rom Mitglied des höchsten Priesterkollegiums war. „Pontifex maximus" („größter Brückenbauer") lautet – an diese alte römische Tradition angelehnt – der offizielle Titel des Papstes.

Als Traumsymbol kann die Brücke für die Lösung eines Problems oder die Überbrückung einer Meinungsverschiedenheit stehen. Der Kontext ist dabei ausschlaggebend dafür, ob der Traum positiv oder negativ zu werten ist: Wenn die Brücke einstürzt, kann sie eine Warnung des Unbewussten sein (z. B. vor einer nicht tragfähigen Beziehung oder Lösung oder einem Vorhaben, dessen Erfolg unsicher ist).

## Brüder

Das Motiv der feindlichen Brüder zieht sich durch Religionen und Mythen aller Kulturen. Sie stehen für die widerstreitenden Mächte des Lichtes und der Finsternis, des Guten und des Bösen, oft auch für die gegensätzliche Lebensweise des Nomaden und des sesshaften Ackerbauern: z. B. der biblische Bauer Kain, der seinen Bruder, den Hirten Abel, erschlägt, weil dessen Opfer Gott wohlgefälliger ist als seines. ▶Zwillinge

## Brunnen

Ein Symbol für das weibliche Prinzip, den Mutterschoß, die Psyche. Da der Brunnen mit der Unterwelt in Verbindung steht, führt er häufig magisches Wasser mit heilenden oder wunscherfüllenden Kräften, so z. B. in der keltischen Mythologie, in der heilige Brunnen Zugang zur anderen Welt gewähren, magische Eigenschaften besitzen und heilende Wasser enthalten.

Daneben sind Brunnen und ▶Quellen mit fließendem Wasser Symbole körperlicher und geistiger Stärkung und Reinigung. In der jüdischen Symbolik steht ein Brunnen mit frischem Wasser für die Thora. Im Christentum verkörpert der Brunnen Reinigung und Erlösung. Dem Brunnen, der Quelle oder Fontäne am Fuß des Lebensbaums im Paradies entspringen die Lebenswasser und die vier ▶Flüsse des Paradieses. Ein geschlossener Brunnen versinnbildlicht in Anlehnung an das Hohelied (4,12) die Jungfräulichkeit Marias.

Als Traumsymbol steht der Brunnen für das Seelenleben und das Unterbewusstsein.

## Brust

Weibliche Brüste sind ein Symbol für Mutterschaft, Nahrung, Schutz und Geborgenheit, den nährenden Aspekt der Großen Mutter (so z. B. in den vielen christlichen Darstellungen der das Jesuskind stillenden Muttergottes), andererseits aber auch ein wichtiges Sexualsymbol. Vielbrüstige Göttinnen verkörpern Nahrung, Fruchtbarkeit

*Die weibliche Brust signalisiert Fruchtbarkeit.*

und Überfluss. Die entblößte Brust bedeutet Demut, Gram, Reue und Buße. Sich an die Brust zu schlagen, ist ebenfalls eine Geste des Kummers oder der Reue.

### Brustharnisch

Symbol des Schutzes; u. a. ein Attribut der Athene/Minerva. Der jüdische Brustharnisch auf dem Gewand des Hohepriesters symbolisiert das Weltzentrum.

### Buch

Ein Symbol für Weisheit, Gelehrsamkeit und Offenbarung, oft auch für die heilige Schrift oder das göttliche Gesetz. Das Buch steht in engem Zusammenhang mit der Baumsymbolik; ebenso wie der ▶Baum kann es den gesamten Kosmos repräsentieren.

In China stehen die Blätter des Buches für die Blätter des Weltenbaums, der alles Sein im Universum (die „zehntausend Dinge") symbolisiert. Im Islam wird das Universum als „ein riesengroßes Buch" bezeichnet (Ibn Arabi). Im Christentum

symbolisieren Bücher die Apostel, die die Völker belehren. Das Buch ist Attribut der Heiligen Augustinus und Cyprianus. Auch Jesus Christus wird häufig mit einem Buch in der Hand dargestellt. Das apokalyptische Buch mit den sieben Siegeln ist ein Sinnbild geheimen, göttlichen Wissens.

*Jesus Christus wird häufig mit einem Buch dargestellt. Auf diesem griechischen Mosaik aus dem 11. Jh. hält Christus Pantokrator (der „Allherrscher" – eine Bezeichnung für die Allmacht Gottes) das geschlossene Buch des Lebens in der Hand.*

### Buchsbaum

Der immergrüne Buchsbaum steht für Unsterblichkeit, Jugend, körperliche und geistige Kraft, Lebenskraft.

### Buddhistische Symbole

Die acht buddhistischen Glückszeichen („acht Kostbarkeiten"), die man in chinesischen Klöstern häufig vor den Standbildern Buddhas aufgestellt findet, sind: Muschelhorn (ein Symbol des Sieges), Schirm (ein Sinnbild der königlichen Würde), zwei Fische (das Zeichen des indischen Weltenherrschers), Weihwassergefäß (mit dem Nektar der Unsterblichkeit gefüllt), Fahne (das Siegeszeichen der Religion), der Knoten des unendlichen Lebens, der ▶Lotos

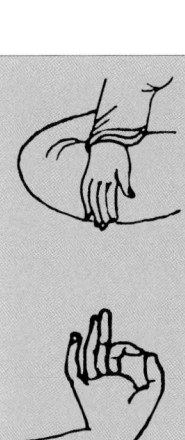

**Berührung der Erde**
(bhumisparsha) Der
sitzende Buddha berührt
die Erde mit den Finger-
spitzen, um sie als Zeugin
der Wahrheit anzurufen.

**Grüßen** (buddhasrama-
na) Die rechte Hand ist
auf Schulterhöhe erhoben,
das Handgelenk nach
hinten gekrümmt, Hand-
fläche und Finger nach
oben gerichtet.

**Lehrdarlegung** (vitarka)
Daumen und Zeigefinger
formen das Rad der Lehre.

**Mußegeste** (avakasha)
Die sitzende Person hält
die linke Hand mit der
Innenfläche nach oben
auf dem Schoß.

**Ermutigung** (abhaya)
Die nach oben weisende
Hand lädt den Gläubigen
ein, dem Buddha näher
zu treten.

**Meditation** (dhyana)
Der Sitzende hält die
Hände im Schoß überei-
nander, die rechte Hand
ist immer oben.

**Asketengeste** (shramana)
Die Hand ist vom Körper
nach unten weggestreckt
und zeigt das Fallenlassen
weltlicher Genüsse.

**Ingangsetzen des Rads
der Lehre** (dharmacakra-
pravartana) Beide Hände
vor der Brust, Daumen
und Zeigefinger der Rech-
ten formen das Rad.

**Begreifen** (cincihna)
Daumen und Zeigefinger
„begreifen" ein Körnchen
der Wahrheit.

**Geste der höchsten
Erleuchtung** (uttara-
bodhi) Hände ver-
schränkt, Zeigefinger
parallel zueinander
nach oben ausgestreckt.

**Drohung** (tarjana)
Der erhobene Zeigefinger
ist auf den Gegner gerichtet, die restlichen Finger
sind zur Faust geballt.

**Furchteinflößen**
(bhûtadâmara) Hände in
Handgelenkhöhe gekreuzt,
die Rechte liegt vor der
Linken, Handflächen
zeigen nach außen.

**Bannung** (karana)
Die Hand wird waage-
recht mit der Handfläche
nach vorne gehalten.

**Anjali mudra**
Beide Hände werden
über dem Kopf gehalten,
die Finger sind gespreizt.

*Götter werden in der tibetischen Ikonografie mit verschiedenen Gesten und Posen (Mudras) dargestellt.
Jede Geste besitzt ihre eigene Bedeutung.*

und das ▶Rad der Lehre. Diese Wahrzeichen sind z. T. auch auf einem weiteren wichtigen buddhistischen Symbol, dem Fußabdruck (▶Fußspur) Buddhas, zu finden.

Ein wichtiges buddhistisches Symbol sind auch die Stupas. Ursprünglich handelte es sich dabei um Grabmale, in denen sterbliche Überreste und Reliquien Buddhas und anderer Heiliger beigesetzt wurden; teilweise beinhalten sie aber auch heilige Texte, Bildwerke u. a. Die Stupas symbolisieren Buddhas Eintritt ins Nirvana; Buddhisten verehren sie, weil sie glauben, dass Buddha dort anwesend ist. In China, Japan und Korea wurde der Stupa zur Pagode weiterentwickelt, einem mehrstöckigen Bau aus Stein, Ziegeln oder Holz mit vorspringenden Dächern. Auch in Pagoden wurden Reliquien aufbewahrt oder berühmte buddhistische Meister beigesetzt.

Sämtliche Körperhaltungen (Asanas), mit denen Buddha dargestellt wird, haben symbolische Bedeutung: So symbolisiert der liegende Buddha z. B. die Tatsache, dass Buddha Erleuchtung erlangt hat, d. h., er ist ins Nirvana eingegangen und wird nie mehr wiedergeboren werden. Der „lachende Buddha" mit dickem Bauch und fröhlichem Lächeln, wie er in China häufig dargestellt wird, ist ein Sinnbild für seine Gelassenheit (Lachen) und für das chinesische Lebensideal des Reichtums (Wohlgenährtheit). Daneben wird Buddha häufig mit verschiedenen Handhaltungen (Mudras) dargestellt, von denen jede eine bestimmte Eigenschaft Buddhas oder einen Aspekt seiner Lehre symbolisiert.

Weitere wichtige buddhistische Symbole sind die Almosenschale, mit der die Bettelmönche um Nahrung bitten, die Gazelle, die Buddhas erste Predigt bei Benares symbolisiert, das Hakenkreuz (▶Swastika), der Diamantthron Buddhas, der ▶Elefant und der Bodhi-Baum (▶Feige), unter dem

Buddha Erleuchtung erlangte. Eine wichtige Rolle spielt im Buddhismus auch das Rezitieren von ▶Mantras wie z. B. der heiligen Silbe ▶OM/AUM und die Konzentration auf Yantras bzw. ▶Mandalas – mystischen Diagrammen, die bestimmte kosmische Kräfte des Göttlichen symbolisieren und bei der Meditation helfen.

### Büffel, Bison

Im Buddhismus wird Yama, der Totengott, manchmal büffel- oder stierköpfig dargestellt. Im Taoismus reitet Lao-tse auf seiner letzten Reise „in den Westen" auf einem Büffel oder Ochsen. Einen Büffel zu reiten steht für die Beherrschung der tierischen Natur des Menschen. Der Büffel (Rind) ist auch ein Tierkreiszeichen im chinesischen Horoskop (▶astrologische Zeichen, S. 46).

Bei den nordamerikanischen Indianern versinnbildlicht der Büffel (Bison) übernatürliche Macht und innere Kraft; als Lebensgrundlage der Prärieindianer (von dessen Fleisch sie sich ernährten, aus dessen Leder sie Taschen und Beutel fertigten und dessen Hörner und Hufe zu Löffeln und Schalen verarbeitet wurden) spielte er in

*Für die nordamerikanischen Indianer war der Büffel Inbegriff innerer Kraft.*

*Holzschnitt von Hans Weiditz von 1524: Aufständische Bauern mit ihrem Symbol – dem Bundschuh – nehmen einen Ritter gefangen.*

ihrem Leben und Denken eine wichtige Rolle und wurde sehr verehrt. Er galt als Symbol für Kraft, Wohlstand und Überfluss.

### Bundeslade

Ein wichtiges religiöses Symbol des Judentums. Nach dem 2. Buch des Mose 25,10 ff., 37, 1 ff. und 4. Buch des Mose 10,35 f. eine tragbare Holztruhe, die später mit zwei goldenen Cherubgestalten auf dem Deckel verziert war; ein Zentralheiligtum des israelitischen Stämmebundes und Zeichen des Bundes zwischen Gott und Israel. Nach jüngerer Überlieferung diente sie zur Aufbewahrung der Gesetzestafeln; in der jüdischen Synagoge wird sie durch den Thoraschrein symbolisiert.

### Bundschuh

Um die Wende vom 15. zum 16. Jh. war der Bundschuh ein Symbol der unterdrückten Klasse. Als Bundschuh wurde im ausgehenden Mittelalter ein großer, bis über die Knöchel reichender Schuh bezeichnet, der mit Riemen über dem Fuß festgebunden wurde und Bauern als Fußbekleidung diente – im Gegensatz zum Stiefel des Ritters.

Während der Unruhen vor dem großen Bauernkrieg des Jahres 1525 erhoben die Bauern den Bundschuh zu ihrem Wahrzeichen. Auch bei anderen Bauernunruhen und -verschwörungen galt der Bundschuh als Symbol des „gemeinen Mannes", des Bauerntums.

### Burg ▶Schloss

### Bürste ▶Besen

### Busch ▶Brennender Busch

# C

## Caduceus (Heroldsstab)

Der Heroldsstab, um den sich zwei Schlangen mit einander zugewandten Köpfen winden, war ein Attribut des griechisch-römischen Götterboten Hermes/Merkur, des Gottes des Handels und Verkehrs; oft war er zusätzlich noch mit einem Flügelpaar ausgestattet, das die Schnelligkeit des Götterboten, die Eigenschaft der Transzendenz und das Element Luft symbolisiert. Der ▶Stab steht für Macht; die Doppelschlange verkörpert die Vereinigung der Gegensätze. In Renaissance und Barock wurde der Caduceus zum Symbol für Verkehr und Handel und den damit einhergehenden Wohlstand. (Man darf ihn nicht mit dem Arztsymbol des ▶Äskulapstabs verwechseln, um den sich nur eine Schlange windet.)

## Calumet ▶Kalumet

*Merkur mit dem Caduceus in der Hand, hier in einer alchemistischen Illustration aus dem 15. Jh. Der Caduceus ist ein Zeichen für die harmonische Verschmelzung der Gegensätze.*

*Die „Caritas" des Andrea del Sarto erinnert an die Muttergottes mit dem Jesuskind – ein Symbol der Fürsorge, Mutter- und Nächstenliebe.*

## Caritas

Gottes- und Nächstenliebe; die bedeutendste der drei theologischen Tugenden; nach Augustinus die Wurzel alles Guten und die einzig wahre Form der Liebe, weil sie uneigennützig und ohne sinnliche Begierde ist. In der christlichen Kunst wird die Tugend der Caritas als Frau dargestellt, die entweder von Kindern umgeben ist oder ein Kind umsorgt oder stillt; häufig hält sie ein Herz oder eine Blume in der Hand. Weitere Symbole für diese selbstlose, aufopfernde Form der Liebe sind das Herz, das Lamm und der Pelikan, der sein Junges mit seinem eigenen Blut nährt.

## Carlevaro-Optotypen

Bei Erwachsenen testet der Augenarzt die Sehkraft mit einer Buchstabentafel, auf der Buchstaben und Worte in unterschiedlicher Schriftgrößen dargestellt sind. Kleinkinder können aber nicht lesen, deshalb wurden für sie in Italien die Carlevaro-Optotypen

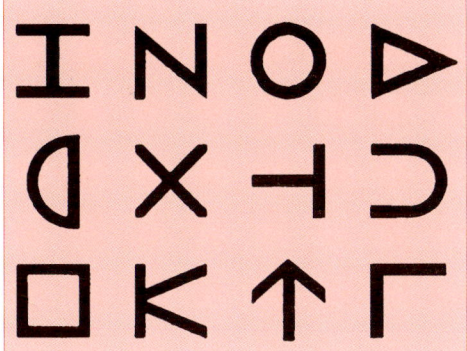

*Carlevaro-Optotypen zur Prüfung der Sehschärfe
von Kindern, die noch nicht lesen können*

entwickelt, ein System mit geometrischen Basisformen, deren unterschiedliche Größe es dem Arzt erlaubt, die Sehfähigkeit bei jeweils einem abgedeckten Auge zu testen. Die zwölf abstrakten Grundformen eignen sich besser für den Sehtest als manchmal auch eingesetzte Silhouetten von Pflanzen, Tieren oder Geräten, weil diese, auch wenn das Kind sie nicht eindeutig erkennen kann, oft auch erraten werden können.

## CDU

Das Parteiwappen der Christlich-Demokratischen Union (CDU) zeigt ein goldgerändertes schwarzes Kreuz auf rotem Grund; dem ▶Kreuz liegt ein großer goldener ▶Adler auf. Der Adler symbolisiert den alten Reichsadler und die Idee des ganzen, ungeteilten Deutschlands, das Kreuz steht für

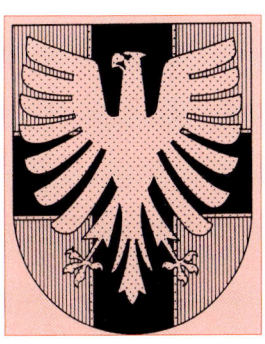

*Die CDU etablierte 1953 dieses heraldische Parteiwappen, das die konservative Grundhaltung der Partei ausdrückte: Auf rotem Grund ein goldgerändertes schwarzes Kreuz, darauf ein goldener Adler.*

das Christentum als die prägende Kraft des Abendlands. Die Farben (Schwarz-Rot-Gold) sind die deutschen Nationalfarben.

**Centauren** ▶Fabelwesen

**Cerberus** ▶Fabelwesen

*Das heutige Logo der CDU*

## Chakras

Im Kundalini-Yoga, einer speziellen Form des Yoga, und auch in der westlichen Esoterik spielt die Vorstellung von den Chakras eine wichtige Rolle.

Chakras (auf Sanskrit bedeutet das Wort so viel wie „Rad", „Kreis") sind Energiezentren, d. h. Zentren feinstofflicher Energie, die sich nicht im leiblichen Körper, sondern im Energieleib (Astralkörper) des Menschen befinden, aber in bestimmten Stellen seines physischen Körpers ihre Entsprechung haben. Durch diese Energiekanäle wird die Lebensenergie (Prana) zu allen Körperteilen hingeleitet. Durch bestimmte Yoga- und Meditationsübungen kann man die Chakras erwecken bzw. aktivieren, wodurch einem jeweils verschiedene spirituelle Erkenntnisse und Fähigkeiten zuteil werden.

In Beschreibungen und Abbildungen werden die Chakras als ▶Räder oder als ▶Lotosblüten dargestellt, die sich in kreisender Bewegung befinden.

Im Kundalini-Yoga sind sieben Hauptchakras bekannt; alle liegen an der Sushumna (dem Hauptkanal feinstofflicher Energie, der unserer physischen Wirbelsäule ent-

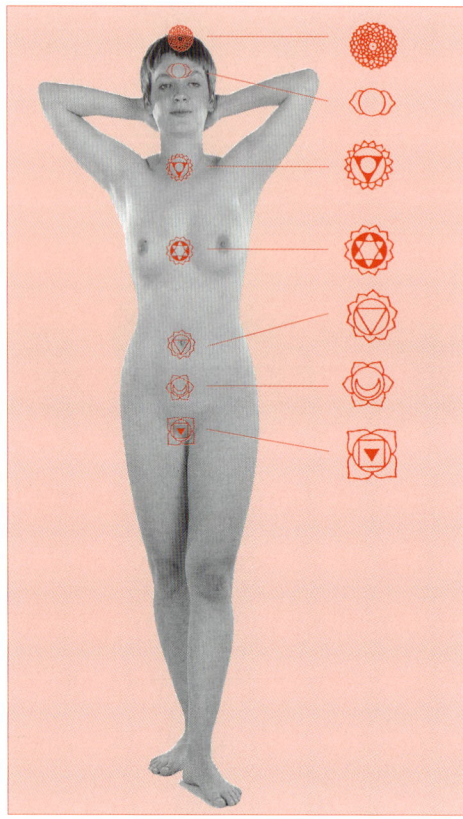

*Die sieben Hauptchakras*

spricht). Von unten nach oben sind dies:

- Muladhara- oder Wurzel-Chakra: am unteren Ende der Wirbelsäule zwischen dem After und der Wurzel des Zeugungsorgans gelegen (beherrscht die Geschlechts- und Ausscheidungsorgane)
- Svadhishthana- oder Sexual-Chakra: im Bereich der Fortpflanzungsorgane gelegen, die es beherrscht
- Manipura- oder Nabel-Chakra (in der westlichen Esoterik manchmal auch als Solarplexus bezeichnet): in der Nabelgegend gelegen (beherrscht Leber und Magen)
- Anahata- oder Herz-Chakra: liegt in der Herzgegend, beherrscht Herz und Gefühle
- Vishuddha-, Hals- oder Kehl-Chakra: an

der Kehle gelegen (beherrscht die Kehlregion, unsere Stimme und unsere Worte)
- Ajna- oder Stirn-Chakra (in der westlichen Esoterik manchmal als „drittes Auge" bezeichnet): liegt auf der Stirn, genau in der Mitte zwischen den Augenbrauen (Sitz des Bewusstseins und übersinnlicher Kräfte) ▶Auge
- Sahasrara-Chakra, Scheitel- oder Kronenchakra: liegt außerhalb des physischen Körpers, über dem Scheitelpunkt des Kopfes, und wird oft auch als „tausendblättriger Lotos" bezeichnet. Wer es aktiviert, erlangt Erleuchtung.

## Chalzedon ▶Edelsteine

## Chamäleon

Wegen seiner Fähigkeit, die Farbe zu wechseln, ist das Chamäleon ein Symbol für wankelmütige oder falsche Menschen.

## Chaos

Aus dem urzeitlichen Durcheinander aller Elemente entstand durch den Schöpfungsakt Gottes der sinnhaft geordnete Kosmos. Das Chaos wird symbolhaft dargestellt durch wild wogende Wasser (▶Ozean) und

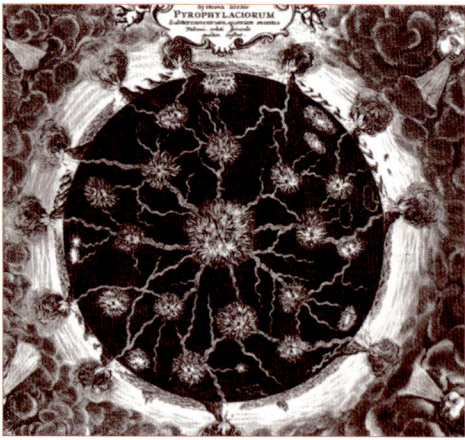

*Ein Vulkanausbruch inspirierte zu dieser Chaosdarstellung. A. Kircher, „Mundus Subterreanus, 1686*

*Die Darstellung des Chaos durch eine Ansammlung von Heiden. De Hooghe, „Hieroglyphica" oder Denkbilder der alten Völker", Amsterdam, 1744*

*Die höchste Gottheit der chinesischen Volksreligion ist der Jadekaiser. Auch diese Abbildung ist voller Symbole, die sich nur dem Kenner erschließen.*

Feuerströme, oft auch durch die Komposition divergierender Bildelemente, die das Ungeordnete ausdrücken sollen.

**Charybdis** ▶Fabelwesen

**Cherubim**
Oberste Stufe der Engelhierarchie. Nach der Apokalypse haben die Cherubim sechs Flügel; in der mittelalterlichen Kunst werden sie meist mit zwei Flügelpaaren dargestellt.

**Chimaira/Chimäre** ▶Fabelwesen

**Chinesische Bildsymbole**
In der chinesischen Literatur und Kunst spielen Symbole eine wesentliche Rolle. Dies entspricht auch der chinesischen Wesensart: Ein Chinese drückt sich auch im persönlichen Gespräch oft indirekt aus,

mittels eines Zitats oder eines Bildes. Dies ist auch dann ein Vorteil, wenn die Konventionen nicht erlauben, Dinge direkt anzusprechen. Auf sexuellem Gebiet geben sich Chinesen oft sehr prüde. Pflanzen- und Tiersymbole erlauben jedoch, auch diese Themen verschlüsselt anzusprechen.

**Chinesische Schriftzeichen**
Ursprünglich war die chinesische Schrift eine reine Bilderschrift. Erst im 2. Jahrtausend v. Chr. mutierte sie zur Zeichenschrift. Sie ist die einzige der alten Schriften, die über Jahrtausende bis in die Gegenwart lebendig blieb. Die chinesische Schrift verfügt heute noch über 50 000 bis 60 000 Wortzeichen. Für den Alltag braucht man ungefähr 8000 Zeichen. Früher schrieb man von oben nach unten in senkrechten Zeilen; unter dem Einfluss der europäischen Schriften hat sich inzwischen aber das

Der Ursprung der chinesischen Schriftzeichen waren die Realität direkt widerspiegelnde Piktogramme. Aus praktischen Gründen, aber auch aus künstlerisch-ästhetischen Erwägungen heraus wurden die Zeichen für den jeweiligen Gebrauch modifiziert. Oft ist es heute kaum noch möglich, das ursprüngliche Aussehen eines Zeichens zu rekonstruieren. Die Entwicklungstabelle von Edoardo Fazzioli zeigt den komplizierten Entwicklungsprozess der chinesischen Bilderschrift zur Zeichenschrift.

Schreiben von links nach rechts in waage-rechten Zeilen verbreitet.

Die chinesische Schrift ist nicht einfach zu erlernen; dies ist wohl auch der Hauptgrund dafür, dass es in China so viele des Lesens und Schreibens Unkundige gibt. Die Schü-ler lernen heute die lateinische Umschrift der chinesischen Schrift, das „Pinyin", zusätzlich. Die alten Schriftzeichen verbin-den jedoch immer noch alle Chinesen, gleich welchen der acht Hauptdialekte sie sprechen. Die Schriftzeichen versteht jeder.

Jedes Schriftzeichen steht für ein Wort oder eine Bedeutungseinheit. Es setzt sich aus einer unterschiedlichen Zahl von Stri-chen zusammen.

### Chinesisches Horoskop

Die Chinesen glauben, dass das Datum der Geburt Einfluss auf den Charakter eines Menschen, seine Fähigkeiten und sein Schicksal hat. Mithilfe eines Horoskops ver-suchen viele, ihr Geschick kennen zu lernen und so möglicherweise Einfluss darauf neh-men zu können. Das chinesische Horoskop bezieht sich auf einen Tierkreis-Zyklus mit Zwölf-Jahres-Perioden. Diese Ordnung ent-spricht dem chinesischen Mondkalender, der wiederum auf einem Zyklus von sechzig Tagen basiert. Und dieser ist in fünf Perio-den von jeweils zwölf Jahren unterteilt. Im Tierkreiszyklus steht das erste Jahr einer Zwölf-Jahres-Periode im Zeichen der Ratte, dann folgen die Jahre im Zeichen von Rind, Tiger, Hase, Drachen, Schlange, Pferd, Ziege, Affe, Hahn, Hund und Schwein. Jedem Tier sind bestimmte Merkmale zuge-schrieben. ▶▶ Astrologische Zeichen, S. 46

### Christussymbole

Wichtige, häufig vorkommende Christus-symbole sind: ▶Alpha und Omega; ▶Brot und ▶Wein als Leib und ▶Blut Jesu Christi bei der Abendmahlsfeier; der ▶Altar; der

*Sonnenrad und Mono-gramm Christi*

*Christusmonogramm aufgehende Sonne*

*Chrismon Christusmonogramm aus X (Christos) und P (Christentum)*

*ägyptisches Henkel-kreuz*

*rechts: Doppelkreuz, Christusmonogramm*

▶Fisch; der gute ▶Hirte und sein Hirten-stab; das ▶Kreuz; das ▶Buch als Sinnbild des Evangeliums und die Osterkerze (▶Ker-ze) als Auferstehungssymbol. Christus selbst bezeichnete sich als ▶Licht der Welt, ▶Lamm Gottes und den wahren ▶Wein-stock.

Im Christusmonogramm ist der Name Jesu Christi abgekürzt, und zwar entweder in Form der Buchstaben I und X oder X und P (so genanntes Labarum oder Chi-Rho); oft ist das Monogramm auch noch von einem Kreis umgeben oder mit den Buchstaben Alpha und Omega kombiniert. Ein weiteres Christusmonogramm, JHS, steht entweder für die ersten drei Buchsta-ben des griechischen Namens Jesu oder für die lateinische Schreibung des Namens („Jhesus").

## Chrysantheme

In China die symbolische Blume des Herbstes; da ihr Name („chü") lautgleich mit dem chinesischen Wort für „verweilen" ist, symbolisiert sie gleichzeitig auch Dauerhaftigkeit und ein langes Leben. Jemandem ein Bild mit einer Chrysantheme und einer Kiefer (bedeutet Langlebigkeit) zu schenken, heißt, dass man dem Betreffenden ein langes Leben wünscht.

## Chymische Hochzeit

Die chymische Hochzeit galt als wichtiges Thema der Alchemie. Sie symbolisiert die Vereinigung des Weiblichen mit dem Männlichen, von Sonne und Mond (Sulphur und Mercurius), von König und Königin zu einer neuen Substanz. Zweifellos meint diese alchemistische Allegorie die sexuelle Vereinigung.

## Computersymbole

Den Anfang, die Benutzeroberfläche eines Computers mit ansprechenden, oft auch witzigen grafischen Symbolen zu gestalten, machte in den 70er Jahren die Firma Xerox im Palo Alto Research Center (PARC). Der Computer „Alto" (Prototyp des „GUI")

*In einem Berg ist das Brautgemach der chymischen Hochzeit verborgen. Die sieben Stufen zum Gemach stellen den alchemistischen Prozess dar. Umrahmt wird das Brautgemach von den vier Elementen und den 12 Tierkreiszeichen. Auf dem Berg arrangiert findet man die Zeichen der sieben Metalle: Venus (Kupfer), Mars (Eisen), Sonne (Gold), Merkur (Quecksilber), Jupiter (Zinn), Saturn (Blei) und Mond (Silber). Die Abb. stammt aus Stephan Michelspacher „Cabala, Spiegel der Kunst und Natur", Augsburg, 1615.*

*Eine Chrysantheme weist auf ein langes Leben hin.*

hatte noch die Größe eines Kleiderschranks; es war ihm kein großer Erfolg beschieden, doch er inspirierte Apple, im Januar 1983 den Lisa-Computer mit einer weiterentwickelten grafischen Oberfläche auszustatten. Die prinzipiellen Motive wurden damals kreiert, z. B. der Papierkorb für gelöschte Daten oder ein Papierstapel, um Dateien darzustellen. Alltagsobjekte, die jedem vertraut sind, wurden als Symbole für Programme, Steuerelemente, Dateien und Befehle verwendet. Dies war nicht nur ein Marketinggag, sondern hat wesentlich

*Die Darstellung dieser Vereinigung von Männlichem und Weiblichem erscheint vordergründig als Allegorie für die sexuelle Vereinigung, spielt aber auch deutlich auf die chymische Hochzeit an. „Rosarium Philosophorum", 1550*

dazu beigetragen, dass der Computer rasch in unseren Alltag vordringen konnte. Die Symbole auf dem Bildschirm machten das Computersystem anwenderfreundlich. Als 1984 der „Apple Macintosh 128K" beim Systemstart den Anwender freundlich angrinste, war das eine Sensation.

Als Spielregel für die Designer der Bildschirmsymbole galt schon sehr früh, möglichst vertraute Kreationen einzusetzen anstatt Neues, das nicht jeder auf Anhieb versteht. ▸▸PC-Icons, S. 242

**Cromlech** ▸Kreis

*Abbildungen rechts: die wichtigsten Computersymbole auf dem „Schreibtisch"*

**Farbeimer**: *Mit dem Farbeimer kann man abgeschlossene, also vollständig von schwarzen Pixeln umschlossene Bereiche mit einer gewählten Farbe ausfüllen.*

**Spraydose**: *Mit der Spraydose wird ein runder Bereich mit unregelmäßigen Farbpunkten besprüht. Teilweise ist das Werkzeug heute durch eine Spritzpistole ersetzt.*

**Lasso**: *Mithilfe des Lassos können unregelmäßige Freihandformen mit der Maus ausgewählt werden.*

**Marquee**: *Der Marquee wird dazu verwendet, rechteckige Bereiche von einer Ecke zur anderen auszuwählen.*

**Pinsel**: *Der Pinsel ist überall dort nötig, wo mit Farben gearbeitet wird. In neueren Programmen ist er durch einen filigranen Kunstpinsel ersetzt.*

**Bleistift**: *Mit dem Bleistift werden schwarze oder farbige Linien gezogen; man kann mit ihm auch radieren.*

**Gerade Linie**: *Dieses Werkzeug erlaubt es, eine gerade Linie zwischen einem Start- und einem Endpunkt zu ziehen.*

# D

## Dach

Zuflucht und Obdach; ein Symbol für Schutz und Geborgenheit, den weiblichen, beschützenden Aspekt.

## Dachs

In der christlichen Symbolik ähnlich wie Maulwurf, Kröte, Wolf und Affe das Reittier der personifizierten Sünde des Geizes, einer der sieben Hauptsünden. In der japanischen Tiermythologie ist der Dachs ein Pendant des chinesischen ▶Fuchses (der Schlauheit, List und Sinnlichkeit verkörpert); im Gegensatz zum chinesischen Fuchs verwandelt er sich jedoch nicht in verführerische Frauen, sondern tritt eher in Gestalt eines dickbäuchigen Abtes auf.

## Dachwurz

Die auf Hausdächern wachsende Dachwurz (Sempervivum tectorum) war früher in vielen Dörfern ein vertrauter Anblick; heute findet man sie nur noch selten. Im Mittelalter glaubte man, dass sie das Haus vor Blitz, Feuer, Hexen und bösen Geistern beschütze. Karl der Große erließ sogar ein Gesetz, das jeden Hausbesitzer dazu verpflichtete, eine Dachwurz auf seinem Haus anzupflanzen, um es vor Brandgefahr zu schützen.

## Dalmatika

Amtskleid des Diakons, das bei festlichen Anlässen getragen wird. Es hat die Form eines Kreuzes und symbolisiert die Passion Christi; außerdem ist es ein Attribut der Heiligen Laurentius, Stephanus, Vincent und Leonhard. Die Dalmatika entspricht dem Sakkos der Ostkirche und wird auch vom britischen Herrscher bei der Krönung getragen.

*Die Dachwurz (hier in einer Darstellung aus „Rariorum" von L'Ecluse) wurde früher häufig auf Häusern angepflanzt, da man glaubte, dass sie vor Brand, Blitzschlag, Hexen und bösen Geistern schütze.*

## Dämon

In der griechischen Mythologie war der „daimon" eine Personifikation menschlicher Seelenkräfte oder auch der Natur; meist handelte es sich um einen guten Geist. Bei den alten Ägyptern waren die Dämonen mit den Totengeistern verwandt und traten häufig in Tiergestalt (z. B. Schlange oder Krokodil) auf. Viele Dämonen bewachten nach altägyptischem Glauben die Tore zur Unterwelt. Auch in Mesopotamien spielte der Dämonenglaube eine wichtige Rolle, wobei allerdings die bösen Dämonen überwogen, die dem Menschen Böses und Krankheiten zufügen konnten; so gab es beispielsweise die Dämonin Lamaschtu, eine Verkörperung des Kindsbettfiebers, und die Furcht erregenden Winddämonen, Krankheitsdämonen und Totengeister. Auch in den alteuropäischen Religionen und Mythologien verkörpern

Dämonen meist die Mächte der Finsternis und des Bösen, so z. B. die Midgardschlange und der Wolf Fenrir bei den Germanen.

Im christlichen Glauben sind Dämonen von Gott abgefallene Engel, die zur Gefolgschaft des Teufels gehören. Zur Zeit Jesu waren im Volksglauben unzählige Dämonen lebendig, die von Leib und Seele der Menschen Besitz nehmen und sie quälen konnten. Exorzisten hatten die Aufgabe, diese Dämonen durch Zaubersprüche auszutreiben. Auch in den Evangelien wird von Dämonenaustreibungen berichtet. In der christlichen Kunst können Dämonen Tier-, Menschen- oder Pflanzengestalt annehmen oder auch in Form von ▶Fabelwesen auftreten.

### Dampf

Im Ritual des Dampfbades in der Schwitzhütte der nordamerikanischen Indianer verkörpert der Dampf die heilige, Leben spendende Macht des Geistes.

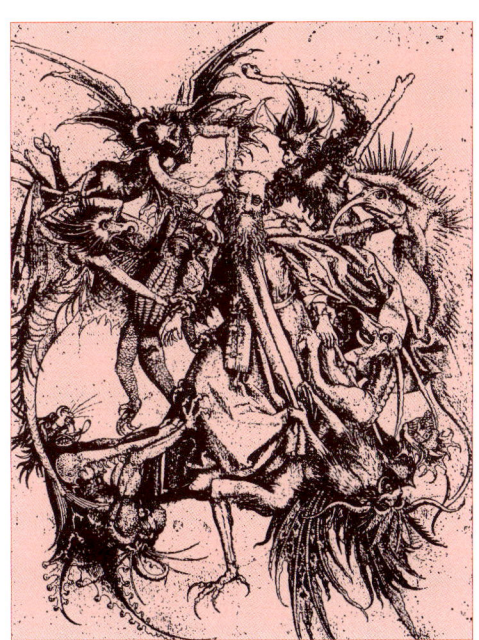

*Dämonen quälen einen Heiligen, um 1620*

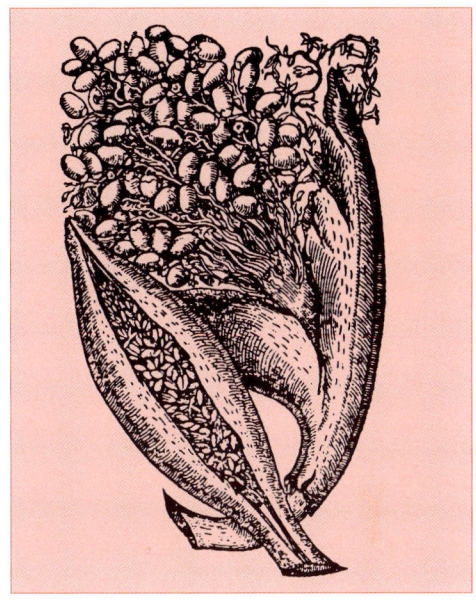

*Die Dattel – ein uraltes Fruchtbarkeitssymbol. Mattioli, „Commentaires", 1579*

### Danaidenfass

Symbol für eine unerfüllbare Aufgabe. Die Danaiden mussten zur Strafe mit löcherigen Krügen Wasser in ein bodenloses Fass schöpfen.

### Daphnis

Symbolfigur für eine tragische Liebe. Die Liebesgöttin Aphrodite verführte Daphnis derart, dass er an unerfüllter Liebe starb.

### Dattel

Ein Symbol für Fruchtbarkeit und Reichtum.

### Dattelpalme ▶Palme

### Daumen

Ein Sinnbild der Macht und Machtübertragung. Der aufwärts gerichtete Daumen bedeutet wohltätige Macht, Glück und guten Willen, der abwärts gerichtete Daumen das Gegenteil davon.

*Der Delfin war für die Griechen ein Psychopompos ("Seelenführer"), der die Seelen der Verstorbenen zu den Inseln der Seligen geleitete.*

### Davidsstern
Jüdisches Nationalsymbol (▶Stern).

### Degen ▶Dolch

### Delfin
Bei den Mittelmeervölkern galt der Delfin als den Göttern (v. a. dem Meeresgott Poseidon und der "schaumgeborenen" Aphrodite) nahe stehendes Tier. Von der Antike bis in die heutige Zeit hinein ranken sich viele Sagen darum, wie Schiffbrüchige und Ertrinkende von Delfinen gerettet wurden, indem diese sie auf den Rücken nahmen und an die Küste trugen; daher gilt der Delfin bis heute als besonders menschenfreundliches, gutmütiges Tier.

Im sumero-semitischen Kulturkreis wird er in Darstellungen von Ea/Enki als Alternativsymbol für den Fisch verwendet. In der griechischen Mythologie war der Delfin der Psychopompos ("Seelenführer"), der die Seelen der Toten auf seinem Rücken sicher ins Jenseits bringt. Auch in der christlichen Symbolik erscheint er als Retter, und zwar als Symbol für Jesus Christus, der die Menschen von Not und Sünde errettet (in dieser Bedeutung ist er mit dem Symbol des ▶Fischs verwandt). Häufig ist ihm in solchen Darstellungen auch noch ein ▶Anker oder ▶Dreizack beigegeben, oder er erscheint als Träger oder Begleiter eines ▶Schiffs, das entweder die Kirche oder das Lebensschiff des Verstorbenen versinnbildlicht. Ein von einem Dreizack oder Anker durchbohrter Delfin symbolisiert Christus am Kreuz. Vor allem auf Sarkophagen und Grabstelen finden sich zahlreiche frühchristliche Delfindarstellungen.

Die positiven Eigenschaften, die man dem Delfin zuschrieb, haben sich bis in heutige esoterische Lehren hinein erhalten, in denen dem Delfin eine besondere Symbolbedeutung als mit übersinnlichen Fähigkeiten, überragender Intelligenz, großer Affinität zum Menschen und heilender Wirkung auf Körper und Psyche ausgestattetem Tier zukommt. Im Feng Shui ist der Delfin ein wichtiger ▶▶Glücksbringer, S. 202.

### Diadem
(griechisch "durch die Haare geschlungenes Band"): ein Stirnreif oder Kopfschmuck aus Gold und Edelsteinen, Symbol für königliche und kaiserliche Macht, unumschränkte Herrschergewalt (u. a. im alten Persien, Griechenland und Rom; später in Deutschland das wichtigste Kaiserzeichen). Aus dem Diadem und dem spätantiken Prunkhelm haben sich die mittelalterlichen Kronen entwickelt.

### Diamant ▶Edelsteine

### Diamantthron/-sitz
Der Diamantthron bzw. Diamantsitz Buddhas (vajrasana) ist ein Symbol für die ewige Wahrheit, die unzerstörbar ist wie ein Diamant.

### Diana
Lateinische Bezeichnung der Göttin der Jagd, griechisch Artemis.

### Dickbauchbuddha ▶buddhistische Symbole

*Die Distel (hier eine Darstellung aus dem „Herball" von Gerard, London, 1633) hat in der christlichen Symbolik eine wichtige Bedeutung.*

### Distel

Ähnlich wie ▶Dorn und Dornbusch ein Symbol für irdische Schmerzen und Mühsal, z. B. in der Darstellung von der Vertreibung Adams und Evas aus dem Paradies: „Weil du auf deine Frau gehört und von dem Baum gegessen hast, von dem zu essen ich dir verboten hatte: So ist verflucht der Ackerboden deinetwegen. Unter Mühsal wirst du von ihm essen alle Tage deines Lebens. Dornen und Disteln lässt er dir wachsen" (Genesis 3, 17/18). In Christus- und Märtyrerdarstellungen sind Disteln und Dornen ein Hinweis auf die freiwillig getragenen Leiden Jesu bzw. der Märtyrer, aus denen Gutes (ewiges Leben, Erlösung für die Menschheit) erwächst.

### Distelfink ▶Stieglitz

### Dolch

Ähnlich wie ▶Schwert, ▶Lanze und ähnliche Waffen ein Phallussymbol, das u. a. in Träumen häufig vorkommt und (je nach Kontext) sexuelle Wünsche oder auch Ängste zum Ausdruck bringen kann. Attribut von Mars und Mithras; auch Marterinstrument und Attribut zahlreicher christlicher Heiliger, u. a. Angelus, Kilian, Justina, Aquilinus und Lucia.

### Dolmen

Von bretonisch „taol" (Tisch) und „maen" (Stein): eine aus vier bis sechs senkrechten Tragsteinen und zwei Decksteinen errichtete prähistorische Grabkammer; einfachster Typ des jungsteinzeitlichen Megalithgrabs, der in Westeuropa, Asien, Nordafrika und auf den Mittelmeerinseln vorkommt. Künstliche Rillen und Löcher deuten auf einen Totenkult hin. Die Form kann als Eingang zur Unterwelt und symbolischer Hinweis auf die weibliche Pforte und den Mutterschoß (und mit Bezug auf den ▶Menhir als phallische Steinsäule) gedeutet werden – als ein Sinnbild der Rückkehr in den Mutterschoß, aber auch des Jenseits und der Wiedergeburt.

### Donner, Donnerkeil

Donner und ▶Blitz sind eng mit dem Glauben an Wetter- und Himmelsgottheiten verbunden, die es in den verschiedensten Religionen gab. Der Donner ist die Stimme der Himmelsgötter; der Donnerkeil ist ihre Waffe. Symbole des Donners und Attribute sämtlicher Himmels- und Sturmgötter sind ▶Hammer, Beil und ▶Axt.

Blitzbündel und Donnerkeil sind Attribute altorientalischer Gewittergottheiten; so trägt z. B. der babylonische Gott Marduk einen Donnerkeil. Die Germanen glaubten, dass der Donner durch den über den Himmel rollenden Götterwagen des Himmels- und Donnergottes Donar (Thor) entstehe. Donar/Thor – neben Wotan/Odin einer der bedeutendsten germanischen Götter –

hatte die Aufgabe, die Welt der Götter und der Menschen gegen Riesen und Ungeheuer zu verteidigen; er galt als schützender, hilfreicher Gott. Sein Baumsymbol war die ▶Eiche, da diese häufig von Blitzen getroffen wird. Weitere Kultsymbole Donars waren Hammer und Axt.

Auch der griechisch-römische Himmelsgott Zeus/Jupiter schwingt einen Donnerkeil, der sowohl Waffe als auch Personifikation des Gottes sein kann.

Da die Ernte und somit Nahrung und Überleben der Menschen früher stark vom Regen abhingen (der häufig zusammen mit Gewitter auftritt), galt der Donner- bzw. Gewittergott gleichzeitig oft auch als Gottheit der Fruchtbarkeit. So riefen die Bauern Donar/Thor um gute Ernten an. Eine ähnliche Bedeutung hatten Donner und Blitz bei den nordamerikanischen Indianern: Der mythische Donnervogel, dessen Flügelschlag nach dem Glauben der Indianer den Donner verursacht, ist Regenbringer und gleichzeitig Personifikation des Großen Geistes, der universalen Schöpferkraft.

In der Antike wurde das Gewitter als heilige Hochzeit von Himmel und Erde gedeutet; dem Blitz kam dabei die Rolle eines himmlischen Phallussymbols zu. Auch der Donnerkeil symbolisiert die heilige ▶Ehe des Fruchtbarkeit verleihenden Himmelsgottes und der empfangenden Erdmutter.

Auch in den asiatischen Religionen kommt dem Donner bzw. Donnerkeil eine wichtige symbolische Bedeutung zu. Im Hinduismus ist der Vajra der Blitzstrahl oder Donnerkeil des vedischen Gottes Indra, der das Wetter beherrscht, Regen, Blitz und Donner auf die Erde herabsendet und daher als Quelle der Fruchtbarkeit verehrt wird. Gleichzeitig ist der Vajra der Blitz aus dem dritten ▶Auge von Shiva und symbolisiert göttliche Kraft, kosmische Intelligenz und Erleuchtung. Wie der Blitz ist er sowohl todbringend als auch zeugend und verkörpert daher sowohl die Kräfte der Zerstörung als auch der Erzeugung.

Im Buddhismus heißt der Donnerkeil Dorje und hat eine ganz andere Bedeutung: Er ist ein Symbol jener unzerstörbaren Leere, die das Wesen alles Seienden ist, und wird in dieser Bedeutung oft mit dem Diamanten (▶Diamantthron) gleichgesetzt. Das „Grollen des Dharma-Donners" ist die Ausbreitung der Lehre von der Befreiung aller Lebewesen.

In Japan treten Donnergötter auf, die den Donner sowohl des Himmels als auch des unterirdischen Vulkans verkörpern. Sie werden mit der Leiter assoziiert, mit der man zwischen Himmel und Erde hin- und hergehen kann. Kami-nari ist der Gott des grollenden Donners; Aizen-myoo, der Gott des Mitleids, ist mit einem Donnerkeil auf dem Haupt und einem in der Hand dargestellt, die er benutzt, um böse Begierden und Leidenschaften zu unterdrücken.

Das Grollen des Donners und Zucken des Blitzes kann aber auch negative Bedeutung haben; so kann es z. B. ein warnendes Zeichen des himmlischen Strafgerichts oder

*Der Donnerkeil wurde zum beliebten Symbol faschistischer Bewegungen und Parteien.*

ein Symbol göttlichen Zorns sein. Im Alten Testament sind Epiphanien (Gotteserscheinungen) öfters von Blitz und Donner begleitet, so z. B. im 2. Buch des Mose 19,16.

In der Politik war der Donnerkeil ein faschistisches Symbol, das u. a. auf Werbeplakaten und in Parteiinsignien der Niederländischen Nationalsozialistischen Bewegung (N.S.B.), der British Union of Fascists und deren Nachfolgeorganisation Union Movement vorkam und in seiner Form dem Hakenkreuz (▶Swastika) nahesteht.

### Doppeladler ▶Adler

### Dorje ▶Donner

### Dorn

Im Christentum bedeuten Dornen irdische Sorge, Mühsal und Schmerz (▶Distel), können aber auch Sünde symbolisieren: Die vom rechten Glauben abgekommenen Menschen gleichen dem unfruchtbaren Acker, der nichts als Disteln und Dornen hervorbringt. „Wenn ein Boden den häufig herabströmenden Regen trinkt und denen, für die er bebaut wird, nützliche Gewächse hervorbringt, empfängt er Segen von Gott; trägt er aber Dornen und Disteln, so ist er nutzlos und vom Fluch bedroht ..." (Brief an die Hebräer 6, 7/8).

Der brennende Dornbusch steht für göttliche Offenbarung und die Gegenwart Gottes (▶brennender Busch).

Die Dornenkrone, die Christus bei seiner Kreuzigung aufgesetzt wurde, ist ein ▶Passionssymbol und zugleich Zeichen des Triumphs über die Leiden dieser Welt; sie war eine Parodie auf den Rosenkranz des römischen Kaisers, mit der man Jesus verspotten wollte.

Dorn und Rose zusammen sind ein Bild für Schmerz und Wonne, Leid und Freude,

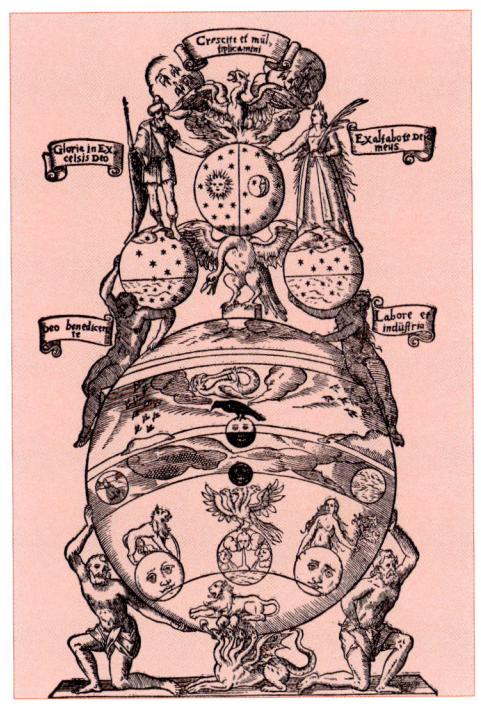

*Der vierköpfige Drache unter der Weltkugel, die von zwei Männern gehalten wird, spendet dieser das Feuer und hält sie so am leben. Libavius, „Alchymia", 1606*

die im Leben oft untrennbar miteinander verbunden sind („Keine Rose ohne Dornen").

Als Traumsymbol können Dornen darauf hindeuten, dass die Seele des Träumenden unter irgendetwas leidet, sich bedroht, gefangen oder eingesperrt fühlt.

### Dornbusch ▶Brennender Busch

### Dose

Die Dose verkörpert das weibliche Prinzip des Enthaltens und Umschließens, den Mutterschoß.

### Drache

Mythisches Mischwesen aus Schlange, Echse und Vogel; meist als geflügeltes, geschupptes, zum Teil Feuer speiendes Rep-

*Drache, der einen Menschen frisst. Radierung von Blake, 1800*

heilige Georg und der Erzengel Michael verkörpern den Sieg des Guten über die Mächte des Bösen und der Ketzerei.

In Mythen und Märchen sind Drachen als Ungeheuer „Herren des Erdbodens", gegen die die Helden um die Herrschaft über das Land kämpfen müssen; sie sind auch Hüter von Schätzen und bewachen die Pforten zu esoterischem Wissen. Der Kampf mit dem Drachen symbolisiert die Schwierigkeiten, die man überwinden muss, um zu den Schätzen innerer Weisheit zu gelangen. Die Tötung des Drachens ist – ähnlich wie in der christlichen Symbolik – der Konflikt zwischen Licht und Finsternis, die Bezwingung der zerstörenden Kräfte des Bösen oder auch ein Symbol für den Menschen, der seine eigene finstere Natur überwindet und Selbstbeherrschung erlangt. Die Rettung der Jungfrau vor dem Drachen symbolisiert die Befreiung der Reinheit und Unschuld von den bösen Mächten. So

til (oft mit krokodilähnlichem Kopf) dargestellt; ein universelles und komplexes Symbol, das in den verschiedenen Religionen und Kulturen z. T. sehr unterschiedliche Bedeutung hat.

In Ostasien ist der Drache im Allgemeinen eine gütige, himmlische Macht, während er in den Mythen und Religionen des Abendlandes und des Vorderen Orients das Böse, Zerstörerische verkörpert. Dementsprechend steht der Sieg über den Drachen hier für die Überwindung der Mächte des Chaos, der ungezähmten, animalischen Natur, der Finsternis und des Bösen. So besiegt der babylonische Gott Marduk Tiamat, die chaotische Macht des Urmeeres; der griechische Gott Apollon tötet den Drachen Python. Auch der hinduistische Gott Indra erschlug einen Drachen.

Im Christentum ist der Drache die Personifikation Satans, des Bösen, und wird als solcher mit der ▶Schlange gleichgesetzt. Drachenbezwinger wie beispielsweise der

*Der siebenköpfige Drache mit der Hure Babylon, eine apokalytische Vision, um 1520*

*Der Drache, der Iason zu Füßen Athenes ausspeit.*

besiegten beispielsweise der germanische Held Siegfried und der Gautenfürst Beowulf Drachen. Auch Iason, der Anführer der Argonauten, musste gegen einen Drachen kämpfen.

Ein dem Drachen ähnliches Ungeheuer war der Lindwurm (▶Fabelwesen). In Ostasien ist der Drache eine zwar potenziell gefährliche, Ehrfurcht gebietende, aber grundsätzlich positive Kraft; er symbolisiert übernatürliche Macht, Weisheit und Stärke. So gilt er in China z. B. als Regen spendender Gott, der im Winter unter der Erde lebt, aber im Frühjahr in den Himmel emporsteigt, was den ersten Donner und den ersten Regen hervorruft. Daher gilt der Drache in China auch als Glück bringendes Tier. Außerdem war er seit dem 2. Jh. v. Chr. als Verkörperung des „männlichen" Yang-Prinzips ein Symbol des Kaisers oder Himmelssohnes. Er ist auch ein wichtiges ▶▶Feng-Shui-Symbol (S. 160) und eines der zwölf Tierkreiszeichen des chinesischen Horoskops (▶▶astrologische Zeichen, S. 46).

### Drachenbaum

Nach einer alten Legende von den Salomon-

inseln wuchs der erste Drachenbaum (Dracaena) auf dem Grab des Meeresungeheuers Pau Tangalu. Auf den Südseeinseln galt dieser Baum als stärkste Zauberpflanze, die für alle möglichen Zwecke eingesetzt wurde.

Der Drachenbaum liefert ein dunkelrotes Harz, das als Drachenblut bezeichnet wird. Dieses Harz, das venezianische Kaufleute nach Europa brachten, wurde im Mittelalter von verlassenen Frauen und Mädchen als Liebeszauber verwendet: Wenn sie es an sieben Tagen hintereinander jeweils um

*Das Harz des Drachenbaums fand im Mittelalter als Liebeszauber Verwendung. L'Ecluse, „Rariorum"*

Mitternacht in ihrem Schlafzimmer an einem geöffneten Fenster verbrannten, sollte der Liebhaber oder Ehemann, der sie verlassen hatte, bald zu ihnen zurückkehren.

**Dracula** ▶Vampir

**Drei** ▶▶Symbolik der Zahlen, S. 452

## Dreieck

Eines der Ursymbole, die es schon seit prähistorischer Zeit und in fast allen Kulturen gegeben hat. In vielen Kulturen und Religionen ist das mit der Spitze nach unten zeigende Dreieck ein Symbol des weiblichen Geschlechtsteils und darüber hinaus Sinnbild für das weibliche Prinzip an sich, für Fruchtbarkeit, den Mutterschoß und das dem Weiblichen zugeordnete ▶Element Wasser. Schon in prähistorischen Ritzbildern und Felszeichnungen kommt das Dreieck in dieser Bedeutung vor. Ein Dreieck mit der Spitze nach oben dagegen versinnbildlicht das männliche Prinzip, Zeugungskraft und das „männliche" Element Feuer.

Diese symbolische Bedeutung hat das Dreieck auch im Hinduismus, insbesondere im Shaktismus (der Verehrung der Gemahlin Shivas, Shakti, die in vielen Verkörperungen – als Kali, Durga oder Parvati – dargestellt wird und für die Schöpferkraft steht, die alles Leben hervorbringt). In vielen hinduistischen Darstellungen findet man ein mit der Spitze nach unten zeigen-

*Buch der Heiligen Dreifaltigkeit, um 1510*

des Dreieck als Symbol für das weibliche Geschlechtsteil (Yoni) und für das Prinzip des Weiblichen. Häufig beinhaltet dieses Dreieck noch ein kleineres Dreieck in der Mitte, das das befruchtete Ei repräsentiert.

Im Christentum ist das Dreieck ein ▶Dreifaltigkeitssymbol. Bei Verkehrszeichen wird die Dreiecksform meist für Schilder mit warnendem oder verbietendem Inhalt verwendet.

## Dreifaltigkeitssymbole

In christlichen Darstellungen gibt es zahlreiche Symbole für die Heilige Dreifaltigkeit (Trinität), jene Lehre des christlichen Glaubens, nach der der eine Gott in drei Personen (Vater, Sohn und Heiligem Geist) dargestellt wird.

Eines der wichtigsten Dreifaltigkeitssymbole ist das gleichseitige oder gleichschenklige Dreieck. (Der dreieckige Heiligenschein ist ein Attribut von Gottvater.) Auch drei sich überschneidende Kreise, ein Kreis mit drei im Mittelpunkt zusammenstoßenden Halbmonden oder ein dreiblättriges

*Im Hinduismus steht das mit der Spitze nach unten zeigende Dreieck für den Mutterschoß (Yoni); es spielt vor allem im Shaktismus (dem Kult der göttlichen Gefährtin Shivas, Shakti) eine wichtige Rolle. Das kleine Dreieck in der Mitte symbolisiert das befruchtete Ei.*

Kleeblatt findet man häufig als Sinnbilder der Dreifaltigkeit, ebenso das Antoniuskreuz (T) und das Gabelkreuz (Y), da beide Kreuze drei vom selben Mittelpunkt ausgehende Richtungen aufweisen.

In christlichen Gemälden wird die Dreifaltigkeit auch häufig durch eine Kombination aus Thron (Macht – Gottvater), Buch (Lehre – Jesus Christus) und Taube (Liebe – der Heilige Geist) dargestellt oder durch den „Gnadenstuhl": eine Darstellung Gottvaters, der den gekreuzigten Christus in den Armen trägt; zwischen den beiden schwebt eine Taube (der Heilige Geist). Auch drei Engel von gleicher Gestalt, eine Person mit drei Köpfen oder drei Oberkörpern und ein Kopf mit drei Gesichtern stehen häufig für die Dreifaltigkeit.

### Dreischenkel/Dreiecksornament/Dreibein

Das dreibeinige, dreifüßige bzw. dreizackige Symbol teilt im Wesentlichen den Symbolgehalt des Hakenkreuzes (▶Swastika). Wahrscheinlich repräsentiert es die Sonnenbewegung (die Sonne beim Aufgang, im Zenit und beim Untergang); es wird aber auch als die Mondphasen, die Erneuerung des Lebens gedeutet. Wie das Hakenkreuz ist es ein Glückssymbol. Es ist häufig zusammen mit anderen Sonnensymbolen anzutreffen und auf antiken Münzen und keltischen Kreuzen sowie in der germanischen Symbolik zu finden, wo es mit Thor in Zusammenhang steht.

### Dreizack

In der Symbolik des ▶Blitzes bzw. ▶Donnerkeils ist der Dreizack Waffe und Attribut aller Himmels-, Donner- und Sturmgötter; als Dreizack ist er das Kennzeichen der Meergötter wie Neptun und Poseidon und symbolisiert deren Macht über das Meer. Als Wahrzeichen für Seemacht ist er in Knossos und Phaistos anzutreffen. Auch in

Bildern des christlichen Mittelalters findet man den Dreizack als Meeressymbol.

Im Hinduismus ist der Dreizack (Trishula) ein Emblem Shivas in seiner Eigenschaft als Schöpfer, Bewahrer und Zerstörer und symbolisiert gleichzeitig Vergangenheit, Gegenwart und Zukunft. Er ist auch ein Feuersymbol, das die drei Aspekte des vedischen Gottes Agni symbolisiert, der am Himmel als Sonne, in der Luft als Blitz und auf der Erde als Feuer erscheint.

Im Christentum ist der Dreizack ein ambivalentes Symbol: Einerseits steht er für das Drei-in-Einem der Dreifaltigkeit (▶Dreifaltigkeitssymbole), andererseits ist er aber auch die Waffe des Teufels.

### Dreizehn ▶▶Symbolik der Zahlen, S. 452

### Dreschflegel

Ein Symbol für Herrschaft, Gewalt, Souveränität, höchste Macht; wird oft zusammen mit dem ▶Hirten- oder Krummstab dargestellt. In der ägyptischen Kunst ist er ein Attribut von Osiris als Richter der Toten.

### Drittes Auge ▶Auge

### Drudenfuß ▶Fünfstern

### Dschungel

In Träumen häufig ein Symbol für das unergründliche Unbewusste, vor dem der Träumende sich vielleicht fürchtet; der Traum kann aber auch ein Hinweis darauf sein, dass er sein Unbewusstes näher erkunden sollte. Oft bedeutet ein Dschungeltraum einfach nur Sehnsucht nach Abenteuer und Abwechslung.

### Durst

Sehnsucht, Verlangen; Begierde, das Leben zu erfahren, entweder im geistigen oder im materiellen Bereich.

# E

## Ebenmaß

Gleichheit; Gerechtigkeit. In der sakralen Baukunst steht es für transzendentes Wissen und für die alle Gestaltungen bestimmende Urform. In der chinesischen Symbolik verkörpert es den richterlichen Beamten oder einen gerechten Menschen, einen „Menschen des Ebenmaßes".

## Eber

In der germanischen Mythologie spielte der Eber eine wichtige Rolle. Der Eber Gullinborsti war Zug- und Reittier des Gottes Freyr; seine Goldborsten symbolisierten die Sonnenstrahlen. Eberhelme und -masken stellten Krieger unter den Schutz von Freyr (dem Gott der Fruchtbarkeit und des Wohlstands) und Freyja (Göttin der Fruchtbarkeit, des Glücks und Kindersegens). Darüber hinaus war der Eber ein Symbol für Fruchtbarkeit und Ernte, Mut und Auszeichnung im Kampf. In dieser symbolischen Bedeutung ist er auch in viele altdeutsche Familienwappen und Ortsnamen eingegangen.

Ebenso wie die Germanen trugen auch mykenische Krieger oft einen Helm aus Eber-Stoßzähnen, die ihnen im Kampf göttlichen Beistand sichern sollten.

Bei den Kelten war der Eber ein heiliges Tier; er symbolisierte das Übernatürliche, Magische, Prophetische, stand mit Göttern und magischen Mächten in Verbindung. Der Kopf des Ebers versinnbildlichte Gesundheit und Bewahrung vor Gefahr. Die Druiden nannten sich „Eber", vermutlich, weil sie sich als Einsiedler in den Wald zurückgezogen hatten.

Im Hinduismus ist der Eber Varaha eine Inkarnation des Gottes Vishnu; in Japan

*Der Eber kann ein Symbol für Kraft und Bedrohung sein, Holzschnitt um 1700*

gilt der Eber als Symbol der Stärke. Im Christentum ist er als eines der wilden Tiere, die bei einem Eremiten Schutz vor den Jägern suchten, Attribut der Heiligen Columban und Ämilian; er kann aber auch ein Christussymbol sein.

Als Traumsymbol kann der Eber Aggressivität und Bedrohung bedeuten, aber auch für Sexualität und animalische Instinkte stehen. ▶Schwein

## Eberesche

Der gallische Lebensbaum (▶Baum). In der skandinavischen und germanischen Mythologie ist die Eberesche dem Gott Donar/Thor geweiht und verleiht Macht gegen Hexerei.

## Echidna, Ameisenigel

In der Symbolik der australischen Aborigines verkörpert der Ameisenigel Initiation, Tod und Auferstehung.

## Edelsteine

Edelsteine spielten im Leben, Denken und Fühlen der Menschen schon immer eine wichtige Rolle; schon seit jeher geht eine unwiderstehliche Anziehungskraft von ihnen aus. Daher wurde und wird ihnen auch heute noch eine Vielzahl symbolischer Eigenschaften zugeordnet.

Im Alten Orient wurden Edelsteine schon seit mindestens 5000 Jahren verwendet. Zunächst hatten sie in erster Linie magische Bedeutung als Amulett bzw. Talisman; als Schmuck waren sie weniger bedeutend. Auch in der Antike schrieb man Edelsteinen magische Kräfte zu – eine Vorstellung, die in den mittelalterlichen und frühneuzeitlichen Steinbüchern (Lapidarien) weiterlebte. Außerdem wurden Edelsteine in pulverisiertem Zustand als Medikamente verwendet. Wahrscheinlich schon in babylonischer, spätestens aber in hellenistisch-römischer Zeit ordnete man die einzelnen Edelsteine verschiedenen Gestirnen zu; dies hat sich in den heutigen Tierkreis- und Monatssteinen erhalten.

Im Mittelalter dienten Edelsteine hauptsächlich zur Verzierung von Kultgegenständen und Insignien geistlicher und weltlicher Herrscher. Erst seit der Renaissance wurden sie in zunehmendem Maße zu Schmuckstücken verarbeitet.

Im Buddhismus verkörpert der Edelstein bzw. das Juwel oder Kleinod die Weisheit; die „drei Kleinodien" sind Buddha, Dharma (die Lehre) und Sangha (die buddhistische Gemeinde). In Japan ist das Juwel, das hier die Bedeutung von Mitleid oder Weisheit hat, eine der „drei Kostbarkeiten"; die anderen beiden dazugehörigen Gegenstände sind Schwert und Spiegel als Sinnbilder für Mut und Wahrheit. „Das Juwel zu besitzen" ist eine Umschreibung für Erkenntnis.

In der christlichen Symbolik sind die 12 Edelsteine auf dem Brustbild des Hohepriesters (2. Buch des Mose 28, 17–21) ein Hinweis auf die 12 Stämme Israels. Die jeweils mit einem anderen Edelstein versehenen Grundsteine der Stadtmauer des himmlischen Jerusalem in der Offenbarung des Johannes (21,14–20) stehen für die 12 Apostel. In der byzantinischen Kunst symbolisieren Kreuze, die mit einem großen und 12 kleinen Edelsteinen verziert sind, Jesus Christus und die Apostel.

Auch in Mythen, Legenden und Märchen kommt Edelsteinen eine wichtige symbolische Bedeutung zu. Werden sie von ▶Schlangen, ▶Drachen oder Ungeheuern bewacht, so symbolisieren sie verborgene Schätze des Wissens und der Wahrheit; sie können aber auch für die irdische Liebe und für vergänglichen Reichtum stehen. Das Schneiden und Behauen von Edelsteinen zu Form und Gestalt ist ein Sinnbild für die Seele, die aus dem rohen, unregelmäßig geformten Stein zum Juwel geformt wird – ebenmäßig und glänzend, die Reflexion göttlichen Lichts.

Eine besonders wichtige Rolle spielen Edelsteine in der heutigen Esoterik. In der Astrologie werden den 12 Tierkreiszeichen bestimmte Edelsteine zugeordnet, die dem Angehörigen des jeweiligen Sternzeichens besonderes Glück bringen sollen und daher als Talisman getragen werden. Auch jedem Planeten werden Edelsteine zugeordnet. Es gibt hierfür allerdings sehr unterschiedliche Zuordnungen. Die Edelsteinheilkunde basiert auf der Annahme, dass von jedem Edelstein bestimmte Schwingungen ausgehen, die Krankheiten und psychische Probleme heilen können, wenn man den betreffenden Stein am Körper trägt oder auf den Körper auflegt.

**Die wichtigsten Edelsteine und ihre symbolische Bedeutung:**

- **Achat:** Ein schwarzer Achat symbolisiert Mut, Kühnheit und Lebenskraft, ein roter Achat Gesundheit, Wohlstand, Frieden, ein langes Leben und die Liebe zum Guten.
- **Amethyst:** In der Antike wurde der Amethyst als Amulett gegen Gift, Trunkenheit und Hagel getragen. In der Astrologie ist

er dem Planeten Jupiter und als Monatsstein dem April bzw. Februar zugeordnet. In der Bibel ist er einer der 12 Grundsteine in der Stadtmauer des himmlischen Jerusalem, in der christlichen Symbolik ein Sinnbild der Demut.

- **Aquamarin:** ein Symbol für Jugend, Hoffnung und Gesundheit.
- **Bernstein:** In der Antike schrieb man dem Bernstein magische Kräfte zu und benutzte ihn als Glücksbringer. Da man ihn an Meeresküsten fand, waren die Naturkundler sich bis ins 15. Jh. hinein nicht sicher, ob es sich dabei um ein Mineral, eine Pflanze oder ein Tier handelte. Manche hielten ihn für kristallisierte Meeresgischt, andere für die Frucht eines legendären Baumes, des Bernsteinbaums. In China symbolisiert der Bernstein Mut. Sein chinesischer Name (hu-po) bedeutet „die Seele des Tigers".
- **Beryll:** symbolisiert Hoffnung, ewige Jugend und Eheglück.
- **Chalzedon:** ein Symbol für Körperkraft; außerdem schrieb man dem Chalzedon die Fähigkeit zu, Dämonen abzuwehren.
- **Chrysolith:** ein Symbol der Weisheit, Verschwiegenheit, Klugheit; galt außerdem als zauberkräftiger, Unheil abwendender Stein.
- **Chrysopras:** symbolisiert Frohsinn und Freude.
- **Diamant:** ein Symbol der Reinheit, Beständigkeit und Unzerstörbarkeit, im Buddhismus auch des Absoluten (▶Diamantthron). Der biblische Gott machte die Stirn des Propheten „wie Diamant und härter als Kieselstein" (Ezechiel 3,9), damit er jeder Versuchung widerstehen kann. Bei verschiedenen Kirchenvätern ist der Diamant ein Hin-

*Diamant*

weis auf Jesus Christus; im Mittelalter galt er als Sinnbild der Treue und Kühnheit.

- **Granat:** symbolisiert Ergebenheit, Loyalität, Energie, Anmut.
- **Hämatit:** steht für Frieden und Verständnis.
- **Hyazinth:** ein Symbol der Treue und Bescheidenheit und auch hellseherischer Kräfte.
- **Jade:** in China der beliebteste Schmuckstein, der auch gern zu Figuren und Gefäßen verarbeitet wird und dem darüber hinaus eine wichtige symbolische Bedeutung zukommt. Jade wird mit dem Yang-Prinzip assoziiert und wurde daher zu einem Symbol des Lebens, der Vollkommenheit und Reinheit. Im alten China spielte Jade bei Riten der Götterbeschwörung und auch als schützender Talisman und Grabbeigabe eine wichtige Rolle: Man legte den Toten ein kleines Stück Jade in den Mund in dem Glauben, dass dieser Stein Fäulnis verhindere. Die

höchste Gottheit im Taoismus und in der chinesischen Volksreligion wird „Jadekaiser" (Yü-huang-ti) genannt. In der konfuzianischen Staatsweisheit steht Jade für die Tugenden der Menschlichkeit, Treue und Zuverlässigkeit. Auch in der chinesischen Sexualsymbolik spielt Jade eine wichtige Rolle: Da der Stein sich angenehm kühl und glatt anfühlt, wird die Haut einer schönen Frau mit Jade verglichen; die Brüste eines jungen Mädchens sind „hart wie Jade". „Mit Jade spielen" ist eine Umschreibung für Beischlaf, „Jadesaft" ist der Speichel der Frau, „Jadeflüssigkeit" das männliche Sperma oder der weibliche Saft, „Jadetür" und „Jadewand" die Scheide der Frau, „Jadestengel" der Penis.

- Jaspis: ein Sinnbild des Glücks und der Freude.
- Karfunkel: symbolisiert Entschlossenheit, Unerschrockenheit, Erfolg und Energie; kann aber auch für Krieg und Blutvergießen stehen und ein ▶Passionssymbol sein. Ein Kreuz mit fünf Karfunkelsteinen verkörpert die fünf Wunden Jesu.
- Karneol: ein Symbol für Freundschaft, Mut, Selbstvertrauen und Gesundheit.
- Katzenauge: symbolisiert Langlebigkeit und gilt außerdem als Unheil abwendender Stein.

- Korund: steht für Beständigkeit der Gesinnung.
- Kristall: ähnlich wie der Diamant ein Symbol für Reinheit, Klarheit, Göttlichkeit. Beim Propheten Ezechiel und in der Apokalypse wird das Meer über und vor dem Thron Gottes in seiner Klarheit mit Kristall verglichen. Im christlichen Mittelalter wurde der Kristall zum Symbol der heiligen Jungfrau Maria und der unbefleckten Empfängnis. In Märchen und Sagen wurden dem Kristall vielfach auch Zauberkräfte zugeschrieben; dieser Glaube ist in dem Gebrauch von Kristallkugeln (z. B. zum Hellsehen) in der heutigen Esoterik immer noch lebendig. In seiner Symbolik ist der Kristall mit dem Glas verwandt. Kristall- bzw. Glasschliffe, -türme, -schuhe usw. versinnbildlichen einen Übergang von einer Welt oder Seinsebene in eine andere. Bei den australischen Aborigines ist der Kristall Symbol des Großen Geistes. Im Buddhismus steht er für spirituelle Erkenntnis, den reinen Geist und vollkommene Einsicht.
- Lapislazuli: Bei den Ägyptern war der Lapislazuli ein heiliger Stein, dessen blaue Farbe auf seine himmlische Herkunft hindeutete. Er gilt als Symbol für göttliche Gunst, Erfolg, Begabung und Tüch-

*Amethyst*

*Jade*

tigkeit. In Tempeln stellt der Lapislazuli das Firmament und seine heilige Macht dar.

- Mondstein/Selenit (Marienglas): Ein Symbol für den Mond, für Zartheit, Güte und Mitgefühl; der Stein der Liebenden.
- Olivin: symbolisiert Einfachheit, Bescheidenheit und Glück.
- Onyx: ein Sinnbild für Scharfsinn, Aufrichtigkeit, Eheglück.
- Opal: symbolisiert Treue, religiösen Eifer und Gebete.
- Peridot: ein Sinnbild der Freundschaft.
- Rubin: symbolisiert Würde und Königtum, Macht, Hingabe, Liebe, Leidenschaft und Schönheit; außerdem ein Sinnbild der Langlebigkeit und Unverletzbarkeit.
- Saphir: ein Symbol für Wahrheit, göttliche Tugenden, religiöse Meditation, Keuschheit; außerdem schrieb man dem Stein Unheil abwendende Kraft zu.
- Sardonyx: symbolisiert Ehre, Ruhm, Glanz, Feuer und die Tugend der Selbstbeherrschung.

- Smagard: In der Antike glaubte man, dass der Smaragd seinen Träger keusch mache. Auch im christlichen Mittelalter war er ein Symbol der Jungfräulichkeit und – wegen seiner grünen Farbe – der Hoffnung. In der Astrologie wird er dem Planeten Venus zugeordnet.
- Topas: ein Symbol für göttliche Güte, Glauben, Freundschaft, Liebe, Einsicht und Klugheit.
- Türkis: symbolisiert Mut, Erfüllung, Erfolg; außerdem wurden ihm Dämonen abwendende Kräfte zugeschrieben.
- Turmalin: symbolisiert Freundschaft und Inspiration.
- Zirkon: ein Sinnbild der Weisheit und Ehre und des Reichtums.

### Edelweiß

Da diese schöne Alpenblume mit den weißen, sternförmigen Blüten hoch oben in Felsspalten wächst, die nur schwer zu erreichen sind, gilt es in Alpenländern als Beweis der Liebe und Verehrung, wenn ein Mann seiner Angebeteten ein solches Edelweiß schenkt. Bergsteiger verzieren ihre

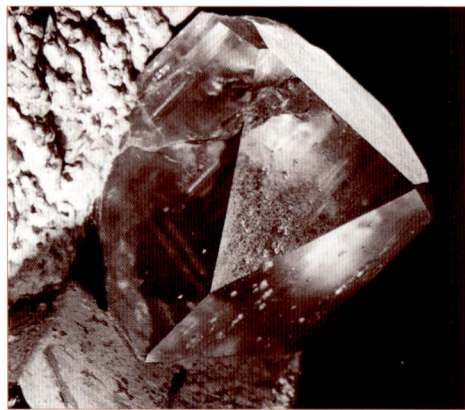

*Oben: Topas*
*Rechts: Seiner Angebeteten ein Edelweiß (hier in einer Darstellung aus Mattiolis „Commentaires", Lyon, 1579) zu schenken, gilt in Alpenländern als Liebesbeweis.*

*Der Efeu war ein Symbol von Dionysos, dem Gott des Weins und der Vegetation. Auf dieser Schale des Malers von Hermaios (um 525–500 v. Chr.) trägt Dionysos Efeuranken über der Schulter.*

Hüte als Symbol der Bezwingung von Bergesgipfeln mit Edelweiß.

## Eden ▶Paradies

## Efeu

Wie alle immergrünen Pflanzen ein Symbol für Unsterblichkeit und ewiges Leben (in dieser Bedeutung spielt der Efeu z. B. in der

*Als immergrüne Pflanze symbolisiert der Efeu Unsterblichkeit und ewiges Leben.*

christlichen Symbolik eine wichtige Rolle); wegen seiner „Anschmiegsamkeit" gleichzeitig auch ein Sinnbild der Treue, der beständigen Liebe und Freundschaft. In Ägypten war der Efeu Osiris, in der griechisch-römischen Mythologie Dionysos/Bacchus, dem Gott des Weins und der Vegetation, geweiht und spielte im Dionysoskult eine wichtige Rolle: Dionysos wird mit Efeu gekrönt; eines seiner Attribute ist der efeuumwundene Thyrsosstab; auch seine Begleiterinnen, die Mänaden, waren mit Efeu bekränzt. Die Anhänger des Dionysos ließen sich Efeublätter auf die Haut tätowieren und trugen bei festlichen Gelagen Efeukränze. Brautpaaren wurde im alten Griechenland als Zeichen der Freundschaft und Treue bei der Hochzeit ein Efeuzweig überreicht. Auf frühchristlichen Sarkophagen und Katakombenfresken sind Efeublätter als Symbole der Unsterblichkeit häufig abgebildet.

## Ehe

Ein Symbol für das Zusammenwirken und die Vereinigung der Gegensätze; die Beziehung zwischen der Gottheit und der Welt; aber auch für den „hieros gamos" (heilige Hochzeit), die mystische Vereinigung von Himmel und Erde, dem Gott und der Göttin, die der Ursprung allen Lebens ist. In der griechischen Mythologie versinnbildlichen Zeus und Hera diese heilige Ehe, im Shintoismus die Gottheiten Izanagi und Izanami, im Hinduismus Shiva und Shakti. Auch bei verschiedenen Naturvölkern (u. a. im Sudan) ist die Vorstellung vom Himmelsgott, der die Erde durch Regen, Tau oder Sonnenstrahlen befruchtet, noch lebendig.

In der Alchemie ist die Ehe die conjunctio, die Vereinigung von Schwefel und Quecksilber, Sonne und Mond, Gold und Silber, König und Königin usw. Im Christentum verkörpert sie die Vereinigung der menschlichen Seele mit dem göttlichen Geliebten, Christus, dem Bräutigam.

## Ei

Ein Symbol für den Keim aller Schöpfung, den Ursprung allen Lebens, den Mutterschoß und das werdende Leben. Die Vorstellung vom Weltei oder Welten-Ei (das auch durch eine Kugel symbolisiert wird) als Ursprung der Welt findet sich in Ägypten, Phönikien, Indien, China, Japan, Griechenland, Mittelamerika, Finnland und auf den Fidschi-Inseln. In der hinduistischen, ägyptischen, chinesischen und griechischen Mythologie sprang das Welten-Ei – als der „Ur-Sprung" des Universums – plötzlich auseinander. Vorher ein Ganzes, enthielt es schon vorher im begrenzten Raum seiner Schale alles Existierende und Mögliche.

Nach altägyptischem Glauben legte die Nil-Gans das Welten-Ei, aus dem dann der Sonnengott Re ausschlüpfte. Gleichzeitig war das Ei bei den alten Ägyptern Symbol für ein Weiterleben nach dem Tode; deshalb wurde der Sarg, der die Mumie umschloss, auch „Ei" genannt. Im Zoroastrismus

*Dem philosophischen Ei entsteigt der Doppeladler, der die weltliche und geistliche Krone trägt. 15. Jh.*

*Mit Feuer und Schwert wird das philosophische Ur-Ei der Materie zerlegt. Michael Maier, „Atlanta fugiens", 1618*

wurde der Himmel in Form eines Eis aus glänzendem Metall geschaffen. Ein Straußenei oder ein großes Porzellanei, das man in Tempeln, koptischen Kirchen und Moscheen aufhängt, stellt Schöpfung, Leben und Auferstehung dar; in dieser Symbolik findet man es bisweilen auch auf Gräbern.

Nach hinduistischem Glauben wurde das Welten-Ei vom göttlichen Vogel auf die Urwasser gelegt. Dem goldenen Ei der Schöpfung entsprang Brahma, und die beiden Eihälften bildeten Himmel und Erde. „Dieses riesige Ei, das sich aus den Elementen zusammensetzte und auf den Wassern ruhte, war die vollendete natürliche Wohnstatt Vishnus in Gestalt Brahmas, und dort nahm Vishnu sichtbare Gestalt an ... In diesem Ei befanden sich die Kontinente, die Meere und die Berge, die Planeten und die Grenzen des Universums, die Götter,

*Die Tradition der Eier an Ostern hat heidnische und christliche Wurzeln.*

Dämonen und die Menschheit" (Vishnu-Purana). Das Welten-Ei ist in drei Regionen unterteilt: das Reich der Sinne, die Himmel und die formlose Welt.

Im Buddhismus ist die Eischale die „Schale der Unwissenheit"; um sie zu durchbrechen, muss man Erleuchtung erlangen.

Auch nach chinesischem Glauben sprang das Welten-Ei bei der Schöpfung auf, und die beiden Hälften bildeten Erde und Himmel. Der Eidotter ist der Himmel und das Eiweiß die Erde. Ähnlich wie in Europa ist das Hühnerei in China auch heute noch ein Symbol der Fruchtbarkeit, um das sich zahlreiche Mythen und Bräuche ranken.

In der Alchemie wachsen aus dem Ei die weiße Blume (Silber), die rote Blume (Gold) und die blaue Blume (die Blume des Weisen) hervor. Das Ei ist auch das hermetisch versiegelte Gefäß, in dem das Große Werk vollbracht wird. Das Ei des Weisen ist ein Symbol für die Schöpfung.

Im Christentum ist das Ei ein Auferstehungssymbol: Christus stand am Ostermorgen aus dem Grabe wieder auf, so wie ein Küken aus seinem Ei hervorbricht. Darüber hinaus kann das Ei auch ein Symbol der Hoffnung und der jungfräulichen Emp-

fängnis sein. Die Bedeutung der Ostereier hat teils heidnische, teils christliche Wurzeln: Schon bei heidnischen Frühlingsfesten spielten Eier als Symbol für die wieder zum Leben erwachende Natur eine Rolle; später trat dann die christliche Auferstehungssymbolik hinzu.

## Eibe

Die Eibe ist in Europa schon seit alters her als Totenbaum bekannt. In der Antike war sie den Göttern der Unterwelt geweiht – eine Symbolik, die vielleicht teilweise mit der Giftigkeit dieser Pflanze zusammenhängt: Manche gallische Stämme vergifteten ihre Lanzenspitzen mit Eibensaft; Plinius der Ältere berichtete von todbringenden Weinbechern aus Eibenholz. Als Zeichen der Trauer war es üblich, sich mit Eibenzweigen zu bekränzen; die Zweige der Eibe galten aber auch als Mittel gegen Verhexung. In Nordwesteuropa ist die Eibe ein beliebter Friedhofsbaum.

## Eiche

Die Eiche galt bei vielen indogermanischen Völkern als heiliger Baum. In Griechenland war sie Zeus, in Rom Jupiter geweiht; das Orakelheiligtum des Zeus in Dodona lag in

*Die Eiche galt früher als heiliger Baum, Holzschnitt um 1580*

Hilfe in der Not; sie kann aber auch ein Sinnbild der Standhaftigkeit im Glauben und in der Tugend sein. Aus Eiche, Stechpalme und Espe soll, wie es verschiedentlich heißt, das Holz des Kreuzes gewesen sein. Im Mittelalter galt das Holz der Eiche als unverweslich; daher ist sie auch ein Unsterblichkeitssymbol.

Abgesehen von dieser religiösen Symbolik war die Eiche wegen der Härte ihres Holzes und ihres stattlichen Wuchses schon in der Antike ein Sinnbild der Stärke und Männlichkeit. Im 18. Jh. wurde sie in Deutschland zum Symbol des Heldentums: Die Sieger von Turnerwettbewerben wurden mit Eichenlaub bekränzt; zum Gedächtnis im Krieg gefallener Soldaten wurden Eichenbäume gepflanzt.

### Eichel

Ein altnordisches und keltisches Symbol des Lebens, der Fruchtbarkeit und Unsterblichkeit; dem Gott Donar/Thor geweiht.

### Eichelhäher

Ein Symbol für Missgeschick und Unglück.

*Dem Eichhörnchen werden wegen seiner Flinkheit auch satanische Eigenschaften zugeschrieben. Holzschnitt um 1530*

einem Eichenhain, und man vernahm das Orakel im Rauschen seiner heiligen Eiche. Die Hochzeit des Eichengottes Jupiter mit der Eichengöttin Juno wurde im alten Rom jedes Jahr in einem Eichenhain gefeiert, und die Anbetenden trugen dabei Kränze aus Eichenlaub. Der Eichenlaubkranz wurde auch für Lebensrettung und Sieg bei den Pythischen Spielen verliehen.

Bei den Kelten, Slawen und Germanen war die Eiche, weil sie häufig vom Blitz getroffen wird, ein Attribut von Himmels- und Donnergöttern wie Donar/Thor. Diese Völker brachten den Göttern in Eichenhainen Opfer dar; auch in den Riten der keltischen Druiden spielte die Eiche eine wichtige Rolle. Im Zuge der Christianisierung wurden viele dieser heiligen Eichen gefällt.

Im Christentum wurde die Eiche zum Symbol für Jesus Christus als Kraft und

### Eichhörnchen

In der germanischen Mythologie war das Eichhörnchen ein Attribut von Loki, dem Gott des zerstörenden Feuers; bei den Kelten war es Kennzeichen der irischen Göttin Medb. Das Eichhörnchen in der altnordischen Weltesche ►Yggdrasil verkörpert die Eigenschaft der Bosheit und stiftet Feindseligkeit; es schürt den Streit zwischen dem Adler und dem Unterweltsdrachen Nidhögg, indem es flink zwischen den beiden hin und her huscht und dem einen die Schmähreden des anderen überbringt. In der Symbolik des christlichen Mittelalters ist das Eichhörnchen wegen seiner feuerroten Farbe und seiner Flinkheit und Behendigkeit ein Sinnbild des Teufels.

### Eidechse

Da dieses Tier die Sonne liebt, wurde es mit Licht- und Sonnengöttern in Verbindung gebracht; aufgrund dieser Eigenschaft (und vermutlich auch wegen seiner regelmäßigen Häutung und seiner Gewohnheit, Winterschlaf zu halten) wurde es aber auch schon in der Antike (auf antiken Grabmälern und Urnen) zum Symbol der Auferstehung und Regeneration. In der griechischen Mythologie hatte die Eidechse den Wunsch, durch die Hand des Lichtgottes Apollon (Sauróktonos = Eidechsentöter) zu sterben – auch dies ist ein Sinnbild für ihre Sehnsucht, durch den Tod ins Licht des Jenseits einzugehen.

Die christliche Symbolik übernahm dieses Motiv. In der christlichen Kunst ist die Eidechse häufig als Zeichen des Lichtsuchenden auf Leuchtern zu finden; auch auf Weihrauchgefäßen findet man sie oft als Sinnbild der Sehnsucht der menschlichen Seele nach dem göttlichen Licht. Sie kann aber auch für das Böse und den Teufel stehen. Auch im Zoroastrismus war die Eidechse ein Symbol des Ahriman und alles Bösen.

*Manche Bauwerke (wie hier der Eiffelturm in Paris) werden wegen ihrer Berühmtheit zu Symbolen ihrer Stadt.*

Auf Samoa wird die Eidechse mit dem höchsten Gott identifiziert; bei mehreren Stämmen der australischen Aborigines gilt sie als Schöpfer. Auch bei vielen afrikanischen Völkern kommt der Eidechse eine wichtige symbolische Bedeutung zu: Im Westsudan genießt sie göttliche Verehrung. Einer Überlieferung der Pangwe, eines Bantuvolkes, zufolge schuf Gott den Menschen zunächst als Eidechse aus Ton; und bei einigen ostafrikanischen Völkern ist die Eidechse ein mythischer Überbringer der Todesbotschaft.

### Eiffelturm

Berühmte Bauwerke sind im Laufe der Zeit zum Symbol für die betreffende Stadt, eine bestimmte Landschaft oder ein Land geworden. Der Eiffelturm steht für Paris, die Freiheitsstatue für New York (und den demokratischen Geist der USA), die Pyramiden für Ägypten.

### Einbrecher

Ein Traumsymbol, das bedeuten kann, dass der innere Frieden des Träumenden in irgendeiner Weise bedroht ist; er hat Angst, dass irgendetwas oder -jemand in sein Leben eindringen und es in Unordnung bringen, ihm vielleicht auch etwas wegnehmen könnte. Das können Menschen oder Gefühle oder auch ein Ereignis sein, das man fürchtet. Ein Symbol für die Angst vor einem Verlust. ▶▶Die geheimen Zeichen der Einbrecher, S.120

### Eingeweide

Früher galten die Eingeweide als Sitz der Gefühle. Sie spielten auch in der Wahrsagerei eine Rolle, z. B. in der bei Babyloniern, Hethitern, Etruskern und Römern üblichen Eingeweideschau, bei der man aus den Eingeweiden (insbesondere der Leber) von Opfertieren die Zukunft las. Im katholischen Volksglauben wird bei Erkrankungen der Eingeweide der heilige Erasmus um Hilfe angerufen.

### Einhorn

Ein Fabelwesen von Pferdegestalt mit einem einzigen geraden, spitzen Horn in der Mitte der Stirn. Schon der griechische Geschichtsschreiber Ktesias (5./4. Jh. v. Chr.) beschrieb ein weißes, eselähnliches, wildes Pferd, das sich nur von Jungfrauen fangen lasse. Plinius dichtete dem Fabelwesen den Körper eines Pferdes, den Fuß eines Elefanten, den Kopf eines Hirschs, den Rüssel eines Wildschweins und ein langes, schwarzes, aus der Stirn hervorragendes Horn zu. Unter diesem, so hieß es, wachse ein Karfunkelstein, der alle Wunden heile, die man

*Darstellung des Einhorns in einem Gatter ähnlich dem, in welchem Pferde und Rindvieh gehalten wurden, auf einem mittelalterlichen Wandteppich.*

*Dem Einhorn wurde im Mittelalter nachgesagt, dass es das Wasser mit seinem Horn auf Genießbarkeit überprüfe und dann „entgifte".*

mit ihm bestreicht. Auch das Herz dieses Tieres bezeichnete Plinius als Heilmittel. Daher rührt seine Bedeutung als Apothekensymbol und der Glaube an seine heilende Wirkung: Einhornpulver, so glaubte man, helfe gegen Tierbisse und Vergiftungen und sei außerdem ein Aphrodisiakum.

Bisweilen steht auf Darstellungen des Lebensbaums (▶Baum) zu beiden Seiten ein Einhorn als Wächter. Das Einhorn ist auch ein „Wasserprüfer": Sein Horn kann Gift im Wasser aufspüren und unschädlich machen.

Im Abendland wurde das Einhorn durch eine lateinische Übersetzung des ▶Physiologus bekannt, in dem eine Einhornjagd beschrieben wird, die später in dieser Form auch in viele mittelalterliche ▶Bestiarien Eingang fand: Da dieses Tier so stark ist, kann man es nur mit einer List fangen. Man muss eine Jungfrau in seine Nähe bringen; dann legt es friedlich seinen Kopf in deren Schoß und schläft ein. Aufgrund dieser Vorstellung wurde das Einhorn im Christentum zu einem Symbol der Reinheit und der Jungfrau Maria; die Einhornjagd durch den Erzengel Gabriel, die auf vielen Teppichen und Miniaturen dargestellt ist, ist ein Sinnbild der unbefleckten Empfängnis.

Gleichzeitig ist das Einhorn aufgrund seiner Kraft und Reinheit auch ein Symbol für Jesus Christus. Das Horn als Gegenmittel gegen Gift symbolisiert die Macht Jesu, die Sünde zu vernichten. Es kann aber auch auf das Einssein von Christus mit dem Vater hindeuten.

Auch in der griechisch-römischen Mythologie ist das Einhorn ein Attribut aller jungfräulichen, aller Mondgöttinnen, insbesondere von Artemis/Diana. In der Alchemie ist es das Quecksilber; der Löwe als Schwefel ist das Gegenstück dazu.

Früher glaubte man, dass das Einhorn Schuldige mit seinem Horn vernichte;

*Die Jungfrau Maria als Bezwingerin des Einhorns. Im Christentum ist das Einhorn ein Symbol für Reinheit und Jungfräulichkeit.*

daher wurde es später auch zum Sinnbild königlicher Rechtsprechung und (in dieser Bedeutung) zu einem beliebten Wappentier. In der Heraldik wird es normalerweise aufrecht (im Sprung) und mit gedrehtem Horn dargestellt. Im britischen Wappen steht es für Schottland in Gegenüberstellung zum englischen Löwen.

Das chinesische Einhorn (Ch'i-lin) unterscheidet sich in seinem Erscheinungsbild und seiner symbolischen Bedeutung grundlegend vom europäischen: Es wird nur manchmal mit einem Horn, oft auch mit zwei oder drei Hörnern dargestellt und hat den Körper eines Hirschs, den Schwanz eines Rindes, Schuppen wie ein Fisch und ein mit Fell bewachsenes Horn. In China war das Einhorn schon immer ein Symbol für Kindersegen. Einer alten Fabel zufolge tritt es auf kein lebendes Wesen, nicht einmal auf Gras. Daher ist es auch ein Sinnbild

# Die geheimen Zeichen der Einbrecher

Landstreicher und Gauner haben schon früh in der Geschichte ihre eigene Sprache entwickelt, die sich im Wortschatz deutlich von der Hochsprache unterschied. Ebenso entwickelte diese Gesellschaftsschicht ihre eigene Zeichensprache, die so genannten Gaunerzinken, mit denen sie untereinander kommunizierten.

Man übermittelte sich mit diesen verhältnismäßig einfachen, plakativen Symbolen, die am Eingang von Ortschaften angebracht wurden oder auch an Wegweiser, an Gefängnismauern, an Gartenzäune oder Haustüren gekritzelt waren, wertvolle Informationen, die Außenstehenden unverständlich waren, die aber nachfolgende Landstreicher und Vagabunden kannten und verstanden. Man bezeichnet diese speziellen Symbole als Zinken (auch Gauner- oder Bettlerzinken).

Diese Gaunerzinken, die im Detail voneinander abweichen konnten, waren noch bis vor dem Ersten Weltkrieg gang und gäbe. Erst in den letzten Jahren ist diese Tradition wieder unter professionellen Kriminellen in Mode gekommen. Die Späher der Einbrecher inspizieren Wohngebiete, beobachten die Gewohnheiten der Bewohner und hinterlassen für ihre Kollegen entsprechende Informationen.

## Gaunerzinken

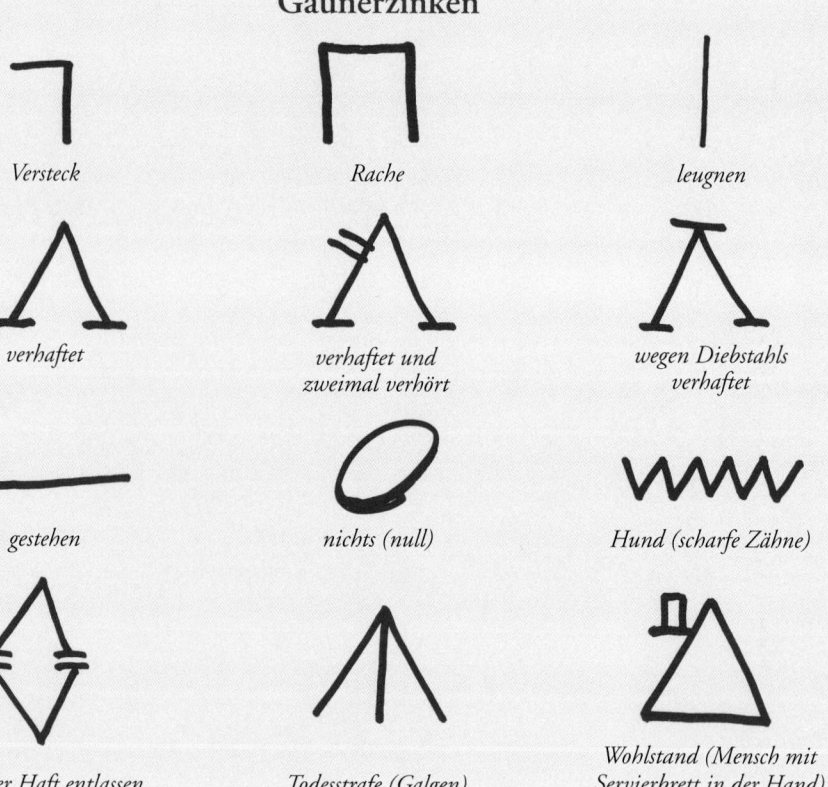

Versteck

Rache

leugnen

verhaftet

verhaftet und
zweimal verhört

wegen Diebstahls
verhaftet

gestehen

nichts (null)

Hund (scharfe Zähne)

aus der Haft entlassen

Todesstrafe (Galgen)

Wohlstand (Mensch mit
Servierbrett in der Hand)

*okay, in Ordnung*

*Hier wirst du mit einer Schuss-
waffe bedroht (Mensch mit erhobenen Armen)*

*Tod*

## Die Zeichen der Einbrecher

*Vorbereitung
zum Diebstahl
(gutes Objekt)*

*sehr gutes
Objekt*

*großzügiges
Haus*

*wohlwollendes
Haus*

*unbewohntes
Haus*

*Frauen
mit sozialem
Charakter*

*allein stehende
Frau*

*bereits beraubt*

*kaufen nichts,
sind abwesend*

*uninteressant*

*Hund im Hof*

*Hund*

*Behördenmit-
glied*

*Polizist
im Haus*

*Dieser Gemeinde
ausweichen!*

*jemand
zu Hause*

*Arbeit
zu vergeben*

*religiöses
Haus*

*nachts
einbrechen*

*sonntags
einbrechen*

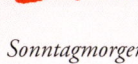

*Sonntagmorgen
einbrechen*

*Sonntagnachmit-
tag einbrechen*

*nachmittags
einbrechen*

*morgens
einbrechen*

*Die Vorstellung, dass ein Einhorn sich nur von einer Jungfrau zähmen lässt, ist uralt und ließ das Einhorn zum Keuschheitssymbol werden. Hier legt es einer Dame sanft und unterwürfig die Vorderläufe auf den Schoß, 15. Jh.*

der Güte und Sanftmut. Nach uraltem chinesischem Glauben erscheint ein Einhorn immer dann, wenn eine gute, weise Regierung an der Macht ist. Das Horn des Einhorns ist ein Glückszeichen für den Kaiser. Ein Ch'i-lin zu reiten, symbolisiert Aufstieg und Ruhm.

Eins ▶▶Symbolik der zZahlen, S. 452

## Eis

Ein Sinnbild der Starrheit, Kälte und Sprödigkeit. Das Eis verkörpert die undurchdringlichen, stehenden Gewässer der Erde im Gegensatz zu den frischen, lebenden Wassern der Quelle des Paradieses. Es kann auch für Hartherzigkeit, Lieblosigkeit und Gefühlskälte stehen. Das Schmelzen des Eises bedeutet in diesem Zusammenhang die Erwärmung des kalten Herzens.

## Eisen

Ein Symbol der Festigkeit, im positiven wie im negativen Sinn: So kann es für Dauer-

haftigkeit und Beständigkeit, aber auch für Härte und Unbeugsamkeit stehen oder Fesseln und Knechtschaft symbolisieren. Im alten Griechenland und Rom war Eisen das Metall des Krieges und des Kriegsgottes Mars. Im Hinduismus ist das Kali-yuga, das Weltalter des Eisens und der Finsternis, das vierte und letzte Weltalter der Zyklen der Manifestation: Es ist das gegenwärtige Zeitalter, in dem spirituelle Bemühungen und Erkenntnisse immer mehr in Vergessenheit geraten und das Böse, Krankheit, Hunger, Zorn und Verzweiflung dominieren. In China symbolisiert Eisen Stärke und Gerechtigkeit. Da nach chinesischem Glauben die bösen Seedrachen Angst vor Eisen hatten, versenkte man früher eiserne Figuren in Flüssen oder Dämmen. Der „Eisenbaum", der nur alle 60 Jahre blüht, ist in China Sinnbild eines langen Lebens.

*Eisenkraut (aus den „Commentaires" von Mattioli, Lyon, 1579)*

Eisenbahnsignale ▶▶Seite 124

## Eisenhut (Aconitum)

Diese tödlich giftige Pflanze war in früheren Jahrhunderten ein beliebtes Mordinstrument; vielleicht verdankt sie dieser Tatsache ihren Ruf als Hexenblume.

## Eisenkraut, Verbene

Nach altpersischem Glauben das Kraut, das alle Wünsche erfüllt. Bei den Kelten war das Eisenkraut die Pflanze der Magie und Zauberei. In Rom war sie dem Kriegsgott Mars geweiht; außerdem glaubte man, dass diese Pflanze die Kraft habe, Feinde abzuwehren. Wenn römische Herolde mit Friedensbotschaften oder Kriegserklärungen in andere Länder geschickt wurden, bekränzte man sie mit Eisenkraut. Auch in Gallien und Britannien galt die Pflanze als zauberkräftig. Im Mittelalter schrieb man ihr die Fähigkeit zu, Hexen und böse Zauberer abzuwehren.

## Eisvogel

(griech. halkyon) In der Antike glaubte man, dass während der Brutzeit des Eisvogels schönes Wetter herrsche; noch heute bezeichnet man daher eine sorgenfreie, glückliche Zeit als „halkyonische Tage". Nach einer griechischen Sage stürzte Königin Halkyone sich vor Kummer darüber, dass ihr Mann von einer Seereise nicht zurückgekehrt war, ins Meer; Zeus verwandelte das Ehepaar aus Mitleid in zwei Eisvögel – aufgrund dieser Sage wurde der Eisvogel zu einem Sinnbild ehelicher Treue. Auch in China gilt er als Symbol für Ehe- und Liebesglück. Außerdem ist er wegen seines prächtigen Gefieders in China auch ein Sinnbild der Schönheit; die Augenbrauen einer schönen Frau werden als „Eisvogelbrauen" bezeichnet. Im Christentum wurde der Eisvogel, da er nach mittelalterlicher

*Die Elefantengeburt aus dem Musterbuch von Rein, Wien*

Naturauffassung jedes Jahr sein Federkleid erneuert, zum Auferstehungssymbol.

## Elefant

Ein Symbol der Stärke und Weisheit, des Glücks und der Keuschheit.

Bei vielen afrikanischen Völkern symbolisiert der Elefant Glück und ein langes Leben. In Asien ist er ein königliches Reittier und daher Sinnbild der Souveränität und Herrschermacht. Der hinduistische Gott der Weisheit, Ganesha (Sohn Shivas und Parvatis) wird elefantenköpfig dargestellt; Götterkönig Indra reitet auf dem weißen Elefanten Airavata. Im Buddhismus ist der Elefant ein Symbol Buddhas, da seiner Mutter, Königin Maya, im Traum ein weißer Elefant erschien, um Buddhas Geburt anzukündigen. Der Elefant verkörpert die Eigenschaften Buddhas: Geduld, Weisheit, Ruhm und Überlegenheit über die anderen großen Lehrer dieser Welt.

In China war der Elefant schon seit jeher ein Symbol der Klugheit, Stärke, Dankbarkeit und hoher Moral. Auf einem Elefanten zu reiten bedeutet Glück; die Abbildung eines auf einem Elefanten reitenden Kindes, das ein ▶Zepter trägt, ist ein Segenswunsch.

Im Abendland ist der Elefant ebenfalls

# Zeichen des Eisenbahnverkehrs

Eisenbahnnetze sind hochkomplizierte Verkehrssysteme, die ein entsprechend komplexes Informations system bedingen. Als die Eisenbahn im 18. Jahrhundert erfunden wurde, regelte man den Schienenverkehr mithilfe von Signalen, die damals noch mit Signalarmen arbeiteten. War es ursprünglich nur notwendig, den Lokomotivführer darüber zu informieren, ob er anhalten musste oder weiterfahren konnte, müssen Signale heute eine Vielzahl differenzierter Informationen vermitteln.

Die Eisenbahnsignale der Welt ähneln sich alle, jedoch gibt es durchaus länderspezifische Eigenheiten.

In Deutschland sind die Signale der Eisenbahn im „Gemeinsamen Signalbuch" geregelt, das die Deutsche Bahn AG 1998 vorlegte. Die Bahn musste die westdeutschen und ostdeutschen Signalsysteme, die zu diesem Zeitpunkt noch nicht harmonisiert waren, gemeinsam darstellen.

*Unter einem Formsignal versteht man ein Signal mit einem Signalbild, das aus einer einfachen geometrischen Figur in verschiedenen Farben und Anordnungen besteht.*

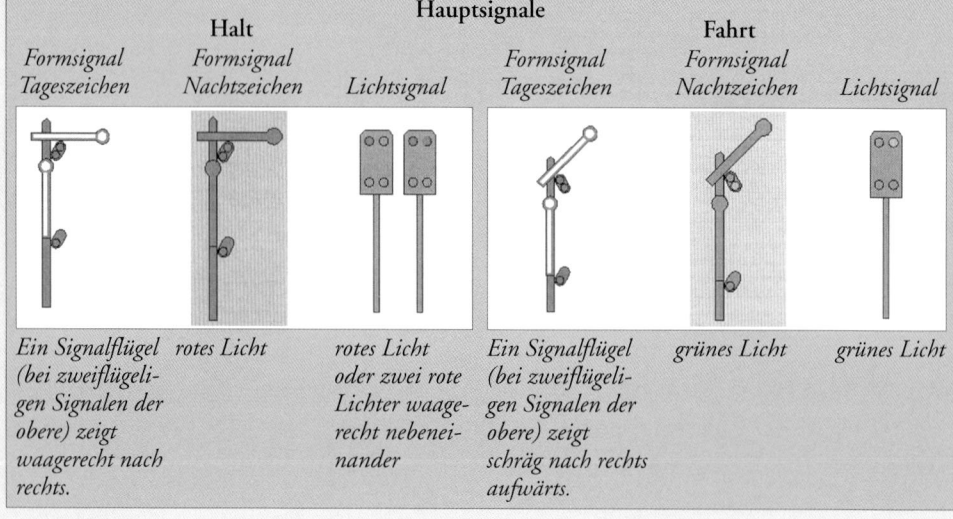

| | Hauptsignale | | | | | |
|---|---|---|---|---|---|---|
| | **Halt** | | | | **Fahrt** | |
| *Formsignal Tageszeichen* | *Formsignal Nachtzeichen* | *Lichtsignal* | | *Formsignal Tageszeichen* | *Formsignal Nachtzeichen* | *Lichtsignal* |
| *Ein Signalflügel (bei zweiflügeligen Signalen der obere) zeigt waagerecht nach rechts.* | *rotes Licht* | *rotes Licht oder zwei rote Lichter waagerecht nebeneinander* | | *Ein Signalflügel (bei zweiflügeligen Signalen der obere) zeigt schräg nach rechts aufwärts.* | *grünes Licht* | *grünes Licht* |

## Hauptsignale/Langsamfahrt

| Formsignal Tageszeichen | Formsignal Nachtzeichen | Lichtsignal |
|---|---|---|

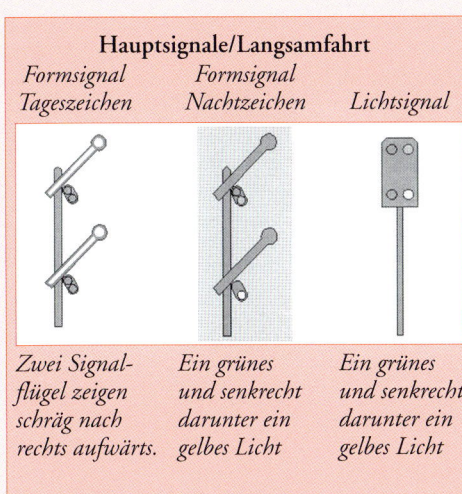

| Zwei Signalflügel zeigen schräg nach rechts aufwärts. | Ein grünes und senkrecht darunter ein gelbes Licht | Ein grünes und senkrecht darunter ein gelbes Licht |
|---|---|---|

## Vorsignale/Zughalt erwarten

| Formsignal Tageszeichen | Formsignal Nachtzeichen | Lichtsignal |
|---|---|---|

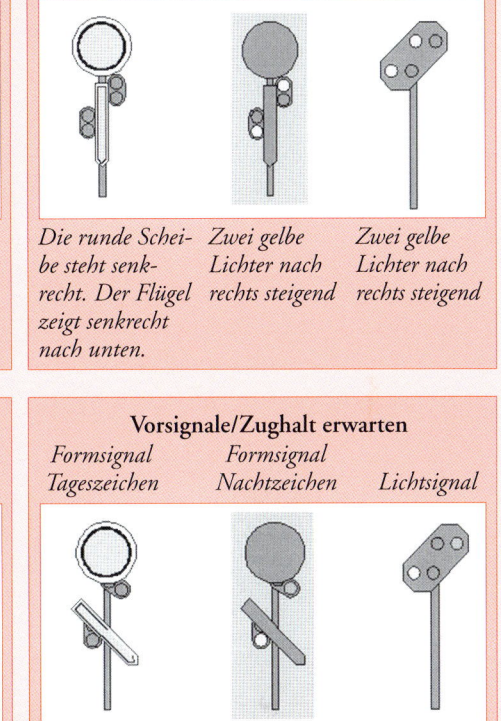

| Die runde Scheibe steht senkrecht. Der Flügel zeigt senkrecht nach unten. | Zwei gelbe Lichter nach rechts steigend | Zwei gelbe Lichter nach rechts steigend |
|---|---|---|

## Vorsignale/Fahrt erwarten

| Formsignal Tageszeichen | Formsignal Nachtzeichen | Lichtsignal |
|---|---|---|

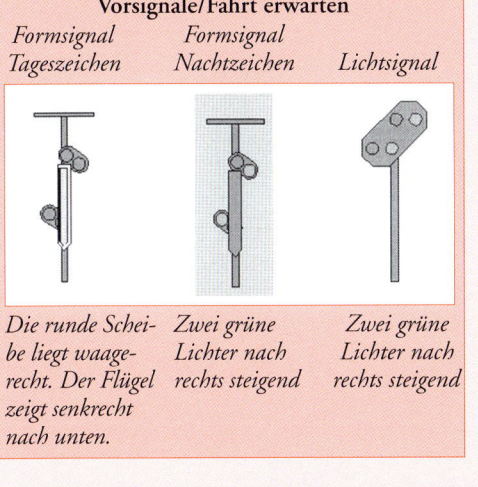

| Die runde Scheibe liegt waagerecht. Der Flügel zeigt senkrecht nach unten. | Zwei grüne Lichter nach rechts steigend | Zwei grüne Lichter nach rechts steigend |
|---|---|---|

## Vorsignale/Zughalt erwarten

| Formsignal Tageszeichen | Formsignal Nachtzeichen | Lichtsignal |
|---|---|---|

| Die runde Scheibe steht senkrecht, der Flügel zeigt schräg nach rechts abwärts. | Ein gelbes Licht und nach rechts steigend ein grünes Licht | Ein gelbes Licht und nach rechts steigend ein grünes Licht |
|---|---|---|

## Nebensignale

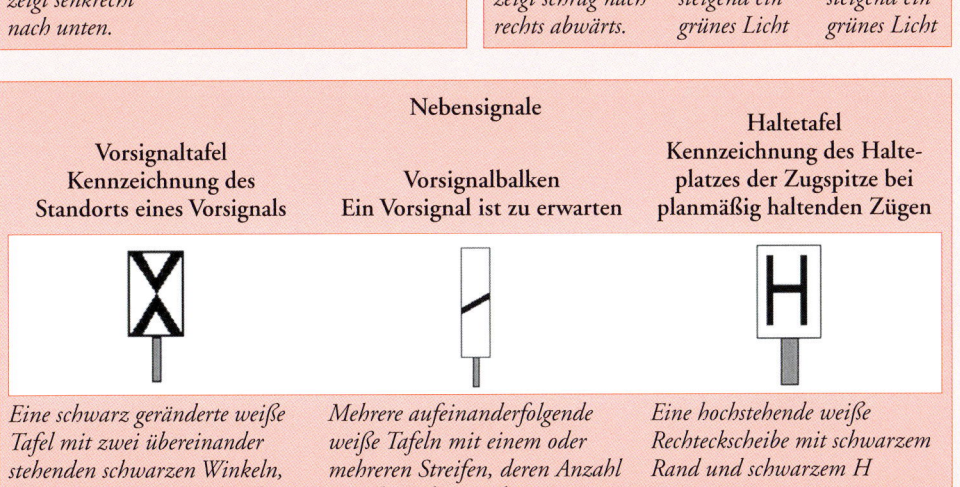

| Vorsignaltafel Kennzeichnung des Standorts eines Vorsignals | Vorsignalbalken Ein Vorsignal ist zu erwarten | Haltetafel Kennzeichnung des Halteplatzes der Zugspitze bei planmäßig haltenden Zügen |
|---|---|---|
| Eine schwarz geränderte weiße Tafel mit zwei übereinander stehenden schwarzen Winkeln, die sich mit der Spitze berühren | Mehrere aufeinanderfolgende weiße Tafeln mit einem oder mehreren Streifen, deren Anzahl in Fahrtrichtung abnimmt | Eine hochstehende weiße Rechteckscheibe mit schwarzem Rand und schwarzem H |

## Zusatzsignale

**Ersatzsignal: Am Signal Hp0 oder am gestörten Lichthauptsignal ohne schriftlichen Befehl vorbeifahren**

**Richtungsanzeiger: Die Fahrstraße führt in die angezeigte Richtung**

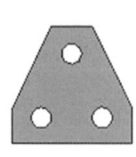

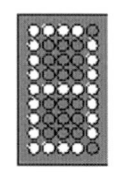

*Drei weiße Lichter in Form eines A*

*Ein weißes Blinklicht*

*Ein weißleuchtender Buchstabe*

**Geschwindigkeitsanzeiger: Die durch die Kennziffer angezeigte Geschwindigkeit darf vom Signal ab im anschließenden Weichenbereich nicht überschritten werden**

**Gleiswechselanzeiger: Der Fahrweg führt in das benachbarte durchgehende Hauptgleis**

*Formsignal*  *Lichtsignal*

*Formsignal*  *Lichtsignal*

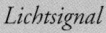

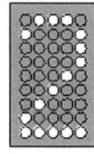
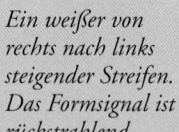
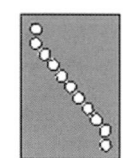

*Eine weiße Kennziffer auf dreieckiger schwarzer Tafel mit weißem Rand. Die Tafel steht in der Regel auf der Spitze; bei beschränktem Raum kann die Spitze nach oben zeigen.*

*Eine weißleuchtende Kennziffer*

*Ein weißer von rechts nach links steigender Streifen. Das Formsignal ist rückstrahlend.*

*Ein weißleuchtender schräger Lichtstreifen*

*Die gezeigte Kennziffer bedeutet, dass der 10fache Wert in km/h als Fahrgeschwindigkeit zugelassen ist.*

## Langsamfahrsignale

**Langsamfahrscheibe: Es folgt eine vorübergehende Langsamfahrstelle, auf der die angezeigte Geschwindigkeit nicht überschritten werden darf**

*Tageszeichen*

*Nachtzeichen*

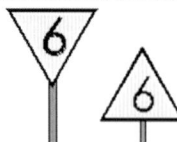

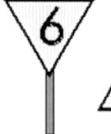

*Eine dreieckige gelbe Scheibe mit weißem Rand. Bei beschränktem Raum kann die Dreieckspitze nach oben zeigen.*

*Unter dem beleuchteten Tageszeichen zwei schräg nach links steigende gelbe Lichter. Bei beschränktem Raum befinden sich die Lichter vor dem Tageszeichen.*

*Die gezeigte Kennziffer bedeutet, dass der 10fache Wert in km/h als Fahrgeschwindigkeit zugelassen ist.*

### Anfangscheibe
### Anfang der vorübergehenden
### Langsamfahrstelle

*Eine rechteckige, auf der
Schmalseite stehende gelbe
Scheibe mit weißem Rand
und schwarzem A*

### Endscheibe
### Ende der vorübergehenden
### Langsamfahrstelle

*Eine rechteckige, auf der
Schmalseite stehende weiße
Scheibe mit schwarzem E*

## Schutzsignale

### Halt! Fahrverbot

*Formsignal*                *Lichtsignal*

*Ein waagerechter
schwarzer Streifen in
runder weißer Scheibe
auf schwarzem Grund*

*Zwei rote Lichter waa-
gerecht nebeneinander*

### Fahrverbot aufgehoben

*Formsignal*                *Lichtsignal*

*Ein nach rechts steigender
schwarzer Streifen auf
runder weißer Scheibe*

*Zwei weiße Lichter
nach rechts steigend*

### Schutzhalt

### Signale für den Rangierdienst

Rangierhaltetafel      Wartezeichen
                       **Auftrag des Wärters zur
                       Rangierfahrt abwarten**

*Tageszeichen*          *Nachtzeichen*

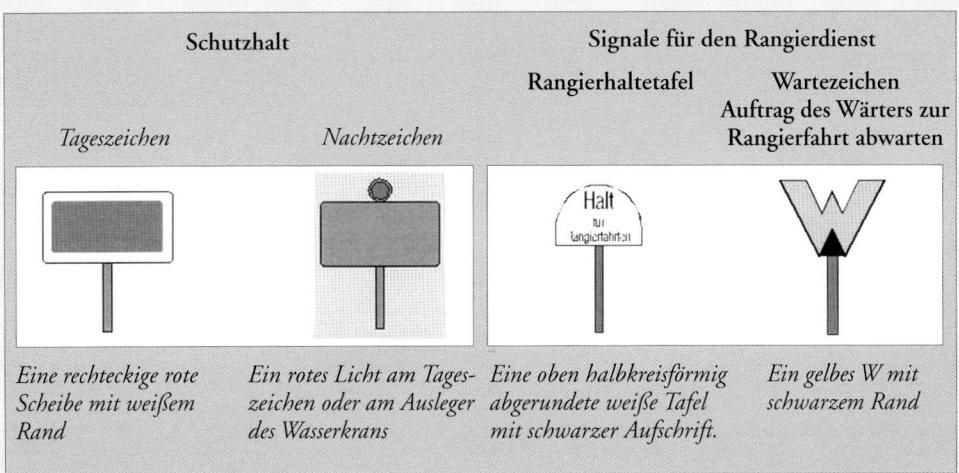

*Eine rechteckige rote
Scheibe mit weißem
Rand*

*Ein rotes Licht am Tages-
zeichen oder am Ausleger
des Wasserkrans*

*Eine oben halbkreisförmig
abgerundete weiße Tafel
mit schwarzer Aufschrift.*

*Ein gelbes W mit
schwarzem Rand*

## Weichensignale

### Gerader Zweig

Von der Weichenspitze oder vom Herzstück aus gesehen: ein auf der Schmalseite stehendes weißes Rechteck auf schwarzem Grund

### Gebogener Zweig

Von der Weichenspitze aus gesehen: ein weißer Pfeil oder Streifen auf schwarzem Grund zeigt entsprechend der Ablenkung schräg nach links oder rechts aufwärts

Vom Herzstück aus gesehen: (bei einfachen Weichen und Innenbogenweichen) eine runde weiße Scheibe auf schwarem Grund

### Gerade von links nach rechts

Die Pfeile oder Streifen bilden eine von links nach rechts steigende Linie.

### Gerade von rechts nach links

Die Pfeile oder Streifen bilden eine von rechts nach links steigende Linie.

### Bogen von links nach links

Die Pfeile oder Streifen bilden einen nach links geöffneten rechten Winkel.

### Bogen von rechts nach rechts

Die Pfeile oder Streifen bilden einen nach rechts geöffneten rechten Winkel.

### Signale für das Zugpersonal
### Abfahren

*Handsignal Tageszeichen*  *Handsignal Nachtzeichen*  *Lichtsignal*

 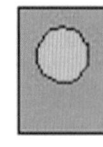 

Eine runde weiße Scheibe mit grünem Rand

Ein grünes Licht

Ein grünleuchtender Ring

### Signal für Bahnübergänge
### Pfeiftafel: Etwa 3 Sekunden lang pfeifen

Eine rechteckige weiße Tafel mit schwarzem P oder eine rechteckige schwarze Tafel mit weißem Rand und weißem P

## Fahrleitungssignale

**Ausschaltsignal: Ausschalten**

*Ein zerlegtes weißes U*

**Einschaltsignal:
Einschalten erlaubt**

*Ein geschlossenes weißes U*

**„Bügel ab"-Ankündesignal:
Signal „Bügel ab" erwarten**

*Zwei in der Höhe gegeneinander versetzte weiße Streifen*

**„Bügel ab"-Signal**

*Ein waagerechter weißer Streifen*

**„Bügel an"-Signal**

*Ein senkrechter weißer Streifen*

**Halt für Fahrzeuge mit
gehobenen Stromabnehmern**

*Ein auf der Spitze stehender quadratischer weißer Rahmen mit innenliegendem weißen Quadrat*

## Signal für Bahnübergänge

**Halt vor dem Bahnübergang!
Weiterfahrt nach Sicherung**

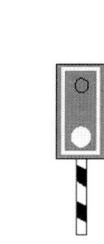

*Eine runde gelbe Scheibe in einer gelben Umrahmung über einem schwarz-weiß schräg gestreiften Mastschild. Scheibe, Umrahmung und Mastschild sind rückstrahlend.*

*Anstatt der Scheibe und der gelben Umrahmung kann das Signal auch zwei waagerecht angeordnete gelbe Lichter zeigen.*

**Der Bahnübergang
darf befahren werden**

*Ein blinkendes weißes Licht über einer runden gelben Scheibe in einer gelben Umrahmung über einem schwarz-weiß schräg gestreiften Mast-schild. Scheibe, Umrahmung und Mastschild sind rückstrahlend.*

*Anstatt des weißen Blinklichts über der Scheibe in der Umrahmung kann das Signal Bü 1 auch ein weißes Licht über zwei waagerecht angeordneten gelben Lichtern zeigen.*

grundsätzlich ein positives Symbol. Im alten Rom war er ein Attribut Merkurs und Symbol seiner Intelligenz. Plinius beschrieb den Elefanten als frommes Tier, das Sonne und Sterne anbete und sich bei Neumond läutere, indem es im Fluss bade und den Himmel anbete. In der römischen Kunst ist der Elefant ein Sinnbild der Langlebigkeit oder Unsterblichkeit, des Sieges über den Tod.

Oft sind zwei Elefanten, einander gegenüberstehend, am Lebensbaum (▶Baum) abgebildet; auch unter den tierischen Bewohnern des Paradieses ist der Elefant meistens zu finden. Im Christentum galt er als Symbol der Keuschheit, gleichzeitig aber auch der Kraft.

In der Zeit der Kreuzzüge findet man den Elefanten als Wappentier (z. B. beim Geschlecht der Helfensteiner). Noch heute ist er auf alten Wappendarstellungen zu finden.

Auch als politisches Symbol spielt der Elefant eine Rolle: Einige afrikanische Staaten (Elfenbeinküste, Guinea, Zentralafrikanische Republik) führen ihn als Symbol der Macht und Stärke in ihrem Staatswappen; in den USA ist er ein Symbol der Republikanischen Partei.

**Elektrische Schaltzeichen** ▶▶S. 356

**Elemente**
Naturgewalten oder Naturkräfte. Schon in der antiken Philosophie (Empedokles, Aristoteles) kannte man vier Elemente: ▶Feuer, ▶Luft, ▶Wasser und ▶Erde. Feuer galt wegen seiner zum Himmel emporzüngelnden Form als männliches Element, ebenso die Luft; Erde und Wasser galten als weiblich. Das Element Wasser wurde häufig durch Wellenlinien, ein auf der Spitze stehendes ▶Dreieck und die Farben Blau und Grün dargestellt, das Element Feuer durch eine Flamme, Lichtstrahlen, Pyramiden

*Christus auf der Erdkugel ist von Feuer, Wasser, Erde und Luft, den vier Elementen, umgeben, Holzschnitt von 1487*

oder ein mit der Spitze nach oben zeigendes Dreieck und durch die Farben Rot und Orange. Die Erde wurde durch ein Quadrat oder einen Kubus und die Farben Braun, Schwarz oder Gelb verkörpert; Symbole der Luft sind der Himmelskreis oder ein Bogen und die Farbe Blau oder das Gold der Sonne.

In der Renaissance wurden die vier Elemente durch antike Götter personifiziert: Vulcanus stand für das Feuer, Juno für die Luft, Neptun für das Wasser und Kybele für die Erde.

In der Astrologie werden den vier Elementen jeweils vier der zwölf Tierkreiszeichen zugeschrieben: Widder, Löwe und Schütze sind Feuerzeichen, Krebs, Skorpion und Fische Wasserzeichen, Zwillinge, Waage und Wassermann Luftzeichen, Stier, Jungfrau und Steinbock Erdzeichen (▶▶astrologische Zeichen, S. 46).

Im chinesischen Taoismus unterscheidet man fünf Elemente, die sich wechselseitig überwinden: Das Holz besiegt die Erde; die Erde das Wasser; das Wasser das Feuer; das Feuer das Metall; das Metall das Holz. Diese fünf Elemente spielen auch in der chinesischen Astronomie, Astrologie und Geomantik (▶▶Feng Shui, S. 160) und in der Gesundheits- und Ernährungslehre der Traditionellen Chinesischen Medizin (TCM) eine wichtige Rolle.

Auch im Hinduismus und Buddhismus gibt es fünf Elemente: Erde, Wasser, Feuer, Luft und Äther. Die Erde ist ein Quadrat oder Kubus; das Wasser eine Kugel oder ein Kreis; das Feuer ein Dreieck oder eine Pyramide; die Luft eine Mondsichel, und die von einem Edelstein oder einer Flamme gekrönte Mondsichel ist das fünfte Element, der Äther.

## Elfenbein

Ein Symbol der Reinheit; in der Lauretanischen Litanei wird die Jungfrau Maria als „elfenbeinerner Turm" bezeichnet. ▶Turm

## Ellipse

Das Welten-Ei (▶Ei) und die ▶Yoni werden häufig als Ellipse dargestellt.

## Elster

In der Antike ein Symbol der Geschwätzigkeit und Weiblichkeit; in Wolfram von Eschenbachs Parzival wegen ihres schwarzweißen Gefieders Sinnbild des Zweifels bzw. der Entscheidung zwischen Gut und Böse. In der christlichen Symbolik verkörpert die Elster meist das Böse, Unheilvolle. In China hat die Elster hingegen eine positive Bedeutung als Freudenbringer, deren Ruf eine gute Nachricht, die Ankunft von Gästen oder Eheglück ankündigt.

## Emblem

Ein Sinnbild, Wahrzeichen, ▶Symbol; im engeren Sinn eine alte Kunstform, die sich aus Bild und Text zusammensetzt. Sie besteht 1) aus einem in der Regel allegorisch gemeinten Bild (Ikon, Pictura, Imago oder Symbolon), das ein Motiv aus Natur, Kunst, Geschichte, Bibel oder Mythologie darstellt, 2) dem Lemma (Titel, Über-schrift, auch als Motto oder Inscriptio bezeichnet) über oder in dem Bild – ein Sinnspruch in griechischer oder lateinischer Sprache, meist ein Klassikerzitat, 3) der unter dem Bild stehenden Unterschrift (Subscriptio) in Versform oder Prosa. Die Subscriptio erläutert den Sinn des Emblems, der im Bild verschlüsselt dargestellt ist; meist geht es dabei um ein moralisches, religiöses oder erotisches Thema oder auch um eine allgemeine Lebensweisheit. Grundlage der Emblematik ist das mittelalterliche allegorische Weltverständnis, das allen Dingen und Ereignissen über ihre rein materielle Existenz hinaus auch eine tiefere spirituelle Bedeutung zuschreibt. Ihre größte Bedeutung hatte die Emblematik im Zeitalter des Barock im 17. Jh.

## Embryo

Symbolisiert durch einen Punkt oder den Punkt in der Mitte eines Kreises, in der hinduistischen Symbolik auch durch ein kleines ▶Dreieck in einem größeren; er ist das Zentrum, von dem aus die Schöpfung begann, und wird in dieser symbolischen Bedeutung mit den ▶Wassern, dem ▶Ei und der Lotosblüte (▶Lotos) gleichgesetzt.

## Engel

Geistwesen in der Umgebung Gottes,

*Engel mit Olivenzweig, Erbauungsliteratur, Anfang 19. Jh.*

*Engel mit Posaune über einem Gräberfeld: Illustration für eine Allerseelenpredigt auf die Gefallenen des 1. Weltkriegs*

Mächte der unsichtbaren Welt; Boten Gottes (das Wort leitet sich vom griechischen „angeloi" = Boten her), Mittler zwischen Gott und den Menschen, dem Himmel und dieser Welt. Die Vorstellung von Engeln findet sich vor allem in monotheistischen Religionen. Ihre Aufgaben sind Anbetung und Lob Gottes, Überbringung göttlicher Botschaften an die Menschen, Schutz und Hilfe für Völker und einzelne Menschen (Schutzengel). Im Frühchristentum werden neun Himmelschöre erwähnt: Seraphim, ▶Cherubim, Throne, Herrschaften, Kräfte, Mächte, Fürstentümer, ▶Erzengel und Engel.

Anfangs wurden die Engel flügellos und als Männer dargestellt; erst ab dem 4. Jh. n. Chr. erhielten sie nach dem Vorbild der griechischen Siegesgöttin Nike Flügel. Meist tragen sie weiße Gewänder; in der byzantinischen und später in der abendländischen Kunst werden sie auch in Hoftracht (Purpurmantel, rote Schuhe) dargestellt. Engelssymbole sind: flammende Schwerter, Fackeln oder Leuchter, Trompeten, Zepter, Buchrolle, Pilgerstab und -tasche, Thuribula (Weihrauchfässer), Musikinstrumente zum Lob Gottes, Heiligenschein und Lilie.

Im Islam haben Engel ähnlich wie im Christentum die Aufgabe, Gott zu loben und ihm gehorsam zu dienen. 19 Engel bewachen die Hölle; vom Engel Gabrail empfing der Prophet Mohammed die Offenbarung Gottes.

## Ente

In China und Japan symbolisiert die Ente (v. a. ein Entenpaar) Glück und Treue in der Ehe, da dieses Tier paarweise zusammenlebt und – so glaubte man jedenfalls – seinen Partner nie wechselt. Ehebetten werden daher häufig mit Enten verziert.

## Erdbeere

In der christlichen Symbolik ähnlich wie das ▶Veilchen (und oft mit diesem kombiniert) ein Sinnbild der Bescheidenheit und Demut; die leuchtend rote, süß schmeckende Frucht kann aber auch ein Symbol der Verlockung darstellen, die von der Lust dieser Welt ausgeht (z. B. bei Hieronymus Bosch). Das dreigeteilte Erdbeerblatt ist ein ▶Dreifaltigkeitssymbol.

## Erde

Sinnbild der Großen ▶Mutter (eine Vorstellung, die in den früheren von der Landwirt-

*Der Lapis philosophorum wird von der Erde ernährt. Michael Maier, „Atlanta fugiens", 1618*

*Die Edda erzählt, dass die erste Frau aus einer Erle geschaffen wurde. In den Zweigen des Baums soll der sagenhafte Erlkönig wohnen. Holzschnitt von Hieronymus Bock, „Kreutterbuch", 1577*

schaft geprägten Kulturen ihre Wurzeln hat und sich in der Bezeichnung „Mutter Erde" bis heute erhalten hat); die universelle Erzeugerin und Ernährerin, die alles Leben hervorbringt und erhält, aber beim Tod auch wieder in ihren Schoß zurücknimmt; außerdem eines der vier ▶Elemente. Die Mutter Erde ist das universelle Urbild für Fruchtbarkeit, unerschöpfliche Kreativität und Nahrung. In vielen Kulturen wurde sie als göttliche Macht verehrt, so z. B. bei den Griechen als Erdgöttin Gaia und als Demeter, Göttin der Erde, des Getreides und der Fruchtbarkeit (der bei den Römern die Göttin Ceres entsprach). Auch in China entspricht die Erde dem weiblichen Yin-Prinzip.

## Erdkugel
Ein Symbol der Schöpfung; außerdem Sinnbild der Macht – in dieser symboli-

schen Bedeutung wurde sie zum Reichsapfel (▶Reichsinsignien) und zum Sinnbild der Weltherrschaft.

## Erdwall
Der Eingang zur anderen Welt. Der Erdwall kann auch die Symbolik des Berges (Wohnstatt der Götter) übernehmen.

## Erinnye ▶Fabelwesen

## Erle
In der griechischen Mythologie Attribut des Pan, das mit dem Frühling und mit Feuerfesten in Verbindung gebracht wurde. Bei den Kelten der Baum der Gerechtigkeit; ein Symbol der Verheißung und Auferstehung.

## Ernte
Im Christentum ein Symbol für das Jüngste Gericht, häufig auf Mosaiken und Katakombenfresken dargestellt. In bäuerlichen Kulturen war die Ernte als wichtige Lebensgrundlage mit zahlreichen magischen und religiösen Bräuchen verbunden, mit denen man sich eine gute Ernte sichern bzw. dafür danken wollte.

## Ertrinken
Kann ein Symbol für den Verlust des Selbst im Ozean der undifferenzierten Einheit bedeuten. Träume vom Ertrinken sind Angstträume, die bedeuten, dass man sich bedroht fühlt oder ein ernsthaftes Problem hat, dem man sich nicht gewachsen fühlt.

## Erzengel
Eine der Engelhierarchien. Die Erzengel stehen über den einfachen ▶Engeln; die bedeutendsten Erzengel sind Michael und Gabriel. Gabriel, der Bote göttlicher Gnade, hält bei der Verkündigung an Maria eine Lilie in der Hand; weitere Attribute Gabriels sind der Stab, die Trompete der

Verkündigung und der Schemel, auf dem er als Zeichen seiner Würde oft steht. Michael, der Bote des göttlichen Gerichts, ist als Krieger mit Schwert dargestellt; Raphael, der Engel der göttlichen Heilung und des göttlichen Schutzes (Schutzpatron der Ärzte), wird als Pilger mit Wanderstab dargestellt und trägt häufig einen Fisch oder eine Büchse mit Fischgalle in der Hand, mit der die Blindheit des alten Tobias geheilt wurde. Erzengel Uriel, das Feuer Gottes, Prophezeiung und Weisheit, hält eine Schriftrolle und ein Buch in der Hand; oft wird er auch mit Flamme und Laterne dargestellt.

### Esche
Der altnordische heilige Weltenbaum ▶Yggdrasil.

### Esel
Ein Symbol für Demut, Geduld und Frieden, aber auch für Dummheit, Sturheit („störrischer Esel"), Lüsternheit und Fruchtbarkeit. Als Lasttier kann der Esel die Armen versinnbildlichen.

Nach altägyptischem Glauben bewachten eselsköpfige Dämonen die Tore der Unterwelt. In der griechisch-römischen Mythologie gehörte der Esel zum Gefolge des Bacchus und war Reittier des Dionysos.

Im Christentum ist der Esel häufig ein Sinnbild der Unzucht und Wollust (Ezechiel 23,20). Ochse und Esel bei Christi Geburt im Stall von Bethlehem werden unterschiedlich gedeutet; unter anderem wurde der Ochse als Sinnbild des jüdischen Volkes, der Esel als Symbol der Heiden interpretiert.

Ähnlich widersprüchlich wurde der Esel als Reittier Jesu Christi bei dessen Einzug in Jerusalem gedeutet: Früher wurde dieser Esel als einfaches Reittier und Symbol der Demut interpretiert, während man heute

*Esel: als Lasttier ein Symbol der Demut und Armut*

eher dazu neigt, darin ein Sinnbild des Messiasanspruchs Jesu Christi zu sehen, da es sich um einen weißen Esel handelte und es im Vorderen Orient weiße Esel aus besonders vornehmer Zucht gab.

### Espe
Ein Symbol für Furcht (bis heute in der Redewendung „zittern wie Espenlaub"), Ungewissheit und Wehklagen.

### Essen
Nach einer in vielen Kulturen herrschenden Vorstellung verleihen Speisen dem Essenden die Eigenschaft dessen, was er verzehrt. So verleiht nach Vorstellung der Kannibalen z. B. der Verzehr des Fleischs eines Kriegers demjenigen, der es isst, die Eigenschaften der Tapferkeit und des Heldentums. Der rituelle Verzehr der Verkörperung eines Gottes (z. B. Tier oder Pflanze) schenkt heilige Unverletzlichkeit und geistige Kraft.

Gemeinsames Essen und Trinken hatte schon immer eine verbindende Wirkung und symbolisierte Freundschaft und Geselligkeit. Durch Gebete hat auch Gott als unsichtbarer Tischgenosse an dem Mahl teil.

### Essig
Im Christentum war Essig ein Sinnbild für die Leiden Christi. In China dagegen ist

„Essig essen" ein symbolischer Ausdruck für „eifersüchtig sein".

## Eucharistie ▶Abendmahl
Bei der Abendmahlsfeier in der Kirche stehen Hostie (▶Brot) und ▶Wein für den Leib und das ▶Blut Jesu Christi.

## Eule
Einerseits als Nachtvogel Symbol der Finsternis, Unglücks- und Todesbote, andererseits ein Sinnbild der Weisheit.

Bei den Ägyptern und Indern galt die Eule als Totenvogel. In der griechisch-römischen Mythologie war sie das heilige Tier der Göttin der Weisheit und der Wissenschaften. In der christlichen Symbolik kann die Eule sowohl negativ als Sinnbild geistiger Finsternis als auch positiv als Zeichen der Weisheit und Kontemplation erscheinen. In China kann der Vogel Unglück bringen oder auch nur ankündigen.

*Die vier Evangelisten mit ihren Symbolen, Miniatur im Evangeliar der Bibliothek zu Aschaffenburg, 13. Jh.*

*Das Euratom-Symbol*

## Euratom-Symbol
Die 1957 gegründete Europäische Atomgemeinschaft (Euratom), die sich die Förderung der Forschung auf dem Gebiet der Kerntechnik und Kernenergienutzung, Sicherstellung der Versorgung der Mitgliedsländer mit Kernbrennstoff und Gewährleistung der Nutzung für friedliche Zwecke sowie der Sicherheit der Anlagen zur Aufgabe gemacht hat, führt als Abzeichen einen Kreis mit der Inschrift „Euratom", sechs Sternen (entsprechend der Zahl der Mitgliedsstaaten) und einem stilisierten Atommodell im Innenfeld.

## Evangelistensymbole
In Anlehnung an die Gottesvision des Ezechiel (Ezechiel 1, Offenbarung des Johannes 4,6 f.) wird Matthäus als geflügelter Mensch, Markus als geflügelter Löwe, Lukas als geflügelter Stier und Johannes als Adler dargestellt.

## Exkrement
Wird häufig mit Gold und Reichtum assoziiert oder enthält die Macht der Person, von der es stammt.

Exlibris ▶▶Seite 136

# Exlibris

Als Bücher noch in einem zeitaufwändigen Prozess von Hand geschrieben und illustriert wurden, waren sie zwangsläufig Unikate, und wer ein solches Werk sein Eigen nannte, war eindeutig der Besitzer. Mit der Erfindung des Buchdrucks wurden Bücher in größeren Mengen distribuiert und es wurde notwendig, sie als individuellen Besitz zu kennzeichnen. So verfiel man auf den Gedanken, die Bücher einer institutionellen Bibliothek, aber auch die einer kleinen Privatbibliothek mit eingedruckten oder eingeklebten kleinen „Bucheignerzeichen" zu versehen und so deren Besitzer unmissverständlich zu dokumentieren.

Das Exlibris trägt den Namen des Buchbesitzers und kommuniziert durch eine individuelle visuelle Gestaltung dessen Persönlichkeit bzw. wie er diese selbst versteht. Die Exlibris stammen aus Deutschland und kamen im 15. Jh. auf. Das erste Exlibris wurde 1516 geschaffen. Exlibris wurden als Holzschnitt, Kupferstich, Lithografie, Lichtdruck u. Ä. hergestellt. Man pflegte sie auf die Innenseite des Vorderdeckels eines Buches zu kleben bzw. einzudrucken, wenn man einen Stempel verwendete.

Namhafte Künstler haben für prominente Persönlichkeiten Exlibris geschaffen, so z. B. Albrecht

Dürer für eine Reihe von Nürnberger Patriziern. Auch spätere renommierte Künstler beschäftigten sich mit der Gestaltung von Exlibris, z. B. Aubrey Beardsley, Marc Chagall, M. C. Escher, Rockwell Kent, Leonard Baskin oder Barry Moser.

In der Anfangszeit wurden meistens Wappen oder – seltener – auch Porträts verwendet, später Landschaften, erotische Szenen und vor allem symbolhafte Darstellungen, die dem Betrachter eine ganz spezifische Assoziation vermitteln sollten. Der persönlichen Interpretation blieb dabei weiter Raum. Ein gerne benutztes Motiv war das Buch, das auf einem Tisch oder am Fenster aufgeschlagen platziert war. Ein Totenkopf wies auf einen Arzt hin, ein Schiff auf hoher See wies den Besitzer des Buches als einen dem Seemännischen verbundenen Zeitgenossen oder gar als Seefahrer aus.

Man konnte Exlibris auch vorgefertigt im Handel erwerben. Der Name des Buchbesitzers wurde dann eingedruckt oder sogar von Hand eingesetzt.

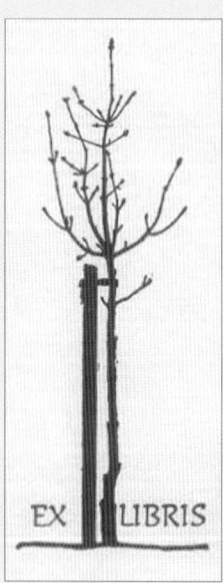

# F

## Fabel

Kurze Erzählung mit belehrendem Inhalt in Prosa- oder Versform; meist verkörpern darin Tiere (manchmal aber auch Pflanzen u. a.) typische menschliche Eigenschaften und Verhaltensweisen. Die Fabel endet meist mit einer unerwarteten, überraschenden Pointe, die den Leser zum Nachdenken anregen will. Meist beinhaltet die Fabel eine religiöse, moralische oder praktische Belehrung oder auch Kritik. Berühmte Fabeln sind z. B. die von Aisopos (Äsop), La Fontaine und Lessing.

## Fabelwesen

Fantasiegeschöpfe verschiedener kultureller Überlieferungen (wie z. B. ▶Drache und ▶Einhorn), die in Religionen, Mythen und Märchen eine wichtige Rolle spielen; auch in Kunst und Heraldik tauchen sie auf. Häufig handelt es sich dabei um Mischwesen aus verschiedenen Tieren oder aus Mensch und Tier. Sie sind meist Symbole des Urchaos oder den Menschen in Angst und Schrecken versetzender Naturkräfte. Schreckliche Ungeheuer verkörpern die bösen bzw. chaotischen Kräfte in der Welt, in der menschlichen Natur oder können Symbole für die Pest und andere zerstörerische Kräfte sein. Sie werden meist von einem Gott oder Helden bekämpft, wie z. B. vom babylonischen Gott Marduk, der als Schöpfer Tiamat, das Urchaos, überwindet; weitere Beispiele sind Theseus, der den Minotaurus überwindet, oder Helden und Ritter, die Drachen töten. Der Bezwinger von Fabelwesen verkörpert den Sieg der Ordnung über das Chaos und des Guten über das Böse bzw. des Lichts über die Finsternis. Der weit aufgerissene Rachen eines

Ungeheuers bedeutet die Tore der Hölle oder den Eingang zur Unterwelt.

Manchmal werden zwei Fabeltiere oder geflügelte Wesen zu beiden Seiten des Lebensbaums dargestellt; häufig sind sie auch Wächter oder Hüter von Schätzen, entweder unterirdischen Reichtümern oder esoterischem Wissen.

**Die wichtigsten Fabelwesen und ihre symbolische Bedeutung:**

- Alraune: Wurzel in menschenähnlicher Gestalt, nach dem Volksglauben aus dem Samen Erhängter entstanden, gilt als Glücksbringer.
- Amemait: ein Mischwesen aus Löwe, Krokodil und Flusspferd; der Verschlinger, die Vergeltung.
- Amphisbaena: ein Fabelwesen, das dem Basilisken ähnelt, aber an jedem Ende einen Kopf hat und somit in der Lage ist, in beide Richtungen zu sehen.
- Ananta: die Schlange ohne Ende, auf der der hinduistische Gott Vishnu lagert – ein Symbol für die Ewigkeit und den Kreislauf der Erscheinungen.
- Basilisk: ein Mischwesen aus Vogel und Reptil, mit Vogelkopf und -klauen und Schlangenleib, das mit seinem Blick oder Atem Menschen töten kann. Im Christentum ist er ähnlich wie der Drache ein Symbol für den Teufel und das Böse; außerdem repräsentiert er häufig die Todsünde der Wollust (luxuria).
- Behemoth: Man stellte sich dieses Fabelwesen meist als Flusspferd vor, das die Macht des Landes verkörperte, im Gegensatz zu Leviathan, der Macht des Wassers.
- Benu: *siehe* Phönix
- Centauren: *siehe* Kentauren
- Cerberus: *siehe* Zerberus
- Charybdis: ein Strudel an der Westseite der nördlichen Einfahrt in die Straße von Messina, der die Vorüberfahrenden (z. B.

Odysseus und die Argonauten) bedrohte. Man stellte sich diesen Schrecken aller Seefahrer als Ungeheuer vor, das das Wasser in seiner Umgebung dreimal täglich verschluckte und wieder ausspie. Wenn die Seeleute Charybdis zu umfahren suchten, fielen sie häufig Skylla zum Opfer, dem anderen Ungeheuer des Sizilianischen Meeres, das eine Höhle im Felsen gegenüber dem Strudel bewohnte. Zusammen sind die beiden Ungeheuer Symbole des schwierigen ▶Übergangs.

• Chimaira, Chimäre, Schimäre: ein Feuer speiendes Ungeheuer, nach der Beschreibung Homers mit Kopf, Mähne und Beinen eines Löwen, dem Körper einer Ziege

*Die Chimaira ist eine Mischung aus Löwe, Ziege und Schlange. Holzschnitt, um 1645*

und dem Schwanz einer Schlange, nach der Beschreibung Hesiods ein Wesen mit drei Köpfen (einem von einem Löwen, einem von einer Ziege und einem von einer Schlange). Nach Homer verwüstete sie das Land Lykien, vernichtete Viehherden, legte Feuer und wurde schließlich von Bellerophon getötet. Nach Vergil bewachte sie den Eingang der Unterwelt; im Christentum wurde sie zu einem Symbol des Bösen. In der Literatur der Romantik verkörpert sie das Triebhafte, Aggressive, Bedrohliche, manchmal auch

das Böse. In unserem heutigen Sprachgebrauch ist sie eine Umschreibung für alles Irreale, Traumhafte, für Ausgeburten der Fantasie.

• Einhorn: Pferde- oder hirschartiges Fabelwesen mit langem spitzen Horn über der Stirn, Sinnbild der Keuschheit, weil es seine Kraft verliert, wenn es sich in den Schoß einer Jungfrau flüchtet; im frühen Christentum Symbol der Stärke Christi.

• Epimacus: eine Art Greif mit Körper und Beinen eines Löwen, Kopf, Hals und Flügeln eines Adlers und dem Schwanz eines Kamels; manchmal auch ohne Flügel dargestellt; entspricht in seiner Symbolik dem Greif.

• Faun: Römischer Wald-, Flur- und Herdengott; Naturdämon; symbolisiert starke, ungehemmte sexuelle Triebhaftigkeit.

• Furie, Erinnye: Diese weiblichen Wesen, die in der griechischen Mythologie Erinnyen, bei den Römern Furien genannt wurden, rächten Väter oder Mütter an ihren pflichtvergessenen Kindern (so trieben sie z. B. Orest und Alkmeon in den Wahnsinn, weil diese ihre Mütter ermordet hatten); ein Sinnbild der Rache und des Zorns.

• Garuda: mythischer Vogel des Hinduismus; halb Mensch, halb Vogel, dargestellt mit Kopf, Schwanz und Flügeln eines Adlers und Körper und Beinen eines Menschen; das Reittier Vishnus, des Schöpfers und Zerstörers. Der Vogel des Lebens, bisweilen mit Phönix gleichgesetzt; ein Sinnbild der Sonne, des Himmels und des Sieges. Garuda schlüpft bereits erwachsen aus dem Ei und nistet im Baum des Lebens, der alle Wünsche erfüllt; er ist der Feind der Schlangen.

• Gorgo: Homer kannte drei Gorgonen: Stheno, Euryale und Medusa (die einzige sterbliche der Gorgonen) – Ungeheuer in Frauengestalt mit Schlangenhaaren, deren

*Die Gorgo Medusa, deren fürchterlicher Blick die Menschen zu Stein werden ließ.*

Gesichter so scheußlich waren, dass Menschen und Tiere bei ihrem Anblick zu Stein wurden; ein Symbol für die Große Mutter als Zerstörerin.

- Greif: ein Fabeltier mit Kopf, Klauen und Flügeln eines Adlers und dem Körper eines Löwen; stammt aus dem Alten Orient (Mesopotamien, Ägypten, Iran), fand später in die griechisch-römische Kunst und Mythologie Eingang, wo er Apoll, Artemis und wahrscheinlich auch Hera heilig war. In der christlichen Kunst wurde er zum Auferstehungssymbol und zum Sinnbild Jesu Christi und steht für dessen zwei Naturen (Gott und Mensch). In Mythen taucht er – ähnlich wie der Drache – häufig als Hüter von Schätzen auf. Auch als Wappentier kommt er häufig vor.
- Grylli: ein Wesen mit Kopf, Mähne und Beinen eines Löwen, dem Körper einer Ziege und dem Schwanz eines Drachen; symbolisiert Sturm und Winde, Gefahren an Land und auf See.
- Harpyien: von Homer und Hesiod beschriebene, vogelartige weibliche Ungeheuer mit Kopf und Brüsten einer Frau und den Krallen eines Geiers; wurden mit plötzlichem Tod oder plötzlichem unerklärlichem Verschwinden von Menschen assoziiert, sind aber auch Personifikationen von Wirbelwinden und Stürmen; symbolisieren das weibliche Prinzip in seinem destruktiven Aspekt. Im Mittelalter wurden sie zum Sinnbild des Bösen, v. a. der Habsucht.
- Hexe: Teuflisches Zauberweib, nach dem Volksglauben mit dem Teufel im Bund, um Menschen und Tieren Schaden zuzufügen.
- Himmelshund: T'ieu Kou; gehört zur Umgebung des Jadekaisers und vertreibt die bösen Geister.
- Hippogryph: ein von dem italienischen Dichter Boiardo („Orlando innamorato") erfundenes Fabeltier in Gestalt eines Greifen mit dem Hinterleib eines Pferdes, das sich mit atemberaubender Schnelligkeit bewegt; kommt auch in Ariostos „Orlando furioso" und bei Wieland vor.
- Hydra: eine riesige Wasserschlange mit neun Köpfen; immer wenn der Hydra ein Kopf abgeschlagen wurde, wuchsen ihr zwei neue. Sie wurde von Herakles getötet und von Hera als Sternbild an den Himmel versetzt. Ein Symbol für blinde, animalische Lebenskraft.
- Kentauren, Zentauren: griechische Fabelwesen, halb Pferd und halb Mensch, die in den Gebirgen Thessaliens und des Peloponnes lebten; wurden in der Kunst meist als Pferde dargestellt, deren Schultern in den Oberkörper von Männern ausliefen. Manche Kentauren waren gebildet, weise und von freundlichem Wesen (z. B. Chiron, der Lehrer des Achilles und des Asklepios, eine Personifikation der Weisheit); in der Regel galten sie jedoch als wilde, animalische Geschöpfe, die sich von rohem Fleisch ernährten. Ihr Versuch, die Frauen der Lapithen (eines anderen thessalischen Gebirgsvolks) zu rauben, führte zu

*Auf dem Blocksberg feiern die Hexen den Hexensabbat. Kupferstich, Michael Heer, um 1657*

dem berühmten Kampf zwischen Kentauren und Lapithen, in dem die Lapithen siegten, während die Kentauren, die den Kampf überlebten, in die Berge flüchteten. Der Kentaur symbolisiert das Tierische im Menschen – rohe, naturhafte Kraft und ungezähmte Wildheit – und zugleich die Doppelnatur des Menschen: einerseits ein Wesen mit animalischen Instinkten, andererseits ein mit Tugend und Urteilskraft ausgestattetes, nach Höherem strebendes menschliches Wesen; blinde Gewalt und leitender Geist. In der christlichen Kunst steht er für Sinnenlust, fleischliche Begierde, die den Menschen dem Tier ähnlich machen kann, aber auch für den zwischen seiner tierischen und seiner geistigen Natur hin und her gerissenen Menschen. Im Tierkreis repräsentiert der Kentaur den Schützen.

• Kerberos: *siehe* Zerberus

• Lamia: die „Verschlingerin"; im griechischen Volksglauben ein grausiges, Kinder raubendes Gespenst. Die ursprünglich schöne Lamia wurde von Hera mit Wahnsinn geschlagen, weil Zeus sich in

sie verliebt hatte. Aus Kummer über den Tod ihrer Kinder (die entweder von Hera oder von ihr selbst im Wahnsinn getötet wurden) verlor sie ihre Schönheit und raubte fortan die Kinder anderer Mütter.

• Leogryph: ein Mischwesen aus Löwe und Schlange oder Greif; Illusion; der schreckliche Aspekt der Großen Mutter.

• Leviathan: ein riesiges Seeungeheuer in Drachengestalt mit mehreren Köpfen, das im Alten Testament von Jahwe besiegt wurde (Psalmen 74,14; 104,26; Jesaja 27,1; Hiob 3,8) und in seiner Symbolik mit ▶Wal, ▶Krokodil, ▶Schlange und ▶Drache verwandt ist; das Urungeheuer des Ozeans und des Chaos, das eine Gefahr für die bestehende Ordnung darstellt; eine Personifikation der Mächte des Bösen.

• Lilith: Die Schlange des Paradieses als Mischwesen mit Frauenleib und Schlangenschwanz.

• Lindwurm: ein drachenähnliches Ungeheuer mit oder ohne Flügel; in Mythen und Sagen (v. a. in der germanisch-nordischen Mythologie und der mittelalterlichen Dichtung) gleichbedeutend mit dem ▶Drachen.

- Manticora: Mischwesen der Bestiarien, wohl indischer Herkunft, frisst Menschen.
- Medusa: eine der drei Gorgonen
- Meerwesen: Meerjungfrauen, Melusinen, ▶Tritonen, Meerdrachen, meist mit schönem menschlichem Oberkörper, der in einem Fischschwanz endet.
- Minotauros: ein Mensch mit Stierkopf, aus der Verbindung von Pasiphae, der Gemahlin des kretischen Königs Minos, mit einem Stier hervorgegangen. Minos ließ ein Gefängnis mit Irrwegen (Labyrinth) erbauen, hielt den Minotauros dort gefangen und fütterte ihn mit jungen Athenern, bis das Ungeheuer schließlich von Theseus bezwungen wurde. Der Minotauros symbolisiert die menschliche Triebnatur, die von der Sonne in Gestalt des Sonnenhelden Theseus überwunden wird; zusammen mit dem Labyrinth wird er gedeutet als der qualvolle Lebensweg; der rettende Faden ist der göttliche Instinkt im Menschen.
- Naga: im Hinduismus ein halbgöttliches Wesen mit Menschengesicht, dem Schwanz einer Schlange und dem Nacken einer Kobra. Auch die Anhänger eines in Indien verbreiteten Schlangenkults nennen sich Naga. Im Buddhismus gelten die Nagas als wohltätige halbgöttliche Wesen, die den Himmel bewachen und Regen bringen; im tibetischen Buddhismus sind sie Wassergottheiten, die in Meerespalästen buddhistische Schriften bewachen, für deren Verständnis die Menschheit noch nicht reif ist.
- Nixe: ein Wassergeist, halb Frau und halb Fisch.
- Opinicus: *siehe* Epimacus.
- Pegasus: in der griechischen Mythologie ein geflügeltes Pferd, das aus dem Rumpf der Medusa entsprang und von Bellerophon eingefangen und gezähmt wurde; doch als dieser sich auf seinem Reittier zum Himmel emporschwingen wollte, warf Pegasus ihn ab und wurde als Sternbild an den Himmel versetzt. Pegasus soll durch Hufschlag die den Musen geweihte Quelle Hippokrene hervorgebracht haben und gilt daher auch als Musen- und Dichterross.
- Phönix: Ein Fabelwesen orientalischer Herkunft und universelles Symbol für Auferstehung und Unsterblichkeit; als Feuervogel gleichzeitig auch Sonnensymbol und Verkörperung von Adel und Königswürde. Der Phönix steht auch für Sanftmut, weil er nichts zerstört, worauf er seine Füße setzt, und nichts Lebendiges frisst, sondern sich nur von Tau ernährt. Bei den Ägyptern war der Phönix unter dem Namen Benu ein heiliger Vogel in Gestalt einer Bachstelze oder eines Reihers; er wurde zumeist als Verkörperung des Sonnengottes Re, später als Seele des Osiris angesehen und symbolisierte Sonne, Auferstehung und Unsterblichkeit. Später übernahmen Griechen, Römer und Kirchenschriftsteller den Phönix als Symbol. Bei den Römern erfuhr der Phönix-Mythos im 1. Jh. n. Chr. jene Neudeutung, die uns heute noch geläufig ist: Man glaubte, dass der Phönix sich in gewissen Zeitabständen (alle 500 oder 1461 Jahre) selbst verbrenne und aus der Asche neu auferstehe. Im Christentum wurde er aufgrund dieses Mythos zum Symbol Jesu Christi und allgemein zum Sinnbild der Auferstehung und des ewigen Lebens. In China ist der Phönix (Feng-huang) ein Glückszeichen und deutet ebenso wie das ▶Einhorn darauf hin, dass das Land von einem guten König bzw. Kaiser regiert wird. Wenn er mit dem Drachen als Symbol des Kaisers

*Meerwesen: Diese Illustration aus einem Märchenbuch des 19. Jh.s zeigt elfenähnliche Wesen und einen finster dreinblickenden Wassermann.*

dargestellt wird, repräsentiert er die Kaiserin; zusammen verkörpern sie die beiden Aspekte kaiserlicher Macht. Ein Phönixpaar bedeutet das Zusammenwirken von Kaiser und Weisheit. Als Glückssymbol wird der Phönix auch auf Brautkleidern abgebildet; das bedeutet, dass die Braut am Hochzeitstag einen Tag lang Kaiserin ist. Der Körper des Phönix stellt die fünf menschlichen Qualitäten dar: Der Kopf ist die Tugend, die Flügel sind die Pflicht, der Rücken repräsentiert das rituell richtige Verhalten, die Brust Menschlichkeit und der Bauch Zuverlässigkeit. (Dementsprechend sind seine Federn fünffarbig.) Der Phönix ist auch ein wichtiges ▶▶Feng-Shui-Symbol (S. 160).

• Riese: Giganten, Titanen, Zyklopen und andere riesenhafte Geschöpfe, verkörpern meist die Naturkräfte.

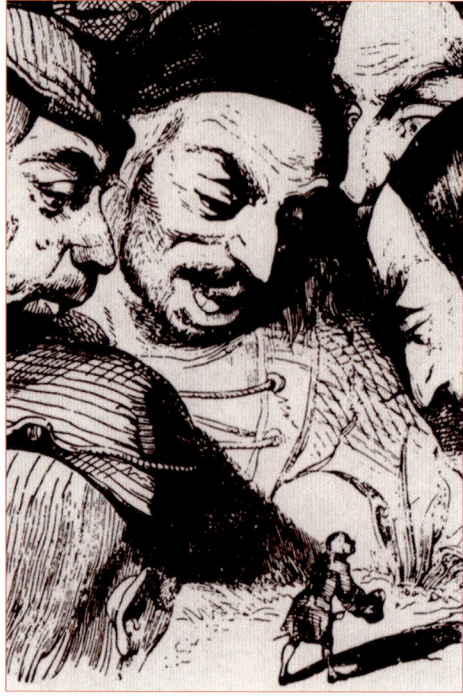

*Auf diesem Holzschnitt von Grandville beobachten Riesen belustigt den kleinen Gulliver, um 1840*

• Roch, Ro(c)k, Ruck: ein riesenhafter Vogel, ein Sturmvogel; das Rauschen seiner Flügel ist der Wind, der Blitz sein Flug. Nach arabischer Überlieferung landet er niemals auf der Erde, außer auf dem Berg Qaf, der Weltachse; er ist ein Sinnbild des Himmels.

• Salamander: meist als kleiner, flügelloser Drache oder als Eidechse dargestellt; bisweilen hundeähnlich, aus Flammen entspringend; ein Symbol des Elements Feuer. Da man ihn für geschlechtslos hielt, war er ein Symbol der Keuschheit; und da man in der Antike glaubte, dass er im Feuer leben könne, ohne zu verbrennen, wurde er im Christentum zum Sinnbild ausdauernden Glaubens und des rechtschaffenen Menschen, dem die Feuer der Versuchung nichts anhaben können. In der mittelalterlichen Kunst verkörperte er den Gerechten, der auch inmitten von Prüfungen und Leiden seinen Seelenfrieden und sein Gottvertrauen nicht verliert, und die Seele im Fegefeuer. In der Heraldik versinnbildlicht er Tapferkeit und Mut, denen die Feuer des Schmerzes nichts anhaben können.

• Satyr: Mischwesen mit Menschengesicht, Bocksleib und Hörnern, Symbol für Zügellosigkeit und Lüsternheit, jedoch auch Fröhlichkeit.

• Senmurv, Simurgh: eine Kombination aus Pfau, Greif, Löwe und Hund; er repräsentiert in der iranischen Mythologie die Vereinigung von Erde, Luft und Wasser.

• Sirene: in der griechischen Mythologie dämonische Vögel mit Frauenköpfen, Verführer der Seefahrer; nach der „Odyssee" lockten sie auf einer sagenhaften Insel die Vorüberfahrenden mit ihrem wunderschönen Gesang an und töteten sie dann. Odysseus entkam ihnen, indem er sich an den Mast seines Schiffs binden

*Sphinx in Gizeh, Ägypten*

ließ und seinen Gefährten die Ohren mit Wachs verstopfte. Attribute der Sirenen sind Lyra und Flöte. Sie stellen die verführerischen Kräfte des Weiblichen, der Sinne und des Reichs der Illusion dar, stehen aber auch für Täuschung, die Ablenkung des Menschen von seinem wahren Ziel und die Verlockung, die von vergänglichen Reizen ausgeht und den spirituellen Tod des Menschen bedeutet – die im Zauber des Sinnlichen befangene Seele. Vogelsirenen in Ägypten waren vom Körper getrennte Seelen; in der griechischen Mythologie verkörperten sie böse, blutgierige Seelen.

• Skylla, Scylla: zusammen mit Charybdis ein Ungeheuer des Sizilianischen Meeres; ursprünglich eine schöne Nymphe, die aber von Circe (aus Neid, weil der Meeresgott Glaukos sich in sie verliebte) in ein Ungeheuer mit sechs Köpfen auf langen Hälsen verwandelt wurde. Sie ließ sich dann auf dem nach ihr benannten Vorgebirge Skyllaion in der Höhle einer Felsenklippe gegenüber dem Charybdis-Wirbel nieder, holte sich die Seeleute aus ihren Schiffen, wenn sie die enge Straße von Messina passierten, und verschlang sie. Skylla und Charybdis sind zusammen ein Symbol für den schwierigen ▶Übergang und die Mächte des Wassers.

• Sphinx: im alten Ägypten ein Mischwesen aus dem Körper eines Löwen und dem Kopf eines Menschen; Symbol des Königs und königlicher Macht, außerdem Wächterfigur an Gräbern und Tempeleingängen. (Die Große Sphinx von Gizeh stellt König Chephren als Wächter vor seiner Pyramide dar.) Ende des 8. Jhs. v. Chr. wurde das Fabeltier von den Griechen übernommen und erhielt dort die Bedeutung eines Todesdämons: In der griechischen Mythologie gab die Sphinx den Jugendlichen von Theben regelmäßig Rätsel auf; wer die Antwort nicht wusste, wurde verspeist. Der Herrscher von Theben, Kreon, versprach die Hand seiner Schwester Iokaste demjenigen, der das Rätsel lösen könne; denn einem Orakel zufolge würde die Sphinx Theben dann künftig unbehelligt lassen. Als Ödipus die Antwort fand, stürzte die Sphinx sich von der Stadtmauer von Theben zu Tode. Bis heute ist die Sphinx ein wichtiges Symbol, oft Verkörperung rätselhafter, geheimnisvoller Mächte, häufig (z. B. in der Malerei des 19. Jh.) auch Symbol für die Rätselhaftigkeit des Weibes. Die menschenköpfige Sphinx wird auch als der menschliche Geist gedeutet, der die tierischen Instinkte überwindet.

• Ten-Gu: japanischer Bergkobold, ein Mann mit Vogelkopf und -flügeln und mit Krallen an den Füßen; verkörpert Schabernack.

• Tiamat: im babylonischen Mythos „Enuma elisch" eine Personifikation der chaotischen Macht des Urmeeres, die von

# Fabelwesen

Alraune

Amphisbaena

Basilisk

Drache

Einhorn

Faun

Greif

Harpyie

Kerberos (Zerberus)

Lamia

Lilith     Manticora     Minotauros

Nixe     Pegasus

Phönix     Satyr     Schimäre (Chimaira)

Sirene     Sphinx     Zentaur (Kentaur)

Gott Marduk getötet wurde. Marduk teilte die Leiche des Ungeheuers in zwei Teile, aus denen er Himmel und Erde formte. Tiamat steht für das Urchaos, die Wasser und die Mächte der Finsternis.

• Triton: in der griechischen Mythologie eine Meeresgottheit, Sohn des Poseidon und der Amphitrite; ein Wassermann, halb Mann, halb Fisch; später in der Mehrzahl (Tritonen) dargestellt. Attribute der Tritonen sind Fische, Delfine, Dreizack, Zepter, Trinkgefäße und Hörner oder Muschelhörner, die sie in der Hand halten oder in die sie blasen.

• Zentauren: *siehe* Kentauren

• Zerberus, Cerberus, Kerberos: in der griechischen Mythologie der Höllenhund, der den Eingang zur Unterwelt bewachte und niemanden mehr herausließ, der einmal über diese Schwelle getreten war; manchmal mit drei Köpfen und einer Schlange als Schwanz dargestellt. Er

wurde nur durch das besänftigende Saitenspiel des Orpheus und durch Herakles überwunden, der ihn im Ringkampf besiegte. Der Zerberus hat teil an der Symbolik des ▶Hundes als Seelenführer (Psychopompos).

• Ziegenfisch: ein Mischwesen, halb Ziege, halb Fisch; auch eine Erscheinungsform des babylonisch-sumerischen Gottes Ea/Enki.

• Zu: der mesopotamische Sturmvogel; ein Vogelzentaur; Dieb der sumerischen Schicksalstäfelchen, die Allmacht verleihen.

## Fächer

In Afrika vielerorts ein Symbol königlicher Würde; auch in Japan und China Sinnbild der Autorität und der Würde des Mandarins, wegen der Lautgleichheit („shan" bedeutet „Fächer" und zugleich „gut"), aber auch ein Symbol des Guten. Viele chinesische Gottheiten haben Fächer, mit denen sie das Böse vertreiben. Daneben steht der Fächer im Taoismus auch mit Vögeln und dem Flug als einem Mittel der Befreiung von der Welt der Formen und der Freilassung ins Reich der Unsterblichen in Zusammenhang und repräsentiert die Macht der Luft, die den Toten neues Leben einhauchen kann: Attribut von Chung-li Ch'üan, einem der acht Unsterblichen (der acht chinesischen Heiligen) ist ein Fächer, mit dem er Tote belebt. Ein „Herbstfächer" ist in China die Umschreibung für eine verlassene Frau.

*Ein Fächer symbolisiert Würde und Autorität. Gemälde von Jacopo Ceruti, 18. Jh.*

## Fackel

Die Fackel ist in ihrer symbolischen Bedeutung mit dem ▶Feuer verwandt: Sie kann eine reinigende und Dämonen abwehrende Kraft haben, ist aber auch ein Symbol des Lebens; als Flamme des Lebens ist sie das göttliche, männliche Prinzip. Der Brauch des Fackeltragens bei Hochzeiten und

*Die Freiheitsstatue von New York: Die Fackel symbolisiert Freiheit und Unabhängigkeit.*

Fruchtbarkeitsriten deutet auf die zeugende Kraft des Feuers; auch dem Fackellauf über die Felder wird eine fruchtbarkeitsfördernde Wirkung zugeschrieben.

Im antiken Griechenland war die Fackel Attribut mehrerer Götter, u. a. des Eros; in diesem Kontext symbolisierte sie die Glut der Liebe. Im Mithraskult halten die beiden Begleiter des Mithras, Cautes und Cautopates, Fackeln nach oben und nach unten als Zeichen für Leben und Tod, die auf- und die untergehende Sonne, Morgen und Abend, Frühling und Winter, das Länger- und das Kürzerwerden der Tage usw.

Im religiösen Sinn kann die Fackel geistige Erleuchtung versinnbildlichen. In der christlichen Symbolik bedeutet sie geistiges Licht bzw. Jesus Christus als das Licht der

Welt und ist mit der Symbolik der ▶Kerze und des ▶Leuchters verwandt. Sie ist auch ein Attribut mehrerer Märtyrer, die mit Fackeln gequält wurden; ein Hund mit einer brennenden Fackel im Maul ist ein Attribut des heiligen Dominicus.

Im politischen Sinn ist die brennende Fackel ein Symbol der Freiheit (z. B. in der Hand der New Yorker Freiheitsstatue) und Unabhängigkeit (z. B. im Wappen von Tansania). Sie kann auch für Ideale stehen, die mit dem Freiheitsgedanken verwandt sind, wie Fortschritt, Aufklärung und Bildung, so z. B. in der „Allianz für den Fortschritt" (einem Hilfsprogramm der USA zur wirtschaftlichen Förderung und Stärkung der demokratischen Strukturen in den unterentwickelten lateinamerikanischen Staaten, das allerdings Ende der Sechzigerjahre seine politische Bedeutung verlor). Als Freiheits- und Unabhängigkeitssymbol ist die Fackel ein beliebtes Motiv auf Briefmarken von Ländern mit republikanischer Staatsform.

## Faden

Ein Symbol für den Lebensfaden, das menschliche Schicksal, das von einer göttlichen Macht gesponnene und gewobene Geschick, z. B. in der griechisch-römischen Mythologie in Gestalt der griechischen Moiren (Schicksalsgöttinnen, denen in Rom die Parzen entsprachen), die den Lebens- und Schicksalsfaden der Menschen spinnen: Klotho ist die Spinnerin des Lebensfadens, Lachesis teilt das Los zu, und Atropos zerschneidet den Faden.

Der Faden kann aber auch für Einheit und Kontinuität stehen – das, was das Universum zusammenbindet und aus dem das All gewoben ist. In diesem Sinn ist der Faden, der durch die Kugel der Perle oder des Edelsteins verläuft, eine Weltachse (▶Achse). Einige übliche Formen der

Fadensymbolik als Achse der Welt sind die Perlenschnur, der Rosenkranz oder die Girlande. Auch im Hinduismus ist der Faden so zu interpretieren – als dasjenige, was alle Dinge der Welt zusammenhält und aneinander bindet. Im Atharvaveda wird der Atem als Faden bezeichnet, an den die Wesen angewebt sind; in den Upanischaden ist der Wind der Faden, der die Welt zusammenhält. Im Buddhismus ist der Faden der Lehre bzw. des logischen Denkens in den Sutras und Tantras enthalten. ▶Bande ▶Schnur ▶Spindel ▶Weben

## Fahne

Ursprünglich als Feldzeichen eine Art Hilfsmittel, um aus der Distanz die Bewegungen der Truppen überblicken zu können. Später wurde die Fahne zum Symbol für die Würde militärischer Abteilungen und ganzer Staaten. ▶Banner

*Europafahne*

## Fahrzeuge ▶Wagen

## Falke

Die Symbolik des Falken hat vieles mit der des ▶Adlers gemeinsam, mit dem er oft austauschbar ist. Wie der Adler ist auch der Falke ein Symbol des Sonnenhaften, Majestätischen, Himmlischen. Er steht für Sieg, Macht, Königswürde, Adel, Aufstieg und Streben nach Höherem; außerdem verkörpert er Freiheit und Hoffnung für alle, die in innerer oder äußerer Knechtschaft leben. Wie der Adler galt der Falke als ein Vogel, der zur Sonne fliegen und sie anblicken kann, ohne geblendet zu werden; daher war er Attribut aller Sonnengötter, die häufig mit einem Falken oder falkenköpfig dargestellt wurden.

Im alten Ägypten war der Falke der König der Vögel; er verkörperte Geist, Seele, Inspiration und das himmlische Prinzip. Er war eine Verkörperung von Horus, dem Allsehenden, der in der Hieroglyphenschrift und in Tempelbildwerken entweder als Falke oder falkenköpfig dargestellt wird, und das heilige Tier des Sonnengottes Re. Auch der Totengott Sokar erscheint in Falkengestalt, wie auch die Toten bei den Ägyptern häufig durch Falken verkörpert wurden: So wurde beispielsweise die Himmelfahrt des Königs als Flug eines Falken dargestellt. Auch die Sphinx ist zuweilen falkenköpfig.

Bei den Azteken galt der Falke als Götterbote; außerdem war er der mythische Ahnherr und Schutzgeist der Inka. In China war der Falke ein ambivalentes Symbol, das einerseits die Kraft der Sonne, andererseits aber auch die zerstörerischen Kräfte des Krieges versinnbildlichen konnte. Auch im Hinduismus spielt der Falke eine Rolle: Die Sonne wird im Rigveda öfters mit einem Falken verglichen; und angeblich brachte ein Falke dem Gott Indra den Lebenstrank (Soma) vom Himmel.

Im Mittelalter wurde der Falke zur Beizjagd abgerichtet und war ein Symbol höfischen Lebens. In vielen Drucker- und Verlegerzeichen der Renaissance taucht ein mit einer Haube verhüllter Falke auf; er steht für die Hoffnung auf das die Dunkelheit durchdringende Licht.

## Fall, Sturz

Träume vom Fallen kommen sehr häufig vor. Dieses Traumsymbol wird unterschiedlich interpretiert: Es kann Verlust an Macht und Selbstvertrauen symbolisieren, aber auch eine sexuelle Bedeutung haben (die Angst davor, „sich fallen zu lassen", oder ein schlechtes Gewissen beim Sexualakt).

## Symbolik der Farben ▶▶S. 152

## Farn

Ein Symbol für Einsamkeit, Aufrichtigkeit und Demut.

## Fasan

In China gilt der Fasan im Allgemeinen als Unglück bringendes Tier: Wenn die Fasanen am Anfang des 12. Monats nicht schreien, so heißt es z. B., werde eine große Flut kommen. In Japan steht der Fasan für Schutz und Mutterliebe.

## Fasces

Bei den Römern ein verschnürtes Rutenbündel mit einem Beil in der Mitte, das die Liktoren den obersten Beamten vorantrugen. Die Fasces waren ein Symbol für die richterliche Gewalt und juristische Autorität der römischen Magistrate (v. a. der Diktatoren, Konsuln und Prätoren) und auch für deren Recht, Strafen zu verhängen: Die Ruten stehen für körperliche Züchtigung, das Beil ist ein Symbol für die Todesstrafe (Enthauptung).

In der Französischen Revolution wurden die Fasces zum Sinnbild des Republikanismus (meist in Kombination mit einer roten Mütze, der so genannten Freiheits- oder Jakobinermütze). Noch heute werden sie in dieser Bedeutung von Frankreich, Ecuador, dem schweizerischen Kanton St. Gallen und dem US-Bundesstaat Colorado in deren Hoheitszeichen gebraucht.

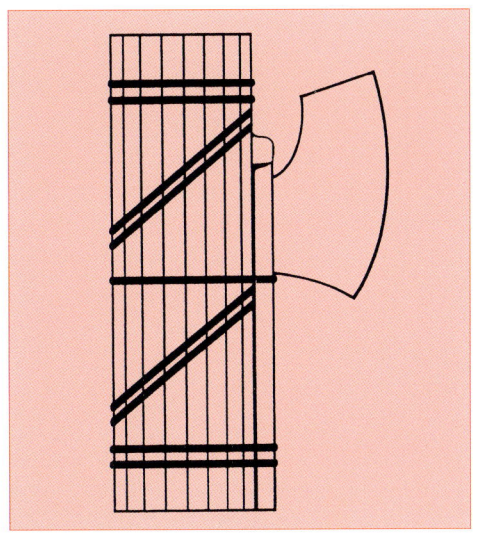

*Die Fasces – ein faschistisches Symbol, das vor allem in Italien eine wichtige Rolle spielte*

Auch das Wort „Faschismus" leitet sich von „Fasces" her. Mussolini machte das antike Symbol zum Sinnbild des faschistischen Italien – in Anknüpfung an die glanzvolle Vergangenheit des Römischen Reichs und gleichzeitig als Symbol für Einheit, nationale Geschlossenheit und Kraft. Nach der Machtergreifung Mussolinis im Jahr 1922 traten weitere symbolische Gehalte der Fasces in den Vordergrund: das Führertum (Mussolini als „Duce" = Führer), die diktatoriale Gewalt und die Idee des Imperiums. Per Gesetz vom 12.12.1926 wurden die Fasces offiziell zum Staatssymbol erhoben. Das Liktorenbündel als faschistisches Symbol tauchte auch in Spanien, Griechenland und England auf, erlangte dort allerdings nie eine so große Bedeutung wie in Italien, da der Bezug zur eigenen Geschichte in diesen Ländern fehlte. Seit dem Zusammenbruch des faschistischen Regimes in Italien (1943 und 1945) ist das Fasces-Symbol dort verpönt.

## Fasching ▶Karneval

# Die Symbolik der Farben

Die Farbpsychologie hat längst gezeigt, dass Farben auf den Menschen sehr unterschiedlich wirken. Eine Farbe kann erregen oder beruhigen, sie kann als kühl (Blau) oder als warm (Rot und Gelb) empfunden werden. Farben sind nichts Zufälliges, sie sind etwas sehr Charakteristisches und Prägendes. Nicht umsonst bedeutete das altägyptische Wort für Farbe gleichzeitg auch „Wesen". Wenn es heißt, ein Bild habe Farbe, will man damit sagen, dass es sehr kräftig und voller Leben sei. Die Nichtfarbe Schwarz wirkt bedrückend, erinnert an Dunkelheit, Finsternis und Nacht, gilt andererseits aber wiederum auch als feierlich. Ebenso feierlich kann Weiß sein – doch in einer ganz anderen, heiteren Art.

Die verschiedenen Kulturen unterscheiden sich in ihrem Farbempfinden teilweise ziemlich stark. In der christlichen Tradition bleibt das Schwarz der Trauer um einen Toten vorbehalten – gewiss ein feierlicher Umstand, jedoch sozusagen auf der Nachtseite des Lebens. Weiß hingegen signalisiert im christlichen Empfinden Freude, Glanz, Erlösung.

Weiß kleidet man sich z. B. bei einer Taufe, einem Fest. Luzifer wird dunkel und schwarz dargestellt, die Engel strahlen in Weiß. In früheren Kulturen dagegen wurden Trauernde in weißen Gewändern dargestellt.

Die Farbe Rot kann aggressiv wirken – eine Farbe für Revolutionen und Revolutionäre. So avancierte Rot zur Farbe der politischen Linken vom Kommunismus bis zum Sozialismus und zur Sozialdemokratie.

Farben spielten bereits in der Antike und im Mittelalter eine wichtige Rolle bei politischen Kundgebungen. Die Herrschenden trugen vornehmlich purpurne Gewänder. So etablierte sich die Redewendung „Er trägt Purpur", was nur eine andere Bezeichnung dafür war, dass es sich um einen König oder Kaiser handelte. Rot ist aber auch wiederum eine Farbe für einen feierlichen Anlass. Ein Ballkleid kann aus rotem Samt geschneidert sein. Es wirkt dann ganz außergewöhnlich, atemberaubend, „fürstlich".

Nicht nur die politischen Parteien der Gegenwart werden durch Farben plakativ symbolisiert (schwarz die Konservativen, rot die Linken, gelb die politische Mitte und grün die Alternativen); diese Methode reicht weit zurück in die Geschichte. Um die Wende des 13. zum 14. Jhs. standen sich z. B. in Florenz die „Bianchi" und die „Negri" (die Weißen und die Schwarzen) gegenüber. Von Dante wissen wir, dass er als Parteifreund der Bianchi aus Florenz verbannt wurde. Die Nationalsozialisten erhoben die Farbe Braun zur Leitfarbe ihrer Ideologie, indem sie bei Kundgebungen Braun vorherrschen ließen und auch ihre Uniformen in Braun hielten. Schließlich apostrophierte die Bevölkerung die Nationalsozialisten verkürzt nur noch als die „Braunen". Die Kommunisten setzten ihr aggressives Rot ebenfalls weltweit als Erkennungsfarbe ein und erzielten damit eine exorbitante visuelle Werbung, die auch für einen Zusammenhalt der Massen sorgte.

Die Werbung arbeitet ebenso mit verschiedenen Farben, die ganz bewusst dramaturgisch eingesetzt werden, um die beworbenen Produkte beim Verbraucher entsprechend emotional zu positionieren.

**Weiß** steht ganz allgemein für das Undifferenzierte, Ätherische, für Einfachheit, Licht, Sonne, Erleuchtung, Reinheit, Unschuld, Gottesfurcht, Heiligkeit, Erlösung. Weiß symbolisiert Leben und Liebe, manchmal auch Tod und Begräbnis. Ein weißes Gewand steht für Reinheit, Keuschheit. Die weiße Fahne bedeutet Kapitulation, Waffenruhe, Freundschaft.

Weiß wird von den verschiedenen Kulturen unterschiedlich verstanden.

Für die Christen symbolisiert die Farbe Weiß die geläuterte Seele, Reinheit der Seele, Jungfräulichkeit, Unschuld. Beim Gottesdienst wird Weiß bei der Taufe, Konfirmation, der ersten Kommunion und bei der Vermählung getragen.

Im Orient trägt man Weiß bei Trauer; dies galt ebenso im alten Griechenland und in Rom. Bei der Hochzeit versinnbildlicht Weiß den Tod des alten Lebens und die Geburt des kommenden, neuen Lebens.

Für die Ägypter symbolisierte Weiß zusammen mit Grün die Freude und freudige Ereignisse.

Bei den Buddhisten bedeutet Weiß Selbstbeherrschung und Erlösung.

*Eine Farbe symbolisiert nicht immer dasselbe; je nach kultureller Tradition werden Farben sehr verschieden ausgelegt. Auf dieser Vase (um 480 v. Chr.) sieht man einen aufgebahrten Mann, der von Trauernden umgeben ist. Diese tragen jedoch weiße Gewänder.*

**Schwarz** bedeutet in seinem destruktiven Sinn Anfang, Leere, Dunkelheit, Finsternis, das Böse, Tod, Schande, Verzweiflung, Zerstörung, Verderbtheit, Kummer und Trauer; Erniedrigung, Entsagung.

Schwarz kann jedoch auch eine positive Bedeutung haben: Feierlichkeit, Beständigkeit, Ehrwürdigkeit, Erhabenheit.

In der christlichen Tradition ist Schwarz dem Bösen zuordnet: Satan, dem Fürsten der Finsternis, der Hölle und allen negativen Gefühlsbereichen wie Kummer, Trauer, Erniedrigung, Verzweiflung, Verruchtheit. Schwarz ist die Farbe von Totenmessen und beherrscht die Zeremonie des Karfreitags. Schwarz ist die Farbe der Hexen und ihres giftigen Treibens, überhaupt das Medium des Bösen, Unheimlichen und Jenseitigen wie etwa der schwarzen Magie, der schwarzen Künste.

Die alten Ägypter assoziierten mit Schwarz den großen Komplex von Wiedergeburt und Auferstehung, Phänomenen, die gleichsam im Dunklen und Geheimnisvollen verborgen blieben. Dafür war Schwarz die kongeniale „Farbe".

Für die Buddhisten stellt Schwarz in ähnlichem Sinn die Dunkelheit des Gebundenseins dar.

*Schwarz bedeutet in der christlichen Symbolik Trauer. So herrscht auch in dieser Bestattungsszene aus dem Grimani-Brevier (um 1500) die Farbe Schwarz vor. Die Betenden sind vollkommen in schwarze Gewänder gehüllt.*

*Gold und Silber sind Farben voller Glanz, edel und durchdringend; sie symbolisieren überirdisches Licht, wie die Sonne es spendet, und stehen auch für Erleuchtung, Unsterblichkeit und alles Göttliche.*

## Gold und Silber

Goldgelb strahlt die Sonne; Gold bedeutet Glanz und Licht, göttliche Macht, Erleuchtung, Unsterblichkeit, Substanz des Lebens, Feuer, Herrlichkeit, Dauerhaftigkeit. Das Gold der Sonne symbolisiert auch die Sonnengötter.

In der christlichen Religion steht Gold für den Tod des Körpers und für die Unsterblichkeit der Seele; daher ist Gold die Ordensfarbe einiger religiöser Gemeinschaften.

**Gelb** kennt man in zwei Varianten. Hellgelb ist das Licht der Sonne. Dieser Farbton steht für den Intellekt, für Intuition, Glauben und Güte. Dunkles Gelb lässt an Verrat denken, an Eifersucht, Geiz, Heimlichkeit, Treuebruch, Ungläubigkeit.

Ein gelbes Kreuz wies im Mittelalter darauf hin, dass in einem bestimmten Haus die Pest ausgebrochen sei. Gelb gilt auch heute noch als Farbe der Warnung: Eine gelbe oder gelb-schwarze Flagge signalisiert Quarantäne. Warnschilder, die auf Gift oder Radioaktivität hinweisen, haben einen gelben Untergrund.

Im Buddhismus symbolisiert die safranfarbene Kutte eines Mönches seine Bereitschaft zur Entsagung, Wunschlosigkeit und Demut. Für Christen signalisiert Goldgelb Heiligkeit, Göttlichkeit, Wahrheit. Mattgelb bedeutet Verrat und Betrug.

**Grün** ist ambivalent; es bedeutet sowohl Leben als auch Tod. Das Spektrum der Deutung reicht vom hoffnungsfrohen Moosgrün (Freude, Vertrauen, Überfluss) bis zum abscheulichen Giftgrün, das negative Assoziationen weckt. Da Grün aus Blau und Gelb besteht, der Verbindung von Himmel und Erde, wird es zur mystischen Farbe. Es vereint kaltes blaues Licht des Verstandes mit emotionaler Wärme der Sonne.

Für die Christen bedeutet die Farbe Unsterblichkeit, Hoffnung, Stärkung des Heiligen Geistes im Menschen, Leben schlechthin, Triumph über den Tod und Sieg des Frühlings über den Winter, gute Werke. Im Mittelalter war Grün die Farbe der Dreifaltigkeit.

*Im Mittelalter war Grün die Farbe der Dreifaltigkeit, denn Grün symbolisiert als Farbe der Vegetation, die jedes Frühjahr neu hervorsprießt, die Hoffnung.*

**Orange** ist die Farbe der Flamme, des Feuers, symbolisiert aber auch Luxus und Verschwendung, Liebe und Glück.

**Purpur** steht für Königswürde, kaiserliche und priesterliche Macht, Pomp, Stolz, aber auch für Wahrheit, Gerechtigkeit und Mäßigkeit.

Im christlichen Glauben assoziiert man mit Purpur Gottvater, die Wahrheit, Demut und Buße. Purpur ist die Farbe des Advents.

**Violett** ist die Farbe des inneren Wissens, der Hingabe, der Heiligkeit und Spiritualität, aber auch des Kummers, der Trauer. Die Christen denken bei Violett an die priesterliche Autorität, an Fasten und Traurigkeit.

**Blau** ist die Farbe der Tiefe, Weisheit, Loyalität, Treue, Klugheit, Beständigkeit, Großmut. Als Himmelblau ist es die Farbe der Himmelskönigin und aller Himmelsmächte. Blau repräsentiert aber auch Leere, ursprüngliche Einfachheit und unendlichen Raum, der alles umfassen kann: den Himmel und die himmlische Wahrheit, die Ewigkeit. Blau gilt auch als Farbe der Jungfrau Maria als Himmelskönigin.

*Das Farbenspiel des Feuers wechselt von Orange nach Dunkelrot, dementsprechend bedeutet es sowohl Liebe als auch Untergang und Verderben. W. Blake, „Milton", 1804*

**Rot** bedeutet Feuer, Sonne, Königswürde, Liebe, Freude, Festlichkeit, Leidenschaft, Glut, Wildheit, sexuelle Erregung, Gesundheit, Kraft, Blutgier, Zorn, Rache, Glauben, Edelmut. Rot kann jedoch auch die Farbe der Einöde und des Unglücks sein.

Rot ist für die Christen eine wichtige Farbe: Sie

*Rot signalisiert Leidenschaft, sexuelle Ausschweifung.*

steht für die Passion Christi, das auf Golgatha vergossene Blut, das Pfingstfeuer, das Märtyrertum.

**Braun** spielt in der Farbsymbolik keine große Rolle. Es ist die Farbe der Erde. Braun wirkt neutral, wenig emotional, kontemplativ, beruhigend, warm, mütterlich, alltäglich.

Im christlichen Bereich gilt Braun als Farbe des Erdbodens, des Herbstes, der Traurigkeit und Einsamkeit. So tragen die Mönche mancher Bettelorden schlichte braune Kutten. Braun steht somit auch für Armut und Demut. Manche religiöse Gemeinschaft assoziiert mit Braun auch die Absage an die Welt und alles Weltliche, Entsagung, Buße und Bußfertigkeit, Erniedrigung.

### Faschistische Symbole

Wichtige Symbole des Faschismus und Nationalsozialismus sind: ▶Fasces, Hakenkreuz (▶Swastika), ▶Donnerkeil, die Farben Schwarz und Braun (▶▶Die Symbolik der Farben, S. 152) und die zum Gruß erhobene rechte Hand („Hitlergruß").

### Fass

Das weibliche, empfangende, umschließende Prinzip. Die Redewendung „Fass ohne Boden" bezeichnet eine sinnlose, vergebliche Mühe.

### Fasten

Zeitweiliger völliger oder teilweiser Verzicht auf Nahrung; ein alter, meist religiös begründeter Brauch, der verschiedenen Zwecken dienen kann: der Reinigung des Körpers; der Sammlung von Willenskräften (z. B. vor einer Jagd oder einem Krieg) und der inneren Reinigung vor oder nach bestimmten Handlungen, z. B. bei Wallfahrten (etwa im Hinduismus) und bei Initiationsriten und anderen religiösen Zeremonien oder Festen. Fasten kann aber auch ein Akt der Sühne oder ein Opfer sein, das man den Göttern darbringt (so z. B. im alten Ägypten und in Babylon), oder ein Mittel, um Visionen und Zustände der Ekstase herbeizuführen und mit dem Göttlichen in Verbindung zu treten (z. B. bei Schamanen und Medizinmännern und auch in bestimmten Zeremonien der nordamerikanischen Indianer).

In den großen Weltreligionen ist das Fasten in der Regel an bestimmte Tage oder Zeiträume gebunden; so wird z. B. im Islam im Monat Ramadan jeweils von Sonnenaufgang bis Sonnenuntergang gefastet. Auch im Buddhismus spielt das Fasten eine wichtige Rolle: Die meisten buddhistischen Mönche und Nonnen nehmen pro Tag nur eine einzige Mahlzeit ein. Im Alten Testament war das Fasten ein Akt der Demut und Buße, durch den man den zornigen Gott besänftigen wollte; daher wurde es v. a. bei schweren Heimsuchungen praktiziert. In der katholischen Kirche sind der Aschermittwoch und alle Freitage des Jahres, die keine Feiertage sind, Bußtage; an diesen Tagen darf der Katholik kein Fleisch warmblütiger Tiere essen und am Aschermittwoch und Karfreitag nur eine Hauptmahlzeit zu sich nehmen.

### Fastnacht ▶Karneval

### Fäulnis

Ein Sinnbild der Auflösung und Zersetzung vor der Wiederherstellung und Wiedergeburt – der Tod des Körpers und die Befreiung der Seele. Kann aber auch ein Symbol des Verfalls sein.

### Faust

Die zur Faust geballte Hand drückt Zorn oder auch eine Drohung aus und ist außerdem ein kommunistisches Klassenkampfsymbol, das wegen der kämpferischen Aggressivität, die es ausstrahlt, bewusst

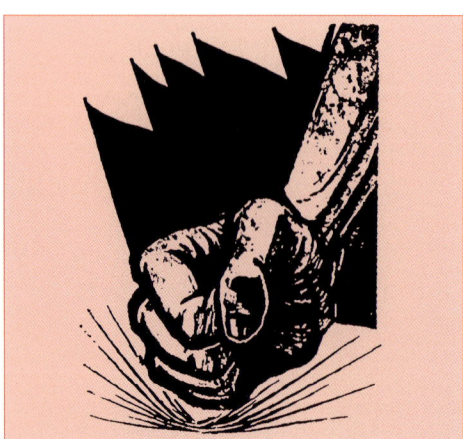

*Die geballte Faust vor dem Hintergrund roter Fahnen – ein typisches kommunistisches Klassenkampfsymbol.*

*Die Indianer Nordamerikas schmückten sich mit Federn als Symbol der Stärke. Der Federschmuck eines Häuptlings bestand aus einer Vielzahl von Federn.*

gewählt wurde; häufig ist sie in dieser Bedeutung in roter Farbe oder vor dem Hintergrund einer roten Fahne abgebildet (▶▶Die Symbolik der Farben, S. 152).

## Feder

Ein Symbol für Macht, Stärke und Triumph, aber auch für Leichtigkeit, Schwerelosigkeit, für die Seele und den Flug in andere Reiche; oft auch ein göttliches Attribut. So besaß z. B. die altnordische Göttin Freya ein magisches Federgewand, das ihr das Fliegen ermöglichte. Der babylonische Wettergott Adad trug einen von einer Federkrone geschmückten Hut. Auch der ägyptische Gott Amun hatte als Attribut eine von zwei großen Federn gekrönte Kappe, und die ägyptische Gottheit Maat trug eine Straußenfeder auf dem Kopf. Bei den Azteken wurde der Sonnengott Tonatiuh mit einer Adlerfeder-Krone dargestellt. Auch bei den nordamerikanischen Indianern kommt Federn eine wichtige Bedeutung als Machtsymbol zu: Farbe, Anordnung und Zuschnitt der Federn im Kopfputz verraten den sozialen Rang und die tapferen Kriegstaten eines Indianers. Die prächtige Adlerfeder-Haube der Prärieindianer wurde hauptsächlich bei feierlichen Anlässen (z. B. auf Festen oder bei der heiligen Zeremonie des Sonnentanzes; ▶Adler) getragen; ansonsten trugen die Indianer meist nur ein paar Federn im Haar. Im Taoismus ist die Feder ein Attribut des Priesters und steht für Kommunikation mit der anderen Welt.

## Feige, Feigenbaum, Pipal-Baum, Bodhi-Baum

Das Feigenblatt ist wegen seiner Ähnlichkeit mit dem männlichen Geschlechtsteil häufig ein Phallussymbol. Die Feige dagegen ist ein Symbol des Weiblichen und der Fruchtbarkeit. Im Buddhismus ist der Bodhi-Baum (Ficus religiosa) der heilige Feigenbaum, unter dem Buddha zur Erleuchtung gelangte, und ein Hauptheiligtum des Buddhismus. In der griechisch-römischen Mytho-

*Die Feige gilt als Symbol weiblicher Fruchtbarkeit.*

logie war der Feigenbaum Dionysos/
Bacchus, Priapos, Jupiter und Silvanus
geweiht und ein phallisches Symbol. In der
Bibel stand der Feigenbaum für die Fruchtbarkeit und das freudige Leben im Reich des
Messias; auf mittelalterlichen Bildern wird er
häufig auch statt des Apfelbaums als Baum
der Erkenntnis dargestellt; ein Schurz aus
Feigenblättern diente Adam und Eva nach
dem Sündenfall zur Verhüllung ihrer Blöße.
(1. Buch des Mose 3,7: „Da gingen beiden
die Augen auf und sie erkannten, dass sie
nackt waren. Sie hefteten Feigenblätter
zusammen und machten sich einen
Schurz.")

Der vertrocknete Feigenbaum ist ein Symbol für die Synagoge, die keine Früchte mehr
erbringt, und im weiteren Sinn ein Sinnbild
für religiöse Irrlehren.

### Feld
Ein Symbol für die Erdmutter, das weibli-
che Prinzip, die große Erzeugerin und
Ernährerin. ▶Erde

### Fell ▶Haut

### Fels
Ein Sinnbild der Beständigkeit, Stabilität,
Zuverlässigkeit, aber auch Unerbittlichkeit,
Kälte und Härte. In der Bibel ist Jahwe der
Fels Israels (5. Buch des Mose 32,4) oder
auch der Wasser spendende (Leben spendende) Fels in der Wüste (2. Buch des
Mose 17,6). Auch die Felsen oder Felsen-
gruppen, die man in vielen Bildern des späten Mittelalters findet, haben diese symbolische Bedeutung. Petrus wird als „Grundstein der Kirche" mit einem Fels verglichen.
(Matthäus 16,18: „Ich aber sage dir: Du
bist Petrus und auf diesen Felsen werde ich
meine Kirche bauen und die Mächte der
Unterwelt werden sie nicht überwältigen.")
▶Stein

*Im Traum kann ein Fenster für den Wunsch nach einem Ausweg stehen.*

### Feng Shui ▶▶Seite 160

### Fenster
Das Fenster taucht in der christlichen Symbolik häufiger auf: In der sakralen Architektur steht es für die Verbindung zwischen
Diesseits und Jenseits und die Ehe zwischen
Kirche und Jesus Christus (das Licht, das
durch die Fenster ins dunkle Kircheninnere
dringt). Die farbigen, hohen gotischen
Glasfenster können aber auch auf die Far-
benpracht des himmlischen Jerusalem verweisen. Ein geöffnetes Fenster versinnbildlicht das Gebet zu Gott; drei Fenster sind
ein Dreifaltigkeitssymbol. Das Fenster als
„Flugloch der Seele" kann aber auch eine
Öffnung für den Tod, ein symbolischer
Hinweis auf das Lebensende sein. Als
Traumsymbol repräsentiert ein Fenster häufig die Sehnsucht nach einem Ausweg, einer
Lösung oder Chance.

### Fensterrose, Rosenfenster, Rose
Kreisförmiges, mit Maßwerk gefülltes und

*Rosenfenster des Straßburger Münsters in einem Entwurf von 1360*

mit farbigen Glasmalereien geschmücktes Fenster, wie es über Portalen und in Querschiffgiebeln in spätromanischer und gotischer Zeit kennzeichnend war. Häufig findet man die Fensterrose als gewaltiges Radfenster in Kathedralen platziert. Die Symbolik ist vielfältig. Die Fenster symbolisieren christliches Wissen. Frühchristliche Lehrinhalte werden so in einer dem Auge fassbaren Form zugänglich gemacht. Hervorragende Beispiele solcher Fensterrosen findet man in den Kathedralen von Chartres, Lausanne oder Straßburg. Quadrate und Kreise sind Konstruktionselemente, die z. B. Tag und Nacht, Sonne und Mond, Jahreszeiten und Monate oder die Tierkreiszeichen in Beziehung zueinander setzen.

### Ferse
Der verwundbare Teil eines sonst unverwundbaren Menschen, z. B. bei Krishna, Achilles; die Ferse ist aber auch der Körperteil, der die Schlange tötet und das Böse zermalmt.

### Fesseln ▶Bande

### Fett
Galt in vielen Naturreligionen als der Sitz des Lebens und sollte die Kräfte des Körpers besitzen, dem es entstammte. ▶Essen

### Feuer
Ein Symbol der Zerstörung, aber gleichzeitig auch der Erneuerung, Wiedergeburt und Regeneration; ein Sinnbild der Umwandlung, Reinigung und Erleuchtung; die Leben spendende und befruchtende Kraft der Sonne; Kraft, Macht und Energie; Sexualität, Verschmelzung, Leidenschaft (das „Feuer" der Liebe); ein männliches ▶Element.

Feuer und Wasser gemeinsam sind die beiden großen Prinzipien des Universums, das Aktive und das Passive, der Himmelsvater und die Erdmutter; diese beiden Elemente liegen im Streit miteinander, sind aber als Wärme und Feuchtigkeit notwendig für alles Leben. Symbole des Feuers sind das aufwärts zeigende Dreieck, die Löwenmähne, im Wind flatterndes Haar und verschiedene Waffen.

Bei vielen Völkern wurde Feuer als etwas Göttliches verehrt. So war z. B. der slawische Gott Svarog Feuer- und Sonnengott in einem. Auch der babylonische Reichsgott Marduk war ein Feuergott. Der aztekische Feuergott Xiuhtecutli wurde mit gelb-rotem Gesicht, schwarzer Kinnpartie und oft auch mit einem Kohlebecken auf dem Kopf dargestellt.

In der griechisch-römischen Mythologie war das Feuer Attribut aller Donner-, Vulkan- und Schmiedegötter wie Hephaistos und Vulcanus, die die Kraft des irdischen Feuers verkörperten; außerdem ein Symbol der Herdgöttin Hestia/Vesta. Im alten Rom bewachten Jungfrauen (die Vestalinnen) das heilige Feuer; dies hängt damit zusammen,

# Feng Shui

Feng Shui ist eine über dreitausend Jahre alte Lehre der Chinesen, die von der Vorstellung ausgeht, dass der ganze Kosmos, die Erde, Berge, Täler und Ebenen, Energiefelder erzeugen. Jedes Lebewesen, jede Pflanze, jedes Tier und jeder Mensch erzeugt ebenfalls Energie, die in ihr bzw. ihm zirkuliert und damit das Leben ausmacht. Alles, auch scheinbar tote Gegenstände, die der Mensch schafft, wie Häuser, Straßen oder Kunstwerke, sind Träger dieser universellen Energie. Die Chinesen haben für diese Energie einen Namen geprägt: Chi.

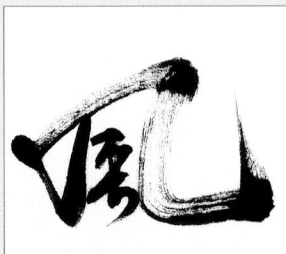

*Die beiden chinesischen Schriftzeichen, die Feng Shui bezeichnen, bedeuten „Wind" und „Wasser"*

Der Kosmos, die Summe allen Seins, ist ein gigantisches lebendiges System, in dem alle Einzelteile miteinander vernetzt sind und sich gegenseitig beeinflussen. Dies gilt auch für alle Einzelwesen, beispielsweise den Menschen: Er stellt ein ebenso hochenergetisches Gebilde dar. Wenn er nicht im Einklang mit den Energien in seiner Umwelt lebt, stellt sich Disharmonie ein: Die äußere Energie stört die Energiezirkulation im menschlichen Organismus. Man erkennt dies an verschiedenen Auswirkungen: Befindlichkeitsstörungen, seelischen und physischen Problemen, Krankheiten. Feng Shui hilft diese Umstände erkennen und beseitigen: die Umwelt des Menschen in eine harmonische Beziehung zu ihm selbst zu bringen.

Dazu haben die Chinesen Verfahren entwickelt, die die Umgebung des Menschen, den Garten um das Haus, die Aufteilung der einzelnen Räume bis zur detaillierten Raumgestaltung, dergestalt verändern helfen, dass äußere und innere Energie wieder harmonieren. Dazu werden z. B. die Möbel umgestellt und diverse Assessoires eingesetzt.

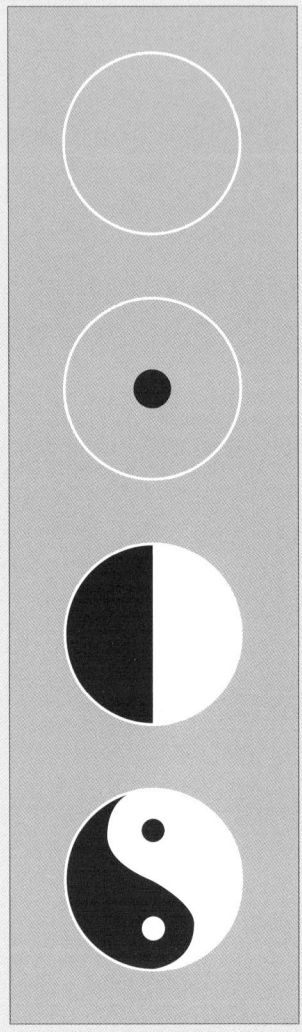

*Der leere Kreis (1. Abb.) stellt die Urenergie Wu Chi dar. Im Kreis bildet sich wie bei der Befruchtung der Eizelle eine neue, komplementäre Kraft: Yin und Yang sind entstanden (2. Abb.). Yin und Yang wirken aufeinander; so beginnt ein ewiger Kreislauf (3. Abb.). Das gegensätzliche Kräftespiel des Tai Chi (4. Abb.): Yin und Yang beherrschen in ständiger Wechselwirkung den Kreislauf des Lebens.*

Das Ba Gua (übersetzt: Körper des Drachen) ist die klassische achtseitige Darstellung der acht Trigramme des I Ging und eines der wichtigsten Hilfsmittel des Feng-Shui-Spezialisten. Heute verwendet man als Ba Gua ein Schema in Form eines Quadrates, das in neun Felder unterteilt ist. Die einzelnen Felder – gewissermaßen die „Organe" des Raumorganismus – sind mit Begriffen besetzt, die diverse Lebensaspekte bezeichnen wie z. B. Reichtum, Ruhm, Partnerschaft, Familie, Kinder, Wissen, Karriere und hilfreiche Menschen.

Legt man dieses Raster auf den Grundriss eines Raums, so ordnen sich die einzelnen Raumsegmente automatisch einem entsprechenden Bagua-Feld zu. Der Zustand eines jeden Raumabschnitts entspricht nun der Lebenssituation des Menschen, der in diesem Raum wohnt. Heißt beispielsweise ein Raumfeld „Partnerschaft", so ist diese Symbolik der persönlichen Lebenssituation des Raumbewohners entsprechend zu deuten: Wenn gerade in dieser Raumecke auffällig viel altes Gerümpel steht, unterstützt diese Situation nicht gerade partnerschaftliche Harmonie. Der Feng-Shui-Experte empfiehlt dann symbolische Gegenmaßnahmen, etwa ein Delfinpaar oder das Foto eines glücklichen Paares in dieses Raumsegment zu platzieren: Diese Accessoires symbolisieren Zweisamkeit und beeinflussen den Energiestrom güngstig.

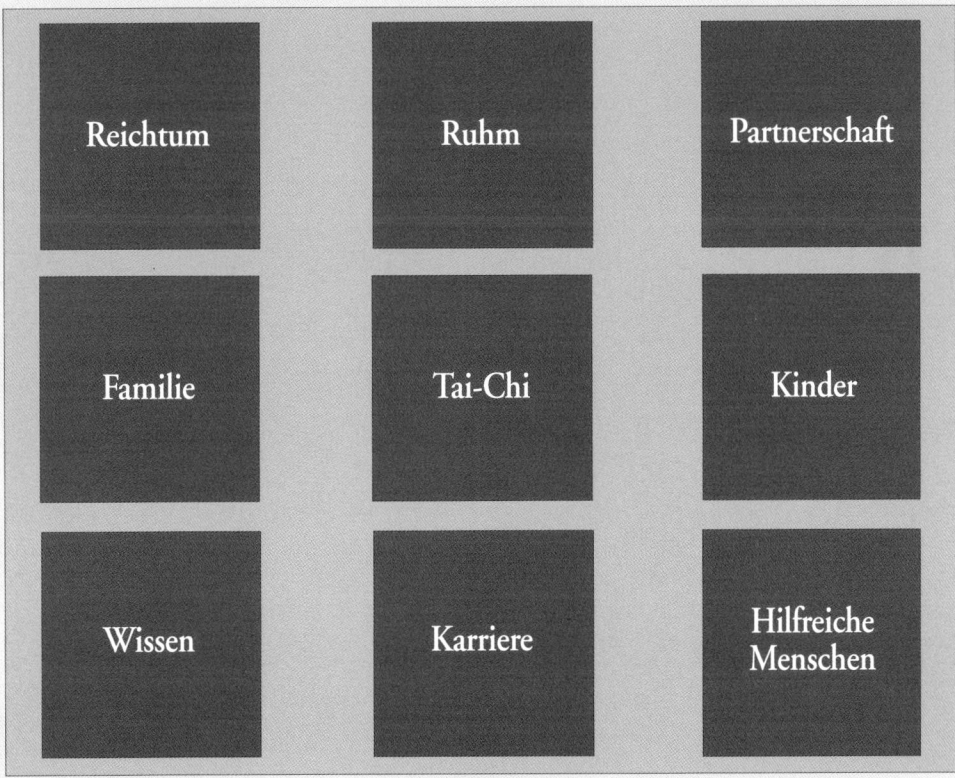

*Die neun Felder des Ba Gua sind jeweils einem Lebensaspekt zugeordnet. Der Zustand jedes Raumabschnitts entspricht der Lebenssituation des Bewohners dieses Raums.*

# Feng Shui: Die fünf Tiere

Ein wichtiger Aspekt des Feng Shui ist die Landkarte der fünf Tiere.

## Die Schildkröte

In ihrer bildhaften Sprache bezeichnen die Chinesen die Rückseite eines Hauses oder Grundstücks als „Schildkrötenseite". Die Schildkröte symbolisiert mit ihrem harten Panzer Schutz, Geborgenheit und Sicherheit. Auf die Beschaffenheit eines Grundstücks übertragen bedeutet das, dass sich an der Schildkrötenseite stets eine Erhebung befinden sollte.

## Der Phönix

An der Vorderseite des Hauses wacht der Phönix. Dieser Vogel macht mit seinen scharfen Augen alle eventuell drohenden Gefahren aus. Dazu braucht er einen ungehinderten Überblick. Das heißt, dass der Bereich vor dem Haus möglichst offen und unverbaut sein und freie Sicht bieten soll. Ein Hügel vor dem Haus ist ebenso ungünstig wie ein großer Baum, der den Bewohnern teilweise die Sicht nimmt, oder ein Steingarten mit hohen Felsbrocken. Wenn wir uns große, wirtschaftlich und politisch bedeutende Städte ansehen, so

fällt auf, dass sie fast immer einen Berg oder eine Hügelkette im Rücken haben und mit ihrer Vorderfront auf einen See oder aufs Meer blicken. Nach Feng-Shui-Gesichtspunkten ist diese Lage das Günstigste, was einem passieren kann, sowohl für eine Stadt als auch für ein Anwesen.

## Der Drache und der Tiger

Seitlich ist das Grundstück vom Drachen und vom Tiger flankiert. Der Drache befindet sich – aus der Perspektive des Betrachters gesehen – auf der rechten Hausseite und symbolisiert Kraft, Weisheit, Zuverlässigkeit und Weitblick. Der Tiger ihm gegenüber auf der linken Seite besitzt ebenfalls Kraft und Mut; er scheut sich nicht, seine Krallen zu zeigen und anzugreifen, wenn er eine Bedrohung wittert, und bietet dem Anwesen damit lebenswichtigen Schutz.

## Die Schlange

In der Mitte zwischen diesen vier Tieren liegt zusammengerollt die Schlange. Die vier Tiere um sie herum bieten der Schlange Schutz, doch gleichzeitig übt sie Kontrolle über sie aus und koordiniert ihre Aktivitäten.

*Charakteristisch für die Schildkröte ist ihr harter Panzer. Er hilft ihr, sich trotz ihrer Langsamkeit gegenüber Feinden zur Wehr setzen zu können. Im System der fünf Tiere symbolisiert die Schildkröte somit Sicherheit, denn mit ihr im Rücken ist jedes Gebäude gegen feindliche Übergriffe nachhaltig geschützt.*

*Der Tiger ist eine anmutige, kraftvolle Raubkatze, die sich vor keinem Angriff scheut. Wer den Tiger auf der linken Seite seines Anwesens weiß, kann ruhig in den Tag hinein leben. Allerdings bringt der Tiger auch eine gewisse Gefahr mit sich, denn er ist unberechenbar.*

Im Zentrum des Anwesens liegt die Schlange, zusammengerollt, meist unbeweglich. So harmlos sie auch auszusehen scheint, sie ist ständig auf der Hut. Sie befindet sich in relativer Sicherheit, da die vier anderen Tiere sie nach außen hin schützen. So ist sie in der Lage, die Aktivitäten dieser Tiere listig zu koordinieren.

Der gewaltige Drache, dessen Statur anderen Lebewesen große Furcht einflößt, symbolisiert Weisheit, Klugheit, Kraft und Zuverlässigkeit. Wem der Drache gewogen ist, der kann davon ausgehen, dass ihm Glück und Wohlstand beschieden sind. Der Drache liegt immer gegenüber der Tigerseite.

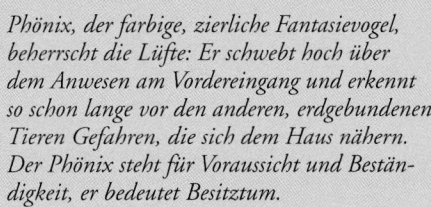

Phönix, der farbige, zierliche Fantasievogel, beherrscht die Lüfte: Er schwebt hoch über dem Anwesen am Vordereingang und erkennt so schon lange vor den anderen, erdgebundenen Tieren Gefahren, die sich dem Haus nähern. Der Phönix steht für Voraussicht und Beständigkeit, er bedeutet Besitztum.

*Diese Illustration aus einem alchemistischen Text des 17. Jhs. zeigt einen König, der als Vertreter aller Könige der Erde (ihre Kronen umgeben rechts unten die Erdkugel) das alles beherrschende und verwandelnde Feuer verehrt.*

dass beide – Feuer und Jungfräulichkeit – ein Symbol der Reinheit sind. ▶Herd

Im Hinduismus erscheint der vedische Feuergott Agni am Himmel als Sonne, in der Luft als Blitz und auf der Erde als Feuer. Er reitet den Widder und hält eine Axt, einen Fächer und einen Blasebalg. Die drei Feuer, die auf den vedischen Feueraltären leuchten, stehen für die Himmelsrichtungen Süden, Osten und Westen und repräsentieren Sonne und Himmel, Äther und Winde und die Erde. Den schrecklichen, zerstörerischen Aspekt des Feuers verkörpert die Göttin Kali/Durga, meist als grauenvolle schwarze oder rote Figur mit Feuerzunge dargestellt, die die Attribute ihres Ehemannes Shiva hält: Donnerkeil, Schwert, Trommel und eine Schale voll Blut. Der Flammenkreis um Shiva steht für den kosmischen Zyklus von Schöpfung und Zerstörung.

In der chinesischen Philosophie ist Feuer eines der fünf Elemente; ihm zugeordnet sind die Richtung Süden, die Farbe Rot und der Geschmack Bitter.

Im Christentum hat das Feuer sehr vielfältige, zum Teil widersprüchliche symbolische Bedeutungen. So ist es im Alten Testament ein Symbol Jahwes: Er offenbart sich Moses in einem brennenden Dornbusch (▶brennender Busch) und zieht in Gestalt einer Feuersäule vor seinem Volk her (2. Buch des Mose 13,21). Zu Pfingsten kommen Flammen in Gestalt von Zungen auf die Jünger hernieder – ein Symbol des Heiligen Geistes. Im Neuen Testament herrscht die negative Bedeutung des Feuers als Symbol der Hölle vor (das Höllenfeuer, in dem die verdammten Seelen bis in alle Ewigkeit brennen). Die römisch-katholische Lehre vom reinigenden Fegefeuer (Purgatorium) bezeichnet den Zustand der Läuterung des Menschen nach dem Tod. Eine Flamme auf dem oder um das Haupt repräsentiert – ähnlich wie der Heiligenschein – göttliche Kraft und den Kopf als Sitz der

*Bei der Destillation der Alchemisten spielte das Feuer eine zentrale Rolle. J. C. Barchusen, „Elementa chemicae«, 1718*

lebendigen Seele. Feuer kann im Christentum aber auch ein Symbol für Märtyrertum und für die Reinheit und Jungfräulichkeit der Heiligen Maria sein.

In der Alchemie ist Feuer das zentrale, höchste Element – die vereinigende, stabilisierende, aber auch verwandelnde Kraft.
▶Fackel ▶Freudenfeuer

### Feuerstein

Ein Symbol für Feuer und die Erzeugung von Feuer, aber auch für Hartherzigkeit und Gleichgültigkeit; den Funken der Liebe; Schöpferkraft.

### Finger

Viele Handgebärden haben eine symbolische Bedeutung bzw. Signalcharakter. Bei den Assyrern und Babyloniern und auf griechischen Denkmälern findet man den vorgestreckten Zeigefinger als Geste der Anbetung, während das Vorstrecken des Mittelfingers in der Antike als Beschimpfung galt. Erhobene Finger sind eine segnende Geste: Beim lateinischen Segen werden Daumen, Zeige- und Mittelfinger der erhobenen Hand ausgestreckt. Ein Finger vor dem Mund bedeutet Verschwiegenheit oder die Aufforderung, still zu sein, und ist Attribut verschiedener Heiliger (z. B. Benedikt). Zu dreien zusammengelegte und erhobene Finger symbolisieren die Dreifaltigkeit.

Der Finger Gottes ist in der Bibel ebenso wie die ▶Hand Gottes ein Sinnbild seiner Macht. Ein erhobener Zeigefinger bedeutet soviel wie „Pass auf" oder „Achtung"; sich mit dem Zeigefinger an die Stirn zu tippen bedeutet, jemandem den Vogel zu zeigen; der nach oben gereckte Mittelfinger („Stinkefinger") ist eine Beleidigung.

Im Buddhismus gibt es verschiedene Hand- und Fingerstellungen (Mudras), die symbolische Bedeutungen haben (▶buddhistische Symbole).

*Lange Fingernägel signalisieren Erotik.*

### Fingernagel

Lange Fingernägel galten früher allgemein als Zeichen des Wohlstands: Wer sie trug, brauchte nicht mit den Händen zu arbeiten. Heute ist die Ansicht verbreitet, dass Männer kurze, Frauen längere Fingernägel haben sollen; bei Frauen sind lange, scharfe, spitz zugeschnittene oder farbig lackierte Fingernägel auch ein Symbol erotischer Anziehungskraft.

### Finsternis

Ein Symbol für den Uranfang, das Chaos, aus dem die Welt entstanden ist. Die Finsternis steht in Verbindung mit Übergangsstadien wie Tod und Initiation; Finsternis und Licht sind der Doppelaspekt der Großen Mutter als Schöpferin und Zerstörerin. Im Christentum steht die Finsternis für das Böse und die Unwissenheit (geistige Finsternis), für den Teufel, den „Fürsten der Finsternis", und die ewige Verdammnis, wo Heulen und Zähneknirschen herrschen (Matthäus 8,12). Plötzliche Finsternisse werden in der Bibel als Strafe interpretiert, so z. B. die Finsternis vor dem Weltende (Offenbarung des Johannes 16,10).

## Firmenzeichen

Firmenzeichen (auch Firmenlogos) dienen dazu, Unternehmen und Institutionen im Bewusstsein der Kunden und der Öffentlichkeit zu verankern. Ein Firmenzeichen muss möglichst einfach und einprägsam gestaltet sein, sodass es unbewusst wahrgenommen wird und sich in der Erinnerung des Betrachtenden verfestigt. Ein berühmtes Beispiel ist der Mercedesstern. Ein Firmenzeichen kann aus Buchstaben, Zahlen oder grafischen Elementen bestehen bzw. Elemente davon zu einer neuartigen Gestaltung verwenden.

## Fisch

Wegen seiner starken Vermehrung ein Symbol für Fruchtbarkeit und für das Wasser als Ursprung allen Lebens; daher galt und gilt der Fisch in vielen Kulturen (so z. B. im alten Rom und heute noch in Nordafrika) als Glück bringendes Tier. Er wurde auch häufig mit Gottheiten assoziiert: Fischgottheiten und Meeresgötter werden oft auf Fischen oder Delfinen reitend dargestellt. Im alten Ägypten wurden Fische als dem Osiris zugehörig verehrt. Im sumero-semitischen Kulturkreis waren die Priester des Wasser- und Fruchtbarkeitsgottes Ea/Enki

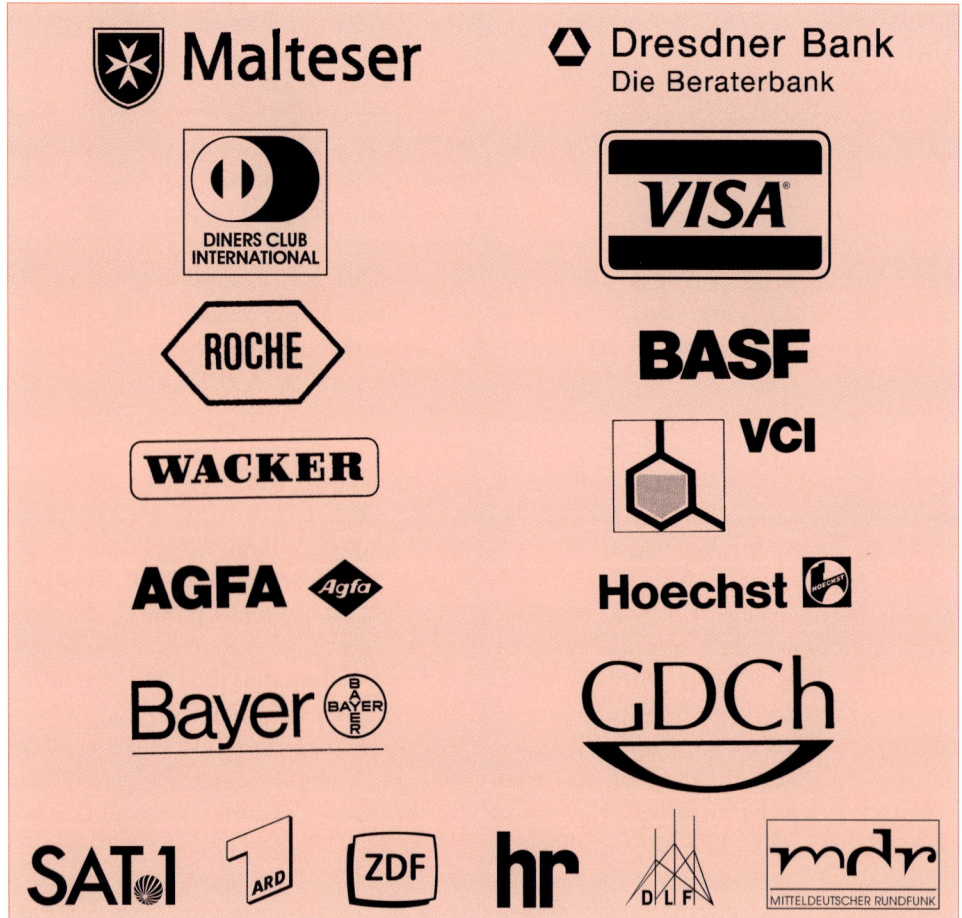

*Firmenzeichen müssen möglichst plakativ sein.*

*Der Fisch gilt in vielen Kulturen als ein Glück bringendes Symbol.*

in Fischhaut gehüllt; der Fisch ist ein Attribut des Ea. Auch Adapa, der Weise, Sohn des Ea, ist als Fischer dargestellt.

In Assyrien erscheint der Fisch mit einer Axt, möglicherweise als Symbol der Mächte der Wasser und der Himmel. Auch auf Kreta tritt er mit Axt auf. In Phönikien, Phrygien und Syrien war der Fisch die heilige Speise der Priester der Fruchtbarkeits- und Muttergottheit Atargatis, die heilige Fischteiche besaß; er war ein Attribut von Liebesgottheiten und bedeutete Glück. In der altnordischen Religion war der Fisch Attribut von Freyja als der Göttin der Liebe und Fruchtbarkeit, in Griechenland ein Attribut des Poseidon. In der Antike brachte man Fische den Göttern der Unterwelt als Opfer und den Verstorbenen als Spende dar.

Im Hinduismus ist ein Fischungeheuer namens Makara Symbol des Liebesgottes Kama; der Urmensch Manu wurde durch eine fischgestaltige Inkarnation des Gottes Vishnu aus der großen Flut gerettet. Im Buddhismus taucht der Fisch als Symbol auf dem Fußabdruck Buddhas auf und steht für die Freiheit von Beschränkungen, die Souveränität gegenüber Wünschen und Neigungen. Zwei Fische gehören zu den acht buddhistischen Kostbarkeiten (▶buddhistische Symbole).

In China sind das Wort für Fisch und das Wort für Überfluss (yü) gleich klingend; daher steht der Fisch dort für Reichtum und Glück. In der alten chinesischen Literatur kündigte das Vorkommen vieler Fische eine reiche Ernte an. In Mittelchina wurden früher dem Gott des Reichtums Fische geopfert; und noch heute isst man in China zu Neujahr Fisch, damit Jahr für Jahr Überfluss herrsche. Goldfische im Bassin bedeuten: „Gold und Edelsteine mögen dein Haus füllen"; daher findet man in chinesischen Restaurants häufig Aquarien.

Auch in der chinesischen Sexualsymbolik spielt der Fisch eine wichtige Rolle. Schon im alten China hatte das Wort Fisch die Nebenbedeutung „Penis". Ein einzelner Fisch versinnbildlicht einen allein lebenden oder einsamen Menschen, eine Waise, eine Witwe oder einen Junggesellen; ein Fischpaar hingegen steht für die Freuden sexueller Vereinigung, für Ehe und Fruchtbarkeit, und ist daher auch ein beliebtes Hochzeitsgeschenk. „Fisch und Wasser kommen zusammen" ist eine Umschreibung für den Geschlechtsverkehr.

In der Bibel und in christlichen Darstellungen tauchen Fische in sehr unterschiedlicher symbolischer Bedeutung auf. Wahrscheinlich wurde das Fischsymbol zuerst unter Rückbezug auf die Evangelien zur Bezeichnung der getauften Christen verwendet. (Matthäus 4,18–19: „Als Jesus am See von Galiläa entlangging, sah er zwei Brüder, Simon, genannt Petrus, und seinen Bruder Andreas; sie warfen gerade ihr Netz in den See, denn sie waren Fischer. Da sagte er zu ihnen: Kommt her, folgt mir nach! Ich werde euch zu Menschenfischern machen.") Deshalb ist ein Fisch Attribut des heiligen Petrus. Später wurde der Fisch zum Sinnbild des im Taufwasser gegenwärtigen Jesus Christus und zum Sinnbild des Abendmahls (in der Katakombenmalerei); daher ist er in der christlichen Kunst oft zusammen mit Wein und Brot abgebildet.

Die Geschichte des Propheten Jona, der von einem großen Fisch verschlungen und nach drei Tagen wieder an Land ausgespien wird (Jona 2), ist ein Symbol für die Grablegung und Auferstehung Christi: „... wie Jona drei Tage und drei Nächte im Bauch des Fisches war, so wird auch der Menschensohn drei Tage und drei Nächte im Innern der Erde sein" (Matthäus 12,40). Darstellungen von Fischen, die ihre Köpfe aufmerksam lauschend aus dem Wasser heben, sind ein Verweis auf die berühmte Fischpredigt des heiligen Antonius von Padua; drei Fische mit einem Kopf oder drei ineinander verschlungene Fische sind ein ▸Dreifaltigkeitssymbol.

Im Judentum ist der Fisch die Speise der Seligen im Paradies – ein Symbol für das himmlische Mahl des zukünftigen Lebens in Seligkeit. Fische sind die Gläubigen Israels in ihrem wahren Element, den Wassern der Thora. In der analytischen Psychologie C. G. Jungs ist der Fisch ein Symbol des Selbst; in der Astrologie sind Fische eines der zwölf Tierkreiszeichen (▸astrologische Zeichen, S. 46).

## Fischer

Im alten China stand der Fischer für die Kunst, zu herrschen: „Ein ungeschickter Angler fängt keinen Fisch; ein taktloser Herrscher wird die Leute nicht für sich gewinnen." Mao Tse-tung verglich den Partisanenführer mit einem Fischer, der sein Netz weit auslegen und dennoch gleichzeitig die Schnüre fest in den Händen halten muss.

In der Bibel ist das Fischen ein Symbol dafür, Menschen zum christlichen Glauben zu bekehren; daher werden die Apostel als „Menschenfischer" bezeichnet (▸Fisch).

**Flagge** ▸▸S.170

## Flamme ▸Feuer

## Flasche

Ein Symbol für den Mutterschoß, das Prinzip des Bewahrens und Umschließens. Im Christentum ist sie ein Attribut der Heiligen Kosmas und Damian, der Schutzpatrone der Ärzte und Apotheker.

## Flaschenkürbis

In China ein Objekt der Magier und Taoisten; enthält die Zaubermedizin des Magiers. In Gemälden an Tempelwänden, die den Kampf zwischen guten und bösen Geistern darstellen, verhilft der Flaschenkürbis den Guten zum Sieg; außerdem ist er ein Symbol von Li T'ieh-kuai, einem der acht taoistischen Unsterblichen. Aus einem Flaschenkürbis aufsteigender Rauch bedeutet die Freisetzung des Geistes aus dem Körper.

## Fledermaus

Wegen ihres Aussehens und ihrer Eigenschaft als Nachttier wurde die Fledermaus häufig mit schwarzer Magie und dämonischen Kräften oder mit dem Bösen in Verbindung gebracht. Im alten Rom wurden Fledermäuse zur Abwehr dämonischer Mächte an den Stall genagelt; in der Mythologie der Maya gehörten sie zu den unheimlichen Bewohnern der Unterwelt. Für die südamerikanischen Tupí-Guaraní ist die Fledermaus ein Dämon der Nacht, der einst Sonne und Mond verschlingen und eine totale Finsternis verursachen wird.

Im Christentum hat die Fledermaus eine durchweg negative symbolische Bedeutung: Im Alten Testament wurde sie zum unreinen Tier erklärt; außerdem galt sie als Verkörperung Satans, der häufig mit Fledermausflügeln dargestellt wird. Da sie ein Dämmerungstier ist und sich in Ruinen und an einsamen Orten aufhält, steht sie auch für die Eigenschaft der Melancholie.

*Als Nachttier ranken sich um die Fledermaus viele unheimliche Geschichten, so ist es verständlich, dass sie die dunklen Seiten des Lebens symbolisiert.*

Auch im Mittelalter wurde die Fledermaus als Nachttier dem Teufel und den Hexen zugeordnet. Im Volksglauben galt sie als teuflisches Tier, weil man glaubte, dass sie schlafenden Kindern das Blut aussauge. Der blutsaugende Vampir des slawischen Volksglaubens ist ein Mischwesen – halb Fledermaus, halb Mensch.

In China ist das Wort für Fledermaus (fu) gleich lautend mit dem für Glück; daher ist die Fledermaus dort ein Symbol für Glück, Reichtum und ein langes Leben. Ein Fledermauspaar ist ein Attribut von Shouhsing, dem Gott der Langlebigkeit; eine Gruppe von fünf Fledermäusen stellt die fünf Segnungen dar: Gesundheit, Reichtum, Liebe zur Tugend, ein langes Leben und einen natürlichen Tod.

## Fliege

Die Fliege wird meistens mit bösen Göttern, Verderben und finsteren übernatürlichen Mächten assoziiert. Dämonen werden häufig als Fliegen dargestellt. In der altiranischen Mythologie schlich Ahriman, der Herr des Bösen, sich in Gestalt einer Fliege in die Welt ein. Baal war der Gott der phönikischen Stadt Ekron und wurde dort als „erhabener Herr" („Baal sebul")

verehrt. Im Alten Testament wurde er zum Dämon abgewertet, und sein ursprünglicher Name wurde zu Beelzebub („Herr der Fliegen": Baal = Gott, Zebub = Fliege) verunglimpft. Im Neuen Testament wurde Beelzebub dann zu einem Namen für den Teufel.

In Jesaja 7,18 werden riesige Fliegenschwärme als Vorboten feindlicher ägyptischer Heere gedeutet. In der christlichen Kunst wird die Fliege zusammen mit dem Stieglitz dargestellt und bedeutet Krankheit, während der Stieglitz Rettung bringt.

## Fliegen ▶ Flug

## Fliegenwedel

In China ein Symbol der Führung und Autorität, das v. a. von den Buddhisten benutzt wird. Im Hinduismus bedeutet der Wedel mit dem goldenen Griff geistliche und weltliche Macht.

## Flöte

Als ältestem melodiefähigem Holzblasinstrument wurden der Flöte häufig magische Wirkungen zugeschrieben; sie kann aber auch für sinnliche Verführung stehen. Im Hinduismus versinnbildlicht sie den Menschen, der durch den Hauch des Schöpfers belebt wird; Krishna, der seine Gespielinnen, die Hirtenmädchen (Gopi), mit seinem Flötenspiel verzaubert, ist ein beliebtes Motiv in der indischen Kunst. Die Liebe der Hirtenmädchen zu Krishna ist ein Symbol für die Liebe der menschlichen Seele zu Gott; dementsprechend ist Krishnas Flöte „die Stimme der Ewigkeit, die diejenigen ruft, die im Zeitlichen leben".

In China ist die Flöte Attribut von Han Hsiang-tzu, einem der acht taoistischen Unsterblichen, und gleichzeitig ein Symbol für Harmonie. Darstellungen einer jungen Frau, die vor einem Mann Flöte spielt, kön-

# Die Flaggen der Welt von A bis Z

Flaggen sind drei- oder viereckige, mit heraldischen Bildern bzw. Farben bedruckte Tücher, die als Erkennungszeichen dienen.

**Andreaskreuz**
bis zu den Rändern reichendes diagonales Kreuz

**Bikolore**
Flagge mit zwei Farbstreifen

**Georgskreuz**
zentrales, bis zu den Flaggenrändern reichendes Kreuz mit vertikalem und horizontalem Balken

**Panafrikanische Farben**
Von afrikanischen Staaten geführte Farben Grün, Gelb und Rot, gehen auf die äthiopische Flagge zurück

**Panarabische Farben**
Von arabischen Staaten geführte Farben Schwarz, Weiß, Grün und Rot, gehen auf die jordanische Flagge zurück

**Panslawische Farben**
Von slawischen Staaten geführte Farben Weiß, Blau und Rot, gehen auf die russische Flagge zurück

**Schwebendes Kreuz**
(griechisches Kreuz) gerades oder diagonales Kreuz mit Balken bis vor die Flaggenränder

**Skandinavisches Kreuz**
Ein in Richtung des Flaggenstocks verschobenes, nicht mittig liegendes Kreuz

**Trikolore Flagge**
mit drei vertikalen oder horizontalen Farbstreifen

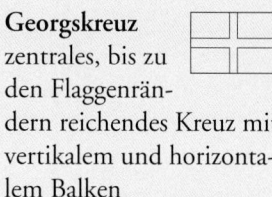

*Afghanistan*

*Ägypten*

*Albanien*

*Algerien*

*Andorra*

*Angola*

*Antigua und Barbuda*

*Äquatorialguinea*

*Argentinien*

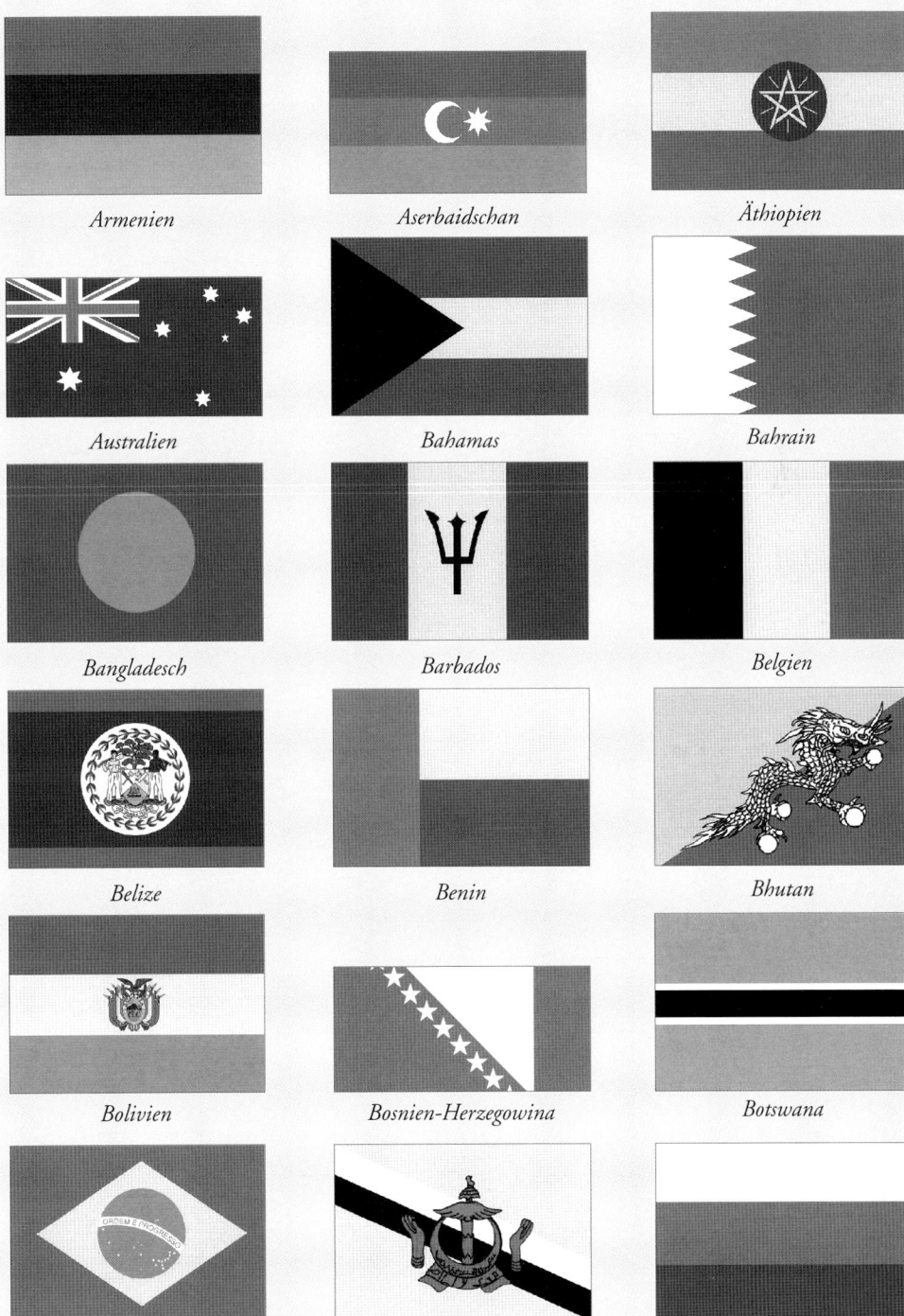

Armenien

Aserbaidschan

Äthiopien

Australien

Bahamas

Bahrain

Bangladesch

Barbados

Belgien

Belize

Benin

Bhutan

Bolivien

Bosnien-Herzegowina

Botswana

Brasilien

Brunei Darussalam

Bulgarien

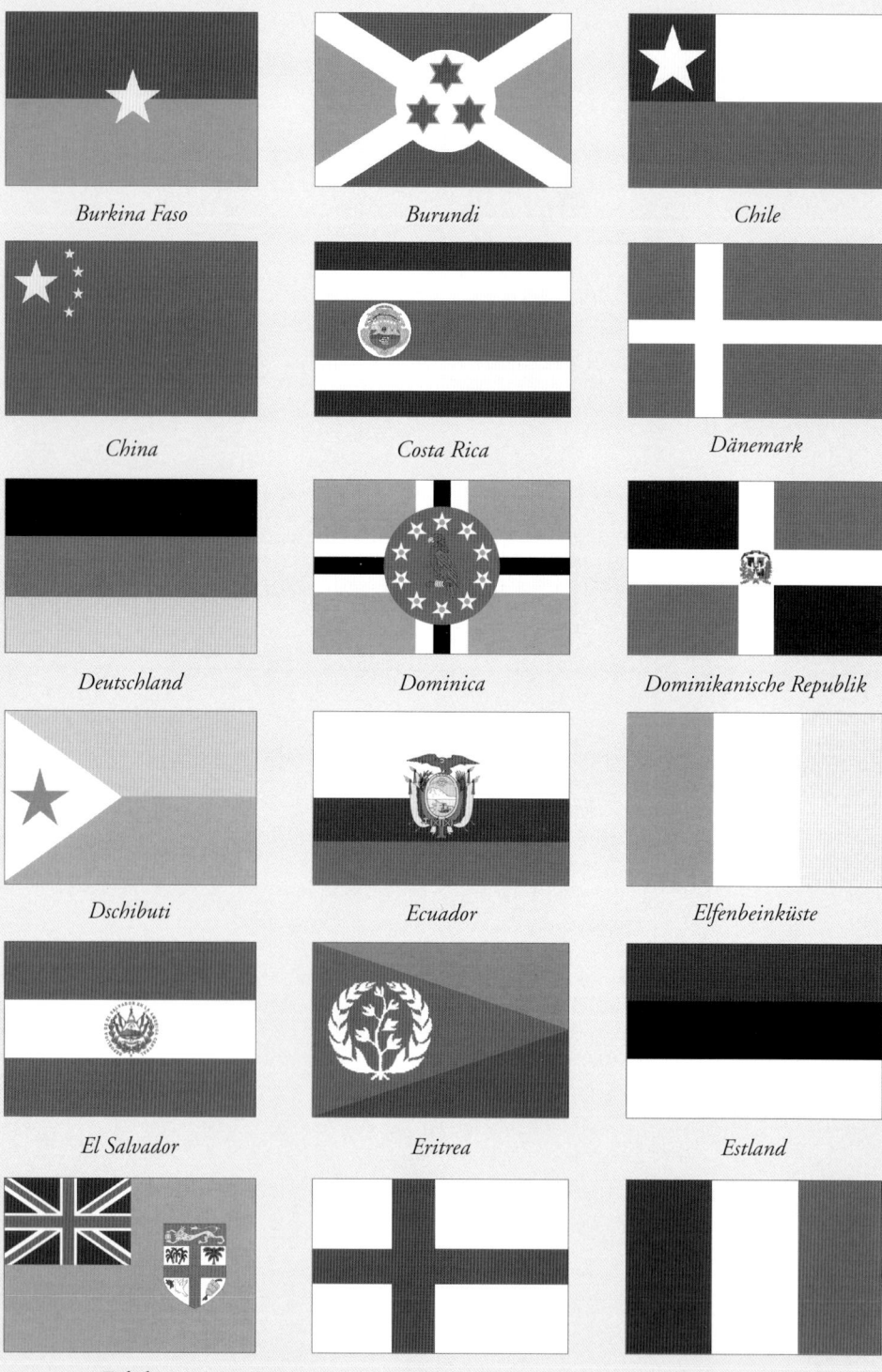

Burkina Faso

Burundi

Chile

China

Costa Rica

Dänemark

Deutschland

Dominica

Dominikanische Republik

Dschibuti

Ecuador

Elfenbeinküste

El Salvador

Eritrea

Estland

Fidschi

Finnland

Frankreich

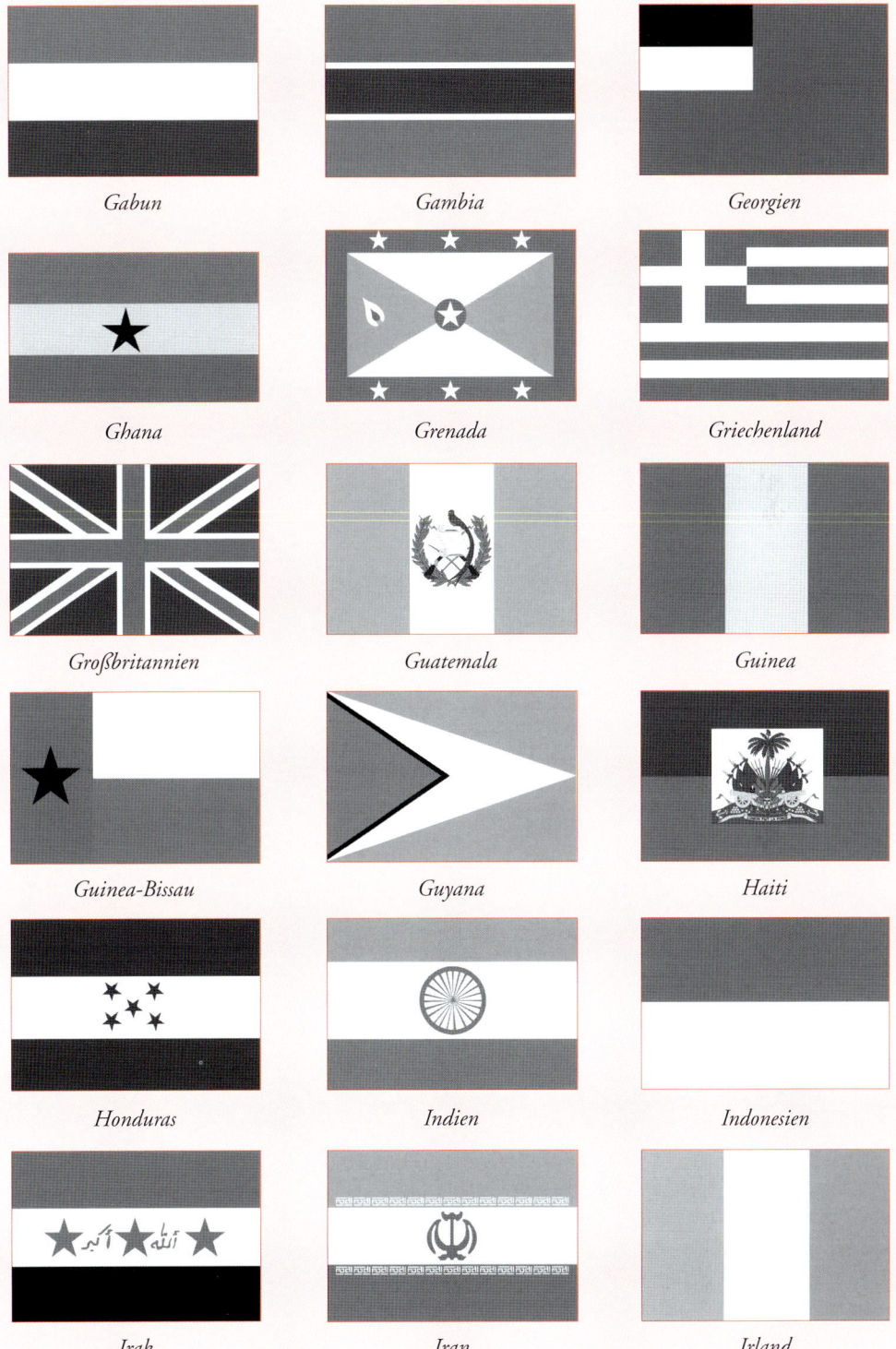

| | | |
|---|---|---|
| *Gabun* | *Gambia* | *Georgien* |
| *Ghana* | *Grenada* | *Griechenland* |
| *Großbritannien* | *Guatemala* | *Guinea* |
| *Guinea-Bissau* | *Guyana* | *Haiti* |
| *Honduras* | *Indien* | *Indonesien* |
| *Irak* | *Iran* | *Irland* |

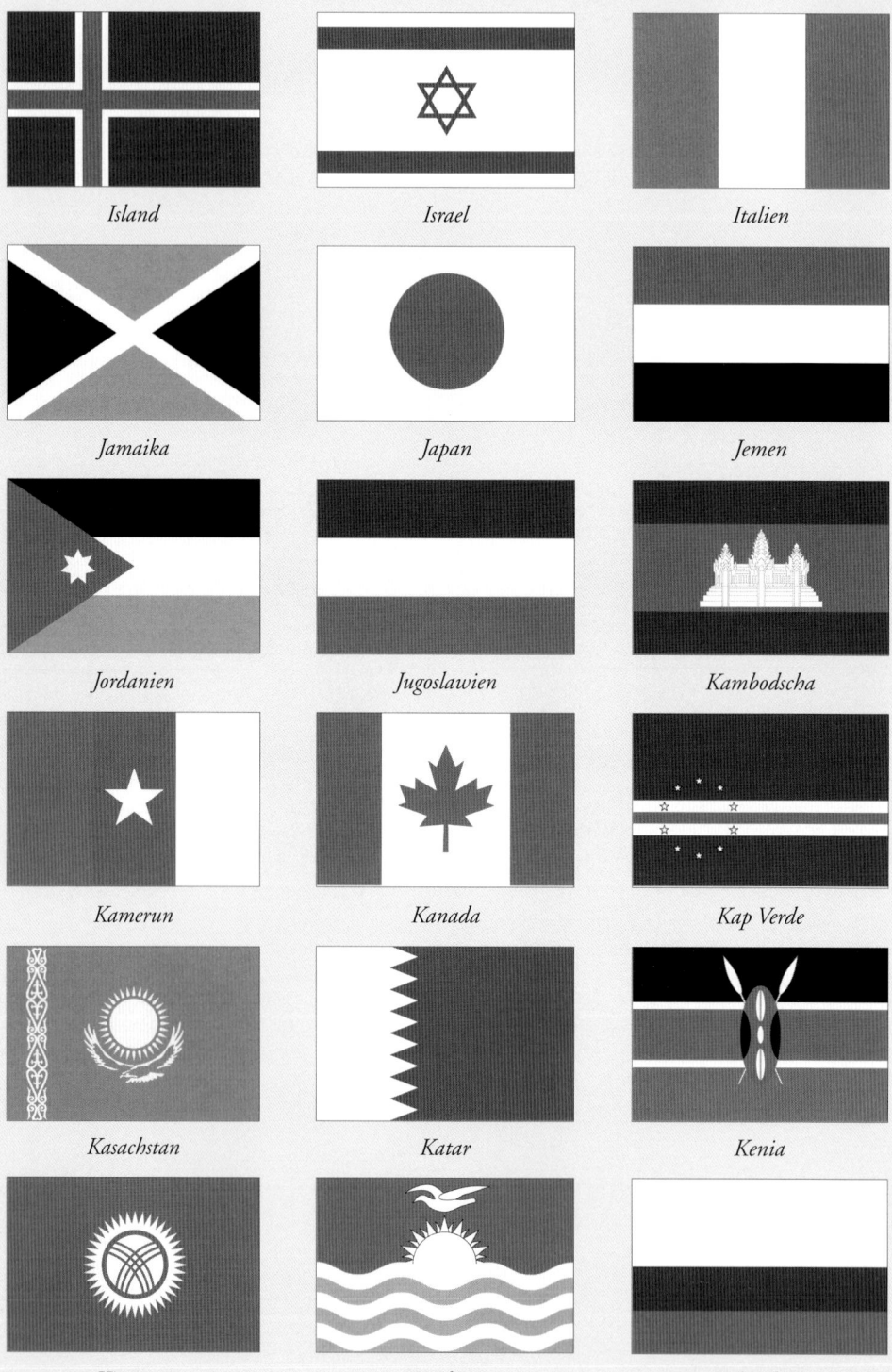

Island

Israel

Italien

Jamaika

Japan

Jemen

Jordanien

Jugoslawien

Kambodscha

Kamerun

Kanada

Kap Verde

Kasachstan

Katar

Kenia

Kirgistan

Kiribati

Kolumbien

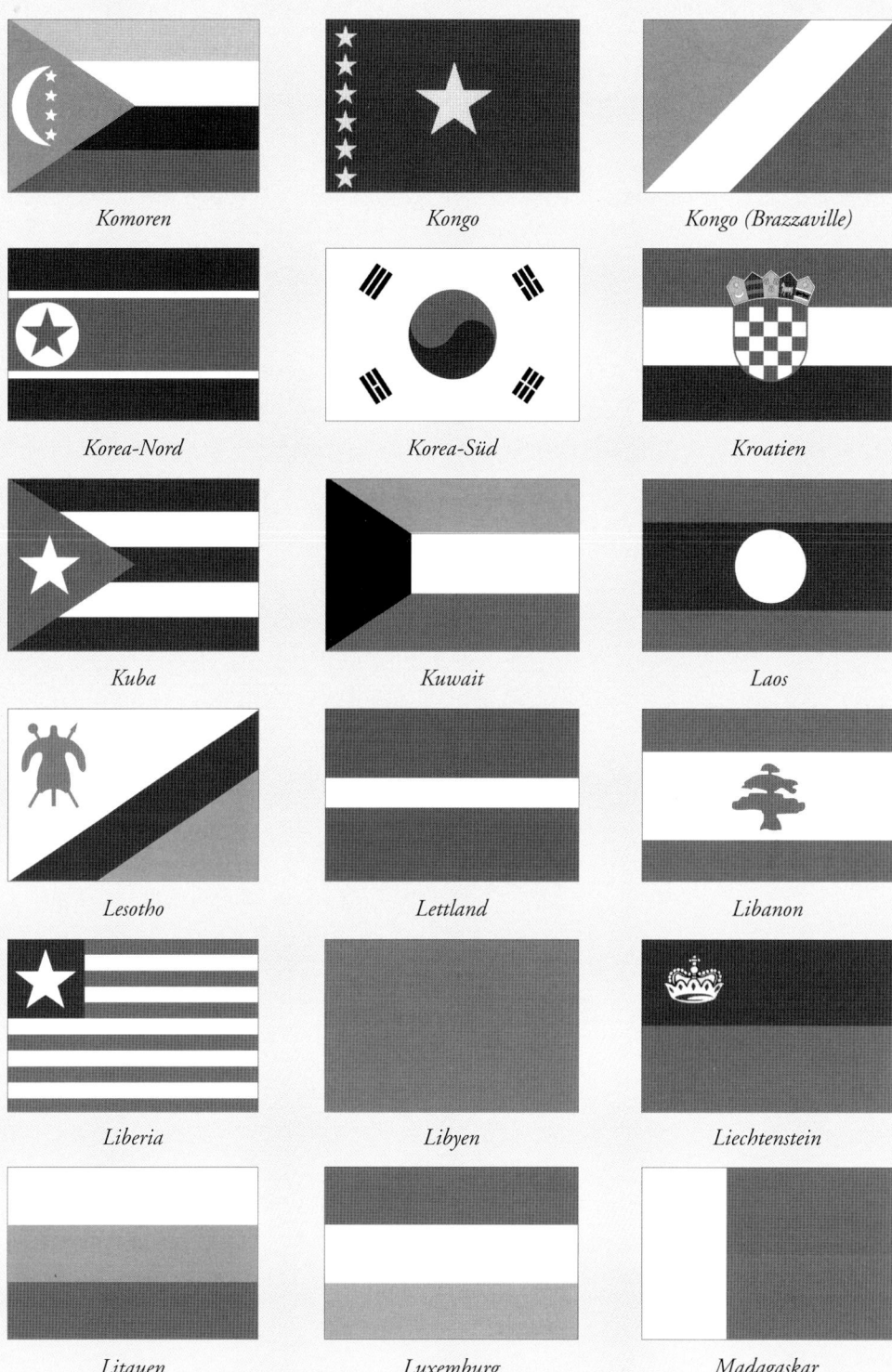

| | | |
|---|---|---|
| *Komoren* | *Kongo* | *Kongo (Brazzaville)* |
| *Korea-Nord* | *Korea-Süd* | *Kroatien* |
| *Kuba* | *Kuwait* | *Laos* |
| *Lesotho* | *Lettland* | *Libanon* |
| *Liberia* | *Libyen* | *Liechtenstein* |
| *Litauen* | *Luxemburg* | *Madagaskar* |

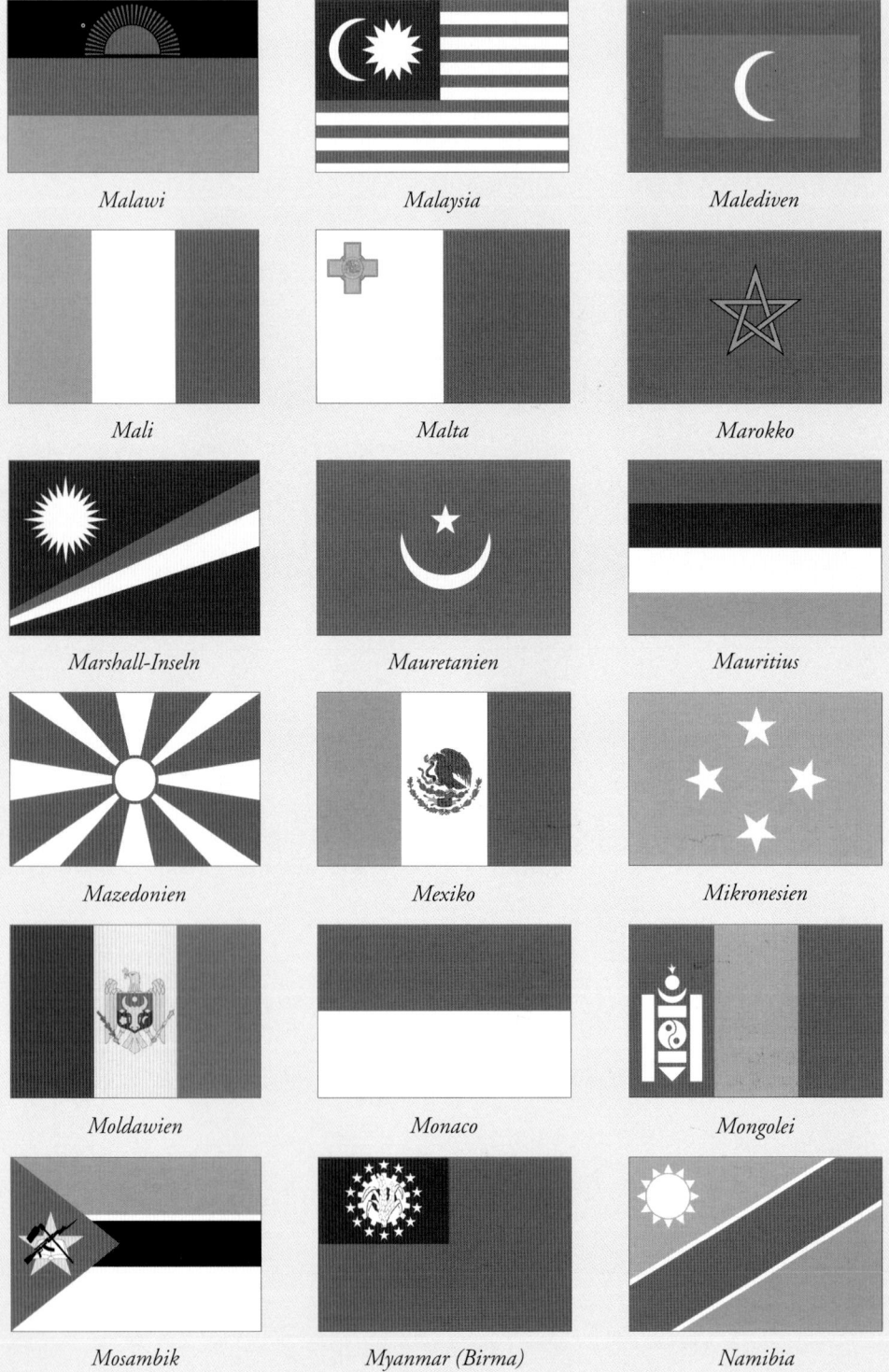

| | | |
|---|---|---|
| *Malawi* | *Malaysia* | *Malediven* |
| *Mali* | *Malta* | *Marokko* |
| *Marshall-Inseln* | *Mauretanien* | *Mauritius* |
| *Mazedonien* | *Mexiko* | *Mikronesien* |
| *Moldawien* | *Monaco* | *Mongolei* |
| *Mosambik* | *Myanmar (Birma)* | *Namibia* |

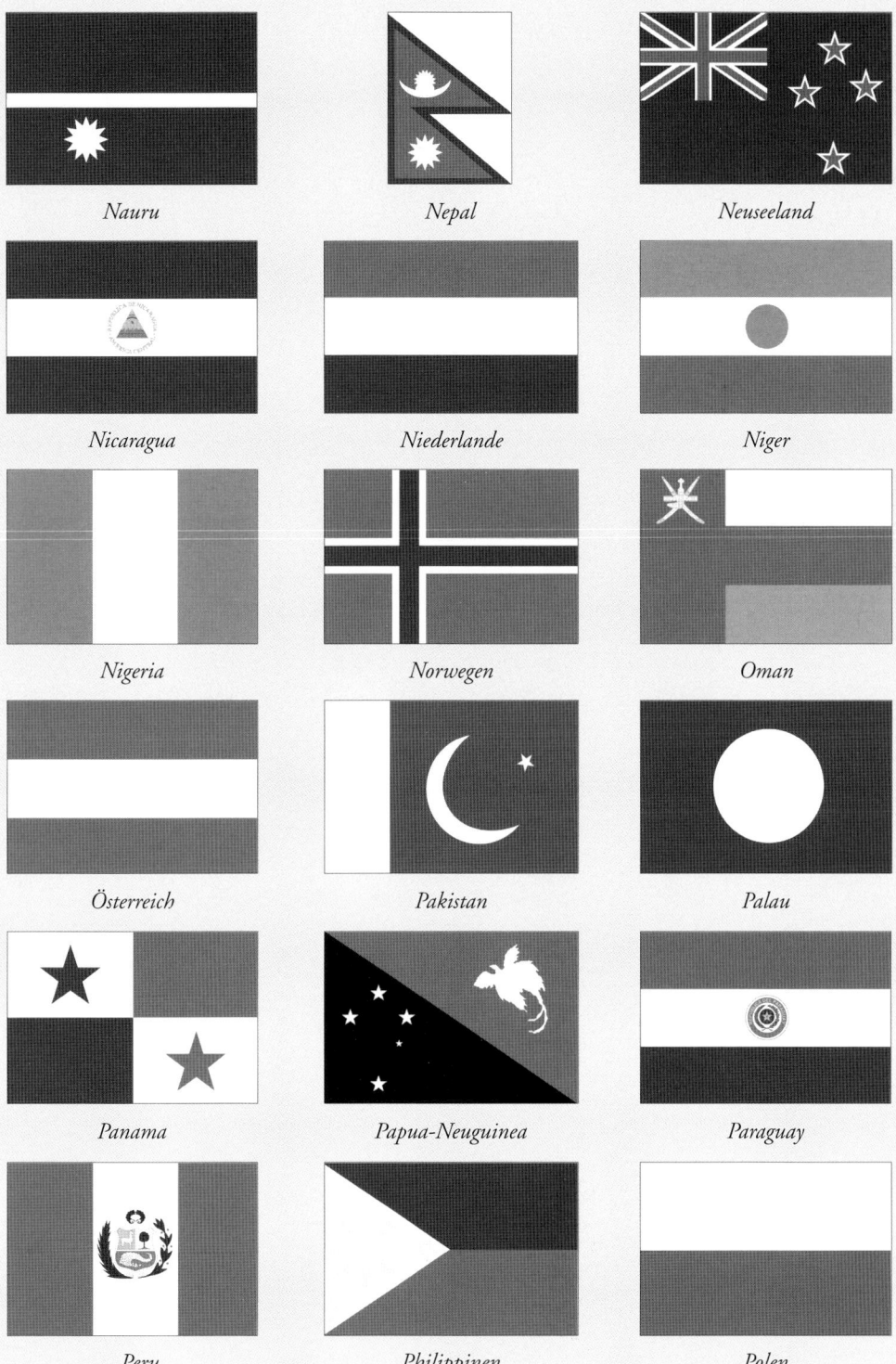

Nauru

Nepal

Neuseeland

Nicaragua

Niederlande

Niger

Nigeria

Norwegen

Oman

Österreich

Pakistan

Palau

Panama

Papua-Neuguinea

Paraguay

Peru

Philippinen

Polen

Portugal

Ruanda

Rumänien

Russland

Saint Kitts und Nevis

Saint Lucia

Saint Vincent/Grenadinen

Salomonen

Sambia

Samoa

San Marino

Sao Tomé und Príncipe

Saudi-Arabien

Schweden

Schweiz

Senegal

Seychellen

Sierra Leone

Simbabwe

Singapur

Slowakei

Slowenien

Somalia

Spanien

Sri Lanka

Südafrika

Sudan

Suriname

Swasiland

Syrien

Tadschikistan

Taiwan

Tansania

Thailand

Togo

Tonga

Trinidad und Tobago

Tschad

Tschechien

Tunesien

Türkei

Turkmenistan

Tuvalu

Uganda

Ukraine

Ungarn

Uruguay

USA

Usbekistan

Vanuatu

Vatikanstadt

Venezuela

Vereinigte Arabische Emirate

Vietnam

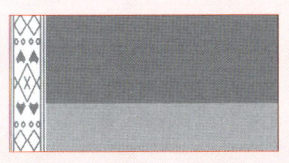

*Weißrussland*

*Zentralafrikanische Republik*

*Zypern*

## Internationale Flaggen

*Arabische Liga*

*ASEAN*

*Commonwealth of Nations*

*Europa*

*NATO*

*Olympische Spiele*

*Roter Halbmond*

*Rotes Kreuz*

*UNO*

nen ein Symbol für Fellatio sein; so ist auch der Ausdruck „mit Jade (▶Edelsteine) spielen und die Flöte blasen" zu verstehen. Im alten Japan versinnbildlichte die Flöte die Sehnsucht nach Liebe und Schönheit und dem Goldenen Zeitalter.

In der griechisch-römischen Mythologie war die Flöte ein Attribut von Euterpe und den Sirenen als Zeichen der Verführung und der emotionalen Seite des Menschen. Die Hirtenflöte des Pan symbolisiert die allumfassende Harmonie in der Natur.

### Flucht

Als Traumsymbol steht die Flucht für ein Problem oder eine Situation, der man sich nicht gewachsen fühlt und vor der man am liebsten davonlaufen möchte: Für die Deutung des Traums ist es wichtig, vor wem oder wovor man davonläuft; außerdem liefert der Traum manchmal (eventuell in verschlüsselter Form) auch alternative Lösungsansätze.

### Flug, Fliegen

Ein Symbol für die Befreiung des Geistes aus den Beschränkungen der Materie, die Freilassung des Geistes der Verstorbenen nach deren Tod, den Übergang von einer Seinsebene zur anderen und Zugang zu einer übermenschlichen Seinsform; oft auch ein Sinnbild des Göttlichen. Dass Weise fliegen bzw. „auf dem Wind reisen" können, symbolisiert die Loslösung ihres Geistes und Allgegenwärtigkeit. In China ist Fliegen das Vorrecht der Unsterblichen; wenn zwei Menschen gemeinsam fliegen, so symbolisiert dies Eheglück und sexuelle Vereinigung; und den Orgasmus beschreiben die Chinesen poetisch damit, dass „die Seele über den Himmel hinausfliegt". Auch in Träumen taucht das Symbol des Fliegens häufig auf. Es wurde unterschiedlich interpretiert: Freud hielt es für ein Symbol des

Orgasmus, Jung deutete es als den Wunsch, Probleme zu lösen und sich von Beschränkungen zu befreien. Es kann auch den uralten Wunsch des Menschen versinnbildlichen, sich von den Beschränkungen der irdischen Alltagswelt zu lösen und sich in höhere Sphären aufzuschwingen.

### Flügel

Flügel waren schon seit jeher ein Symbol der Schwerelosigkeit und der Überwindung des Irdischen. Daher wurden und werden auch häufig Gottheiten und göttliche Wesen mit Flügeln dargestellt, allerdings hauptsächlich im Westen und im Vorderen Orient; fernöstliche und indische göttliche und übernatürliche Wesen haben in der Regel keine Flügelsymbolik.

Im alten Ägypten, bei den Hethitern, Assyrern und Persern war die geflügelte Scheibe ein Symbol von Sonnengöttern. Flügel waren auch ein Attribut der babylonischen Liebes- und Kriegsgöttin Ischtar, der griechisch-römischen Siegesgöttin Nike/Victoria und des Götterboten Merkur/Hermes, der Flügelschuhe trägt. Aber auch die Mächte der Unterwelt, des Dämonischen und der Vergänglichkeit (der „Flug" der Zeit) sind häufig geflügelt, so z. B. Chronos und die Sirenen. Die Flügel des Liebesgottes Amor sind ein Symbol für die Liebe, die alle Entfernungen überwindet. Seit dem 4. Jh. n. Chr. waren Flügel auch ein Attribut der ▶Engel.

Flügel sind auch häufig ein Symbol des Schutzes, so z. B. in altägyptischen Darstellungen auf Sargdeckeln, auf denen die Himmelsgöttin Nut schützend ihre Flügel ausbreitet. In Psalm 57,2 heißt es: „Sei mir gnädig, o Gott, sei mir gnädig; denn ich flüchte mich zu dir. Im Schatten deiner Flügel finde ich Zuflucht, bis das Unheil vorübergeht." In Lukas 13,34 vergleicht Jesus sich mit einer Henne, die ihre Küken

*Der Fluss ist nicht nur für die Chinesen ein Symbol für den ständigen Wechsel im Leben.*

schützend unter die Flügel nimmt. Noch heute hat sich diese Symbolik in der Redewendung „jemanden unter seine Fittiche nehmen" erhalten.

Fledermausflügel verweisen auf den Teufel, dämonische Mächte und den Tod (▶Fledermaus).

## Fluss

Ein Symbol für den beständigen Wechsel aller Formen, das Dahinfließen und Vergehen des Lebens, die Welt der Veränderungen, Tod und Erneuerung; aber auch (wegen der wichtigen Bedeutung von Flüssen in früheren bäuerlichen Kulturen) ein Leben spendendes und Leben erhaltendes Element, oft auch als Gottheit verehrt.

Weit verbreitet ist die Vorstellung von den vier Flüssen des Paradieses, die aus einer Quelle oder einem Brunnen am Fuß des Lebensbaums bzw. aus einem Felsen im Zentrum des Paradieses entspringen; sie stehen für die Schöpferkraft, die aus ihrer nicht-manifesten Quelle in die manifeste

Welt fließt – bis zu den äußersten Enden der Erde. Im Christentum strömen diese vier Flüsse von einem einzigen Felsen herab – ein Symbol für die vier Evangelien, die von Christus kommen. In der christlichen Kunst wurden die Flüsse häufig als einem Hügel entspringend dargestellt, auf dem Jesus Christus oder das Gotteslamm (als Ursprung der Evangelien) steht. Auf Sarkophagen sind solche Darstellungen als Verheißung für die Seelen der Verstorbenen zu verstehen, dass sie durch das Evangelium ins Paradies gelangen werden. An Taufbecken sind die vier Paradiesflüsse häufig in Form Wasser ausgießender Männer dargestellt – ein Sinnbild der Taufe als Weg zum ewigen Leben.

Im Hinduismus fließen die vier Flüsse des Paradieses – die vier Hauptflüsse Asiens (Brahmaputra, Ganges, Indus, Oxus) vom Fuß des Lebensbaums auf dem Weltenberg Meru (dem Zentrum des Universums und Wohnsitz der Götter) in die vier Himmelsrichtungen und bilden das horizontale Kreuz der irdischen Welt, das zu den vier Elementen und den vier Weltzeitaltern (Yugas) in Beziehung steht.

Weit verbreitet ist auch die Vorstellung vom Fluss als etwas Heiligem, Göttlichem. So wird z. B. in Indien der Ganges als heiliger Fluss verehrt, der durch die weibliche Gottheit Ganga (die göttliche Mutter) personifiziert wird; das Baden in einem solchen Fluss ist ein Akt der rituellen Reinigung. In Tempeltüren eingeritzte Flüsse symbolisieren die Reinigung des Anbetenden.

Kulte von Flüssen finden sich in der ganzen Welt. Oft werden sie als Flussgottheiten angebetet, so z. B. in der keltischen Religion, bei den alten Ägyptern (der Nilgott Hapoi) und bei den Griechen (der Flussgott Acheloos). Flüsse und Flussgottheiten werden häufig als kraftvolle nackte Männer mit Hörnern und langen, wallenden Bärten dargestellt (z. B. Tiber und Donau); es gibt aber auch Flussgöttinnen und Quellnymphen. Wer einen Fluss durchwatet oder überquert, verletzt damit den heiligen Bereich des Flussgottes und muss dem Gott daher ein Opfer darbringen, um ihn zu versöhnen. So war es z. B. im alten China üblich, Flussgöttern Menschenopfer oder andere Opfer darzubringen; und es gibt dort auch viele Geschichten von Helden, die in den Fluss stiegen und mit dem Flussgott kämpften. Die Überschreitung des Flusses kann auch mit Lebensgefahr verbunden sein – daher hat der Fluss eine wichtige Bedeutung als Symbol der Initiation, des Übergangs oder der Reise von einem Zustand in den anderen (von einem Ufer zum anderen, quer über den Fluss des Lebens oder des Todes, oft auch über eine ▶Brücke). Wird die Reise hingegen zur Mündung des Flusses unternommen, so bergen die Ufer Gefahren, und die Symbolik wandelt sich zu der des gefahrvollen ▶Überganges.

## Flusspferd

Wird manchmal mit dem Behemoth aus dem Alten Testament gleichgesetzt (▶Fabelwesen). In der ägyptischen Symbolik verkörpert es die Große Mutter, Amenti, „die Gebärerin der Wasser"; Taueret, die Flusspferdgöttin, bedeutet Wohltätigkeit und Schutz.

## Flut ▶Gezeiten

## Fontäne ▶Quelle ▶Brunnen

## Forelle

Bei den Kelten wurde die Forelle ähnlich wie der ▶Lachs mit heiligen Gewässern und geweihten Quellen in Verbindung gebracht und verkörperte Vorsehung, Weisheit und Wissen vom Jenseits.

## Fortuna

Die alte römische Göttin des Schicksals und des Glücks, die in Antike und Renaissance auf einer Kugel oder einem Rad (als Symbol ihres Wankelmuts und ihrer Wechselhaftigkeit) dargestellt wurde. Auch ihre Flügel symbolisieren die Flüchtigkeit und Vergänglichkeit des Glücks, während die Augenbinde für ihre Willkür – die Zufälligkeit des Glücks – steht. Oft trägt sie ein ▶Füllhorn, aus dem sie ihre Gaben verteilt.

## Frau

Die Große Mutter, die Große Göttin, das weibliche Prinzip steht für die Kräfte des Instinkts und der Intuition im Gegensatz zum männlich-rationalen Prinzip. Es ist eine sehr komplexe, ambivalente Symbolik, denn das Weibliche kann sowohl Glück verheißende und schützende als auch Unglück verheißende und zerstörende Bedeutung haben; es ist sowohl die schützende, nährende, Geborgenheit schenkende ▶Mutter als auch die Sirene und Verführerin, die jungfräuliche Himmelskönigin ebenso wie die Harpyie und Dirne.

Die Frau und das weibliche Prinzip werden symbolisiert durch alles, was empfangend, schützend, nährend, passiv, hohl ist oder einen Eingang bietet, höhlenartig oder oval ist: Höhle, umzäunter Garten, Brunnen, Tür, Tor, Furche, Scheide und Gefäße wie z. B. Becher oder Kelch; auch alles, was mit den Wassern, dem Schiff, der Muschelschale, dem Fisch oder der Perle in Zusammenhang steht. Auch die Mondsichel, der Mondschein und der Stern sind vorwiegend weibliche Attribute. Ein weiteres häufig vorkommendes Symbol des Weiblichen ist das mit der Spitze nach unten zeigende ▶Dreieck. Als weibliche Elemente gelten ▶Erde und ▶Wasser. Unter den Planeten wird die Venus der Frau und dem weiblichen Prinzip zugeordnet; daher wird tiert Shakti die Schöpferkraft, aus der alles Leben entsteht. Die Symbolik des Shaktismus ist stark sexuell geprägt: Shakti wird häufig in sexueller Vereinigung mit Shiva dargestellt; sexuelle Praktiken, wie sie z. B. im Kamasutra beschrieben sind, gelten als etwas Heiliges und als Weg zur Erlösung; als Symbol Shaktis wird die ▶Yoni, das weibliche Geschlechtsteil (oft vereint mit dem männlichen Lingam) verehrt. In der indischen Kunst stellt eine schöne Frau den gütigen, Glück verheißenden Aspekt der Großen Mutter dar, während die Schwarze Kali oder Durga das Gegenteil (Auflösung, Zerstörung, Vernichtung) verkörpert.

Auch im Christentum ist die Frau einerseits Verführerin (z. B. Eva, die Adam zum Sündenfall verleitet), andererseits Unschuld, Reinheit und Mütterlichkeit (verkörpert durch die Heilige Jungfrau Maria). In der christlichen Kunst wird die Kirche, „die Braut Christi", als Frau dargestellt, die ein Kreuz oder einen Kelch in der Hand hält oder eine Krone trägt. Eine Frau mit verschleierten oder verbundenen Augen steht für die jüdische Synagoge.

*Ein Alchemist lässt sich von einer Frau belehren, die die Natur verkörpert. J. Perreal, „Remonstrances de Nature à Alchimiste errant", 1516*

das Symbol für diesen Planeten in der Biologie auch als Piktogramm für Pflanzen und Tiere weiblichen Geschlechts verwendet.

In der chinesischen Symbolik ist das weibliche Prinzip Yin, dem das männliche Yang gegenübersteht (▶Yin-Yang); im Hinduismus wird das weibliche Prinzip durch Shakti, die Gefährtin Shivas, in ihren verschiedenen Verkörperungen (Kali, Durga, Parvati) verkörpert. Für die Verehrer Shaktis (der Shaktismus ist einer der verschiedenen Richtungen des Hinduismus) repräsen-

*Der Kreis mit nach unten zeigendem Kreuz ist Symbol des Planeten Venus und steht in der Biologie als Piktogramm für das weibliche Geschlecht.*

*Der Frauenhaarfarn (hier in einer Abbildung aus Mattiolis „Commentaires", Lyon, 1579) galt im alten Rom als Pflanze mit magischen Kräften, aus der man Liebestränke zubereitete.*

## Frauenhaarfarn

Der Frauenhaarfarn, der seinen Namen seinen zarten, an Frauenhaar erinnernden Wedeln verdankt, galt in der römischen Mythologie als magische Pflanze. Man hielt ihn für das Haar der Liebesgöttin Venus und glaubte, dass ein Trank aus pulverisiertem Frauenhaarfarn demjenigen, der ihn zu sich nimmt, Anmut, Schönheit und Liebe schenkt.

## Freimaurer ▶▶Seite 188

## Fremdling

Kann ein Symbol für Veränderung oder für das sein, was die Zukunft bringt; oft auch göttliche oder magische Kraft, die in Verkleidung erscheint.

## Freudenfeuer

Eine symbolische Stärkung der Macht der Sonne, vor allem zur Sonnenwende, um die Mächte des Lichts und des Guten zu unterstützen.

## Frieden

Das wohl bekannteste Friedenssymbol ist die ▶Taube, oft zusammen mit dem Olivenzweig (▶Olive) abgebildet. Symbolische Friedenshandlung ist der Friedenskuss, ein Ausdruck inniger Gemeinschaft, der den Frieden bzw. die Versöhnung besiegelt (▶Kuss). Auch ein gemeinsames Mahl zwischen Feinden kann ein Symbol dafür sein, dass sie ihren Streit beilegen und nun wieder Frieden zwischen ihnen herrscht. In der ▶▶Farbsymbolik (Seite 152) ist Weiß die Symbolfarbe des Friedens; so ist z. B. die weiße Fahne ein internationales Friedenszeichen. Das ▶Anti-Atomtod-Symbol steht für atomare Abrüstung und Frieden zwischen den Völkern. Auch das ▶Füllhorn – an sich ein Wohlstandssymbol – kann mit dem Frieden in Verbindung gebracht werden. Bei den nordamerikanischen Indianern ist das ▶Kalumet die Friedenspfeife.

## Frosch

Wegen seiner großen Fruchtbarkeit und weil man glaubte, dass er im Frühjahr aus dem Nilschlamm zum Leben erwache, war der Frosch bei den alten Ägyptern ein Heil bringendes Tier – Symbol der Entstehung des Lebens, der Auferstehung und Wiedergeburt. Die Geburtsgöttin Heket (Hiqit), Beschützerin aller Mütter und Neugeborenen, die ständig das Welten-Ei (▶Ei) empfing und austrug, wurde als Zeichen ihrer Schöpfermacht froschköpfig dargestellt. In der iranischen Mythologie hatte der Frosch als Tier im Gefolge des bösen Geistes Ahriman eine negative Bedeutung.

Auch im Christentum ist die Symbolik des Froschs überwiegend negativ: Im Alten Testament (2. Buch des Mose 8,1–14) gehören Frösche zu den Plagen, die Gott

*Seine Fruchtbarkeit macht den Frosch zu einem Symbol des Lebens.*

den Ägyptern als Strafe sandte, weil der Pharao nicht auf die Israeliten hörte und sie nicht aus seinem Land fortziehen ließ. Die Kirchenväter sahen im Frosch den Teufel und (wegen seines Lebens im Schlamm und seines ständigen sinnlosen Lärms) den Ketzer versinnbildlicht. Nur in koptischen Lampen und Amuletten begegnet der Frosch noch in seiner alten positiven Bedeutung als Symbol der Wiedergeburt und Auferstehung: Sie haben häufig die Form eines Froschs mit Kreuzzeichen – ein Sinnbild der Hoffnung auf das ewige Leben.

Die symbolische Bedeutung des Froschs ist eng verwandt mit derjenigen der ▶Kröte.

## Frucht

Ein Symbol der Leben spendenden Ernte und Nahrung, aber auch der Fruchtbarkeit; so ist z. B. das ▶Füllhorn mit Früchten gefüllt. Früchte und Blumen wurden häufig in Totenriten als Opfergaben verwendet; Priapos, der griechische Fruchtbarkeitsgott und Gott der Gärten und Weinberge, trägt sie als Zeichen der Fruchtbarkeit. Im Christentum ist die Frucht des Baumes der Erkenntnis der Sündenfall – die Erkenntnis von Gut und Böse (▶Apfel). Die Frucht vom Baum des Lebens ist die Unsterblichkeit. ▶Früchte im einzelnen ▶Glücksfrüchte

## Frühling ▶Jahreszeiten

## Fuchs

Wegen seiner rötlichen Farbe galt der Fuchs in der Antike als Feuergeist; im Märchen gehört er zu den hilfreichen Tieren. Ansonsten herrscht in fast allen Kulturen, Zeitaltern und literarischen Genres die symbolische Bedeutung des Fuchses als schlaues und listiges Tier vor – meist im negativen Sinn als Hinterlist, Verschlagenheit, Heuchelei, so z. B. in Fabeln und Mythen und auch in der christlichen Symbolik. In der germanischen Mythologie war der Fuchs Loki – dem Gott des zerstörenden Feuers – zugehörig. Im Hohelied (2,15) verwüsten Füchse den Weinberg – ein Bild, das von den Exegeten des Mittelalters so ausgelegt wurde, dass die Füchse für die Ketzer stehen, die den wahren Glauben (Weinberg) bedrohen. Im ▶Physiologus verkörpert der Fuchs den Teufel.

Auch bei den Indianern ist der Fuchs ähnlich wie der Kojote ein schlaues, listiges Tier. Diese Bedeutung hat er auch im alten China, in dem sich viele Geschichten um die Hinterlist, Sinnlichkeit und Verführungskunst dieses Tiers ranken; außerdem glaubte man, dass er sehr alt werden könne, und er ist daher auch ein Symbol für ein langes Leben. Der tausendjährige Fuchs mit neun Schwänzen verführte in Gestalt einer schönen, verlockenden Frau den letzten Kaiser der Shang-Dynastie zu so vielen bösen Taten, dass er schließlich Reich und Leben verlor. Weit verbreitet sind auch Geschichten von einem Fuchs, der einem jungen Gelehrten des Nachts in Gestalt eines schönen Mädchens erscheint und ihn zum Sex verführt. Nacht für Nacht kehrt

# Die geheimen Zeichen der Freimaurer

„Die Freimaurerei ist ein Wegweiser zur wahren Menschenwürde und allgemeinen Bruderliebe. Ihr oberster Grundsatz ist die Glaubens- und Gewissensfreiheit, ihre vornehmste Aufgabe die Bildung des Charakters und Gemütes, ihre erste Forderung der feste Wille zum Guten." So zu lesen in einer Informationsschrift einer schweizerischen Freimaurerloge aus dem Jahre 1808.

Die Freimaurerei vereinigt Männer mit dem Ziel, in bruderschaftlicher Gesinnung humanitäre Werte wie Menschenliebe, Brüderlichkeit, Toleranz, Mildtätigkeit und Erziehung zu pflegen. Wie jeder Geheimbund fordert die Freimaurerei von ihren Anhängern Verschwiegenheit und Treue gegenüber dem Bund und der Loge, dem Versammlungsort einer regionalen Gruppierung.

Die geistige Grundlage der Freimaurerei wird durch ein System von Ritualen umgesetzt. Mithilfe der Symbolik ordnen sich die Mitglieder in die Gesetzmäßigkeit des Universums ein und lernen so, das Leben aus einem übergeordneten Bewusstsein heraus zu gestalten. Die Freimaurerei, die aus der Tradition der mittelalterlichen Bauhütten entstand, stellt sinnbildlich eine Baukunst dar. Gebaut wird am einzelnen Menschen, am Individuum, damit aber auch an der Gemeinschaft.

Die Grundsätze des Bundes werden in Ritualen ausgedrückt. Menschenbildung ist für den Freimaurer eine handwerkliche Kunst. Ethik wird also sehr gegenständlich und nicht abstrakt verstanden. Die Gegenstände, die von den Freimaurern sakralisiert werden, stammen aus dem Berufskreis der Steinmetze und Maurer. Symbole veranschaulichen die ethischen Grundlagen, nach denen die Mitglieder leben und wirken.

*Diese Darstellung zeigt verschiedene Ritualsysteme in Form einer Treppe mit 33 Stufen. Die Lithografie stammt vom Ende des 19. Jahrhunderts.*

Diese Illustration aus einer biblischen Geschichte des 14. Jahrhunderts stellt Gott als höchsten Baumeister der Welt dar: Mit einer Drehung des Zirkels erschafft dieser die Welt. Genau so sieht der Freimaurer, der sich zu keiner Religion bekennt, die Rolle Gottes: als großen Baumeister, der mit seiner Zirkelspitze die Grenzen zwischen Gut und Böse zieht.

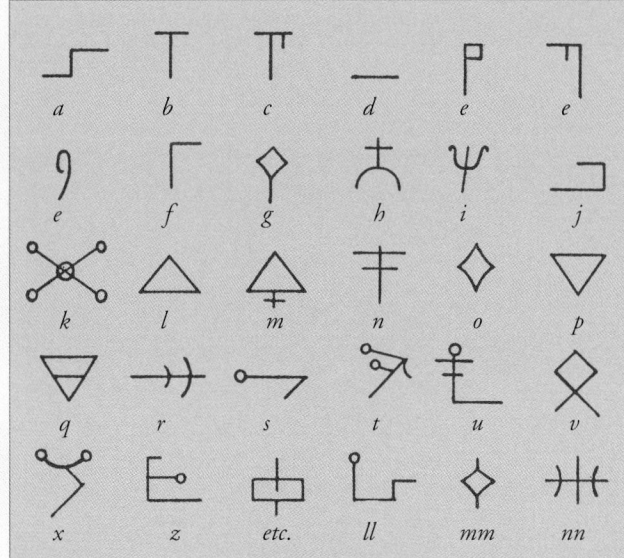

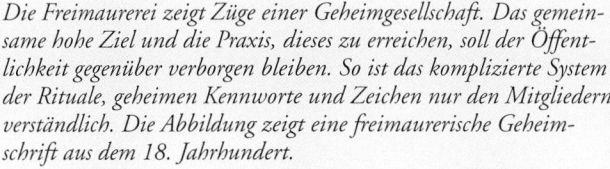

Die Freimaurerei zeigt Züge einer Geheimgesellschaft. Das gemeinsame hohe Ziel und die Praxis, dieses zu erreichen, soll der Öffentlichkeit gegenüber verborgen bleiben. So ist das komplizierte System der Rituale, geheimen Kennworte und Zeichen nur den Mitgliedern verständlich. Die Abbildung zeigt eine freimaurerische Geheimschrift aus dem 18. Jahrhundert.

Freimaurerische Symbole: die drei Säulen der Freimaurerei, im Vordergrund der unbehauene und der vollendete Block, dahinter eine Himmelsleiter, die die moralischen Tugenden darstellt.

das Mädchen wieder, um mit dem jungen Mann zu schlafen, der dadurch immer schwächer wird – bis er eines Tages von einem weisen Taoisten erfährt, dass der Fuchs ihm seine Lebenskraft aussauge, um dadurch ewiges Leben zu erlangen.

Diese Geschichte ist auch in Korea und Japan bekannt; in Japan ist der Fuchs außerdem Attribut und Bote des shintoistischen Reisgottes Inari und Beschützer der Reisfelder. Vor Inari-Schreinen stehen stets Fuchsstatuen aus Holz oder Stein.

### Füllhorn

Ein mit Blumen und Früchten gefülltes Horn; Symbol des Überflusses, der Fruchtbarkeit, reichen Ernte und Freigiebigkeit, manchmal auch des Friedens.

In der Antike war das Füllhorn ein Attribut von Gottheiten der Vegetation, der Weinlese und des Schicksals (Tyche), aber auch von Mutter- und Erdgöttinnen wie Gaia und Demeter/Ceres; Priapos, der griechische Gott der Gärten und Weinberge, trägt es als Zeichen der Fruchtbarkeit. Seit der Renaissance ist das Füllhorn ein bekanntes ▶Glückssymbol (eine Fortführung der antiken Schicksalssymbolik); in Darstellungen der Jahreszeiten steht es für den Herbst (Ernte). ▶Hörner

### Fünf ▶▶Symbolik der Zahlen, S. 452

### Fünfstern, Fünfeck, Pentagramm

Ein fünfzackiger, in einem Zug aus fünf Linien gezogener Stern; war zunächst Sinnbild der Harmonie des Kosmos, bei den Pythagoreern (die ihn Pentalpha nannten) ein Zeichen für Gesundheit und Heil und wurde daher zum Arztsymbol. Später gewann er Bedeutung in gnostischen Sekten, wurde im Mittelalter zum Zauberzeichen, mit dem man Herrschaft über die Elementargeister ausüben konnte, und

Abwehrzeichen vieler geheimer Gesellschaften; in der Bedeutung des Zauberzeichens kommt er auch in der Beschwörungsszene von Goethes „Faust" (1. Teil) vor. Als Unheil abwehrender Zauber wurde der Fünfstern im Mittelalter z. B. an Häusern und Kirchen angebracht; bis in die heutige Zeit hinein findet man ihn zum Schutz gegen weibliche Nachtgeister (Druden) an Kinderwiegen und Ehebetten, weshalb er auch Drudenfuß genannt wird. Für Zwecke der schwarzen Magie wird er auf die Spitze gestellt.

Der Fünfstern symbolisiert die Gestalt des Menschen mit ausgestreckten Armen und Beinen, die integre Persönlichkeit, den menschlichen Mikrokosmos. Da er weder Anfang noch Ende hat, steht er ähnlich wie der Kreis für Macht und Vollkommenheit; und wie dieser besitzt er die Kraft, böse Mächte und Elementargeister zu binden. Steht an den fünf Eckpunkten das lateinische Wort SALUS (Gesundheit), so verkörpert er Gesundheit und die fünf Sinne.

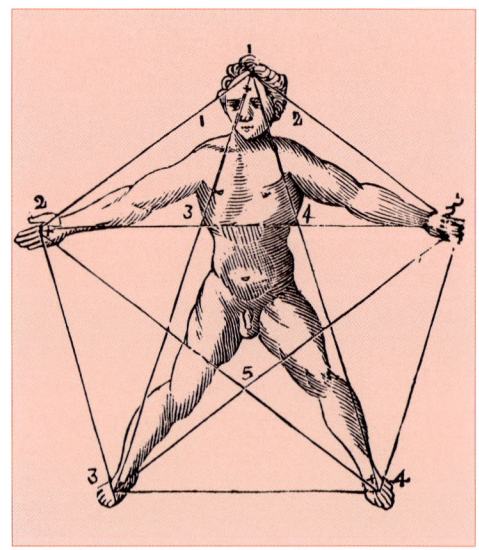

*Das Fünfeck symbolisiert auch die Harmonie des menschlichen Körperbaus. Giordano Bruno, „Werke", 1886*

Im Christentum steht der Fünfstern für die fünf Wunden Jesu Christi. Er war auch das Wahrzeichen des Ritters Gawein, das dieser sogar auf seinem Schild trug.

## Fünf ▸Zahlen

## Funke

Ein Symbol für das Lebensprinzip, die Seele.

## Furie

Eine Rachegöttin; Sinnbild für ein wütendes, wildes Weib. ▸Fabelwesen

## Füße, Fuß

Im alten Orient und in der Antike war der Fuß ein Sinnbild des Sieges und der Unterjochung; ein Sieger stellte seinen Fuß auf den Gegner, um dessen vollkommene Unterwerfung zu symbolisieren. Den Fuß auf ein Stück Land zu setzen war ein Zeichen der Besitzergreifung; so ließen z. B. ägyptische Pharaonen in ihre Fußschemel so viele Striche einritzen, wie sie Provinzen erobert hatten.

In diesem Sinne taucht der Fuß auch in der christlichen Symbolik auf. So heißt es z. B. im Brief an die Römer (16,20): „Der Gott des Friedens wird den Satan bald zertreten und unter eure Füße legen." Wenn die Füße Jesu Christi auf Drachen und Raubtieren stehen, ist das ein Symbol für seinen Triumph über das Böse, die Mächte der Finsternis. Als Symbol seiner Himmelsherrschaft ist es zu verstehen, wenn Christus auf römischen Sarkophagdarstellungen seinen Fuß auf das Himmelsgewölbe setzt.

Jemandem die Füße zu küssen oder zu waschen bedeutet totale Erniedrigung und Verehrung. Die Fußwaschung war schon im alten Orient und im Mittelmeerraum ein Sklavendienst, Symbol der Demut und Zeichen der Gastfreundschaft. Auch dieses Sinnbild findet sich in der Bibel wieder: Nach Johannes 13,1–7 wäscht Jesus seinen Jüngern die Füße als Zeichen demütiger Nächstenliebe. Dieser Brauch wurde auch von Bischöfen und in Klöstern übernommen, wo Äbte ihren Mönchen die Füße waschen.

Die Entblößung der Füße ist ebenfalls ein Ausdruck der Demut, aber gleichzeitig auch Ausdruck totaler Offenheit und Empfänglichkeit für das Göttliche – so z. B. bei Moses am Berg Sinai (1. Buch des Mose 3,5) oder bei Moslems, die ihre Fußbekleidung ablegen, wenn sie eine Moschee betreten. Das Aufstampfen mit den Füßen ist ein Zeichen sinnloser oder machtloser Wut.

Wenn andere Glieder die Füße ersetzen, wie z. B. beim Fischkörper des babylonisch-sumerischen Gottes Ea/Enki, so bedeutet das die Beherrschung des Elements Wasser oder die Doppelnatur der Gottheit.

## Fußspur, Fußabdruck

Ein Symbol für göttliche Gegenwart oder den Besuch eines Gottes bei den Menschen. Im Hinduismus findet man häufig Fußabdrücke von Göttern und Heiligen (oft an heiligen Stätten). Der Fußabdruck Buddhas ist ein wichtiges buddhistisches Symbol und steht für die persönliche Gegenwart des Erleuchteten; in dem Fußabdruck sind weitere ▸buddhistische Symbole abgebildet, u. a. das Hakenkreuz (▸Swastika), der ▸Fisch und das ▸Rad der Lehre.

In entgegengesetzte Richtungen verlaufende Fußspuren bezeichnen Kommen und Gehen, Vergangenheit und Gegenwart oder Vergangenheit und Zukunft.

# G

## Galle

Ein Symbol für Bitterkeit, Groll, auch in Redewendungen wie „jemandem kommt die Galle hoch" oder „Gift und Galle spucken".

## Gans

In altägyptischen Schöpfungsmythen spielt die Gans eine wichtige Rolle: So legte die Nilgans z. B. das Welten-Ei (▶Ei). Auch den Schöpfer- und Fruchtbarkeitsgott Amun stellten die Ägypter sich in Gestalt einer Gans vor.

In der Antike galt die Gans ebenfalls als Symbol der Fruchtbarkeit und des Lebens; sie wurde zum heiligen Tier der griechischen Liebes- und Schönheitsgöttin Aphrodite, und im alten Rom war sie Opfergabe für Priapus, den Gott der Zeugungskraft. Außerdem symbolisierte die Gans in der Antike eheliche Liebe und die Eigenschaft der Wachsamkeit. (Der Sage nach retteten Gänse das Kapitol vor der Zerstörung.)

Auch in China ist die Gans ebenso wie die ▶Ente ein Symbol des Eheglücks, da man glaubte, dass sie nur einen einzigen Partner hat, dem sie ein Leben lang treu bleibt. Deshalb ist die Gans in China ein Verlobungs- und die Darstellung eines fliegenden Wildgänsepaars ein beliebtes Hochzeitsgeschenk. Wildgans und Wildente symbolisieren als Zugvögel zwar auch die Trennung eines Paares, sind aber gleichzeitig Vermittler guter Nachrichten zwischen voneinander getrennten Eheleuten. Außerdem wird die Gans in China und Japan mit dem Herbst assoziiert.

Der Brauch, an Martini, dem Tag des heiligen Martin von Tours (11. November), Gänsebraten (Martinsgans) zu essen, soll einer Legende nach darauf zurückgehen, dass der heilige Martin sich, um der Wahl zum Bischof zu entgehen, versteckt haben soll, aber durch das Geschnatter von Gänsen verraten worden sei, die dann mit ihrem Leben dafür büßen mussten. Daher ist die Gans auch ein Attribut des heiligen Martin. Seit dem 13. Jh. war es üblich, dass Bauern den Grundherrschaften zu Martini Gänse als Naturalabgaben überließen; auch die Gans als herbstliches Festessen ist seit dem 13. Jh. nachgewiesen.

Im Hinduismus ist die Wildgans oder der wilde Ganter ein Reittier von Brahma, dem Schöpfer des Universums. Als Symboltiere sind Gans und ▶Schwan häufig austauschbar.

## Gänseblümchen

Im Abendland ein Symbol der Unschuld und Reinheit.

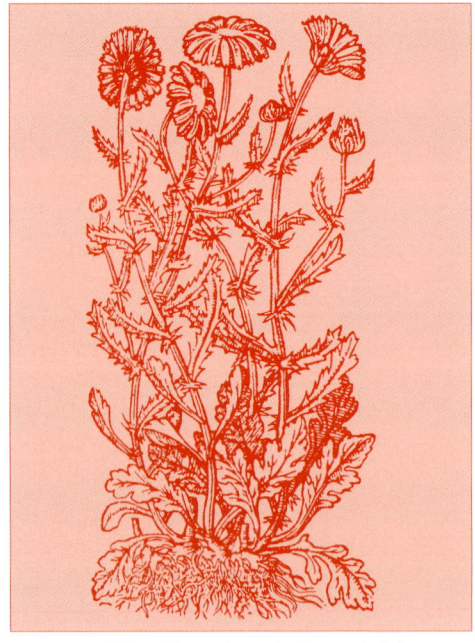

*Das Gänseblümchen gilt auch als Symbol der Nymphe Belides. Dodoens, „Pemptades", Antwerpen, 1583*

*Der Garten steht für Ordnung, aber auch für alles Lebendige, Natürliche, so auch für Leidenschaft, Liebe und Lust. Handschrift, 15. Jh.*

### Garbe

Ein Sinnbild der Einheit, der Ernte, der Fruchtbarkeit und des Herbstes. Der biblische Kain trägt bei seinem Opfer eine Weizengarbe.

### Garten

Das ▶Paradies („Garten Eden"); ein Symbol für Ordnung, Fruchtbarkeit und Leben. Der Garten kann aber auch die Seele und die Eigenschaften, die in ihr wohnen und genährt werden, sowie die gezähmte und somit geordnete Natur symbolisieren. Gärten, die mit einem Zaun umgrenzt sind, stehen für das weibliche, schützende, Geborgenheit schenkende Prinzip und verkörpern außerdem die Jungfräulichkeit. Im Christentum ist der geschlossene Garten ein Symbol der Jungfrau Maria. In der abendländischen Dichtung (z. B. Chaucer, Rosenroman) ist der Garten ein Ort der körperlichen und seelischen Erquickung, oft auch der Lust und der Liebe.

Indische Gartenanlagen ähneln häufig einem ▶Mandala. Der japanische Garten entstand unter dem Einfluss des Zen-Buddhismus und dient der Versenkung in die Meditation. Im alten Rom gab es umzäunte Begräbnisgärten, die das Pendant zum Elysium (dem Land der Seligen in der Unterwelt) darstellen sollten. Festmähler zur Totenfeier in diesen Gärten sollten die elysischen Gelage symbolisieren. In diesen Gärten war häufig Wein angepflanzt – einerseits, um Trankopfer für die Götter zu bereiten, andererseits aber auch als Symbol für Leben und Unsterblichkeit. Auch Rosen wurden dort als Zeichen ewigen Frühlings angepflanzt.

### Gartenraute

Die Gartenraute galt als Symbol der Reinigung und Jungfräulichkeit und als Unheil abwendende Pflanze. Später wurde sie in Europa zum Symbol der Schwermut und Traurigkeit.

### Garuda

Hinduistisches ▶Fabelwesen; Reittier des Gottes Vishnu.

## Gasthaus

Als Traumsymbol deutet ein Gasthaus oder Lokal auf den Wunsch nach neuen Kontakten, nach Geselligkeit oder Überwindung von Einsamkeit hin. Je nachdem, was in dem Gasthaus passiert oder wie der Träumende sich dort verhält, kann der Traum auch zeigen, wie er seine Beziehung zu anderen Menschen sieht oder was für Probleme er vielleicht damit hat.

## Gazelle

Die Gazelle kann als Symboltier anstelle der Antilope, des Hirsches oder der Ziege stehen. In der römischen Mythologie war sie das heiliger Tier der Diana; im Buddhismus symbolisiert sie Buddhas erste Predigt bei Benares.

**Gebärden** ▶Hand ▶Finger ▶Fuß ▶Brust ▶Kniefall ▶Kopf ▶Gebetshaltung

## Gebetshaltung

Die zum Gebet gefalteten Hände kennt man in der christlichen Kirche erst seit dem 9. Jh. n. Chr.; in der Bibel werden sie nirgends erwähnt. Wahrscheinlich handelt es sich um eine symbolische Darstellung gefesselter Hände – ein Sinnbild der totalen Unterwerfung des Menschen unter Gott. Außerdem kommt darin die innere Sammlung zum Ausdruck – wer die Hände faltet, kann nichts anderes nebenher tun; er konzentriert sich ganz und gar auf die Zwiesprache mit Gott.

Auch das Niederknien oder Sich-Niederwerfen beim Beten ist ein Symbol der Demut.

**Gedärm** ▶Eingeweide

## Gefangenschaft

Ein häufiges Traumsymbol. Im Traum eingesperrt zu sein, kann bedeuten, dass der Träumende sich in die Enge getrieben fühlt – er kann aber auch ein Gefangener seiner selbst sein insofern, als er die Voraussetzungen für seine Situation durch Ängste, Vorurteile, Fehlverhalten etc. selbst geschaffen hat.

## Gefäß

Ein weibliches Symbol, der Schoß der Großen Mutter; Zuflucht, Schutz, Bewahrung, Nahrung und Fruchtbarkeit. Die ägyptische Himmelsgöttin Nut trägt ein kleines, kugeliges Gefäß auf dem Kopf – ein Sinnbild der Göttin selbst als das bergende Gefäß, aus dem alle Sterne hervorkommen. Die Jungfrau Maria ist das Gefäß, das Jesus Christus hervorbrachte. In Gefäßen kann sich aber auch ein Prozess der Wandlung und Erneuerung vollziehen, so z. B. beim Wunder zu Kana, bei dem das Wasser in den Krügen zu Wein wurde. Auch das Gefäß des Alchemisten enthält die Gegensätze, empfängt und nährt das, was umgewandelt werden soll.

*Das Niederknien ist in allen Kulturkreisen eine Geste der Unterwerfung und Anbetung. Chinesische Zeichnung, Yuan Dynastie, um 1300*

*Um Gnade bittende Fürsten vor Karl V. Auch die gefalteten Hände gehören mit zur Demutsbezeugung.*

## Gefiederte Sonne

Ein Symbol der Prärie-Indianer: eine Sonne mit ▶Federn, die sowohl nach innen (zum Zentrum hin) als auch nach außen (zur Peripherie) zeigen; sie vereint in sich die Symbole ▶Sonne und ▶Adler und steht für das Universum, für Macht und Majestät.

## Geier

Ein ambivalentes Symbol; der Geier kann sowohl Gier, Gefräßigkeit und Unreinheit als auch Jungfräulichkeit bedeuten. Bei den alten Ägyptern war er das heilige Tier der Göttinnen Mut und Nechbet und ein Sinnbild für die Muttergöttin, für Mutterschaft und Liebe; später galt er in Ägypten allgemein als Verkörperung des weiblichen Prinzips (im Gegensatz zum Käfer, der das

Männliche repräsentierte). In der griechisch-römischen Mythologie ist er Apollon heilig und trägt manchmal Chronos bzw. Saturn.

In der Bibel galt der Geier als unreines Tier, weil er Aas fraß; doch beim Kirchenlehrer Origenes taucht er als Symbol der Jungfräulichkeit auf, da das Geierweibchen nach einer alten Naturvorstellung nicht vom Männchen, sondern vom Ostwind befruchtet wird. Daher findet man den Geier oft auf Marien- und Krippenbildern, und zwar immer nach Osten fliegend. In unserem heutigen Sprachgebrauch ist „Geier" oder „Aasgeier" eine symbolische Umschreibung für Habgier.

## Geißel

Im Altertum wurden Gesetzesübertreter durch Geißelung gezüchtigt. Auch im Christentum spielte die Geißelung eine wichtige Rolle: Jesus wurde vor seiner Kreuzigung gegeißelt, daher ist die Geißel ein Passionssymbol. Sie kann in der Bibel aber auch für das Gericht Gottes stehen (so z. B. bei Jesaja). Später war die Geißelung als Strafe in Klöstern üblich; sich selbst zu geißeln war ein Akt der Buße und Askese. (Damit wollte der Gläubige seinen Leib als Sitz der Sünde kasteien und durch das Ertragen von Schmerzen Jesus Christus und den Märtyrern nachfolgen.)

## Gekrümmte Linie

In der chinesischen Symbolik bezeichnet die gekrümmte Linie das Unaufrichtige, Künstliche, falsche Wertvorstellungen und Blendwerk (im Gegensatz zur geraden Linie als Symbol der Redlichkeit und des vollkommenen Menschen).

**Gelb** ▶▶ Die Symbolik der Farben, S. 152

**Gemach** ▶Laube

## Gepäck

Als Traumsymbol bedeutet Gepäck, dass der Träumende eine (emotionale oder sonstige) Last mit sich herumträgt. Das kann z. B. eine seelische Verletzung aus der Vergangenheit sein; möglicherweise stellt er aber auch zu hohe Erwartungen an sich selbst, die ihn innerlich belasten, oder er steht unter Stress oder hat sich zu viel vorgenommen und muss überdenken, ob er von seinem Vorhaben nicht lieber Abstand nehmen sollte.

## Geradheit

Das Gerade symbolisiert die männliche, väterliche Schöpferkraft im Gegensatz zum Kreisrunden, „Unendlichen", der weiblichen, mütterlichen Kraft. In China und auch in unserem heutigen Sprachgebrauch steht Geradheit für Ehrlichkeit, Aufrichtigkeit. ▶Gekrümmte Linie

## Gerste

Alles Getreide ist ein Symbol für die Erneuerung des Lebens, für Auferstehung und Fruchtbarkeit (▶Korn). Nach altägyptischem Glauben keimte auf die Erde (= den Körper von Osiris) ausgesäte Gerste und war „neues Leben nach dem Tode". „Osirisbeete" waren auf feuchtem Tuch oder in einem Behälter gezogene Gerste, die man als Symbol des Weiterlebens nach dem Tode auf Gräber stellte. Aus Erde und Gerste wurden auch Bildnisse des Osiris gefertigt: das Wachstum der Gerste symbolisierte Auferstehung und die Wiederkehr des Frühlings. Auch im antiken Griechenland waren Gerstenähren ein Symbol der Fruchtbarkeit und der reichen Ernte. ▶Korn

## Gesicht

Die äußere Persönlichkeit, die man anderen Menschen zeigt. Im Hinduismus symbolisieren Gottheiten mit vielen Gesichtern verschiedene Aspekte, Heldentaten oder Funktionen dieses Gottes. Die vier oder fünf Gesichter der Statuen von Shiva und Brahma stehen auch manchmal für die Elemente. Im alten Rom hatte Janus, der Gott der Torbögen, zwei Gesichter, von denen eines nach vorn und das andere rückwärts blickte – ein Symbol für den Zeitablauf. Ein Kopf mit drei Gesichtern ist ein christliches ▶Dreifaltigkeitssymbol.

In China bedeutet „Gesicht" nicht nur das menschliche Gesicht, sondern steht auch für das Benehmen, das dem sozialen Stand eines Menschen entspricht. Der in China häufig gebrauchte Ausdruck „sein Gesicht verlieren" bedeutet dementsprechend, dass man durch ein bestimmtes Verhalten nicht nur sein eigenes Ansehen einbüßt, sondern auch dem Ansehen der Gruppe schadet, zu der man gehört. Die Chinesen sind peinlich darauf bedacht, nicht ihr Gesicht zu verlieren und auch keinen anderen Menschen zu beschämen.

## Gesten ▶▶S. 198

## Getreide ▶Korn

## Gewalt

Häufig gebrauchte Symbole für Gewalt sind Löwe, Drache, Hammer und Amboss und Donnerkeil.

## Gewand

Eine Bezeichnung für Fest- und Zeremonialkleidung; man unterscheidet liturgische und rituelle Gewänder und Herrschergewänder.

Den einzelnen Bestandteilen der liturgischen Gewänder kommt eine tiefe symbolische Bedeutung zu: In der katholischen Kirche werden seit dem 11. Jh. beim Anlegen dieser Gewänder Gebete gesprochen, die den Gewändern symbolisch jene Tugenden

*Otto I söhnt sich mit seinem Bruder aus. Links ein Geistlicher im liturgischen Gewand. 18. Jh.*

zuschreiben, die den Priester auszeichnen sollen. So ist das den Hals umgebende Schultertuch (Humorale) ein Sinnbild der Bezähmung der Stimme, das bis auf die Füße reichende Linnenkleid (Albe) versinnbildlicht die heilig machende Gnade durch das Blut Jesu Christi (in Anlehnung an die Offenbarung des Johannes 7,14: „... sie haben ihre Gewänder gewaschen und im Blut des Lammes weiß gemacht"); der Gürtel (Cingulum) steht für Keuschheit. Das Messgewand (Casula, Kasel), das der Priester über allen Gewändern trägt, ist ein Sinnbild der die Sünden bedeckenden Liebe.

Herrschergewänder symbolisieren Macht und Würde. ▶Mantel

### Gewehr

Als Traumsymbole können Gewehr und Schießen männliche Sexualsymbole sein, aber auch Aggressivität und Hass bedeuten.

### Geweih ▶Hirsch

### Gewitter ▶Unwetter

### Gewölbe

Darunter treffen sich Himmel und Erde. Das Gewölbe ist ein Symbol für den Himmel. ▶Kuppel

### Gezeiten

Die Gezeiten werden mit der Seele assoziiert, die beim Tod den Körper verlässt, und stehen für Tod und Wiederauferstehung.

### Giftschlange ▶Schlange

### Girlande

Girlanden aus Blumen, Blättern oder Papier werden zur festlichen Dekoration von Straßen, Gebäuden oder Räumen verwendet und sind ein Symbol der Weihe, Heiligkeit, Ehrerbietung und Huldigung für einen Helden, eine berühmte Persönlichkeit oder auch einen Gast. Bei Opferritualen behängte man Opfertiere oder Kriegsgefangene damit, bevor sie geopfert wurden. Bei Begräbnisriten symbolisieren sie das Leben nach dem Tode; außerdem können sie für Fruchtbarkeit und Glück stehen. Ihre Symbolik überschneidet sich teilweise mit derjenigen der ▶Blumen.

### Glas ▶Gefäß

### Glocke

Die Kunst des Glockengießens breitete sich von Vorderasien (das älteste erhaltene Exemplar stammt aus dem 9. Jh. v. Chr.) im 6. bis 8. Jh. n. Chr. nach Europa aus. Aufgrund ihres Klangs wurde die Glocke als Signalinstrument und für magische oder kultische Zwecke verwendet. Schon in der Antike und im alten Judentum schrieb man Handglöckchen und Schellen Unheil

# Gesten: Zeichen mit Arm, Hand und Kopf

Unter Gesten versteht man kommunikative Bewegungen mit Händen, Armen und dem Kopf. Gesten sind ein Medium der Repräsentation und Interaktion, das eng mit der Sprache verknüpft ist und mit ihr parallel abläuft, jedoch auch sprachlos vollzogen werden kann. Mit den Händen lassen sich beispielsweise zeitliche Angaben machen, oder man kann damit konkret übermitteln, wie ein Gegenstand aussieht oder wo er im Raum platziert ist.

In der Regel unterstützen diese „Handzeichen" die Sprache oder werden aus deren Sinn heraus kreiert – gewissermaßen als Verstärkung, als bildliche Demonstration von Sachverhalten, die die Sprache nur sehr ungenau vermitteln kann.

Es gibt einen eigenen Zweig, der diese Art der Kommunikation erforscht. Die Forschung vermeidet den Terminus nonverbale Kommunikation. „Eine solche Redeweise", schreibt Cornelia Müller vom Institut für Deutsche Philologie (Linguistik) der Freien Universität Berlin, „legt die Trennung zwischen sprachlichen und körperlichen Kommunikationsformen nahe, die sachlich nicht gegeben ist. Angemessener wäre hier der Begriff der multi-modalen Kommunikation."

Die Sprache der Gehörlosen (▶Zeichensprache) demonstriert, wie sich auf diese Weise die Lautsprache gänzlich ersetzen lässt. Den Taubstummen bleibt nichts anderes übrig, als sich immer auf diese Weise zu verständigen. Es ist ihre eigene

Sprache. In bestimmten Situationen kann es sich jedoch auch ergeben, dass man auf die reine Gestensprache rekurrieren muss. So dürfen die Frauen der australischen Aborigines in der Trauerzeit nicht reden; die Sprache der Hände ist ihre einzige Kommunikationsmöglichkeit.

Ein anderes Beispiel geben die Zisterzienser-Mönche, die ihr Schweigegebot nur deshalb realisieren können, weil sie rudimentäre Mitteilungen via Gesten vornehmen können.

Die Bedeutung der Handzeichen ist historischen Entwicklungen unterworfen. „Wer früher zum Beispiel das Visier seiner Rüstung hochklappte oder den Helm abbnahm," so Cornelia Müller, „zeigte deutlich, dass er kein Feind

*Mitfahrwunsch*

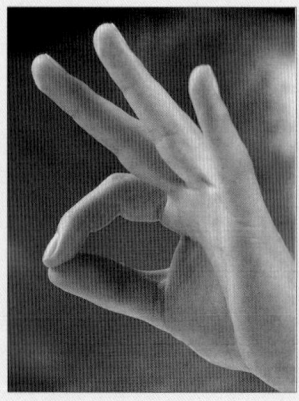

*Anerkennung*

*Hinweis*

ist und nicht kämpfen will. Als verbindliches Zeichen für den Frieden wird die Waffe zur Seite gelegt, die Hand gereicht. Aus den einst handfesten Bedeutungen sind so freundliche Alltagsgesten geworden: das Lupfen des Hutes oder das Erheben der Hand."

Die Zeichensprache der Gesten ist nicht nur von der historischen Entwicklung abhängig, sondern auch von Kulturkreis zu Kulturkreis starken Veränderungen unterworfen. Gesten hängen somit stark von der jeweiligen Kultur ab und eng mit ihr zusammen. Je nach Kultur unterscheidet sich der Sinn der Gestenzeichen. Der hochgestreckte Daumen des Mitfahraspiranten am Straßenrand zum Beispiel macht jedermann klar, dass hier am Wegrand einer gerne mitgenommen werden möchte. In arabischen Ländern dagegen wird die gleiche Geste als eine grobe sexuelle Beleidigung empfunden.

Es gibt Standardgesten, die jedermann leicht verstehen kann; jedoch lernen kann man diese Sprache nicht. Sprache und Gestik haben sich Hand in Hand entwickelt und entstehen auch heute immer aus einer engen Verknüpfung von Laut- und Gestensprache.

*Victory*

*Wut*

*Nachdenken*

*Bekräftigung*

*Gruß*

*Ruhe*

*Skepsis*

*Belehrung*

abwehrende Kräfte zu. In Katakomben und anderen Friedhöfen Roms hat man viele (häufig aus Silber gefertigte) Glöckchen und Klingeln gefunden. Sie spielten auch in der griechisch-römischen Mythologie eine Rolle: Glocken waren z. B. an Figuren des griechischen Fruchtbarkeitsgottes Priapos angebracht und wurden in Rom bei bacchantischen Riten benutzt.

Seit dem 8. Jh. n. Chr. dient die Glocke im Abendland in erster Linie als Kirchenglocke: um die Gläubigen zum Gottesdienst zu rufen, zu kirchlichen Feiern einzuladen, Todesfälle oder Ereignisse zu verkünden, die das religiöse Leben in der Gemeinde betreffen. Daneben erhielt sich im Volksglauben die alte Vorstellung von der Unheil abwehrenden oder vertreibenden Kraft der Glocke; so gab es z. B. Pestglocken und Wetterglocken, die vor Unwetter schützen sollten. Bildliche Darstellungen und Inschriften auf Glocken (z. B. Heiligennamen, Psalmen, Segens- oder Bannsprüche) verstärkten oder spezifizierten die Unheil abwehrende Fähigkeit der Glocke. Auch das Antoniusglöcklein (eine kleine, an einem Stab aufgehängte Glocke, Attribut des heiligen Antonius) soll böse Mächte abwehren.

In asiatischen Religionen will man mit dem Klang der Glocken die Götter herbeirufen bzw. besänftigen oder auch Dämonen vertreiben. Im Buddhismus steht die Glocke für den phänomenalen Aspekt der Welt – die Welt der Erscheinungen – und soll die Lehre Buddhas verbreiten.

### Glücksbringer ▶▶ Seite 202

### Glücksfrüchte

Die drei chinesischen Glücksfrüchte (Früchte des Überflusses) sind Granatapfel, Pfirsich und Fingerzitrone. Der ▶Granatapfel steht als Fruchtbarkeitssymbol für „viele Söhne", der ▶Pfirsich ist eines der in China

*Die drei chinesischen Glücksfrüchte (von oben nach unten: Fingerzitrone – ein Symbol für Glück und die Hand Buddhas, Pfirsich – Sinnbild eines langen Lebens, Granatapfel – ein Symbol für viele Kinder, insbesondere Söhne)*

am häufigsten gebrauchten Symbole für Langlebigkeit, und die Fingerzitrone (eine Zitrusfrucht, deren Auswüchse wie Finger aussehen) ist ein Glückssymbol. Eigentlich steht die Fingerzitrone für die Hand Buddhas. Dies geht auf folgende Legende zurück: Als Buddha sich im Schatten eines Fingerzitronenbaums ausruhte, pflückte er eine seiner Früchte (die damals noch rund waren und bitter schmeckten). Angeekelt von dem unangenehmen Geschmack streckte er die Hand aus, um den Baum vom Erdboden auszulöschen; doch dann bekam er Mitleid und erklärte dem Baum, er werde ihn am Leben lassen, wenn er wohlschmeckende Früchte hervorbringe. Der Baum gehorchte, und seine Früchte

*Die drei Glücksfrüchte, hier in einer Abbildung auf einer chinesischen Laterne*

nahmen die Form von Buddhas ausgestreckter Hand an. In einem der in China so häufigen Wortspiele mit gleich lautenden oder ähnlich klingenden Wörtern wurde aus Buddhahand („fo-shou") Glücksleben („fu-shou"). Bilder von Kindern, die einen übergroßen Pfirsich, einen Granatapfel und eine Fingerzitrone bringen, symbolisieren langes Leben, viele Söhne und Glück.

### Glückssymbole

Häufige Glückssymbole sind die römische Glücks- und Schicksalsgöttin ▶Fortuna, das ▶Rad, das ▶Füllhorn, das vierblättrige ▶Kleeblatt, das ▶Hufeisen, das ▶Schwein und der ▶Schornsteinfeger. ▶Talisman

### Glühwürmchen

In China ein Symbol für Schönheit, aber auch für Ausdauer und Beharrlichkeit.

### Gold

Wegen seiner Kostbarkeit, seines Glanzes und seiner Rostfreiheit ein Symbol des Göttlichen, der Sonne, der Reinheit und Unvergänglichkeit. Für die Azteken war Gold die Ausscheidung des Sonnengottes

Tonatiuh. Im alten Ägypten wurde der Pharao, der Sohn des Sonnengottes Re, als das „Goldgebirge" bezeichnet, das die ganze Erde überstrahle. Auch der Wagen des vedischen Sonnengottes Surya ist aus reinem Gold.

Eine ähnliche Rolle spielt das Gold in der christlichen Symbolik: Die himmlische Stadt „aus reinem Gold" (Offenbarung des Johannes 21,18) steht für die ewige Seligkeit. In christlichen Gemälden des Mittelalters symbolisiert der Goldgrund hinter Heiligengestalten ihre Verklärung und die Herrlichkeit Gottes.

Die Alchemisten strebten danach, aus verschiedenen unedlen Metallen Gold herzustellen, das in diesem Zusammenhang Vollkommenheit – die Befreiung des Geistes (der Seele) von den Schlacken der Materie – bedeutet. Auch in der taoistischen Alchemie bemühte man sich, aus verschiedenen chemischen Substanzen Gold (Chin-tan – das Goldene Elixier) herzustellen, das

*„Der praktizierende Alchemist" (Rembrandt 1606 – 1669)*

# Glücksbringer: Accessoires des Wohlbefindens

Die chinesische Lehre des Feng Shui kennt eine ganze Reihe von Gegenständen, die – an der richtigen Stelle im Raum platziert – den Bewohnern Glück bringen. Jede Kultur hat ihre Glücksbringer und ihre Symbole. Feng Shui lehrt, dass man die verschiedensten Aspekte des Glücks mit entsprechenden Kleinigkeiten positiv beeinflussen kann. Zwei Delfine gelten so z. B. als ideales Symbol für eine gute und harmonische Partnerschaft. Feng Shui überträgt die Art und Weise, wie Delfine mitei-

nander umgehen, auf zwischenmenschliche Beziehungen: Zwei kleine Delfine, im Haus aufgestellt, sollen die Begegnung von Menschen positiv beeinflussen.

Zwei Kerzen in einer offenen Schale können den Wunsch eines Menschen nach Partnerschaft unterstützen, denn die Kerzen, vereint in der Schale, symbolisieren Offenheit für Liebe. Wichtig ist auch die Art, in der die Kerzen abbrennen: Flackern, Zischen oder eine lange Flamme deuten auf eine leiden-

schaftliche, explosive Beziehung hin. Brennen die Kerzen dagegen ruhig und stet, so stehen sie für eine lange und beständige, tief gehende Gemeinsamkeit.

Die Chinesen stellen in ihren Räumen gerne Aquarien auf: Da hier das Wasser angesammelt ist und nicht abfließen kann, bedeutet dieser Zustand Reichtum, verspricht Geld, denn Wasser ist wie Geld: So wie es im Aquarium eingeschlossen bleibt, so verflüchtigt sich auch das Geld nicht und bleibt im Geldbeutel oder auf dem Konto. Wasser ist ohnehin ein Zeichen des Lebens. Ohne Wasser gedeiht kein Lebewesen. Die Chinesen holen sich mit einem kleinen Zimmerbrunnen diesen Quell des Lebens in ihren privaten Lebensbereich.

Asiaten verschenken gerne zu jeder Gelegenheit kleine rote Tütchen, in denen z. B. eine Banknote steckt oder auch nur ein freundlicher Spruch. Der Empfänger öffnet die Tütchen oft nicht, sondern platziert sie an einer zentralen Stelle der Wohnung. Man will so das Glück, das der Schenkende in das Tütchen gepackt hat, ein Leben lang für sich festhalten.

*In Hongkong findet man zahlreiche Geschäfte und Stände, die eine Vielzahl von bunten Glücksbringern anbieten. Die meisten sind aus goldglänzendem Plastik hergestellt und mit roter Farbe dekoriert.*

Glücksbringer in Gold und Rot

Herzen: Liebe, Zuneigung

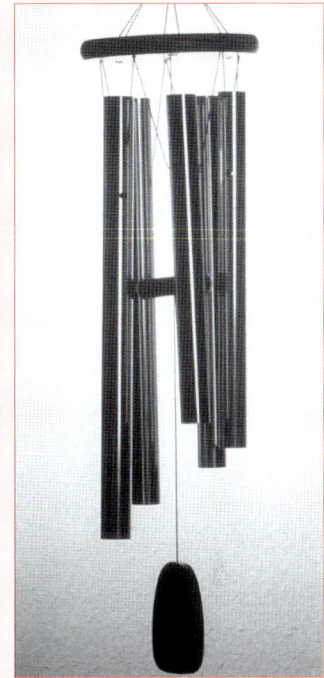

Windspiel: Fröhlichkeit

Spiegel: Weitsichtigkeit, Klugheit

Blumen: Energie, Schönheit     Wasser: Reichtum     Löwe: Stärke, Schutz

Unsterblichkeit verleihen sollte, wenn man es einnahm.

Im Buddhismus ist das Gold die durch die Farbenvielfalt der Welt der Erscheinungen (Maya) und des Kreislaufs der Existenzen (Samsara) ungetrübte Wesensfarbe des Buddha, die Farbe der Erleuchtung; daneben findet es in kultischer Funktion Verwendung in Tempelschmuck und Kultstatuen.

Gold ist aber nicht nur ein positives Symbol: Als Synonym für Geld und Reichtum kann es auch irdische und damit vergängliche Schätze und das sinnlose, nicht glücklich machende Streben nach rein materiellen Werten symbolisieren. In der Bibel war das Goldene Kalb ein kultisches Stierbild aus Gold, ein Baal-Idol, das die Israeliten in der Wüste am Sinai anfertigten und verehrten, während Moses auf dem Berg die Gesetzestafeln empfing – ein Symbol für Götzendienst und (im weiteren Sinne) für die Versuchung, materielle Werte zum Gott zu erheben (2. Buch des Mose 32,4). Davon abgeleitet, ist mit dem sprichwörtlichen Tanz ums Goldene Kalb das Streben nach Reichtum gemeint. So kann der Glanz des Goldes die Menschen verführen, verblenden, ja sogar zum Fluch werden wie beispielsweise in der Nibelungensage. ▶▶Die Symbolik der Farben, S. 152

### Goldener Zweig ▶Zweig

### Goldenes Vlies

In der griechischen Mythologie das goldene Fell des Widders, auf dem Phrixos mit Helle vor der Opferung durch seinen Vater Athamas nach Kolchis flüchtete. Nachdem Phrixos den Widder Zeus geopfert und sein Goldenes Vlies – von einem Drachen oder einer Schlange bewacht – in einem Ares-Hain an einem ▶Baum (Lebensbaum) aufgehängt hatte, wurde das Vlies zum Ziel der Fahrt der Argonauten unter Anführung

*Iasons Goldenes Vlies hing vom Lebensbaum herab und wurde von einem Drachen oder einer Schlange bewacht, die sich darumgeschlungen hatte (Darstellung auf einem griechischen Krug aus dem 5. Jh. v. Chr.).*

Iasons, die es dann schließlich auch raubten. Der geopferte Widder wurde als Sternbild an den Himmel versetzt.

Das Goldene Vlies ist in doppeltem Sinn ein Symbol für die Sonne und das damit assoziierte Göttliche (im Gegensatz zu den Mächten der Finsternis): Es ist von goldener Farbe und stammt von einem solaren Tier (dem Widder) ab. Die Suche nach dem Goldenen Vlies steht für das Streben, das scheinbar Unerreichbare zu finden. Dies ist notwendig, um die dunkle Seite der Natur zu überwinden, die der ▶Drache verkörpert – und das erfordert einen heroischen Sieg.

Der Orden vom Goldenen Vlies ist einer der ältesten weltlichen Ritterorden, 1430 von Philipp III. von Burgund gestiftet, später durch Übergang an das Haus Habsburg auch in Österreich und Spanien verliehen. Das Ordenszeichen ist (in Anlehnung an die Argonautensage) ein durch einen Ring gezogenes goldenes Widderfell.

### Goldenes Zeitalter

Ein sagenhaftes Zeitalter des Glücks und

Friedens, in dem nach Überlieferung vieler Völker (z. B. in der indischen Mythologie) das älteste Menschengeschlecht lebte. In der Antike (Hesiod, Ovid, Vergil) war die Vorstellung vom Goldenen Zeitalter (lat. aureum saeculum) – und die Idee einer möglichen Wiederkehr desselben – besonders verbreitet. Es entspricht der paradiesischen Urzeit und wurde später vom Eisernen bzw. Tönernen Zeitalter abgelöst, das durch eine Verschlechterung der politischen, sozialen und wirtschaftlichen Verhältnisse (bis hin zum totalen Verfall) gekennzeichnet war.

## Goldfisch

In China ist der Goldfisch sehr beliebt und wird häufig in Aquarien im Haus, in Restaurants oder in Tempelteichen gehalten. Da das Wort für Goldfisch (chin yü) lautgleich mit dem Wort für „Gold im Überfluss" ist, steht der Goldfisch in China noch mehr als alle anderen ▶Fische für Reichtum und ist ein beliebtes Hochzeitsgeschenk. Ein Bild mit einem Goldfischpaar symbolisiert Fruchtbarkeit.

## Golgatha

Die Kreuzigungsstätte Jesu. Später wurde der Name Golgatha mit dem Schädel Adams in Verbindung gebracht, der der Legende nach hier begraben sein soll. Dass Christus an ebenjenem Ort an einem Kreuz geopfert wurde, das aus dem Holz des Baumes der Erkenntnis gefertigt war, symbolisiert die Erlösung des Menschen, der durch den Baum der Erkenntnis von Gott abgefallen war: Christus sühnte als Menschensohn die Sünde des ersten Menschen (Adam).

## Gopis ▶hinduistische Symbole

## Gorgonen (Einz. Gorgo)

Grauenvolle Ungeheuer, durch deren Anblick man zu Stein wurde. Athene trug den Kopf der Medusa als Unheil abwehrendes Symbol. ▶Fabelwesen

## Grab

Ein Symbol für den Schoß der Erde und der Erdmutter, dem der Leichnam bei der Beerdigung zurückgegeben wird; ein Sinnbild der Muttergöttin in ihrem einerseits todbringenden, andererseits aber auch Schutz und Geborgenheit bietenden Aspekt. Das Grab kann aber auch ein Symbol für den Körper sein, der die Seele gefangen hält, oder eine Absage an die Welt bedeuten. An Begräbnisstätten wurde zu Jahrestagen und Jahreszeiten, die mit Tod und Auferstehung verbunden sind (z. B. Neujahrs-, Frühlings- und Osterfeiern) oft ein rituelles Mahl für die Toten veranstaltet.

## Grabsteine ▶▶Seite 206

## Gral

In der mittelalterlichen Dichtung ein heiliger Gegenstand (Gefäß oder Stein), der seinem Besitzer irdisches und himmlisches Glück zuteil werden lässt; doch nur derjenige, der dazu vorherbestimmt ist, kann den Gral finden. Er wird in den verschiedenen Dichtungen jeweils unterschiedlich dargestellt und gedeutet: Bei Chrétien de Troyes („Perceval", vor 1190) ist er ein Gefäß zur Aufbewahrung der Hostie, bei Robert de Boron („Roman de l'estoire dou Graal", 12./13. Jh.) wird der Gral, einer frühchristlichen Legende folgend, als die Abendmahlsschüssel Jesu Christi dargestellt und ist gleichzeitig das Gefäß, in dem Joseph von Arimathaia das Blut Christi auffing. In Wolfram von Eschenbachs „Parzival" (um 1200/1210) wird der Gral – ein Edelstein mit wunderbaren Kräften (dem alchemistischen Stein der Weisen verwandt) – auf

# Sinnbilder auf Grabsteinen

Ältere Grabsteine sind häufig mit symbolhaften Bildern geschmückt. Freerk Haye Hamkens teilte in seiner Untersuchung („Sinnbilder auf Grabsteinen von Schleswig bis Flandern", Brüssel, 1942) die Grabsymbole in drei Kategorien ein: einmal in die christlichen Zeichen wie Kreuz, Palmblatt, die Kombination aus Kreuz, Herz und Anker als Glaube-Liebe-Hoffnungs-Gruppe. Aber auch die Darstellung des himmlischen Jerusalem oder das Bildnis von Händen, die sich aus einer Wolke zur Erde recken, kommen vor. Den Anker deutet Hamkens als Anspielung auf den Gesangbuchvers „Ich hab' nun den Grund gefunden, der meinen Anker ewig hält."

Antike Sinnbilder, dies ist die zweite Gruppe, findet man vornehmlich bei den Gräbern des Adels oder großer Kaufherren, von Reedern und Gelehrten, beispielsweise die Gestalten der Justitia oder der Fortuna.

In der dritten Gruppe findet man verschiedene Arbeitsgeräte, die auf bestimmte Berufe hinweisen, z. B. den Zimmermann, Maurer, Schmied oder Schlachter.

Grabsteine an der Küste zeigen häufig einen Anker oder Sextanten. In dieser Kategorie kommen aber auch Darstellungen vor, die auf den ersten Blick wenig mit Tod und Begräbnis zu tun haben, so etwa Mond und Sterne, Schmetterlinge, Schlangen, Blumen, Bäume, Zweige, Äpfel oder Herzen.

Interessant ist, dass fast alle diese Sinnbilder sehr dominierend dargestellt sind und den Grabstein beherrschen. Die Schrift scheint dabei eher nebensächlich zu sein.

Viele Symbole auf Grabsteinen des städtischen und dörflichen Bereichs entstammen nicht, wie man eigentlich erwarten möchte, dem kirchlichen Umfeld. Besonders im norddeutschen Raum werden religiöse Symbole eher sparsam eingesetzt. Dagegen findet man auf den Grabsteinen von Geistlichen ausschließlich christlich-religiöse Motive.

*Das Hakenkreuz dieses westgotischen Grabsteins aus dem 7. Jh. wird schon früh zur Auszierung von Totenbeigaben und Gräbern verwendet.*

*Das Radkreuz (Lye auf Gotland, 1449)*

*In Flandern findet man häufig das Grabkreuz auf einer Kugel sitzend. Dieses Symbol ist bis vor 1500 Jahren nachweisbar.*

*Der Lebensbaum gilt als Sinn-
bild des Lebens schlechthin
(Nieblum auf Föhr, 1877).*

*Der Anker mit den zwei Vögeln
(Süderende auf Föhr, 19. Jh.)*

*Die Lilie (Nieblum auf Föhr,
19. Jh.)*

*Der Apfel über der Fürstengruft in Schleswig steht zwischen einer
Sanduhr und einer Schlange, die sich in den Schwanz beißt
(Dom, 1659).*

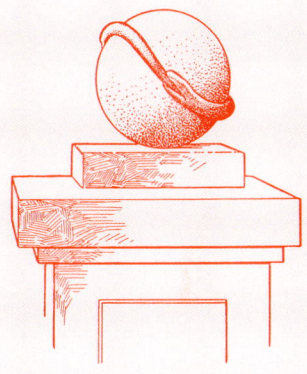

*Schlange und Kugel weisen
wahrscheinlich auf die Midgard-
schlange hin (Flensburg, 1816).*

*Der Bienenkorb ist ein Kenn-
zeichen früher Kaiserurkunden,
gilt also als große Ehrbezeigung
gegenüber dem Toten (Süderende auf Föhr, 1882).*

*Der Schmetterling auf dem
Grabstein ist ein Symbol für die
Seele, die dem Himmel ent-
gegenflattert (Eckernförde, um
1800).*

*Über Kreuz und Anker zwischen
immergrünen Zweigen steht das
Herz und darüber die Sonne mit
einem Strahlenkranz (Süderende
auf Föhr, 1918).*

einer einsamen Burg (Munsalvaesche) aufbewahrt und ist Mittelpunkt einer ritterlichen Gesellschaft sowie der Familie des Gralkönigs.

Der verschwundene Gral symbolisiert den Verlust des ▶Goldenen Zeitalters, das verlorene Paradies, die nicht mehr vorhandene ursprüngliche Reinheit und Unschuld des Menschen. Die Suche nach dem Gral steht für die Rückkehr zum Paradies und folgt dem symbolischen Schema der ▶Initiation durch Bewährungsproben, Prüfungen und Begegnungen mit dem Tod auf der Suche nach dem verborgenen Sinn und Geheimnis des Lebens. Auf die Suche begibt sich häufig der Sohn einer verwitweten Mutter, der in Abgeschiedenheit aufgewachsen ist und nicht um seine Vorherbestimmung weiß.

Gralssymbole sind ein strahlender Kelch, ein Kelch mit einem Herzen, Lanze, Schwert, Schale, ein auf der Spitze stehendes Dreieck oder der magische Stein.

## Granat ▶Edelsteine

## Granatapfel

In der Antike war der Granatapfel wegen

*Der Granatapfel – in China wegen seiner vielen Samen ein Symbol der Fruchtbarkeit. Paaren schenkt man daher häufig ein Bild eines halb geöffneten Granatapfels zur Hochzeit.*

seiner vielen Samen ein Symbol der Fruchtbarkeit und Lebensfülle und wegen seiner roten Farbe ein Sinnbild der Liebe. Er war Attribut von Vegetationsgöttern (Baal, Adonis) sowie von Zeus, Hera/Juno, Aphrodite und Ceres als Symbol für die periodische Wiederkehr des Frühlings und die Fruchtbarkeit der Erde.

In der Bibel war der Granatapfel ein Symbol göttlichen Segens und des Bundes mit Gott (2. Buch des Mose 28, 33 ff.). Auf Botticellis Madonnenbildnissen ist er als Sinnbild des durch Jesus Christus neu geschenkten Lebens zu verstehen.

Auch in China ist der Granatapfel, weil er voller Samen steckt, ein Symbol der Fruchtbarkeit und des Kinderreichtums. (Das chinesische Wort für Samen – tse – ist lautgleich mit dem Wort für Kinder.) Zusammen mit der Fingerzitrone und dem Pfirsich ist er eine der drei chinesischen ▶Glücksfrüchte.

## Gras

Ein Symbol der Unterwerfung. Eine Handvoll Gras bedeutet Sieg, Eroberung eines Landes, Kapitulation. Im alten Rom wurde einem militärischen Helden oder Retter ein Kranz aus Gras verliehen.

## Grashüpfer ▶Heuschrecke

## Grazien

In der griechisch-römischen Mythologie waren die drei Grazien göttliche Gestalten, Personifikationen der Schönheit, Anmut und Lebensfreude. In Griechenland hießen sie Chariten (von griech. chairein = sich freuen), waren Töchter des Zeus und der Eurynome und ebenfalls drei an der Zahl: Aglaia (Glanz), Euphrosyne (Frohsinn) und Thalia (blühendes Glück).

## Greif ▶Fabelwesen

**Grenze** ▶Schwelle

**Griffel (Stylus)** ▶Schreibfeder

## Grille

Im Westen ein Symbol des heimischen Herdes („das Heimchen am Herd"), in China Sinnbild des Sommers und des Mutes.

## Gürtel

Wegen seiner Kreisförmigkeit schrieb man dem Gürtel schon immer besondere Kraft zu (▶Kreis). Ein mit Perlen versehener Gürtel war im alten Ägypten Machtzeichen der Könige; auch der germanische Gott Thor und Brunhild in der Nibelungensage besaßen einen Kraftgürtel. In der griechischen Mythologie ist der Gürtel ein Attribut von Hippolyte, der Königin der Amazonen, Symbol für Stärke und Herrschergewalt. Aphrodites Zaubergürtel, der Kestos, bewirkte Liebe bei allen, die sie erblickten.

Der Gürtel kann aber auch moralische und geistige Bindung versinnbildlichen: In der Antike stand er für Anstand und Sittlichkeit; beim indischen Guru ist er ein Symbol der spirituellen Einweihung.

In der Bibel steht der Gürtel für Gerechtigkeit, Treue, Kraft und Wahrheit.

Er kann aber auch ein Symbol der Keuschheit sein, so z. B. das vom Priester während der Messe getragene Cingulum, der Gürtel der Eremiten und der Ledergürtel der Mönche. Dementsprechend steht das Lösen des Gürtels häufig für Geschlechtsverkehr bzw. den Vollzug der Ehe: Bei den Indern, Griechen und Römern löste der Bräutigam seiner Braut bei der Hochzeit den Gürtel.

Den Gürtel umschnallen oder sich gürten bedeutet: sich für eine Tat rüsten oder bereit machen oder auf eine Mission oder Reise gehen.

## Gütezeichen

Garantieausweis für Dienstleistungen oder Waren, der augenfällig macht, dass das Angebot bzw. Produkt genau festgelegte Qualitätskriterien erfüllt. Gütezeichen sind für Markenartikel unverzichtbar.

## Haar

Aufgrund seines Wachstums häufig ein Symbol für die Lebenskraft, Lebenssubstanz, Energie eines Menschen; auch für Männlichkeit. Das Haupthaar verkörpert im Allgemeinen die höheren Kräfte und die Inspiration, während das Körperhaar die niederen Kräfte der Sinne und des Körpers bedeutet.

Bei den Griechen galt das Haar als Sitz des Lebens; Krieger und Priester ließen sich die Haare nicht schneiden, um ihre körperlichen oder geistigen Kräfte nicht zu verlieren. Auch in der Bibel hat das Haar meist diese Bedeutung: So ist z. B. bei Jesaja (7,20) vom Messer die Rede, mit dem Gott Haare, Schamhaare und Bart der vom Gesetz Abgefallenen abschneiden wird; und bei Lukas (21,17 ff.) heißt es, wer der wahren Lehre treu bleibe, dem werde „kein Haar gekrümmt werden" – eine Redewendung, die sich bis heute erhalten hat.

Jemandem das Haar zu stehlen oder ihm eine Locke abzuschneiden, bedeutet, ihn seiner Kraft und Macht, die in den Haarsträhnen liegt, zu berauben; es kann auch ein Kastrationssymbol sein. Im Mittelalter galt das Abschneiden der Haare als entehrende Strafe.

Das Haar – v. a. langes Haar – konnte in unterschiedlichen Kulturen und Zeitaltern aber auch eine Vielfalt anderer symbolischer Bedeutungen haben: So war lang herabhängendes Haar beispielsweise bei den Germanen Kennzeichen von freien Männern und Jungfrauen. Im Christentum kann langes, offenes Haar Buße bedeuten oder eine jungfräuliche Heilige kennzeichnen: So wird die heilige Agnes beispielsweise mit langem Haar dargestellt, das ihren ganzen Körper verhüllt – ein Symbol ihrer Keuschheit. Andererseits wird in mittelalterlichen Darstellungen die Luxuria (Wollust) – eine der sieben Todsünden – mit langem Haar dargestellt, denn langes, dichtes Haar kann auch ein Symbol weiblicher Sexualität und Verführung sein. Vor allem Schlangenhaare wie bei den Gorgonen und den Erinnyen (▶Fabelwesen) verkörpern den Verderben bringenden Aspekt der weiblichen Macht.

Sich das Haar abzurasieren oder eine Tonsur zu scheren, ist ein Sinnbild des Priesters oder Asketen, der sein Haar als Ausdruck der Buße und Hingabe der Gottheit opfert oder dem Körperlichen entsagt. So ist z. B. die Kopfrasur ägyptischer Priester und die Tonsur in christlichen Ordensgemeinschaften zu verstehen.

Wild wachsende, ungekämmte Haare können für die Abkehr von der Zivilisation stehen. Im Hinduismus symbolisiert das unordentliche, herabhängende Haar Shivas den Gott in seiner Eigenschaft als Asket. Das sorgfältig frisierte Haar Buddhas hingegen verkörpert die Beherrschung der Lebenskraft und heitere Gelassenheit.

Als Traumsymbol versinnbildlicht das Haar Lebenskraft und sexuelle Attraktivität. Träume von Haarausfall oder Glatze können darauf hindeuten, dass der Träumende sich vor dem Verlust seiner Vitalität oder seiner körperlichen Attraktivität fürchtet.

## Hahn

Wegen seines morgendlichen Schreis und seines roten Kamms ist der Hahn in vielen Kulturen ein Sonnen- und Lichtsymbol. So galt er z. B. bei den Syrern und Ägyptern als Sonnenvogel; bei den Griechen war er ein Attribut des Sonnengotts Apollon. Im Parsismus war er als Verkünder des Tages dem guten Gott Ahura Mazda geweiht; im japanischen Shintoismus ist er das heilige Tier der Sonnengöttin Amaterasu.

*Der Hahn ist ein Symbol für Wachsamkeit, weil er frühmorgens bei Sonnenaufgang kräht.*

Weit verbreitet ist auch die symbolische Bedeutung des Hahns, der bei Sonnenaufgang kräht, als Wächter und Wecker und Sinnbild der (häufig religiös verstandenen) Wachsamkeit – so z. B. in der nordischen Mythologie (das Krähen des Hahnes weckt die Helden von Walhalla zur letzten großen Schlacht) und im römischen Hausgötterkult. Bei den Griechen war der Hahn als Symbol des Sonnenaufgangs und der Wachsamkeit (neben der Eule) heiliges Tier der Göttin Athene. Auf der Trommel, mit der im Shintoismus die Gläubigen zum Gebet in den Tempel gerufen werden, ist ebenfalls ein Hahn abgebildet.

In diesem Sinn ist auch die biblische Erzählung von der Verleugnung des Petrus zu verstehen, der durch das dreimalige Krähen des Hahns an sein von Jesus vorausgesagtes Versagen erinnert wird: „Amen, ich sage dir: In dieser Nacht, noch ehe der Hahn kräht, wirst du mich dreimal verleugnen" (Matthäus 26,34).

Im europäischen Volksglauben wurde dem Hahn und seinem Schrei Dämonen abwehrende Wirkung zugeschrieben. Auf Dächern sollte die Nachbildung eines Hahns als Wächter gegen das Feuer fungieren. Auch der Hahn auf dem Kirchturm hatte zunächst Unheil abwehrende Funktion (gegen Blitz und Hagel) und wurde erst später zu einem Symbol der Wachsamkeit und Erweckung zum höheren Leben

im christlichen Sinn. In dieser symbolischen Bedeutung wird er als Wetterfahne benutzt, die sich in alle Richtungen dreht, um nach den Mächten des Bösen Ausschau zu halten; und der vergoldete Sonnenhahn bewacht die Kirchturmspitze in der Dunkelheit, wenn die Glocken schweigen.

Aufgrund von Beobachtungen kämpfender Hähne im Hühnerhof und der in vielen Kulturen verbreiteten Sitte der Hahnenkämpfe wurde der Hahn auch schon früh zum Symbol für Mut, Kampfgeist und Streitsucht. So war er in der Antike das heilige Tier des griechischen Kriegsgottes Ares, und man glaubte, dass das Krähen des Hahnes Glück in kriegerischen Auseinandersetzungen ankündigte. Auch als Wappentier symbolisiert der Hahn meist heldenhaftes Verhalten und soldatischen Mut.

*Der Wetterhahn »bewacht« den Kirchturm und zeigt die Windrichtung an.*

Auch in China gilt der Hahn als mutiges, männliches Tier. Außerdem glaubt man, dass er das Böse und die Geister vertreibt: Das Bild eines roten Hahns soll (als Urbild des Feuers) das Haus vor Brandgefahr schützen, ein weißer Hahn auf dem Sarg Dämonen vertreiben. Der Hahn ist auch eines der zwölf chinesischen Tierkreiszeichen (▶▶astrologische Zeichen, S. 46).

Ebenfalls seiner Rolle im Hühnerhof (als „Hahn im Korb") verdankt der Hahn seine Bedeutung als Sinnbild der Sinnlichkeit und Verkörperung der Sünde der Wollust.

Der Hahn als Emblemtier Frankreichs geht auf das lateinische Wort „gallus" zurück, das zugleich Gallier und Hahn bedeutet.

*Ausgehöhlte und von innen beleuchtete Kürbisgesichter vertreiben in der Halloween-Nacht die bösen Geister.*

## Hakenkreuz ▶Swastika

## Halbkreis
Der Halbkreis hat eine ähnliche symbolische Bedeutung wie der ▶Kreis als Sinnbild für dynamisches Leben und Wachstum, das immer in Bewegung ist.

## Halbmond
Der Halbmond ist – ebenso wie der ▶Mond – ein Symbol der Großen Mutter, der lunaren Himmelskönigin, und Attribut vieler Mondgöttinnen; er ist das passive, weibliche Prinzip und repräsentiert sowohl die Mutter als auch die himmlische Jungfrau. So war er z. B. ein Symbol der griechischen Mondgöttin Artemis und ihrer römischen Entsprechung, der Göttin Lucina, die bei Geburten um Schutz und Hilfe angerufen wurde, aber gleichzeitig auch die Göttin der Keuschheit war. Die Jungfrau Maria, die ebenfalls den Doppelaspekt der Keuschheit und des Gebärens in sich vereint, wird oft auf einer Mondsichel stehend abgebildet.

Die Mondphasen stehen für Veränderung und alles Zyklische: Werden und Vergehen,

den ewigen Kreislauf von Geburt, Tod und Auferstehung. Der Halbmond wird häufig durch Kuh- oder Stierhörner symbolisiert, manchmal aber auch als Mondbarke dargestellt – das Schiff, das über den Nachthimmel segelt, „das Schiff des Lichtes auf dem Meer der Nacht". Rücken an Rücken liegende Halbmonde bzw. Hörner oder übereinander angeordnete Mondsicheln stehen für den zunehmenden und abnehmenden Mond. Die Sonnenscheibe mit dem Halbmond zusammen bzw. eine Scheibe zwischen Kuhhörnern sind bildliche Darstellungen der Einheit, der Vereinigung von Sonnen- und Mondgottheiten und der heiligen ▶Ehe göttlicher Paare.

Außerdem ist der Halbmond (zusammen mit dem Stern) das bekannteste Symbol des Islam und der islamischen Welt (▶islamische Symbole).

## Halloween
Altes Herbstfest der Druiden, ▶Abend vor Allerheiligen am 1. November. An diesem Tag fand das Druiden-Erntedankfest statt, eine Danksagung an den Sonnengott. Hal-

loween ist die Nacht, in der Hexen und Geister für eine Nacht freigelassen sind. Krach, Feuer und Mummenschanz wehren sie ab.

## Halskette

Die Halskette oder Amtskette ist ein Zeichen von Amt und Würde, bindet den Träger aber gleichzeitig auch an sein Amt. Sie kann auch die Verschiedenheit in der Einheit repräsentieren, denn die Perlen bzw. Glieder der ▶Kette sind die Vielfalt der Manifestation; manchmal bedeuten die Perlen auch Menschen, Tiere und alle Lebewesen, die von der göttlichen (oder weltlichen) Macht abhängen und zusammengehalten werden.

## Halsreif ▶Halskette

## Hammer

Ein uraltes Symbol (göttlicher oder weltlicher) Macht und Attribut vieler Wettergottheiten; in dieser Bedeutung überschneidet sich die Symbolik des Hammers mit der der ▶Axt, des ▶Blitzes und des ▶Donners bzw. Donnerkeils. Die Gallier hatten einen Hammergott (Sucellos). Auch die Germanen schrieben dem Hammer eine besondere Macht zu: In schwedischen und angelsächsischen Gräbern wurden hammerförmige Amulette gefunden; und Mjöllnir, der Hammer Thors, war ein Werkzeug, dem eine besondere Kraft innewohnte (und der als Waffe des Donnergottes auch häufig als Blitz gedeutet wurde). Der Donnerhammer von Thor, dem „Zerstörer", verfehlte niemals sein Ziel, wenn er ihn schleuderte, und kehrte stets zu Thor zurück; er konnte auch die Toten wieder zum Leben erwecken.

Hunnenherrscher Attila bezeichnete sich als „Hammer des Erdkreises", um damit seine Macht zu betonen.

Als Handwerkszeug ist der Hammer ein Attribut von Hephaistos, dem griechischen Gott des Feuers und der Schmiede und Schirmherrn der Handwerker.

Hammer und ▶Amboss zusammen stehen für die gestaltenden Kräfte der Natur, die Schöpfung sowohl in ihrem männlichen, aktiven als auch in ihrem weiblichen, passiven Aspekt. Als ein Werkzeug, das schlagen und zermalmen kann, verkörpert der Hammer außerdem Gerechtigkeit und Rache. Er gehörte zu den Leidenswerkzeugen Christi und ist daher ein Passionssymbol. Im politischen Sinn ist der Hammer (meist in Kombination mit Sichel oder Sense) eines der bekanntesten ▶kommunistischen Symbole.

## Hand

Eines der Gliedmaßen von größter symbolischer Ausdruckskraft. Hände bedeuten Macht, Herrschaft (und sind daher sowohl göttliches als auch königliches Machtsymbol), Schutz, Aktivität und schöpferische, gestaltende Kraft. Außerdem gab und gibt es in fast allen Kulturen Gesten, die Zeichencharakter bzw. eine symbolische oder religiöse Bedeutung haben.

Als Zeichen der göttlichen Macht, Herrschaft und schöpferischen Kraft findet man die Hand in vielen Religionen. So formt der ägyptische Ur- und Schöpfergott Ptah mit seinen Händen auf der Töpferscheibe das Weltall. Auch im Christentum repräsentieren die Hand bzw. die Hände Gottes dessen schöpferische, führende, strafende, aber auch Geborgenheit schenkende Macht. In christlichen Darstellungen findet man die Hand Gottes häufig in segnender Geste aus einer Wolke oder dem Himmel herausgestreckt – ein Sinnbild für Gottvater und sein Eingreifen ins Leben der Menschen. Das Schicksal der Menschen, so heißt es häufig, liegt in Gottes Hand. Die erhobene Hand, mit der

Handfläche nach außen, bedeutet in der christlichen Symbolik Segnung, göttliche Gnade und Gunst; mit drei erhobenen Fingern bezeichnet sie die Dreifaltigkeit.

*Rechte und linke Hand:* Die rechte Hand gilt als die „bessere"; sie wird zum Segen erhoben und zum Gruß dargereicht. Die linke Hand hingegen ist die schwächere, „schlechtere" und wird häufig mit Diebstahl, Unehrlichkeit oder Betrügerei assoziiert. ▶Linke

*Symbolische Handgesten und deren Bedeutung sind:*

- Ausgestreckte Hände: Segnung, Schutz, Begrüßung
- Beide Hände erhoben: demütige Bitte, Schwäche; Implikation von Unwissenheit, Abhängigkeit, Ergebung; auch Anrufung und Gebet
- Geballte Hände: Drohung, Aggression (▶Faust)
- Gefaltete Hände: ▶Gebetshaltung
- Geöffnete Hände: Freigebigkeit, Offenheit, Gerechtigkeit
- Hand auf dem Herzen: Ehrlichkeit, Aufrichtigkeit; manchmal auch Liebe
- Handauflegung: Übertragung von Macht (Amtsübertragung), Gnade oder Heilkraft, z. B. bei Firmung und Konfirmation (Übertragung des Heiligen Geistes, der Stärke und Gnade)
- Hände ringen: quälender Kummer oder Wehklage
- Hände vor den Augen: Scham, Entsetzen; etwas nicht sehen wollen
- Hände waschen: Unschuld, Läuterung, Zurückweisung von Schuld
- Jemandem die Hand reichen: Gruß; Versöhnung; Bündnis, Übereinkunft, Ausdruck der Verpflichtung.
- Jemandem die Hand schütteln: Begrüßung oder Bündnis
- Rechte Hand erhoben: faschistischer Gruß

- Zum Himmel erhobene Hände: Anbetung, Gottesverehrung, Flehen zu Gott

Auch in den asiatischen Religionen und im Islam kommt der Hand und bestimmten Gesten mit den Händen eine wichtige symbolische Bedeutung zu. Im Islam steht die offene Hand für Segnung, Verehrung und Gastfreundschaft; sie kann aber auch ein Symbol der fünf Glaubensvorschriften des Islam sein: Glaubensbekenntnis, Gebet, Pilgerfahrt nach Mekka, Fasten im Monat Ramadan und Almosengeben. Die Hand der Fatima (der Tochter Mohammeds) ist ein Amulett und bedeutet Schutz vor Dämonen.

Beim hinduistischen Gott Shiva bedeutet die erhobene Hand Frieden und Schutz, die herabhängende Hand, die zum Fuß hin weist, Befreiung; der Schlag auf die Trommel ist der Schöpfungsakt, und die Flamme in der Hand steht für die Vernichtung der Welt durch Feuer – beide zusammen symbolisieren Shiva in seiner Eigenschaft als Weltzerstörer und -erneuerer.

Im Buddhismus gibt es verschiedene Hand- und Fingerstellungen (Mudras), die symbolische Bedeutung haben; sie stehen für bestimmte Aspekte Buddhas und seiner Lehre. ▶buddhistische Symbole
▶▶Gesten, S. 198

**Handfessel** ▶Bande

**Handschuh**
Zeugnis festen Glaubens; ein Zeichen der Ehre und Reinheit des Herzens: Die weißen Handschuhe von Priestern bedeuten ein reines Herz und Freisein von Bestechlichkeit. Seine Handschuhe auszuziehen bedeutet Ehrerbietung und Aufrichtigkeit, denn der Behandschuhte kann auch etwas verheimlichen. Eiserne Handschuhe sind ein Attribut von Thor und von Schmiedegöttern.

Jemandem den Handschuh vor die Füße

*Der Osterhase als Symbol des Osterfestes hat seinen Ursprung im 17. Jh.*

zu werfen, bedeutet, ihn wegen verletzter Ehre zum Zweikampf zu fordern (Fehdehandschuh): Diese Geste geht darauf zurück, dass der Handschuh im Mittelalter ein Persönlichkeitssymbol war, d. h., er vertrat die Person, der er gehörte.

## Harfe

Ein uraltes Saiteninstrument, das in seiner Symbolik mit der ▶Leier verwandt ist. Das Harfenspiel galt als vornehm, und Harfenspieler genossen ein hohes soziales Ansehen. In ihrer Symbolik wird die Harfe häufig mit dem Göttlichen assoziiert: Der keltische Feuergott Dagda beispielsweise besaß eine Harfe, deren Spiel den Wechsel der Jahreszeiten bewirkte. Im Alten Testament drückt Harfenspiel Freude, Lob und Dank aus; die Harfe ist ein Attribut König Davids.

## Harpyie ▶Fabelwesen

## Hase

Als Nachttier ist der Hase ein lunares Symbol und Attribut von Mondgottheiten; wegen seiner engen Verbindung mit dem Mond verkörpert er auch Leben, Wiedergeburt, Verjüngung und Auferstehung. So wird er beispielsweise in chinesischen Märchen als im Mond sitzend dargestellt, wo er das Lebenselixier bereitet, indem er im Mörser Zimtzweige zerstößt; daher ist er in China auch Symbol eines langen Lebens. Der Codex Borgia (eine aztekische Bilderhandschrift, in der die aztekische Religion detailliert beschrieben wird) zeigt den Hasen in einer mit Lebenswasser gefüllten Mondsichel sitzend. Auch in der hinduistischen und buddhistischen Kunst tritt der Hase mit der Mondsichel zusammen auf. Bei den Kelten ist er ein Attribut von Mond- und Jagdgottheiten; auf Darstellungen halten ihn oft Jagdgötter in der Hand.

Wegen seiner großen Nachkommenschaft wurde der Hase auch zum Sinnbild der Fruchtbarkeit und Sinnlichkeit. In der Antike opferte man der Liebesgöttin Aphrodite Hasen; und Plinius schrieb dem Hasenfleisch eine aphrodisierende Wirkung zu. Hasen finden sich auch häufig auf Cupidodarstellungen.

Im Christentum hat der Hase oft eine negative Bedeutung, was wohl ebenfalls mit seiner großen Fruchtbarkeit zusammenhängt, die als Sinnlichkeit (Unkeuschheit) negativ ausgelegt wurde. Ein weißer Hase zu Füßen der Jungfrau Maria hingegen stellt den Sieg über die sinnliche Begierde dar. Die Wehrlosigkeit des Hasen verkörpert diejenigen, die ihr Vertrauen in Christus setzen. Darstellungen von drei Hasen mit insgesamt nur drei Ohren (z. B. im Kloster Muottatal/Schweiz) sind wohl ein Dreifaltigkeitssymbol, können aber (aufgrund der Schnelligkeit des Hasen) auch auf den Kreislauf der Zeit verweisen.

Auch der Eier legende Osterhase geht wohl auf die symbolische Bedeutung des Hasen als Sinnbild der Fruchtbarkeit zurück, die durch die Fruchtbarkeitssymbolik des ▶Eis noch verstärkt wird. Der Osterhase als Sinnbild des Osterfests ist allerdings erst neueren Datums: Den frühesten Beleg für Osterhasen als Eierbringer findet man im 17. Jh.; noch Anfang des 19. Jhs. war er in vielen Teilen Deutschlands unbekannt und wurde erst später unter dem Einfluss illustrierter Osterbücher und der Süßwaren- und Spielzeugindustrie populär.

Weil der Hase als beliebtes Jagdtier ständig gehetzt und auf der Flucht ist, wurde er in Tierfabeln und im Volksmund zu einem Sinnbild der Furchtsamkeit, was sich bis heute auch in Begriffen und Redewendungen wie „Hasenfuß" und „das Hasenpanier ergreifen" erhalten hat.

In China glaubte man, dass es keine männlichen Hasen gebe; die Häsin werde schwanger, indem sie Pflanzensprossen ablecke, und gebäre ihre Jungen dann, indem sie sie ausspucke. Wohl deshalb spielt

*Haselnussbaum*

*Haselruten dienten schon immer als Wünschelruten, da man ihnen magische Kräfte zuschrieb (hier in einer Darstellung aus Agricola, „De re metallica", Basel, 1556).*

der Hase auch in der chinesischen Sexualsymbolik eine wichtige Rolle: Der weibliche Partner in einer homosexuellen Verbindung wird als Hase bezeichnet; „Hasen jagen" bedeutet, als Gast in einem Freudenhaus einen jungen Mann zu besuchen, und „Hasenjungchen" ist ein Schimpfwort. Der Hase ist auch eines der zwölf chinesischen Tierkreiszeichen (▶▶astrologische Zeichen, S. 46).

### Haselnuss, Haselnussstrauch

Bei den alten Germanen galt der Haselnussstrauch als heilige Pflanze und war Thor geweiht. Er war auch der heilige Baum der keltischen Haine und verkörperte Weisheit, Inspiration, Weissagung und magische Mächte. Als Baum des Lebens wuchs er in Avalon neben dem heiligen Brunnen oder der heiligen Quelle, die den ▶Lachs enthielt, und nur der Lachs durfte die Nüsse essen.

Auch den Haselruten wurden schon immer magische Kräfte zugeschrieben; sie dienten z. B. zur Abwehr böser Geister und Hexen oder als Wünschelrute zum Aufspüren von Wasser oder verborgenen Schätzen.

## Haus

Als in sich abgeschlossener Raum und Zentrum des menschlichen Lebens ein Symbol des Kosmos und Abbild des Universums. Das Kulthaus, die Kulthütte, das Kultzelt bzw. -tipi ist das kosmische Zentrum. Ebenso wie ▶Höhle und ▶Grab steht das Haus für das Mütterliche, Schutz und Geborgenheit Gewährende. In der Bibel wird es als dauerhafter Bau dem leicht aufzuspannenden und ebenso rasch wieder abzubauenden Nomadenzelt als Symbol der Dauerhaftigkeit gegenübergestellt. Im Neuen Testament wird die christliche Gemeinde zum Haus Gottes (Brief an die Hebräer 3,6); noch heute wird die Kirche als „Gotteshaus" bezeichnet.

Als Traumsymbol verweist das Haus meistens auf die Seele, die innere Befindlichkeit des Träumenden, wobei die einzelnen Räume für verschiedene Aspekte seiner Persönlichkeit stehen. So repräsentiert das Badezimmer z. B. seine Beziehung zu Reinlichkeit und Intimität, der Dachboden steht für Erinnerungen und vergangene Erfahrungen, der Flur für die Interaktion mit anderen Menschen, der Keller für das Unterbewusste und das Schlafzimmer für Geborgenheit, Entspannung, aber auch sexuelle Beziehungen.

## Hauszeichen

Seit ungefähr 1200 werden Häuser durch figürliche Hauszeichen bildhaft dargestellt. Bis zur Einführung der Hausnummern im 18. Jh. dienten sie als Kennzeichnung der Häuser.

## Haut, Fell

Die Haut eines Opfertieres wie z. B. Stier

*Hauszeichen auf der Kleinseite in Prag*

oder Pferd oder das Vlies eines Widders oder Schafs steht für seine Lebenskraft. Die Haut bzw. das Fell eines Tieres zu tragen, bedeutet dementsprechend, die geheimnisvolle, übernatürliche Kraft dieses Tieres anzunehmen, und bringt den Träger mit dem Tier und seinem instinktiven Wissen in Verbindung, wie das im Schamanismus üblich ist.

Seine Haut abzuwerfen, wie Schlangen es tun, bedeutet, den „alten Menschen" abzulegen und den neuen anzulegen, die Jugend wiederzugewinnen, eine höhere Stufe zu erreichen oder Unsterblichkeit zu erlangen.

## Heiligenschein ▶Nimbus

## Heiliger Geist

Der Heilige Geist ist im Christentum neben Gottvater und Jesus Christus die dritte göttliche Person der Heiligen Dreifaltigkeit (▶Dreifaltigkeitssymbole). Er ist der schöpferische Geist Gottes, der Leben erweckende Odem (Atem, Hauch), der alles, was existiert, erschuf und zu Beginn der Schöpfung über dem Urwasser schwebte (1. Buch des Mose 1,2) – ein Bild, in dem das später übliche Bild des Vogels schon vorweggenommen ist. Die zwei häufigsten Symbole des Heiligen Geistes sind die ▶Taube, in deren Gestalt er bei der Geburt Jesu Christi herabschwebte, und die Feuerzungen, die beim Pfingstwunder auf die Apostel herabregneten (▶Feuer).

### Held ▶Heros

### Helm
Schutz; Bewahrung; das Attribut eines Kriegers oder Helden. Er ist ein Attribut von Ares bzw. Mars als Kriegsgott, von Athene bzw. Minerva als Göttin der Weisheit und vom Unterweltsgott Hades bzw. Pluto als der Helm der Finsternis. Der goldene Helm ist ein Attribut von Odin/Wotan.

### Hengst ▶Pferd

### Henkelkreuz, Anch, Ankh
Schlüsselartiges ägyptisches Symbol des ewigen Lebens, Sinnbild der unvergänglichen Lebenskraft (daher oft als „Schlüssel des Lebens" bezeichnet); auch der Schlüssel zur Erkenntnis der Geheimnisse und der verborgenen Weisheit. Das Henkelkreuz ergibt sich aus der Verbindung des männlichen Osiris- und des weiblichen Isis-Symbols, der Vereinigung der beiden generativen Prinzipien, des Himmels und der Erde. Es wird auch als eine Form des Lebensbaumes (▶Baum) gedeutet; oder man interpretiert das Oval als ein Symbol für Ewigkeit und das Kreuz als Zeichen für die Ausdehnung in Länge und Breite, d. h. von der Unendlichkeit (in Raum und Zeit) bis hin zum Endlichen; es kann auch die über dem Horizont aufgehende Sonne dargestellt haben. Maat, die Göttin der Wahrheit, hält ein Henkelkreuz in der Hand. ▶Kreuz

### Henne ▶Huhn

### Herbst ▶Jahreszeiten

### Herd
Der Mittelpunkt des Hauses, Symbol der menschlichen Gemeinschaft, des Schutzes und der Geborgenheit; gleichzeitig als der Ort, an dem das Essen für die Familie bereitet wird, auch unentbehrliche Lebensgrundlage und daher etwas Heiliges.

In vielen Kulturen – so z. B. bei den alten Griechen und Römern und in China – gab bzw. gibt es Herdgottheiten. Die griechische Göttin des Herdes und des Herdfeuers, Hestia, war Schutz bietender Mittelpunkt des Hauses und im übertragenen Sinn auch des Staates und entspricht im Wesentlichen der römischen Vesta. Die Vesta wurde in einem Rundtempel auf dem Forum Romanum verehrt, in dem ihre sechs Priesterinnen, die jungfräulichen Vestalinnen, ein ewig brennendes Feuer unterhielten. Die Vestalinnen wohnten in klösterlicher Gemeinschaft neben dem Tempel, genossen hohes Ansehen und hatten die Aufgabe, das heilige Feuer zu hüten; wer es verlöschen ließ, wurde mit Geißelhieben bestraft; eine Verletzung der Keuschheit wurde mit Begraben bei lebendigem Leib geahndet.

Auch in China ist am Herd oder über ihm häufig eine Statue oder ein Bild des Herdgottes angebracht. Abbildungen zeigen ihn oft von einer Kinderschar umgeben, da er der Beschützer der Familie ist. Er hat aber auch die Aufgabe, nach dem Rechten zu sehen: Nach chinesischem Glauben beobachtet er von seinem Platz am Herd aus genau, was im Haus alles vor sich geht, und berichtet dem Himmelsgott dann von den guten und bösen Taten. Geschlechtsverkehr in der Küche, im Angesicht des Herdgottes, ist für die Chinesen tabu.

*Der Hermaphrodit symbolisiert die Dualität von Materie und Geist, von Metall und Flüssigkeit. Michael Maier, „Atlanta fugiens", 1618*

In keltischen Ländern konzentrierte sich der Totenkult um den Herd.

## Herde

Die Gläubigen; Gemeinschaften von Glaubenden; Mitglieder von Kirchen. ▶Hirte

## Hermaphrodit ▶Androgyn

## Hermelin

Das Hermelin ist eine Wieselart, dessen Fell im Sommer braun und im Winter weiß ist. Wegen seiner weißen Farbe stand es schon im Mittelalter für Reinheit, Keuschheit und Unschuld; auf Amtstrachten kennzeichnet der Hermelinpelz Königtum oder Adelsstand in Kirche und Staat. Purpurne Königsmäntel waren mit Hermelinfellen gefüttert. Fürstliche heilige Jungfrauen des Christentums sind bisweilen im Hermelinmantel dargestellt, besonders die heilige Ursula. Auch in der Heraldik sind Hermelinschwänze Symbole des Majestätischen oder der Jungfräulichkeit.

## Heroldsstab ▶Caduceus

## Heros, Heroine

Held; der Prototyp des Erlösers, des Wundertätigen, in allen Kulturen bekannt. Der Held ist meist von niederer Geburt oder von fürstlicher Herkunft, die ihm aber nicht bekannt ist (manchmal hat er auch einen göttlichen Stammvater), und wird ungeachtet seines Standes in einfachen Verhältnissen aufgezogen. Schon frühzeitig muss er sich Kraft- und Mutproben unterziehen, häufig allein oder nur mit einem Tier als Gefährten. Er muss sich im Kampf gegen ▶Drachen, ▶Riesen, ▶Dämonen oder Ungeheuer (▶Fabelwesen) bewähren oder auch gegen Angreifer antreten, die sein Land zu verwüsten oder zu unterjochen drohen. Manchmal wird er dabei verraten und getötet oder geopfert. Oft sammelt er eine Schar oder auserwählte Gruppe von

*Die „Dame mit dem Hermelin" von Leonardo da Vinci. Das Hermelin steht für Keuschheit und Reinheit; in diesem Fall liegt aber vielleicht ein gewisser Doppelsinn vor, denn die Dame gilt als die Geliebte von Lodovico il Moro aus der Familie der Sforza, deren Emblem das Hermelin war.*

Jüngern um sich, die ihn aber letztlich verlassen, sodass er allein leiden und sterben muss.

Seine Widersacher stehen für das Böse oder die Versuchung, sein Kampf ist ein Symbol für den ewigen Kampf der Ordnung gegen die Mächte des Chaos, des Bösen oder der Versuchung; dabei muss er nicht selten auch seinen eigenen Egoismus überwinden und sich für andere Menschen oder für bestimmte Ideale aufopfern. Sein Lebensweg symbolisiert die Reise und ▶Initiation der Seele, ihr Eingehen in die Manifestation und Mannigfaltigkeit und die schließliche Rückkehr zur ursprünglichen Einheit.

Hat der Heros eine unsterbliche Braut, so muss er sie häufig in der Unterwelt oder an einem geheimnisvollen Ort suchen. Die Heldin kann hochmütig sein und ihn verachten oder als hässlich verkleidet sein, was die egoistische Seite der menschlichen Natur symbolisiert, die überwunden werden muss; aber die Symbolik bleibt die von Trennung und Wiedervereinigung, Sündenfall und Erlösung – den beiden Seiten der menschlichen Natur, die versöhnt und ineinander integriert werden müssen. Die besonders in Griechenland so genannten und verehrten Heroen finden ihre Entsprechung in den christlichen Heiligen und Märtyrern und in den Helden der germanischen, vorder- und mittelasiatischen oder indischen Epen.

## Herrscherstab ▶Amtsstab

## Herz
Als lebenswichtiges Zentralorgan des Gefäßsystems hat das Herz in fast allen Kulturen und zu allen Zeitaltern eine wichtige symbolische Bedeutung als Sitz des Lebens, der Lebenskraft, der Seele, der Gefühle, des Bewusstseins, der Vernunft,

des Mutes oder auch ganz allgemein als Mittelpunkt, Zentrum.

Bei den alten Ägyptern war das Herz Sitz des Verstandes und unverzichtbare Voraussetzung für ein Weiterleben nach dem Tod: Bei der Einbalsamierung wurden alle inneren Organe außer dem Herzen entfernt. Bei den Azteken galt das Herz als Zentrum und Lebensprinzip des Menschen; die Opferung des Herzens repräsentierte die Freilassung des Herzblutes, die Aussaat des Lebens, damit es keimen und blühen kann.

Im Hinduismus ist das Herz das göttliche Zentrum; das Atman (das wirkliche, unsterbliche Selbst des Menschen, seine geistige Essenz, der in unserem westlichen Sprachgebrauch die Seele entspricht) hat seinen Sitz im Herzen. Das Herz wird häufig durch den ▶Lotos symbolisiert. Das „Auge des Herzens" ist eine Bezeichnung für das dritte ▶Auge Shivas – transzendente Weisheit, der allwissende Geist. Im Buddhismus ist das Herz Sitz des Bewusstseins und die essentielle Natur von Buddha. Das „Diamantherz" bedeutet Reinheit und Unzerstörbarkeit und den Menschen, dem nichts etwas anhaben, den nichts beunruhigen kann.

In der Bibel und in der christlichen Symbolik ist das Herz Sitz der Gefühle, insbesondere der Liebe (zu Gott oder zum Nächsten): Wer gefühllos ist und sich von Gott abwendet, hat ein Herz aus Stein (Ezechiel 36,26). Das flammende Herz symbolisiert religiösen Eifer, Frömmigkeit und Hingabe; ein Herz in der Hand ist ein Bild für Liebe und Ehrfurcht; ein von einem Pfeil durchbohrtes Herz ist das reuevolle Herz. In dieser Ausgestaltung ist das Herz auch Attribut zahlreicher Heiliger: Das flammende Herz ist ein Zeichen des heiligen Ignatius von Loyola und Antonius von Padua; das Herz mit dem Kreuz ein Attribut der heiligen Katharina von Siena; ein

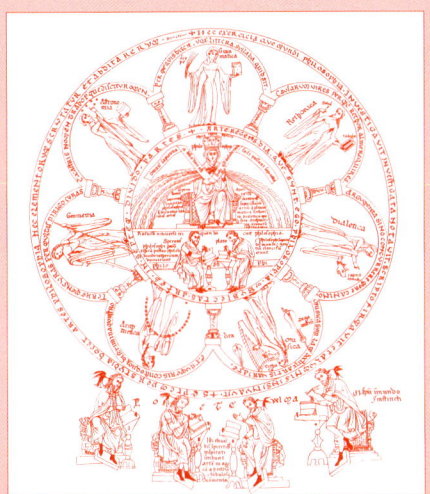

*Mit dem Herzen zu sehen galt als ein vornehmlich weibliches Talent. Dies wird in der Gestalt der Göttin der Weisheit, Sophia, symbolisiert. Herrad von Lanzberg schuf im 12. Jh. diese Personifikation der Herzensweisheit.*

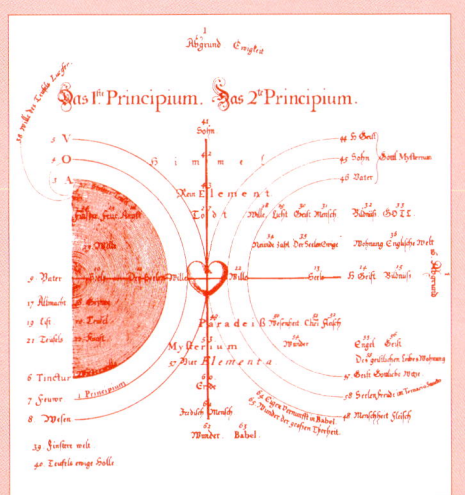

*Wo sich die Kreuzbalken schneiden, liegt das Herz. Dort liegt auch der Mittelpunkt der Gottheit. Die philosophische Kugel von Jakob Böhme, 1620*

*Das Herz als Zentrum der Lebenskraft: Am Ende des Lebens ergreift der Tod das Herz des Edelmanns. Federzeichnung von Bartholomäus Lingg, um 1580*

*Die altchinesische Kultur sah das Herz als Zentrum des gesamten Organismus. Das Herz wurde verglichen mit dem Fürsten, der auf einem Thron sitzt.*

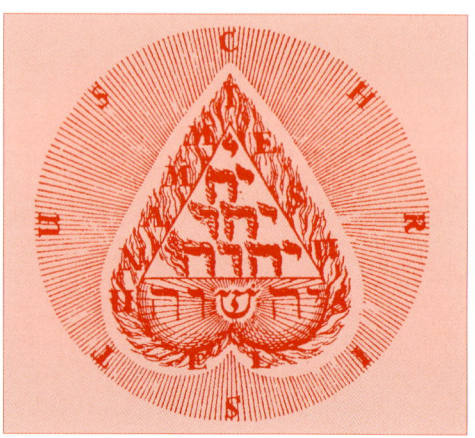

*Das flammende Herz ganz unten in diesem Siegel der Katholischen Konföderation, die im Jahr 1642 in Irland proklamiert wurde, steht für religiösen Eifer.*

*In diesem umgekehrten Herzen – einer Figur aus der Kabbala von Jakob Böhme (1575–1624) – ist JHVH (der Name Gottes in hebräischen Buchstaben) zu JHSHVH (Jehoshua = Jesus) umgedeutet.*

von einem Pfeil durchbohrtes Herz verweist auf Theresia von Avila und den heiligen Augustinus.

Die Herz-Jesu-Verehrung ist ein besonderer Typ der katholischen Jesusmystik und -verehrung, die sich v. a. im 19. und 20. Jh. ausbreitete und in der das Herz Jesu als Symbol des ganzen Menschen Jesus – insbesondere seiner aufopfernden Liebe – verstanden wurde.

Seit dem Mittelalter wurde das Herz immer mehr zum Symbol der (sowohl religiösen als auch weltlichen) Liebe. In unserer heutigen Symbolsprache verkörpert es die emotionale Weisheit des Fühlens gegenüber der im Kopf wohnenden Weisheit des Denkens, steht aber auch für Mitleid und Liebe, sowohl im Sinne der Nächstenliebe als auch im romantischen Sinn. Daher rühren die vielen verschiedenen Gestaltungen des Herzens als Symbol der Liebe zwischen Mann und Frau, wie man es häufig auf Grußkarten, in Graffiti usw. findet – entweder einzeln oder in Form zweier ineinander verschlungener Herzen, oft auch von einem Pfeil durchbohrt (eine Anspielung auf den

Liebesgott Amor, der in der antiken Mythologie mit seinen Pfeilschüssen die Liebe in den Herzen der Menschen erweckt und sie häufig genug auch damit quält). Ein gebrochenes Herz symbolisiert die Trauer um den Verlust eines geliebten Menschen (entweder durch Tod oder Trennung).

*Das Herz – entweder einzeln oder in Form zweier verschlungener Herzen oder von einem Pfeil durchbohrt – ist ein Liebessymbol.*

Andererseits kann die Heuschrecke, da sie sich im Laufe ihres Lebens mehrfach häutet, in der christlichen Symbolik aber auch auf die Auferstehung Jesu Christi und der menschlichen Seele hinweisen und (im weiteren Sinn) für die zu Christus bekehrten Heiden stehen.

## Hexagramm

64 Hexagramme bilden zusammen das uralte chinesische Orakelsystem des I Ging. (▶▶Die Hexagramme des I Ging, S. 224)

## Hexe ▶Fabelwesen

## Hibiskus

In China symbolisiert dieser Zierstrauch (fujung) wegen der Lautgleichheit Ruhm (jung) und Reichtum (fu). Er ist auch ein Symbol der Liebe und Schönheit: Sein Duft wird mit der verführerischen Anziehungskraft eines jungen Mädchens verglichen; das Sich-Öffnen der Hibiskusblüte oder das Pflücken des Hibiskus wird in Gedichten mit der Eroberung der Geliebten verglichen.

## Hieros gamos ▶Ehe

## Himmel

Himmel und ▶Erde verkörpern zusammen Geist und Materie, meist das Vater- und das Mutterprinzip (mit Ausnahme der ägyptischen, germanischen und ozeanischen Symbolik, wo die Positionen umgekehrt sind). Viele alte Kulturen sahen im Himmel eine (männliche) Naturkraft, die sich mit der (weiblichen) Erde in einer heiligen ▶Ehe (hieros gamos) vermählt. Auch im alten China galt der Himmel als männlich, die Erde als weiblich, und man stellte sich Himmel und Erde als eheliches Paar vor.

Im Sinne von Firmament bedeutet der Himmel Transzendenz, Unendlichkeit, Höhe, das Reich des Göttlichen und der

*Eine Dame des Mittelalters zielt mit einem Pfeil auf das Herz eines Minnesängers. Manessische Liederhandschrift, 12./13. Jh.*

## Heuschrecke

Wegen ihrer Gefräßigkeit, ihres Auftretens in großen Scharen und des Schadens, den sie anrichten konnten, indem sie ganze Landstriche kahl fraßen, waren Heuschrecken schon seit alters ein Sinnbild der Zerstörung. Als solches erscheinen sie auch in der Bibel: Heuschrecken kommen als göttliche Heimsuchung über Ägypten (2. Buch des Mose 10,12–15) und werden von Gott als Strafe und Gericht auf die verderbte Welt geschickt (Offenbarung des Johannes 9,1 ff.: „Aus dem Rauch kamen Heuschrecken über die Erde ... Es wurde ihnen gesagt, sie sollten dem Gras auf der Erde, den grünen Pflanzen und den Bäumen keinen Schaden zufügen, sondern nur den Menschen, die das Siegel Gottes nicht auf der Stirn haben.")

# Die Hexagramme des „I Ging"

Ein wichtiger Aspekt chinesischen Denkens ist das Wechselspiel zwischen den beiden polaren Kräften Yin und Yang. Yin bedeutet nichts anderes als „nördliche, schattige Seite des Hügels". Yang ist der helle, der Sonne zugewandte Hang. So ordnet man Yin die Eigenschaften Kälte und Dunkelheit zu, während Yang für Licht und Wärme steht. Oder Yin ist das weibliche, Yang das männliche Element.

Yin und Yang sind jedoch keine unüberbrückbaren Gegensätze, sondern bedingen und durchdringen sich gegenseitig in einem fließenden Übergang. Dieses Zusammenspiel von Yin und Yang liegt einem alten chinesischen Weissagungstext zugrunde, dem „Buch der Wandlungen", auch „I Ging" genannt. Dieses Orakelsystem, des-

sen Entstehung im Dunkel der Geschichte verborgen ist, geht auf die Zeit vor dem 12. Jahrhundert v. Chr. zurück.

Yin wird dabei durch eine unterbrochene Linie und Yang durch eine durchgezogene Linie dargestellt. Werden drei Yin- oder Yang-Linien übereinander arrangiert, so nennt man diese entstandene Form ein Trigramm. Es existieren insgesamt acht Trigramme; jedes von ihnen steht für ein bestimmtes Prinzip oder Naturelement.

Stellt man zwei Trigramme übereinander, so entsteht ein Hexagramm. Es gibt insgesamt 64 Kombinationsmöglichkeiten, also 64 mögliche Hexagramme. Jedem Hexagramm ist eine ganz bestimmte Deutung bzw. Zukunftsprognose zugeordnet.

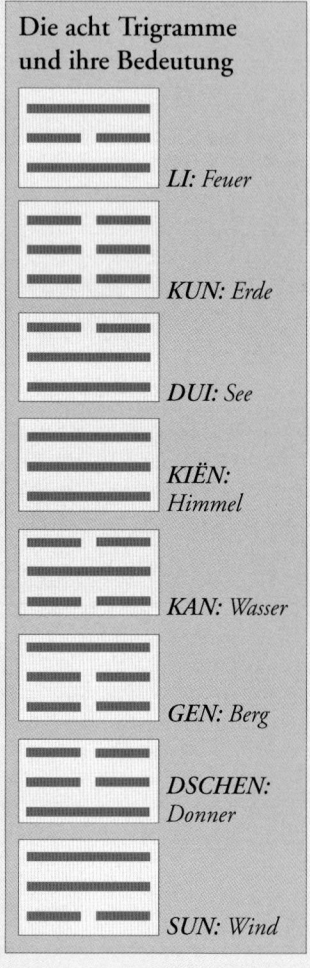

**Die acht Trigramme und ihre Bedeutung**

*LI:* Feuer

*KUN:* Erde

*DUI:* See

*KIËN:* Himmel

*KAN:* Wasser

*GEN:* Berg

*DSCHEN:* Donner

*SUN:* Wind

**1. KIËN**
*Das Schöpferische*

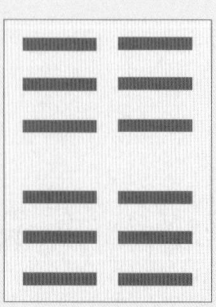

**2. KUN**
*Das Empfangende*

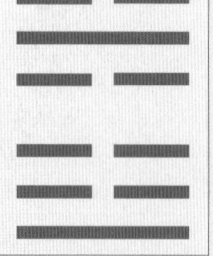

**3. DSCHUN**
*Die Anfangsschwierigkeit*

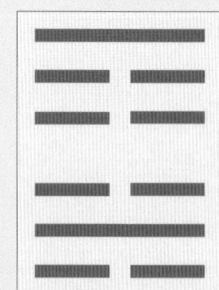

**4. MONG**
*Die Jugendtorheit*

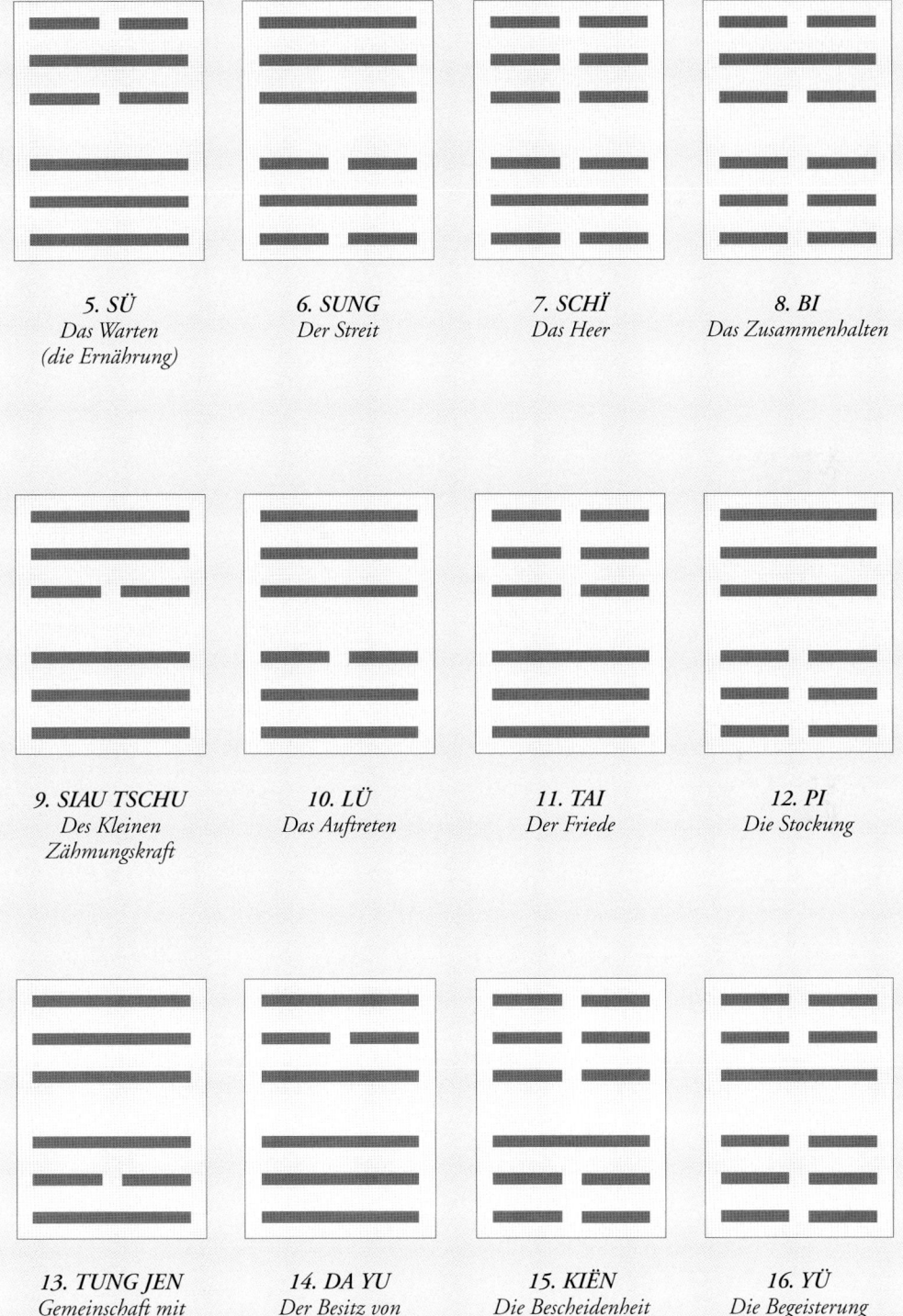

**5. SÜ**
*Das Warten
(die Ernährung)*

**6. SUNG**
*Der Streit*

**7. SCHÏ**
*Das Heer*

**8. BI**
*Das Zusammenhalten*

**9. SIAU TSCHU**
*Des Kleinen
Zähmungskraft*

**10. LÜ**
*Das Auftreten*

**11. TAI**
*Der Friede*

**12. PI**
*Die Stockung*

**13. TUNG JEN**
*Gemeinschaft mit
Menschen*

**14. DA YU**
*Der Besitz von
Großem*

**15. KIËN**
*Die Bescheidenheit*

**16. YÜ**
*Die Begeisterung*

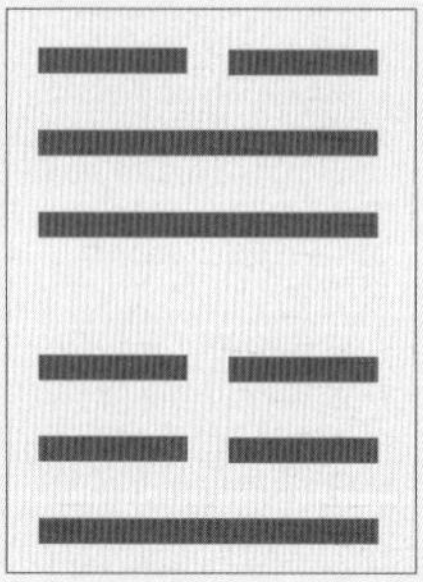

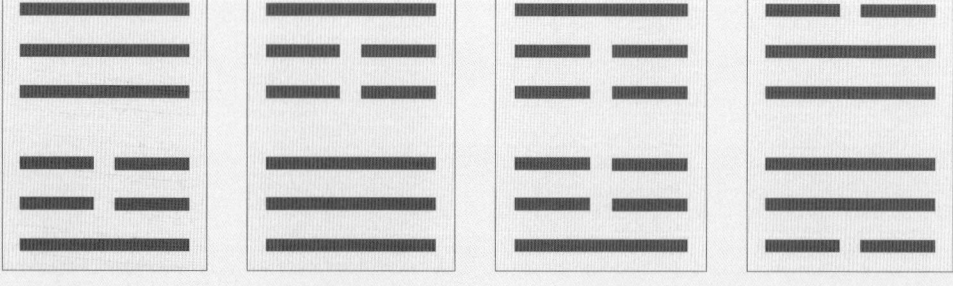

**17. SUI**
*Die Nachfolge*

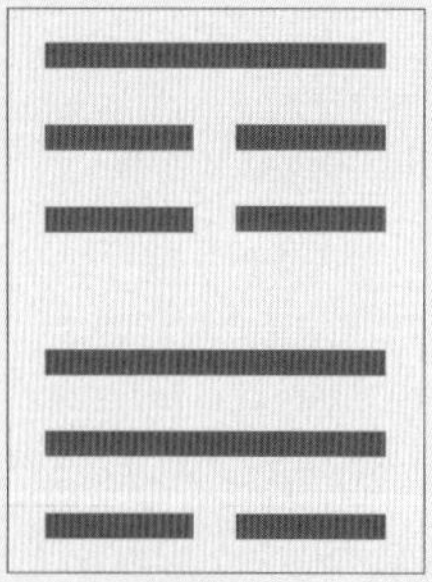

**18. GU**
*Die Arbeit am*
*Verdorbenen*

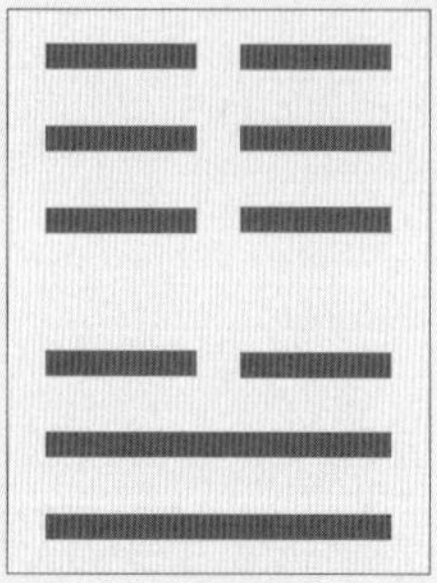

**19. LIN**
*Die Annäherung*

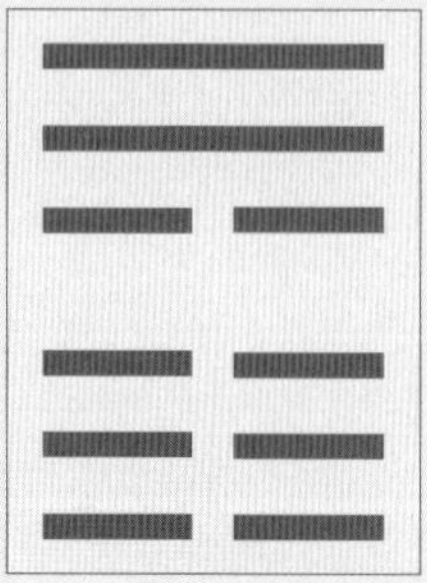

**20. GUAN**
*Die Betrachtung*
*(der Anblick)*

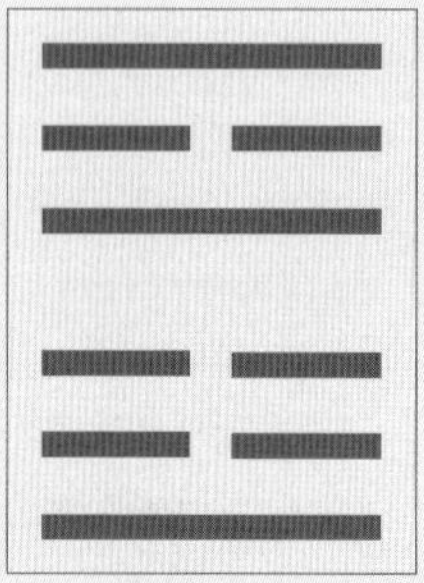

**21. SCHÏ HO**
*Das Durchbeißen*

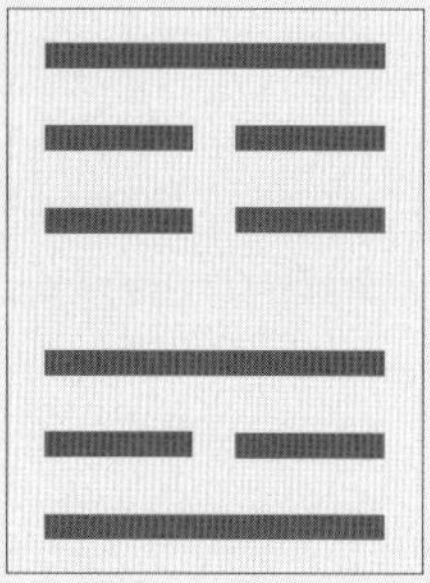

**22. BI**
*Die Anmut*

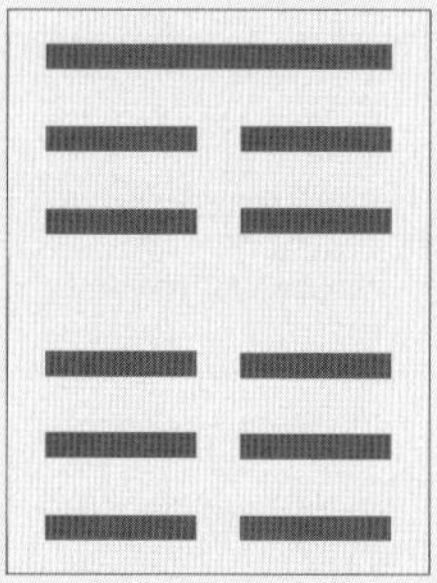

**23. BO**
*Die Zersplitterung*

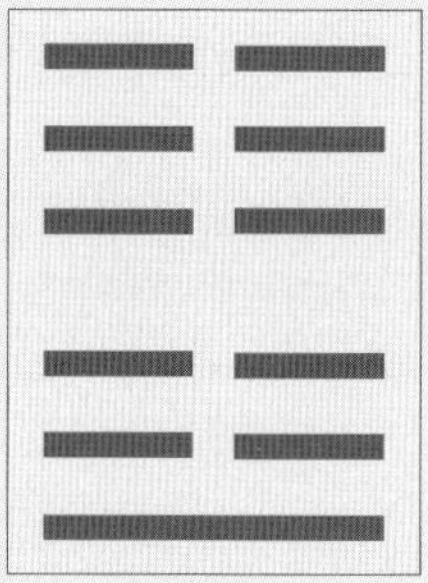

**24. FU**
*Die Wiederkehr*
*(die Wendezeit)*

**25. WU WANG**
*Die Unschuld*
*(das Unerwartete)*

**26. DA TSCHU**
*Des Großen*
*Zähmungskraft*

**27. I**
*Die Mundwinkel*
*(die Ernährung)*

**28. DA GO**
*Des Großen*
*Übergewicht*

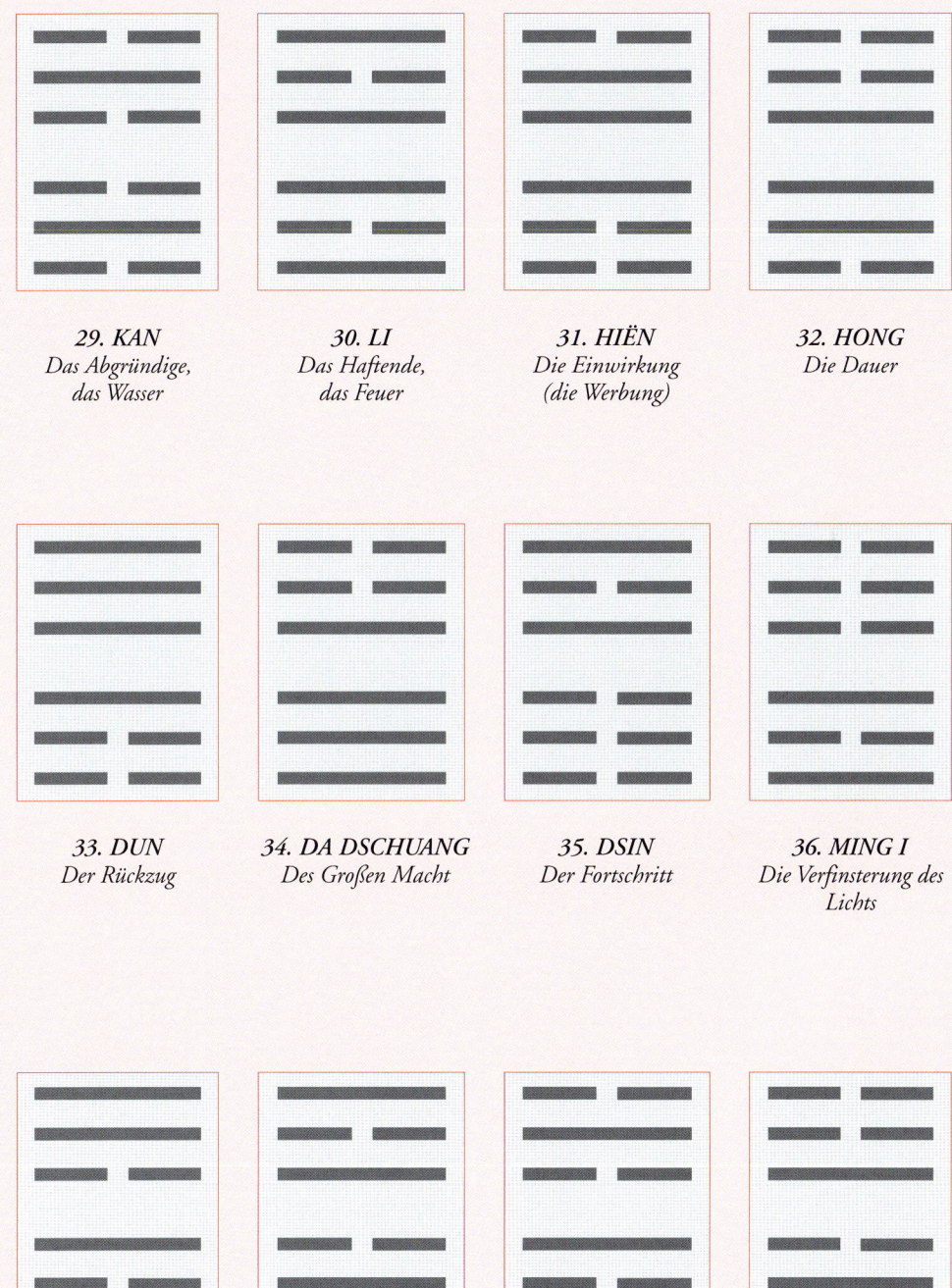

**29. KAN**
*Das Abgründige,
das Wasser*

**30. LI**
*Das Haftende,
das Feuer*

**31. HIËN**
*Die Einwirkung
(die Werbung)*

**32. HONG**
*Die Dauer*

**33. DUN**
*Der Rückzug*

**34. DA DSCHUANG**
*Des Großen Macht*

**35. DSIN**
*Der Fortschritt*

**36. MING I**
*Die Verfinsterung des
Lichts*

**37. GIA JEN**
*Die Sippe*

**38. KUI**
*Der Gegensatz*

**39. GIËN**
*Das Hemmnis*

**40. HIË**
*Die Befreiung*

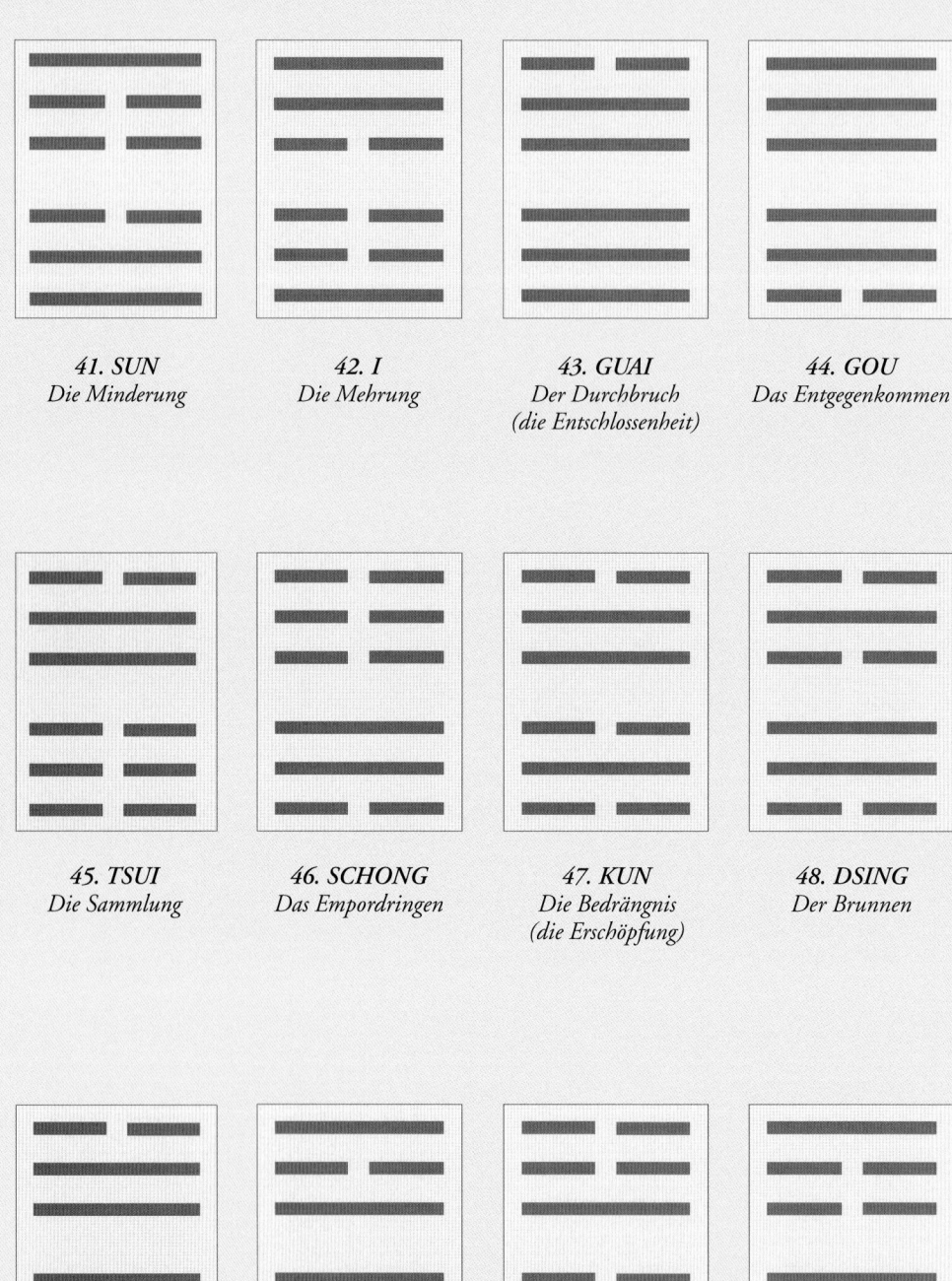

**41. SUN**
*Die Minderung*

**42. I**
*Die Mehrung*

**43. GUAI**
*Der Durchbruch*
*(die Entschlossenheit)*

**44. GOU**
*Das Entgegenkommen*

**45. TSUI**
*Die Sammlung*

**46. SCHONG**
*Das Empordringen*

**47. KUN**
*Die Bedrängnis*
*(die Erschöpfung)*

**48. DSING**
*Der Brunnen*

**49. GO**
*Die Umwälzung*
*(die Mauserung)*

**50. DING**
*Der Tiegel*

**51. DSCHEN**
*Das Erregende*
*(das Erschüttern,*
*der Donner)*

**52. GEN**
*Das Stillehalten,*
*der Berg*

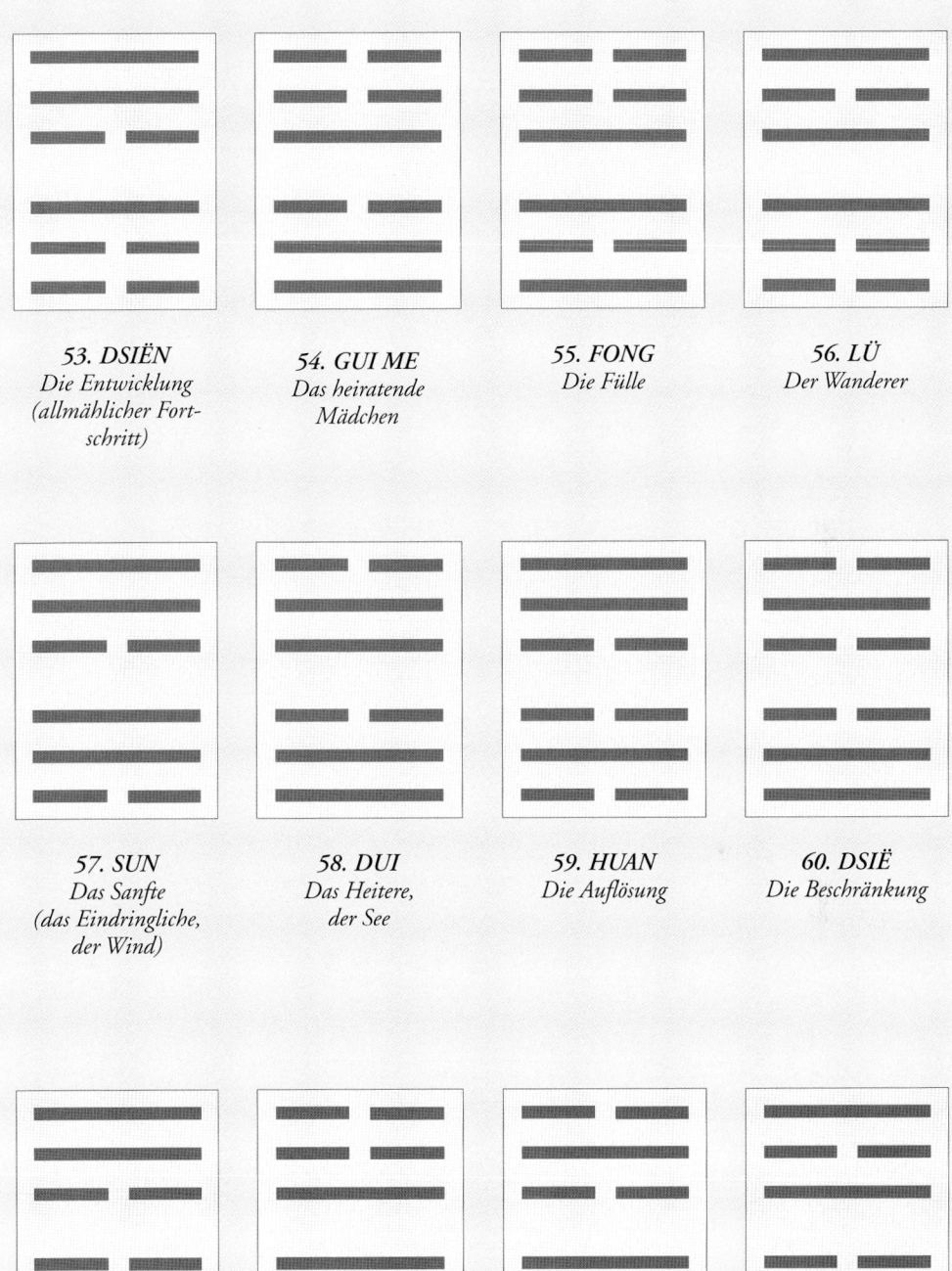

**53. DSIËN**
*Die Entwicklung
(allmählicher Fort-
schritt)*

**54. GUI ME**
*Das heiratende
Mädchen*

**55. FONG**
*Die Fülle*

**56. LÜ**
*Der Wanderer*

**57. SUN**
*Das Sanfte
(das Eindringliche,
der Wind)*

**58. DUI**
*Das Heitere,
der See*

**59. HUAN**
*Die Auflösung*

**60. DSIË**
*Die Beschränkung*

**61. DSCHUNG FU**
*Innere Wahrheit*

**62. SIAU GO**
*Des Kleinen
Übergewicht*

**63. GI DSI**
*Nach der Vollendung*

**64. WE DSI**
*Vor der Vollendung*

himmlischen Seligkeit (so z. B. im Christentum). Himmelsgötter sind in der Regel Schöpfer; sie sind allmächtig und allwissend und Hüter des Rechts. In matriarchalischen Kulturen sind Himmelsgottheiten gewöhnlich weiblich, in patriarchalischen männlich. Nach chinesischem Glauben leben manche Gottheiten im Himmel, andere auf der Erde, weil sie dort bestimmte Aufgaben zu erfüllen haben (wie z. B. der Herdgott).

In der sakralen Architektur wird der Himmel durch die Kuppel, den Stupa (▶buddhistische Symbole) oder durch die zentrale Öffnung im Tipi, ▶Zelt oder in der heiligen Hütte symbolisiert. In der christlichen Ikonographie wird der Himmel durch das gläserne Meer, das ▶Paradies und das himmlische Jerusalem dargestellt.

## Himmelfahrt ▶Aufstieg

## Himmelsrichtungen ▶Weltgegenden

## Hinduistische Symbole

Die wichtigsten Gottheiten des Hinduismus sind Vishnu, Krishna, Shiva und Shakti.

Gott Vishnu, der Hüter des Dharma (der gesetzlichen Ordnung des Universums) und Hüter der menschlichen Moral, inkarniert sich immer wieder auf der Welt, um nach dem Rechten zu sehen und die Ordnung wiederherzustellen, wenn das Böse zu sehr auszuufern droht. Er ist in erster Linie ein gütiger, wohlwollender Gott. Vishnus Attribute sind: der mythische Vogel Garuda, auf dem er reitet, und die Schlange ohne Ende (Ananta), auf der er ruht – ein Symbol für den ewigen Kreislauf der Erscheinungen (▶Fabelwesen). Auch die Schnecke Vishnus ist ein Symbol für Schöpfung und Vergänglichkeit. Die Lotosblume (▶Lotos) symbolisiert Schöpfung und Reinheit; das ▶Rad ist ein Sinnbild für das Rad des Lebens.

Eine der beliebtesten Inkarnationen Vish-

nus, die von vielen Hinduisten leidenschaftlich verehrt wird, ist Krishna, die Verkörperung der göttlichen Liebe. Der Krishna-Kult nimmt oft recht ekstatische Formen an und spielt in Indien bis heute eine wichtige Rolle. Dargestellt wird Krishna meistens im Liebesspiel mit den Hirtenmädchen (Gopis), die er mit seinem Flötenspiel verzaubert (v. a. mit seinem Lieblings-Hirtenmädchen Radha). Krishna und die Gopis versinnbildlichen die hingebungsvolle Liebe der menschlichen Seele zu Gott.

Shiva ist der große Weltzerstörer und zugleich -erneuerer, da nichts Neues entstehen kann, ohne dass etwas Altes zerstört wird. Shiva bringt zu Beginn jeder Weltperiode alles Leben hervor und zerstört es am Ende wieder – ein Symbol des ewigen Kreislaufs von Geburt und Tod, Werden und Vergehen. Sein Reittier ist Nandi (ein weißer Stier), sein wichtigstes Symbol der ▶Lingam, ein Phallussymbol, Zeichen seiner Fruchtbarkeit und Schöpferkraft.

Seine Gefährtin, Shakti, tritt in verschiedenen Verkörperungen mit unterschiedlichen Charakterzügen (als Kali, Parvati oder Durga) auf und personifiziert – als Gegenstück zu Shiva – die weibliche Schöpferkraft, die alles Leben hervorbringt. Wie Shiva hat sie auch einen zerstörerischen Aspekt. Ihr Symbol ist das weibliche Geschlechtsteil, ▶Yoni, manchmal auch ein mit der Spitze nach unten zeigendes ▶Dreieck als Sinnbild des weiblichen Prinzips.

Sexualität spielt in den religiösen Praktiken und der Symbolik der Verehrer Shivas und Shaktis eine wichtige Rolle; die sexuelle Liebe ist für sie etwas Heiliges und ein Weg zur Erlösung. Dementsprechend werden Shiva und Shakti (bzw. Yoni und Lingam) häufig in sexueller Vereinigung dargestellt.

Auch Yoga-Praktiken spielen im Hinduismus eine wichtige Rolle (▶Chakras). Wichtig ist auch das Rezitieren von ▶Mant-

*Vishnu, auf der Schlange Ananta ruhend*

ras wie beispielsweise der heiligen Silbe ▶OM/AUM und die Konzentration auf Yantras bzw. ▶Mandalas – mystischen Diagrammen, die bestimmte kosmische Kräfte oder Aspekte des Göttlichen symbolisieren und bei der Versenkung in die Meditation helfen sollen.

## Hippogryph ▶Fabelwesen

## Hirsch

Seinem auffallenden, prächtigen, verästelten Geweih verdankt der Hirsch einen Großteil seiner symbolischen Bedeutung: Da er sein Geweih abwirft und es immer wieder neu nachwächst, wurde er zum Sinnbild für den Kreislauf der sich immer wieder erneuernden Natur, zum Symbol der Lebenserneuerung. Wegen der roten Farbe des abgescheuerten Basts wurde er schon früh mit der Sonne in Verbindung gesetzt; auch die Verästelungen seines Geweihs wurden als Sonnenstrahlen interpretiert – daher rührt seine symbolische Bedeutung als Sonnentier und Attribut von Sonnengöttern. Schließlich wurde der Hirsch dank seines hohen, reich verästelten Geweihs auch zum Baum des Lebens in Bezug gesetzt. Daneben wurde er natürlich auch häufig mit der Jagd assoziiert.

Schon in skandinavischen Felsbildern taucht der Hirsch als Zugtier des Sonnenwagens auf. Im antiken Griechenland war er dem Lichtgott Apollon und der Jagdgöttin Artemis geweiht. Auch bei den Kelten war der Hirsch ein Sonnentier, Symbol der Männlichkeit und Attribut des Kriegers; so gab es z. B. einen Gott mit Hirschgeweih, Cernunnos. Hirsche sind die übernatürlichen Tiere der keltischen Märchen- und Zauberwelt, denen auch heilende Kräfte zugeschrieben wurden. Seine Bedeutung als Licht- und Sonnensymbol zeigt sich auch bei dem in Märchen häufig vorkommenden Motiv des Hirschs mit goldenem Geweih.

In der Edda äsen Hirsche vom Lebens- oder Weltenbaum und trinken vom Wasser des Lebens. Als Symbol der Erneuerung des Lebens kommt der Hirsch auch in Apothekennamen häufig vor. Im Buddhismus ist ein goldener Hirsch Sinnbild der Weisheit.

*In diesem Mosaik aus der lateranischen St.-Johannes-Basilika trinken Hirsche von den erneuernden Wassern des Lebens, die aus dem Fuß des erlösenden Kreuzes herabströmen.*

Das Fell des Hirschs wird vielfach in schamanistischen Riten verwendet (▶Haut).

In der christlichen Symbolik setzt sich die positive sinnbildliche Bedeutung des Hirschs fort: In Anlehnung an Psalm 42,3 („Wie der Hirsch lechzt nach frischem Wasser, so lechzt meine Seele, Gott, nach dir") wird der Hirsch zum Symbol des sich nach Gott sehnenden Menschen und des Täuflings, der ins Wasser des Taufbeckens getaucht wird und dadurch neues, ewiges Leben empfängt. Im ▶Physiologus taucht er als Schlangenvertilger auf: Der Hirsch, der die Schlange am Boden zertritt, ist Symbol für den Sieg Jesu Christi über den Teufel, den Sieg des Geistes über die Materie, des Guten über das Böse. Hirschkuh und Hirsch (z. T. mit einem Kreuz im Geweih) sind auch Attribute verschiedener christlicher Heiliger.

In China ist der Hirsch aufgrund der Lautgleichheit des Wortes für Hirsch und gutes Einkommen („lu") ein Symbol des Reichtums, aber auch Sinnbild der Langlebigkeit und häufiger Begleiter des Gottes des langen Lebens (▶Langlebigkeit).

## Hirte

Bereits in den frühesten Kulturen wird der Hirte mit Königtum und Göttlichkeit in Verbindung gebracht – als königlicher oder göttlicher Führer und Hüter der Menschen. So gibt es in sehr vielen Kulturen Hirtengötter, z. B. den indischen Krishna, den phrygischen Attis und den griechischen Pan, Gott der Schafhirten.

In der griechischen und römischen Literatur wurde der Hirt als naturnaher Bewohner idyllischer Landschaften und als Vertreter der Künste idealisiert (Theokrit, Vergil); so entstand die Vorstellung vom Wunsch- und Traumland Arkadien, einem Schauplatz idyllischen Landlebens mit dem musizierenden Hirten im Mittelpunkt, die in

*Der gute Hirte, Deckenmalerei in der Priscilla-Katakombe, Rom, 3. Jh.*

der italienischen Renaissance-Dichtung und der barocken Schäferdichtung fortgeführt wurde. Vor allem im Rokoko in ganz Europa verbreitet war die Mode der Schäferei, eines aristokratischen Gesellschaftsspiels, bei dem die Beteiligten sich in Lustschlössern auf dem Lande oder im Freien als Schäfer und Schäferinnen verkleideten. Dahinter steckte die nostalgische Sehnsucht nach einer Rückkehr zur Natur, zum einfachen Landleben als Flucht aus der gekünstelten, strengen Regeln unterworfenen Hofetikette.

Im Christentum ist Jesus nach dem biblischen Gleichnis in Johannes 10,11 ff. der gute Hirte, der sich aufopfernd um seine Herde (die Gläubigen) kümmert und sein Leben für sie hingibt. Im kirchlichen Bereich hat sich die Symbolfigur des guten Hirten bis heute erhalten und erscheint z. B. in Bezeichnungen wie Pastor (Hirte, Schäfer) für Seelsorger.

Im Hinduismus steht die Liebe der Hirtenmädchen (Gopi) zu Krishna für die leidenschaftliche, sehnsüchtige Liebe der menschlichen Seele zu Gott (▶hinduistische Symbole).

*Christus als guter Hirte, Wandmalerei in der Kata-*
*kombe San Callisto, 2. Jh.*

## Hirtenstab, Krummstab

Der Hirtenstab bedeutet Autorität, Führung, Rechtsprechung, Barmherzigkeit, Glauben und hat teil an der Symbolik der ▸Hirten, deren Attribut er ist. Im alten Ägypten war ein Hirtenstab z. B. Attribut des Osiris als Richter der Toten und Symbol höchster Macht. Im Christentum ist er der Stab der Apostel und Attribut mehrerer Heiliger. Aus dieser Symbolik hat sich der Bischofsstab

*Osiris, der als Totenrichter den Stab des Herrschers*
*und Führers in der Hand hält. Der Dreschflegel*
*steht für seine Macht, über die Seelen der Men-*
*schen zu richten, indem er ihre guten Taten von*
*den bösen scheidet (thebanische Malerei vom*
*Grabmal des Sennedjem).*

(Krummstab) entwickelt – das Attribut eines Bischofs als Hirte seiner Herde und ein Symbol seiner Macht und Autorität. ▸Stab

## Hochzeit ▸Ehe

## Hoffnung

Der ▸Anker als Sinnbild der Hoffnung geht auf die christliche Symbolik (Jesus als rettender Anker der Menschen auf dem irdischen Leidensweg) zurück. In der Volksüberlieferung ist Grün die Farbe der Hoffnung (▸▸Die Symbolik der Farben, S. 152).

## Höhle

Die Höhle ist als Innenraum der Erde bzw. des Berges eng mit der Symbolik von Geburt und Tod, ▸Grab und Mutterschoß (▸Mutter, ▸Schoß) verbunden – ein Symbol des Mutterschoßes der Erde, der alles Leben hervorbringt, aber zum Zeitpunkt des Todes auch wieder zurücknimmt: des Ursprungs und Endes allen Lebens. So glaubten die alten Ägypter, dass das Leben spendende Wasser des Nils aus einer Höhle hervorkomme. Eine Höhle ist auch Geburtsstätte vieler Götter (z. B. Zeus), in manchen Mythologien sogar Ursprungsort ganzer Völker (z. B. der Azteken). Erd- und Muttergöttinnen wie die griechische Demeter wohnen häufig in Höhlen. In diesen symbolischen Zusammenhang sind auch Madonnenerscheinungen in Höhlen oder Grotten (z. B. in Lourdes) einzuordnen.

Als weibliches Sexualsymbol ist die Höhle auch häufig ein Sinnbild des Mutterschoßes der Erde, der in einer heiligen ▸Ehe (hieros gamos) vom Himmel befruchtet wird. In ostkirchlichen Darstellungen findet die Geburt Jesu Christi in einer Höhle statt (die früher in Palästina üblicherweise als Stall diente), wobei die Darstellung der Höhle als Erdspalte bewusst an einen Mutterschoß erinnert – ein Sinnbild der

Befruchtung der Erde durch den Himmel.

Andererseits können Höhlen – der Ambivalenz der Höhlensymbolik entsprechend – aber auch Eingang ins Totenreich bzw. die Unterwelt sein bzw. selbst dieses Reich repräsentieren: Das Totenreich der Germanen (Hel) und die christliche Hölle stellt(e) man sich als unterirdischen Hohlraum vor.

Die Höhle kann auch geheimes, esoterisches Wissen symbolisieren und eine Stätte der Initiation (der „zweiten Geburt") sein: Initiationszeremonien fanden sehr häufig in Höhlen statt; diese standen symbolisch für die Unterwelt und das Grab – den Tod, den der Initiand (und jeder Held) erst einmal durchleiden muss, um Wiedergeburt und Erleuchtung zu erlangen. Als Stätte der Initiation war die Höhle auch ein geheimer Ort, dessen Eingang vor den Nicht-Eingeweihten durch ein Labyrinth oder einen gefahrvollen Durchgang verborgen gehalten wurde – oft von einem Ungeheuer oder einem übernatürlichen Wesen bewacht, das man erst einmal überwinden musste, um Zugang zur Höhle zu erlangen. Das Betreten der Höhle bedeutet auch den Wiedereintritt in den Schoß der Mutter Erde. Der Durchgang durch die Höhle schließlich stellt einen Wandel der Seinsform (Wiedergeburt als neuer Mensch) dar, der ebenfalls durch die Überwindung gefährlicher Mächte erreicht wird.

Nach chinesischer Vorstellung ist die Höhle ein Aufenthaltsort gutartiger übernatürlicher Wesen oder Eremiten; sie kann auch der Eingang zu einer anderen, schöneren Welt sein.

## Hölle

Wichtigste Symbole der Hölle sind: das ▶Feuer (z. B. im altägyptischen Jenseitsglauben, im Islam und im Christentum), die ▶Finsternis, in der die Seelen der Verdammten leben müssen (altägyptische Reli-

*Die Vorhölle. Kupferstich von H. Cook*

gion, Zoroastrismus, Christentum), und die Höllenqualen – verschiedene Formen körperlicher Pein, der sie als Strafe ausgesetzt sind (Hinduismus, Christentum). ▶Unterwelt

## Holunder

Schon in der Antike war der Holunder als Heilpflanze bekannt; man glaubte, bereits durch das Berühren eines Holunderstrauchs Krankheiten auf ihn übertragen zu können. Bei den Germanen war der Holunder der kinderspendenden Göttin Freya heilig. Im Mittelalter wurden ihm magische Kräfte zugeschrieben: Das Verstümmeln oder Abholzen eines Holunderstrauchs sollte Unglück oder Tod bringen; weit verbreitet war auch der Volksglaube, dass ein am Hause verdorrender Holunderstrauch den Tod eines Hausbewohners ankündige.

## Holz

Die Ganzheit des uranfänglichen, paradiesischen Zustandes; das Material, das bei Geburt und Tod Zuflucht in Wiege und Sarg gewährt und aus dem auch das Ehebett gebaut wird. Der Holzhammer steht für Autorität, Willen und männliche Kraft und hat an der Symbolik des ▶Hammers teil. In der christlichen Symbolik weist Holz auf den ▶Baum der Erkenntnis und das ▶Kreuz hin. Im Hinduismus und in Tibet ist es die prima materia, aus der alle Dinge geformt wurden. Nach chinesischer Vorstellung ist das Holz eines der fünf ▶Elemente.

## Honig

Schon früh wurde Honig in verschiedenen Kulturen mit dem Himmlischen und Göttlichen in Verbindung gebracht. Im Altertum wusste man noch nicht, wie Honig entsteht: Nach altindischer Vorstellung gilt er als Gabe des Himmels; in der Edda heißt es, er tropfe vom Weltenbaum herunter; und einer griechischen Vorstellung zufolge brachte die Mondgöttin den Honig hervor. In der Antike nahm man an, dass ▶Bienen ihre Brut nicht zeugen, sondern von den Blüten absammeln; diese „Jungfräulichkeit" der Bienen machte den Honig zu einer reinen, himmlischen Nahrung und Speise der Götter (so war er z. B. Nahrung des Kna-

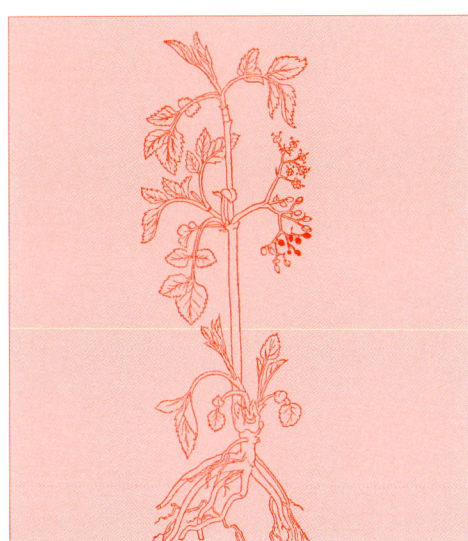

*Holunder galt schon früh als Heilpflanze. Man glaubte, dass man allein durch Berühren des Strauchs Krankheiten heilen konnte.*

ben Zeus, des späteren griechischen Göttervaters). Außerdem war Honig im alten Griechenland ein Symbol der Beredsamkeit („honigsüße Worte").

Ebenso wie Milch galt der Honig früher als sakrale Speise. In der Bibel ist das „Land, in dem Milch und Honig fließen" (2. Buch des Mose 3,8) das gelobte Land, das Paradies. Honig steht in der christlichen Symbolik aber auch für die Lieblichkeit des göttlichen Wortes oder die Beredsamkeit von Predigern (▶Biene).

## Hörner

Als gefährliche Waffe vieler Tiere wurde das Horn schon früh zum Symbol physischer Kraft und – im übertragenen Sinn – auch übermenschlicher Macht und war häufig Kennzeichen von weltlichen Herrschern und Gottheiten. Nach altem Volksglauben erhielt sich im Horn auch über den Tod des Tieres hinaus dessen Kraft und Kampfesmut. Daher schrieb man Hörnern vielfach auch übernatürliche, schützende Kraft gegen Zauberei, Dämonen und anderes Unheil zu.

Hörner tragende Tiere galten in vielen Kulturen als Inbegriff der Fruchtbarkeit; so wurde das Horn auch zum Fruchtbarkeitssymbol. Aufgrund der Ähnlichkeit des Horns mit der Mondsichel und seiner Bedeutung als Fruchtbarkeitssymbol hat es auch teil an der Symbolik des Mondes (▶Halbmond).

Daneben spielt das Horn eine wichtige Rolle als Sexualsymbol. Meist verkörpert es aufgrund seiner Form den Penis; es kann aber auch ein weibliches Sexualsymbol sein: Scharfe, spitze Hörner stehen für Männlichkeit und Zeugungskraft, während hohle eher das weibliche, empfangende Prinzip repräsentieren. Daher kann das Horn ein Attribut sowohl männlicher als auch weiblicher Gottheiten sein. Gehörnte Götter verkörpern manchmal Krieger, aber meist sind es Fruchtbarkeitsgottheiten; so wird z. B. der griechische Gott des Weines und der Fruchtbarkeit, Dionysos, oft mit Hörnern dargestellt. Der gehörnte Naturgott Pan – der griechische Gott der Hirten und Herden – wurde bocksgestaltig geboren. Im Gefolge des Dionysos führte er die ebenfalls gehörnten ▶Satyrn an (lüsterne Mischwesen aus Mensch und Ziegenbock, die für Zeugungskraft und Fruchtbarkeit stehen) und lauerte gemeinsam mit ihnen den Nymphen auf. Die Hörner des altägyptischen Schöpfer- und Fruchtbarkeitsgotts Amun sind spiralförmig gewunden wie Widderhörner. Der westsemitische Sturmgott Adad hat Hörner mit einem langen Band, das von einer Krone herabhängt. Der mesopotamische Regengott Enki trägt ebenfalls eine Hörnerkrone.

Hörner sind auch Attribut vieler Muttergöttinnen und Himmelsköniginnen, so z. B. der kuhgestaltigen ägyptischen Himmelsgöttin und heiligen Mutter Hathor.

Hellenistische Herrscher wie z. B. Alexander der Große ließen ihr Bildnis als Symbol ihrer Macht mit gehörnter Stirn auf Münzen prägen. In diesem Sinn – als Sinnbild der Kraft, des Mutes und des Kriegerischen – sind auch Hörner auf Helmen von Ritterrüstungen zu verstehen.

In Weiterführung der Fruchtbarkeitssymbolik wurde das Horn auch zum Zeichen des Überflusses und reichen Erntesegens (▶Füllhorn).

In der christlichen Symbolik war das Horn zunächst – im Alten Testament – noch ein Machtsymbol (Moses ist manchmal mit „Hörnern der Macht" dargestellt); später wurden Hörner jedoch zum Attribut Satans, der häufig in Bocksgestalt (▶Ziege) dargestellt wurde. Daher sind Hörner auch ein Sinnbild des betrogenen Ehemanns, was wie sich in Redewendungen wie „gehörnter Ehemann" oder „jemandem Hörner aufsetzen" erhalten hat. ▶Ziege ▶Widder ▶Stier

**Horoskop** ▶▶Astrologische Zeichen, S. 46

### Hufeisen

Das Hufeisen war schon in germanischer und gallo-römischer Zeit ein Glückssymbol, was es im Glauben vieler Völker heute noch ist. Der Ursprung dieses Glaubens wird auf die wichtige Bedeutung des ▶Pferdes in religiösen Kulten zurückgeführt. (Funde von Hufeisenlagern deuten darauf hin, dass Hufeisen auch als Opfer – stellvertretend für das Pferdeopfer – dienten.) Das Hufeisen dient als ▶Talisman und wird z. B. an Haus-, Stall- und Scheunentüren und an Schiffsmasten angebracht. Besonderes Glück soll es bringen, ein Hufeisen zu finden. Das Hufeisen ist auch Attribut des heiligen Eligius, des Patrons der Gold- und Hufschmiede.

*Darstellung eines Horoskops mit Tierkreis und Planeten. Holzschnitt von Schön, 1515*

## Huhn

Die Henne ist ein Symbol für Mutterliebe und mütterliche Fürsorge – so auch in der Bibel in dem berühmten Wort Jesu Christi, er wolle die Kinder Jerusalems um sich sammeln, „so wie eine Henne ihre Küken unter ihre Flügel nimmt" (Matthäus 23,37). Dieses Bild wurde in der christlichen Symbolik später auch auf die Kirche übertragen.

Nach chinesischem Volksglauben fürchten Geister sich vor Hühnern; deshalb kann ein Huhn oder Hahn oder das Bild eines solchen Tiers die Geister vertreiben. Das Blut schwarzer Hühner galt als besonders wirksames Mittel zur Vertreibung von Geistern. In Nordchina und Korea gab es einen ausgesprochenen Hühnerkult; Hühnerfleisch durfte dort nicht gegessen werden. Einem Schöpfungsmythos der Lolo (einer den Tibetern nahe stehenden südchinesischen Volksgruppe) zufolge gab es am Anfang der Welt ein schwarzes und ein weißes Huhn; diese beiden Hühner legten je neun Eier, aus denen die bösen und die guten Menschen entstanden.

Bei manchen afrikanischen Stämmen spielt das Huhn in Initiationsriten für die Frau die Rolle eines ▶Psychopompos (Seelenführers). ▶Hahn

## Hund

Als ältestes Haustier, Jagdhelfer, Begleiter und Wächter des Menschen und Hüter seiner Herden spielt der Hund in fast allen Mythologien der Welt eine wichtige Rolle.

Früher wurde er häufig mit dem Tod und der Unterwelt in Verbindung gebracht. Im alten Rom glaubte man, dass Hunde den Tod voraussehen können; ihr Geheul wurde als Unglücks- und Todesbote gedeutet. Auch durch die früher bei Parsen und Tibetern übliche Bestattungsform der Leichenaussetzung wurde der Hund (der die Lei-

*Der Hund gilt als Symbol für große Wachsamkeit und Treue.*

chen fraß) zu einem Bild des Todes, aber gleichzeitig auch zum Seelengeleiter (▶Psychopompos) – vielleicht auch aufgrund seiner Eigenschaft als treuer Gefährte des Menschen: Er bleibt auch nach dem Tode Begleiter des Menschen, legt Fürsprache für ihn ein und vermittelt zwischen den Toten und den Göttern der Unterwelt – so z. B. der altägyptische Friedhofs- und Totengott Anubis, der in Hundegestalt oder als Mensch mit dem Kopf eines Hundes bzw. Schakals dargestellt wird. Er war für die Mumifizierung zuständig und Schutzherr der Gräber; außerdem war er beim Totengericht anwesend, das nach altägyptischem Glauben über jeden Verstorbenen abgehalten wurde. Auch bei den Azteken war der Hund ein Psychopompos und wurde am Grab geopfert, um den Toten auf der Reise ins Jenseits zu begleiten.

Als Wächter am Eingang zur Unterwelt erscheint der Hund in Gestalt des dreiköpfigen griechischen Höllenhundes Zerberus

(▶Fabelwesen) und als Garm im nordgermanischen Mythos: ein riesiger Hund mit
vier Augen und blutiger Brust, der den Eingang zum unterirdischen Totenreich Hel
bewacht.

Dem Speichel des Hundes schrieb man
heilende Wirkung zu, daher war er ein
Symbol bzw. Attribut der babylonischen
Heilgöttin Gula und des griechischen Gottes der Heilkunde, Asklepios.

Im Alten Testament galt der Hund, da er
auch Aas verzehrt, als unreines Tier (2.
Buch des Mose 22,30, 1. Buch der Könige
14,11). Im Mittelalter wurde er dann als
Hüter der Häuser und Begleiter des Menschen zum Sinnbild der Treue aufgewertet,
das er im westlichen Kulturkreis auch heute
noch ist; mittelalterliche Grabplastiken zeigen ihn häufig treu bis in den Tod zu
Füßen seines verstorbenen Herrn liegend.
Als Wächter der Herde kann er den guten
▶Hirten, einen Bischof oder einen Priester
darstellen. Er ist Attribut der theologischen
Tugend des Glaubens (fides), kann jedoch
auch in negativer Bedeutung als Reittier der
Personifikation des Neides (invidia) erscheinen. Für seine symbolische Bedeutung im
Christentum kann auch die Farbe eine
Rolle spielen: In manchen christlichen Darstellungen symbolisiert ein weißer Hund
(entsprechend seiner Farbe ein Sinnbild der
Reinheit und Unschuld) Treue und Güte,
während ein hässlicher, struppiger, schwarzer Hund (Schwarz als Sinnbild der teuflischen Mächte, der Finsternis) den Unglau-
ben verkörpert. Der Hund ist auch Attribut
vieler christlicher Heiliger, so z. B. von
Hubertus, dem Schutzheiligen der Jäger.

Bei einigen Naturvölkern, z. B. in Afrika,
gilt der Hund als mythischer Ahnherr
und/oder Feuerbringer, der das Feuer entweder durch Reibung erzeugt hat oder das
männliche Geheimnis des Feuermachens
bewahrt und später den Frauen verraten hat.

Bei den nordamerikanischen Indianern
ist der Hund in seiner Symbolik weitgehend mit dem ▶Kojoten austauschbar; er
ist ein Donnertier, ein Regenbringer, auch
ein Feuererzeuger und (als Kojote) ein Kulturheros und mythischer Ahnherr, Vermittler und Bote. Die Irokesen opferten zum
neuen Jahr einen weißen Hund, der Gebete
ins Jenseits bringen sollte.

In Nordchina galt der Hund als Vertrei-
ber böser Dämonen und Begleiter des Gottes Erh-lang, der die Welt von Dämonen
reinigt; deshalb gab man z. B. Toten Papier-
hunde bei. Der Hund galt auch als Glückszeichen: Wenn einem ein Hund zulaufe, so
hieß es, werde man wohlhabend. In Süd-
und Westchina dagegen bringt der Hund
den Menschen in den Volksmärchen den
Reis bzw. die Hirse; es gibt dort auch –
ähnlich wie im abendländischen Kulturkreis
– zahlreiche Geschichten von treuen Hunden, die sich für ihren Herrn aufopfern.

Der Hund ist auch eines der zwölf chinesischen Tierkreiszeichen (▶▶astrologische
Zeichen, S. 46).

## Hut

Der Hut diente (und dient) nicht nur als
modisches Accessoire oder Schutz gegen die
Witterung, sondern hatte vielfach auch
symbolische Bedeutung, meist als Symbol
eines bestimmten sozialen Standes oder als
Auszeichnung.

So gab es z. B. im Mittelalter Stroh- oder
Filzhüte mit kegelförmigem Kopfteil und
schräg nach unten gebogener Krempe, die
von den unteren Ständen und zur Landar-
beit getragen wurden. Der gleiche Hut,
dicht mit Pfauenfedern besetzt, kennzeichnete als „Pfauenhut" den vornehmen Mann.
Hüte in bestimmter Farbe und/oder Form
waren im Mittelalter auch Standesabzeichen
von Herrschern (Herzogs- und Kurfürsten-
hut) und hohen Geistlichen (Kardinalshut).

Auf eine Stange oder Lanze aufgesteckt, waren sie ein Symbol der Hoheit des Gerichts- oder Kriegsherrn, dem die Untertanen mancherorts stellvertretend ihre Reverenz erweisen mussten (so z. B. in der Tellsage). Ein herabwürdigendes Zeichen war der den Juden im Mittelalter vorgeschriebene gelbe, spitze Judenhut, den diese zu ihrer Kennzeichnung tragen mussten.

Auch im Brauchtum früherer Zeiten (und teilweise noch heute) spielt der Hut in dieser symbolischen Bedeutung eine wichtige Rolle: Früher wurden an Fürsten und Feldherren, die sich um den katholischen Glauben verdient gemacht hatten, vom Papst gesegnete, mit Hermelin gefütterte und mit goldenen Schnüren und Juwelen verzierte Hüte verschenkt (letztmalig im Jahr 1758). An angelsächischen Universitäten wird bei der Promotion auch heute noch der Doktorhut verliehen. Auch bei vielen volkstümlichen Wettkampfspielen (z. B. zu Pfingsten oder Kirchweih) bekommt der Sieger als Preis einen Hut.

In China ist das Wort für den Hut eines Beamten gleich lautend für das Wort Beamter („kuan"), daher symbolisiert ein Hut hier den Beamtenstand, kann aber auch allgemein für Würde und soziales Ansehen stehen. Den Hut zu ziehen, ist ein Zeichen der sozialen Unterordnung der gegrüßten Person gegenüber; den Hut beim Eintritt in

*Hyänen galten schon immer als unreine Tiere, weil sie sich von Aas ernähren. So symbolisierte das Tier im Mittelalter die Todsünde des Geizes.*

ein Gebäude (insbesondere eine Kirche) abzusetzen, zeigt Ehrerbietung.

### Hyäne

Wegen ihrer kreischenden Stimme und weil sie sich von Aas ernährt, hat die Hyäne meist eine negative symbolische Bedeutung. Im vorderasiatischen Raum galt sie früher als unreines Tier. In der Kunst des Mittelalters symbolisiert sie den Geiz (avaritia), eine der sieben Hauptlaster oder Todsünden.

### Hyazinth ▶Edelsteine

### Hydra ▶Fabelwesen

# I

## Ibis

Bei den alten Ägyptern galt der Ibis als heiliges Tier, wie z. B. Grabfunde in Tonkrügen beigesetzter mumifizierter Ibisse beweisen. Er war ein Symbol des Mondgottes Thot, der häufig mit einem Ibiskopf dargestellt wurde, und verkörperte die Beständigkeit der Seele.

## Icons ▶▶Icons für den PC, S. 242

## Idol

Ursprüngliche Bezeichnung für Götzenbild oder Trugbild, von den offiziellen Religionen als Negativbezeichnung für frühere oder konkurrenzierende Götter verwendet. So waren den Offenbarungsreligionen die Abbilder heidnischer Gottheiten naturgemäß suspekt.

Der Begriff Idol bezeichnet heute einen Publikumsliebling, einen Schwarm. Das Idol (das Abbild) stand ursprünglich für eine bestimmte Gottheit und steht heute für eine in der Öffentlichkeit bekannte Person, meint aber weit über diese hinaus ganz spezifische Wesenszüge, die diese Person an den Tag legt. So war der Rocksänger Elvis Presley in den Sechzigerjahren das „Idol" der Jugend. Man hörte und spielte nicht nur seine Musik, sondern frisierte, kleidete und gab sich wie er.

## Igel

Der Igel taucht als Symbol in sehr vielfältiger Bedeutung auf. In Mesopotamien wurde er als heiliges Tier verehrt. In verschiedenen Kulturen galt er als Glücksbringer; so gab es beispielsweise im alten Ägypten Igelamulette. In China und Japan ist der Igel ein Sinnbild des Reichtums; im

*Der Igel, Symbol für Glück und Reichtum*

antiken Griechenland hingegen galt er als unglückverheißend.

In der christlichen Symbolik kommen dem Igel z. T. sehr unterschiedliche Bedeutungen zu: So trägt er im frühchristlichen ▶Physiologus einerseits mit seinen Stacheln die Trauben aus dem Weinberg und ist damit ein Sinnbild des Teufels, der die Gläubigen verführt; andererseits greift er die Schlange (den Teufel) an und vernichtet sie und wird somit zum Symbol Jesu Christi und dessen Sieges über das Böse. In den ▶Bestiarien versinnbildlicht er verschiedene Laster wie z. B. den Geiz und den Zorn (wegen des Aufstellens seiner Stacheln).

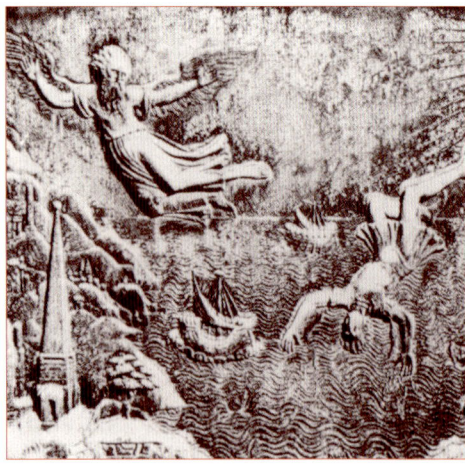

*Ikarus ist ein Symbol für die Selbstüberschätzung der Menschen.*

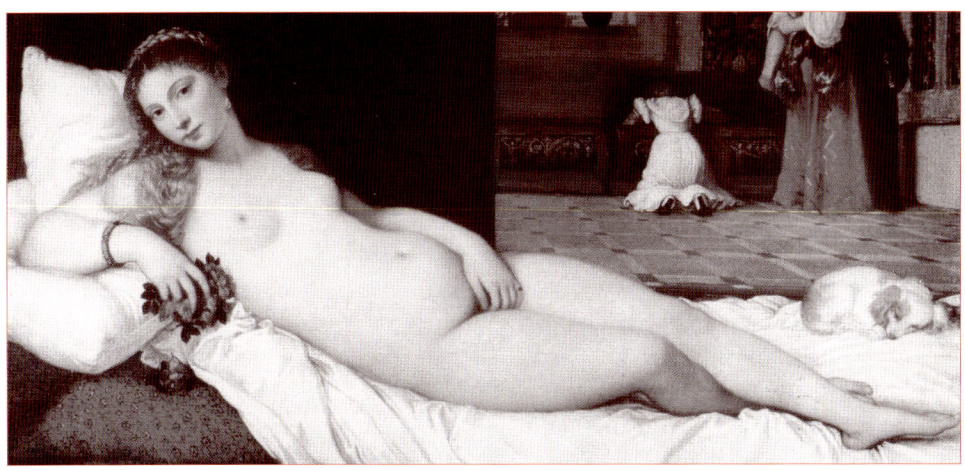

*Die Ikonografie sieht das Kunstwerk vornehmlich als Dokument für irgendwelche oft isoliert betrachtete historischen, religiösen oder kulturellen Tatsachen, d. h. bestimmte Motive und Ingredienzen des Kunst-werks werden auf ihre symbolhafte Bedeutung hinterfragt und diese im kulturhistorischen Kontext evaluiert. Tizian, „Venus von Urbino", 1538*

## Ikarus

Der Sohn des Daidalos, den König Minos samt seinem Vater gefangen nahm, wollte mit Flügeln, die er aus Federn mit Wachs zusammenklebte, dem Gefängnis entflie-hen. Ikarus hörte nicht auf seinen Vater und flog zu nahe an die Sonne heran. Das Wachs schmolz in der Hitze, die Federn lösten sich und Ikarus stürzte ins Meer. Ika-rus ist die Symbolgestalt für den Wunsch der Menschen, sich vogelgleich in die Lüfte zu erheben, doch ebenso ist Ikarus ein Sym-bol für die Vermessenheit und Überheblich-keit, die einen zum Scheitern bringen kann.

## Ikone

Kleines, tragbares Kultbild der Ostkirchen (v. a. in Russland, Griechenland und im Balkan), auf denen Jesus Christus, Maria, andere Heilige oder biblische Szenen darge-stellt sind. Eine Ikone verkörpert einen Mikrokosmos. Ihre Farben müssen rein und ungemischt sein; der Goldgrund ist das Licht und die Gnade Gottes – Gott als der Urgrund allen Seins. Ihre Materialien reprä-sentieren die manifeste Welt, denn sie ent-

stammen dem Tierreich, dem Pflanzenreich und dem Reich der Minerale und symboli-sieren die Zusammengehörigkeit der ganzen Schöpfung.

## Ikonografie

Ursprünglich in der Altertumswissenschaft

*Sizilianische Mosaik-Ikone, Ende 13. Jh.*

# Icons für den PC

Anwendungssymbole für den Computerbereich müssen besonders verständlich sein und sich auch bei der Neugestaltung einer Programmoberfläche an die Konventionen halten. Der PC-Anwender hat sich jahrelang an eine Reihe bestimmter Icons für die PC-Tools gewöhnt, z. B. dass die grafische Darstellung einer Lupe für die Funktion steht, Bildschirminhalte zu vergrößern (Zoomfunktion). Die Lupe kann zwar in ihrem Design auf die übrigen Icons einer bestimmten Programmoberfläche abge-

stimmt sein, doch muss dem Benutzer sofort klar sein, dass es sich um eine Lupe handelt.

Es gibt aber durchaus auch den Fall, dass eine neuartige Funktion auch mit einem neu kreierten Icon dargestellt wird, das dem Benutzer zuerst unverständlich ist und das er deshalb lernen muss. So führte das Grafikprogramm MacPaint 1984 das Lasso ein, ein Piktogramm für ein Zeichenwerkzeug, das einen vordefinierten Raum mit Farbe füllt. Auf den ersten Blick erschloss sich dem Benutzer der

Sinn dieses Werkzeugs nicht; er musste es erst lernen und sich daran gewöhnen. So freilich entstand eine Konvention, und neue Programme halten sich ziemlich rigoros daran, um den Benutzer nicht unnötig zu verunsichern.

Im Computerbereich kommt hinzu, dass es sich ohnehin um einen sehr abstrakten Bereich handelt und dass die Programmdesigner deshalb gerne Icons verwenden, die auf oft altmodische, „konkretere" Gegenstände zurückgreifen, etwa einen Koffer, einen Bleistift oder eine Spraydose.

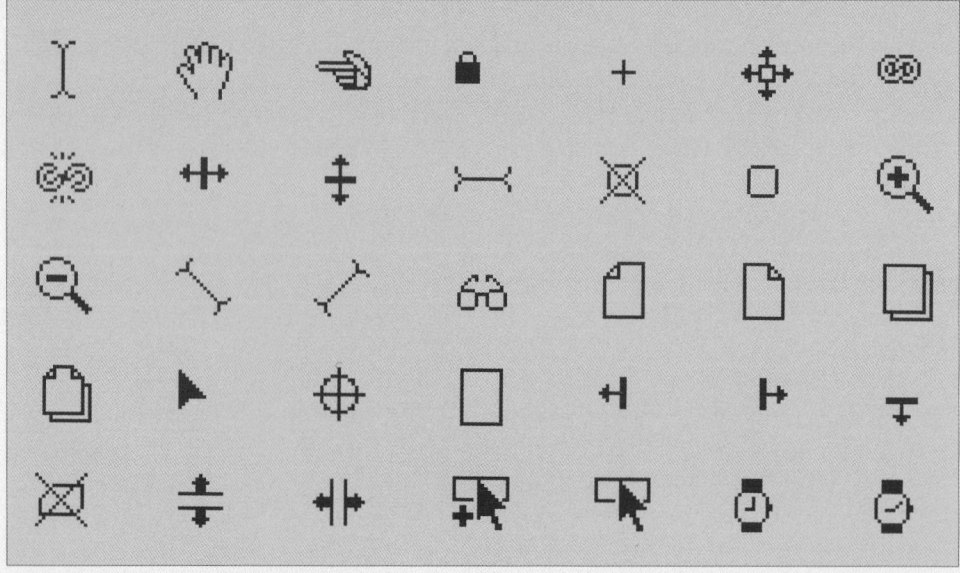

*Die Abbildung zeigt einige Zeigersymbole des professionellen DTP-Programms QuarkXPress. Zahlreiche Icons wurden direkt in Konkurrenzprogramme übernommen, weil sich der Benutzer einfach daran gewöhnt hatte. So ist beispielsweise das Schloss jedem Benutzer als Zeichen dafür in Fleisch und Blut übergegangen, dass eine bestimmte Datei gegen missbräuchliches Löschen gesichert ist.*

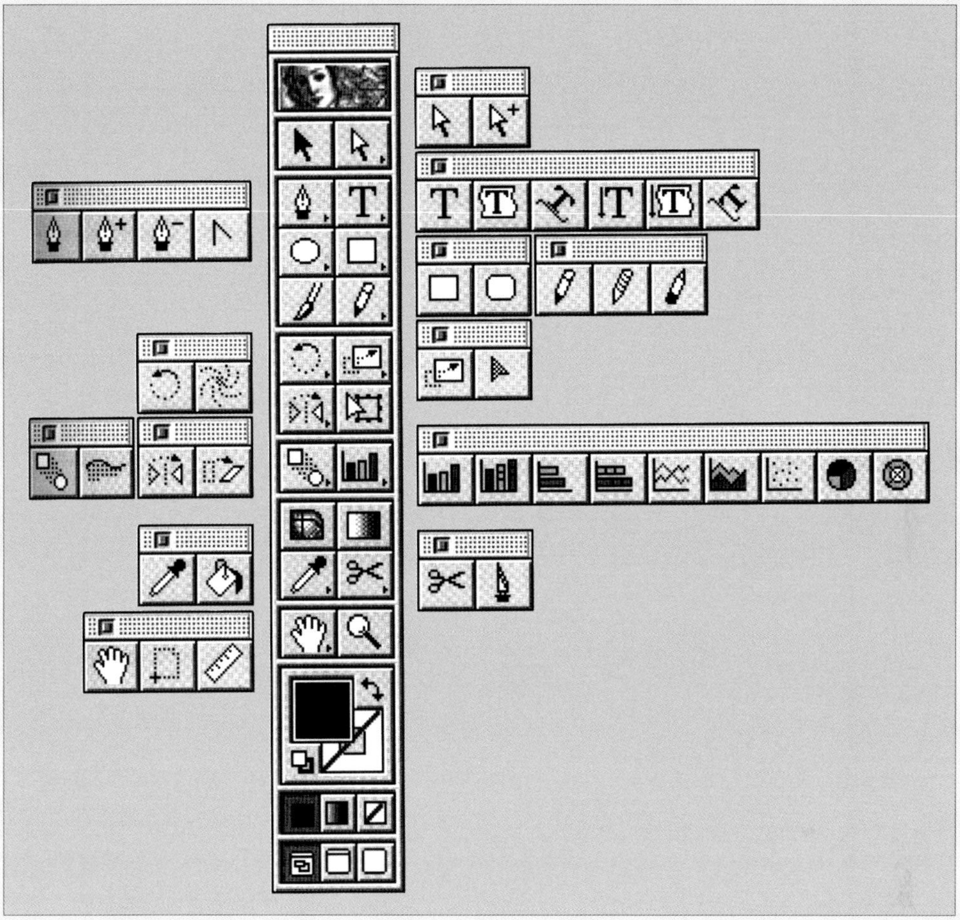

Computer-Icons werden meist flexibel gestaltet. Das Beispiel der Symbolleiste des Grafikprogramms
Illustrator zeigt, wenn man auf den Pfeil neben einem Icon klickt, eine oder mehrere
Varianten des Tools.

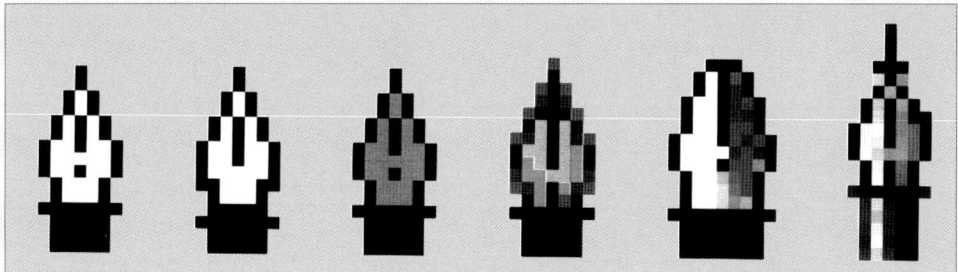

Auch wenn die Designer verschiedener Programmoberflächen einen eigenen unverwechselbaren Stil suchen, orientieren sie sich in unausgesprochener Übereinkunft meistens sehr streng an den bisher bestehen-
den und dem Benutzer vertrauten Grundsymbolen. Die Abbildung zeigt die Varianten des Federsymbols
in den Programmen (von links nach rechts): Deneba Canvas, Corel Paint, Freehand (Macromedia), Meta
Creations Painter, QuarkXPress und Adobe Illustrator.

# Icons für den PC: Werkzeugleisten

Professionelle Anwender lernen sehr schnell, auch Icons, deren Bedeutung nicht auf Anhieb klar ist, in der Routine der Arbeit richtig anzuwenden. In der Anfangszeit der Computertechnologie war dies noch weitaus komplizierter: Die Operators mussten unendlich lange Codes aus Buchstaben und Zahlen parat haben, um dem Rechner ihre Befehle erteilen zu können.

Doch bei den meisten heute üblichen Computerprogrammen, auch den professionellen, ist die Zielgruppe sehr breit, und so müssen auch Icons für diejenigen leicht zu verstehen und zu akzeptieren sein, die relativ selten damit arbeiten.

Auf dieser Seite haben wir die Werkzeugleisten von drei renommierten Grafikprogrammen beispielhaft abgebildet. Das vorhin Gesagte wird so anschaulich illustriert: Eigentlich ähnelt sich das Design dieser verschiedenen Programme in der Basisgestaltung erstaunlich. Dies liegt nicht an der Einfallslosigkeit der Designer, sondern ist in der Forderung begründet, für jeden Anwender verständlich zu sein.

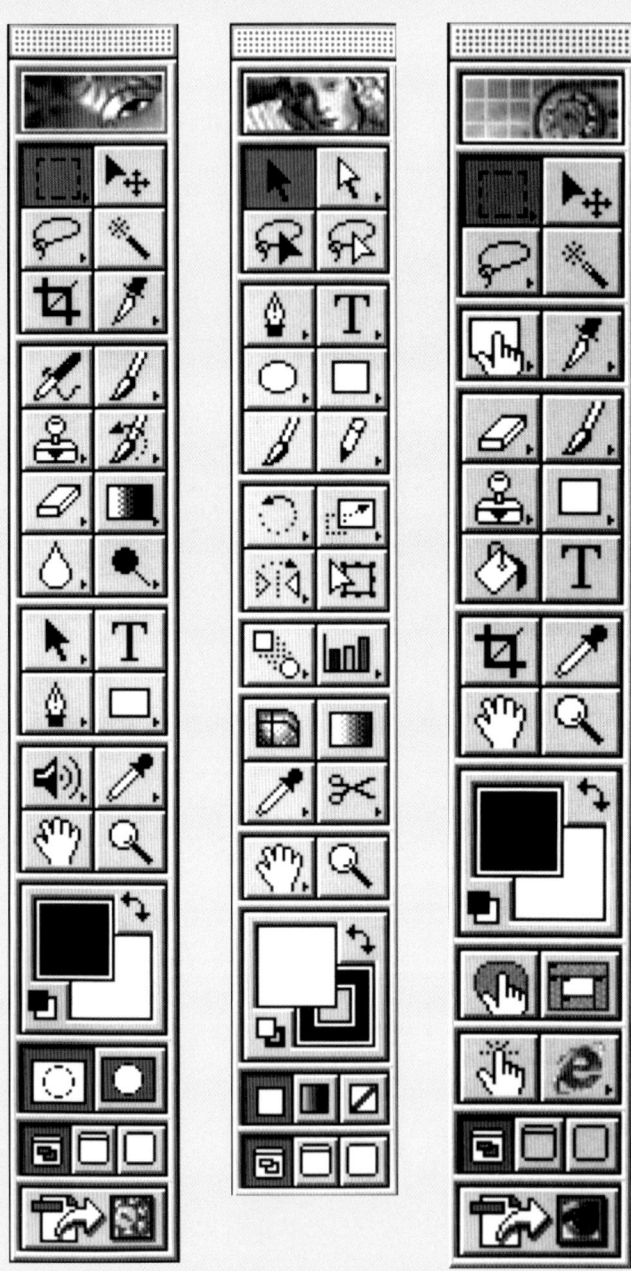

*Die Werkzeugleisten verschiedener Grafikprogramme ähneln sich auffallend: ImageReady (links), Illustrator (Mitte), Photoshop (rechts)*

# Icons für den PC: Wartesymbole

Jeder Computerbenutzer weiß, dass er trotz immer schneller arbeitender Chips dennoch Geduld aufbringen muss. Bis ein Programm geöffnet, eine Datei abgespeichert oder ein Download im Netz vollzogen ist, kann es einige Sekunden dauern, manchmal auch eine Ewigkeit. Um dem Benutzer die Angst zu nehmen, der Rechner sei abgestürzt, weil sich nichts auf dem Bildschirm tut, haben die Designer Wartesymbole erfunden, die darauf verweisen, dass gerechnet wird. Manche Icons zeigen auch das Fortschreiten des Rechenvorgangs.

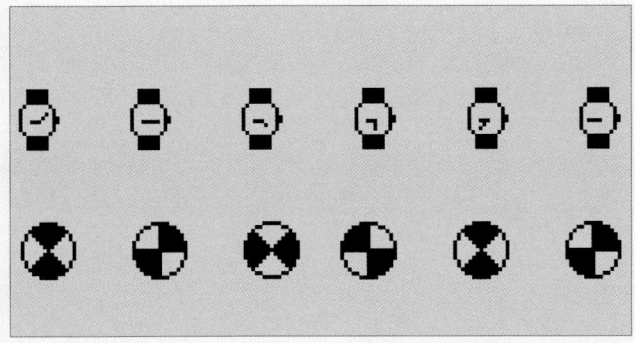

*Macintosh zeigt den Rechenvorgang entweder mit dem (älteren) Symbol der Armbanduhr an oder mit dem rotierenden Kreis (neuere Version).*

*Windows zeigt den laufenden Rechenprozess mit einer traditionellen Sanduhr an.*

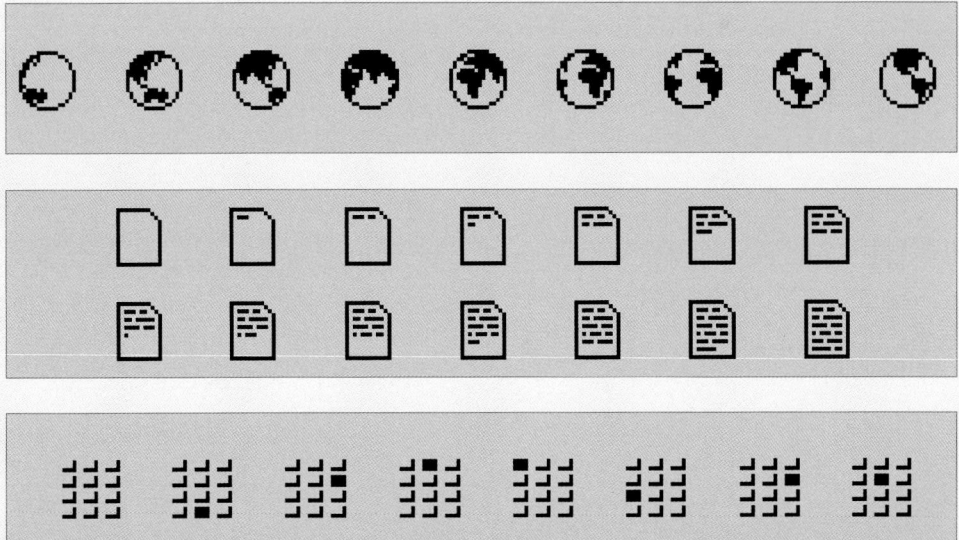

*Besonders bei Downloads aus dem Internet müssen oft beträchtliche Wartezeiten überbrückt werden. Super-Card zeigt eine rotierende Weltkugel, der Internet Explorer füllt eine Textseite in 14 Einzelschritten mit Buchstaben und Grand Central stellt eine Tastatur dar, auf der in willkürlicher Reihenfolge gewählt wird.*

# Icons für den PC: Zeigersymbole

Ein Zeigersymbol zeigt auf dem Bildschirm exakt die Position an, die der Benutzer mit der Maus erreichen will. Das Zeigersymbol muss so gestaltet sein, dass es einmal klar erkennen lässt, aus welcher Richtung es kommt und an welche Stelle es zeigt. Dazu eignet sich natürlich am besten ein Pfeil, doch auch eine vertikale Linie oder ein Kreuz. Auf dieser Seite stellen wir exemplarisch die Zeigersymbole des Grafikprogramms InDesign von Adobe vor.

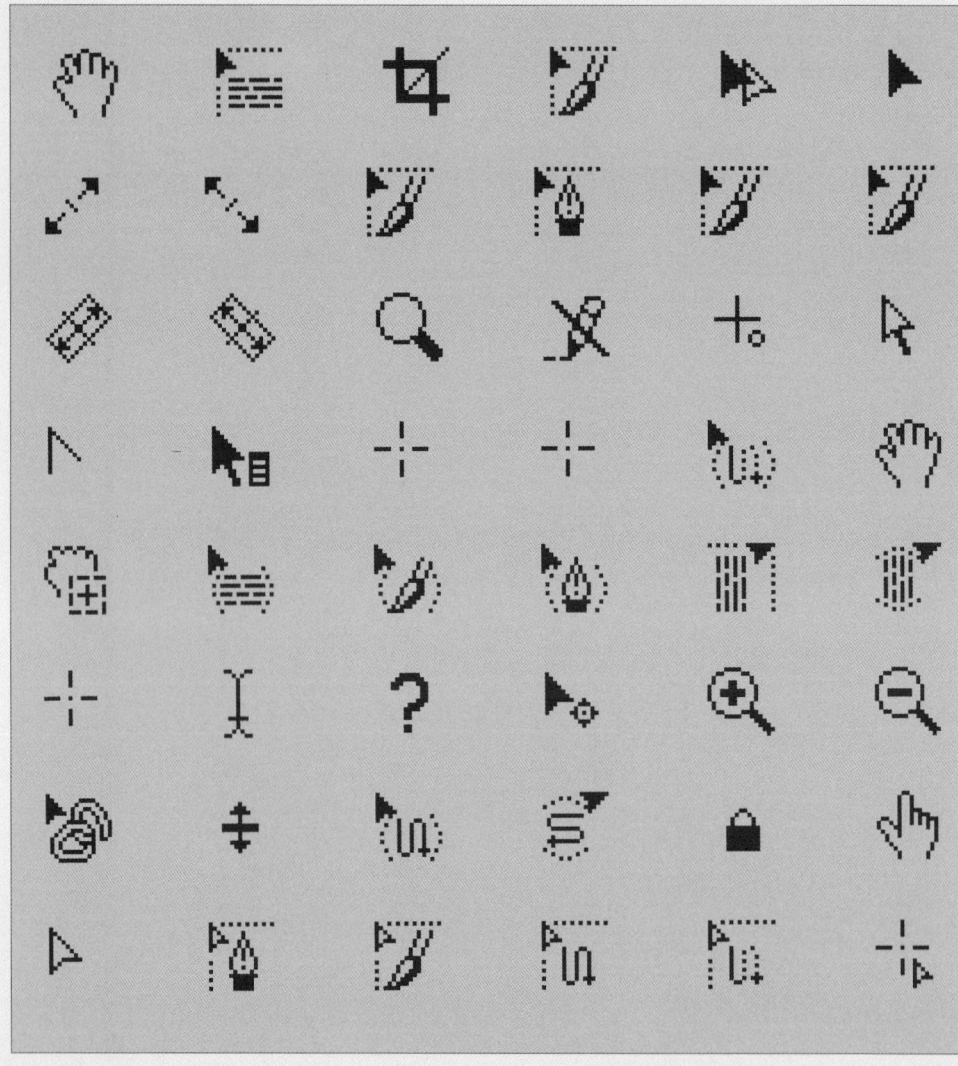

*Das Programm InDesign von Adobe verfügt über eine relativ umfangreiche Palette von Zeigersymbolen, die mit ihren Modifikationen sehr genau den Modus des jeweiligen Werkzeugs bezeichnen.*

# Icons für den PC: Kreative Spielereien

Computer-Icons sind in der Regel sehr sachlich, aber es lässt sich auf diesem Feld auch sehr viel Kreativität und Individualität ins Spiel bringen.

Es gibt unzählige Icons, die man kostenlos aus dem Internet herunterladen kann oder auch kaufen muss. Sowohl Macintosh- wie PC-Benutzer können ihre Standard-Icons ändern und die Dateien mit neuen Icons verknüpfen.

Moderne Icondesigner haben unverwechselbare Kreationen geschaffen, die einen bestimmten Zeitgeschmack treffen bzw. genau definierte Zielgruppen ansprechen. Technisch gesehen sind solchen Spielereien keine Grenzen gesetzt. So wurde vor Jahren von Reby Lee ein Iconsatz entwickelt, der verschiedene Planeten als Basismaterial verwendete. Jeder Kult findet rasch auch in entsprechend gestalteten Icons seinen Niederschlag. Von kultigen Popsängern wie den Beatles oder Mick Jagger über diverse Filmfiguren aus berühmten Kinofilmen wie »Star Wars« bis hin zu populären Cartoonfiguren wie denen aus der Werkstatt Walt Disneys ist inzwischen alles auf dem Iconmarkt vertreten.

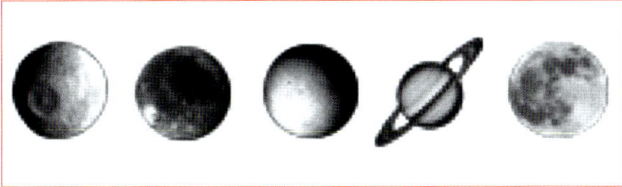

*Reby Lees Icon-Design des Planetensystems*

*Verrückt, aber beliebt: Lebensmittel als PC-Icons*

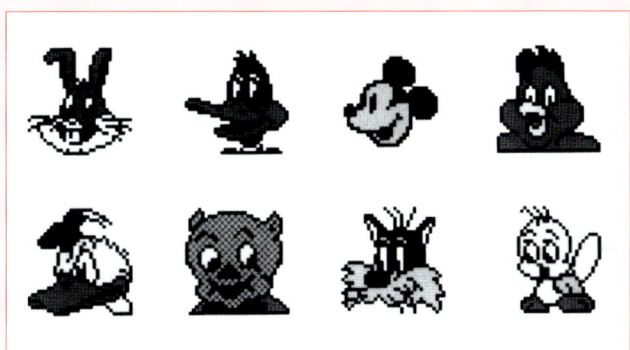

*Berühmte Comicfiguren wie die Galerie der Walt-Disney-Figuren werden gerne als Icons für den PC verwendet.*

*Auch animierte Comicfiguren werden als Icons verwendet. Je raffinierter sie gestaltet sind, desto größer ist die Datei: Dies ist ein Nachteil, denn große Dateien brauchen viel Zeit für den Download.*

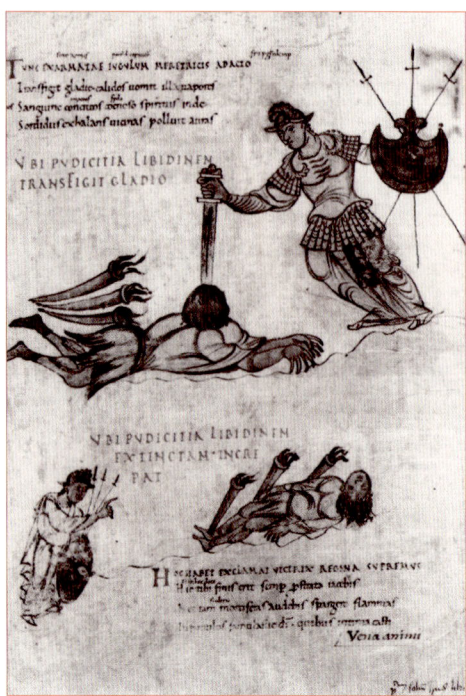

*Auch solche blutrünstigen Kampfszenen zwischen Tugend und Laster versucht die Ikonografie zu deuten. „Die Tötung der Libido durch Pudicitia", aus Prudentius, „Psychomachia", frühes 10. Jh.*

die sich auf antike Bildnisse beziehende Porträtkunde. Die Kunstwissenschaft versteht heute Ikonografie wesentlich umfassender als Kunde von den Themen überhaupt (Gegenstände, Stoffe, Sujets). Die Ikonografie deutet Attribute, Allegorien und Symbole. So erschließt die Ikonografie z.B. die Pflanzensymbolik des Mittelalters oder der Landschaftsdarstellung.

## Immergrün

Immergrüne Pflanzen stehen für Unsterblichkeit oder (v. a. in China) für ein langes Leben. Das Immergrün symbolisiert Ewigkeit, Lebenskraft, Jugend und Tatkraft oder auch schöpferische Kraft. Kränze aus Immergrün bedeuteten unvergänglichen Ruhm.

## Immersion

Die Immersionstaufe (Taufe durch Eintauchen) symbolisiert die Rückkehr zu den Urwassern des Lebens und zur ursprünglichen Unschuld – Transformation, Erneuerung, Wiedergeburt. Das Eintauchen in Wasser ist ein Akt der Reinigung und des Wiedergeborenwerdens. ▶Taufe

## Initiation

(von lat. initium) die zu den ▶Übergangsriten gehörende rituelle Aufnahme in eine in sich geschlossene Gesellschaft, die häufig mit religiösen Erfahrungen verbunden ist und bei der sich die soziale Identität des Initianden verändert. Am häufigsten ist die Initiation bei Naturvölkern, wo sie meist symbolischer Ausdruck der Aufnahme von Knaben in die Gesellschaft der Männer ist und das Ende der Kindheit markiert; bei Frauen kommen Initiationszeremonien seltener vor. Die Initiation steht für Tod und Wiedergeburt – den Tod des alten Menschen und die Wiedergeburt des neuen. Meist beinhalten Initiationsriten folgende Elemente:

• zeitweilige Absonderung des Initianden von seinem Stamm (wobei häufig weite Strecken bis in die Wildnis hinein zurückgelegt werden)
• Bestehen von Mutproben
• Ertragen von Hunger, Durst oder Schlafentzug
• Beschneidung, Tätowierung, Bemalung oder auch Verletzungen als Symbol für den „Tod" des alten Menschen und die Geburt des neuen; häufig auch eine symbolische Tötung (z. B. in Form eines pantomimischen Tanzes)
• manchmal auch Waschungen als Sinnbild der inneren Reinigung
• Belehrung der Initianden über die neue Altersstufe und die damit verbundenen Aufgaben, Pflichten und Erfahrungen

- festliche Aufnahme in die Gesellschaft der Erwachsenen

Die Initiation erfordert in der Regel einen symbolischen „Abstieg in die Hölle", das Totenreich oder die Unterwelt (als Voraussetzung für die anschließende Auferstehung und Erleuchtung); daher finden Initiationszeremonien gewöhnlich in Höhlen oder an einem anderen unterirdischen Ort oder auch in einem Labyrinth statt, aus dem der wiedergeborene Mensch dann ins Licht zurückkehren kann.

Initiationsriten finden aber nicht nur in der Gruppe, sondern manchmal auch individuell statt (etwa bei der Weihe zum Schamanen oder der Aufnahme in einen Geheimbund oder eine Geheimgesellschaft, z. B. Freimaurer). Im Mittelalter trug die Aufnahme in einen Standes- oder Berufsverband häufig Initiationscharakter, z. B.

*Die schwebende Insel Laputa aus Jonathan Swifts „Gullivers Reisen". Inseln sind ein Refugium im Reich der Träume oder im Jenseits. Sie bieten Sicherheit.*

typischen Elementen der rituellen Reinigung und der Wiedergeburt als neuer Mensch.

Elemente der Initiation kommen auch in Heldenepen (▶Heros), Märchen und auch in manchen modernen Romanen (dem literarischen Genre des Initiationsromans wie z. B. Salingers „Catcher in the Rye") häufig vor.

### I.N.R.I.

Die von Pilatus gesetzte Inschrift am Kreuz Jesu Christi ist eine Abkürzung für „Iesus Nazarenus Rex Iudaeorum" (Jesus von Nazareth, König der Juden) (nach Johannes 19,19).

### Insel

Die Insel ist ein ambivalentes Symbol: ei-

*Die Inschrift am Kreuze Jesu steht für „Iesus Nazarenus Rex Iudaeorum".*

beim Ritterschlag oder der mit derben Aufnahmeritualen verbundenen Gesellentaufe, bei der der Initiand als Zeichen seiner neuen Identität auch einen neuen Namen (Gesellennamen) erhielt. Auch die christliche Taufe ist ein Initiationsritus mit den nerseits ein Ort der Isolation und Einsamkeit, manchmal auch der wirklichkeitsfremden Weltflucht, andererseits ein Refugium der Sicherheit und Zuflucht vor dem Chaos des Meeres oder vor dem Stress unserer naturfernen Zivilisation.

Oft erscheint die Insel als ein von Sorgen freier Aufenthaltsort im Jenseits, ein Paradies (auch in unserem heutigen Sprachgebrauch ist der Begriff „Inselparadies" geläufig). Die erstmals bei Hesiod im 6. Jh. v. Chr. erwähnten „Inseln der Seligen" sind gleichbedeutend mit dem Elysium – in der griechischen Mythologie jenem Land, in das auserwählte Helden versetzt werden, ohne vorher den Tod erleiden zu müssen. Auch die Kelten verbanden die Vorstellung vom Totenreich mit einer Insel (Avalon), auf die der sagenhafte König Artus nach seiner Verwundung lebend entrückt wurde.

Auch in der chinesischen Mythologie gibt es solche paradiesische Inseln der Seligen, wo die Unsterblichen (Männer oder Frauen, die übernatürliche Fähigkeiten erlangt

haben und deshalb nach dem Tode zu Gottheiten erklärt wurden) ein glückliches Leben führen. Dem Mythos nach sind dies drei Inseln vor der Ostküste Chinas. In Abbildungen werden diese Inseln häufig mit Felsen (als einem chinesischen Symbol der ►Langlebigkeit) dargestellt.

Wegen ihrer isolierten Lage und schweren Zugänglichkeit werden Inseln auch oft mit dem Zauberhaften, Unwirklichen in Verbindung gebracht (so z. B. die Insel der Zauberin Circe in Homers Odyssee). Als Traumsymbol kann die Insel die Einsamkeit des Träumenden, aber auch einen sicheren Zufluchtsort oder inneren Rückzug (oder die Sehnsucht danach) versinnbildlichen.

## Irrgarten ►Labyrinth

## Iris, Schwertlilie

Im Christentum ist die Schwertlilie wie die Lilie ein Mariensymbol und Sinnbild der Unbefleckten Empfängnis. Ihre schwertförmigen Blätter symbolisieren den Schmerz Marias über den Tod ihres Sohnes, aber auch ihre standhafte Abwehr gegen den Teufel. Nach chinesischem Volksglauben wehren Schwertlilien böse Geister ab. Die Iris ist häufig in Form der ►Wappenlilie abgebildet und hat auch deren symbolische Bedeutung sowie die der ►Lilie.

## Islamische Symbole

Das Gebet, zu dem der Muezzin die Gläubigen fünfmal täglich aufruft (eine der wichtigsten religiösen Handlungen im Islam), ist mit zahlreichen rituellen Handlungen verbunden, die alle eine symbolische Bedeutung haben: Mit der Waschung vor dem Gebet reinigt der Muslim sich symbolisch. Er zieht dazu seine Schuhe aus (ebenfalls ein Ausdruck der Reinigung und der Demut) und wirft sich zu Boden – ein Symbol der völligen Unterwerfung unter

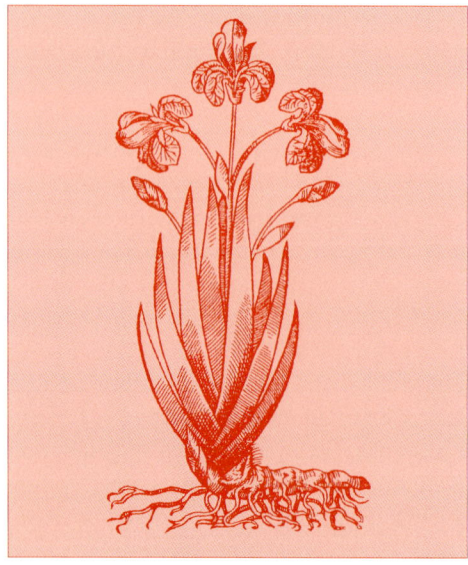

*Die Iris – ein Symbol Marias und der Unbefleckten Empfängnis. Mattioli, „Commentaires", 1579*

*Halbmond und Stern – das wichtigste Symbol des islamischen Glaubens und der islamischen Welt*

Gott. Da der Ort, an dem man sich zum Gebet niederwirft, ebenfalls sauber sein sollte, breitet man vorher einen Gebetsteppich aus. In viele dieser Gebetsteppiche sind Kompasse eingearbeitet, da Muslime sich zum Gebet stets in Richtung Mekka – dem Ursprungsort des Islam und Zentrum der islamischen Welt – wenden müssen.

Auch die Gebetsnische in der Moschee, wo die Gläubigen sich zum Gebet versammeln (das Wort Moschee leitet sich vom arabischen „masgid" her = der Ort, wo man sich niederwirft), ist gen Mekka gerichtet. Das Innere der Moschee ist mit kunstvoll kalligrafierten Schriftbändern dekoriert, die Koranverse beinhalten – ein Ausdruck der immerwährenden Gegenwart Gottes durch sein Wort. (Gott darf im Islam nicht bildlich dargestellt werden, sondern nur durch die Schriftzüge seines Namens und durch Koranverse.) Das Licht, das durch den Fensterkranz der Kuppel von oben in die Moschee einfällt, steht für das göttliche Licht, die göttliche Erleuchtung.

Mittelpunkt des islamischen Glaubens ist die ▶Kaaba in der Großen Moschee in Mekka.

Daneben gibt es Symbole und Zeremonien, die für die Zugehörigkeit zur muslimischen Gemeinde (bzw. die Aufnahme in diese Gemeinde) stehen – so z. B. die Beschneidung und das Tragen des Turbans. Früher symbolisierte der Turban ganz allgemein die Zugehörigkeit zur Gemeinschaft der Gläubigen; heute dient seine Farbe als Unterscheidungskriterium für die Angehörigen der verschiedenen muslimischen Religionsgemeinschaften.

Da der Dämonenglaube im Islam eine wichtige Rolle spielt, tragen Muslime auch verschiedene Amulette, um sich vor Dämonen zu schützen, so z. B. die Hand der Fatima (der Tochter Mohammeds) und Spiegelamulette, durch die Dämonen abgewehrt werden sollen, indem man ihnen ihr eigenes Spiegelbild zeigt.

Das wichtigste islamische Symbol ist der Halbmond mit Stern. Halbmond und Stern haben sich aus Abstraktionen von Sonne und Mond entwickelt, die schon auf sumerischen und babylonischen Bildwerken und Siegelabdrücken auftauchen und in der religiösen Symbolik eine Rolle spielten. Sie haben auch eine politische Dimension: Halbmond und Stern sind auf den Flaggen fast aller islamischer Staaten zu finden und auch ein Aufruf zur Einigung der islamischen Welt.

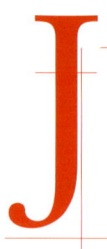

**J**

Jade ▶Edelsteine

### Jagd, Jäger

Die Jagd hat zwei symbolische Grundbedeutungen: einerseits die Jagd als Überwältigung und Tötung eines Tiers, das symbolisch für die Überwindung der animalischen Instinkte oder des Bösen stehen kann; andererseits die Jagd nach dem (edlen) Wild oder die Verfolgung einer Spur als Sinnbild für das Streben der Seele nach Höherem, nach Gott – die geistliche Suche.

In vielen Märchen, Mythen und Epen muss der Held im Rahmen einer Serie von Prüfungen oder Mutproben mit wilden oder übernatürlichen Tieren kämpfen; diese stehen häufig für die Mächte des Bösen, des Chaos, das überwunden werden muss; der Kampf mit den Tieren (oder Ungeheuern, ▶Fabelwesen) ist Teil der ▶Initiation des Helden. Ebenso steht im frühchristlichen ▶Physiologus der Jäger, der das Schwein verfolgt, für das Gute, das das Böse jagt.

Andererseits kann der Jäger aber auch den Teufel symbolisieren; so tritt Satan in manchen Volkserzählungen beispielsweise in Jägergestalt auf; im Physiologus repräsentiert der Jäger, der den unschuldigen Hasen verfolgt, die Verfolgung des Menschen durch den Teufel. Gegenstück des Bösen (des Jägers) ist in diesem Fall häufig der edle ▶Hirsch. Der wilde Jäger mit seiner Hundemeute ist ein Symbol für den Tod bei der Verfolgung seines Opfers.

Die Jagd als Symbol für die Suche der menschlichen Seele nach Gott findet sich beispielsweise bei Meister Eckhart, wenn er von der Seele spricht, die in leidenschaftlicher Jagd nach ihrer Beute, Jesus Christus, sucht.

Die Beizjagd mit dem Falken ist ein Symbol höfischen Lebens; die Einhornjagd ist Sinnbild der jungfräulichen Geburt Jesu Christi und Symbol der Verkündigung (▶Einhorn).

### Jaguar

Bei den Azteken verkörpert der Jaguar die Mächte der Finsternis im Kampf mit dem Adler als Sonnentier. Schamanen haben zuweilen einen Jaguar als vertrauten Geist bei sich oder nehmen dessen Gestalt an.

### Jahreszeiten

Aufgrund des stets wiederkehrenden Rhythmus der Jahreszeiten mit bestimmten klimatischen Verhältnissen und den dadurch bedingten Zeiten der Aussaat und Ernte wurde das Jahr vor allem in bäuerlichen Kulturen als heilig empfunden und mit Kulten und Festen begangen, die diese regelmäßige Wiederkehr sicherstellen sollten – z. B., um nach Zeiten der Dürre oder des Winters die Wiederkehr des Regens oder des Sommers zu sichern. Im Wechsel der Jahreszeiten sah man die schöpferischen Kräfte von Himmel und Erde am Werk; dem entsprach in der chinesischen Religion des Taoismus das regelmäßige Wirken des Tao (der Weltordnung) – der ständige Wechsel zwischen Yang als männlichem und Yin als weiblichem Prinzip.

Die Einteilung des Jahres hing dabei von den klimatischen Verhältnissen der jeweiligen Region ab. Die alten Ägypter kannten drei Jahreszeiten: Aussaat (Winter), Wachstum (Frühling) und Überschwemmung (Sommer). Im Abendland herrscht seit der Antike die Vierteilung des Jahres in Frühling, Sommer, Herbst und Winter vor. Auch die Chinesen teilen das Jahr in vier Jahreszeiten auf. Während jedoch bei uns die Jahreszeiten kurz nach den Tagen der Sonnenwende oder der Tag- und Nachtgleiche beginnen, fangen sie in China um ein bis zwei Monate später an. So ist es zu verstehen, wenn man z. B. liest, dass der Pflaumenbaum im Winter blühe – in China endete der Winter erst im April/Mai.

Der Wechsel der Jahreszeiten wurde vielfach auch als Dualismus, als Kampf zwischen den Leben und Fruchtbarkeit bringenden Mächten des Lichts und der Wärme und den lebensfeindlichen Mächten der Finsternis und Kälte aufgefasst; durch bestimmte Kulte, Riten und Feste versuchte man erstere zu fördern und letztere zu bekämpfen. So sind z. B. die zahlreichen Feste, die in den verschiedensten Kulturen zur Feier der Aussaat im Frühjahr (Frühlingsfest) und der Ernte im Herbst (Erntedank) stattfinden, und die Winter- und Sommersonnenwendfeste zu verstehen.

*In bildlichen Darstellungen werden die Jahreszeiten häufig durch Symbole repräsentiert: Blumen (Frühjahr), Korngarben (Sommer), Weintrauben (Herbst) und Feuer (Winter) (aus Le Rouges Grant Kalendrier). Auch die Sternzeichen sind hier den entsprechenden Jahreszeiten zugeordnet: Stier und Widder für das Frühjahr, Löwe für den Sommer, Waage für den Herbst und Wassermann und Fische für den Winter. Oben: Das Frühjahr*

*Der Sommer*

Die vier Jahreszeiten wurden in bildlichen Darstellungen schon immer durch bestimmte Blumen, Früchte und Tiere symbolisiert. Die geläufigsten Attribute bzw. Symbole der Jahreszeiten im Abendland sind:

**Frühling:** Blumen und junge Tiere; ein Kind, das Blumengirlanden oder Blätter trägt, oder eine Frau bzw. ein Jüngling mit einem Blumenkranz oder mit Blumen in der Hand bzw. neben Blumen stehend; das Symboltier des Frühlings ist das Lamm.

**Sommer:** Garbenbündel, Sichel und brennende Fackel; ein Kind oder eine Frau mit einer Korngarbe in den Händen oder mit einer Girlande aus Kornähren bekränzt; Symboltiere des Sommers sind Löwe oder Drache.

**Herbst:** Rebe, Weinlaub und ein Füllhorn mit Früchten; ein Kind oder eine Frau mit Weintrauben oder einem Korb voller Obst in den Händen oder beim Keltern von Weinbeeren; das Symboltier des Herbstes ist der Hase.

**Winter:** totes Geflügel, Holz und Feuer; ein in einen Mantel gehülltes Kind oder ein alter Mann mit weißem, raureifbedecktem

*Der Herbst*

*Der Winter*

Haar und einer Sichel in der Hand; Bäume ohne Laub; das Symboltier des Winters ist der Salamander.

Auch in China wurden die Jahreszeiten und die einzelnen ▶Monate durch bestimmte Pflanzen symbolisiert, die um diese Zeit blühen: Die Pflaume steht in China für den Winter, die Päonie für den Frühling, der Lotos für den Sommer und die Chrysantheme für den Herbst. Die Rose repräsentiert alle vier Jahreszeiten, weil sie im Süden fast das ganze Jahr hindurch blüht.

Die Jahreszeiten werden auch zu den Lebensaltern und zu ihren jeweiligen astrologischen Tierkreiszeichen in Bezug gesetzt.

Die einzelnen Jahreszeiten und ihre symbolische Bedeutung:

**Frühling:** die Erneuerung und Wiedergeburt des Lebens nach dem Winter; der Sieg der Sonne über das winterliche Chaos. Rituell gefeiert durch Darbringung von Opfern, meist Erstlingen der Herde und den ersten Früchten der Ernte (so z. B. die Feier des Frühlingsmonats Nisan durch das Passahfest mit Lammopfer in Israel). Der

Frühling steht symbolisch für das Lebensalter der Jugend. Häufig ist er auch ein Symbol für das Erwachen der Liebe („Frühlingsgefühle"). Für die Chinesen ist der Frühling die Jahreszeit, in der das männliche Element (yang) sich im Aufstieg befindet. Natur und Menschen werden fruchtbar – daher spricht man auch in China von Frühlingsgefühlen („ch'un-ch'ing"), und eine reiche sexuelle Symbolik rankt sich um diese Jahreszeit: Ehepaare schauen sich abends gemeinsam „Frühlingsbilder" (Abbildungen erotischen Inhalts) an; Hormonpräparate werden als „Frühlingsmedizin" bezeichnet.

**Sommer:** Steht symbolisch für die Lebensmitte, den Höhepunkt des Lebens, das Erwachsenenalter.

**Herbst:** ein Symbol für den Lebensabend, das Alter (in dieser Bedeutung oft austauschbar mit dem **Winter**).

**Jakobsmuschel** ▶Muschel

**Japa**

Die Rezitation (laut oder in Gedanken oder durch tonlose Lippenbewegungen) eines heiligen Namens oder einer heiligen Formel (▶Mantra) bei der Meditation.

## Jasmin

In China (wohl wegen seines verführerischen Dufts) ein Symbol für Weiblichkeit, Liebreiz, Anmut und weibliche Anziehungskraft.

## Jaspis ▶Edelsteine

## Jenseits

Von der Stätte des Weiterlebens nach dem Tode gab und gibt es in verschiedenen Kulturen und Epochen sehr unterschiedliche Vorstellungen: Häufig dachte man sich das Jenseits durch einen Fluss vom Diesseits getrennt (z. B. Styx bei den Griechen, Gjöll bei den Germanen), über den manchmal eine Brücke führt: Die germanischen Hel-

*Das himmlische Jerusalem, wie es in einem Psalter aus Zwiefalten dargestellt ist, 12. Jh.*

den ziehen auf der Brücke Bifroest in Walhalla ein; im Islam ist die Brücke ins jenseitige Reich so schmal wie die Schneide eines Schwerts – ein Symbol dafür, wie schwer es ist, dorthin zu gelangen. Auch Tore führen häufig in die jenseitige Welt; so ist in der Bibel von der Himmelspforte (1. Buch des Mose 28,17), aber auch von den Pforten der Hölle (Matthäus 16,18) die Rede.

Manche Kulturen, so z. B. die alten Griechen, stellten sich das Jenseits als unterirdische Höhle (▶Unterwelt) vor, die von einem ▶Hund bewacht wurde. Manchmal ist ein Tor, manchmal auch ein Brunnen Eingang zur Unterwelt, so z. B. im Märchen von Frau Holle. In anderen Religionen liegt das Jenseits im ▶Himmel, so z. B. bei den alten Ägyptern und im Christentum.

## Jerusalem, himmlisches

Ein wichtiger Ort für Judentum, Christentum und Islam. Mit dem „himmlischen Jerusalem" ist nicht die reale Stadt, sondern die Stadt Gottes, die apokalyptische Himmelsstadt gemeint; sie spielt in der Offenbarung des Johannes eine wichtige Rolle.

## Jessebaum

Aus Davids Vater Jesse wächst ein Baum, der die Vorfahren von Christus, die Geburt Jesu, das Kreuz als Baum des Lebens und die sieben Gaben des Heiligen Geistes verknüpft. Der Baum „Arbor vitae" ist stilisiert. Seine Äste ranken sich um die Personen, die mit Umschriften in die Heilsgeschichte eingeordnet werden. In den Ecken der Darstellung sind die vier Evangelistensymbole zu erkennen. Links oben Johannes (Adler), rechts oben Matthäus (Mensch), links unten Markus (Löwe) und rechts unten Lukas (Stier). In der Baumkrone symbolisieren sieben Tauben die sieben Gaben des Heiligen Geistes: „Aus dem Baumstumpf Isaias (Jesses) wächst ein Reis hervor, ein junger Trieb aus seinen

*Der stilisierte Jessebaum ist ein Stammbaum des Christentums. „Speculum Humanae Salvationis", 14. Jh.*

Wurzeln bringt Frucht. Der Geist des Herrn lässt sich nieder auf ihm: der Geist der Weisheit, der Einsicht, des Rates, der Stärke, der Erkenntnis, der Frömmigkeit und der Gottesfurcht." (Jesaja 11,1 f.) Die Tauben umgeben den erhöht dargestellten Christus, der in seinen Händen das Evangelium und den Schlüssel zur Hölle hält. Rechts von Christus erkennt man Paulus und neben ihm die Personifizierung der Finsternis, links von ihm Petrus und die Personifizierung des Lichtes. Unter dem Gekreuzigten ist das Lamm Gottes dargestellt, links von ihm die Kirche (Ecclesia), die Kelch und Fahne in den Händen hält, und links außen Melchisedek und eine Frauengestalt, die auf ein Götzenbild zeigen. Rechts vom Kreuz sind Maria und Johannes zu sehen, dann Moses mit der Schlange im Stab und die Synagoge. Aus Jesse wachsen die Nachkommen: links David und Jesaja, rechts Salomo und Ezechiel (untere Reihe). In der mittleren Reihe in der

*Der Davidstern – ein Symbol mit bewegter Geschichte: zunächst Abzeichen des jüdischen Königreichs, dann Bestandteil der Flagge Israels und schließlich in der Zeit des Nationalsozialismus Zeichen der Diskriminierung.*

Mitte Maria mit dem Jesuskind im Arm, links von ihr Habakuk und Hanna (Mutter Samuels), rechts von ihr Simeon und die Prophetin Hannah. In der oberen Reihe von links nach rechts: Baruch, Johannes der Täufer, das Lamm Gottes, die Witwe von Sarepta und Daniel.

## Joch

Ein Symbol für Disziplin, Gehorsam, Sklaverei, Demütigung, Mühsal und Anstrengung. Im Christentum stellt das Joch das Gesetz Christi dar. Im Zusammenhang mit dem Ochsen kann es auch für Ackerbau und Fruchtbarkeit stehen.

## Johannes ▶ Evangelistensymbole

## Judentum

Wichtige Symbole der jüdischen Religion sind: der siebenarmige Leuchter (Menorah; ▶ Kerze); die ▶ Mezuza, die ▶ Bundeslade und die ▶ Beschneidung als Zeichen der Aufnahme des Kindes in den Bund zwischen Gott und Abraham.

Der Davidstern (Davidschild, Magen David), ein Sechsstern aus zwei ineinander geschobenen Dreiecken, war schon in der Antike das Abzeichen des jüdischen Königreichs und entwickelte sich im Lauf der Geschichte zum politischen Symbol: Ab 1897 wurde er zum Wahrzeichen der zionistischen Bewegung, die für die Rückkehr der Juden nach Palästina eintrat; antisemitische Gruppierungen und v. a. die Nationalsozialisten machten ihn dann als gelben „Judenstern", den alle Juden im Nazi-Deutschland zu ihrer Kennzeichnung tragen mussten, zum Zeichen der Diskriminierung. 1948 wurde er in die Flagge des Staates Israel (weiß mit blauem Davidstern) aufgenommen.

Ab dem 12. Jh. bildete sich innerhalb des Judentums eine mystisch-esoterische Ge-

*Das Käppchen der Juden, Kippa genannt*

*Tallith, der Gebetsschal der Juden*

heimlehre, die Kabbala, heraus, die eine eigene Symbolsprache entwickelte (▶kabbalistische Symbole).

## Julfest ▶Sonnenwende

## Jungfrau, Jungfräulichkeit

Die Seele in ihrem Zustand ursprünglicher Unschuld; unverletzliche Reinheit; die Unverletzlichkeit des Geweihten. Jungfräulichkeit wird häufig mit Unverletzbarkeit in Zusammenhang gebracht, wie bei den vestalischen Jungfrauen (den Hüterinnen des heiligen Herdfeuers im Vesta-Tempel in Rom; ▶Herd), denn man glaubte, dass die Entehrung einer Jungfrau ihre magische Kraft und somit auch die soziale Struktur des Staates schwäche. In Heldenepen versinnbildlicht die Jungfrau das weibliche Ideal und ist Gegenstand und Ziel des Kampfes, des Erfolges und des Schutzes des männlichen ▶Heros. Die Jungfrau ist auch eines der zwölf Tierkreiszeichen (▶▶astrologische Zeichen, S. 46).

## Jungfräuliche Mutter und Geburt

Die Vorstellung einer Zeugung, die nicht durch den Geschlechtsakt, sondern auf übernatürlichem Wege erfolgt, sodass das Kind von einer Jungfrau geboren wird, gibt es nicht nur im Christentum, sondern sie ist auch in zahlreichen anderen Kulturen zu finden. Groß ist die Zahl der Tiere, die nach antiker Vorstellung nicht von einem Männchen befruchtet werden, sondern ihre Leibesfrucht auf anderem Wege empfangen und dadurch zu Symbolen der Jungfräulichkeit und Reinheit wurden (so z. B. die ▶Biene). Ebenso viele Mythen und religiöse Überlieferungen ranken sich darum, dass Helden, Propheten, Herrscher und Gottheiten auf übernatürliche Weise empfangen wurden. Verschiedene Symbole stehen dabei für das männliche Zeugungsorgan bzw. den männlichen Samen; oder das Kind wird direkt vom Himmel oder von einem Gott gezeugt. So wurde z. B. die altägyptische Göttin Isis durch den Genuss von Trauben schwanger (wobei der Weinstock symbolisch für den Baum des Lebens steht) und gebar Horus. Der aztekische Gott Quetzalcoatl wurde durch einen grünen Edelstein gezeugt, der seiner Mutter in den Busen fiel; und Alexander der Große verdankt seine Existenz der Legende nach einem Blitz, der seiner Mutter in der Hochzeitsnacht in den Schoß fuhr. Auch Lao-tse wurde von einer Götterjungfrau empfangen.

CON SOLATRIX AFFLICTORVM ORA PRO NOBIS

*Luxemburg*

Vera Effigies Matris IESV Consolatricis afflicto-rum in agro Suburbano Luxemburgi Miraculis et Hominum Visitatione celebris Anno 1649

*Die Jungfrau Maria in vollem Ornat als Him-melskönigin*

Die jungfräuliche Empfängnis Marias und die Geburt Jesu stehen für die Vereinigung des Göttlichen mit dem Mensch-lichen, die „heilige Ehe" des Himmels mit der Erde, die zur Geburt eines Gottes oder höheren Wesens führt (▶Ehe). Die Mutter-gottes – Inbegriff der Jungfräulichkeit und Mütterlichkeit zugleich – ist die Brücke zwischen Himmlischem und Irdischem, Menschheit und Gott, und gleichzeitig die „zweite, neue Eva" – im Gegensatz zu Eva voll demütigen Gehorsams gegenüber Gott. Die Jungfrau Maria steht für Glaube, Hoff-nung und Gehorsam und avanciert damit symbolisch zur Mutter aller Gläubigen („mater credentium").

Es gibt zahlreiche Mariensymbole, von denen die meisten sich auf ihre Jungfräu-lichkeit beziehen: Maria als nicht verbrenn-barer Dornbusch nimmt das Motiv des brennenden Dornbuschs wieder auf, in des-sen Gestalt Gott sich Moses im Alten Testa-ment offenbart (2. Buch des Mose 3,2; ▶brennender Busch) – der Busch, der von der Flamme nicht verzehrt werden kann, steht dabei für ihre jungfräuliche Unver-sehrtheit und Unverletzbarkeit und ist gleichzeitig Ort göttlicher Manifestation. In Anlehnung an das Hohelied wird Maria auch oft mit einem verschlossenen Garten, einer verschlossenen Quelle (4,12) oder einem elfenbeinernen Turm (7,5) ver-glichen, oder diese Motive tauchen in Madonnendarstellungen auf – desgleichen ▶Veilchen, ▶Lilie, ▶Päonie und ▶Rose als Symbole der Unschuld und Jungfräulich-keit.

### Jüngstes Gericht

Obwohl diverse Religionen einen Ansatz zu dieser Glaubensvorstellung zeigen, gewinnt sie ihre eigentliche Ausprägung erst im Par-sismus. Judentum und Christentum über-nahmen die Vorstellung von der Auferste-hung des Leibes und vom Jüngsten Gericht, das die sittlich-religiöse Lebensführung jedes irdischen Schicksals bewertet und so über Vorteile bzw. Nachteile im jenseitigen Leben entscheidet.

### Jurte

Wie das Tipi der Indianer und jedes Noma-denzelt ist auch die mongolische Jurte ein Symbol des Kosmos im Kleinen. Der Boden ist ihre Basis und verkörpert zusam-men mit der zentralen, rechtwinkligen, geheiligten Feuerstelle die Erde und die Ele-mente. Die Seiten und das gewölbte Dach stellen den Himmel dar; das Rauchloch in der Mitte der Wölbung ist die Sonnentür und das Himmelstor (▶Rauchabzug).

### Juwelen ▶Edelsteine

## Kaaba, Kaba

Ein in der Großen Moschee in Mekka gelegenes, mit einem schwarzen Tuch bedecktes, würfelförmiges Steingebäude, an dessen Südostecke ein schwarzer Meteorit eingemauert ist; als Verehrungsort Allahs zentrales Heiligtum des Islam. (Die Pilgerfahrt nach Mekka ist allen Muslimen vorgeschrieben.) Als Punkt, an dem die Kommunikation zwischen Gott und Mensch stattfindet, ist die Kaaba die Essenz des Göttlichen, das Herz allen Seins. Aufgrund ihrer Form hat sie auch an der Symbolik des ▶Kubus teil.

## Kabbalistische Symbole

Eine mystisch-esoterische, spekulative Richtung des Judentums, die sich ab dem 12. Jh. herausbildete; esoterische Auslegung des Gedankenguts der jüdischen Überlieferung unter Einfluss der Gnostik und der neuplatonischen Philosophie, die auch Elemente des Volksglaubens und der Magie beinhaltet. Grundlage der jüdischen Geheimlehre

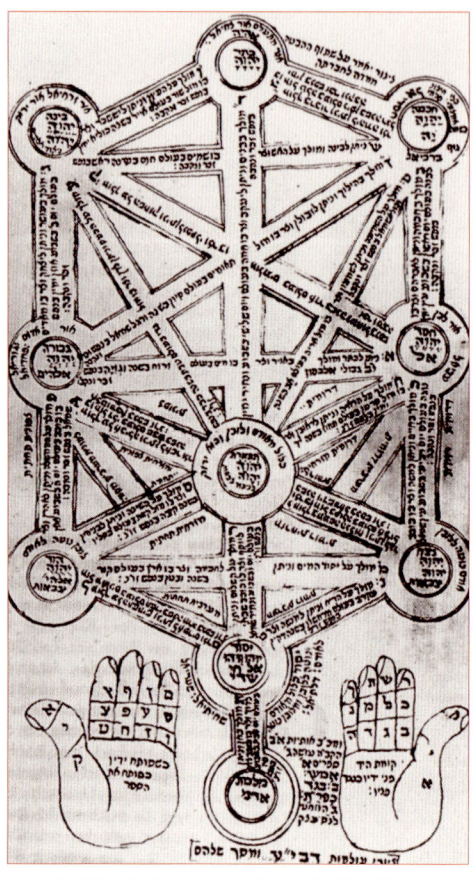

*Das Sephiroth-Schema umfasst alle Kombinationsmöglichkeiten der Welt der Elemente.*

*Die Kaaba, Hauptheiligtum des Islam (hier in einer illustrierten Handschrift aus dem 16. Jh.)*

der Kabbala, die auch viele westliche esoterische Lehren stark beeinflusst hat, war die neuplatonische Idee einer vollkommen jenseitigen, d. h. nicht menschenähnlichen Gottheit, die sich durch zehn Wirkungskräfte oder Manifestationsstufen Gottes (Sephiroth) in der Welt manifestiert. Diese zehn Sephiroth bilden den Lebensbaum oder Weltenbaum, das zentrale Symbol der Kabbala (▶Baum).

## Käfer ▶Skarabäus

## Kaiser, Kaiserin

Höchster weltlicher Herrschertitel, entstanden aus dem Beinamen „Caesar" der römischen Kaiser. Der Kaiser galt als Inkarnation göttlicher Macht und Bevollmächtigter Gottes auf Erden. Schon die Herrscher der alten Hochkulturen ließen sich als gottgesandte oder göttliche Wesen bzw. als Söhne einer Gottheit verehren. Der ägyptische Pharao und der Herrscher der Inka leiteten ihre Herkunft von Sonnengottheiten ab (▸Sonne); der Kaiser von Japan (Tenno = Himmelsherrscher) nimmt noch heute für sich in Anspruch, von der Sonnengöttin Amaterasu abzustammen.

Auch der Kaiser von China leitete sich vom mythischen „Himmelskaiser" her; er war der „Sohn des Himmels" und hatte die Aufgabe, die Harmonie zwischen Himmel und Erde zu bewahren. Sein Sinnbild war der ▸Drache, das der Kaiserin der Phönix (▸Fabelwesen). Das ▸Einhorn ist in China Symbol eines gütigen, weisen, gerechten Herrschers. Auch mehrere römische Kaiser (z.B. Diokletian) ließen sich als Gott verehren. In byzantinischer Zeit wandelte sich die Auffassung vom göttlichen Kaiser dann in die des Kaisers von Gottes Gnaden – des Kaisers als einem von Gott Beauftragten. Zur Erwerbung der Kaiserwürde musste ein ▸König vom Papst gesalbt und gekrönt werden und wurde damit zum Schirmherrn der Christenheit. ▸Reichsinsignien

## Kalb
Bei einer Opferung ist das Kalb die Opfergabe ohne Makel, ohne Schande; daher kann es in der christlichen Ikonografie Christus repräsentieren.

## Kalender ▸Monate

## Kalumet, Calumet
Die mit Federn geschmückte indianische Friedenspfeife galt als heilige Pfeife, mit der ein Bote sogar feindliche Grenzen über-

schreiten konnte, ohne dass ihm jemand ein Haar krümmte. Ob der andere Indianerstamm die Pfeife annahm oder ablehnte, entschied über Krieg und Frieden. Das Kalumet wurde auch bei wichtigen Ratsversammlungen und Vertragsabschlüssen geraucht. Das Rauchen der Friedenspfeife symbolisiert Versöhnung, Opfer und Reinigung – die Vereinigung des Individuums mit der Totalität, das Einswerden mit dem Feuer des Großen Geistes. Der Rauch befördert denjenigen, der die Pfeife raucht, symbolisch zum Himmel. Die Indianer schrieben dem Tabak magische Kräfte zu, und er war auch ein Symbol der Gastfreundschaft – so war es bei den nordamerikanischen Indianern z.B. üblich, einem Besucher etwas zu rauchen anzubieten.

## Kamin ▸Rauchabzug

## Kaninchen
Ein lunares Tier, das ebenso wie der ▸Hase häufig als im Mond lebend dargestellt und mit Mondgöttinnen und Erdmüttern in Zusammenhang gebracht wird. In der aztekischen Symbolik ist der Mond ein Kaninchen oder ein Hase; in China fertigte man weiße Kaninchen als Figuren für das Mondfest an.

## Kappe, Kapuze
Eine am Schulterkragen oder Mantel befestigte Haube; in der Antike war die Kapuze als Schutz gegen Regen und Kälte üblich und wurde von Bauern, Jägern, Maultiertreibern und anderen Menschen getragen, die sich in Ausübung ihres Berufs häufig im Freien aufhalten mussten. Als Witterungsschutz wurde sie auch von Mönchen getragen, die ebenfalls häufig Arbeiten im Freien zu verrichten hatten, erhielt dann aber symbolische Bedeutung als mönchisches Attribut.

# Kartografie: Die Zeichen der Kartenmacher

Die Geschichte der Völker beginnt schon früh mit Wanderungen zu Land und zu Wasser. Daraus ergab sich bald das Bedürfnis, zur Orientierung Wegbeschreibungen mit hervorragenden Landmarken zu dokumentieren. Die seefahrenden Völker hatten es damit etwas leichter, denn sie mussten vor allem die Konturen der Küsten, an denen man sich mit den Schiffen entlangwagte, auf Stein, Leder oder Papier festhalten.

Die frühe christliche Kartografie orientierte sich an mystischen Schemata und stellte die Welt rund oder oval dar. Landmarken waren dabei weniger wichtig als die Darstellung von Tieren, Menschen, Himmelsrichtungen, Geräten oder Schiffen. Aber auch Berge, Wälder oder Flüsse wurden in die Karten eingezeichnet, durchaus in verkürzter symbolhafter Art und Weise. Langsam entwickelten sich statt der visuellen Darstellung von Häusern und Ber-

gen abstrahierte Zeichen. So findet man in altmexikanischen Handschriften manchmal stilisierte Fußstapfen, die den Verlauf einer Route markieren.

Babylonische Karten aus dem 12. Jh. v. Chr. zeigen die ersten Ansätze einer einheitlichen Bezeichnung für Gewässer, Berge, Häuser und Straßen. Stadtpläne aus dem 16. Jh. arbeiten oft mit bereits genormten Zeichen für landschaftliche Besonderheiten und Besiedlungseigenheiten.

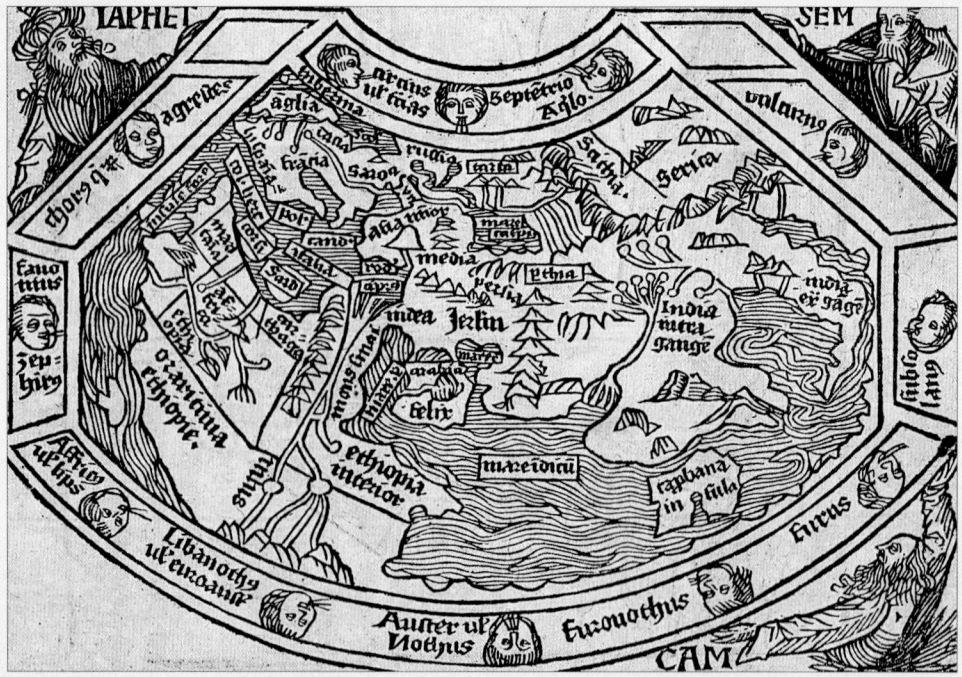

*Diese Weltkarte des Ptolemäus aus dem 16. Jh. kennt noch keine exakten Angaben unserer modernen Kartografie, dagegen spielen Allegorien die tragende Rolle. Links oben die Darstellung des Heiligen Geistes, der von einem Neugierigen (rechts oben) befragt wird. Kartografie wurde zu dieser Zeit als künstlerische Betätigung verstanden.*

Die moderne Kartografie arbeitet mit verschiedenen Zeichen, die sich am Verwendungszweck der Karten orientieren. So gibt es beispielsweise Symbole für Baumreihen, Waldarten, Straßen und Verkehrswege. Amtliche Karten finden leichter zu einer gemeinsamen Symbolsprache als die Karten und Atlanten der Publikumsverlage. Zwar sind sich die Symbole für z. B. Straßenarten sehr ähnlich, doch haben die Gestalter oft den unübersehbaren Ehrgeiz, auch mit kartografischen Zeichen eine eigenständige Gestaltungsleistung anzubieten.

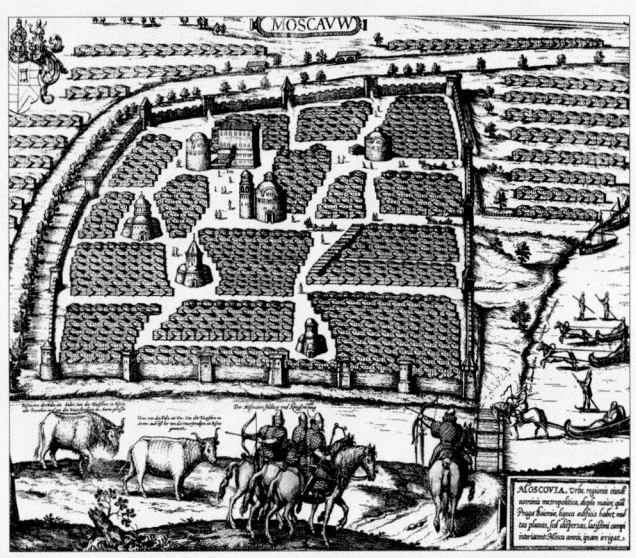

*Militär und Handel benötigten eine exaktere kartografische Darstellung. Der Stich aus dem 16. Jh. zeigt eine Darstellung Moskaus, die für Kaufleute gedacht war. Es ist ein stark vereinfachter Lageplan, in dem mit Bildzeichen bestimmte Gebäudearten dokumentiert wurden.*

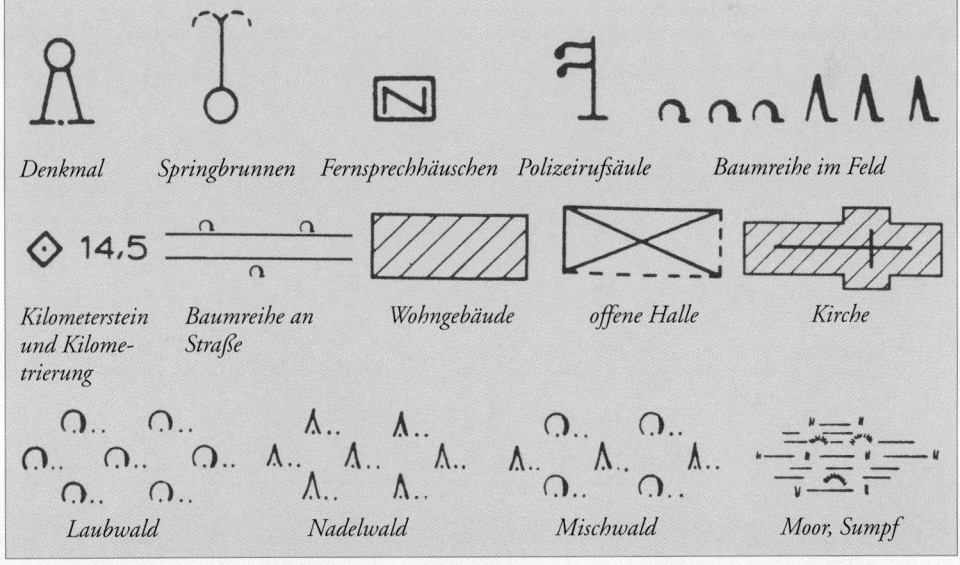

*Moderne Landkarten benützen sehr präzise und nüchterne Symbole, um für verschiedene Benutzeransprüche entsprechende Informationen über Grenzen, Gebäude, Nutzungsarten von Grundstücken, Wege und Straßen auf den ersten Blick im Kartenbild erkennbar zu machen.*

Der Tiefenpsychologe C.G. Jung sieht in der Kappe (ähnlich wie in der Glocke und dem Gewölbe) ein archetypisches Symbol für die obere, himmlische Welt. Von daher ist es vielleicht zu verstehen, dass die Kapuze schon seit jeher als Bekleidungsstück von Göttern (z.B. Kronos/Saturn), Heroen, Dämonen und Zauberern galt und ihr z.T. magische Fähigkeiten zugeschrieben wurden wie z.B. der Tarnkappe, die ihren Träger unsichtbar machte. Sich das Haupt zu bedecken bedeutet im tiefenpsychologischen Sinn nicht nur, unsichtbar zu werden, sondern zu sterben. So ist wohl auch der Gebrauch von Kappen bei ▶Initiationsriten (z.B. in Süd- und Ostafrika) zu verstehen.

*Masken symbolisieren bestimmte Charaktere und dienen dazu, beim Karneval unerkannt seine Scherze treiben zu können. Die Abbildung zeigt venezianische Karnevalsmasken.*

**Karneol** ▶Edelsteine

**Karneval, Fasching, Fastnacht**
Ursprünglich der Tag vor der vorösterlichen Fastenzeit (wie es auch in dem Wort „Fastnacht" – schwäbisch-alemannisch: „Fasnet", bayerisch-österreichisch: „Fasching" – zum Ausdruck kommt), später auf eine längere Phase der Lebensfreude und Vergnügung vor der Fastenzeit erweitert. Die Karnevalsbräuche (Tänze, Gelage, Verkleidung, Maskierung) gehen wohl auf Einflüsse aus spätantik-römischen und byzantinischen Winter- und Frühlingsfesten (z.B. den Saturnalien) zurück. Viele dieser Bräuche dienten ursprünglich der Erweckung der Vegetation und Förderung der Fruchtbarkeit zum Ende des Winters. So ist z.B. das lebhafte Tanzen und lärmende Herumtoben zu verstehen (mancherorts war es Sitte, die Schellen der Masken auf den Feldern zu schütteln, um das Getreide damit symbolisch aufzuwecken). Auch die teilweise obszönen Reden und Bräuche sind als symbolische Förderung der Fruchtbarkeit zu interpretieren. Aber auch die Freude an der Verwandlung und Verkleidung und daran, unerkannt mit anderen seine Scherze treiben zu dürfen, spielt dabei sicherlich eine wichtige Rolle (▶Maske, ▶Narr).

**Karpfen**
Wegen seiner Fruchtbarkeit heiliges Tier der römischen Liebesgöttin Venus; in China wegen des gleich lautenden Wortes für „Karpfen" und „Vorteil" (li) ein Sinnbild des Wunsches nach geschäftlichem Vorteil. Da berichtet wurde, dass der Karpfen bei seiner Wanderung stromaufwärts die Schnellen des Gelben Flusses überspringen könne, steht er in China auch für Beharrlichkeit, Erfolg (z.B. bei Prüfungen) und sozialen Aufstieg. In Japan ist der Karpfen ein Attribut des Samurai und steht für Mut, Schicksalsergebenheit, Ausdauer und Glück. Er symbolisiert auch die Liebe, denn das japanische Wort für Liebe ist gleichklingend mit dem für Karpfen.

**Karten** ▶Spielkarten ▶▶Tarock, S. 390

**Kartografie** ▶▶S. 262

## Kastration

Als religiösen Akt gab es die Entmannung in orientalischen Kulten (z. B. der phrygischen Muttergöttin Kybele). Später diente sie dem Ziel der Ehelosigkeit, das durch die Kastration erzwungen wurde (so z. B. bei dem altkirchlichen Theologen Origenes, der sich selbst kastrierte); eine solche Selbstverstümmelung wurde zwar von der Kirche abgelehnt, doch erst von Sixtus V. (1587) ausdrücklich verboten. Im Orient gab es die Sitte der Kastration von Männern, um sie dann als Haremswächter zu halten, schon im Altertum; sie hielt sich bis zur Neuzeit in fast allen orientalischen Ländern, in denen es Polygamie gab.

## Katze

In Ägypten erlangte die Katze als Erscheinungsform des Sonnengottes Re und als katzengestaltige Göttin Bastet (Wohltäterin und Beschützerin der Menschen) religiöse Bedeutung. Daher spielte sie eine wichtige Rolle im Tierkult der ägyptischen Spätzeit, wovon zahlreiche Amulette in Katzenform und Friedhöfe mit Katzenmumien (z. T. sogar in eigenen Särgen beigesetzt) zeugen.

Als lunares Nachttier galt und gilt die Katze in erster Linie als Symboltier des Weiblichen, so z. B. im Umkreis von Muttergöttinnen (das Gespann der germanischen Fruchtbarkeitsgöttin Freya wird von Katzen gezogen) und als den Hexen nahe stehendes Wesen. Im Volksglauben sollen schwarze Katzen Unheil bringen oder ankündigen (insbesondere, wenn einem eine schwarze Katze über den Weg läuft).

Die Katze ist eines der zwölf chinesischen Tierkreiszeichen und als solches identisch mit dem Hasen (▶▶astrologische Zeichen, S. 46).

## Kaurimuschel

Ein Symbol für Fruchtbarkeit, die Große Mutter, das weibliche Prinzip und die Vulva.

## Keilschrift ▶▶S. 266

## Kelch

Der Kelch war zu Zeiten des Alten Testaments das übliche Trinkgefäß, was auch seinen Gebrauch als Gefäß für den Wein beim heiligen Abendmahl erklärt. Daneben taucht der Kelch (oder Becher) in der Bibel als Sinnbild des Geschicks auf, das der Mensch aus der Hand Gottes empfängt, so z. B. in der Offenbarung des Johannes. So ist es auch zu verstehen, wenn Jesus vor der Kreuzigung die ihm bevorstehende Passion als „Kelch" bezeichnet und betet, dass dieser an ihm vorübergehen möge. Später wurden zur Aufnahme des Weins bei Abendmahl und Kommunion teilweise reich verzierte Abendmahlskelche verwendet. In Darstellungen auf Grabsteinen ist der Kelch ein Sinnbild des ewigen Lebens. Ein Kelch mit einer sich herauswindenden Schlange ist Attribut des Evangelisten Johannes.

Daneben hat der Kelch auch teil an der Symbolik anderer ▶Gefäße. Auch der Heili-

*Der Kelch spielt beim Abendmahl eine bedeutende Rolle.*

# Keilschrift: Schrift aus Babylonien und Assyrien

Die charakteristischen Schriftzeichen aus Babylonien und Assyrien bezeichnet man als Keilschrift, weil beim Einritzen der Zeichen mit dem Rohrgriffel in weichen Ton der Griffel schräg gehalten wurde. Die beschriebenen Tontafeln wurden anschließend in der Sonne getrocknet und in Feuer gebrannt.

Um 3000 v. Chr. entstand in Uruk diese Bilderschrift, bei der Zeichen zu einer bestimmten Aussage kombiniert wurden, also z. B. ein Zeichen für Kopf und eines für Brot, und dies ergab die Bedeutung von „essen".

Aus ursprünglich ungefähr 2000 Einzelzeichen entstand auf diesem Wege die Keilschrift, die sich allerdings auf 500 gebräuchliche Zeichen beschränkte. Man hatte die ursprüngliche Zeichenvielfalt aus praktischen Gründen sehr vereinfacht: So wurden Kurven der Ritzzeichen zu waagerechten, senkrechten oder schrägen Strichen vereinfacht. Diese Modifikationen machten auch das Schreiben wesentlich einfacher, denn die relativ unkomplizierten Zeichen konnten sehr schnell in den Ton eingedrückt werden, und es bedurfte dazu keiner größeren Kunstfertigkeit.

Die Tontafeln wurden vor dem eigentlichen Akt des Schreibens in Fächer eingeteilt. In diese wurden dann die Zeichen von oben nach unten in waagerechte Kolumnen geritzt.

Die Keilschrift ist eine so genannte gemischte Schrift, die aus Wortzeichen, Lautzeichen und Deutzeichen zur Charakte-

*Diese neuassyrische Schrift zeigt eine Weiterentwicklung der Keilschrift. Der Text wird von links nach rechts und dann von oben nach unten gelesen (nach Károl Földes-Papp, „Vom Felsbild zum Alphabet", Stuttgart, 1966).*

risierung von Gattungen und Bedeutungsklassen besteht.

Die Keilschrift wurde in Assyrien und Babylonien verwendet und ist Ausgangspunkt für andere Schriften, die allerdings nur äußerlich die Keilform der Zeichen übernahmen.

Ursprünglich war die Keilschrift bildhaft. Die Schreibweise in Ton zwang aber dazu, die Zeichen auf das für die Verständigung notwendige Minimum zu beschränken.

Bei Ausgrabungen wurden Archive mit mehreren tausend Tonplatten von erstaunlich großem Format gefunden, die jeweils bis zu 3000 Keilschriftzeilen enthielten.

*Eine über zwei Meter hohe Dioritrafel mit dem Gesetzestext des Hammurapi (um 1700 v. Chr.)*

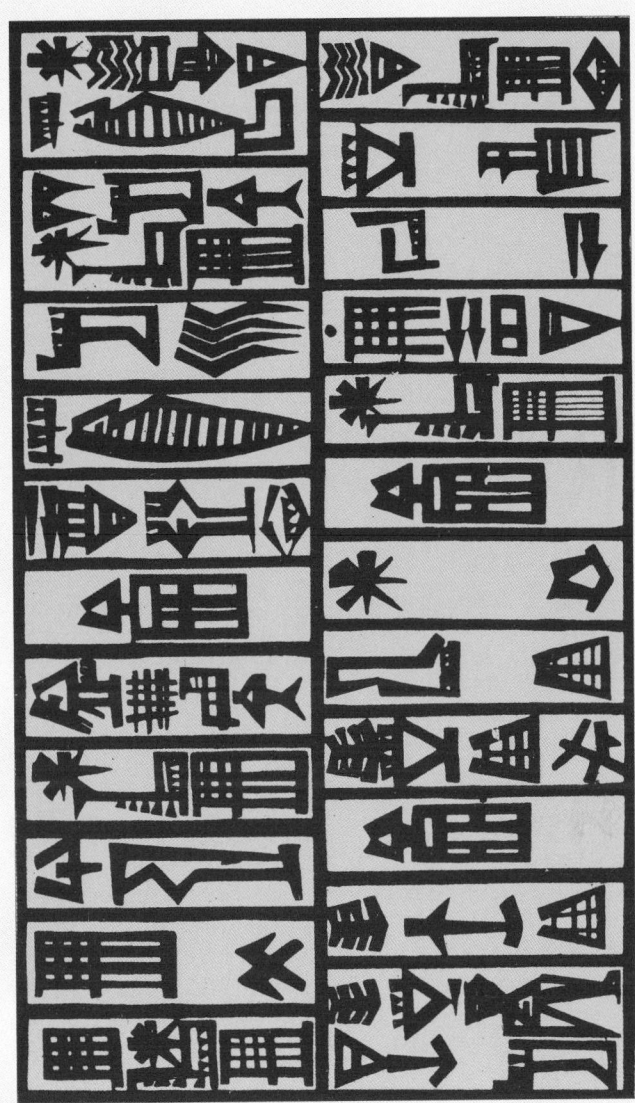

*Ein Beispiel für eine mesopotamische Keilschrifttafel. Die Inschrift des Königs Sarganisaralim besteht aus 23 Gruppen von Schriftzeichen. Die ersten fünf Gruppen, gelesen von oben nach unten und dann von links nach rechts, lauten in der Übersetzung: 1. Gruppe „Sarganisaralim" 2. Gruppe (der Sohn des Dati-Enlil) 3. Gruppe (der Mächtige) 4. Gruppe (der König) 5. Gruppe (von Akkad). Und weiter heißt es: „und den Bereichen des Enlil, (ist) der Erbauer des Ekur, des Tempels des Enlil, in Nippur. Wer diese Urkunde verändert, dessen Grundlage mögen Enlil und Samas ausreißen und seinen Samen wegraffen".*

ge ▶Gral wird mitunter als Kelch oder Abendmahlskelch dargestellt.

Als Traumsymbol versinnbildlicht der Kelch häufig das weibliche Geschlechtsorgan.

**Kentauren** ▶Fabelwesen

**Kerberos** ▶Fabelwesen

**Kerze**

Ein Lichtsymbol (▶Licht), in seiner Symbolik mit der ▶Fackel und der ▶Lampe verwandt; Manifestation des Göttlichen. Schon die alten Römer zündeten während des Kultes, vor Götterbildern und bei Begräbnissen Kerzen, Fackeln oder Lampen an.

Auch im Christentum ist die Kerze ein Symbol für das Licht in der Dunkelheit des Lebens und für Jesus Christus als Licht der Welt. Noch heute werden neben dem Leichnam oder (in katholischen Gegenden) am Allerseelentag auf Gräbern brennende Kerzen oder Lämpchen aufgestellt; sie verweisen auf die Auferstehung, die Überwindung der Finsternis des Todes, das Licht in der kommenden Welt. (Auch in orientalischen Begräbnisriten spielen Kerzen eine Rolle.) Die ▶Osterkerze steht für die Auferstehung Jesu Christi. Kerzen zu beiden Seiten des Kreuzes auf dem Altar verkörpern die Doppelnatur Christi, die menschliche

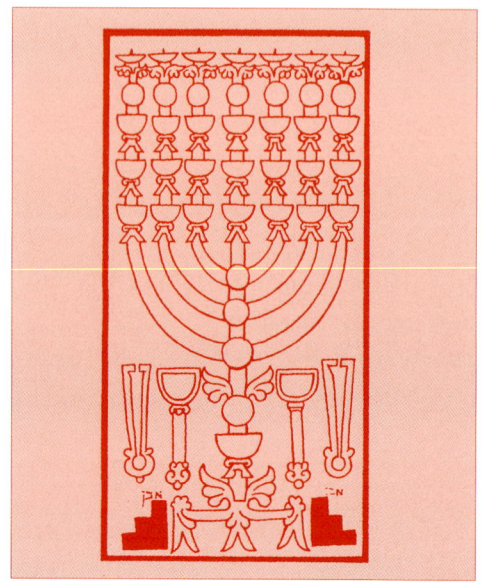

*Die sieben Kerzen der jüdischen Menorah symbolisieren Sonne, Mond und die Hauptplaneten als Lichter in der Finsternis des Chaos und der Ungewissheit des Lebens – das ewige Licht Gottes im Weltall.*

und die göttliche. In der orthodoxen Christenheit des Ostens stellen drei miteinander verbundene Kerzen die Heilige Dreifaltigkeit dar und zwei miteinander verbundene Kerzen die Doppelnatur Christi.

Der siebenarmige Leuchter, die Menorah, ein wichtiges Symbol des Judentums, das auch Bestandteil des israelischen Staatswappens ist, symbolisiert die Gegenwart Gottes – das ewige Licht Gottes im Weltall und das ewige Leben. Der Fuß des Leuchters wird als Weltenbaum (▶Baum) und Weltachse (▶Achse) gedeutet; die sieben Arme entsprechen den sieben Tagen der Schöpfung bzw. der Woche bzw. Sonne, Mond und den Hauptplaneten. In der Kabbalistik verkörpern drei Kerzen bzw. Leuchter Weisheit, Stärke, Schönheit.

Kerzen können aber auch für die Ungewissheit und Unbeständigkeit des Lebens als etwas leicht Auslöschbarem stehen.

*Kerzen symbolisieren das Licht, und so stehen sie auch auf dem Altar.*

Als Traumsymbol kann die Kerze ein männliches Sexualsymbol sein, aber auch Weisheit und Erkenntnis symbolisieren.

## Kessel

Ein Symbol der Nahrung, der Fülle und des Überflusses (so besitzt der keltische Gott Dagda einen unerschöpflichen Kessel, von dem niemand ungesättigt fortgeht), aber auch der Ort, an dem sich ein Prozess der Wandlung und Erneuerung vollziehen kann. So gab es z. B. in der keltischen Mythologie Zauberkessel; auch Hexen verwendeten Kessel („Hexenkessel"). Als Symbol der inneren Wandlung und Erneuerung ist der Kessel mit dem Taufbecken und der alchemistischen Retorte verwandt.

## Kette

Ein ambivalentes Symbol, das sowohl für Amt, Würde und Verbundenheit mit anderen als auch für Abhängigkeit und Sklaverei stehen kann. Amtsketten (z. B. eines Bürgermeisters, Mandarins usw.) binden ihren Träger an Amt, Funktion und Macht (▶Halskette). Die Glieder einer Kette können Kommunikation oder Ehe symbolisieren. Im Buddhismus binden die Kettenglieder den Menschen an die fortdauernde Existenz in der Welt der Erscheinungen. Im Christentum ist die Kette ein altes Symbol der Verbindung zwischen Himmel und Erde. Im Islam ist die Kette des Seins die hierarchische Ordnung der Dinge im Universum. ▶Bande

## Keule

Ein Sinnbild der Stärke, die Keule kann jedoch auch ein Phallussymbol sein. In der keltischen Mythologie ist die Keule die Waffe des Gottes Dagda in seiner Eigenschaft als Herr über Leben und Tod; sie ist auch ein Attribut des westsemitisch-phönizischen Fruchtbarkeitsgottes Baal und des

sumerischen Fruchtbarkeitsgotts Ninurta; entspricht in der Symbolik dem Donnerkeil (▶Donner), wie er von Himmelsgöttern benutzt wird.

## Kiefer

In China ist die Kiefer, weil sie ihre Nadeln niemals verliert und große Kälte aushalten kann, ein Symbol der Beständigkeit und Langlebigkeit und einer der am häufigsten dargestellten Bäume in der chinesischen Kunst. Alte Kiefern genossen in China große Verehrung. Kiefer und ▶Kranich symbolisieren gleichzeitig auch die letzten Jahre eines langen Lebens; daher wird auf Gräbern nach alter Sitte häufig eine Kiefer gepflanzt.

## Kiel

Ein phallisches Symbol; auch ein Attribut von Tyche/Fortuna als Schicksalsgöttin.

## Kind

In der Bibel symbolisieren Kinder Unschuld, ohne die man nicht ins Himmelreich gelangen kann (Matthäus 18,3: „Amen, das sage ich euch: Wenn ihr nicht umkehrt und wie die Kinder werdet, könnt ihr nicht in das Himmelreich kommen"). Daher werden Engel in der christlichen Kunst (vor allem seit der Renaissance, ausgehend von den antiken Amoretten) häufig in Kindgestalt dargestellt. Eine Frauengestalt, die ein Kind nährt, ist ein christliches Symbol der Caritas.

## Kirsche

Wegen ihrer leuchtend roten Farbe und ihres süßen Geschmacks in vielen Kulturen ein Symbol der Erotik, der Verlockung und weiblichen Schönheit. So taucht der Kirschbaum in der christlichen Symbolik gelegentlich statt des Apfelbaums als Baum des biblischen Sündenfalls auf; auch in der bildenden Kunst (z. B. bei Hieronymus Bosch)

*Kirschen gelten als ein Symbol der Verführung, Verlockung und Erotik.*

sind Kirschen häufig als erotisches Symbol zu verstehen. In China sind „Kirschenlippen" und „Kirschenmund" – ähnlich wie bei uns – häufig gebrauchte Attribute weiblicher Schönheit; „Kirschen essen" ist eine Umschreibung für den Beischlaf. Die Kirschblüte hingegen ist wegen ihrer weißen Farbe vielfach ein Symbol der Reinheit; in Japan gilt sie als die schönste aller Blüten und verkörpert eine reine Seele, Schönheit und Heldentum.

## Klee
Bei den keltischen Druiden war der Klee eine Zauberpflanze. Im Christentum wurde das dreiblättrige Kleeblatt zum Dreifaltigkeitssymbol; anhand eines Kleeblatts veranschaulichte der heilige Patrick den Bewohnern Irlands einst das Geheimnis der Dreifaltigkeit – daher ist der Klee („shamrock") heute noch Emblem Irlands.

Dem vierblättrigen Kleeblatt schrieb man im mitteleuropäischen Volksglauben Zauberkraft zu; noch heute ist das vierblättrige Kleeblatt („Glücksklee") ein Glückssymbol.

## Kleinodien ▶Edelsteine

## Kniefall
Ein Symbol der Ehrerbietung, Unterordnung oder Unterwerfung gegenüber einer (geistigen oder weltlichen) höheren Macht. ▶Gebetshaltung

## Knochen
Das unzerstörbare Lebensprinzip. Da die Knochen die Verwesung des Fleisches überdauern, galten sie bei vielen Jägervölkern als der Sitz der Lebenskraft; deshalb war es vielfach auch Brauch, die Knochen eines erlegten Tiers unzerbrochen der Erde zurückzugeben, um so den Fortbestand der Art (und damit die künftige Lebensgrundlage des Jägervolkes) zu sichern. In diesem Sinn ist

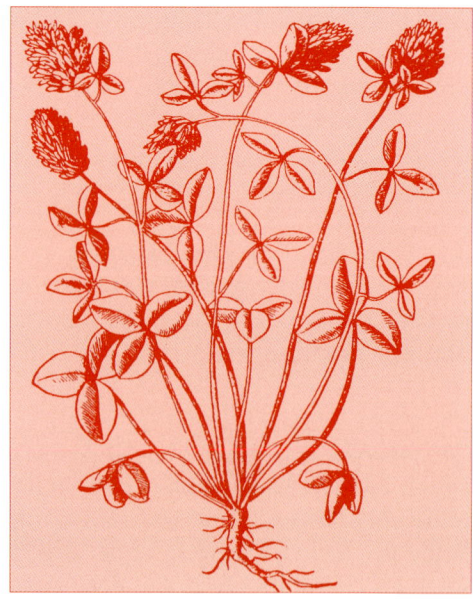

*Das dreiblättrige Kleeblatt steht im Christentum für die Dreifaltigkeit.*

auch das alttestamentliche Gebot zu verstehen, dass keine Knochen des Passahlammes zerbrochen werden dürfen (2. Buch des Mose 12,46), und die im Neuen Testament bei Johannes (19,32–36) berichtete Geschichte, nach der die Soldaten den Mitgekreuzigten Jesu die Beine zerschlugen, die Gebeine Jesu aber unversehrt ließen: „Denn das ist geschehen, damit sich das Schriftwort erfüllte: Man soll an ihm kein Gebein zerbrechen." Knochen (vor allem in Kombination mit einem Totenkopf) können aber auch ein Symbol für den Tod und die Vergänglichkeit des Lebens sein.

## Knoten

Der Knoten bezieht seine Bedeutung aus der uralten Symbolik des Bindens (▶Bande). So war es z. B. in vielen europäischen Gegenden Brauch, dass die Braut dem Bräutigam als Zeichen ihrer Liebe und Treue geknotete Bänder oder Strumpfbänder schenkte. Im späten Mittelalter wurde er zum Sinnbild des

*Die keltische Zauberpflanze hat im vierblättrigen Kleeblatt auch für uns heute ihre magische Kraft als Glücksbringer bewahrt.*

Ordensgelübdes, mit dem der Mönch sich auf immer an Gott bindet. (Die drei Knoten im Gürtel des Mönchs sind die drei Gelübde: Armut, Keuschheit und Gehorsam.) Der Knoten ist auch eines der acht buddhistischen Symbole („acht Kostbarkeiten") und steht für langes Leben, Unendlichkeit, Ewigkeit; manchmal wird er auch als Glücksknoten bezeichnet.

Knoten können auch Werkzeuge von Zauberinnen, Magiern oder Hexen sein, die Knoten zum Zeichen der Macht und des Wirkens von Zaubern binden. Knoten in Amuletten sollen Dämonen abwehren. Das Lösen von Knoten bedeutet Freiheit, Errettung oder Lösung von Problemen.

Als Traumsymbol steht der Knoten für ein schwer lösbares Problem oder eine schwierige Situation. Wenn der Träumende den Knoten löst, so steht dies für die Bewältigung des Problems; die Art der Lösung kann ein Hinweis seines Unterbewusstseins sein, wie er das Problem angehen könnte. Einen Knoten durchzuschneiden bezeichnet die Wahl eines kurzen oder auch gewaltsamen Weges zur Problemlösung.

## Kobra ▶Schlange

## Köcher

Das empfangende, weibliche Prinzip (im Gegensatz zum ▶Pfeil als dem männlichen); ein Attribut der Artemis und aller Jagdgottheiten.

## Kojote

Der Kojote spielt in vielen Mythen der nordamerikanischen Indianer eine Rolle. Er gilt (ähnlich wie der Fuchs unserer Tierfabeln) als schelmisches, oft auch hinterhältiges Tier, das andere hereinlegt, kann aber auch als Helfer der Menschen auftreten, z. B. als Feuerbringer im Schöpfungsmythos der Navajo, in dem ein Kojote dem schla-

*Hammer und Sichel – eines der Hauptsymbole des Kommunismus*

fenden Feuergott das Feuer stiehlt und es den Menschen bringt.

## Komet

Kometen wurden früher als Vorboten von Unglück, Krieg, Feuersbrunst oder Pest gedeutet. Seltener galten sie als Glücksboten wie z.B. der Stern von Bethlehem, der die Geburt Jesu Christi ankündigte.

## Kommunistische Symbole

Wichtigste Symbole des Marxismus und Kommunismus und des Klassenkampfs sind: die ▶Faust, die Farbe Rot (▶▶Die Symbolik der Farben, S.152) sowie der Hammer in Kombination mit Sichel oder Zirkel.

Hammer und Sichel (während der Weimarer Republik in den Fahnen der KPD, seit 1924 im Staatswappen der früheren UdSSR und auch heute noch Abzeichen mehrerer kommunistischer Parteien) versinnbildlichen als uraltes Werkzeug der Ackerbau treibenden Menschheit (Sichel) und Werkzeug der Industriearbeiterschaft (Hammer) die Verbündung von Arbeitern und Bauern in der „Diktatur des Proletariats".

Das Staatsemblem der früheren DDR bildeten Hammer und Zirkel im Ährenkranz, wobei der Ährenkranz für den Bauernstand stand und mit dem Zirkel auch die „technische Intelligenz" symbolisch Anerkennung und Eingang in den Arbeiter- und Bauernstaat fand.

## König, Königin

Die höchste monarchische Würde nach dem ▶Kaiser. Solange weltliche und religiöse Institutionen, Staat und Kirche, nicht voneinander getrennt waren, galt auch das Königtum ähnlich wie das Kaisertum als sakral – der König war Inkarnation, Sohn oder Beauftragter Gottes. In vielen Kulturtraditionen war die Auffassung verbreitet, dass die Lebenskraft des Königs die seines Volkes widerspiegle und für die Fruchtbarkeit seines Landes verantwortlich sei; daher opferte man ihn durch Tötung, wenn seine Lebenskraft abnahm, d.h., wenn er krank oder schwach wurde, oder auch, wenn seine Regierungszeit abgelaufen war.

König und Königin zusammen verkörpern die vollkommene Vereinigung, die beiden Hälften des vollkommenen Ganzen, die Vollständigkeit, den Androgyn; sie werden symbolisiert durch Sonne und Mond, Himmel und Erde, Gold und Silber, Tag und Nacht. Attribute des Königs sind: Sonne, Diadem, Krone, Zepter, Reichskugel, Schwert (mit Ausnahme der chinesischen Kaiser) und Thron (▶Reichsinsignien)

## Kopf

Der Kopf gilt zusammen mit dem Herzen schon seit jeher als wichtigster Teil des Körpers, Sitz der Lebenskraft und Seele, Träger des Ichs und des Bwusstseins. Als oberster Körperteil ist der Kopf der Regent des Menschen; er repräsentiert Macht und Herrschaft (daher auch die Bezeichnung „Staatsoberhaupt" für den Regenten eines Landes), Weisheit und Geist. Der Kopf ist

Sitz sowohl der Intelligenz als auch der Torheit. Auf ihn richten sich Ehre und Unehre zuerst: Die Krone des Ruhms und der Kranz des Sieges werden auf den Kopf gesetzt, aber auch die Asche der Trauer und der Buße und die Narrenkappe kommen auf den Kopf. Bei der Weihe wird der Kopf gekrönt oder geschoren. Die Verneigung des Kopfes bedeutet, den Sitz seiner Lebenskraft vor einem anderen Menschen in Ehre oder Unterwürfigkeit zu erniedrigen. Abbildungen von Köpfen auf Grabmälern oder als Denkmäler verkörpern die Lebenskraft und den Genius des Menschen, die sich im Kopf befanden; daher die Gestaltung von „Büsten".

Köpfe von geopferten oder gejagten Tieren enthielten angeblich deren Lebenskraft und Fruchtbarkeit und wurden daher bei rituellen Prozessionen aufgehängt oder getragen, oder sie dienten bei Ritualen als Speise. Bei manchen Naturvölkern (z. B. in Polynesien und Südostasien) diente die Kopfjagd der Erlangung der Lebenskraft und Fruchtbarkeit ihres Opfers.

Im Christentum werden Märtyrer häufig mit abgeschlagenem Kopf in der Hand dargestellt – ein Sinnbild der Hingabe ihres Lebens für Gott.

Groß ist die Anzahl mehrköpfiger Gottheiten in den Mythologien verschiedenster Kulturen. Zweiköpfige Götter und Figuren wie z. B. Janus, der römische Gott der Türen und Tore, symbolisieren den Anfang und das Ende, das Gestern und das Heute, Vergangenheit und Zukunft, Abreise und Rückkehr. Ist ein männlicher mit einem weiblichen Kopf vereint, der König mit der Königin, so ist der ▶Androgyn dargestellt, die Vereinigung der Gegensätze. Gottheiten mit vielen Köpfen oder Gesichtern symbolisieren auch häufig verschiedene Aspekte, Heldentaten oder Funktionen dieses Gottes, so z. B. im Hinduismus oder auch im Christentum, wo ein Körper mit drei Köpfen oder ein Kopf mit drei Gesichtern ein Dreifaltigkeitssymbol ist.

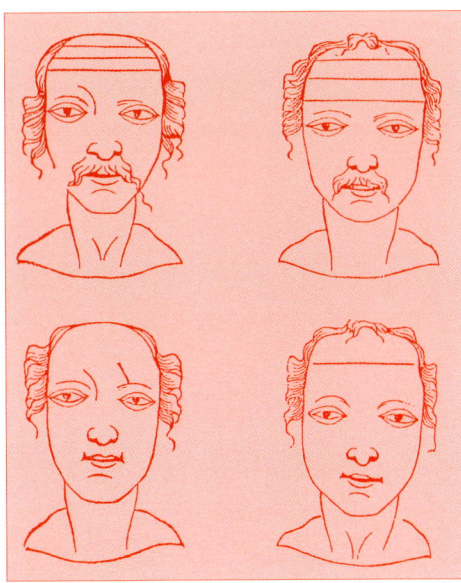

*Der Kopf als Träger des Ichs wirkt auch als Zeichen für einen bestimmten Menschentypus.*
*H. Cardanus zeichnete 1658 in seinem Werk „Metoposcopia" verschiedene Kopftypen und brachte sie in Verbindung zu Charakter und Schicksal.*

## Koralle

Wegen ihrer roten Farbe schreibt man Korallen im Volksglauben Unheil abwehrende Wirkung zu. Schon im alten Ägypten gab man sie den Toten zum Schutz mit ins Grab. In Italien werden Korallen (v. a. von Kindern und Bräuten) gern als Schmuck und Amulett getragen.

## Korb

Körbe sind Attribute der Jahreszeiten und symbolisieren die Darbringung der ersten Früchte als Opfergaben. Sie stehen aber auch für das weibliche Prinzip, Fruchtbarkeit und den Mutterschoß. (Moses wurde in einem Korb im Wasser gefunden.) Ein voller Korb bedeutet Überfluss, reiche

Ernte. Im antiken Rom war ein von Efeu umrankter Korb Attribut der Ceres, der Göttin der Feldfrucht. In der Begräbniskunst stellt er die Erlangung der Unsterblichkeit dar. Auch in der chinesischen Symbolik hat der Korb diese Bedeutung: Ein Frucht- oder Blumenkorb ist Symbol des Lan Ts'ai-ho, eines der acht Unsterblichen, und steht für ein langes Leben.
▶Bienenkorb

## Korn, Getreide

Korn- oder Weizenähren bzw. -garben sind Attribute aller Korngottheiten und symbolisieren die Fruchtbarkeit der Erde, das Erwachen des Lebens, Keimen und Wachstum durch die Kraft der Sonne. In der griechisch-römischen Mythologie war das Korn Kennzeichen der Ackerbau- und Fruchtbarkeitsgöttin Demeter/Ceres und der Erdgöttinnen Gaia und Virgo. Auch der phrygischen Muttergöttin Kybele, Spenderin von Leben und Fruchtbarkeit, war das Korn geweiht, und zu ihrem Fest wurde symbolisch Brot gegessen.

Korn und Wein zusammen verkörpern das Erzeugnis der Arbeit des Menschen im Ackerbau. Als Totenbeigabe symbolisiert Korn Überfluss im Jenseits. In vielen Bestattungs- und Trauerriten, v. a. im alten Ägypten (▶Gerste), im Mittelmeerraum, in Persien und China fanden Pflanzungen von Korn, Weizen oder Gerste Verwendung, wobei das wachsende Getreide Auferstehung und ewiges Leben bedeutete.

Im Christentum sind Weizenähren ein Symbol des Brotes der Eucharistie, des Leibes Christi; Korn und Trauben zusammen verkörpern das heilige Abendmahl.

## Kostbarkeiten, acht ▶buddhistische Symbole

## Krabbe ▶Krebs

*Der Kranich bedeutet für die Chinesen langes Leben und Unsterblichkeit.*

## Kragen ▶Halskette

## Krähe

Im Volksglauben und im Traum – wohl wegen ihrer schwarzen Farbe – ein Symbol für drohendes Unglück. Ein Traum von einer Krähe kann bedeuten, dass der Träumende sich in irgendeiner Weise bedroht fühlt.

## Kranich

In China ist der Kranich Symbol eines langen Lebens und der Unsterblichkeit und wird zur Verstärkung dieser Symbolik häufig zusammen mit Kiefer oder Stein und Schildkröte (weiteren Symbolen der Langlebigkeit) dargestellt. Gleichzeitig ist er auch ein Symbol der Weisheit; vielfach werden ihm wunderbare Eigenschaften zugeschrieben. Ein Bild mit zwei Kranichen bedeutet sozialen Aufsteig; es steht für den Wunsch, dass derjenige, dem man es schenkt, „hoch aufsteigen" möge. Auch in Japan gilt der Kranich als Glücksbringer.

## Kranz

Aus Blättern, Blüten, ▶Efeu oder Lorbeerblättern (▶Lorbeer) geflochtene Kränze gibt es schon seit Jahrtausenden; sie haben an der Symbolik des ▶Kreises teil und wurden und werden zu einer Vielzahl von Anlässen mit den verschiedensten symbolischen Bedeutungen verwendet.

Bereits in der Antike dienten Kränze als festlicher Schmuck bei Opfern und Gelagen und als Schmuck und Auszeichnung für Sieger im Krieg und in Kampfspielen.

Aber auch bei Begräbnissen kommt Kränzen schon seit eh und je eine wichtige Bedeutung zu: Im alten Ägypten gab man den Toten als Zeugnis ihrer Unschuld Kränze mit. In Rom und Griechenland sollte der Totenkranz dem Verstorbenen die Ruhe im Grab sichern; auch heute noch ist es in vielen Ländern des westlichen Kulturkreises üblich, den Toten bei der Beerdigung Kränze aufs Grab zu legen.

Der Brautkranz ist ein Symbol der Jungfräulichkeit. Kranzniederlegungen an Denkmälern und Gedenkstätten sind eine Geste der Ehrenbezeigung. Den Kranz als Ausschankzeichen für Straußwirtschaften gibt es wohl seit dem 14. Jh. Erst im 20. Jh. bürgerten sich Adventskränze (als Sinnbild der Vorbereitung und Hoffnung auf das an Weihnachten kommende Heil) und Erntekränze (als Fruchtbarkeitssymbol) ein. ▶Rosenkranz

## Krebs

Als vorwiegend im Wasser lebendes Tier ein Sinnbild der Urflut und des weiblich-mütterlichen, lunaren Prinzips – Eigenschaften, die auch dem Krebs als Tierkreiszeichen zugeschrieben werden (▶▶astrologische Zeichen, S. 46). Da er regelmäßig seinen Panzer wechselt, wurde er ähnlich wie andere sich häutende Tiere auch zum Auferstehungssymbol.

## Kreis

Ein universelles Symbol, das schon in den frühesten Kulturen verwendet wurde, wo es

*Im Kreis steht Maria mit dem Jesuskind. Darstellung des 18. Jh.*

ebenso wie das Quadrat häufig als Symbol für die Erde diente (manchmal in Kombination mit einem ▶Kreuz): Der Kreis stellt den Horizont dar, wie das Auge ihn wahrnimmt, wenn der Betrachtende sich auf einer Ebene mit allseits freiem Blick befindet. Kreisförmig angeordnete Lager und die kreisrunden indianischen Tipis sind Modelle der Welt und – im weiteren Sinne – des Kosmos.

Auch die Sonne wurde häufig als kreisrunde Scheibe, geflügelter Kreis oder Rad dargestellt. Ein Kreis mit einem Punkt in der Mitte ist Symbol aller Sonnengötter und das astrologische Zeichen für die Sonne.

Im Zusammenhang mit dem Sonnenlauf wurde die Zeit als Bewegung im Raum interpretiert; so wurde der Kreis ebenso wie das ▶Rad zum Symbol der Zeit (so z. B. in der altmexikanischen Kalenderscheibe, im runden Zifferblatt unserer Uhren und im Tierkreis). Im Buddhismus und Hinduismus steht der Kreis für den Kreislauf von Geburt, Tod und Wiedergeburt, den Kreis-

*Der Kreis als Grundform des astrologischen
Systems: Christus steht im Mittelpunkt. In den
äußeren Kreisen sind die Symbole der vier Jahreszeiten zu sehen, 11. Jh.*

lauf der Existenzen (Samsara), und wird
meist als ▶Rad dargestellt.

Da der Kreis weder Anfang noch Ende
hat, ist er auch häufig ein Sinnbild der
Ewigkeit, des Unendlichen, aber auch des
In-sich-Geschlossenen, Ganzen, Vollkommenen, Göttlichen. Viele Steinzeitvölker
schufen Steinkreise: kreis- oder halbkreis-
förmige Steinsetzungen wie z. B. die Anlage
von Stonehenge in Südengland, die als
Kultstätten dienten. In diesem Sinn ist auch
der kreisförmige Heiligenschein christlicher
Heiliger (▶Nimbus) und die runde Form
der Hostie beim christlichen Abendmahl zu
deuten. Drei konzentrische oder ineinander
greifende Kreise sind Symbole der Heiligen
Dreifaltigkeit; ein das Kreuz einschließen-
der Kreis stellt das Paradies mit seinen vier
vom Zentrum – dem Baum des Lebens –
ausgehenden und in die vier Weltrichtungen
fließenden Strömen dar. Im Zen-

Buddhismus ist der leere Kreis ein Symbol
für die Erleuchtung. Schon seit Urzeiten
wurden und werden dem Kreis auch magische Fähigkeiten zugeschrieben. So ist z. B.
die schützende Funktion zu verstehen, die
kreisförmigen Amuletten und Ringen innewohnen soll.

Bestimmte Blumen, v. a. ▶Lotos, ▶Lilie
und ▶Rose, teilen viele Aspekte der Symbolbedeutung des Kreises; so stellt der
Lotossitz Buddhas den Weltkreis dar.

## Kreuz

Ein uraltes, universelles Symbol; ebenso wie
Kreis und Quadrat häufig als Sinnbild der
Erde verwendet. Es deutet die vier Him-
melsrichtungen oder die Vereinigung von
Himmel und Erde an und ist mit dem
Symbol des Lebensbaums (▶Baum) ver-
wandt. Manchmal erscheint es auch in
Kombination mit dem ▶Quadrat oder als
Sonnenrad – ein in einen ▶Kreis einge-
zeichnetes Kreuz als Symbol für die Sonne
und ihren Lauf und in dieser Bedeutung
mit dem ▶Rad verwandt.

Auch als religiöses Zeichen war das Kreuz
bereits in vorchristlicher Zeit bekannt.
Schon im 1. Jahrtausend vor Christus
taucht es in Assyrien als Sinnbild der Sonne
und in Ägypten als ▶Henkelkreuz (Symbol
des Lebens) auf. Das Hakenkreuz (▶Swasti-
ka) ist noch älter. In Babylonien tritt das
Kreuz mit dem Halbmond in Verbindung
mit Mondgottheiten auf.

Durch den Kreuzestod Jesu Christi (eine
Todesart, die als Schande und Demütigung
galt) wurde das Kreuz dann zum christlichen Symbol und Heilszeichen, häufig mit
dem Christusmonogramm (▶Christussym-
bole) kombiniert. In der mittelalterlichen
Symbolik war die Auffassung verbreitet,
dass das Kreuz Christi aus dem Holz des
▶Baumes der Erkenntnis gefertigt gewesen
sei – der Ursache für den Sündenfall – und

durch die Kreuzigung Christi dann später zum Werkzeug der Erlösung wurde. Seit dem 11. Jh. ist es üblich, ein Kreuz auf den Altar zu stellen; seit dem Hochmittelalter wird der kreuzförmige Grundriss von Kirchen als Abbild des gekreuzigten Jesus Christus gedeutet.

*Die häufigsten Kreuzformen sind:*

- ▶Andreaskreuz (Schrägkreuz)
- Ankerkreuz (Lilienkreuz) mit ankerförmigen Enden (▶Anker)
- Eisernes Kreuz: ein geschweiftes schwarzes Kreuz auf weißem Grund; Zeichen des Ordens des Eisernen Kreuzes, den König Friedrich Wilhelm III. 1813 zum Ansporn seines Volkes im Befreiungskrieg gegen Napoleon stiftete.
- Gabelkreuz (Schächerkreuz), in manchen Kreuzigungsdarstellungen nur für die beiden Schächer verwendet, die neben Jesus gekreuzigt wurden, in anderen auch für Christus selbst; hat aber auch an der Symbolik des Lebensbaums teil (so z.B. bei den Maya)
- Griechisches Kreuz (Crux quadrata) mit gleich langen Armen, Grundlage für den Grundriss vieler byzantinischer Kirchenbauten
- ▶Henkelkreuz (Ankh, Crux ansata)
- Johanniterkreuz (Malteserkreuz): Abzeichen des Johanniter- und Malteserordens
- Kreuz der orthodoxen Kirche (auch als russisches Kreuz bezeichnet) mit zwei Querbalken und schrägem Fußbrett
- Lateinisches Kreuz (Passionskreuz, Crux ordinaria) mit nach unten verlängertem senkrechtem Balken: das Kreuz, an dem Christus gekreuzigt wurde
- T- oder Tau-Kreuz (nach dem griechisch „tau" genannten Buchstaben T; Crux commissa, auch Antoniuskreuz genannt) mit am Querbalken endendem Längsbalken.
- Kreuze mit zwei Querbalken kennzeich-

Andreaskreuz

Ankerkreuz

Gabelkreuz

Griechisches Kreuz

Henkelkreuz

Johanniterkreuz

Kreuz
der orthodoxen Kirche

Lateinisches Kreuz

Tau-Kreuz

nen Erzbischöfe und Patriarchen und Kreuze mit drei Querbalken den Papst.

• Das mit kleeblattförmigen Ornamenten verzierte Kreuz ist sowohl als das Knospen des Aronstabes wie auch als die Auferstehung Jesu Christi als sich erneuerndes Leben gedeutet worden. ▶Andreaskreuz ▶Henkelkreuz ▶Swastika

## Kreuzweg

Vereinigung von Gegensätzen; Ort der Begegnung von Zeit und Raum, oft auch Symbol für eine Entscheidung, die getroffen werden muss; ein magischer, aber auch gefahrvoller Ort, wo sich Hexen und Dämonen treffen. Die Bestattung von Selbstmördern, Vampiren und Verbrechern an Kreuzwegen sollte garantieren, dass diese die Wege verwechselten, und verhindern, dass sie zurückkehrten, um die Lebenden heimzusuchen.

## Kristall ▶Edelsteine

## Krokodil

Im alten Ägypten wurde der krokodilsgestaltige Gott Sobek/Suchos verehrt, der lasterhafte Leidenschaften, Verrat und Heuchelei verkörperte. In der christlichen Symbolik erscheint das Krokodil als Inbegriff des Bösen: Im Alten Testament (Hiob 40,25) wird es mit Leviathan (▶Fabelwesen) gleichgesetzt. Auch im ▶Physiologus und in der christlichen Kunst des Mittelalters verkörpert es das Böse und hat teil an der Symbolik des ▶Drachen. Von einem Krokodil verschlungen zu werden, ist ein Sinnbild des Abstiegs in die Hölle oder Unterwelt.

Die Redewendung von den „Krokodilstränen" für geheuchelte Traurigkeit, Mitleids- oder Beileidsbezeugung kam wahrscheinlich im Humanismus auf, basierend auf der Vorstellung, dass das Krokodil seine Opfer durch Weinen anlocke oder unter Tränen verschlinge. Bei vielen Naturvölkern hatte und hat das Krokodil hingegen eine positive Bedeutung und gilt vielfach sogar als heilig: In einigen Gegenden des Westsudan wurden Krokodile als heilige Tiere in besonderen Sümpfen gehalten; in Ozeanien spielen sie in Initiationsritualen eine Rolle; und bei den australischen Aborigines gehört das Krokodil zu den Totemtieren.

## Krone

Ein Kopfschmuck, der Macht und Würde des Herrschers versinnbildlicht; eines der ältesten Herrschersymbole, getragen von

*Krokodile symbolisieren das Böse.*

Gottheiten, Königen und Kaisern. Die runde Form versinnbildlicht – der Symbolik des ▶Kreises entsprechend – Ganzheit, Vollkommenheit, Göttlichkeit bzw. Herrschaft von Gottes Gnaden; die Zacken der Krone symbolisieren die Strahlen der Sonne.

Mehrere altägyptische Götter (Amun, Horus, Osiris) trugen Kronen; mesopotamische Gottheiten trugen Kronen in Verbindung mit ▶Hörnern (Hörnerkronen). Die Sonnenkrone ist Attribut zahlreicher Sonnengottheiten (▶Sonne). Eine mit Türmchen versehene Krone steht für mit Türmen versehene Stadtmauern und wird oft von Muttergottheiten im Vorderen Orient getragen. Die Federkrone verkörpert Autorität und wird von dem babylonischen Stadtgott Marduk getragen.

Die Krone auf der Mittelsäule hinduistischer Tempel ist ein Symbol der himmlischen Welt und bildet den Punkt des Austretens aus dieser Welt und des Eingehens in das Göttliche.

In der christlichen Kunst werden auch Gottvater, Christus und Maria manchmal mit Krone (als Symbol ihrer Himmelsherrschaft) abgebildet; Maria trägt als Himmelskönigin häufig eine Krone aus Sternen. Die Dornenkrone, die als eine Parodie auf den Rosenkranz des römischen Imperators Christus aufs Haupt gesetzt wurde, verkörpert Passion und Märtyrertum und ist auch Attribut verschiedener Heiliger: Katharina von Siena, Ludwig von Frankreich, Maria Magdalena und Veronika. Die theologischen Tugenden Glaube (Fides), Hoffnung (Spes) und Gerechtigkeit (Iustitia) werden durch gekrönte Frauengestalten symbolisiert, ebenso die Kirche (Ecclesia). Päpste trugen früher eine dreifache Krone (Tiara).

Der ägyptische Pharao wurde mit der Doppelkrone gekrönt, der weißen Krone des Südens und der roten des Nordens, die

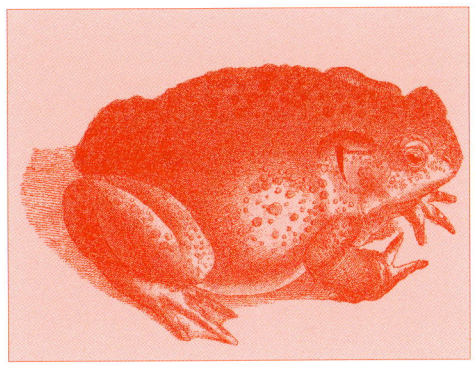

*Ursprünglich galt die Kröte als heiliges Tier, mutierte dann später aber zum Begleiter der Hexen.*

Ober- und Unterägypten, aber auch die höhere Welt und den höheren Geist sowie die niedere Welt und den niederen Sinn verkörperten. Der römische Imperator trug eine Krone bzw. einen Kranz aus Rosen. An der Ausbildung der mittelalterlichen Königs- und Kaiserkronen (▶König, ▶Kaiser) hatte das ▶Diadem einen wichtigen Anteil.

Die Symbolik der Krone überschneidet sich teilweise mit der des ▶Kranzes.

## Kröte

Als nachtaktives Tier wird die Kröte mit dem Mond und ganz allgemein mit dem Weiblich-Mütterlichen in Beziehung gebracht. In der chinesischen Mythologie sitzt im Mond die dreibeinige Regenkröte; man glaubt von der Kröte auch, dass sie bei Mondfinsternissen den Mond verschlinge. Wegen ihres langen Lebens ist sie in China außerdem ein Symbol der Langlebigkeit.

An Gnadenaltären und Wallfahrtsorten (v. a. in Bayern) kommen krötenartige Figuren als Votivbilder (als Bitte um Hilfe bei Gebärmutterleiden) vor.

Weil dieses Tier (ähnlich wie der Frosch) eine Metamorphose von der Kaulquappe zum „fertigen" Tier durchmacht, war sie wie dieser im alten Ägypten ein Auferstehungssymbol und Darstellungsform der Göttin der Auferstehung, Hiqit. Es gab in Ägypten auch Öllampen in Krötengestalt mit Inschriften, die auf die Auferstehung hinweisen.

Oft steht die Kröte aber auch für das Böse, so z. B. im Zoroastrismus als Symbol des bösen Geistes Ahriman oder bei den nordamerikanischen Indianern als die Mächte der Finsternis und des Bösen, die vom Großen Manitu überwunden wurden. Im europäischen Volksglauben schreibt man ihr vielfach die Fähigkeit zu, das Haus vor Unglück zu bewahren, andererseits gilt sie aber auch als Teufels- und Hexentier. In der christlichen Kunst des Mittelalters ist sie ein Sinnbild der drei Sünden Hochmut, Wollust und Geiz und zusammen mit der Schlange ein immer wiederkehrendes Attribut des Skeletts als Symbol des Todes. In der Alchemie verkörpert sie die dunkle Seite der Natur, ihre niedrigen, aber fruchtbaren Verunreinigungen; irdische Materie. „Vereinige die Kröte der Erde mit dem fliegenden Adler, und du wirst in unserer Kunst die Meisterschaft sehen" (Avicenna).

### Krücke

Zeichen der Gelähmten bei Wunderheilungen Jesu; außerdem häufig ein Symbol des Greisenalters und der Bettler. Attribut des heiligen Lambert (des Schutzpatrons der Gelähmten) und des heiligen Maurus (des Schutzheiligen der Gichtkranken, Rheumatiker und Hinkenden).

### Krug

Hat teil an der Symbolik anderer ▸Gefäße wie Becher, Kelch, Schale etc. In vielen frühchristlichen Darstellungen (v. a. auf Sarkophagen und Grabinschriften) tauchen Krüge mit dem Wasser des Lebens auf, aus dem Blätter und Ranken hervorwachsen

und die auf die Symbolik des Lebensbaums (▸Baum) verweisen. Der Wasserkrug kann Sinnbild des weiblichen, empfangenden Prinzips sein, aber auch Reinheit, Reinwaschen von Schuld symbolisieren. Im alten Ägypten verkörpert Nilgott Hapi, der aus zwei Krügen Wasser gießt, den Oberen und den Unteren Nil. Im Buddhismus ist der Krug eines der Glückszeichen auf dem Fußabdruck Buddhas und bedeutet Sieg über Leben und Tod. Der griechische Dionysos als Gott des Weines hat den Krug als Emblem.

### Krummstab ▸Hirtenstab

### Kubus

In der traditionellen Architektur wird der Kubus als Grundstein und für den unteren Teil des Baus benutzt und der Kreis der Kuppel darauf als das Höhere: Erde und Himmel. Bei den Maya ist er ein Symbol für die Erde.

### Kuchen

Opferkuchen, -brötchen oder -gebäck mit dem Kreuzeszeichen symbolisieren das Rund des Mondes und seine vier Phasen.

### Kugel

Die Kugel hat als ins Dreidimensionale übertragener ▸Kreis teil an dessen Symbolik als Sinnbild des Universums (Welten-Ei; ▸Ei), des Himmelsgewölbes und der himmlischen, göttlichen Vollkommenheit. In christlichen Darstellungen ist die Kugel als Thron Gottvaters oder Jesu Christi (oder die Kugel in deren Händen) ein Zeichen ihrer Herrschaft über Erde und Himmel. Ein Kreuz auf der Himmelskugel bedeutet die Herrschaft Christi über die Welt. Der in Händen gehaltene Globus (Reichsapfel) war ab dem 11. Jh. Herrschaftszeichen von Königen und Kaisern (▸Reichsinsignien).

*Kuppeln symbolisieren die Weite des Himmels und holen die himmlische Welt in ein Gebäude, z. B. eine Kirche herein.*

Unter den Füßen als Einsiedler dargestellter Heiliger (z. B. beim heiligen Bruno) ist die Kugel dagegen ein Zeichen der Verachtung und Überwindung des Weltlichen. Als Attribut der ▶Fortuna ist die Kugel Sinnbild der Unsicherheit und Unbeständigkeit des irdischen Lebens und des Glücks.

## Kuh

Kuh und ▶Stier lassen sich bis in vorgeschichtliche Zeit hinein als Symbole der Fruchtbarkeit nachweisen, wobei der Stier die Rolle des männlichen, zeugenden Prinzipis übernimmt, während die Kuh für das Weibliche, Mütterliche steht. Die Kuh ist die Große Mutter, die alles hervorbringt und ernährt. Im alten Ägypten wurde die Himmelsgöttin Hathor, Göttin der Fruchtbarkeit und Liebe, in Kuhgestalt oder mit Kuhkopf und Kuhgehörn dargestellt. Auch Isis und Nut können als Kühe oder mit Hörnern dargestellt sein. Die griechische Himmelskönigin Hera, Schutzherrin von Ehe und Geburt, wird als „kuhäugig"

bezeichnet. In verschiedenen Mythen verbindet sich die zeugende Himmelsgottheit in Stiergestalt in einer heiligen ▶Ehe (hieros gamos) mit der kosmischen Kuhgöttin. In verschiedenen Kulturen wird die Kuh als heiliges Tier verehrt; ihre Tötung gilt in Indien als Verbrechen. ▶Hörner ▶Stier

## Kundalini ▶Schlange

## Kuppel

Ein Gewölbe zur Überspannung eines kreisförmigen, quadratischen oder vieleckigen Raumes; symbolisiert in sakralen Bauten wie z. B. Tempel, Stupa, Kirche oder Moschee die Kuppel des Himmels, das Himmelsgewölbe, die himmlische Welt.

## Kürbis ▶Flaschenkürbis

## Kuss

Der Kuss hat seinen Ursprung möglicherweise in der bei vielen Tieren (auch im Rahmen von Balzritualen) üblichen Mund-zu-Mund-Fütterung.

Neben seiner erotisch-sexuellen Bedeutung (als Zungenkuss) ist der Kuss, der schon im Alten Orient bekannt war und auch in der Bibel häufig erwähnt wird, eine Bezeugung der Liebe, Zuneigung, Freundschaft, Versöhnung und auch bei der Begrüßung und beim Abschied zwischen Freunden und Verwandten üblich. Auch bei Verlobungs- und Eheschließungsritualen spielt er eine wichtige Rolle, ebenso in der Religion (Küssen von Kultbildern, z. B. Kaaba, Koran, Kruzifix, Altar, Bibel), wo er einerseits Zeichen der Verehrung ist; andererseits liegt ihm aber auch die uralte Vorstellung der Kraftübertragung durch den Atem zugrunde. Der Handkuss ist ein Zeichen der Ehrerbietung, der Fußkuss eine Geste der Demut und Unterwerfung.

Labarum ▶Christussymbole

## Labyrinth

Ein uraltes, sehr vielschichtiges Symbol, das schon in ur- und frühgeschichtlicher Zeit und in nahezu allen Kulturen auftaucht; man findet es u. a. auf prähistorischen Felsbildern, kretischen Münzen, altägyptischen Amulettbruchstücken und etruskischen Vasenbildern, aber auch in der Volkskunst exotischer Völker kommt es vor. Das Labyrinthmotiv kann – je nach seinem kulturellen Kontext – sehr verschiedene Bedeutungen haben und lässt sich nicht immer eindeutig interpretieren. Es kann z. B. Bauplan eines Gebäudes, christliches Fußbodenmosaik, ein Irrgarten oder auch eine Tanzform sein; es wurde aber auch als Darstellung des Sonnenlaufs oder des werdenden Lebens in der Gebärmutter und als Sinnbild des

*Ein ägyptisches Labyrinth*

menschlichen Entwicklungswegs von der Geburt bis zum Tod mit all seinen Unwegbarkeiten und Irrwegen gedeutet und hat teil an der Symbolik der ▶Spirale, von der es sich nicht immer eindeutig trennen lässt.

Es gibt im Wesentlichen zwei Formen des Labyrinths: l) das Labyrinth, in dem ein einziger Gang zum Zentrum und wieder heraus führt, ohne Wahlmöglichkeiten und Verwirrung; 2) das Labyrinth, das dazu angelegt ist, zu verwirren und Rätsel aufzugeben, da es mehrere Gänge und auch Sackgassen enthält, sodass Wissen, Erfahrung oder besonderer Scharfsinn erforder-

*Jericho, dargestellt als Labyrinth*

*Leonardo da Vincis „Verkettung"*

*Labyrinth von Kreta, um 1460*

*Tantrisches Labyrinth, 18. Jh.*

lich ist, um den Weg ins Zentrum und wieder heraus zu finden. Diesen Symbolgehalt hat das Labyrinth mit dem verzauberten Wald gemeinsam.

Außerdem gibt es runde Labyrinthe und von Mäanderwindungen gebildete Rechtecke oder Quadrate, wie sie z. B. auf kretischen Münzen oder Fußböden im alten Rom. Das Labyrinth im Quadrat kann gleichzeitig ein Bild für die vier Himmelsrichtungen und den Kosmos sein und zur ▶Swastika in Beziehung stehen.

Die Symbolik des Labyrinths wird unterschiedlich gedeutet: als Rückkehr zum Zentrum; das wiedergewonnene Paradies; Schwierigkeiten und Gefahren, ▶Regressus ad uterum, Abstieg in die ▶Unterwelt, Tod und Wiedergeburt – häufig im Rahmen der Initiationsreise oder Bewährungsprobe eines Helden; aber auch (vor allem in christlichem Kontext) als Symbol für die Unerforschlichkeit des Schicksals und die Lebensreise des Menschen durch die Schwierigkeiten und Illusionen der Welt zum Zentrum in Form der Erleuchtung

oder des Himmels.

Als Motiv der Initiation und des Heldenepos (▶Heros) erscheint das Labyrinth beispielsweise in der griechischen Sage vom Minotauros, dem menschenverschlingenden Ungeheuer mit Menschenkörper und Stierkopf (▶Fabelwesen), das von König Minos in einem Labyrinth in Knossos auf Kreta eingesperrt gehalten und von Theseus besiegt und getötet wird.

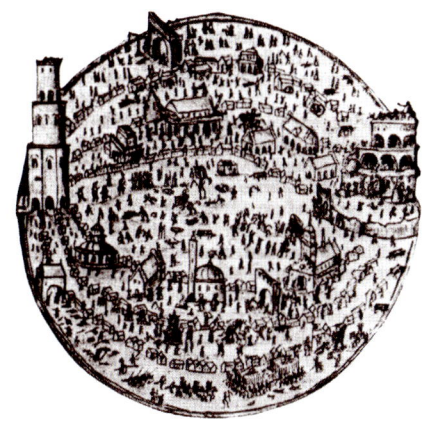

*Die ganze Welt als Labyrinth, Johann Amos Comenius, um 1660*

*Labyrinth auf dem Fußboden der Kathedrale zu Chartres*

*Der Weg zur Heirat (im Zentrum) aus dem Labyrinth der Liebelei*

Das Labyrinth wird aber auch als der Lauf der Sonne oder als Befreiung der Sonne durch den Frühling nach ihrer langen Gefangenhaltung durch den Winter gedeutet, so z. B. bei bestimmten kultischen Gruppentänzen in Form sich ein- und ausrollender Spiralen, den so genannten Frühlingstänzen, die die Wiederkehr des Lebens feierten (beispielsweise in der mykenischen Epoche auf Kreta) und von denen auf Tanzplätzen eingezeichnete Spiralmuster heute noch zeugen. Die Pueblo-Indianer in Nordamerika führten solche von Gesängen begleitete Spiraltänze an Neujahr auf. Auch bei Leichenfeiern gab es solche Tänze; in diesem Fall symbolisierten sie den schwierigen Weg von der Geburt zum Tod und zur Wiedergeburt. Labyrinthförmige Erdwälle rund um Gräber sollten die Toten schützen, jedoch gleichzeitig verhindern, dass sie zurückkehrten.

Im Christentum erhielt das uralte Motiv des Labyrinths einen neuen Sinn. Die Labyrinth-Bodenmosaiken in vielen alten Kirchen (z. B. in der Kathedrale in Reims und in Chartres) stellen das menschliche Leben mit all seinen Prüfungen und Leiden dar, die Verstrickungen der Sünde, die den Menschen immer wieder vom geraden Weg abbringen; und in der Mitte wartet das Ziel, das himmlische Jerusalem, das der wahre Gläubige findet, wenn er unbeirrbar immer wieder auf den rechten Weg – den Weg zu Gott – zurückkehrt. Gläubige, die nicht auf eine Wallfahrt ins Heilige Land gehen konnten, hatten durch Betrachtung dieser Mosaike die Möglichkeit, diese Pilgerfahrt zumindest mit den Augen bzw. im Geist nachzuvollziehen.

Labyrinth-Ornamente an Häusern haben magische Bedeutung: Sie sollen feindliche Mächte und böse Geister verwirren und ihnen den Eintritt verwehren. Als Traumsymbol ist das Labyrinth ein Hinweis darauf, dass der Träumende sich in irgendeinem Lebensbereich „verlaufen" hat, seine Orientierung verloren hat und nicht weiterweiß.

## Lachs

Bei den Kelten ebenso wie die Forelle ein

Symbol für Weisheit und Wissen über das Jenseits. Er wird mit keltischen heiligen Quellen assoziiert und kann ähnlich wie die Schlange für Weisheit und den Kontakt mit den Mächten des Jenseits stehen.

Bei den Indianern an der Nordwestküste Amerikas stellte der Lachs als Hauptnahrungsmittel eine wichtige Lebensgrundlage dar; gleichzeitig war er auch ein wichtiges Totemtier (▶Totem), dem magische Fähigkeiten zugeschrieben wurden: Einem alten indianischen Mythos zufolge können Lachse sich in Menschen und Menschen sich in Lachse verwandeln. In einem Dorf am Meer, so heißt es, lebten die „Lachsleute", wo getötete Lachse menschliche Gestalt annehmen – aber nur, wenn die Jäger, die einen Lachs gefangen und verzehrt haben, seine Gräten und Augen anschließend wieder ins Wasser zurückwerfen (▶Knochen).

**Lamia** ▶Fabelwesen

**Lamm**
Ein Symbol der Unschuld, Sanftmut und Reinheit. In vielen alten Religionen war das Lamm eines der beliebtesten Opfertiere. Vor allem im Frühjahr waren Lammopfer üblich, so z. B. beim jüdischen Passahfest, das zur Feier des Auszugs der Israeliten aus Ägypten gefeiert wird und bei dem im Tempel ein Passahlamm geopfert wurde. Später wurde dieses Opferlamm dann mit Jesus Christus (dem „Lamm Gottes") verglichen, der für die Menschheit den Opfertod am Kreuz erlitt (Jesaja 53,7, 1. Brief an die Korinther 5,7 und an vielen Stellen in der Offenbarung des Johannes).

In der Symbolik der christlichen Kunst kommt das Motiv des Lamms häufig vor: einerseits als Symbol für den Kreuzestod Jesu Christi, andererseits aber (wenn Jesus mit einem Lamm auf dem Arm abgebildet ist) auch als Darstellung Jesu in seiner Eigen-

*Das Lamm gilt als Symbol des Kreuztodes von Jesus Christus und ist inzwischen als österliches Symbol auch für Grußpostkarten popularisiert.*

schaft als guter ▶Hirte. Das Lamm mit dem Kreuz (z. B. auf Grabinschriften, Sarkophagen und in Katakomben) weist auf die Kreuzigung hin; ein Lamm mit Wimpel oder Fahne symbolisiert die Auferstehung; das Lamm mit dem Buch und den sieben Siegeln verkörpert Christus als Richter bei seiner Wiederkehr und verweist auf die Texte der Offenbarung des Johannes (Kapitel 5 und 7); Johannes der Täufer mit einem Lamm auf dem Arm ist der Vorläufer, der auf das Kommen Christi verweist. Das Lamm mit dem Löwen, die beide friedlich vereint sind und einander nichts tun, verkörpert den paradiesischen Zustand, das Goldene Zeitalter – Frieden und Eintracht zwischen Menschen und Tieren. Das Lamm als Sinnbild der Reinheit und Demut ist Attribut der heiligen Susanna und der heiligen Agnes; außerdem ist es Attribut des heiligen Wendelin als Schutzheiligem der Schäfer.

**Lampe**
Ein Symbol für das Leben, das Licht des Göttlichen, Unsterblichkeit, Weisheit, göttliche Führung, aber auch für das einzelne Leben in seiner Vergänglichkeit; hat teil an der Symbolik des ▶Lichts, der ▶Kerze, der

▶Laterne und der ▶Fackel. In der Antike hängte man Lampen als Sinnbild des Lebens an Grabsäulen auf oder gab sie den Toten mit ins Grab. Vor dem Allerheiligsten in katholischen Kirchen brennt das so genannte ewige Licht als Zeichen für die Anwesenheit Gottes. In der Parabel von den klugen und den törichten Jungfrauen, wie sie in Matthäus 25,1–13 erzählt wird, ist die Lampe ein Symbol der Wachsamkeit und des ständigen Bereitseins für Gott.

## Langlebigkeit

Langlebigkeit galt und gilt in China als ein sehr erstrebenswertes Ziel, um das sich viele Symbole ranken. Typische Sinnbilder eines langen Lebens sind: Kröte und Schildkröte (da sie beide ein sehr hohes Alter erreichen); Stein, Berg und Felsen (wegen ihrer Unverrückbarkeit und Unwandelbarkeit); die Kiefer (weil sie die kältesten Temperaturen übersteht und niemals ihre Nadeln verliert), außerdem der ▶Pfirsich und die ▶Chrysantheme.

Häufig werden diese Symbole in der chinesischen Kunst miteinander kombiniert. Schenkt man jemandem z. B. ein Bild mit einer Kiefer, die auf einem Berg oder Felsen steht, einem Kranich auf einem Stein oder einer Chrysantheme mit einer Kiefer, so bedeutet das, dass man diesem Menschen ein langes Leben wünscht. Die Chinesen verehren auch einen Gott der Langlebigkeit (shou-hsing), der häufig mit einem Pfirsich in der einen Hand und einem Stock aus knorrigem Holz in der anderen dargestellt wird; manchmal trägt ihn auch ein Kranich durch die Wolken.

## Lanze, Speer

Lanze und Speer gehören zu den ältesten Waffen, die vielfach als zauberkräftig galten; sie können symbolisch auf die Strahlen der Sonne verweisen, Phallussymbol, aber auch

*Berge stehen unverrückbar in der Landschaft: So symbolisieren sie Beständigkeit und langes Leben.*

Werkzeug göttlicher oder weltlicher Gerechtigkeit sein.

In der germanischen Mythologie kennzeichnete Wotan/Odin mit seinem von Zwergen geschmiedeten magischen Speer Gungnir, der sein Ziel stets von allein traf, im Kampf die Todgeweihten. Der Speer wurde bei den Germanen kultisch verehrt und als Rechtssymbol in der Mitte des Thingplatzes aufgerichtet, wo die Gerichtsversammlungen stattfanden.

Im shintoistischen Mythos von der Entstehung Japans ist der Speer Sonnen- und Phallussymbol zugleich. Die beiden Urgottheiten, Himmelsvater Izanagi und Himmelsmutter Izanami, standen auf der Himmelsbrücke und erschufen die Inseln Japans und die ganze Welt, indem sie einen Speer ins Urmeer eintauchten. Als sie den Speer wieder herauszogen, entstand aus den herabfallenden Tropfen die erste Insel Japans. Bis heute wird der Speer als Symbol für die Entstehung Japans als etwas Heiliges verehrt.

Als Leben spendende Macht und Fruchtbarkeitssymbol gilt der Speer auch bei vielen afrikanischen Stämmen, er soll reiche Nachkommenschaft und eine gute Ernte sichern.

Im Hinduismus steht die Lanze für Stärke, Macht, den Sieg über das Böse und die göttliche Weisheit, die die Unwissenheit überwindet; sie ist ein Attribut des Gottes Indra. Auch im Christentum hat sie diese Bedeutung: Das Bild eines Reiters, der einem Löwen oder Drachen die Lanze in den Rachen stößt (z. B. der heilige Georg, der den Drachen besiegt), steht für den Kampf des Guten gegen das Böse. Auch die Tugenden (weibliche allegorische Figuren) werden mit Lanzen dargestellt, mit denen sie gegen die Laster kämpfen. Andererseits wurde auch die Seite des gekreuzigten Christus mit einer Lanze durchbohrt – ein Motiv, das in der Gralsdichtung (▶Gral) eine wichtige Roller spielt. Die Lanze ist daher auch ein Passionssymbol.

### Lapislazuli ▶Edelsteine

### Laterne

Die Laterne hat teil an der Symbolik der ▶Lampe. Ähnlich wie diese wird sie in der abendländischen Tradition vielfach als Totenlaterne auf Gräber gestellt. Auch auf japanischen Friedhöfen und in japanischen Tempelanlagen findet man Lampen und Laternen als Sinnbild des göttlichen Lichts und der Erleuchtung. In China gelten Laternen als Wegweiser für die Seelen der Verstorbenen, so z. B. beim Laternenfest am 15. Tag des ersten chinesischen Monats: An diesem Tag, der zugleich Ende des Neujahrsfests ist, wurden die zu Besuch gekommenen Seelen der Ahnen wieder in die jenseitige Welt geleitet; zu diesem Zweck hängte man überall kunstvoll gestaltete und verzierte Laternen auf. Daneben sind Lampen und Laternen in China aber auch ein Fruchtbarkeitssymbol; so wurde z. B. in manchen Gegenden eine Laterne unter dem Bett einer schwangeren Frau aufgehängt.

In der christlich-abendländischen Tradition ist die Laterne auch ein Attribut des Einsiedlers.

### Laube

Ein Symbol für das weibliche Prinzip, für Schutz, Obdach und Geborgenheit; im Christentum Sinnbild der Jungfrau Maria.

### Laute

In China (zusammen mit dem Buch, dem Malzeug und dem Schachspiel) eines der vier Symbole des Gelehrten.

*St. Georg tötet den Drachen mit einer Lanze. Kupferstich von E.S., Mitte 15. Jh.*

**Lebensbaum** ▶Baum

## Leber

Bei verschiedenen Völkern galt die Leber als Sitz der Lebenskraft, der Seele, aber auch des Zorns. (Deshalb sagt man in der Umgangssprache auch heute noch, dass jemandem „eine Laus über die Leber gelaufen" sei.) Als Sitz des Lebens wurde die Leber mit den Göttern in Verbindung gebracht und daher bei Babyloniern, Hethitern, Etruskern und Römern als Orakel verwendet, indem man aus der Leber von Opfertieren die Zukunft las.

Bei den Chinesen galt die Leber als Sitz des Mutes; deshalb aß man früher manchmal die Leber eines hingerichteten Verbrechers, um sich dessen Tapferkeit einzuverleiben.

## Leier, Lyra

Das älteste Saiteninstrument der Griechen, meist für privaten und weltlichen Gebrauch; auch im alten Ägypten spielte sie eine wichtige Rolle. In der griechischen Mythologie konnte Orpheus mit seinem Saitenspiel Menschen, Tiere und Pflanzen verzaubern – seine Leier war ein Symbol seiner Macht, Harmonie und Disziplin gegenüber dem unkontrollierten Leben der Instinkte durchzusetzen, das die Tiere verkörpern.

In der christlichen Kunst ist die Leier ein Attribut Davids.

## Leinen

Das Leinentuch auf dem christlichen Altar steht für das Leichentuch, das den Leichnam Jesu Christi im Grab umhüllte.

## Leiter

Ebenso wie die ▶Treppe ein Symbol des Aufstiegs, insbesondere der Himmelfahrt. Im alten Ägypten gab man den Toten Lei-

tern und Treppen mit ins Grab; in Pyramidentexten ist von einer Leiter die Rede, deren Sprossen von Götterarmen gebildet werden und auf denen der Tote zum Himmel aufsteigt. Auch die ägyptische Himmels- und Fruchtbarkeitsgöttin Hathor hält eine Leiter, damit die Guten in den Himmel aufsteigen können.

Im Christentum ist die Leiter ebenfalls ein Sinnbild des Weges zum Himmel; so ist z. B. der Traum Jakobs von der Leiter zu verstehen, die von der Erde bis zum Himmel reicht. Auch Klöster der Zisterzienser und Kartäuser tragen den Namen „Scala Dei" (die Leiter Gottes). Die Leiter spielt auch in Initiations- und Übergangsriten eine Rolle; wie es für jede Initiation typisch ist, ist der Aufstieg, die innere Wandlung des Initianden oder Helden auch hier mit Mutproben und Gefahren verbunden.

*Die dreißig Sprossen der Leiter stellen die dreißig Tugenden dar. „Die Himmelsleiter des Johannes Klimakos", 12. Jh.*

Als Traumsymbol kann die Leiter dafür stehen, dass man ein sehr hoch gestecktes oder ehrgeiziges Ziel verfolgt, vielleicht auch ein kühnes Unterfangen plant. Fällt man im Traum von der Leiter oder schafft den Aufstieg nicht oder nur mit Mühe, so kann dies eine Warnung des Unterbewusstseins sein, dass man sich überschätzt hat und sein Vorhaben vielleicht lieber noch einmal überdenken sollte. Häufig treten solche Träume bei einer beruflichen Neuorientierung auf.

## Leopard
Im alten Ägypten war der Leopard ein Symbol für das Weiterleben nach dem Tod und wurde als solches auf Sargdeckeln dargestellt. In der Antike war er Attribut der phrygischen Muttergöttin Kybele, der griechischen Jagdgöttin Artemis und des griechischen Fruchtbarkeitsgottes Dionysos.

## Leuchter ▶Kerze

## Leviathan ▶Fabelwesen

## Libelle
Kann denselben Symbolgehalt haben wie der ▶Schmetterling und für Unsterblichkeit, Wiedergeburt, Regeneration stehen.

## Licht
Als Sinnbild des Göttlichen und Guten eines der universalen religiösen Symbole der Menschheit, das in den meisten Religionen in irgendeiner Form vorkommt. Dabei können fast alle Manifestationen des Lichts (▶Sonne, ▶Mond, ▶Blitz, ▶Feuer) für das Wesen des Göttlichen stehen (so gab es z. B. in vielen Religionen Sonnen- und Mondgottheiten) – sowohl in seinem gütigen (Sonne, Mond) als auch in seinem zornigen, strafenden, zerstörerischen Aspekt (Blitz, manchmal auch Feuer).

*Die Lichtstrahlen in der Darstellung von A. Kircher („Ars magna lucis", 1665) stellen verschiedene Grade der Erleuchtung dar.*

Auch als Gegenpol zur Finsternis, die für Chaos oder die Mächte des Bösen steht, spielt das Licht eine wichtige Rolle. Gott schuf die Welt und überwand das Chaos, die Finsternis, indem er sprach: „Es werde Licht!" (1. Buch des Mose 1,3). Der Kampf zwischen Licht und Finsternis als Sinnbild für den ewigen Antagonismus zwischen Chaos und Ordnung, Gut und Böse kehrt in zahlreichen religiösen Mythen (z. B. Horus und Seth, Marduk und Tiamat), aber auch im Kampf Gottes gegen die Mächte der Finsternis wieder.

Jesus Christus bezeichnet sich als das „Licht der Welt" (Johannes 8,12). Auch Allah ist nach einer Sure des Koran das „Licht des Himmels und der Erde". Heiligenschein (▶Nimbus) und ▶Mandorla sind Lichterscheinungen, die göttliche, heilige Wesen kennzeichnen. Im buddhistischen

*In dieser Darstellung zweier Liebender aus der „Historia di due Amati" von Enea Silvio Piccolomini (Papst Pius II., Mailand, 1510) wird die Liebe symbolisch durch einen Pfeil des Liebesgotts Amor dargestellt.*

*Lilien sind ein Symbol für Reinheit, Unschuld und Jungfräulichkeit. So wird auch Maria oft mit einer Lilie dargestellt. Die Zeichnung des Engländers W. Crane bringt die Schönheit der Blume in Verbindung mit der Schönheit der Frauen (1890).*

Begriff der Erleuchtung ist die Lichtsymbolik ebenfalls enthalten.

Auch in zahlreichen religiösen Ritualen, z. B. im Gottesdienst, spielt Licht in Form von ▶Kerzen, ▶Lampen, Leuchtern, ▶Laternen etc. eine wichtige Rolle.

In der ▶▶Symbolik der Zahlen (S. 452) sind dem Licht die Farben Weiß, Gold und Silber zugeordnet.

### Liebe

Häufige Symbole der Liebe sind: das ▶Herz, rote ▶Rosen und der ▶Kuss. In der griechisch-römischen Mythologie durchbohrte der Liebesgott Eros/Amor die Herzen der Menschen mit einem Pfeil und erweckte dadurch die Liebe in ihnen.

### Lilie

Aufgrund ihrer weißen Farbe ein Sinnbild des Lichts, der Reinheit und Jungfräulich-

keit. Bei den Griechen war die Lilie der Hera, bei den Römern der Juno geweiht; als Mariensymbol versinnbildlicht sie die jungfräuliche Empfängnis und wird daher bei Darstellungen der Verkündigung oft in der Hand des Erzengels Gabriel gezeigt.

Die Lilie inmitten von Dornen ist ein Symbol für die unbefleckte Empfängnis als die Reinheit inmitten der Sünden der Welt. ▶Wappenlilie

### Linde

Bei den alten Germanen und Slawen war die Linde ein heiliger Baum, der (im Gegensatz zur Eiche als Sinnbild des Männlichen und Attribut von Himmels- und Donnergöttern) das Weibliche verkörperte. Bei den Germanen wurde unter der Linde Thing abgehalten, d. h. Recht gesprochen. Außerdem war die Linde Freya – der Göttin der Liebe und Fruchtbarkeit und des

Kindersegens – geweiht. Später wurde sie aufgrund dieser uralten symbolischen Bedeutungen zum Treffpunkt der Dorfbewohner und Baum der Liebenden (v. a. in Volksliedern).

## Lingam, Linga

Phallussymbol; eines der Hauptattribute des hinduistischen Gottes Shiva in seiner Eigenschaft als Schöpfer – das männliche Zeugungsprinzip, zu dem die ▶Yoni als Verkörperung des weiblichen Prinzips gehört. Der Lingam symbolisiert nicht bloße Körperkraft, sondern kosmische Schöpfung und Erneuerung des Lebens; er ist auch ein Symbol der geistigen Schöpferkraft Shivas als Asket bzw. Yogi. Grafisches Symbol des Lingam ist ein mit der Spitze nach oben zeigendes Dreieck (▶hinduistische Symbole).

*Die Linde war in früheren Zeiten Mittelpunkt des Dorfes und beliebter Treffpunkt der Dorfbewohner. In dieser Abbildung aus Bocks „Kreuterbuch" (1546) tanzen Dorfbewohner unter der Linde.*

## Linke

Die linke Seite ist in der Regel der böse, finstere, nicht rechtmäßige Aspekt, im Gegensatz zur rechten, guten, „rechtschaffenen" Seite – wohl weil die rechte Hand bei den meisten Menschen geschickter und stärker ist als die linke. Nach altem germanischem Recht stand der Kläger rechts, der Beklagte links vom Richter. Im Christentum befinden sich beim Jüngsten Gericht die Schafe (Symbol der Unschuld, des Guten) als die Erlösten rechts und die Böcke (Sinnbild des Bösen) als die Verdammten links (Matthäus 25,32 ff.); und in Kreuzigungsszenen wird der gute Schächer zur Rechten Christi und der böse zur Linken abgebildet.

▶Hand

## Liturgische Gewänder ▶Gewand

## Loch

Als Loch in der Erde das weibliche Fruchtbarkeitsprinzip, das an der Symbolik aller Hohlkörper teilhat; als Loch im Dach eines Tempels, Tipis, einer heiligen Hütte usw. ist es die Öffnung nach oben zur himmlischen Welt und die Pforte zum Spirituellen.

## Lorbeer

Im antiken Griechenland der heilige Baum des Apollon: Einer Sage nach verfolgte Apollon die Nymphe Daphne, aber sie verwandelte sich lieber in einen Lorbeerbaum, als seinem Drängen nachzugeben. Daraufhin machte Apollon den Lorbeer zum heiligen Baum. Lorbeerzweige spielten bei Festzügen und Ritualen zu Ehren Apollons eine wichtige Rolle. Man glaubte auch, dass Lorbeerblätter demjenigen, der sie isst, prophetische Visionen verleihen; daher kaute die Pythia in dem Apollon geweihten Orakel in Delphi Lorbeerblätter.

Seit dem Altertum ist der Lorbeerbaum

*Die von Apollon verfolgte Nymphe Daphne verwandelt sich in einen Lorbeerbaum, um ihm zu entgehen (von Jacobo Ripanda Bolognese, 1500).*

als immergrüne Pflanze Symbol der Unsterblichkeit, des Sieges und Ruhms. Sieger und Feldherren, Künstler und Athleten wurden in der Antike und auch später mit Lorbeerzweigen bekränzt. In frühchristlicher Zeit legte man Verstorbene auf immergrüne Blätter, die das ewige Leben symbolisierten.

### Lotos, Lotus

Im alten Ägypten war die aus dem Wasser des Leben spendenden Nils auftauchende Lotosblüte ein Sinnbild der Fruchtbarkeit und des Lebens, der aus der Nacht hervorbrechenden Sonne und Träger des Sonnengottes Re, der laut Totenbuch aus dem Lotos hervorkam. Auch von Horus heißt es im Totenbuch, er sei „ein reiner Lotos, Spross aus den Gefilden der Sonne". Die weiße Lotosblüte als Attribut der Göttin Isis bedeutet Fruchtbarkeit, aber auch Reinheit und Jungfräulichkeit – die jungfräuli-

che Mutter. Auf vielen ägyptischen Grabmalereien sind Verstorbene abgebildet, die sich am Duft der blauen Lotosblume erlaben – ein Symbol für die Hoffnung auf Wiedergeburt.

Eine besonders wichtige Rolle spielt der Lotos im Buddhismus und Hinduismus. Der hinduistische Gott Vishnu, der Hüter der Weltordnung, ruht zwischen den einzelnen Weltaltern in kosmischem Schlaf; wenn ein neues Weltalter beginnt, erwächst die Welt in Form einer Lotosblume, auf der der Schöpfergott Brahma thront, aus seinem Nabel. Das runde Lotosblatt gilt den Hinduisten als Symbol der Verhaftungslosigkeit: So wie das Blatt scheinbar schwerelos im Wasser schwimmt, ohne von ihm benetzt zu werden, sollte der spirituell strebende Mensch in der Welt leben und sich dennoch nicht von ihr berühren lassen. Im Kundalini-Yoga werden die sieben ▶Chakras durch Lotosblüten symbolisiert.

*Der Lotos ist ein verbreitetes Symbol des Lebens, des Göttlichen, der Auferstehung und Erleuchtung.*

*Der Lotos war in Ägypten ein Symbol des Lebens und der Wiedergeburt. Das Bild zeigt Osiris auf dem Lotos.*

Menschen und Dinge, die der Mensch durch Erleuchtung erreichen kann: Auch er kann sich aus dem Schlamm der Erscheinungswelt erheben und seine Buddhanatur erkennen. Zugleich ist die sich nach allen Richtungen entfaltende runde Lotosblüte ein Weltsymbol (mit dem Stengel als Weltachse; die Mitte der Blüte wird manchmal als Weltenberg Meru – das Zentrum des Universums – dargestellt). Buddha und andere heilige Gestalten des Buddhismus werden daher häufig auf einem Lotosthron abgebildet, oder es wird von ihren „Lotosaugen" und „Lotosfüßen" (als Symbol ihrer Heiligkeit) gesprochen. Auch im Zentrum des ▶Mandala befindet sich eine Lotosblüte. Sie gehört auch zu den acht Kostbarkeiten oder Glückszeichen des chinesischen Buddhismus. Gleichzeitig erinnert die voll entfaltete Lotosblüte, da sie radförmig ist, aber auch an den Kreislauf der Wiedergeburten bzw. das Rad der Existenzen.

Auch im Buddhismus ist der Lotos ein wichtiges Pflanzensymbol: Die Lotosblüte, die sich durch den Schlamm der Erscheinungswelt (Samsara) an die Wasseroberfläche emporschiebt, ohne von ihm befleckt zu werden, und in makelloser Reinheit erstrahlt, steht für die Wesensnatur aller

## Löwe

Aufgrund seiner Kraft, seines Mutes, seines Furcht erregenden Gebrülls und seiner

*Auch im indischen Kulturkreis ist der Lotos ein wichtiges Symbol: Krishna überbringt der Geliebten eine Lotosblüte.*

majestätischen Mähne gilt der Löwe als König der Tiere und Sonnensymbol: Im alten Ägypten war er eine Erscheinungsform des Sonnengotts Re. In Ägypten findet man auch häufig Statuen von zwei Löwen, die einander den Rücken zuwenden und nach Osten und Westen schauen: ein Sinnbild des Weges der Sonne vom Aufgang zum Untergang und zu erneutem Aufgang – gestern und morgen – und damit gleichzeitig Symbol immerwährender Verjüngung und Erneuerung. Der Löwe ist auch ein Attribut des sumerischen Sonnengottes Marduk. Auch im Mithraskult wurde die Sonne durch den Löwen symbolisiert. Ebenso wird der Löwe als Tierkreiszeichen von der Sonne regiert und dem Element Feuer zugeordnet (▶▶astrologische Zeichen, S. 46).

*Der grüne Löwe frisst die Sonne. Eine alchemistische Vorstellung*

In der griechisch-römischen Mythologie war der Löwe dank seiner Stärke Attribut des Fruchtbarkeitsgottes Dionysos/Bacchus und der Liebesgöttin Aphrodite/Venus.

In der christlichen Symbolik kann er sowohl positive als auch negative Bedeutung haben. Früher nahm man an, dass die Löwenjungen tot geboren werden und ihr Vater sie am dritten Tag durch Anhauchen zum Leben erweckt. Daher ist der Löwe auch ein Symbol der Auferstehung Christi. Da der Löwe nicht nur neues Leben und neue Kraft symbolisiert, sondern mit seinem Gebrüll auch buchstäblich „die Toten aufwecken" kann, findet man ihn auch häufig auf christlichen Grabmälern. Ein geflügelter Löwe ist Attribut des Evangelisten Markus (▶Markuslöwe, ▶Evangelistensymbole).

Seine negative Bedeutung beruht auf seiner Wildheit, Gefräßigkeit und Grausamkeit, die ihn zu einem bedrohlichen, alles verschlingenden Tier macht. So wird er z. B. im 1. Brief des Petrus (5,8) mit dem Teufel gleichgesetzt: „Seid nüchtern und wachsam! Euer Widersacher, der Teufel, geht wie ein brüllender Löwe umher und sucht, wen er verschlingen kann." In dieser symbolischen Bedeutung – als Warnung vor den Nachstellungen Satans – ist an Kirchenportalen häufig ein Löwe mit einem geraubten Beutetier oder einem Menschen im Rachen dargestellt. Manchmal wird in der christlichen Kunst auch der Höllenrachen als aufgesperrtes Löwenmaul dargestellt. Der Löwe gehört zusammen mit Drache, Schlange und Basilisk außerdem zu den Ungeheuern, die Christus als Sieger über die Mächte der Finsternis überwältigt.

In der Heraldik hingegen hat der Löwe einhellig positive Bedeutung als Sinnbild des Mutes, der Kraft und der Abschreckung von Feinden; so findet man ihn z. B. als Wappentier von Bayern, dem Saarland, Belgien, den Niederlanden, Norwegen und

*In China bewachen heute noch Löwenstatuen selbst modernste Bauwerke. Der Löwe gilt als stark und wachsam.*

*Auch im europäischen Kulturkreis ließ man Löwenköpfe gerne wichtige Gebäude „bewachen", z. B. auch als Dekoration eines Türgriffs.*

Schweden. Als Löwe am Thron ist er eindrucksvolles Sinnbild königlicher oder kaiserlicher Macht.

Als Sinnbilder beschützender, vor Feinden abschirmender Macht sind auch die Löwen als Tempelwächter an Eingängen ägyptischer, assyrischer und babylonischer Tempel zu verstehen. Auch in China und Japan verkörpert der Löwe Furcht erregende Stärke und steht daher – meist als Löwenpaar – vor Tempeln und Amtsgebäuden. Als Prozessionsbild soll er Dämonen und andere unheilvolle Einflüsse abwehren. Zeichen der Macht ist der Löwe auch am Thron von Pharaonen und mittelalterlichen Königen.

Löwe und ▶Lamm zusammen symbolisieren das wiedergewonnene Paradies und die ursprüngliche Einheit, das Goldene Zeitalter, auch das Ende der zeitlichen Welt und das Freisein von allem Konflikt.

Im Buddhismus ist der Löwe die weltüberwindende Macht Buddhas, der manchmal auf einem Löwenthron sitzend darge-

stellt wird. Ein Löwe mit einem Jungen unter der Pranke verkörpert Buddha als Herrscher über die Welt und steht gleichzeitig für die Tugend des Mitleids. Das Brüllen des Löwen ist Buddhas furchtlose Verkündigung des Dharma (der Lehre).

### Luchs

Eine bildliche Umschreibung für einen Menschen mit einem scharfen Blick („Luchsaugen") – im wörtlichen oder übertragenen Sinn. Auch in der Heraldik steht der Luchs für Wachsamkeit und ein scharfes Auge. In der germanischen Mythologie war er (ebenso wie Fuchs und Eichhörnchen) Loki, dem Gott des zerstörenden Feuers, zugehörig. Im Christentum ist er ein Sinnbild des Teuflischen.

### Luftfahrt ▶▶S. 296

### Luxus ▶Ausschweifung

### Lyra ▶Leier

# Luftfahrt: Logos der Airlines

Passagierjets werden mit großem Aufwand bemalt. Die meisten Maschinen sind in der Grundfarbe Weiß gehalten, was einen technischen Grund hat: Weiß oder eine sehr helle Farbe reflektiert das Sonnenlicht und mildert somit die Aufheizung der Kabine. Der Name der Airline steht auf dem Flugzeugrumpf, während das Logo das Seitenleitwerk ziert. Manche Gesellschaften gestalten Rumpf und Seitenleitwerk als eine grafische Einheit.

Aer Lingus

AEROFLOT Soviet airlines

aeronica

AeroPeru

AIR AFRIQUE

الخطوط الجوية الجزائرية AIR ALGÉRIE

AIR CANADA

AIR FRANCE

AIR-INDIA

AIRMALTA

northland air manitoba

air new zealand

air zimbabwe

Alaska Airlines

Alitalia

AUSTRIAN AIRLINES

British Midland

BALAIR

BRITISH AIRWAYS

# M

## Mäander

In der Kunst ein aus einer rechtwinklig gebrochenen, fortlaufenden Linie gebildetes Ornament, meist als Band, manchmal auch flächenfüllend; schon seit der Steinzeit bekannt. Seine klassische Form fand der Mäander in der griechischen Kunst, wo er als Ornamentband (z. B. an Friesen oder in der Vasenmalerei) vorkommt. Auch in der altamerikanischen Kunst gibt es Mäandermotive. Der Mäander symbolisiert vermutlich Bewegung, möglicherweise die Wellenbewegung des Wassers, und ist verwandt mit der Symbolik der ▶Spirale und des ▶Labyrinths. In China steht er für Wiedergeburt, da er dem Schriftzeichen für „zurückkehren" („hui") ähnelt.

## Magnolie

Die Magnolienblüte steht in China für weibliche Anmut und Schönheit; häufig wird eine schöne Frau so bezeichnet.

## Mähen

Ein Symbol für Tod und Sterblichkeit. Der Schnitter ist der Tod, der mit Sense, Sichel,

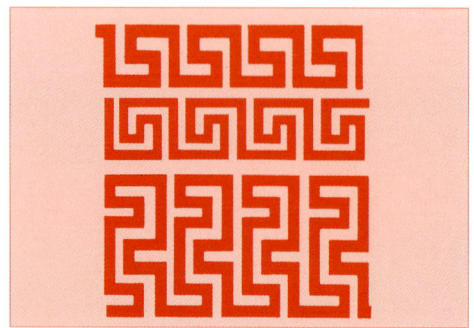

*Verschiedene Mäanderformen: Hakenmäander (oben), konzentrischer Mäander (Mitte), mehrstöckiger Mäander (unten)*

Stundenglas und in Gestalt eines alten Mannes oder Skeletts dargestellt ist.

## Mahl ▶Essen

## Maibaum

Der Mai ist der Frühlingsmonat schlechthin, in dem die Natur zu neuem Leben erwacht, und gilt auch als der „Wonnemonat" der Liebe; viele volkstümliche Maibräuche ranken sich daher um das Thema Liebe, Sexualität und Fruchtbarkeit, so auch der Brauch, zum 1. Mai einen Maibaum aufzustellen. Schon im Mittelalter (ab 1200) war es üblich, dass höfisch-ritterliche und bürgerliche Gemeinschaften am 1. Mai in festlicher Kleidung in den Wald ritten, um dort Zweige und Bäume abzuschlagen. Der entästete und entrindete, mit Kränzen und Bändern behangene Maibaum bürgerte sich erst ab dem 16. Jh. ein. Der Baum, dessen Laubwerk abgestreift wurde (das Veränderung – Werden und Vergehen – symbolisiert), wird zur unveränderlichen Achse oder Mitte und damit zum Sinnbild der Weltachse. Der Stamm ist das phallische, männliche Symbol, die runde Scheibe an seiner Spitze das weibliche; beide zusammen bedeuten Fruchtbarkeit.

## Maiglöckchen

Im Christentum ein Zeichen des Heils und Attribut Jesu Christi, das auf vielen Darstellungen der Geburt Christi und des Jüngsten Gerichts begegnet (wo es stets auf der Seite der Seligen zu finden ist).

## Mais

Bei den Indianern im nordamerikanischen Südwesten, wo der Mais ein Hauptnahrungsmittel darstellt, übernimmt er die Symbolik des ▶Korns bzw. Getreides in unseren Breiten; er spielt bei zahlreichen

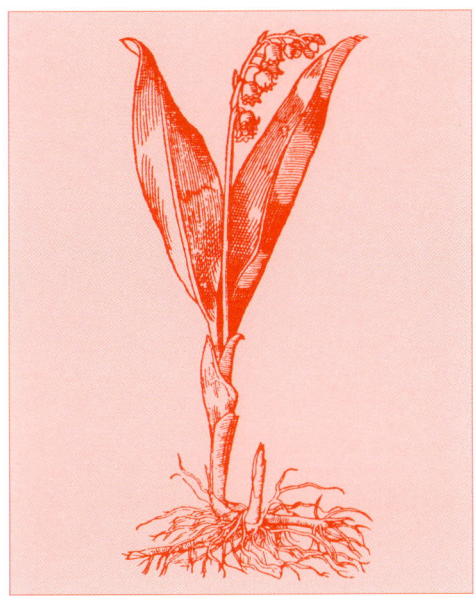

*Das Maiglöckchen, Zeichen des Heils und Symbol Jesu Christi*

indianischen Ritualen und Festen eine Rolle als Symbol des Lebens und der Fruchtbarkeit, der lebenserhaltenden Kraft der Erde.

## Mandala, Yantra

Mandalas und Yantras sind symbolische Diagramme aus Kreisen, Quadraten und anderen Formen, die bestimmte kosmische Kräfte, Gottheiten oder Aspekte des Göttlichen symbolisieren, im Hinduismus und Buddhismus als Visualisationshilfen bei der Meditation benutzt werden und auch bei religiösen Riten zum Einsatz kommen.

## Mandel

Für die Kirchenväter waren Mandelzweig und -frucht Symbole der Priesterschaft. Gleichzeitig war die Mandel ein Sinnbild der Jungfräulichkeit Marias; und die süße Frucht in der harten Schale symbolisierte die Doppelnatur Jesu Christi (in menschlicher Gestalt verborgene göttliche Natur).

## Mandorla

Ein mandelförmiger Lichtschein, der auf mittelalterlichen Kunstwerken Jesus Christus oder Maria (bzw. Maria mit dem Jesuskind) umgibt und seine Bedeutung aus der Symbolik der ▶Mandel bezieht. Während der Heiligenschein (▶Nimbus) nur das Haupt umgibt, umrahmt die Mandorla die ganze Gestalt.

## Mann

Dem Mann und (im weiteren Sinn) dem männlichen Prinzip werden – ebenso wie der ▶Frau und dem weiblichen Prinzip – ganz bestimmte Symbole zugeordnet: So gilt z. B. die Sonne in vielen Kulturen als männlich, was auch in der Vielzahl männlicher Sonnengottheiten zum Ausdruck kommt. Ein weiteres häufig vorkommendes Symbol des Männlichen ist das mit der Spitze nach oben zeigende ▶Dreieck. Noch

*Das bekannteste Yantra ist das Shri-Yantra. Die neun von Lotosblütenblättern umgebenen, einander durchdringenden Dreiecke im Zentrum stehen für die Vereinigung von Shiva und Shakti (männlichem und weiblichem Prinzip); der Kreis außen herum symbolisiert die Einheit, die der Vielfalt der Formen und Erscheinungen dieser Welt zugrunde liegt. Der Mittelpunkt der Dreiecke repräsentiert das Brahman (den Urgrund allen Seins), von dem sämtliche Erscheinungen ausgehen.*

häufiger ist das Phallussymbol, dessen Symbolbedeutung von allen Objekten mit phallusähnlicher Form (z. B. langen, spitzen Waffen wie Speer, Schwert oder Lanze) übernommen werden kann; im Hinduismus wird das Phallussymbol des Lingam als Sinnbild des Gottes Shiva verehrt (▶hinduistische Symbole). Als männliches Element gilt das ▶Feuer. Unter den ▶Planeten wird Mars dem Mann und dem männlichen Prinzip zugeordnet; daher wird das Symbol für diesen Planeten in der Biologie auch als Piktogramm für Pflanzen und Tiere männlichen Geschlechts verwendet. In der chinesischen Symbolik ist das männliche Prinzip Yang, dem das weibliche Yin gegenübersteht (▶Yin-Yang).

*Der Kreis mit schräg nach oben zeigendem Pfeil ist Symbol des Planeten Mars und steht in der Biologie als Piktogramm für das männliche Geschlecht.*

## Mantel

Ein Sinnbild des Schutzes, so z. B. im Motiv der „Schutzmantelmaria", die den Verfolgten unter ihrem Mantel Schutz gewährt. Häufig dargestellt findet man in der christlichen Kunst auch die Szene, wie der heilige Martin von Tours seinen Mantel mit einem armen Menschen teilt, ein Sinnbild barmherziger Nächstenliebe. Der reich verzierte oder aus kostbarem Material beste-

hende Mantel kann aber auch ein Symbol der Macht und Würde sein. Bei vielen alten Völkern trug der als göttlich verehrte Herrscher einen mit Abbildungen der Gestirne verzierten Mantel.

## Mantra, Japa

(von Sanskrit „Spruch") Mantras sind heilige Silben, Wörter, Götternamen, Namen eines Buddhas oder Verse, die von Hinduisten und Buddhisten beim Gebet oder bei der Meditation rezitiert werden. Die wiederholte Rezitation solcher Mantras soll das Denken läutern und zur inneren Vereinigung mit dem Göttlichen verhelfen. Das wichtigste dieser Mantras ist die heilige Silbe ▶OM.

## Märchen ▶▶Symbole im Märchen, S. 302

## Marianne

Die nationale Personifikation Frankreichs; ein Symbol der Freiheit. Marianne wurde seit dem Revolutionsjahr 1848 als Verkörperung der Frau aus dem Volk bekannt und beliebt, die die kämpfenden Soldaten anfeuerte und die Verwundeten pflegte. Sie wird fast immer mit der Jakobinermütze (Freiheitsmütze) abgebildet.

## Mariensymbolik ▶jungfräuliche Mutter

## Mark

Das Knochenmark verkörpert Lebenskraft und Vitalität eines Menschen (▶Knochen).

## Markenzeichen

Grafisch raffiniert gestaltete Piktogramme, die industrielle Produkte im Wettbewerb unverwechselbar machen sollen, indem sie über die Werbung dem Verbraucher ins Bewusstsein eingeprägt werden.

## Markuslöwe

Der geflügelte Löwe ist Symbol des Evangelisten Markus (▶Evangelistensymbole) und wurde zum Wahrzeichen und Feldzeichen der Republik Venedig in ihren Feldzügen gegen die Türken, da Markus der Schutzpatron von Venedig ist.

**Mars** ▶▶Astrologische Zeichen, S. 46

## Maske
Der Brauch, Masken anzufertigen und zu tragen, zieht sich durch alle Zeitalter und Kulturen hindurch, wobei die Masken den verschiedensten Zwecken dienten bzw. verschiedenste symbolische Bedeutung hatten.

Schon in den Höhlenmalereien der Steinzeit sind Menschen mit Tiermasken und in Tierverkleidung abgebildet, die entweder Tierahnen oder maskierte Menschen darstellen sollen. Aus den metallzeitlichen Epochen sind Totenmasken aus Gold oder Bronze erhalten, die dem Zweck dienten, die Gesichtszüge des Verstorbenen abzubilden und so nach seinem Tode zu erhalten.

Die germanischen Kriegsmasken dienten der Abschreckung von Feinden. Häufig kommen Masken bei kultischen und rituel-

*Die moderne Forschung nimmt an, dass beim Tragen von Faschingsmasken auch die pure Lust an der Verwandlung eine Rolle spielt.*

len Handlungen zum Einsatz. Im antiken Griechenland trugen junge Männer bei Initiationsriten Bocksmasken, die sie (zur symbolischen Erlangung der Zeugungskraft) in ▶Satyrn verwandeln sollten.

Besonders bei Naturvölkern spielen Masken bis heute eine wichtige Rolle; sie stellen meist Geister, Dämonen, Gottheiten oder auch Gestalten aus der mythischen Geschichte des Stammes dar, die im Tanz nachgespielt wird. Vielfach liegt dem auch die Vorstellung zugrunde, sich durch die Darstellung bestimmter Wesen deren Kräfte anzueignen. In Asien spielen Masken auch heute noch eine wichtige Rolle, so z. B. bei Kulttänzen in Indien oder als Theatermasken in Japan, auf Java und Bali. In der ▶Fastnacht ist das Tragen von Masken bei uns bis zum heutigen Tag üblich. Dies wurde auch als Dämonenabwehr gedeutet.

## Mauer
Ein Symbol des Schutzes, der Ein- und Abgrenzung. Eine Stadt ohne Mauern war früher Feinden, Räubern und wilden Tieren schutzlos preisgegeben; daher waren starke Mauern wichtig.

*Maskenfest in Venedig*

# Symbole im Märchen

Als Märchen bezeichnet man ursprünglich mündlich überliefertes Erzählgut, das später wie die berühmte Sammlung der Gebrüder Grimm aufgezeichnet und so schriftlich weiter verbreitet wurde.

Die Märchen aller Kulturkreise stecken voller Symbolgehalt. Der Held des Märchens geht in der Regel auf eine gefährliche Reise, eine Art Bewährungsprobe seines Muts und seiner Rechtschaffenheit, um am Ende das große Ziel zu erreichen, den Beweis seiner inneren Größe, symbolisiert in der Hochzeit mit einer wunderschönen Prinzessin. Der eigentliche Lohn ist fast immer die Königskrone. Der Märchenheld ist das Symbol des unschlagbaren, gegenüber allen Anfechtungen des Lebens gestählten Mannes, ein Vorbild an Tugend.

Die Märchenhelden wachsen oft in einem Wald auf, inmitten wundersamer Tiere und Pflanzen, aus dem sie ihre spätere körperliche und vor allem moralische Kraft beziehen. Dieser Wald ist das Symbol für eine ideale, in jeder Hinsicht wohlgeordnete Kinderstube. Der Wald, der zur Entstehungszeit der Märchen noch den größten Teil des Landes bedeckte, ist aber auch ein Sinnbild für die Welt voller Gefahren, die es zu erobern gilt. So liegt der Wald oft zwischen dem Ausgangsort des Helden und seinem Ziel, dem verwunschenen Schloss. Der Wald birgt vielfältige Gefahren und Anfechtungen, die der Märchenheld zu bestehen hat.

Das Schwert, das der Held von einem geheimnisumwitterten Schmied im Wald erhält und das ihm unglaubliche Wunderdinge im Kampf gegen die Mächte des Bösen ermöglicht, ist Sinnbild für vorbildhaftes Heldentum. Ebenso kann man die Tarnkappe, die ihren Träger gegenüber Fremden unsichtbar macht, als Symbol der Klugheit und strategischen Raffinesse verstehen.

Die Königstochter, die am Ende der langen Prüfung dem Helden zufällt, ist der Inbegriff weiblicher

*Der Zwergenkönig in seinem unterirdischen Reich kann ein Symbol verborgener Weisheit sein.*

Schönheit. Sie ist eigentlich kein Mensch aus Fleisch und Blut, nicht mehr Frau, sondern Sonne, Mond und Morgenstern, deren überirdisches Leuchten das Gute, Wahre und Schöne verkörpert: die kongeniale Ergänzung des Helden.

Auch Tiere im Märchen sind Sinnbilder bestimmter Eigenschaften. So wird ein Geizkragen niemals in ein als klug geltendes Tier verwandelt, eher in einen Esel, über den man herzhaft lachen und spotten kann.

Die Tiere sind nach den Eigenschaften ausgesucht, die die Handlung braucht. Der Löwe stellt überragende Kraft dar und lässt den Helden, der ihn dennoch besiegt, umso strahlender dastehen. Der Bär, dem man nachsagte, dass er Menschen am Leben lasse, wenn sie sich bei einer Begegnung mit ihm auf die Erde niederwerfen, wurde so zum Sinnbild für liebevolle Hilfsbereitschaft und Großzügigkeit.

Die sieben Berge, hinter denen Schneewittchen bei den Zwergen lebt, beziehen sich auf die Symbolik der Alchemisten: Der alchemistische Berg hat sieben Gipfel, die sieben Götter, Planeten oder Metalle darstellen.

*Der Rattenfänger von Hameln lockte die Kinder aus der Stadt: Die Gestalt des flötenden Narren symbolisiert die Strafe für die Bürger, die den Gaukler so schäbig behandelten.*

*Der Wolf galt als böses, unheimliches Tier. So ist ihm im Märchen vom Wolf und den sieben Geißlein die Rolle des Bösen zugedacht.*

*Der strahlende Märchenheld auf seinem Ross*

*Dornröschen: die Prinzessin als Belohnung*

## Maus

Aufgrund ihrer starken Vermehrung, ihrer Gefräßigkeit und des Schadens, den sie auf Feldern und unter Vorräten anrichtet, ist die Maus in erster Linie ein negativ besetztes Tier. So ist sie in der christlichen Symbolik eine Erscheinungsform des Teufels.

## Maya ▶▶Altamerikanische Schriften, S. 306

## Medizin

Die Medizin der nordamerikanischen Indianer hat nichts mit Arznei zu tun, sondern ist ein Attribut des Schutzgeistes eines indianischen Kriegers. Bei den Prärieindianern war es üblich, dass ein junger Indianer sich auf „Visionssuche" in die Wildnis begab, dort manchmal tagelang blieb und fastete, bis sich ihm in einer Vision ein Schutzgeist zeigte. Dann sammelte er Attribute dieses Schutzgeistes (Knochen, Felle oder Federn eines bestimmten Tiers, Steine, Holzstücke, Pflanzenteile) und steckte sie in einen Beutel aus Tierhäuten (den „Medizinbeutel"), den er von da an zu seinem Schutz um den Hals trug. Der Inhalt des Medizinbeutels verkörperte symbolisch seinen Schutzgeist; deshalb galt es als große Schande, seinen Medizinbeutel zu verlieren: Man verlor dadurch gleichzeitig die Ehre und die Anerkennung seiner Stammesgenossen.

## Medizinrad

Große Kreise aus Steinen, die die Prärieindianer auf den Boden legten und in deren Innerem sich verschiedene, ebenfalls aus Steinen gelegte Symbole befanden. Die äußeren Steine des Medizinrades haben teil an der Symbolik des ▶Kreises und symbolisieren Menschen, Tiere oder Pflanzen.

## Medusa ▶Fabelwesen

## Meer ▶Ozean

## Menhir

Aufrecht stehender, bis 20 m hoher Stein, der manchmal auf oder bei Gräbern errichtet wurde; fast weltweit verbreitet, in Europa v. a. in der Bretagne und auf den Britischen Inseln zu finden und hauptsächlich aus der Jungsteinzeit stammend, in anderen Gebieten vermutlich später entstanden.

Vermutlich hatten die Menhire, die häufig zu langen Reihen oder Kreisen angeordnet waren, kultische Bedeutung (Ahnenkult, Gedenksteine für Verstorbene oder Sitz der Seelen von Verstorbenen); doch auch andere Verwendungszwecke (z. B. die Bestimmung des längsten bzw. kürzesten Tags des Jahres zu kalendarischen Zwecken) sind denkbar. Menhire sind auch als Phallussymbole gedeutet und zur weiblichen Form der ▶Dolmen in Beziehung gesetzt worden.

## Menorah ▶Kerze

## Mensch

Kosmologisch betrachtet, kann der Mensch den Mikrokosmos symbolisieren, also ein Spiegelbild des Makrokosmos und seiner Elemente sein. Dabei steht der Körper für die Erde, die Körperwärme für das Feuer, das Blut für das Wasser und der Atem für die Luft. ▶Mann ▶Frau

## Merkur ▶Planeten ▶astrologische Symbole

## Messer

Als Traumsymbol ebenso wie Degen, Schwert, Speer und ähnliche Waffen ein Phallussymbol; kann aber auch auf Aggressionen des Träumenden hinweisen.

## Metall

Eines der fünf Elemente der Chinesen (▶Feng Shui).

## Metapher

Ein sprachliches Ausdrucksmittel, bei dem das eigentlich gemeinte Wort durch ein anderes, sachlich oder gedanklich ähnliches ersetzt wird, z. B. „Quelle" statt „Ursache".

## Mezuza

Ein Kästchen, das häufig am Rahmen von Eingangstüren befestigt wird und eine Pergamentrolle mit Bibelworten enthält, spielt im Judentum eine wichtige Rolle. Es soll magischen Schutz bieten und symbolisiert den Bund zwischen dem gläubigen Juden und Gott.

## Milch

Die Milch versinnbildlicht als erstes Nahrungsmittel des Säuglings den Ursprung aller Dinge. Einer indischen Überlieferung zufolge war die Welt am Anfang ein Milchmeer, aus dem durch Drehen der Weltachse Tiere und Menschen entstanden. Die Assoziation zwischen Milch und Himmel kommt auch in dem Wort „Milchstraße" zum Ausdruck: Einem griechischen Mythos zufolge entstand die Milchstraße, die auf griechisch „galaxias kyklos" (milchiger Kreis) heißt, dadurch, dass Hera dazu verleitet wurde, Herakles die Brust zu reichen. Als sie merkte, dass sie das Kind einer Rivalin nährte, riss sie ihre Brust aus seinem Mund, sodass die Milch über den ganzen Himmel spritzte. In altchristlicher Zeit hatten Milch und ▶Honig die Bedeutung von Heil und ewigem Leben.

## Minotaurus ▶Fabelwesen

## Mistel

Wegen ihrer ungewöhnlichen Wuchsform gewann die Mistel große Bedeutung in Sagen und Mythen, in denen sie vielfach magische Kräfte besaß. Diese schreibt man ihr im Volksglauben vielfach noch heute zu;

*Der Mistel schrieb man schon immer magische und heilende Fähigkeiten zu. Letztere sind mittlerweile erwiesen: Mistelextrakte werden in der Krebstherapie eingesetzt.*

so glaubt man z. B. in Skandinavien, dass ein im Stall aufgehängter Mistelzweig die Pferde vor Nachtgeistern schützt. In England und Frankreich gilt die Mistel als Glücksbringer; sich unter einem Mistelzweig zu küssen, soll der Verbindung Glück, Dauer und Fruchtbarkeit bescheren.

## Mohn

Bei den Griechen galt die Mohnpflanze als Attribut der Erdgöttin Demeter und ihrer Tochter, der Unterweltsgöttin Persephone, und außerdem repräsentierte der Mohn den Schlaf: Hypnos, der Gott des Schlafes, wird in der Regel mit Mohnstängeln in den Händen dargestellt.

Im Volksglauben spielt Mohnsamen als Fruchtbarkeit eine Rolle.

# Altamerikanische Schriften: Maya und Azteken

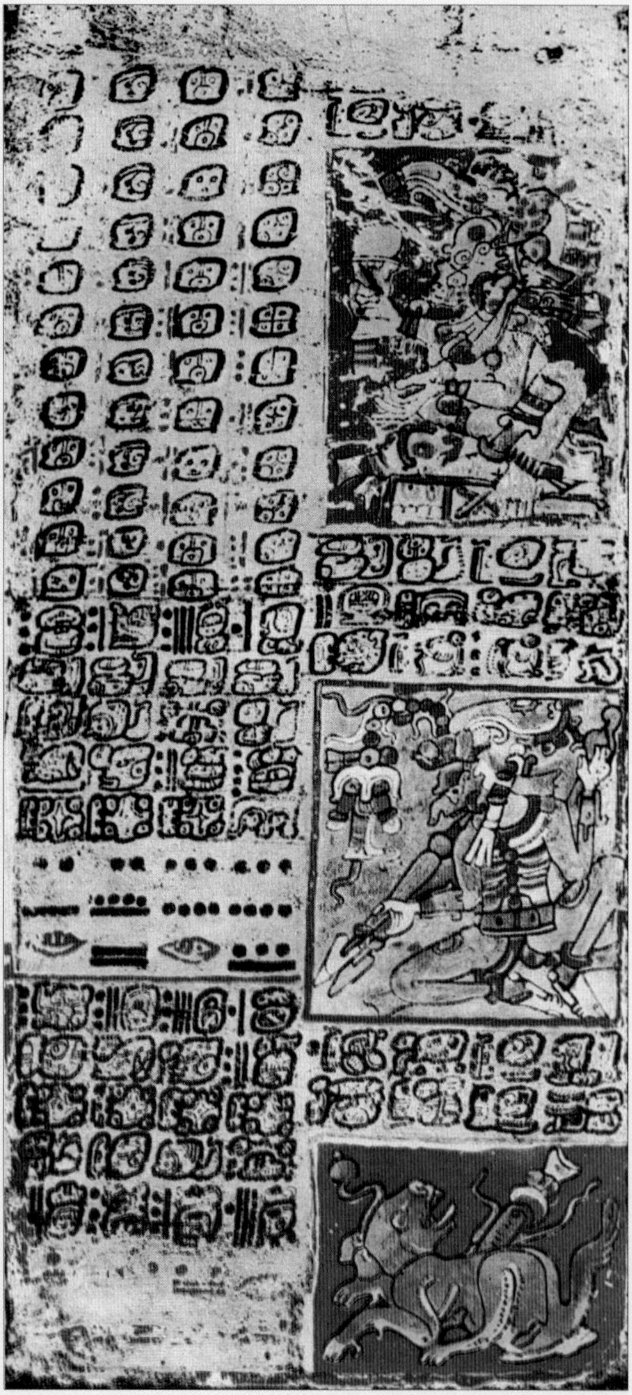

Die Bewohner Alt-Perus, die Inkas, besaßen keine Schrift. Dies erstaunt, wenn man an ihre gewaltigen architektonischen Leistungen und ihre beachtlichen handwerklichen Schöpfungen in Töpferei und Weberei denkt. Allerdings dokumentierten sie Zahlen für Steuern und andere Abgaben mithilfe so genannter Quippus; dies waren Wollfäden, die an Querstäben aufgereiht waren.

Dagegen besaßen die beiden anderen altamerikanischen Kulturen der Maya und Azteken eine hoch entwickelte Bilderschrift, d. h., es existierten bestimmte Symbole für bestimmte Gegenstände und Vorgänge. Die Kenntnis dieser Zeichen war freilich den Herrschern und der Priesterschaft vorbehalten.

Abstrakte Begriffe wurden durch bildhafte Zeichen ausgedrückt. So bezeichnete ein Gesicht, aus dessen Mund eine lange Zunge herausschaut, nichts anderes als den Vorgang

*Die Schrift der Maya zeigt, dass alle Schriften späterer Zeit auf reinen Bilderschriften basieren.*

des Sprechens. Das Ereignis des Todes wurde sehr anschaulich durch ein totenschädelähnliches Symbol vermittelt. Zwei zusammengebundene Schilfhalme meinten „Rohr". Um Naturvorgänge darzustellen und auszudrücken, bildete man bestimmte Götter ab, z. B. den Kopf des Gottes Tlaloc, und meinte damit „Regen".

Die Entwicklung der Symbole zeigt, wie sich die Bildersprache zunehmend verfeinerte. Manche Zeichen sind uns auf Anhieb verständlich, etwa ein Messer, eine Blume oder ein Haus. Andere Zeichen sind nur im Kontext der Kultur zu verstehen.

Die Kultur der Azteken wurde abrupt durch den Spanier Cortez beendet. Die Kultur der Maya verschwand auf geheimnisvolle Weise, ohne dass wir bis heute die Gründe dafür kennen.

| Imix | Ik | Akbal | Kan |
| Chiccan | Cimi | Manik | Lamat |
| Muluk | Oc | Chuen | Eb |
| Ben | Ix | Men | Cib |
| Caban | Eznab | Cauac | Ahau |

*Der Kalender war für die Priester sehr wichtig, denn er legte den Kult des Jahresablaufs fest. Der Kalender dokumentierte auch den Lauf der Zeit. Bestimmte Naturereignisse begleiteten den Jahresablauf. Naturphänomene wurden den Göttern zugeordnet. Die oben abgebildeten Maya-Zeichen stehen für die Zeitspanne eines Monats, der aus zwanzig Tagen bestand. Die Namen der einzelnen Tage lauten: 1. Imix; 2. Ik; 3. Akbal; 4. Kan; 5. Chiccan; 6. Cimi; 7. Manik; 8. Lamat; 9. Muluk; 10. Oc; 11. Chuen; 12. Eb; 13. Ben; 14. Ix; 15. Men; 16. Cib; 17. Caban; 18. Eznab; 19. Cauac; 20. Ahau.*

*Die Bilderschrift der Azteken zeigt immer wieder Götter, Menschen und Tiere und beschränkt sich dabei auf im Detail dargestellte charakteristische Körperteile. Wahrscheinlich konnten sich die Bilderschriften der Maya und Azteken deshalb nicht wesentlich zu einer verfeinerten Schrift weiterentwickeln, weil sie ausschließlich der herrschenden Klasse vorbehalten waren und so das Volk ausschlossen.*

## Monat

Unsere heutigen Monatsnamen stammen aus dem Lateinischen, wobei die Zahlenbezeichnungen, die sich darin verbergen (September, Oktober, November, Dezember = der Siebte, Achte, Neunte, Zehnte) daraus zu erklären sind, dass das römische Jahr im altrömischen Kalender am 1. März begann.

Im Mittelalter war es üblich, die zwölf Monate symbolisch durch Aktivitäten aus dem bäuerlichen Leben darzustellen, die in dem jeweiligen Monat stattfanden. Im 18. und 19. Jh. ging man dann dazu über, die Monate symbolisch durch die Blumen und Pflanzen darzustellen, die das Gesicht des jeweiligen Monats prägten. Auch in China und Japan war dies üblich.

## Mond

Der Mond wird meist als Verkörperung des weiblichen Prinzips dargestellt – als Muttergöttin, Himmelskönigin, zu der die Sonne das männliche Gegenstück ist; Ausnahmen bilden lediglich die alten Germanen, afrikanische Stämme und nordamerikanische Indianerstämme, die Maori und die ozeanische und japanische Mythologie, wo der Mond das männlich-befruchtende Prinzip darstellt. Auch in China repräsentiert der Mond das weibliche Element (Yin) (▶Yin-Yang).

*In diesem Bauernkalender Ende des 15. Jh.s werden die zwölf Monate symbolisch durch Szenen aus dem bäuerlichen Leben dargestellt.*

Ob männlich oder weiblich, der Mond mit seinen sich ständig ändernden Phasen ist stets Symbol für den Rhythmus zyklischer Zeit, für Werden und Vergehen, fortwährende Erneuerung, Fruchtbarkeit, Tod und Auferstehung. Daher ist der Mondgott oft auch Herrscher der Toten (so z. B. der altägyptische Osiris); und der Mond ist ein beliebter Grabschmuck, der die Hoffnung auf Auferstehung symbolisiert.

Der Mond stellt auch die dunkle Seite der Natur dar, das Irrationale, Intuitive und Subjektive und die Macht des Schicksals. Viele Mondgöttinnen sind gleichzeitig Beherrscherinnen des Geschicks der Menschen, Weberinnen des Schicksals; zu ihren Attributen gehören Spindel und Spinnrocken.

Der Mond wird vorwiegend durch den ▶Halbmond bzw. die Mondsichel oder durch Kuhhörner symbolisiert (▶Hörner). Alle Nachttiere, wie beispielsweise der Hase, der Fuchs oder die Katze, gelten als lunar; ebenso Tiere, die auftauchen und wieder verschwinden, wie beispielsweise der Bär, der Winterschlaf hält und im Frühling mit einem neugeborenen Jungen wiederkommt; und alles, was mit Wasser, Sümpfen und Fluten in Verbindung steht, z. B. Frosch und ▶Kröte.

Sind Sonne und Mond zusammen abgebildet, so stellen sie die heilige ▶Ehe zwischen Himmel und Erde dar; in Kreuzigungsszenen verkörpert die Sonne Christus und der Mond Maria. Der Mann im Mond wird in christlichen Legenden mit Kain oder Judas Ischarioth gleichgesetzt.
▶▶Astrologische Zeichen, S. 46

**Mondsichel** ▶Halbmond

**Mondstein** ▶Edelsteine

**Monolith** ▶Menhir

**Morgendämmerung**
Ein Symbol der Hoffnung und Erleuchtung.

**Morsealphabet** ▶▶S. 310

**Mörser und Stößel**
Der Mörser symbolisiert als das Hohle und Empfangende das weibliche Prinzip, in dem der Stößel (als männliches Symbol) das Lebenselixier stampft. In der chinesischen Mythologie hält der Hase im Mond Mörser und Stößel und mischt damit das Elixier der Unsterblichkeit.

**Moschee** ▶islamische Symbole

**Moskito** ▶Mücke

**Mücke**
Mücken symbolisieren den Teufel. Der Name Beelzebub bedeutet, wörtlich übersetzt, „Herr der ▶Fliegen".

**Mudras**
Symbolische Gesten und Handstellungen im Buddhismus (▶Hand).

**Mühle**
Wegen des sich beständig drehenden Mühlrads ein Symbol der Wiederkehr und des Schicksals, so z. B. in dem Spruch „Gottes Mühlen mahlen langsam".

**Mund, Schlund**
Der Mund kann symbolisch für das Geburtsorgan stehen: Nach altindischer Überlieferung gingen aus dem Mund von Prajapati die Gottheiten hervor. Bei vielen Völkern symbolisiert er auch die Vagina. Als Körperteil, der frisst und verschlingt, kann der Mund ebenso Tod und Zerstörung versinnbilichen: Bei den Gorgonen (▶Fabelwesen) ist der große, schreckliche Mund besonders deutlich hervorgehoben,

# Das Morsealphabet: Beginn einer neuen Ära

Samuel Finley Breese Morse, 1791 in Charleston (Massachusetts) geboren, 1872 in Poughkeepsie (N.Y.) gestorben, war ursprünglich Maler und Bildhauer. Er hatte sogar einen Lehrstuhl inne. Er malte Porträts und romantische Landschaften. Später beschäftigte er sich auch mit dem Vorläufer der Fotografie, der Daguerreotypie. Seine geheime Leidenschaft war es aber, mehr oder weniger geniale Dinge zu erfinden.

Morse hatte die Idee, auf eine dem Zeitalter der modernen Technik adäquate Weise Nachrichten zu vermitteln, die das Nachrichtenwesen revolutionieren sollte. Morse entwickelte und baute 1837 den ersten brauchbaren Maschinentelegrafen. Die Maschine schrieb die Buchstaben als Zickzackzeichen auf ein Papierband. Morse ersetzte dieses System später in Zusammenarbeit mit A. Vail durch ein Zeichensystem von kurzen und langen Strichen, das nach ihm „Morsealphabet" genannt wurde.

1843 baute Morse eine erste Versuchs-Telegrafenleitung zwischen Baltimore und Washington. Am 7. Mai 1844 übermittelte

*Samuel F. B. Morse*

er auf diesem Weg den inzwischen weltberühmt gewordenen Satz: „What hath God wrought?"

Der Morse-Telegraf besteht aus einem Sender und einem Empfänger. Die elektrischen Impulse wurden mit einer Taste erzeugt. Drückte man die Taste nur kurz, ergab sich ein ebenso kurzer Stromimpuls; drückte man die Taste etwas länger, war der Stromimpuls entsprechend lang. In der Regel betrug die Zeitspanne eines kurzen Impulses ein Drittel des langen Impulses.

Das Herzstück des Empfängers war ein Elektromagnet mit Anker, der im Takt der kurzen und langen Impulse einen Schreibstift gegen ein Papierband

*Der Telegrafenapparat von Morse aus dem Jahre 1836*

drückte, das sich unter ihm gleichmäßig fortbewegte. So wurden die elektrischen Impulse in optisch wahrnehmbare Zeichen umgesetzt. Ebenso konnte man die Impulse auch hörbar machen: Aus dem Lautsprecher tönten kurze und lange Tonsignale.

Die dreißig Buchstaben des Morsealphabets wurden aus einer Kombination von bis zu 5 Punkten zusammengesetzt. Die Konsonantenkombination ch und die Umlaute ä, ö, ü zählten als eigenständige Buchstaben.

Das Morsealphabet wurde sehr lange in der Telegrafie eingesetzt, später aber vom Fünferalphabet verdrängt. Heute findet man es noch gelegentlich im Seefunk, auch Amateure benutzen es noch.

Es wurden noch weitere Alphabetarten für die Telegrafie entwickelt, z. B. das beim Hughes-Telegrafen verwendete Kreisalphabet oder das Recorderalphabet, bei dem Punkte durch Impulse einer Richtung und Striche durch gleich lange Impulse entgegengesetzter Richtung ausgedrückt wurden. Das später international eingesetzte Fünferalphabet arbeitet mit Gruppen von je fünf gleich langen Schritten, Strom- und Pausenschritten.

## Morsealphabet

| | | | | | |
|---|---|---|---|---|---|
| A | .- | J | .--- | S | ... |
| Ä | .-.- | K | -.- | T | - |
| B | -... | L | .-.. | U | ..- |
| C | -.-. | M | -- | Ü | ..-- |
| D | -.. | N | -. | V | ...- |
| E | . | O | --- | W | .-- |
| F | ..-. | Ö | ---. | X | -..- |
| G | --. | P | .--. | Y | -.-- |
| H | .... | Q | --.- | Z | --.. |
| I | .. | R | .-. | CH | ---- |

## Zahlen

| | | | | | |
|---|---|---|---|---|---|
| 1 | .---- | 5 | ..... | 9 | ----. |
| 2 | ..--- | 6 | -.... | 0 | ----- |
| 3 | ...-- | 7 | --... | | |
| 4 | ....- | 8 | ---.. | | |

## Satzzeichen

| | | | |
|---|---|---|---|
| Punkt (AAA) | .-.-.- | Fragezeichen (IMI) | ..--.. |
| Komma (MIM) | --..-- | Doppelpunkt (OSO) | ---... |
| Bindestrich (BA) | -....- | Klammer (KK) | -.--.- |
| Pluszeichen (AR) | .-.-. | | |

*Satzzeichen sind immer sechselementig und werden aus zwei oder drei gleichen Buchstaben zusammengesetzt.*

## Sonderzeichen

| | |
|---|---|
| Wort verstanden (E) | . |
| Wort nicht verstanden (T) | - |
| Kompletten Text verstanden (VE) | ...-. |
| Kompletten Text nicht verstanden (IMI) | ..--.. |
| Ende der Übertragung (AR) | .-.-. |
| Warte (EB) | .-... |
| Signal ist schlecht (EF) | .-...-. |
| Unterbreche Übertragung (AB) | .-—... |
| Fehler | ........ |

*Spezielle Codes für die Kommunikation während des Morsens*

*Diese Miniatur (12. Jh.) aus dem Psalter von Winchester stellt den Höllenschlund dar, der die Seelen der Verdammten verschlingt. Links im Bild verriegelt ein Engel das Schloss zur Ewigkeit.*

ebenso bei der hinduistischen Göttin Kali, die den grimmigen, zerstörerischen Aspekt von Shivas Gefährtin (Shakti) verkörpert und mit schwarzer Zunge dargestellt wird.

## Muschel

Ein häufiges Symbol für das weibliche Geschlechtsteil und – im weiteren Sinn – für das weibliche Prinzip. So ist es z. B. zu verstehen, dass nach griechischem Mythos die Liebesgöttin Aphrodite aus einer Muschel geboren wurde, dass Botticelli in seinem Gemälde die Venus aus einer Muschel hervorkommen lässt und dass das Wort für „Muschel" in Japan und Korea gleichzeitig eine Bezeichnung für das weibliche Geschlechtsteil ist.

In der christlichen Symbolik ist die Muschel ein Sinnbild des Grabes, aus dem der Verstorbene eines Tages wieder auferstehen wird. Es gibt auch Taufbecken in

Muschelform als Symbol für das ewige Leben, das man durch die Taufe erlangt. Da man im Mittelalter glaubte, dass Muschelschnecken durch den auf sie fallenden Tau befruchtet würden, wurde die Muschel auch zu einem Symbol der Jungfräulichkeit der Heiligen Maria.

## Musen

In der griechischen Mythologie die neun Göttinnen der Künste: Erato steht für den Tanz und die Liebesdichtung; Klio (Clio) mit Schreibgeräten repräsentiert die Geschichtsschreibung; Melpomene mit Maske und Keule die tragische Dichtung; Terpsichore ist der Lyra und Kithara zugeordnet; Thalia mit Maske und Krummstab symbolisiert die Komödie; Polyhymnia mit Buchrolle ist die Muse von Tanz und Pantomime; Urania mit Himmelskugel und Stab steht für die Astronomie; Euterpe für das Flötenspiel; Kalliope als ranghöchste Muse repräsentiert das Epos.

## Mutter, Große Mutter, Muttergöttin

Das Urbild des Weiblichen; der Ursprung allen Lebens; das umschließende Prinzip; Fruchtbarkeit und Geburt; Tod und Wiedergeburt; Werden und Vergehen.

Für die Jäger der Steinzeit war die ▶Höhle die Mutter, die ihnen Schutz und Geborgenheit bot und in der sie ihre kultischen Rituale abhielten, mit denen sie sich einen erfolgreichen Ausgang der Jagd sichern wollten. Für die späteren Ackerbauer war die Mutter die ▶Erde, die sie mit ihren Früchten nährte.

Auch in der Bibel taucht die Erde als Mutter auf: Im 1. Buch des Mose wird beschrieben, dass Gott den ersten Menschen aus Erde vom Ackerboden schuf. Im alten Rom legte man neugeborene Kinder auf die Erde, um ihr als Mutter seine Verehrung zu erweisen. Dementsprechend sind viele Muttergöttinnen gleichzeitig Erdgottheiten. Meist waren Erd- und Muttergöttinnen gleichzeitig auch Fruchtbarkeitsgottheiten, so z. B. die phrygische Mutter- und Fruchtbarkeitsgöttin Kybele, die auch als „Große Mutter" bezeichnet wurde und deren Kult sich später in ganz Rom ausbreitete.

Viele Muttergottheiten haben auch einen Bezug zur ▶Kuh als Milch spendender Ernährerin, so z. B. die kuhköpfige altägyptische Himmels- und Liebesgöttin Hathor.

Da der Mond mit dem weiblichen Prinzip in Verbindung gebracht wird, sind viele Muttergöttinnen gleichzeitig Mondgöttinnen (▶Mond) und stehen damit für fortwährende Veränderung und Erneuerung, Tod und Wiedergeburt.

Das Motiv der Muttergottheit oder heiligen Mutter, die einem göttlichen Sohn das Leben schenkt, kommt in vielen Religionen vor, so ist z. B. die altägyptische Isis Mutter des Horus; und die Heilige Maria gebar Jesus. Hierbei spielt häufig das Motiv der jungfräulichen Geburt eine Rolle (▶jungfräuliche Mutter).

Viele Muttergöttinnen sind ambivalente Figuren, das heißt, sie verkörpern nicht nur die positiven Eigenschaften der Hervorbringung neuen Lebens, der Fruchtbarkeit und Ernährung, des mütterlichen Schutzes, sondern sind zugleich auch Zerstörerinnen oder Totengöttinnen: Denn „Mutter Erde" bringt das Leben nicht nur hervor, sondern nimmt es nach dem Tod auch wieder in ihren Schoß zurück. So sind z. B. die verschiedenen Gesichter Shaktis, der Gefährtin Shivas, zu verstehen, die sowohl weibliche Schöpferin als auch Zerstörerin sein kann (▶hinduistische Symbole, ▶Frau). Auch die ägyptische Nut ist Himmels- und Totengöttin zugleich. In ihrem wohltätigen, nährenden, kreativen Aspekt erscheint die Muttergöttin z. B. in Gestalt von Isis, Hathor, Kybele, Ishtar, Lakshmi, Parvati, Kuan-yin

und Demeter. Als Gottheit der Verstrickung und des Todes ist sie Kali, Durga, Nut.

Es gibt viele Symbole für die Muttergöttin: die Mondsichel (▶Halbmond), eine Sternenkrone, eine mit Türmchen besetzte ▶Krone, ein blaues Gewand, Kuhhörner, die Spirale, konzentrische Kreise; alle Wasser, Quellen, Brunnen usw.; alles, was Obdach bietet, schützt und umschließt (Höhle, Mauer, Erdwall); alle Vorratsbehälter und Gefäße für Nahrungsmittel; die nährenden Mutterbrüste; alles, was hohl ist und etwas aufnehmen kann (Becher, Kessel, Korb, Kelch, Füllhorn, Vase, die ▶Yoni usw.); alles, was aus den Wassern kommt (Muscheln, Fische, Perlen usw.). ▶Frau

## Myrte

In der Antike war die Myrte ein Sinnbild der Jungfräulichkeit und Anmut und daher die heilige Pflanze der Aphrodite. Juden und Griechen trugen als Zeichen der Liebe und des Brautstandes einen Myrtenkranz.

*Die Myrte, ein Symbol der Anmut und Liebe, der Freude und des Friedens*

# N

### Nabel ▶Omphalos

### Nabelschnur

Die Schnur bzw. der Faden, womit der Schöpfer als der Große Weber (Schicksalsgott) oder die Große ▶Mutter den Menschen an das Netz bzw. Gewebe des Lebens – sein Schicksal – bindet (▶Spindel, ▶Weben). Der Nabel bzw. ▶Omphalos ist das Weltzentrum.

### Nacht

Die Nacht symbolisiert die vor der Entstehung des Kosmos bzw. der Erschaffung der Welt liegende, vorgeburtliche ▶Finsternis, das Chaos, den keimhaften Zustand der Welt, aber auch den umhüllenden, mütterlichen Aspekt des weiblichen Prinzips. Als die alles verschlingende Zeit können Tag und Nacht in Gestalt einer weißen und einer schwarzen Ratte oder Maus dargestellt sein.

### Nachtigall

Im alten Persien, bei den provenzalischen Troubadouren und noch heute im mitteleuropäischen Volksglauben ein Symbol der Liebe; im Christentum ein Sinnbild der Himmelssehnsucht und als solches häufig auf spätmittelalterlichen Madonnenbildern zu finden.

### Nacktheit

In den religiösen Ritualen vieler alter Kulturen war Nacktheit ein Sinnbild des völligen Sich-Auslieferns an Gott. So war es z. B. im alten Orient und in der Antike üblich, bei Gebet und Opfer unbekleidet zu sein; auch die sumerischen Priester traten nackt vor Gott. In Initiationsriten steht das Ablegen der Kleider für das Abstreifen des alten Ichs, der alten Identität.

Ist ein Heros oder eine Gottheit nackt dargestellt, so ist das ein Zeichen des Freiseins von aller irdischen Verderbnis. In der griechischen Plastik wird durch die Nacktheit die Schönheit und das Ebenmaß des dargestellten Männer- oder Frauenkörpers betont.

In der christlichen Symbolik kann Nacktheit sowohl positive als auch negative Bedeutung haben: Sie kann den natürlichen, paradiesischen Urzustand der Unschuld repräsentieren, so z. B. in der Geschichte von Adam und Eva, die nackt im Paradies leben; erst durch den Sündenfall wird ihnen ihre Nacktheit bewusst, und Gott bekleidet sie bei der Vertreibung aus dem Paradies mit Fellen. Auch in Bildern vom Jüngsten Gericht sind die Erwählten manchmal nackt, wie dies auch bei Paulus und in der Offenbarung des Johannes beschrieben ist – auch hier symbolisiert Nacktheit die Wiedergewinnung des Zustands kindlicher Unschuld. Das trifft auch auf Darstellungen einzelner Erlöster zu, die von Engeln ins Paradies aufgenommen werden. Nacktheit symbolisiert auch den Märtyrer, die Besitzlosigkeit in Armut oder frommer Entsagung gegenüber weltlichen Gütern, Buße und Bußfertigkeit. Vielfach erscheint Nacktheit in der Bibel und in der christlichen Kunst aber auch als etwas Schimpfliches – als Symbol der Wollust oder der Schande. Ehebrecherinnen und Prostituierte sind nackt; verurteilte Verbrecher werden entkleidet. Manchmal ist es auch ein Zeichen großer Trauer, seine Kleider zu zerreißen. In der mittelalterlichen Kunst versinnbildlicht der nackte Mensch das Laster der Wollust.

Als Traumsymbol kann Nacktheit Wehrlosigkeit, Verletzlichkeit oder die Angst vor einer Bloßstellung, einem „Gesichtsverlust", symbolisieren; hat der Träumende dabei Angstgefühle, so kann sie auch sexuelle Ängste ausdrücken.

## Naga ▶Schlange (Hinduismus), auch ▶Fabelwesen

## Nagel

Ein Symbol für die Weltachse, das Zentrum des Universums, um das sich alles dreht. Im Christentum sind Nägel ein Symbol der Passion Christi, eines seiner Leidenswerkzeuge.

## Nahrung

Alle mit Nahrung verbundenen Symbole werden zugleich mit der Muttergöttin assoziiert: Gefäße wie der Krug, der Becher, der Kelch, der Kessel, die Schale, das Füllhorn usw.; alle Nahrung erzeugenden Tiere wie Kuh, Schwein, Ziege; auch alle Wasser (Flüsse, Quellen, Brunnen usw.), Bäume und Früchte. ▶Essen

## Narr

Bezeichnung für einen sonderlichen, einfältigen Menschen, aber auch für einen Spaßmacher oder Schelm, der andere zum Narren hält.

Da man Verrückte für ihre Taten gerichtlich nicht zur Verantwortung ziehen konnte, wurden sie früher durch eine Narrentracht (z. B. Narrenkappe, Glöckchen) kenntlich gemacht, damit jeder seine Besitztümer rechtzeitig vor ihnen in Sicherheit bringen konnte. Teilnehmer volkstümlicher Maskeraden wurden ebenfalls als Narren bezeichnet, da man sie nach Gewohnheitsrecht für Schäden, die sie während ihrer Maskierung anrichteten, ebenfalls nicht zur Verantwortung ziehen konnte. (Dies spiegelt sich noch heute in dem Begriff „Narrenfreiheit" wider.) Im Mittelalter spielte das Narrentum eine wichtige

Rolle: Bei Narrenfesten in Klosterschulen wurden kirchliche Zeremonien und Bräuche durch Gesänge, Gelage und närrische Predigten ins Lächerliche gezogen. Narren erfreuten als Spaßmacher auf Jahrmärkten das Volk oder gaben sich an Fastnacht dem tollen Treiben hin (▶Karneval).

Hofnarren gab es bereits in der Antike; damals waren es gebildete Sklaven, die bei Hof für Unterhaltung sorgen mussten. In Deutschland gab es solche Narren bis ins 18. Jh. hinein an vielen Höfen. Teils waren es wirklich Verrückte, an deren absonderlichem Benehmen man sich belustigte; häufig schlüpften jedoch auch intelligente Männer in die Rolle des Narren und nutzten ihre Narrenfreiheit aus, um dem Fürsten ihre wahre Meinung zu sagen, Ratschläge zu erteilen oder auch bissige Kritik an Missständen zu üben. Manche dieser Hofnarren gewannen dadurch sogar ein gewisses Maß an politischem Einfluss bei Hof. (Diese Rolle spielt die Figur des Narren z. B. in den Komödien William Shakespeares.) Die Tracht der Hofnarren bestand aus einer Narrenkappe mit Eselsohren (als Symbol der Torheit), Narrenschellen und Halskrause.

In der Literatur war die symbolische Bedeutung des Narren großen Wandlungen unterworfen: In der Narrenliteratur des 15. Jhs. stand der Narr für den sündigen, lasterhaften Menschen – als „närrisch" wurde er deshalb bezeichnet, weil er mit seinem Verhalten seine Anwartschaft auf die ewige Seligkeit verspielte. So wurden z. B. in Sebastian Brants mit Holzschnitten illustrierter Verssatire „Das Narrenschiff" (1494) 110 verschiedene Laster und Torheiten an den Pranger gestellt, in denen – das war die erzieherische Absicht dieses Werks – jeder seine eigenen Fehlverhalten erkennen und korrigieren sollte. Dieses Buch war sehr erfolgreich und fand viele Nachahmer; so entstand eine reiche satirische Narrenliteratur.

Bei Shakespeare wurde der Narr dann zur positiven Figur – der Narr als der eigentlich Weise. In dieser Tradition steht auch der „Simplicissimus" von Johann Jakob Christoffel von Grimmelshausen (1669) – der jugendlich-naive „tumbe Tor", der unter anderem auch als Hofnarr dient und am Ende nach einem bewegten Schicksal sein Leben als frommer Einsiedler in christlicher Einfachheit und Entsagung beschließt.

### Narzisse

Nach einem griechischen Mythos verliebte sich Narkissos, der schöne Sohn des Flussgottes Kephisos, unsterblich in sein eigenes Spiegelbild, das er in jeder Quelle betrachtete. Zur Strafe für seine Selbstliebe und weil er die Liebe der Nymphe Echo zurückgewiesen hatte, wurde er in eine Narzisse verwandelt; nach ihm wurde diese Blume benannt. In China ist die Narzisse ein Glückssymbol: Sie wird an Neujahr zur Blüte gebracht und soll Glück bringen.

### Nationalsozialistische Symbole ▶

faschistische Symbole

### NATO-Emblem

Das offizielle Abzeichen des Nordatlantischen Verteidigungspakts (NATO) ist seit 1954 ein weißer Kreis mit einer Windrose auf blauem Grund. Der Kreis steht dabei für Einigkeit, die Kompassrose für den gemeinsamen Kurs auf den Frieden und der blaue Untergrund für den Atlantischen Ozean.

### Natter

In der christlichen Symbolik verkörpert die Natter das Böse; nach dem heiligen Augustinus ist sie eine der vier Erscheinungsformen des Teufels.

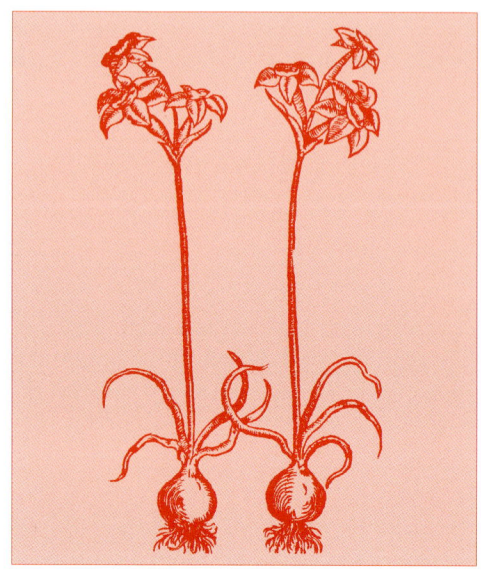

*Einem griechischen Mythos zufolge soll Narkissos zur Strafe für seine Selbstliebe in eine Narzisse verwandelt worden sein.*

### Nelke

Die christliche Symbolik sieht in den Blättern und Früchten der Nelke die Nägel, mit denen Christus ans Kreuz geschlagen wurde; daher ist die Nelke ein Passionssymbol, das auf Madonnenbildern häufig vorkommt.

### Netz, Netzwerk

Im Christentum spielt das Netz als Symbol eine wichtige Rolle: In vielen christlichen Darstellungen (z. B. auf frühchristlichen Sarkophagen) werden die Apostel als „Menschenfischer" mit Netzen abgebildet (▶Fischer). Fische symbolisieren den bekehrten bzw. getauften Christen; dementsprechend ist ein mit kleinen Fischen gefülltes Netz Sinnbild der Kirche. Auch das Himmelreich selbst wird mit einem Netz verglichen, in dem die Fische (die Seelen der Menschen) gefangen und anschließend die Seelen der schlechten Menschen aussortiert und der ewigen Verdammnis zugeführt werden.

## Neujahr

Der Neujahrstag und die vorausgehende Nacht (Silvester) stehen symbolisch für die Sehnsucht nach Erneuerung, einem Neubeginn. So sind auch die vielen Silvester- bzw. Neujahrsbräuche zu verstehen: Feuerwerk und Kirchenglockengeläut zur Begrüßung des neuen Jahres, Verschenken von Glücksbringern wie Hufeisen oder Figuren von Schornsteinfegern (▶Glückssymbole) und Orakel wie z. B. Bleigießen, um vorauszudeuten, was das neue Jahr bringen wird. Nach chinesischem Glauben begibt sich der Herdgott (▶Herd) zur Neujahrszeit zum Himmel, um dort über die guten und bösen Taten der Menschen Bericht zu erstatten. Der Vater und der älteste Sohn gehen vor dem Neujahrsfest zu den Familiengräbern, um die Ahnengeister zu sich nach Hause einzuladen; man zündet Kerzen und Räucherwerk an, verschließt die Türen und schützt sie durch Glückszeichen vor bösen Geistern.

*Der Heiligenschein hebt in dieser Abbildung die Heilige Hildegard deutlich von ihren Mitschwestern ab.*

## Niedrigkeit

Untergeordnetsein, Unterwürfigkeit, Demut; bildlich dargestellt durch das Knien und den Fußfall (▶Gebetshaltung).

## Niere

Die Niere galt im Altertum ebenso wie das Herz als Sitz der Empfindungen und Gedanken.

## Nimbus, Heiligenschein

Der Nimbus („Heiligenschein"), der als hell leuchtender Kreis oder Scheibe das Haupt heiliger Personen umgibt, ist heutzutage in erster Linie als christliches Symbol bekannt, hat seinen Ursprung aber nicht im Christentum, sondern stammt aus dem Orient, wo er Sonnenscheibe und Königskrone repräsentierte und als Symbol der Weltherrschaft Sonnengottheiten, Götter und Könige zierte.

Ab dem Ende des 2. Jhs. n. Chr. wurde es dann üblich, das Haupt Jesu Christi mit einem Nimbus zu umgeben (zuerst auf römischen Katakombenfresken), der sich dann auch auf Darstellungen Gottvaters und des heiligen Geistes einbürgerte. Ab dem 5. Jh. erhielten auch Maria, Engel und Apostel einen Heiligenschein, später auch andere Heilige. Der christliche Heiligenschein symbolisiert das göttliche Licht, das aus der heiligen Persönlichkeit leuchtet, und hat dementsprechend die Farbe Gold oder Gelb (▶▶Symbolik der Farben, S. 152).

Ein Nimbus mit eingezeichnetem Kreuz kennzeichnet Jesus Christus, Gottvater und den Heiligen Geist; ein rechteckiger Nimbus umgibt die Häupter von Personen, die noch leben. In christlichen Darstellungen des frühen Mittelalters wurde der Nimbus dann teilweise von der ▶Mandorla abgelöst.

## Nixe ▶Fabelwesen

## Null ▶Die Symbolik der Zahlen, S. 452

## Obelisk

Ein bis 26 m hoher, schmaler, viereckiger Steinpfeiler, der sich nach oben hin leicht verjüngt und in einer pyramidenförmigen Spitze ausläuft; neben den Pyramiden das bekannteste Monument der ägyptischen Kultur und Symbol des Sonnengottes Re.

## Ochse

Kann symbolisch mit dem ▶Stier austauschbar sein und dann für Fruchtbarkeit stehen; doch normalerweise teilt der kastrierte Ochse die Fruchtbarkeitssymbolik nicht, sondern verkörpert vielmehr Geduld, Güte, Ruhe, Kraft, Friedfertigkeit, Zähigkeit und Ausdauer. In der christlichen Symbolik sollen Ochse und Esel in Szenen von Christi Geburt die Juden und die Heiden darstellen. In China dient der Ochse zur Bewirtschaftung der Felder und ist daher ein Sinnbild des Frühlings. Außerdem ist er eines der zwölf chinesischen Tierkreiszeichen (▶▶Astrologische Zeichen, S. 46).

## Ofen

Ein ähnlich ambivalentes Symbol wie das ▶Feuer: einerseits Ort der Reinigung und inneren Läuterung, andererseits Instrument des göttlichen Gerichts oder auch der Höllenqualen. So ist der Schmelzofen im Alten Testament ein Bild der Knechtschaft, der Läuterung und des Jüngsten Gerichts.

Bei den Alchemisten waren Schmelzofen und Retorte die beiden wichtigsten Werkzeuge; hier sollte die Wandlung unedler Metalle zu Gold stattfinden. Aus tiefenpsychologischer Sicht entspricht die alchemistische Suche nach dem Gold der Suche nach dem eigenen Selbst; so wird der Ofen zum Sinnbild der geistigen Läuterung.

## Ohr

Ein Symbol des Hörens und Gehörtwerdens, vor allem im religiösen Kontext: So findet man z. B. bei den Ägyptern manchmal übergroß dargestellte Ohren, die für die Bitte stehen, dass die Gebete erhört werden mögen. Die im Mittelmeerraum an Altären und Tempelwänden abgebildeten Ohren sind ebenso zu interpretieren. Verlängerte Ohrläppchen an hinduistischen, buddhistischen oder chinesischen Figuren weisen auf Königswürde, geistliche Autorität oder innere Größe hin. Spitze Ohren werden mit Pan, Satyrn und Teufeln assoziiert und stehen für das Animalische. Eselsohren erscheinen an der Narrenkappe (▶Narr) und bedeuten Torheit.

## Oktopus ▶Spirale

## Öl, Ölung

Öl spielt im Leben der Menschen schon seit Beginn der Ackerbaukulturen eine lebenswichtige Rolle: Man verwendete es zur Zubereitung von Speisen, als Brennstoff für Lampen, zum Salben und auch zur Linderung von Schmerzen und Heilung von Wunden. So entstand der Glaube, dass dem Öl besondere Kräfte innewohnen. Daher spielte es in den religiösen und rituellen Handlungen vieler Kulturen eine wichtige Rolle. So übertrug man Königen und Priestern durch Salbung mit Öl die Amtsvollmacht; Öl diente auch zur Heilung von Kranken und zur Weihung heiliger Gegenstände.

Diese jüdischen und heidnischen Traditionen wurden vom Christentum übernommen. Im israelischen Kultus verlieh die Salbung mit Öl dem Menschen Autorität vonseiten Gottes.

In der katholischen und ostkirchlichen Liturgie ist die Salbung mit Öl u. a. Teil der Priester- und Bischofsweihe und verschiede-

*Der Olivenbaum bzw. -zweig ist ein uraltes Symbol des Sieges und des Friedens.*

ner Sakramente (Taufe, Firmung, Krankensalbung). Die (früher als „Letzte Ölung" bezeichnete) Krankensalbung Sterbender durch einen Priester soll nicht nur physische Stärkung und Genesung, sondern v. a. Sündenvergebung erwirken.

## Olive, Olivenbaum

Olive und Olivenbaum bzw. -zweig haben teil an der Symbolik des kostbaren ▶Öls und werden daher in allen Kulturen mit positiven Bedeutungen assoziiert. In der Antike war der Ölbaum ebenso wie Feigenbaum und Weinstock (als wichtige Lebensgrundlage der Menschen) ein Symbol des Wohlbefindens, der Fruchtbarkeit und des Glücks. Im alten Griechenland war der Ölbaum der Weisheitsgöttin Athene gewidmet und wird auf Münzen daher häufig mit einer Eule zusammen abgebildet. Die Sieger bei den Olympischen Spielen wurden mit Olivenzweigen gekrönt.

Im Christentum wurde der Olivenbaum in Anknüpfung an die Geschichte von Noahs Errettung zum Symbol des Friedens und der Rettung der menschlichen Seele aus der Todesnot: Am Ende der Sintflut kommt die Taube mit einem Olivenzweig im Schnabel zu Noah zurückgeflogen – Sinnbild der Rettung und Aussöhnung mit Gott.

## Olivin ▶Edelsteine

## Olympische Ringe

Das Symbol der Olympischen Spiele und offizielle Emblem des Internationalen Olympischen Komitees (fünf ineinander verschlungene Ringe in den olympischen Farben Gelb, Schwarz, Grün, Blau und Rot) steht für das Ziel eines völkerverbindenden Sports und friedlichen Wettkampfs. Die fünf Ringe repräsentieren die fünf miteinander verbundenen Kontinente.

## OM/AUM

Die heilige Silbe „OM" bzw. „AUM" ist im Hinduismus und Buddhismus das bedeutendste und heiligste aller ▶Mantras – eine Manifestation der spirituellen Kraft und höchstes Symbol spiritueller Erkenntnis, das die Gegenwart des Absoluten in der sich ständig wandelnden Welt der Erscheinungen (Maya) bezeichnet. Mit dieser Silbe wird Gott Shiva angerufen; auch die meisten Gebete der Hindus beginnen so. Die Bedeutung der Silbe wird unterschiedlich interpretiert: z. B. als Anfangsbuchstaben der drei vedischen Gottheiten Agni, Varuna und Marut oder auch als Endbuchstaben von Brahma, Vishnu und Shivam.

Im tibetischen Buddhismus (Lamaismus) ist die Silbe OM Teil der heiligen Formel „OM MANI PADME HUM", des bedeutendsten und ältesten Mantras des tibetischen Buddhismus, das dem Avalokiteshva-

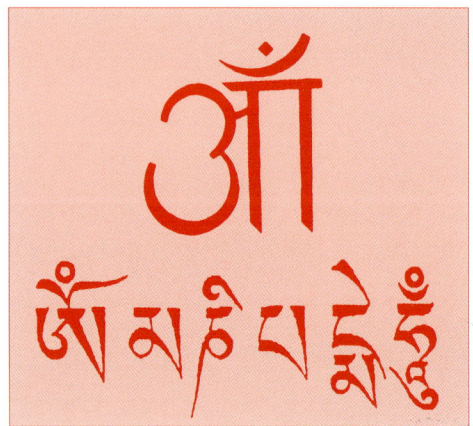

*Oben: Das Zeichen für die heilige Silbe OM.
Unten: Das Mantra „OM MANI PADME
HUM" in tibetischer Form.*

ra (dem Bodhisattva des liebenden Mitleids und Schutzpatron Tibets) zugeordnet wird. „OM" und „HUM" sind mystische Silben; „MANI PADME" bedeutet „Edelstein im Lotos" oder „Edelsteinlotos"; der Sinn dieser Worte erschließt sich aus der symbolischen Bedeutung von ▶Edelstein (Diamant) und ▶Lotos im Buddhismus. Für den tibetischen Buddhismus sind diese sechs Silben Ausdruck der Grundhaltung des Erbarmens und des Wunsches nach Befreiung, d. h. nach dem Eingehen ins Nirvana.

## Omega
Der letzte Buchstabe des griechischen Alphabets (▶Alpha).

## Omphalos (Nabel)
Symbol des Mittelpunkts, der gebärenden und schöpfenden Kraft, aber auch des eigenen Lebenszentrums. Im hinduistischen Glauben ruht Vishnu, Hüter der Weltordnung, zwischen den einzelnen Weltaltern in kosmischem Schlaf; immer wenn ein neues Weltalter beginnt, erwächst die Welt in Form einer Lotosblume, auf der der Schöpfergott Brahma thront, aus seinem Nabel

(Abb. ▶Lotos). Im Yoga dient die Betrachtung des eigenen Nabels der Meditation und Rückbesinnung auf das Lebenszentrum.

In vielen Kulturen verbreitet ist die Vorstellung vom Mittelpunkt bzw. Nabel der Welt. Er wird häufig als Berg oder Insel dargestellt, die sich aus den Wassern des Chaos erheben. Im alten Ägypten hielt man einen mythischen Hügel für den Nabel der Welt, bei den Griechen war es ein marmorner Kegel im Apollontempel in Delphi. Im Christentum gilt seit dem 4. Jh. Golgatha als Mittelpunkt der Welt.

## Opal ▶Edelsteine

## Opfer
Darbringung einer Gabe an die Gottheit oder die Ahnen. Opfer gab und gibt es in verschiedenen Formen und zu den unterschiedlichsten Zwecken, z. B. Trank-, Pflanzen-, Tier- und Menschenopfer als Dank an die Gottheit, zur Besänftigung oder als Bitte. Opfer sind Sinnbilder der Unterwerfung unter die göttliche Führung und der Hingabe des eigenen Ichs an den Willen Gottes.

In den vorgeschichtlichen Religionen und Stammesreligionen, in denen Naturgottheiten im Mittelpunkt stehen, brachte man Opfer – insbesondere Tier- und Menschenopfer – häufig dar, um die kosmische Ordnung aufrechtzuerhalten oder um sich Jagd- oder Kriegserfolg, eine reiche Ernte oder günstiges Wetter zu sichern. So diente das Herzopfer bei den Azteken z. B. dazu, den Lauf der Sonne sicherzustellen. In Dürrezeiten wurden Kinder als Opfer an den Regengott ertränkt. In manchen Kulturen wurden Könige rituell geopfert, wenn ihre Kraft dahinschwand, um die Lebenskraft durch einen neuen König wiederherzustellen.

In anderen Religionen wurden Pflanzen, Tiere oder kostbare Gegenstände geopfert, um die Götter um etwas zu bitten, ihnen für etwas zu danken oder eine Verfehlung zu sühnen. Dankesopfer sind z. B. die schon seit alter Zeit belegten Erstlingsopfer, bei denen die ersten Früchte der Ernte oder das erstgeborene Tier geopfert wurde.

Später traten vielfach Tieropfer an die Stelle der Menschenopfer, so z. B. im griechischen Mythos von Iphigenie und im Alten Testament. Auch andere Ersatzopfer sind möglich; so opfert der Mönch, der sich den Kopf kahl scheren lässt, Gott seine Haare als symbolischer Ausdruck der Hingabe und Entsagung.

## Orange, Apfelsine

Da er so reichlich Früchte trägt, ist der Orangenbaum ein Symbol der Fruchtbarkeit; daher rührt der weit verbreitete Brauch, dass Bräute Orangenblüten tragen. In China ist das Wort für Apfelsine gleich lautend mit dem Wort für Glück; daher gilt

*Der Orangenbaum ist ein uraltes Fruchtbarkeitssymbol.*

sie als Glück bringende Frucht und wird am zweiten Tag des Neujahrsfests gegessen.

## Orchidee

Dank ihres herrlichen Dufts ist die Orchidee in China ein Symbol für Liebe und die Schönheit einer Frau. Orchideen in einer Vase können jedoch auch Eintracht symbolisieren.

## Orden und Abzeichzen ▶▶S. 322

## Osterei ▶Ei

## Osterhase ▶Hase

## Osterkerze

Die Osterkerze – ein Symbol der Auferstehung Jesu Christi – brennt während der vierzig Tage zwischen Ostern und Himmelfahrt als Zeichen dafür, dass Christus an diesen vierzig Tagen nach seiner Auferstehung noch unter seinen Jüngern weilte. Am Himmelfahrtstag wird sie gelöscht; dies bedeutet, dass Christus von der Erde weggegangen ist.

## Ozean, Meer

Das Meer entspricht in seiner Symbolik größtenteils dem ▶Wasser. Als Urchaos, aus dem alles Leben entstand, und potenziell gefährliche Naturgewalt wurde es in der Mythologie vergangener Kulturen häufig mit schlangen- oder drachengestaltigen Wesen assoziiert, die von Göttern als den Mächten des Lichts besiegt werden. Auch in der Malerei der Romantik war das Meer ein Sinnbild unheimlicher Naturgewalt.

Daneben ist das Meer auch ein beliebtes Bild für die Gefahren und Wechselfälle des Lebens, die der Mensch in seinem (Lebens)Schiff durchqueren muss. Im Christentum wurde diese Symbolik auf die Kirche als Schiff im Meer der Welt übertragen.

# Orden und Abzeichen

Unter dem Begriff Orden verstand man ursprünglich eine klösterliche Gemeinschaft nach katholischem Kirchenrecht. Ebenso entstanden in den Kirchen der Reformation seit dem 19. Jahrhundert religiöse Gemeinschaften (Bruderschaften, Schwesternschaften), die das christliche Apostolat in der Welt zu verwirklichen suchten.

Im weiteren Sinne versteht man unter Orden Vereinigungen, deren Mitglieder mit bestimmten Zielen nach gemeinsam festgelegten Regeln leben und handeln.

Im Laufe der Zeit wurde der Begriff von der Gemeinschaft auf das Abzeichen einer bestimmten Gruppe übertragen.

Im 16. Jahrhundert entstanden im militärischen Bereich Verdienst- und Tapferkeitsorden, die Soldaten zur Anerkennung ihres Einsatzes verliehen wurden.

Heute verleihen fast alle Staaten der Welt – außer Israel und der Schweiz – besonders verdienten Bürgern oder ausländischen Repräsentanten Orden.

Eine Weiterentwicklung des Ordens sind Ehrenzeichen und Medaillen, die nur im Volksmund als Orden bezeichnet werden, streng juristisch gesehen aber keine sind. Jeder Verein ist berechtigt, eigene Ehrenzeichen und Verdienstmedaillen zu kreieren und zu verleihen.

Eine Medaille kann aber auch nur dazu verwendet werden, die Zugehörigkeit zu einer Gruppe anzudeuten. Man spricht dann auch von einem Abzeichen (Parteiabzeichen, Vereinsabzeichen).

Orden werden in Klassen eingeteilt und signalisieren der Bevölkerung, dass sich ihr Träger um die jeweilige Gemeinschaft besondere Verdienste erworben hat. Wenn sich ein Ordensträger später eines besonders schwerwiegenden Vergehens schuldig machen sollte, kann ihm der Staat diesen Orden auch wieder aberkennen.

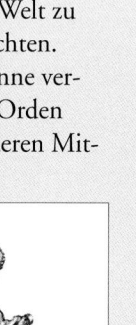

*Bijous der Freimaurer*

*Ehrenkreuz des 1. Weltkriegs für deutsche Soldaten an der Front*

*Der Orden pour le mérite*

Deutsches Sportabzeichen in Gold, Silber und Bronze

Brandschutz-Ehrenabzeichen am Band in Silber und Gold

Rechtsritterkreuz des Johanni-terordens

Ehrenkreuz der Bundeswehr in Bronze, Silber und Gold

Deutsches Rettungsschwimmer-abzeichen des DRK in Gold und Silber

Ehrenzeichen des Technischen Hilfswerks in Gold

Die Vorderseite der Medaille des Goethe-Instituts

Silbermedaille für den Behin-dertensport

Großkreuz des Verdienstordens der Bundesrepublik Deutsch-land

Pagode ▶Buddhistische Symbole

## Palme, Dattelpalme

Eines der ältesten Symbole für den Lebensbaum (▶Baum) im Nahen Osten. Im alten Ägypten galt die Dattelpalme als Erscheinungsort des Sonnengottes Re. In der Antike wurde sie zum Siegessymbol: In Griechenland und Rom schmückte man Sieger bei öffentlichen Spielen mit Dattelpalmzweigen. Im Christentum steht die Palme für Unsterblichkeit, d. h. den Sieg über den Tod: Wenn Märtyrer mit Palmzweigen in der Hand dargestellt werden, deutet dies auf ihre Auferstehung nach dem Märtyrertod hin. Die Palmzweige des Palmsonntags verweisen auf den Einzug Jesu Christi in Jerusalem und darüber hinaus auf die Auferstehung.

## Panther

Der Panther war früher ebenso wie der ▶Leopard ein Symbol der Fruchtbarkeit und des Lebens, im alten Ägypten stand er auch für das Weiterleben nach dem Tod. Im Christentum wurde der Panther zum Symbol des Heidentums. In China steht der Panther, da er als wildes, grausames Tier gilt, für Gewalttätigkeit.

## Päonie, Pfingstrose

In der christlichen Symbolik ist die „Rose ohne Dornen" ein Mariensymbol, das man auf vielen Madonnenbildern findet. In China gilt sie als ein Symbol des Reichtums und der Vornehmheit, ist aber auch eine Bezeichnung für ein junges, hübsches Mädchen und Symbol für das weibliche Geschlechtsteil. Außerdem symbolisiert sie den Frühling.

*Den Samen der Päonie verwendete man im Mittelalter gegen den Zauber der Hexen. Holzschnitt von 1633*

## Papagei

Im Christentum ist der Papagei ein Mariensymbol, weil laut Konrad von Würzburg sein grünes Federkleid im Regen nicht nass wird, sondern trocken bleibt. In China wird er manchmal mit einer Perle im Schnabel als Begleiter von Kuan-yin, der Göttin der Barmherzigkeit, dargestellt; das Wort „Papagei" kann aber auch „junges Mädchen" bedeuten.

## Pappel

In der griechisch-römischen Mythologie ist die Pappel ein Attribut von Zeus/Jupiter und Herakles/Herkules, der bei seinem Abstieg in den Hades einen Kranz aus Pappelzweigen trug.

## Paradies

(von griech. paradeisos = (Tier)park); Bezeichnung für die in vielen Religionen verbreitete Vorstellung von einem Idealzustand der Seligkeit und Unschuld, der Ruhe und des Friedens in der Urzeit und Endzeit der Menschheitsgeschichte. In den meisten Überlieferungen ist das Paradies ein umfriedeter Garten oder eine Insel; Ausnahmen bilden die keltische Tradition und die der Maori, wo das Paradies sich unter den Wassern befindet. Es symbolisiert die uranfängliche Vollkommenheit, reine Unschuld, Seligkeit – eine durch nichts gestörte Gemeinschaft zwischen Mensch und Gott und allen Lebewesen, die dort friedlich und in völliger Eintracht miteinander leben.

In vielen Mythen wurde dieser Urzustand der Unschuld und Glückseligkeit durch eine Sünde oder Verführung der ersten Menschen, die dort lebten, beendet. Das verlorene Paradies oder der Sündenfall symbolisiert den Abstieg aus der Einheit in die Vielfalt der Manifestation, die Wegbewegung vom Zentrum der Vollkommenheit und den Verfall; es wird von Ungeheuern, Drachen oder Engeln mit Flammenschwertern bewacht; es wiederzugewinnen erfordert große Schwierigkeiten, Prüfungen und Gefahren. Das wiedergewonnene Paradies bedeutet die Rückkehr zur Einheit, den Sieg des Menschen über sich selbst und die Wiedererlangung unverfälschter Reinheit und Unschuld. Das verlorene Paradies stürzt den Menschen in Zeit und Dunkel; das wiedergewonnene Paradies stellt die

*Der Hortus conclusus, der verschlossene Garten, der Paradiesgarten mit der Himmelskönigin Maria. Kupferstich um 1460*

Einheit wieder her und setzt der Zeit ein Ende.

Bei den Sumerern hieß dieser paradiesische Ort oder Urzustand Tilmun und wurde beherscht von Enki, dem Gott der Fruchtbarkeit spendenden Quellen; im antiken Griechenland glaubte man an ein ▶Goldenes Zeitalter, in dem die Menschen in Frieden lebten und weder alterten noch krank wurden. Die chinesische Entsprechung des Paradieses sind die Inseln der Seligen, wo die Unsterblichen glücklich leben (▶Insel).

Nach dem 1. Buch des Mose (2 und 3) lebten die beiden ersten Menschen, Adam und Eva, im Paradies, bis sie vom verbotenen ▶Baum der Erkenntnis aßen und wegen dieses Sündenfalls von Gott aus dem Paradies vertrieben wurden. Es wird als blühender, von vier Paradiesflüssen durchzogener Garten dargestellt; die vier Flüsse wer-

*Die Schlange im Paradies vor dem Baum, Handschrift, 9. Jh.*

*Das Paradies mit Gottvater, Adam und Eva, dem Baum des Lebens und dem Baum der Erkenntnis. „Boek van den Leven ons Heeren", 1487*

den als die vom Lebenswasser durchzogenen Weltgegenden oder auch als Hinweis auf die vier Evangelisten gedeutet. Das Lebenswasser wird auch mit dem Sakrament der Taufe in Verbindung gebracht; die Personifikationen der vier Paradiesflüsse (Männer mit Krügen, aus denen Wasser hervorströmt) sind häufig Trägerfiguren von Taufbecken.

Im Neuen Testament – in den Visionen der Propheten und der Offenbarung des Johannes (Kapitel 7, 14, 21, 22) – wird die Vorstellung dieses urzeitlichen Paradieses auch auf die Endzeit übertragen: das himmlische Jerusalem, in dem die erlösten Menschen glücklich und ewig leben dürfen.

## Passionssymbole

Symbole der Passion Christi sind das ▶Kreuz, das nahtlose ▶Gewand, die ▶Würfel, der ▶Hahn; die Leidenswerkzeuge Christi (▶Lanze, Schwert, Essigschwamm, Hammer und Nägel, Martersäule und Geißel, ▶Dornenkrone, Peitsche oder Geißel); Becken und Kanne zur Handwaschung des Pilatus; die dreißig Silberlinge, die Judas Ischariot für den Verrat an Jesu erhielt; das Schweißtuch der Veronika (ein Tuch, in das Veronika das Gesicht Jesu abdrückte, als dieser sich auf seinem Kreuzweg befand).

## Pegasus ▶Fabelwesen

## Peitsche ▶Geißel

## Pelikan

Die Art, wie der Pelikan seine Jungen aus dem Kehlsack heraus mit Fischen füttert – er stemmt dabei den Schnabel gegen die Brust, um die Fische besser auswürgen zu können, sodass seine weißen Federn sich häufig von Fischblut röten – wurde im ▶Physiologus so interpretiert, dass er sich mit dem Schnabel die Brust aufreißt, um seine Jungen mit seinem eigenen Blut zu nähren. So wurde der Pelikan zum Sinnbild aufopfernden Elternliebe und im Christentum zum Symbol für die Liebe Gottes zu den Menschen.

## Pentagramm ▶Fünfstern

## Perle

Dank ihrer Kugelform und ihrer Kostbarkeit ist die Perle in vielen Religionen ein Sinnbild der Vollkommenheit.

Im Buddhismus bedeutet die Perle transzendente Weisheit, geistige Erleuchtung, spirituelles Bewusstsein.

In der christlichen Symbolik hat die Perle gleich mehrere Bedeutungen: Im Evangelium des Matthäus vergleicht Jesus in einem Gleichnis das Himmelreich mit einer Perle. In der Offenbarung des Johannes ist jedes der Tore des himmlischen Jerusalem eine Perle. Bei den Kirchenvätern wurde die

Perle zum Symbol Christi und auch der unbefleckten Empfängnis. Eine Perlenkette symbolisiert die kosmische Einheit der Vielfalt der Erscheinungen; so ist auch die Symbolik des ▶Rosenkranzes zu verstehen.

## Persimone

In China ein Glückssymbol; in Kombination mit der Litschifrucht Symbol für ein gutes Geschäft.

## Pfahl

Der „Pfahl der Erde" ist die Weltachse, das kosmische Zentrum (▶Achse); er versinnbildlicht Stabilität verleihende Kraft und kann die Symbolik des Lebensbaums übernehmen. Außerdem ist der Pfeil ein Phallussymbol, das für Zeugung und Fruchtbarkeit steht.

## Pfau

Wegen seines Radschweifes war der Pfau früher im Fernen Osten und in Griechenland ein Symbol des Sternenhimmels. Nach einer Schilderung von Plinius dem Älteren verliert der Pfau im Herbst sämtliche Federn, die ihm erst im Frühjahr wieder neu wachsen. Der Kirchenvater Augustinus

*Spiegelbildlich angeordnete Pfauen als Glückssymbole in einer maurischen Textilarbeit aus Andalusien (12. Jh.)*

hielt das Fleisch des Pfaus für unverweslich. Daher wurde er im Christentum zum Symbol der Auferstehung. In der christlichen Kunst des Mittelalters erscheint er oft als Paradiesvogel im Garten Eden. Später wurde er durch seine Art, umherzustolzieren und seinen prächtigen Radschweif zur Schau zu tragen, zum Sinnbild der Eitelkeit und des Hochmuts.

## Pfeil

Ein Phallussymbol und Verkörperung des männlichen Prinzips, der Schöpferkraft. In der Hand von Wettergottheiten kann der Pfeil auch für den Blitz stehen. Außerdem ist er ein Attribut des Jägers und Kriegers.

Pfeil und/oder ▶Bogen stehen auch für göttliche Macht und sind Attribut zahlreicher Gottheiten: Im alten Ägypten waren zwei gekreuzte Pfeile auf einem Schild Kultsymbol der Kriegsgöttin Neith.

In der griechisch-römischen Mythologie sind Pfeil und Bogen Attribute von Apollon, dem Liebesgott Eros/Amor und der Jagdgöttin Artemis/Diana. Apollons Pfeile stehen für die Sonnenstrahlen, die wohltätig sein und fruchtbar machen, aber auch sengend und Schaden bringend wirken können. Als Attribut von Eros/Amor ist der Pfeil ein Sinnbild der Liebe, der die Menschen mitten ins Herz trifft.

## Pfeiler ▶Säule

## Pferd

Schon seit eh und je wurde das Pferd mit dem Licht und dem Wasser in Verbindung gebracht und als edles Tier betrachtet; ist es weiß oder geflügelt, so symbolisiert es göttliche Kraft und Macht. So fährt in der griechischen Mythologie der Sonnengott Helios mit einem Gespann aus vier weißen Pferden über den Himmel. Der germanische Gott Wodan reitet auf einem achtbeinigen

*Das Pferd gilt als mutiges Tier, das mit seinem Reiter keine Gefahr scheut. Die Ikone zeigt den heiligen Georg als Drachentöter auf seinem Ross.*

grauen Pferd. Auch in der christlichen Symbolik spielt das Pferd eine Rolle. Das weiße Pferd in der Offenbarung des Johannes 19, 11 ist Jesus Christus. Auf Märtyrergräbern steht das Pferd ebenso wie die Palme für den Sieg über den Tod.

Auch als Seelengeleiter (▶Psychopompos) spielte das Pferd früher eine wichtige Rolle. Ein Beispiel für die Assoziation zwischen Pferd und Wasser ist das geflügelte Dichterross Pegasus (▶Fabelwesen). In China ist das Pferd eines der zwölf Tierkreiszeichen (▶▶astrologische Zeichen, S. 46).

## Pfingstrose ▶Päonie

## Pfirsich

In China ist der Pfirsich die Frucht der Unsterblichkeit und als solche (zusammen mit der Fingerzitrone und dem Granatapfel) eine der drei chinesischen ▶Glücksfrüchte. „Pfirsichblüte" ist eine Umschreibung für die schöne, frische Gesichtsfarbe junger Mädchen, aber auch für eine Frau, die sich leicht verführen lässt.

Man schrieb dem Pfirsichbaum in China auch magische Kräfte zu. So glaubte man,

dass sein Holz Dämonen bannen könne, und schoss die Dämonen daher mit Bogenwaffen aus Pfirsichholz ab. Noch bis vor kurzem war es in China Brauch, zu Neujahr Pfirsichzweige vor die Haustür zu stellen, um die bösen Geister zu vertreiben. Auch in Japan ist der Pfirsichbaum der Baum der Unsterblichkeit.

## Pflanzen

Aufgrund ihres Dufts, ihrer Schönheit, ihrer Heilkraft und ihres Wertes als Nahrungsmittel hatten Pflanzen schon immer einen wichtigen Stellenwert im Denken und Fühlen und auch in der Symbolsprache der Menschen. Naturvölker erkannten in Pflanzen übermenschliche, oft auch unheimliche Kräfte. Auch in vielen Religionen erscheinen die Gottheiten den Menschen in Pflanzengestalt (▶brennender Busch). In der Antike waren verschiedene Pflanzen Attribute bestimmter Gottheiten (▶Efeu, ▶Myrte, ▶Korn). Im Neuen Testament stehen die Aktivitäten des Pflanzens und Begießens symbolisch für die Tätigkeit der Apostel.

Pflanzen können auch Tod und Wiederauferstehung, die Lebenskraft und den Kreislauf des Lebens symbolisieren. Die Pflanzen- und Blumensymbolik steht in engem Zusammenhang mit der Großen Mutter, den Göttinnen der Erde, der Fruchtbarkeit und des Wachstums bzw. der Vegetation.

## Pflaume

In China ist der Pflaumenbaum, da er als erster Baum im Jahr zu blühen beginnt, ein Symbol für den Winter; wegen der Schönheit und Zartheit seiner Blüten kann er auch ein junges, unberührtes Mädchen symbolisieren. Die fünf Blütenblätter der Pflaumenblüte symbolisieren in China die fünf Glücksgötter. Auch in Japan ist der Pflaumenbaum ein Sinnbild des Glücks.

*Pflaumenblüten können auch eine Umschreibung für sexuelle Freuden sein.*

Außerdem symbolisiert er den Triumph des Frühlings über den Winter sowie Tugend und Mut, die über Schwierigkeiten den Sieg davontragen.

In der psychoanalytischen Traumdeutung gilt die Pflaume als weibliches Sexualsymbol; in diesem Sinn wird das Wort auch in der Umgangssprache gebraucht.

## Pflug, Pflügen

Ein uraltes Fruchtbarkeitssymbol. Die Vorstellung vom männlichen Pflug (Phallussymbol), der die weibliche Erde befruchtet, findet sich in vielen Kulturen. Der Pflug ist auch ein Attribut von Gottheiten der Fruchtbarkeit und des Ackerbaus wie z. B. Demeter, Dionysos und Triptolemos.

In der Bibel erscheint der Pflug im Gegensatz zum kämpferischen Schwert als Symbol des Friedens; Der Pflug in Kombination mit dem Schwert hingegen ist ein bäuerliches Kampfsymbol, das schleswigholsteinische Bauern 1928 und 1929 bei blutigen Zusammenstößen mit der preußischen Polizei auf ihren Schwarzen Fahnen trugen und das auch später (1963) bei Bauerndemonstrationen in der Bundesrepublik wieder auflebte.

Bei den nordamerikanischen Indianern und in anderen Nomadentraditionen gilt das Pflügen als etwas Böses, als Verletzung des Leibes der Mutter Erde.

## Pforte

Die Pforte symbolisiert ebenso wie die ▶Schwelle den Eingang, den Eintritt in ein neues Leben – die Kommunikation zwischen den beiden Welten, zwischen den Lebenden und den Toten. Gleichzeitig ist sie der schützende, Zuflucht bietende Aspekt der Großen Mutter. Im Christentum wird die Jungfrau Maria durch die Himmelspforte symbolisiert. Pforten und Portale werden normalerweise von symbolträchtigen Tieren wie Löwen, Drachen, Stieren, Hunden oder Fabelwesen bewacht. Die Pforte bzw. das Tor wird auch oft mit Weisheit assoziiert.

## Phallus

Das männlich-schöpferische Prinzip; die zeugenden Kräfte der Natur und des Menschengeschlechts; Symbol der Fruchtbarkeit und des Lebens. Als Sinnbild göttlicher Schöpferkraft spielt der Phallus in den

*Der geflügelte Phallus*

Mythen und Kulten des ägyptischen Osiris, der griechischen Fruchtbarkeitsgötter Dionysos und Priapos und des hinduistischen Shiva, des Schöpfers und Zerstörers (▶hinduistische Symbole, ▶Lingam), eine wichtige Rolle.

Als Zeichen besonderer Kraft diente der Phallus vielfach auch als Abwehrzauber. Phallussymbole können zahlreiche Objekte mit phallusähnlicher Form sowie alles Spitze, Durchdringende sein, z. B. Waffen wie Schwert, Lanze, Pfeil oder Speer.

## Phönix ▶Fabelwesen

## Phrygische Mütze, Freiheitsmütze, Jakobinermütze

Antike, kegelförmige Mütze der Phryger und Perser mit nach vorn fallender, rundlicher Spitze. In der griechischen Kunst wurden orientalische Gottheiten und mythische Gestalten orientalischer Herkunft mit der phrygischen Mütze dargestellt. Im antiken Rom wurde die Mütze zum Freiheitssymbol: Römische Sklaven erhielten sie als Zeichen ihrer Freilassung.

In der Französischen Revolution übernahmen die Jakobiner sie als Freiheitssymbol in roter Farbe (Jakobinermütze). Als republikanisches Symbol fand die phrygische Mütze bald auch auf dem amerikanischen Kontinent Verwendung, als die lateinamerikanischen Republiken sich zwischen 1810 und 1820 von der spanischen Kolonialherrschaft befreiten.

## Physiologus

Ein in frühchristlicher Zeit (2. oder 4. Jh. n. Chr.) im Vorderen Orient (vermutlich in Ägypten) entstandenes, auf Griechisch verfasstes Volksbuch, in dem in 48 Kapiteln Tiere, Pflanzen und Steine eine christliche Deutung erfuhren. Später entwickelte der Physiologus sich zur praktischen Moralleh-re, wurde als Unterrichts- und Erbauungsbuch benutzt und war eine der verbreitetsten Schriften des Mittelalters. ▶Bestiarium

## Piktogramme ▶▶S. 332

## Pilger, Pilgerfahrt

Der Pilger ist ein Mensch, der (im Gegensatz zum ziellosen Wanderer) direkt und zielstrebig einen Weg verfolgt; er sucht nach einem Ziel und strebt nach dem Heiligen. Als Zeichen der Weltentsagung trugen Pilger sehr schlichte Kleidung: einen breitkrempigen Pilgerhut, Wanderstab und als Trinkgefäß eine Muschelschale (▶Muschel) oder einen Flaschenkürbis. Die Pilgerreise symbolisiert die Reise zurück ins Paradies.

## Pilz

Halluzinogene Pilze wie der Fliegenpilz oder der Mutterkornpilz wurden im Schamanismus und in den Mysterien zur Erzeugung von Halluzinationen eingesetzt. Der Pilz ist in China auch ein Symbol der Langlebigkeit bzw. Unsterblichkeit.

## Pinie, Pinienzapfen

Vermutlich wegen der phallischen Form und der Vielschuppigkeit (Vielsamigkeit) des Pinienzapfens – aber auch, weil die Pinie ein immergrüner Baum ist – sind Pinie und Pinienzapfen ein uraltes Symbol der Fruchtbarkeit und des Lebens, der Auferstehung und Unsterblichkeit. Man nahm an, dass die Pinie die Seele vor dem Verderben bewahre; daher wurde sie für Särge benutzt und auf Friedhöfen angepflanzt.

## Pisang

In China ein Symbol der Selbsterziehung (ein Student, der sich kein Papier leisten konnte, schrieb auf Pisangblätter).

## Planeten ▶▶Astrologische Symbole, S. 46

Pluto ▶▶Astrologische Symbole, S. 46

Polarstern ▶Stern

## Primel, Schlüsselblume

In der christlichen Symbolik ist die Heilige Jungfrau Maria der Himmelsschlüssel, da sie der Menschheit durch die Geburt Jesu das Himmelstor öffnete; deshalb ist die Primel ein Mariensymbol.

## Prudentia

In der christlichen Kunst ist die Tugend Prudentia (Klugheit) in der Regel als Frau dargestellt, mit einem Spiegel und einer Schlange oder einem Sieb in der Hand und Salomo zu ihren Füßen.

## Psychopompos

Der Seelengeleiter, der die Seele der Verstorbenen zum Totengericht bzw. ins Jenseits geleitet, spielt in vielen Religionen eine Rolle.

Punkt ▶Zentrum

## Puppe

Nachbildung der menschlichen Gestalt als Kinderspielzeug, Grabbeigabe oder für kultische oder magische Zwecke. Puppen werden u. a. bei Fruchtbarkeitsriten verwendet. So verkörpert die Kornpuppe oder -jungfrau, die zur Erntezeit aus der letzten Getreidegarbe gefertigt und in den Bauernhof getragen wird, die Saat und ist gleichzeitig Symbol für die Korngöttin (▶Korn) bzw. die Große ▶Mutter. Im Fernen Osten fertigt man Reispuppen und dekoriert damit Schreine am Weg.

Auch die Verwendung von Puppen für Abwehr- oder Schadenszauber ist vom Mittelalter bis heute belegt. Im Voodoo-Kult steht die Voodoo-Puppe symbolisch für den Menschen, den man mit einem

*Die Pyramiden von Gizeh, Ägypten*

Schadenszauber belegt, indem man z.B. Nadeln in die Puppe hineinsticht.

## Pyramide

Im alten Ägypten wurden Pyramiden als monumentale Königsgräber mit quadratischer Grundfläche und dreieckigen, spitz zulaufenden Seiten errichtet, wobei die Grabkammern meistens unter, manchmal auch in der Pyramide lagen. In Peru wurden Pyramiden als Tempelplattformen errichtet: Stumpfpyramiden, auf deren Plattform sich ein oder mehrere Tempel befanden. Sie waren stufenförmig und im Gegensatz zu den ägyptischen Pyramiden keine Grab-, sondern Kultstätten.

Die Pyramide hat teil an der Symbolik des heiligen ▶Berges, der häufig ebenfalls vierseitig dargestellt ist. Sie stellt eine Verbindung zwischen Himmel und Erde her, um so dem Menschen die kultische Verehrung von Gottheiten bzw. dem verstorbenen Pharao den Aufstieg zum Himmel und die Vereinigung mit der Sonne zu ermöglichen.

## Python

In der griechischen Mythologie eine ungeheure Schlange oder ein Drache, der in Delphi lebte und das Orakel seiner Mutter Gaia bewachte.

# Piktogramme und ihre Botschaft

Piktogramme sind formelhafte „sprechende" Zeichen. Sie werden international verstanden, wenn sie in der Regel auch nicht international eingesetzt werden. Wo es nötig ist, werden Piktogramme – z. B. Verkehrszeichen – in langwierigen Prozessen international diskutiert und nach dem Finden eines allgemeinen Konsensus als für alle gültig verabschiedet. Die meisten Piktogramme berücksichtigen aber nationale Eigenheiten oder unterscheiden sich sogar von Anwender zu Anwender im selben Land. Ein Bankinstitut, ein Krankenhaus oder ein Industrieunternehmen kann sich

hauseigene Piktogramme auf die jeweilige Verwendung zugeschnitten anfertigen lassen.

Piktogramme haben jedoch eine wichtige Eigenschaft, die es gleichgültig sein lässt, ob sie sich in der Gestaltung selbst bei derselben Aussage voneinander unterscheiden: Piktogramme rufen keine Assoziationen im Rezipienten hervor, sondern informieren diesen auf Anhieb: Dies oder jenes ist gemeint. Ein Piktogramm ist dann grafisch gelungen, wenn es keiner Erläuterung bedarf, sondern seine Aussage jedermann sofort mitteilt.

Bei der Gestaltung von Piktogrammen ist der De-

signer gefordert, auf formal Unwichtiges zu verzichten und seine Darstellung auf die Essenz einer Aussage zu beschränken: Je einfacher ein Piktogramm ist, desto direkter kommuniziert es seinen Inhalt.

Ein Piktogramm muss seine Botschaft unmissverständlich und auf Anhieb dem Betrachter vermitteln. Dazu muss es originell genug sein, um den Betrachter überhaupt zu interessieren. Form und Funktion müssen eine kongeniale Synthese eingehen.

Piktogramme werden heute fast in jedem Bereich eingesetzt. Man findet sie als Leitsysteme im Straßenverkehr oder in öffentlichen Gebäuden für Besucher (z. B. Universitäten, Kliniken, Hotels, Sportstätten oder Einkaufszentren). Piktogramme finden auch als „Leitsysteme" in Printmedien, z. B. in Nachschlagewerken, Verwendung, um dem Leser die Benutzung zu erleichtern. Eine wichtige Rolle spielen Piktogramme auch in Betriebsanleitungen oder in der Anleitung zur Benutzung von öffentlich zugänglichen Geräten, z. B. Geld- oder Fahrkartenautomaten.

*In öffentlichen Gebäuden (Behörden, Krankenhäusern, Bahnhöfen, Flughäfen) müssen die Ströme der Besucher mittels Piktogrammen gesteuert werden.*

*Beispiel Feuerlöscher: Handhabung im Notfall*

*Beispiel Automobil: Scheinwerferschalter*

*Beispiel Textilreiniger: Hinweis auf Anwendungsbeispiele*

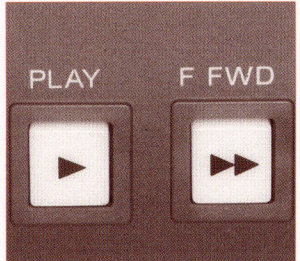

*Beispiel Unterhaltungselektronik: Wiedergabe und schneller Vor- und Rücklauf eines Videorecorders*

*Beispiel Klimageräte: Fernsteuerung einer Klimaanlage*

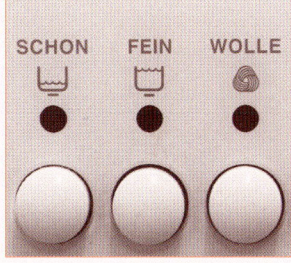

*Beispiel Haushaltsgeräte: Programme einer Waschmaschine*

*Beispiel Musikinstrument: Instrumentenprogrammierung*

*Beispiel Büromaschinen: Optionen eines Kopierers*

*Beispiel Computer: Tastatursymbol*

*Beispiel Nachschlagewerke: Piktogramme als Leitmedium im Reiseführer*

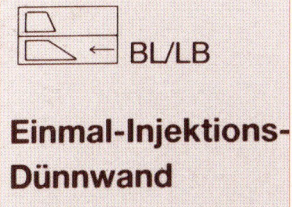

*Beispiel Medizinprodukte: Piktogramme als Angabe für Injektionskanülen*

*Beispiel Fotogeräte: Piktogramme für die Einstellung der Blitzanlage*

# Piktogramme: Auto und Werkstatt

*TÜV*

*Stoßdämpfer*

*Elektrik*

*Abgasuntersuchung*

*Scheinwerfer*

*Batterie*

*Öl*

*Ölwechsel*

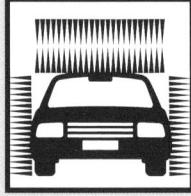
*Autowäsche*

*Tanken*

*Luft*

*Staubsauger*

*Radwechsel*

*Sitzpolster*

*Tankstellen-Shop*

*Reifen*

*Autoradio*

*Lenkung*

*Zündkerzenwechsel*

*Katalysator*

*Lackierung*

*Hebebühne*

*Motorreparatur*

*Karosserie*

# Piktogramme: Gastronomie und Reise

*WC Damen/Herren*

*WC Damen*

*WC Herren*

*WC Behinderte*

*Dusche*

*Badewanne*

*Sonnenbank*

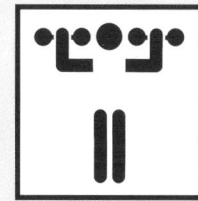

*Fitnessraum*

*Sauna*

*Kinderbetreuung*

*Fernsehsaal*

*Lesesaal*

*Rezeption*

*Ticketschalter*

*Service*

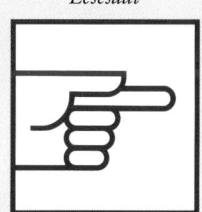

*Hinweisschild*

*Wäscherei*

*Kegelbahn*

*Bitte Ruhe!*

*Campingplatz*

*Cocktails*

*Bar*

*Kochstelle*

*Friseur*

Theater

Einzelbett

Doppelbett

Zeltplatz

Burg

Garderobe

Telefon

Wickelraum

Familienfreundlich

Musiksaal

Raucher

Nichtraucher

Hunde

Keine Hunde

Trinkwasser

Kein Trinkwasser

Taxi

Mietauto

Omnibus

Konferenzraum

Reiten

Bergsteigen

Wandern

Seilbahn

# Piktogramme: Sport

Basketball

Billard

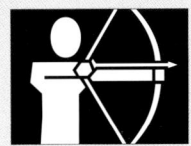
Bogenschießen

Boxen

Eiskunstlauf

Fechten

Badminton

Fußball

Gewichtheben

Golf

Handball

Judo

Kickboxen

Motocross

Rollhockey

Segeln

Skilanglauf

Skispringen

Sportschießen

Springreiten

Tennis

Tischtennis

Volleyball

Wasserball

# Piktogramme: Gesundheitswesen

*Kardiologie*

*Intensivstation*

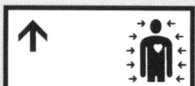

*Herzkatheterlabor*

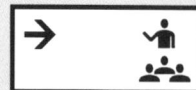

*Vortragsraum*

*Arzt*

*Operationssaal*

*Röntgenaufnahme*

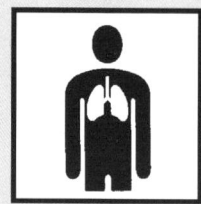

*Lunge*

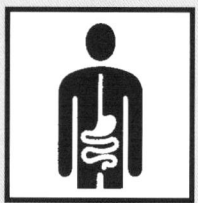

*Verdauungstrakt*

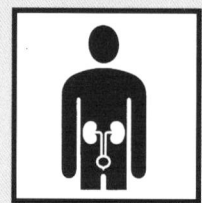

*Nieren*

*Herz*

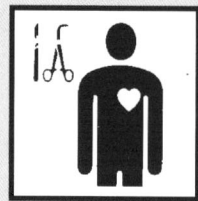

*Herz-OP*

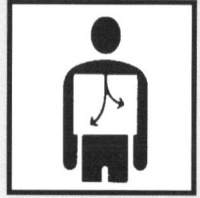

*Luftröhre*

*Krankenschwester*

*Hebamme*

*Schwangere*

*Säuglingsstation*

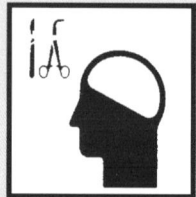

*Gehirnchirurgie*

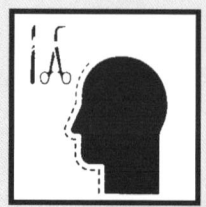

*Kosmetische Chirurgie*

*Kieferchirurgie*

# Piktogramme: Gefahrenhinweise

*Durchgang verboten*

*Kein Trinkwasser*

*Schutzhandschuhe benutzen*

*Atemmaske benutzen*

*Hörschutz benutzen*

*Schutzhelm tragen*

*Augenschutz benutzen*

*Schutzschuhe vorgeschrieben*

*Feuer, offenes Licht, Rauchverbot*

*Ätzende Stoffe*

*Warnung vor Flurförderfahrzeugen*

*Warnung vor elektro- magnetischen Feldern*

*Warnung vor Elektrizität*

*Warnung vor Laserstrahl*

*Warnung vor magnetischen Feldern*

*Warnung vor explosions- gefährlichen Stoffen*

*Warnung vor feuer- gefährlichen Stoffen*

*Warnung vor Gift*

*Warnung vor Radioaktivität*

## Quadrat

Ebenso wie das Kreuz wurde das Quadrat in frühen Kulturen häufig als Symbol für die Erde verwendet: Die vier Richtungen, in die die Kreuzbalken zeigen, bzw. die vier Ecken des Quadrats deuten dabei die vier Himmelsrichtungen an. Im weiteren Sinn steht das Quadrat für alles Umgrenzte, Endliche, Statische, bisweilen auch Einengende, während der Kreis (der allerdings in manchen Kulturen ebenfalls ein Erdsymbol war) den Himmel, göttliche Vollkommenheit und Ewigkeit versinnbildlicht.

Quadrat und Rechteck repräsentieren menschliche Einteilung, Planung, Ordnung, Form und Begrenzung – sie sind Grundform vieler Plätze, Höfe und Gärten und Grundriss der meisten Bauwerke. In der Symbolik der Architektur stellen sie Dauer und Stabilität, die Unveränderlichkeit von Gebäuden der sesshaften Menschen im Gegensatz zur dynamischen, sich endlos bewegenden, kreisförmigen Gestaltung der Zelte und Lager von Nomaden dar.

*Der quadratische Stein der Weisen ist ein Sinnbild des geläuterten, geistigen Menschen. Alchemistische Darstellung von 1520*

In der chinesischen Symbolik steht das Quadrat für die Erde, das Unbewegliche, im Gegensatz zum Kreis des Himmels, der sich dreht; Quadrat und Kreis zusammen (bei alten chinesischen Münzen) stellen die Vereinigung von Yin und Yang dar und verkörpern auch den vollkommen ausgeglichenen Menschen. „Sich nach dem Quadrat zu richten", „auf der Grundlage des Quadrats zu handeln", d. h. recht zu handeln, ist die Maxime des Konfuzius. Auch für Kirchenvater Augustinus ist das Quadrat mit vier gleichen Seiten, von denen keine bevorzugt wird, ein Symbol der Gerechtigkeit.

Im Hinduismus ist das Quadrat das Modell für die Ordnung im Universum. Es ist die Grundform des Tempels und jeglichen heiligen Zentrums und stellt ausgewogene Vollkommenheit der Form dar; es kann auch die vier Himmelsrichtungen und die vier Kasten symbolisieren. Im Buddhismus verkörpert das Quadrat am Grunde eines Stupa die irdische Ebene.

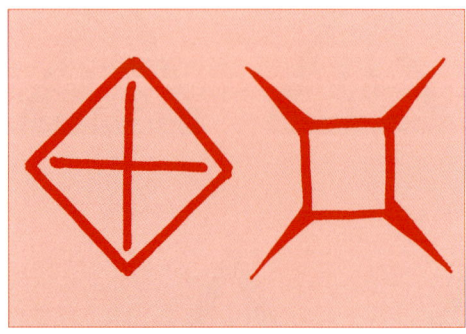

*Abb. links: Ehrenzeichen der Osage-Indianer; das Quadrat mit dem eingezeichneten Kreuz symbolisiert die Erde (vier Himmelsrichtungen).*
*Abb. rechts: Dieses Zeichen der Lenape-Algonkin-Indianer symbolisiert die Erde mit ihren vier Himmelsrichtungen.*

## Quaternität

Die Trinität (Dreieinigkeit) besteht aus Vater, Sohn und Heiligem Geist. Die alchemistische Quaternität (Vierheit) setzt sich aus Vater, Sohn, Heiligem Geist und der Jungfrau Maria (Weiblichkeit) zusammen.

## Quelle

Ebenso wie der ▶Brunnen ein Symbol körperlicher und geistiger Stärkung, Reinigung und Erneuerung, auch der Jugend und Unsterblichkeit. Als Ursprung des lebensnotwendigen und reinigenden, oft auch heilenden Wassers galten Quellen in vielen alten Kulturen als Wohnsitz von Gottheiten oder wurden sogar selbst als göttliche Wesen verehrt. Im antiken Griechenland waren die Quellen weibliche Gottheiten – meist gleichzeitig auch Heil- oder Fruchtbarkeitsgöttinnen oder Schutzgottheiten der Ehe. Auch bei den Germanen war der Quellenkult weit verbreitet, ebenso in China und Japan, wo man an Quellen Statuen von Gottheiten oder kleine hölzerne Schreine errichtete. Die griechischen Nymphen und die germanischen Nixen waren weibliche Quellgeister.

Auch die Entstehung einer Quelle ist vielen Mythen zufolge Werk eines Gottes oder gottähnlichen Wesens oder eines von Gott auserwählten Menschen; so öffnete der babylonische Gott Ea die Quellen der Städte, und der griechische Poseidon ließ durch einen Stoß seines Dreizacks auf der Akropolis von Athen eine Quelle entspringen. Auch Moses ließ, als sein Volk in der Wüste dürstete, auf Geheiß Gottes mit einem Stab Wasser aus einem Felsen hervorströmen.

Heiligtümer sind häufig mit Quellen oder Brunnen verbunden; so befindet sich im Islam gegenüber der Kaaba der heilige Semsembrunnen. Die Muslime, die nach Mekka pilgern, trinken das Wasser des Brunnens und nehmen es auch mit nach Hause, um damit Kranke zu heilen.

Quellopfer dienten ursprünglich zur Erhaltung von Quellen. Die Römer warfen Blumen und Kränze in ihre Quellen, später auch Geld.

Die Bibel sieht in Quellen Symbole des ewigen Lebens („Wasser des Lebens"). In der Paradiessymbolik liegt die Quelle der Wasser des Lebens, aus der die vier Flüsse des Paradieses gespeist werden, am Fuße des Lebensbaumes. Fontänen in der Mitte von quadratischen Plätzen, Höfen, Kreuzgängen, umzäunten Gärten usw. verkörpern diesen im Zentrum des Paradieses gelegenen Urquell. Auch im himmlischen Jerusalem gibt es laut Offenbarung des Johannes einen Strom mit dem „Wasser des Lebens", das in der christlichen Kunst des Mittelalters auch mit dem erlösenden Blut Christi assoziiert wird (Christus oder Lamm als Brunnenfigur). Im Alten Testament wird Gott selbst als „Quelle des Lebens" bezeichnet.

Im Islam bedeutet eine Quelle den Zugang zu Wissen oder Erkenntnis bzw. die Öffnung des „Auges des Herzens".

*Die alchemistische Quaternität, „Rosarium philosophorum", 1550*

## Quitte

Im antiken Griechenland ein Fruchtbarkeitssymbol, die Speise der Bräute und Venus geweiht.

## Rabe

Der Rabe spielt in der Symbolik vieler Kulturen eine wichtige Rolle und zwar sowohl in positiver als auch in äußerst negativer Bedeutung.

Er galt als sehr kluger Vogel; im antiken Griechenland traute man ihm – vielleicht wegen seiner Sprachbegabung – sogar die Fähigkeit des Weissagens zu, und er wurde deshalb zum heiligen Vogel des Asklepios (Äskulap), des Gottes der Heilkunde. Daher ist der Rabe auch heute noch ein Arztsymbol.

Oft erscheint der Rabe auch als Götterbote und/oder als Tier, das den Menschen Nahrung bringt. So sollen göttliche Raben die Wanderzüge der Kelten angeführt haben. In der chinesischen Mythologie ist ein dreibeiniger Rabe Bote der Feengöttin Hsi-wang-mu und schafft auch Speise für sie herbei. Im Alten Testament versorgen Raben den Propheten Elias auf göttlichen Befehl mit Nahrung, indem sie ihm morgens und abends Brot und Fleisch bringen. Bei den Maya war der Rabe der Vogel, der die Maisfrucht fand; und bei den Eskimos und den Indianern an der Nordwestküste Amerikas gilt er als Schöpfergeist, Licht- und Heilsbringer.

Andererseits stand der Rabe, wohl wegen seiner schwarzen Farbe, seines durchdringenden Krächzens und der Tatsache, dass er sich von Aas ernährt, ähnlich wie die Krähe schon immer in dem weit verbreiteten Ruf, Unglück zu bringen oder gar ein Bote des Todes zu sein; im Volksglauben betrachtet man ihn auch heute noch als Unglücksboten. In der Bibel galt er als Aasfresser als unreines Tier; außerdem glaubte man, dass Raben sich nicht um ihre Jungen kümmern; daher ist auch heute noch der Begriff „Rabeneltern" eine bildhafte Umschreibung für schlechte Eltern, die ihre Kinder vernachlässigen. Den Kirchenvätern galt der Rabe (im Gegensatz zur weißen Taube als Unschuldssymbol) als Sinnbild des sündhaften Menschen. Als ein Wesen, das anderen die Augen aushackt, verkörpert er in der christlichen Symbolik außerdem den Teufel, der die Sünder blendet.

## Rachen, Schlund

Der Rachen eines Ungeheuers stellt meist die Tore der Hölle oder den Eingang zur Unterwelt dar. ▶Übergangsriten

## Rad

Ein Symbol der Bewegung, aller zyklischen Prozesse, des menschlichen Lebenslaufs und der Welt/des Kosmos oder auch der Weltherrschaft.

Schon in der jüngeren Steinzeit und in der Bronzezeit taucht das Rad als Scheibe oder Radkreuz (d. h. als Rad mit eingezeichnetem Kreuz, auch als Sonnenrad bezeichnet) auf und steht für die Sonne und ihren Weg um die Erde, den sie im Laufe eines Tages zurücklegt. (Die Speichen des Rades sind die Sonnenstrahlen.) Das Rad war auch ein Attribut von Sonnengöttern. So stellt das Sonnenrad beispielsweise den Sonnenwagen des griechischen Sonnengottes Helios dar. Im Hinduismus verweist das Rad auf die Wagenfahrt des altindischen Sonnengottes Surya, dessen Tempel in Konarak mit achtspeichigen Rädern verziert ist. Außerdem war das Rad ein Attribut von Varuna, einem der ältesten vedischen Götter, dem Schöpfer und Erhalter von Himmel und Erde, dem König des Universums und Herrn der Sonnengötter, und später auch von Vishnu. Rad bzw. Kreis heißt auf Sanskrit „Chakra"; als ▶Chakras werden auch die Energiezentren

*Das Rad der Alchemisten: In der Mitte der Siebenstern der chemischen Substanzen, dann das Quadrat der Elemente und außen der Tierkreis. Michael Maier, „Viatorium", 1618*

bezeichnet, die der Mensch durch bestimmte Yogaübungen aktivieren kann, um schließlich zur Erleuchtung zu gelangen.

Im Buddhismus spielt das Rad als Symbol eine besonders wichtige Rolle. Es gibt das Rad der Lehre (Dharma-Chakra), ein Symbol der vom Buddha verkündeten Lehre, und das vor allem im tibetischen Buddhismus verbreitete Lebensrad (Bhava-Chakra) – das Rad der Wiedergeburten bzw. des Kreislaufs der Existenzen (Samsara), in dem all die verschiedenen der Erlösung bedürftigen Daseinsformen von den Dämonen über Tiere und Menschen bis hin zu den Göttern abgebildet sind. All diese Wesen sind durch drei Ursachen („Wurzeln des Unheilsamen") im Samsara gefangen: Hass, Gier und Wahn. Als was für ein Wesen man wiedergeboren wird, bestimmt das Karma, das man in seinem vorigen Leben durch seine Handlungen erzeugt hat. All diesen Lebensformen ist die Erfahrung von Leiden und Tod gemeinsam; Ziel ist es daher, Erlösung zu erlangen, d. h. den Kreislauf der Wiedergeburten zu überwinden und ins Nirvana einzugehen. Dies ist allerdings nur während einer Inkarnation als Mensch möglich und geschieht, indem man Buddhas Lehre befolgt und Gier und Unwissenheit erkennt und überwindet. Das Rad des Lebens wird auch mit dem ▸Lotos assoziiert.

In der christlichen Kunst wurde das Kreuz im Rad – ursprünglich ein Sonnensymbol – zum Sinnbild Jesu Christi als Weltenherrscher. Die mittlere Fensterrose der mittelalterlichen Kathedralen wurde als rota (Rad) bezeichnet und war ein Symbol des Kosmos; ihre Nabe steht für das göttliche Zentrum, um das sich die ganze Welt dreht.

Dadurch, dass das Rad sich in beständiger Bewegung befindet, wurde es auch zu einem Sinnbild der Vergänglichkeit – insbesondere der Vergänglichkeit des Glücks. In der Antike war es Attribut der griechischen Schicksalsgöttin Tyche und der römischen Glücksgöttin Fortuna und galt als Glückszeichen. Im Mittelalter wurde in der Symbolik des Rades dagegen eher der Aspekt der Unbeständigkeit des Glücks betont.

*Das Rad der Lehre. Die acht Speichen stehen für den „edlen achtfachen Pfad", der laut Buddhas Lehre zur Erlösung führt.*

## Radius

Radien können Sonnenstrahlen symbolisieren. Im buddhistischen Rad des Lebens unterteilen die Radien bzw. Speichen den Kreisumfang in einzelne Perioden des Zyklusses der Manifestation. Vier Radien in einem Kreis stehen häufig für die vier Flüsse des Paradieses.

## Rassel

Rasseln sind als kultische Geräte schon lange bekannt. Sie standen für Donner und Wind und dienten der Beschwörung von Gottheiten; u. a. wurden sie in den steinzeitlichen Kulturen und Regenmacherzeremonien bei den australischen Aborigines benutzt. Bei den Indianern dient die Rassel der Beschwörung des Großen Geistes.

## Ratte

In Europa hat die Ratte, weil sie Vorräte vernichtete, früher gefährliche Seuchen (z. B. Pest) übertrug und auch nicht davor zurückschreckt, Menschen anzugreifen, eine einhellig negative Symbolbedeutung; sie gilt als dämonisches Tier und Unglückbringer. Daher wird „Ratte" auch heute noch als Schimpfwort für einen Menschen von niedrigem, unehrlichem Charakter verwendet.

In Asien dagegen hat die Ratte eine positive Bedeutung und gilt als Glück bringendes Tier. Im Hinduismus ist sie Reittier des elefantenköpfigen Weisheitsgottes Ganesha. In China gilt sie als sehr kluges Tier: Einer Legende zufolge führte das Rind die Reihe der Tiere an, die in den chinesischen Tierkreis aufgenommen werden wollten; doch die Ratte setzte sich heimlich auf den Rücken des Rindes und sprang dann zum rechten Zeitpunkt herab, sodass sie bei der Ernennung der Tiere dann doch an erster Stelle stand. Deshalb ist die Ratte heute das erste Tier im chinesischen Tierkreis (▶▶Astrologische Zeichen, S. 46).

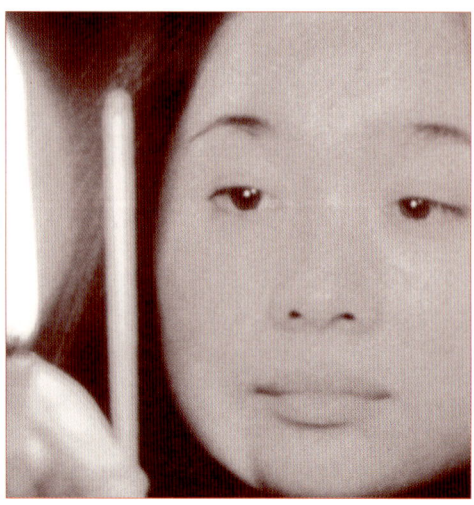

*In China steckt man Räucherstäbchen an, um die Toten zu ehren.*

## Rauch

Für die Chinesen ist Rauch ein Symbol der Vergänglichkeit, da er rasch kommt und ebenso schnell wieder vergeht. In dieser Symbolbedeutung kommt er z. B. in chinesischen Naturschilderungen vor.

## Rauchabzug

Ein Rauchabzugskanal bzw. jede andere Öffnung im Dach eines Tempels, Tipis, Zeltes usw. stellt symbolisch den Durchgang zum Himmel dar, das Sonnentor – jenes Tor, durch das man aus dem Zeitlichen ins Ewige, aus dem Raum ins Unbegrenzte entkommen kann. Der heilige Nikolaus, der durch den Kaminschornstein herabkommt, symbolisiert Gaben, die vom Himmel auf die Erde gebracht werden.

## Räucherung

Die Verbrennung von aromatischen, Rauch entwickelnden Stoffen (meist Pflanzenteilen oder Pflanzenharzen, z. B. Wacholder, ▶Weihrauch) ist in vielen Kulturen bekannt; sie dient dazu, böse Geister zu vertreiben, Gottheiten durch den Duft herbeizurufen oder günstig zu stimmen, sich innerlich zu reinigen oder sich in einen Zustand des Rauschs oder der Ekstase zu versetzen. Der aufsteigende Rauch symbolisiert den Weg aus der Begrenzung von Zeit und Raum ins Ewige und Unbegrenzte, Göttliche; er verkörpert auch das zu Gott aufsteigende Gebet oder die durch das Feuer gereinigte, in göttliche Sphären aufsteigende Seele.

Schon im Altertum war die Räucherung zur Verehrung der Götter verbreitet. Rauchopfer gab es im israelischen Tempelkult, und es gibt sie noch heute in feierlichen christlichen Gottesdiensten. Im Buddhismus und Shintoismus sind Räucherungen ebenfalls üblich. Auch in der westlichen Esoterik spielen Räucherungen mit verschiedenen Räucherkräutern, denen jeweils unterschiedliche Wirkungen zugeschrieben werden, eine wichtige Rolle, z. B. bei Meditationen und Ritualen.

*Rauchfass für das Abbrennen von Weihrauch*

### Rauchsäule

Kann die Anwesenheit einer Gottheit anzeigen oder (bei ▶Räucherungen) den Weg der Seele zu Gott bzw. das zu Gott aufsteigende Gebet symbolisieren.

### Raum

Geweihter Raum ist stets ein kosmisches Zentrum, wie z. B. Tempel, Kirchen, Tipis usw. – eine Stätte, an der Himmel und Erde einander begegnen und wo die Kommunikation zwischen diesen beiden Bereichen möglich wird.

### Raupe ▶Schmetterling

### Rausch

Die gesteigerte Wahrnehmungs- und Erlebnisfähigkeit, die Ekstase und die Visionen, die der Rauschzustand erzeugt, wurden in vielen Kulten und Religionen als Aufstieg in himmlische Sphären und Kontakt mit den Göttern gedeutet. Dementsprechend galten die halluzinogenen Pflanzen, die solche Zustände hervorriefen, als „Götterpflanzen". Häufig war der Gebrauch dieser magischen Drogen Eingeweihten vorbehalten.

Bei den Azteken wurde bei religiösen Zeremonien das meskalinhaltige Peyotl (getrocknete Scheiben des mexikanischen Peyote-Kaktusses) gekaut. Im bei den nordamerikanischen Indianern in vielen Stämmen verbreiteten Peyotekult wird während des Gottesdienstes ebenfalls Peyotl gekaut.

Der hochgiftige, ebenfalls Visionen erzeugende Stechapfel (Engelstrompete, Datura) spielte als Götterdroge von Mexiko bis nach Indien hinein eine wichtige sakrale Rolle. Extrakte aus Stechapfel, Tollkirsche, Bilsenkraut und anderen halluzinogenen Giftpflanzen verwendeten die Hexen des Mittelalters zur Zubereitung so genannter Hexensalben oder Flugsalben, die auf die Haut aufgetragen wurden, perkutan wirkten und u. a. Trancezustände und Visionen vom Fliegenkönnen und orgiastischen Ausschweifungen (Flug zum Hexensabbat) erzeugten. (Noch heute wird mit Pflanzen wie dem Stechapfel gelegentlich Missbrauch zur Erzeugung von Rauschzuständen und Halluzinationen getrieben – Experimente, die nicht selten tödlich enden.)

Auch die nordamerikanischen Prärieindianer versuchten sich bei ihrer Visionssuche durch Fasten, halluzinogene Pflanzen und tagelange Isolation in der Wildnis in einen Trancezustand zu versetzen, in dem ihnen dann die Vision ihres Schutzgeistes (▶Medizin) zuteil wurde.

## Raute

Das weiblich-schöpferische Prinzip; die Vulva; ein Lebenskraft-Symbol vieler Fruchtbarkeitsgöttinnen.

## Rechteck ▶Quadrat

## Regen

Als unentbehrliche Voraussetzung für die Fruchtbarkeit der Äcker und das Leben der Menschen ist der Regen eng mit der Symbolik des ▶Wassers verbunden. Er steht für Fruchtbarkeit und Befruchtung, für Reinigung und Erneuerung und galt vor allem in agrarischen Kulturen als göttliche Gabe, um die man Wetter- oder Regengottheiten in speziellen Zeremonien und Ritualen bat. Trockenheit symbolisiert geistige Dürre und Unfruchtbarkeit des Menschen, der durch das göttliche Licht ein Ende bereitet wird.

In fast allen frühen Agrarkulturen gab es Regenzauber, mit denen ein Regenmacher, Medizinmann oder Priester auf den Regen Einfluss zu nehmen versuchte – meist, um ihn herbeizurufen, manchmal (bei zu langen Regenperioden oder Unwettern) aber auch, um ihn zu vertreiben. Dies geschah häufig durch Analogiezauber – indem man

Wasser auf der Erde versprengte oder lärmende Geräusche machte, die den Donner symbolisierten. Ein Ende des Regens versuchte man u. a. durch das symbolische Vergraben von Wasser herbeizuführen.

Im Christentum wurde Gott selbst symbolisch mit dem Regen gleichgesetzt, der die Menschheit innerlich befruchtet.

## Regenbogen

Als farbenprächtige Lichterscheinung, die die Erde mit dem Himmel zu verbinden scheint, wurde der Regenbogen in vielen Mythen und Religionen Sinnbild der Verbindung zwischen Himmel und Erde, des Weges bzw. der Brücke zwischen Diesseits und Jenseits, auf der die Seelen der Verstorbenen in den Himmel gelangen können. Im Shintoismus stellte man ihn sich tatsächlich als Brücke zum Himmel vor.

In der griechisch-römischen Mythologie ist Iris die Göttin des Regenbogens und geflügelte Götterbotin, v. a. des Zeus und der Hera; daraus leiten sich die Bezeichnungen „Iris" für „Regenbogenhaut" und „irisierend" für alles her, was in sämtlichen Regenbogenfarben schillert.

In der christlichen Symbolik ist der Regenbogen nicht nur Brücke zum Himmel, sondern erscheint auch als göttliches Zeichen und Sinnbild der Versöhnung und des Bündnisses zwischen Gott und den Menschen, so in der Geschichte von der Sintflut, an deren Ende Gott einen Regenbogen an den Himmel setzt.

Im Neuen Testament kehrt das Symbol des Regenbogens in der Offenbarung des Johannes wieder und überspannt den Thron des Weltenherrschers – ein Symbol Gottes und Jesu Christi und gleichzeitig des Weiterbestands oder der Erneuerung des Bundes zwischen Gott und den Menschen.

Nach der Vorstellung der Chinesen entsteht Regen, wenn weibliches und männliches Element – Yin und Yang – sich miteinander paaren; Symbol dieser Vereinigung ist der Regenbogen, der damit gleichzeitig für die Ehe und für sexuelle Beziehungen zwischen Mann und Frau steht.

### Regressus ad uterum

Die symbolische Rückkehr in den Mutterleib; ein Sinnbild von Tod und Wiedergeburt.

### Reh

In der griechisch-römischen Mythologie ein Attribut der Anbeter von Bacchus und Orpheus, die Rehfelle und Rehledersandalen tragen.

### Reichsinsignien

Die den mittelalterlichen Herrschern des Heiligen Römischen Reichs bei der Krönung überreichten Herrschaftszeichen: Kaiserkrone (▶Krone), ▶Schwert und ▶Lanze (Symbole des Sieges und der Macht) und der Reichsapfel (Weltherrschaft).

### Reiher

Bei den alten Ägyptern gab es einen heiligen Vogel namens Benu in Gestalt einer Bachstelze oder eines Reihers; er war meist eine Verkörperung des Sonnengottes Re, wurde später mit der Seele bzw. der Rückkehr des Osiris gleichgesetzt und repräsentierte Sonne, Auferstehung und Unsterblichkeit.

Nach Plinius vergießt der Reiher im Schmerz Tränen; aufgrund dieser Vorstellung und wegen seines grauen Gefieders wurde er im Christentum zum Sinnbild der Buße und gilt auch als Symbol des vor seiner Kreuzigung in Gethsemane trauernden Christus.

### Reis

Der Reis ist in den asiatischen Ländern Grundnahrungsmittel und hat daher teil an der Fruchtbarkeitssymbolik des westlichen ▶Korns. Daraus erklärt sich die uralte Sitte, Brautpaare mit Reiskörnern zu überschütten: Dies bedeutet, dass man dem frisch gebackenen Ehepaar reichen Kindersegen wünscht. (Heute wird statt der Reiskörner vielfach Konfetti verwendet.)

### Reise

Ein Symbol für den menschlichen Lebensweg mit all seinen Abenteuern, Mühen, Irrungen und Wirrungen. Reisen von ▶Heroen symbolisieren die Fahrt über das Meer des Lebens, die Überwindung seiner Schwierigkeiten und die Erlangung der Vollkommenheit; sie sind auch Symbole der Suche nach dem verlorenen Paradies und der ▶Initiation, bei der der Held in seinem Streben nach Vollkommenheit und Erkenntnis Bewährungsproben und Gefah-

*Die große Reise mit dem Schiff: Die Adler fliegen in entgegengesetzter Richtung und deuten so den Symbolcharakter der Reise an, 1651*

ren bestehen muss und am Ende innerlich gewandelt und gereift daraus hervorgeht. Eine solche Reise ist der Übergang von der Finsternis zum Licht, vom Tod zur Unsterblichkeit – Symbol einer spirituellen Suche. Solche Reisen sind z. B. die von Herakles, den Argonauten, Odysseus, Theseus, den Rittern der Tafelrunde usw.

### Reiter

In der christlichen Symbolik verkörpert der Reiter auf einem weißen ▶Pferd Jesus Christus, der Reiter auf dem feuerroten Pferd den Krieg, der Reiter auf dem schwarzen Pferd mit der Waage in der Hand den Hunger und der Reiter auf einem grünen Pferd die Pest. Die letzteren drei Unheil bringenden Reiter stehen für das Strafgericht, das am Jüngsten Tag über die Seelen der bösen Menschen kommen wird. ▶Schach

### Riese

Übergroße, menschenähnliche, den Menschen aber meist feindlich gesonnene Gestalten, die in vielen Mythen, Märchen und Sagen vorkommen. Zum Teil sind sie Personifikationen von Naturgewalten, denen der Mensch früher noch hilfloser gegenüberstand als heute; so sahen z. B. die Griechen in den Giganten, Titanen und Kyklopen die Naturkräfte verkörpert. Riesen können aber auch dämonische Kräfte repräsentieren. Oft werden Riesen von Göttern oder Helden besiegt – ein Symbol für den Sieg des Guten über das Böse.

### Rind ▶Ochse ▶Stier

### Ring

Der Ring hat aufgrund seiner runden Form an der Symbolik des ▶Kreises teil: Er kann ein Sinnbild des Vollkommenen, Heiligen, Göttlichen, aber auch des Dauerhaften sein – da ein Ring weder Anfang noch Ende hat,

*Riesen wirken angsteinflößend und sind deshalb ein negatives Symbol.*

steht er für Beständigkeit oder Ewigkeit. Daher wurden und werden Ringe schon seit Jahrtausenden nicht nur als Schmuck, sondern vielfach auch in symbolischer Bedeutung getragen.

Im alten Ägypten war der Ring ein Sinnbild der Ewigkeit. Bei den Assyrern und im Parsismus wurde die Sonne durch einen mit Flügeln versehenen Ring dargestellt und mit den Bildern von Assur (dem Nationalgott der Assyrer) bzw. Ahura Mazda (dem guten und höchsten Gott des Parsismus) verbunden.

Daneben ist der Ring auch häufig ein Symbol der Bindung und Verbindung, eines Bündnisses oder einer Verpflichtung, z. B. in Form von Freundschafts-, Verlobungs- und Eheringen. Verlobungs- und Trauringe gab es schon in römischer Zeit. Später entwickelte sich dann aus dem römischen Verlobungsring der Ehering und wurde zum Sinnbild der Treue (Beständigkeit der Liebe) und Unauflösbarkeit der Ehe.

Der Ring kann auch ein äußeres Zeichen von Macht, Amt und Würde sein; dementsprechend symbolisiert die Übergabe des Rings Machtübertragung. Schon in den frühen Kulturen des Orients findet man Ringe als Herrschafts- und Würdezeichen in der Hand eines Gottes oder Herrschers. Auch in der Antike war der Fingerring Zeichen der Herrschaft oder Amtsgewalt. Seit dem Mittelalter symbolisierten der Krönungsring bei Kaisern und Königen, der Pontifikalring bei Päpsten und Bischöfen und der Ring der Kardinäle und Äbte weltliche bzw. geistliche Macht und Würde.

Daneben wurden Ringen aufgrund ihrer Kreisform vielfach magische Kräfte zugeschrieben. Amulettringe (mit eingravierten Beschwörungsformeln) sollten vor Dämonen oder dem bösen Blick schützen und Unheil abwehren. Auch in Sagen und Märchen spielt der Ring in dieser Symbolbedeutung eine wichtige Rolle: Der Glücksoder Zauberring erfüllt Wünsche, macht unsichtbar, ruft Geister herbei, vermehrt Schätze, verleiht Macht und Herrschaft, kann seinem Träger aber auch Unglück bringen, weil er dadurch den Neid anderer Menschen auf sich zieht, die ihm den Ring zu entwenden oder abzujagen versuchen.

**Roch, Rock** ▶Fabelwesen

*Das Symbol der zarathustrischen Religion (Parsismus): der höchste Gott Ahura Mazda, dessen Oberkörper von einem geflügelten Sonnenring umschlossen wird*

**Rose**

Aufgrund ihres Duftes und ihrer Schönheit ist die Rose ein Symbol der Liebe und des Paradieses, aber auch der Vergänglichkeit – denn selbst die schönste Rose verblüht rasch.

In der griechisch-römischen Mythologie war die Rose ein Attribut der Liebesgöttin Aphrodite/Venus. Im alten Ägypten waren Rosen der Göttin Isis geweiht, denn sie symbolisierten die reine, von der Fleischlichkeit befreite Liebe und wurden daher auch in den Mysterien von Isis und Osiris benutzt. Bis heute versinnbildlicht v. a. die rote Rose Liebe, Leidenschaft und Sinnlichkeit; in Gedichten und Volksliedern kann sie auch für die Geliebte stehen. Die weiße Rose hingegen steht für Unschuld, Reinheit, Jungfräulichkeit und Anmut. Die goldene Rose ist ein Attribut des Papstes und bedeutet besonderen päpstlichen Segen.

Als Begräbnisblume ist die Rose ein Bild für das ewige Leben, den ewigen Frühling und die Auferstehung. Rosen wurden z. B. in römischen Begräbnisgärten als Symbole der Auferstehung gepflanzt oder über Gräbern ausgestreut. Der römische Kaiser trug eine Krone aus Rosen.

Die ▶Dornen der Rose versinnbildlichen Schmerz, Blut und Martyrium. In der christlichen Symbolik verweist die rote Rose auf die Passion Jesu Christi (der Legende nach entsprang sie aus den Blutstropfen Christi auf Golgatha) und auf das Blut der Märtyrer. Fünf Rosen stehen für die Wunden Christi. Die Dornen können aber auch ein Sinnbild der Sünde bzw. des Sündenfalls sein. Die Rose ohne Dornen (= ohne Sünde) ist ein Symbol der Heiligen Jungfrau Maria, die durch ihre unbefleckte Empfängnis von der Last der Sünde frei ist; an ihre Stelle tritt als rosenähnliche, aber dornenlose Blume oft auch die Pfingstrose. Rosen in den Händen von Engeln symboli-

*Rosen gelten als die Blumen der Liebe. Zeichnung von W. Crane, 1890*

sieren das Paradies. Auch der Rosengarten ist ein Paradiessymbol.

Im ausgehenden Mittelalter war eine rote bzw. weiße Rose in England Abzeichen der beiden einander zwischen 1455 und 1485 in einem erbitterten Thronfolgekrieg (den so genannten Rosenkriegen) bekämpfenden Häuser Lancaster und York. Im Jahr 1485 gelangte Heinrich VII. aus dem Hause Tudor auf den Thron, heiratete eine Erbin des Hauses York und beendete den Krieg auch symbolisch, indem er ein neues Abzeichen annahm: die rot-weiße Tudor-Rose.

## Rose von Jericho

Eine Wüstenpflanze, die ihre Äste oder Hüllblätter bei Trockenheit nach innen rollt und bei Feuchtigkeit wieder öffnet. Die Rose von Jericho wurde von Mönchen und Pilgern aus dem Heiligen Land nach Europa gebracht. Da man ihre Entfaltung, die

durch einen hygroskopischen Bewegungsmechanismus zustande kommt, früher für ein Wunder hielt, galt die Pflanze bei den Hebräern, Christen und Muslimen als heilig. Angeblich soll sie in der Geburtsnacht Jesu Christi erblüht sein, sich bei seiner Kreuzigung geschlossen haben und an Ostern wieder aufgeblüht sein; deshalb nennt man sie auch Auferstehungspflanze.

## Rosenkranz

Eine in verschiedenen Religionen verbreitete Gebetshilfe in Form an einer Schnur aneinander gereihter ▶Perlen, die an der Symbolik des ▶Kreises und der ▶Kette teilhat.

In der christlichen Tradition werden die Gebete unter Bezugnahme auf die religiöse Symbolik der Rose als „Kranz geistlicher Rosen" aufgefasst – daher der Name Rosenkranz, der nicht nur die Perlenschnur selbst, sondern auch die Gebete bezeichnet.

In der katholischen Kirche wird der Rosenkranz zu Ehren der Jungfrau Maria gebetet und besteht aus großen und kleineren Perlen in unterschiedlicher Zahl; dabei steht jede große Perle für ein zu betendes

*Das Zeichen des Geheimbundes der Rosenkreuzer – ein Kreuz (als Symbol für die materielle Welt und deren Leiden) mit vier Rosen (als Sinnbild für das göttliche Leben Christi)*

*Den Rosenkranz kennt nicht nur die christliche Religion, wie dieses Bild des Hofmalers von Schah Abbas I. zeigt, um 1600*

Vaterunser, jede kleinere für ein zu betendes Ave Maria. Die Gebete werden an den Perlen abgezählt. Dem Rosenkranz sind 15 Ereignisse (so genannte Gesätze = Geheimnisse) aus dem Leben Jesu und Marias (Verkündigung und Geburt, Passion und Auferstehung) zugeordnet, die in der Kontemplation während des Gebets betrachtet werden sollen.

Auch im Buddhismus, Hinduismus und Islam gibt es ähnliche Gebetsschnüre. Im Buddhismus besteht der Rosenkranz aus 108 Perlen. Auch im Hinduismus symbolisieren die Perlen die Vielfalt der Manifestation, und der Kreis ist die Zeit.

## Rosmarin

Schon im Altertum war der Rosmarin ein Sinnbild der Liebe und Fruchtbarkeit; außerdem schrieb man ihm Unheil abwehrende Kräfte zu. Im Volksglauben war die immergrüne Pflanze Sinnbild der Unsterb-

lichkeit und daher eine beliebte Begräbnisblume.

**Rot** ▸▸Die Symbolik der Farben, S. 152

## Rotes Kreuz

Internationales Wahrzeichen und Schutzzeichen des Sanitätsdienstes, gleichzeitig Kennzeichen der in 150 Ländern der Erde existierenden nationalen Rote-Kreuz-Gesellschaften – ein rotes Kreuz auf weißem Grund. Aus religiösen Gründen steht in islamischen Ländern anstelle des roten Kreuzes ein roter Halbmond, in Israel ein roter Davidstern.

**Rubin** ▸Edelsteine

**Ruck** ▸Fabelwesen

## Rückgrat, Wirbelsäule

Ein Symbol für die Weltachse (▸Achse), aber auch für Standhaftigkeit, Aufrichtigkeit.

## Rüstung

Ein Symbol für Tapferkeit und Schutz. Im Christentum ist sie ein Sinnbild des Schutzes gegen das Böse.

## Rute

Die Rute hat teil an der Symbolik des ▸Stabes und ist ein Kennzeichen aller Zauberer; sie hat magische Kraft und wird oft auch vom ▸Psychopompos getragen, der die Seelen in die andere Welt und zum Gericht hinüberführt. Die blühende bzw. grünende Rute symbolisiert den kosmischen ▸Baum im Sinne der Weltachse (▸Achse). In der christlichen Symbolik verweist ein Rutenbündel, Symbol des römischen Strafvollzugs, auf die Geißelung Christi.

**Rutenbündel** ▸Fasces

## Sackleinwand

Ebenso wie die Asche ein Symbol der Trauer, Reue, Demütigung; daher auch die Redensart „in Sack und Asche gehen".

## Saft

Ein Sinnbild der Lebenskraft und Vitalität. Der Saft hat Anteil an der Symbolik des ▶Blutes. „Voll im Saft zu stehen" bedeutet Vitalität und Jugendlichkeit; analog dazu bedeutet „saft- und kraftlos" so viel wie alt und schwach.

## Säge

In der christlichen Symbolik ist die Säge zusammen mit Richtscheit und Beil ein Attribut des heiligen Joseph, der Zimmermann war; als Marterinstrument ist sie Attribut des Propheten Jesaja und verschiedener Heiliger.

## Salamander ▶Fabelwesen

## Salbung

Ein Symbol der Weihe; durch Salbung wird etwas oder jemand für ein Amt (z. B. Königtum) geweiht oder entsündigt bzw. gereinigt. ▶Öl

## Salz

Es war schon früh bekannt, dass Salz für den Menschen lebensnotwendig ist; daher galt es in vielen Kulturen als heilig. (Die Apostel werden im Evangelium des Matthäus 5,13 in einem Atemzug als „Licht der Welt" und „Salz der Erde" bezeichnet.) Wegen seiner konservierenden Eigenschaften wurde es außerdem mit Lebenskraft und Unsterblichkeit assoziiert. Nach alttestamentlicher Vorstellung war Salz ein unentbehrlicher Bestandteil jeder Speiseopfergabe und besaß die Fähigkeit, Wasser zu reinigen. Früher wurde Salz für die Bereitung von Weihwasser benutzt; heute ist dies nicht mehr vorgeschrieben, wird aber bisweilen immer noch getan.

Im antiken Rom und im Spätmittelalter schrieb man dem Salz Unheil abwehrende Kräfte zu. In Rom streute man es Säuglingen auf die Lippen, um böse Geister fern zu halten; das war vermutlich der Ursprung des christlichen Brauchs, einem Neuling vor der Taufe Salz anzubieten.

▶Brot und Salz als Grundnahrungsmittel (und wegen anderer dem Salz zugeschriebenen Eigenschaften wie Lebenskraft, Fruchtbarkeit, Unheilabwehr) wurden Brautpaaren und Menschen gegeben, die in ein neues Heim einzogen; außerdem wurde es als Zeichen der Gastfreundschaft gereicht.

## Samenkorn

Möglichkeit; der Keim des Lebens; Fruchtbarkeit; auch ein Symbol für die Taten eines Menschen, die später Früchte tragen („Man kann nicht ernten, was man nicht gesät hat").

## Sand

Ein Sinnbild der Unbeständigkeit, so z. B. in der Redensart, dass etwas „wie Sand zerrinnt", und auch in der Sanduhr, in der die Zeit unaufhaltsam verrinnt. Im Islam steht der Sand für Reinheit; wenn kein Wasser zur Verfügung steht, wird stattdessen Sand für rituelle Waschungen (z. B. vor dem Gebet) verwendet.

## Sandalen

Geflügelte Sandalen symbolisieren Schnelligkeit und sind ein Attribut der Götterboten, v. a. von Hermes/Merkur. ▶Schuh

## Sanduhr ▶Stundenglas

**Saphir** ▶Edelsteine

**Sarkophag**
Der Sarkophag hat Anteil an der Symbolik des ▶Grabes als eines umfriedeten Ortes und des weiblichen, umschließenden Prinzips.

**Satan** ▶Teufel

**Saturn** ▶▶Astrologische Zeichen, S. 46

**Satyr**
In der griechischen Mythologie lüsterne Fruchtbarkeitsdämonen im Gefolge des Dionysos, meist als junge Männer mit Pferdeschwänzen, spitzen Ohren oder kleinen ▶Hörnern, manchmal auch Bocksfüßen (als Symbol ihrer Lüsternheit) dargestellt, und zwar meist bei der Verfolgung von Nymphen durch die Wälder. Manchmal trugen sie den Efeukranz des Dionysos (▶Efeu); weitere Attribute sind Weintrauben, Körbe voller Früchte, Krüge mit Wein und das Füllhorn. Ihre weiblichen Pendants bei den Bacchanalien (rauschhaften Kultfeiern des Dionysos/Bacchus) waren die Mänaden.

**Sau** ▶Schwein

**Säugen**
Ein Symbol der Mutter- und Nächstenliebe. Die Muttergöttin wird häufig abgebildet, wie sie ein Neugeborenes säugt, oder als die große Ernährerin mit vielen Brüsten dargestellt.

In der christlichen Kunst sind Darstellungen der Muttergottes, die das Jesuskind stillt, häufig; auch die Caritas (Personifikation der Nächstenliebe) wird meist als weibliche Figur dargestellt, die ein Neugeborenes oder bisweilen auch mehrere Kinder stillt.

**Säule**
Die Säule hat Anteil an der Symbolik des ▶Pfahls, des Pfeilers und des ▶Baumes. In vielen Kulturen ist sie ein Symbol für die Weltachse (▶Achse) oder den Weltenbaum (▶Baum) bzw. für das Weltzentrum (▶Omphalos). Vorstellungen einer kosmischen Säule gab es u. a. bei Kelten und Germanen (Irminsul, die heilige Weltsäule der Sachsen). Nach antiker Überlieferung trugen die Säulen des Herakles den Himmel.

Säulen sind auch ein Sinnbild der Macht und Hoheit; so stellte man in der römischen Kaiserzeit Säulen als Staatssymbole auf. Oft sind einzeln stehende Säulen ohne direkten Zusammenhang mit einem Bauwerk auch Denkmäler, die an historische Ereignisse erinnern oder zu Ehren einer bestimmten Person aufgestellt wurden (z. B. Sieges-, Ehren- oder Grabsäulen).

Außerdem symbolisieren sie Stabilität, Standhaftigkeit, Stärke und Stütze; so heißt es beispielsweise im Islam: „Die Säule der Gerechten ist die Erkenntnis Gottes." Die fünf Säulen des Islam sind: das Bekenntnis, das rituelle Gebet, das Fasten im Monat Ramadan, die Almosengabe und die Wallfahrt nach Mekka.

Die beiden Säulen des Salomonischen Tempels waren Boas und Jachin, Stärke und Stabilität („In Ihm ist Stärke" und „Der, der Beständigkeit verleiht") – weltliche und geistliche Macht, König und Priester, Thron und Altar; die eine Säule konnte nicht versinken und die andere nicht brennen.

In der Bibel zeigt eine Rauch- oder Feuersäule die Anwesenheit Gottes an; im Buddhismus ist die Feuersäule eine symbolische Darstellung Buddhas. Im hinduistischen Tempel ist die Säule mit einer Krone auf der Spitze architektonisches Symbol des höchsten Punktes und der unmittelbare Weg für den Aufstieg des Geistes.

*Das Schachspiel als Symbol zweier konträrer Kräfte, die aufeinander treffen und miteinander kämpfen: Christ und Moslem.*

Zwei Säulen stehen manchmal für die Himmelspforte – den Weg, durch den man den Tempel oder die Kirche betreten muss. Das Hindurchgehen zwischen zwei Säulen symbolisiert den Eintritt ins neue Leben oder in eine andere Welt bzw. in die Ewigkeit; insofern haben Säulen auch Anteil an der ▶Tür- und Torsymbolik. Drei Säulen sind ein Symbol der Großen Mutter, der Mondgöttin und der drei Mondphasen; vier Säulen tragen die Welt an den Punkten der Himmelsrichtungen. ▶Obelisk

### Schach

Das Schachspiel entstand vermutlich Mitte des letzten vorchristlichen Jahrtausends in Indien unter der Bezeichnung Chaturanga (damals noch zu viert gespielt, und zwar mit König, Kriegselefant, Streitwagen, Reiter und Fußsoldaten) und diente Königen und Adligen dazu, sich in Politik und Strategie zu üben, war aber gleichzeitig auch ein Meditationsritus. Nach Europa kam es als reines Denkspiel für zwei Personen und war zunächst ein beliebtes Spiel fürstlicher und adeliger Kreise.

Jeder Spieler hat jeweils 15 Figuren, die

unterschiedlich bewegt werden müssen (König, Dame, Turm, Läufer, Bauern und Springer oder Pferd) und sich gegenseitig schlagen können. Ziel des Schachspiels ist es, den König des Gegners matt zu setzen. Die Bauern können bei jedem Zug immer nur ein Feld vorrücken, von der Grundstellung aus auch zwei Felder. Die Türme bewegen sich in gerader Linie beliebig weit vorwärts, rückwärts oder seitwärts, die Läufer diagonal. Die Dame kann entweder wie ein Turm oder wie ein Läufer ziehen. Der Springer (das Pferd) geht ein Feld in gerader und ein Feld in schräger Richtung. Der König kann nur ein Feld in beliebiger Richtung (vorwärts, rückwärts, seitwärts oder diagonal) gehen.

### Schachbrettmuster

Ein Symbol für den Dualismus in der Welt der Erscheinungen: Licht und Finsternis, Tag und Nacht, männlich und weiblich usw.

*Das Schachspiel arbeitet mit Symbolfiguren und ist an sich durch das Muster seines Spielfeldes Symbol für die Gegensätze der Welt.*

## Schädel

Ein Symbol für die Vergänglichkeit des Lebens und den Tod, insbesondere im Christentum auch für die Nichtigkeit weltlicher Dinge (Memento mori), z. B. auf Grabsteinen oder in der Hand von Heiligen. Der Schädel mit den beiden gekreuzten Skelettknochen taucht als Todessymbol u. a. in Piktogrammen auf, die vor Gift warnen; die Flagge mit Totenkopf und gekreuzten Skelettknochen ist ein Wahrzeichen von Piraten.

## Schaf

Da das Schaf als dummes Tier gilt, symbolisiert es die Eigenschaft der Dummheit und wird auch als entsprechendes Schimpfwort verwendet. Im Christentum kann es – entsprechend der Symbolik des guten ▶Hirten – für die Gläubigen (die „Herde Christi") stehen. ▶Lamm ▶Widder

## Schäfer ▶Hirte

## Schakal

Der Schakal ist ebenso wie der ▶Hund Sinnbild des ägyptischen Totengottes und Seelengeleiters Anubis, der häufig in Hundegestalt dargestellt wurde.

## Schale ▶Schüssel

## Schalk ▶Schelm ▶Narr

## Schaltzeichen, elektrische ▶▶S. 356

## Schatten

Im Volksglauben und bei Naturvölkern repräsentiert der Schatten die Seele oder Lebenskraft eines Menschen; auch bei den Chinesen ist diese Vorstellung lebendig. Das Motiv des verkauften Schattens wurde in zahlreichen literarischen Werken verschieden behandelt.

*Altägyptische Darstellung des schakalköpfigen Totengottes Anubis, der einen mumifizierten Leichnam in Empfang nimmt, um seine Seele in die Unterwelt zu geleiten*

## Schatz

Die Schatzsuche hat eine zweifache Symbolik: Sie gilt entweder irdischen Schätzen wie z. B. Gold oder Edelsteinen, die oft in einer Höhle oder unter der Erde versteckt liegen und die zu finden Prüfungen und Drangsal mit sich bringt; ist Habgier das Motiv, so führt diese Schatzsuche meist zur Katastrophe. Daneben gibt es die Suche nach geistigen Schätzen, die esoterisches Wissen oder Erleuchtung symbolisieren – die Suche nach dem verlorenen Paradies, dem ▶Gral usw. Häufig begibt sich ein Held (▶Heros) auf diese Schatzsuche, und das Ziel wird von Ungeheuern oder ▶Drachen bewacht. Oft ist zur Überwindung der Prüfungen und Ungeheuer übernatürliche Hilfe nötig – ein Symbol dafür, dass Leiden und Bewährungsproben für das Erreichen geistiger Ziele eine unabdingbare Voraussetzung sind und der Mensch aus sich selbst heraus ohne übernatürlichen Beistand dazu oft nicht in der Lage ist.

# Schaltzeichen: Hilfe für die Technik

Um die Funktionsweise elektrischer Geräte, ganzer Gerätekonfigurationen oder Installationen für jeden Fachmann verständlich und nachvollziehbar zu dokumentieren, wurden im Lauf der Jahrzehnte von den Ingenieuren umfangreiche Sachgruppen von Schaltzeichen entworfen, deren Design sich meist an der prinzipiellen Funktionsweise eines Bauteils orientiert. Die Schaltzeichen beziehen sich zusätzlich auf entsprechende Normen.

Die Schaltzeichen werden in Schalt- und Verdrahtungsplänen verwendet. Sie sind für den Fachmann, der Geräte baut, installiert oder repariert, unabdingbar, weil sie ihm den notwendigen Einblick in die Funktionsweise geben. So wird beim Bau eines Gebäudes im Plan der Verlauf der unter Putz liegenden Elektrokabel verzeichnet, damit man diese bei späteren Reparaturen problemlos findet.

Auf dieser Seite werden die wichtigsten Schaltzeichen nach Sachgruppen geordnet wiedergegeben, um die komplexen Informationen zu zeigen, die diese Symbole für den Fachmann vermitteln.

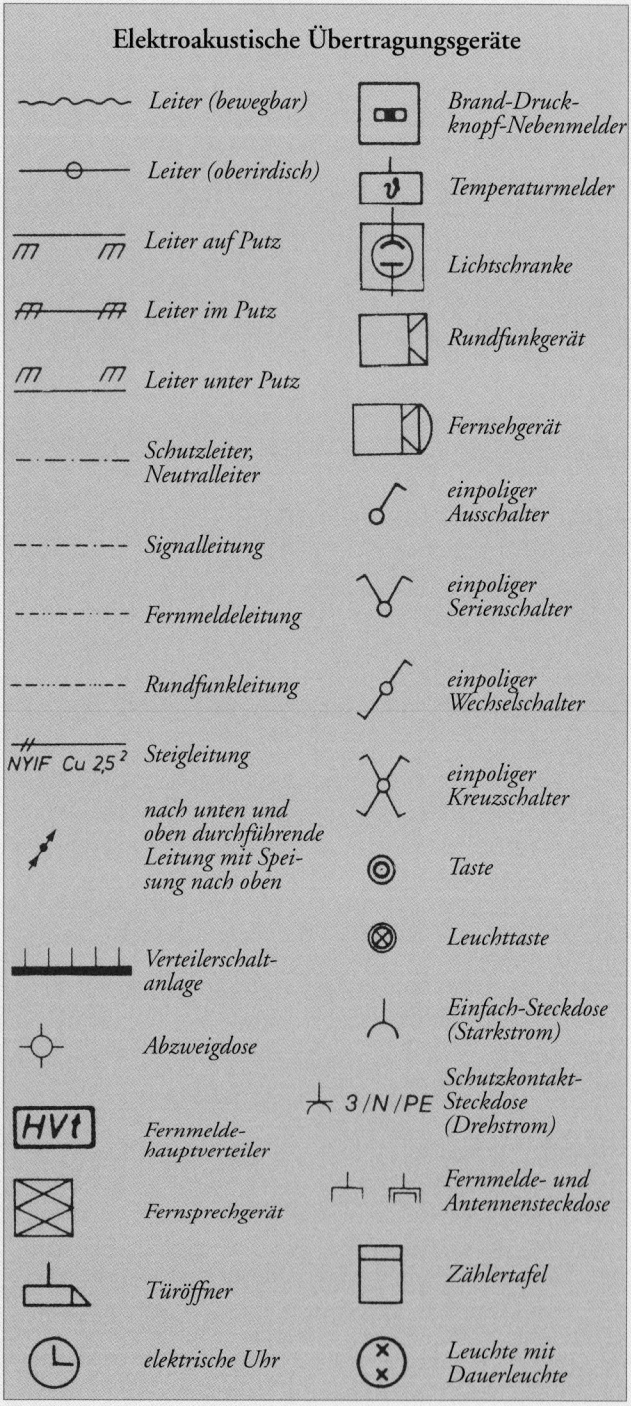

**Elektroakustische Übertragungsgeräte**

| | |
|---|---|
| Leiter (bewegbar) | Brand-Druck-knopf-Nebenmelder |
| Leiter (oberirdisch) | Temperaturmelder |
| Leiter auf Putz | Lichtschranke |
| Leiter im Putz | Rundfunkgerät |
| Leiter unter Putz | Fernsehgerät |
| Schutzleiter, Neutralleiter | einpoliger Ausschalter |
| Signalleitung | einpoliger Serienschalter |
| Fernmeldeleitung | einpoliger Wechselschalter |
| Rundfunkleitung | einpoliger Kreuzschalter |
| NYIF Cu 2,5² Steigleitung | Taste |
| nach unten und oben durchführende Leitung mit Speisung nach oben | Leuchttaste |
| Verteilerschalt-anlage | Einfach-Steckdose (Starkstrom) |
| Abzweigdose | 3 / N / PE Schutzkontakt-Steckdose (Drehstrom) |
| HVt Fernmelde-hauptverteiler | Fernmelde- und Antennensteckdose |
| Fernsprechgerät | Zählertafel |
| Türöffner | |
| elektrische Uhr | Leuchte mit Dauerleuchte |

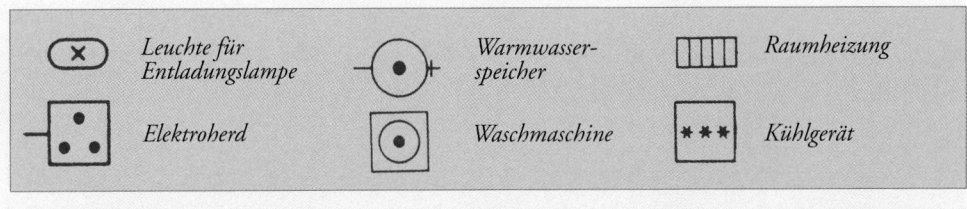

| | | |
|---|---|---|
| Leuchte für Entladungslampe | Warmwasserspeicher | Raumheizung |
| Elektroherd | Waschmaschine | Kühlgerät |

## Spannung, Strom, Schaltarten

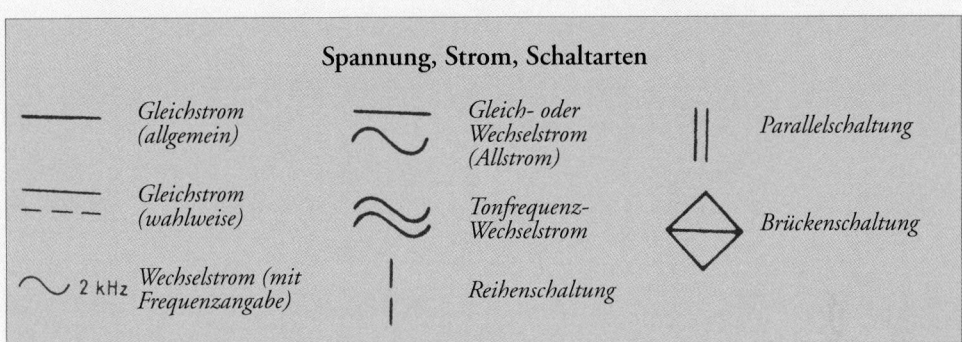

| | | |
|---|---|---|
| Gleichstrom (allgemein) | Gleich- oder Wechselstrom (Allstrom) | Parallelschaltung |
| Gleichstrom (wahlweise) | Tonfrequenz-Wechselstrom | Brückenschaltung |
| 2 kHz Wechselstrom (mit Frequenzangabe) | Reihenschaltung | |

## Leitungen und Leitungsverbindungen

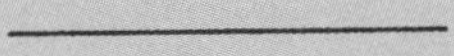

Leitung (allgemein)

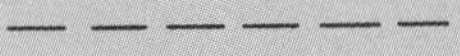

Leitung (wahlweise oder nachträglich gelegt)

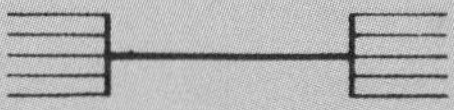

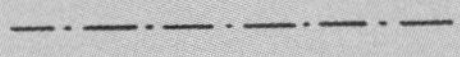

Schutzleitung für Erdung, Nullung und Schutzschaltung

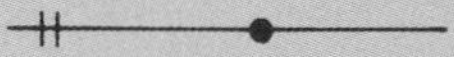

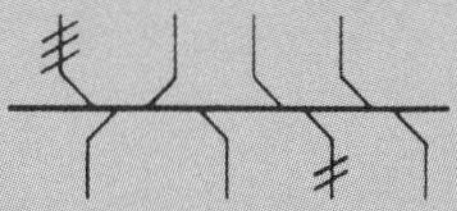

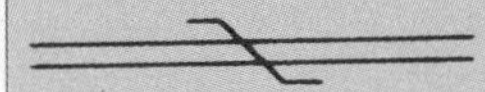

verdrillte Leitung (z.B. zweiadrig)

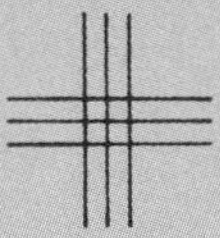

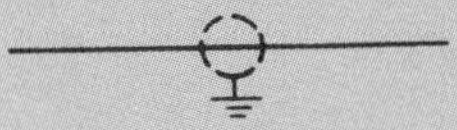

geschirmte Leitung geerdet

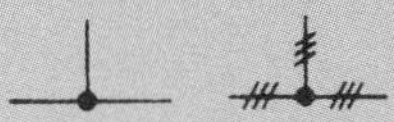

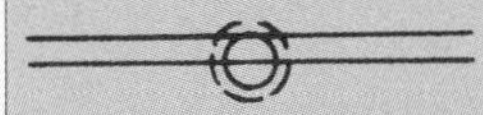

koaxiale Leitung (geschirmt)

Leitung mit Kennzeichnung der Leiterzahl (z.B. drei Leiter)

Leitung mit Kennzeichnung der Anzahl von Stromkreisen (z.B. zwei Kreise)

zusammengefasste Leitungen

Leitungsbündel (mit Kennzeichnung der Richtung der Leitungsführung)

Kreuzung von Leitungen ohne Verbindung

Leitende Verbindung von Leitungen (einpolig und dreipolig)

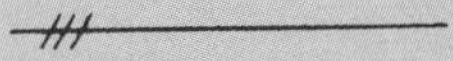

Verbindungsstelle

lösbare Verbindung (z.B. Klemme)

*Wie ein Schiff auf hoher See: Im Christentum ist die Kirche ein Schiff, das die gläubigen Christen sicher durchs Leben und in die ewige Seligkeit trägt.*

## Schaukeln

Schaukeln und Schwingen werden mit Fruchtbarkeitsriten in Verbindung gebracht und symbolisieren auch das „Auf und Ab des Lebens".

## Scheibe

Ein Symbol für die ▶Sonne, das als solches auch für Vollkommenheit, Göttlichkeit, Macht und Auferstehung steht. Häufig wird die Scheibe als Sonnensymbol oder Attribut von Sonnengöttern (z. B. dem ägyptischen Sonnengott Re) mit Flügeln dargestellt. Die Sonnenscheibe mit der Mondsichel oder mit Hörnern symbolisiert die heilige ▶Ehe von Göttlichem und Weiblichem, Sonnen- und Mondgottheit – die Vereinigung der Gegensätze.

## Scheiterhaufen

Ein christliches Sinnbild des Märtyrertodes durch Feuer und Attribut vieler Heiliger, die den Feuertod erlitten.

## Schelm, Schalk, Trickster

In der Symbolik der nordamerikanischen Indianer spielen viele Tiere die Rolle des listigen Schelms, der (ähnlich wie der Fuchs in unseren Tierfabeln) andere hinters Licht führt, hereinlegt, oft aber gleichzeitig ein Helfer der Menschen ist (indem er ihnen z. B. das Feuer bringt) und daher in indianischen Schöpfungsmythen eine wichtige Rolle spielt. Bei den Indianern wird er symbolisiert durch den Raben in den nordpazifischen Gebieten, den Kojoten im Westen und das Kaninchen oder den Hasen in den östlichen Waldgebieten.

## Schenkel

Der Schenkel tritt häufig als Phallussymbol auf und symbolisiert Schöpferkraft, Zeugung und Stärke. So wurde nach einer der vielen Legenden, die sich um Zeugung und Geburt des Dionysos ranken, dieser griechische Fruchtbarkeitsgott aus dem Schenkel von Zeus geboren.

## Schicksal ▶Fortuna ▶Spindel

## Schiff

Die Schifffahrt über das Meer war bei vielen alten Völkern ein beliebtes Bild für die Lebensreise des Menschen, so z. B. im alten Ägypten, im antiken Griechenland (Odyssee) und Rom. Ein Boot oder Schiff kann aber auch die Verstorbenen bzw. deren Seelen ins Jenseits tragen; in diesem Zusammenhang haben Schiffe Anteil an der Symbolik der ▶Brücke. Auch auf christlichen Grabmälern dargestellte Schifffahrten symbolisieren die Lebensreise des Verstorbenen in den sicheren Hafen des ewigen Lebens.

Als Träger von Sonne (= männliche Schöpferkraft bzw. Gottheit) und Mond (= weibliche Schöpferkraft bzw. Gottheit) stellen Schiffe die Fruchtbarkeit der Wasser dar, z. B. im Glauben der alten Ägypter.

Auch im Buddhismus bringt das Schiff bzw. Fahrzeug der Lehre die Menschen zur Erlösung, indem es ihnen hilft, den Ozean der Existenzen und Gestaltwandlungen zu überqueren, um schließlich das Ufer – das Nirvana – zu erreichen. Dementsprechend werden die beiden großen Richtungen des Buddhismus als „Großes Fahrzeug" (Mahayana) und „Kleines Fahrzeug" (Hi-nayana) bezeichnet.

**Schifffahrt, Zeichen** ▶▶S. 360

**Schild**
Symbol des Schutzes und der Unverletzlichkeit und Attribut von Kriegs- und Schutzgottheiten. Auch in der Bibel taucht der Schild in dieser Symbolbedeutung auf, wenn David Gott z. B. nach seinem Sieg über Goliath als seinen Schild bezeichnet.

**Schildkröte**
Dank ihrer langen Lebensdauer ist die Schildkröte ein Symbol der Langlebigkeit und Unsterblichkeit; daher wurden in Japan und Südkorea schon in vorgeschichtlicher Zeit Grabbauten in Schildkrötenform errichtet. Die Schildkröte spielt auch in vielen Schöpfungsmythen eine Rolle als Kulturheros, der das Universum erschafft, auf seinem Rücken trägt oder wieder in Ordnung bringt. Bei den Sioux, den Algonkin und

den Irokesen ist die Schildkröte ein Erdträger, auf dessen breitem, gepanzertem Rücken der Erdball sicher ruht. Sie wird bei den Indianern vielfach auch mit Geburt und Kindern assoziiert und hat bei der Geburt die Aufgabe, das Baby sicher und wohlbehalten in die Welt hineinzuführen; daher werden Wiegenbretter häufig mit Schildkrötenmotiven verziert. Im Schöpfungsmythos südkalifornischer Indianer tauchte die Schildkröte einst im Urmeer unter und holte die Erde herauf. Auch in der hinduistischen Schöpfungssage vom Umrühren des Ozeans tauchte Vishnu in seiner Inkarnation als Schildkröte Kurma auf den Grund des Ozeans hinab, um die nach einer großen Sintflut dort untergetauchten wertvollen Dinge und Geschöpfe wieder heraufzuholen.

In China galt die Schildkröte gar als Symbol des ganzen Kosmos: Ihr Panzer wurde mit der Wölbung des Himmels, ihre Unterseite mit der flachen Scheibe der Erde verglichen. Im antiken Griechenland war die Schildkröte wegen ihrer vielen Eier ein Fruchtbarkeitssymbol und Attribut der Liebesgöttin Aphrodite. Bei den Kirchenvätern hingegen ist sie ein negatives Symbol; da sie im Schlamm lebt, wird sie zum Sinnbild des Menschen, der sich in den Tiefen der Wollust suhlt.

*Die Schildkröte als Symbol des Nordens, des Landes der Finsternis und der Toten*

# Schifffahrt: Verkehrszeichen auf See

Auch für die Schifffahrt gelten strenge Verkehrsregeln, die mittels verschiedenartiger Zeichen ausgedrückt werden. Man unterscheidet dabei zwischen der Binnenschifffahrt und der Seeschifffahrt.

Es gibt Schallsignale, die bei Nacht und Nebel eingesetzt werden.

Für die Sportschifffahrt und die Berufsschifffahrt gelten unterschiedliche Vorschriften, mit welchen Signalkörpern bei Tag (verschiedenfarbigen Tafeln, Bällen, Kegeln oder Flaggen) oder Signallichtern bei Nacht auf bestimmte Eigenschaften bzw. Situationen aufmerksam gemacht werden muss. So sind Berufsschiffe durch eine derartige Kenntlichmachung gezwungen, auf den Transport entzündlicher oder gesundheitsschädlicher Stoffe oder auf ihren Zustand (manövrierunfähig, stillliegend oder in Not befindlich) aufmerksam zu machen. Es gibt auch eine Reihe von Ge- und Verbotstafeln sowie Sperr- und Freigabesignale.

## Schall- und Lichtsignale für Schiffe in Sicht

●      *Ich ändere meinen Kurs nach Steuerbord.*

● ●      *Ich ändere meinen Kurs nach Backbord.*

● ● ●      *Meine Maschine geht rückwärts.*

● ● ● ● ●      *Ich mache auf Ihre Ausweichpflicht aufmerksam.*

## Schallsignale beim Überholen in engen Fahrwassern

▬ ▬ ●      *Ich beabsichtige, Sie an Ihrer Steuerbord-Seite zu überholen.*

▬ ▬ ● ●      *Ich beabsichtige, Sie an Ihrer Backbord-Seite zu überholen.*

▬ ● ●      *Ich bin mit dem Überholen einverstanden.*

● ● ● ● ●      *Zweifel- und Gefahrensignal*

▬      *Allgemeines Achtungs- und Antwortsignal*
*Oder: Ich nähere mich einer unübersichtlichen Krümmung.*

# Schallsignale

●●●●  *Ich bin manövrierunfähig.*

●●●●●  *Man kann mich nicht überholen.*

●●●●●●●  *(Folge sehr kurzer Töne)  Gefahr eines Zusammenstoßes*

━●  *Ich wende über Steuerbord.*

━●●  *Ich wende über Backbord.*

━━●  *Ich will an Ihrer Steuerbordseite überholen.*

━━●●  *Ich will an Ihrer Backbordseite überholen.*

━━━  *Bei Ein- und Ausfahrt in und von Häfen und Nebenwasserstraßen: Ich will überqueren.*

━━━●  *Bei Ein- und Ausfahrt in und von Häfen und Nebenwasserstraßen: Ich will meinen Kurs nach Steuerbord richten.*

━━━●●  *Bei Ein- und Ausfahrt in und von Häfen und Nebenwasserstraßen: Ich will meinen Kurs nach Backbord richten.*

━━━  *(wiederholte lange Töne)  Notsignal*

🔔...🔔 🔔...🔔  *(Gruppe von Glockenschlägen)  Notsignal*

# Nebelsignale

━  *Schiff in Fahrt: Einzeln fahrende Schiffe, Verbände und gekoppelte Schiffe*

🔔...🔔  *(1 Gruppe von Glockenschlägen): „Ich liege auf der linken Fahrwasserseite!"*

🔔...🔔
🔔...🔔  *(2 Gruppen von Glockenschlägen): „Ich liege auf der rechten Fahrwasserseite!"*

🔔...🔔
🔔...🔔
🔔...🔔  *(3 Gruppen von Glockenschlägen): „Meine Lage ist unbestimmt!"*

# Zeichen für Schiffe auf See

*Überholverbot für alle Fahrzeuge*

*Überholverbot für Schleppverbände*

*Verbot des Begegnens an Engstellen und Überholens*

*Gebot für die einzuschlagende Fahrtrichtung*

*Verbot, in der nachfolgenden Strecke die in km/h angegebene Geschwindigkeit zu überschreiten*

*Mindestabstand vom Ufer (z. B. 40 m)*

*Verbot, die Stelle oder Strecke durch zu hohe Fahrt (Sog oder Wellenschlag) zu gefährden*

*Verbot der Durchfahrt (Sperrung einer Teilstrecke der Seeschifffahrtsstraße*

*Festmacheverbot auf der Seite der Wasserstraße, auf der das Zeichen steht*

*Liegeverbot auf der betreffenden Seite*

*Verpflichtung zur Abgabe eines Schallsignals*

*Haltegebot, bis Durchfahrt freigegeben wird*

*Ankerverbot*

*Ende einer Gebots- oder Verbotsstrecke in einer Richtung*

*Fährstelle. Nicht frei fahrende (links)/frei fahrende Fähre (rechts)*

*Wasserflächen im Fahrwasser, auf denen mit Wassermotorrädern gefahren werden darf*

*Wasserflächen im Fahrwasser, auf denen Wasserskilaufen erlaubt ist*

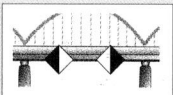

*Durchfahrt nur zwischen diesen Tafeln (Fahrzeuge unter 12 m Länge ausgenommen)*

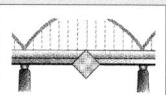

*Durchfahrt in beiden Richtungen*

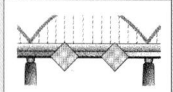

*Durchfahrt in einer Richtung (für Gegenverkehr gesperrt)*

*Dauernde Sperrung einer Seeschifffahrtsstraße (Tag/Nacht)*

*Außergewöhnliche Schifffahrtsbehinderung (Tag/Nacht)*

*Sog und Wellenschlag vermeiden, entsprechend langsam fahren (Tag/Nacht)*

# Ge- und Verbotstafeln für die Sportschifffahrt

 Gebot, die Backbord- bzw. Steuerbordseite der Fahrrinne beizubehalten

 Befahren der Wasserfläche nicht erlaubt

 Gebot, die Fahrrinne nach Backbord bzw. Steuerbord zu überqueren

 Hinweis auf beschränkte Wassertiefe (z. B. 2 m) bzw. beschränkte Durchfahrtshöhe (z. B. 6 m)

 Gebot zu besonderer Vorsicht

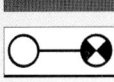 Gebot bzw. Empfehlung, in Richtung des Pfeils bzw. vom festen zum Gleichtaktlicht zu fahren

 Anhalten (z. B. vor Sperrwerken oder Schleusen) bis zur Freigabe der Durchfahrt

 Wendeverbot bzw. Wendeplatz

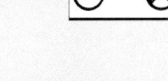 Verbot einer Einfahrt in einen Hafen oder eine Nebenwasserstraße, wenn das rote Licht brennt

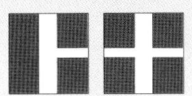 Einmündung einer Nebenwasserstraße (hier von rechts) in eine durchgehende bzw. Kreuzung einer durchgehenden mit einer Nebenwasserstraße

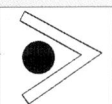 Abstand vom (rechten) Ufer halten (z. B. 40 m)

 Wehr

 Gebot, die Vorfahrt zu beachten bei Einmündung in ein durchgehendes Fahrwasser bzw. bei dessen Kreuzung

 Besonders gekennzeichnete Liegeplätze. Nur hier dürfen auch Sportboote festmachen. Bei allen anders gekennzeichneten Liegeplätzen ist Anlegen für Sportboote verboten.

## Schilfrohr

Nach Matthäus gaben die römischen Soldaten bei der Kreuzigung Jesus als Zepter ein Schilfrohr in die Hand, um ihn als „König der Juden" zu verhöhnen. Daher ist das Schilfrohr ein Passionssymbol.

## Schirm, Sonnenschirm

Ein Symbol des Schutzes und der Herrschaft (daher auch das Wort „Schirmherrschaft"). Im alten Orient hielten Diener Schirme über das Haupt von Würdenträgern. Im Hinduismus wird der alte vedische Gott Varuna, König des Universums und Schöpfer und Erhalter von Himmel und Erde, oft mit einem Schirm als Symbol seiner Macht dargestellt. Im Buddhismus ist der Schirm als Sinnbild königlicher Würde eine der „acht Kostbarkeiten" (▶buddhistische Symbole). In China symbolisiert der Schirm ebenfalls Würde und hohen Rang (z. B. eines Beamten). Später übernahm die christliche Kirche den Schirm als Zeichen der Macht und Heiligkeit, der dann jedoch im 13. Jh. vom ▶Baldachin abgelöst wurde.

## Schlagen

Sich auf die Brust zu schlagen ist ein Ausdruck von Schmerz, Kummer oder Reue. Sich auf die Oberschenkel zu schlagen, drückt Belustigung aus. Sich an die Stirn schlagen kann Kummer, Scham oder Verwunderung, aber auch eine Geste sein, mit der man seine eigene Vergesslichkeit oder mangelnde Geistesgegenwart zum Ausdruck bringt.

## Schlamm

Die vom Wasser fruchtbar gemachte, empfangende Erde; die Quelle und Möglichkeit der Fruchtbarkeit und des Wachstums. Schlamm kann aber auch den primitiven und sündigen Menschen symbolisieren.

## Schlange

Ein fast auf der ganzen Welt in Mythen, Sagen, Legenden und Religionen vieler Völker verbreitetes Symbol. Oft sind Schlange und ▶Drache austauschbar; im Fernen Osten wird gar kein Unterschied zwischen den beiden gemacht.

*Der „beschirmte" Wagen signalisiert, dass er eine hochstehende Persönlichkeit transportiert.*

Die Symbolik der Schlange ist äußerst komplex und widersprüchlich: Als ein Tier, das tötet, verkörpert sie Tod und Zerstörung; als eines, das periodisch seine Haut erneuert, steht sie für Leben und Auferstehung. Sie kann Schöpferkraft und Weisheit verkörpern, ja sogar die Ewigkeit symbolisieren, aber auch ein schreckliches Ungeheuer oder eine Verkörperung des Bösen, Satans sein.

Der Schlange wurde – vielleicht wegen ihrer wellenförmigen Fortbewegung oder weil man sich den Ozean früher mit mancherlei Meeresungeheuern bevölkert dachte – schon immer eine besondere Beziehung zum Wasser zugeschrieben. Kosmologisch gesehen, ist sie der Urozean, von dem alles ausgeht und in den alles zurückkehrt – das uranfängliche, undifferenzierte Chaos. In der Bibel steht sie in Gestalt eines schlangenähnlichen Meeresungeheuers (Leviathan, ▶Fabelwesen) für das Böse; in der germanischen Mythologie umspannt die Verderben bringende, im Weltmeer (▶Ozean) liegende Midgard-Schlange die als Scheibe gedachte Erde (Midgard); in Indien hingegen ist die Schlange als Personifikation von Gewässern eine Hüterin der Lebensenergie. In China stellte man sich Flussgötter häufig in Schlangengestalt vor; manche dieser Schlangen verlangten Menschenopfer.

Auch nach der Auffassung der nordamerikanischen Indianer war die Erde von Schlangen (als Personifikation des Weltmeeres) umgeben. Der Schlangentanz der Hopi, bei dem der Tänzer Schlangen (z. T. auch giftige) in die Arme oder sogar in den Mund nimmt und mit ihnen tanzt, soll die Regengötter günstig stimmen, damit er den Menschen in dieser trockenen Gegend das für eine reiche Ernte so dringend benötigte Nass schickt.

Als auf dem Boden kriechendes und plötzlich zuschnappendes, giftiges, Tod

*Die von Moses ans Kreuz geschlagene eherne Schlange. Abraham Eleazar, „Uraltes chymisches Werk", 1760*

bringendes Tier gilt die Schlange vielfach als listig oder gar hinterlistig und ist ein Symbol des Bösen oder des Verderbens, der Mächte der Finsternis, Satans – so z. B. in ihrer symbolischen Verwandtschaft mit dem ▶Drachen und in vielen ▶Fabelwesen, die schlangenähnliche Züge tragen. So war der altägyptische Apophis, ein Dämon in Schlangengestalt, Widersacher des Sonnengottes Re und Gegner der Weltordnung – der Dämon der Finsternis, Zwietracht und Zerstörung. In der mittelalterlichen Kunst wird die Schlange als Verführerin häufig weiblich (z. B. mit lockigem Frauenkopf) dargestellt. Die Schlange steht daher auch für den verführerischen, verschlingenden, Unheil bringenden Aspekt des Weiblichen. So wird der Begriff „falsche Schlange" nur auf Personen weiblichen Geschlechts angewandt. Weibliche Ungeheuer wie z. B. die Erinnyen und Gorgonen (▶Fabelwesen) werden mit Schlangenhaaren dargestellt. Das Motiv des Kampfes von Göttern oder Heiligen mit Schlangen kommt in vielen Mythologien und Religionen vor und symbolisiert stets den uralten Widerstreit zwischen Gut und Böse, Positivem und Negativem, Licht und Finsternis, wie z. B. bei Zeus und Typhon oder Apollon und Python. Im Christentum ist die Schlange am Fuß des Kreuzes das Böse und verkörpert den Sieg Christi über die Mächte der Finsternis. Gelegentlich wird die Rolle des Schlangentöters auch von einem Tier übernommen, das dann ebenfalls für das Prinzip des Lichts, der Sonne, des Göttlichen steht: Wenn der Adler oder der Hirsch mit der Schlange kämpfen, sind diese beiden solare Tiere und manifestes Licht, während die Schlange die Finsternis, das Chaos und das Böse repräsentiert.

Doch taucht die Schlange in der Bibel durchaus auch manchmal in positiver Bedeutung auf: z. B. als die kupferne Schlange, die Moses in der Wüste aufstellt, und in Anlehnung an diese Begebenheit im Johannesevangelium sogar als Christussymbol.

Da die Schlange sich immer wieder häutet, ist sie auch ein Sinnbild der Regeneration, Erneuerung und Gesundung. So wurde sie zum Attribut des griechisch-römischen Heilgottes Asklepios/Äskulap, in dessen Kult sie eine wichtige Rolle spielte. Der von einer Schlange umwundene ▶Äskulapstab ist eines der bekanntesten und verbreitetsten Arztsymbole.

In Asien hat die Schlange in der Regel eine positive Symbolbedeutung, z. B. als wohltätiger Halbgott (Naga, ▶Fabelwesen) oder als Ananta (Sanskrit: „unendlich"), die Schlange ohne Ende, auf der Gott Vishnu zwischen seinen Inkarnationen lagert – ein Symbol für die Ewigkeit. (Auch ▶Uroboros – die Schlange, die sich selbst in den Schwanz beißt – ist aufgrund ihrer Kreis-

form ein uraltes Sinnbild der Ewigkeit.) Die spiralförmig zusammengerollte Schlange – jederzeit bereit, vorzuschnellen und zuzuschnappen – symbolisiert Lebenskraft, Lebensenergie.

In China gilt die Schlange als sinnlich, böse und hinterlistig, kann aber auch ein Glückssymbol sein. Außerdem ist die Schlange eines der chinesischen Tierkreiszeichen (▶▶astrologische Zeichen, S. 46).

Im Buddhismus verkörpert die Schlange im Zentrum des Rades der Existenzen den Zorn, das Schwein daneben Habgier und Unwissenheit und der Hahn sinnliche Leidenschaft; alle drei zusammen stellen die Sünden dar, die den Menschen an die Welt der Illusion und den Kreislauf der Existenzen binden.

Aufgrund ihrer penisähnlichen Form erscheint die Schlange häufig auch als Sexu-

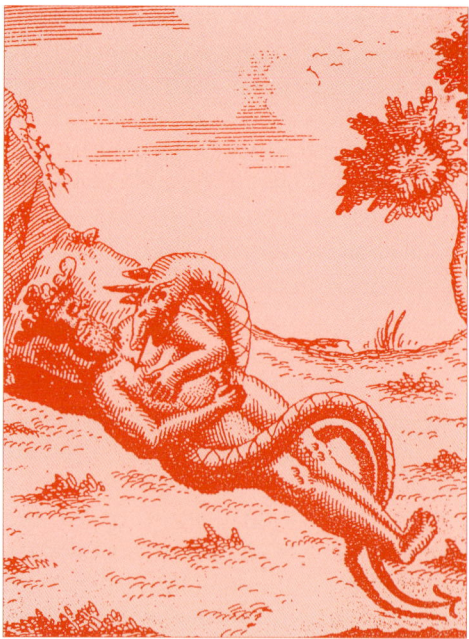

*Die Schlange als Fruchtbarkeitssymbol. Indem sie den König umschlingt, teilt sie ihm ihre Fruchtbarkeit mit. Abraham Eleazar, „Donum Dei", 1735*

alsymbol (z. B. in China und bei manchen afrikanischen Völkern) und als Sinnbild der Zeugungs- und Schöpferkraft. Viele Völker stellen sich ihre Ahnen schlangengestaltig vor. Als Symbol der Lebenskraft und Fruchtbarkeit wird die Schlange manchmal um ein Ei geschlungen dargestellt.

## Schleier

Im Alten Testament (Jesaja 40,22) ist der Schleier ein Symbol des Himmelsgewölbes, das Gott „wie einen Schleier" ausgespannt hat.

Als Tuch, das den Kopf, manchmal auch Gesicht und Körper (meist bei Frauen) oder auch bestimmte Gegenstände verhüllt, stammt der Schleier vermutlich aus dem Orient und gelangte über Rom und Byzanz im Mittelalter ins Abendland. Als Schutz vor neugierigen Blicken und Trennung des Göttlichen vom Irdischen spielt er in vielen Religionen und Kulturen eine wichtige Rolle: So war das Bildnis der ägyptischen Göttin Isis hinter Schleiern verborgen, die man nur zu bestimmten Festen entfernte.

Als Schutz vor neugierigen und lüsternen Blicken der Männer spielte und spielt der Schleier v. a. in der Kleidung der Frau eine wichtige Rolle: In vielen altorientalischen Religionen verhüllten Frauen in der Öffentlichkeit ihren Kopf mit einem Schleier. Auch heute ist das Verschleiern in islamischen Ländern noch üblich.

Der Schleier ist auch ein Sinnbild der Keuschheit und Jungfräulichkeit: Die jungfräulichen römischen Vestalinnen trugen Schleier; die Heilige Jungfrau Maria wird als Sinnbild ihrer Keuschheit und Tugendhaftigkeit ebenfalls häufig mit einem Schleier dargestellt. Bei Nonnen symbolisiert der Schleier Jungfräulichkeit, Weltentsagung und die mystische Ehe mit Christus.

In manchen Fällen hatte der Schleier ursprünglich auch Unheil abwendende Bedeutung: So sollte der schwarze Trauerschleier (Schwarz als Symbol des Todes) ein Schutz vor Totengeistern sein und der weiße Brautschleier (Weiß als Sinnbild der Reinheit und Unschuld) vor lüsternen Dämonen schützen.

Im Hinduismus spielt der Schleier als sinnbildlicher Schleier der Maya eine wichtige Rolle. Maya ist im Hinduismus das Gewebe, aus dem die Welt der Erscheinungen gewoben ist – die Illusion, die die Erkenntnis des Brahman (des Urgrunds allen Seins) verdeckt und die Sicht des Menschen verschleiert, sodass er es nicht erkennen kann.

In der religiösen Symbolik des Islam ist der Schleier von besonderer Bedeutung. Er verkörpert verborgenes Wissen; Offenbarung ist das Abheben des Schleiers. Ein Schleier trennt im Islam auch die Gläubigen von den Ungläubigen.

## Schlinge ▶Bande

## Schloss

Das Schloss hat teil an der Symbolik des umfriedeten Bezirks und der von Mauern geschützten Stadt und steht somit für alles, was schwierig zu erreichen ist – eine Prüfung für den Helden (▶Heros) in Mythen und Märchen. Im Schloss befindet sich meist ein Schatz oder ein Eingekerkerter, und es wird von einem Untier oder Bösewicht bewohnt bzw. bewacht, die überwunden werden müssen, wenn man zu dem Schatz gelangen will.

## Schlund ▶Rachen ▶Mund

## Schlüssel

Ein Symbol der Macht, Herrschaft und Vollmacht, so z. B. in der Bibel und in der griechischen Mythologie. Schlüssel und Schloss sind aufgrund ihrer Form und ihres

Ineinanderpassens auch Sexualsymbole, wobei der Schlüssel für den Penis und das männliche Prinzip, das Schloss für das weibliche Geschlechtsorgan und das weibliche Prinzip steht. In diesem Sinn sind auch Schlüssel und/oder Schloss als Traumsymbole zu interpretieren: Wenn der Schlüssel nicht ins Schloss passt oder das Schloss sich nicht öffnen lässt, kann dies auf eine sexuelle Blockade hinweisen.

### Schmelzofen ▶Schmied

### Schmetterling

Da der Schmetterling sich aus der erdgebundenen Raupe über das Stadium der Auflösung in ein himmlisches, geflügeltes Geschöpf verwandelt, symbolisiert er in fast allen Kulturen Wiedergeburt, Auferstehung, die unsterbliche Seele. Schon bei den Kelten, im alten Ägypten und im antiken Griechenland war der Schmetterling ein Seelensymbol; daher wird Psyche (= Seele) in der Kunst meist mit Schmetterlingsflügeln dargestellt. In der christlichen Symbolik verkörpert der Schmetterling die Auferstehung, wobei die Raupe für das irdische Leben, das Puppenstadium für den Tod und der Schmetterling für die Auferstehung steht.

Auch in China ist der Schmetterling Seelensymbol, so z. B. in Märchen und Erzählungen, in denen die Seele eines toten Mädchens oder einer toten Ehefrau dem Ehemann erscheint oder aus dem Grab kommt. Daneben ist er aber auch ein Sexualsymbol: Ein verliebter junger Mann ist ein Schmetterling, der aus Blütenkelchen (= Frauen) saugt. In Japan steht der Schmetterling für eine eitle Frau, eine Geisha oder einen wankelmütigen Liebhaber.

### Schmied

Dank seiner Fähigkeit, etwas zu schaffen, zu formen und zu gestalten, ist der Schmied

*Der Schmetterling gilt als Symbol für den Tod (Puppenstadium) und für die Auferstehung.*

in der Regel ein positives Symbol, das für Schöpferkraft und Ordnung steht. Der Schmiedegott ist ein Schöpfer, der der Erde Gestalt verleiht, der die Welt erschafft und ordnet. Seine Attribute sind Donner und Blitz, Hammer, Zange und Amboss; er beherrscht das Feuer und besitzt häufig auch die Fähigkeit, Menschen zu heilen oder Greise zu verjüngen (Schmiede, Ofen und Feuer als Orte der Verwandlung und Erneuerung). In der griechisch-römischen Mythologie war Hephaistos/Vulcanus der Schmiedegott; in der germanischen Mythologie gab es Wieland den Schmied. Ihre schöpferischen Fähigkeiten mussten die Schmiedegottheiten häufig mit körperlichen Gebrechen (z. B. Lahmheit bei Hephaistos und Wieland) bezahlen.

### Schnecke

In verschiedenen Kulturen ist die Schnecke ein Symbol des weiblichen Geschlechtsteils; so sollte nach antikem Volksglauben die Weinbergschnecke die Empfängnis beschleunigen. Dadurch wurde die Schnecke auch zum Sinnbild von Geburt und Wiedergeburt. In der christlichen Symbolik hat die Schnecke sowohl positive als auch negative

Bedeutungen: In der Bibel galt sie als unreines Tier; doch da die Nacktschnecke nach einem alten Volksglauben ohne Zeugung entsteht, wurde die Schnecke auch zum Symbol der Jungfräulichkeit; in diesem Sinn sind Schneckendarstellungen auf Marienbildern zu interpretieren. Als Grabsymbol symbolisiert sie Auferstehung, das ewige Leben.

## Schnee

Im Christentum wegen seiner Farbe und Kälte ein Sinnbild der jungfräulichen Reinheit und daher Mariensymbol. Schnee kann aber auch für innere Kälte stehen; schmelzender Schnee versinnbildlicht die Erweichung eines harten Herzens. In China gilt Schnee als Sinnbild der Vergänglichkeit.

## Schnitter ▶Mähen ▶Sense ▶Skelett

## Schnur

Ein Sinnbild für das Leben des Menschen, das beim Tode zerreißt, oder auch für die Verbindung zwischen Seele und Körper, die beim Tod zertrennt wird. Die geknotete Schnur, die ein hinduistischer Gläubiger oder Heiliger trägt, steht für seine vielen Akte der Hingabe. Die Schnur um die Taille eines christlichen Mönchs bindet ihn an sein Mönchtum.

## Schöllkraut

Dem Schöllkraut wurde die Fähigkeit zugeschrieben, den grauen Star zu heilen; daher wurde es in der christlichen Symbolik zum Sinnbild des Heilmittels gegen geistige Blindheit.

## Schornsteinfeger

Ein altes Glückssymbol, da die Jahresabrechnung des Schornsteinfegers an Neujahr früher mit einem Kalendergeschenk mit Glückwunsch für das neue Jahr verbunden war. Wegen seiner schwarzen Kleidung und

seines rußverschmierten Gesichts gilt der Schornsteinfeger aber auch als Kinderschreck.

## Schoß

Der Nährboden, die Große Mutter, die Erdmutter; daher spricht man auch vom „Schoß der Erde", dessen wichtigstes Symbol die ▶Höhle ist. Außerdem wird der Schoß durch den Brunnen, die Wasser (als Urchaos, aus dem alle Dinge entstanden sind) und alles Umschließende symbolisiert.

## Schreibfeder

Im alten Ägypten war die Rohrfeder mit Schaft ein Sinnbild für das Erwachen der Seele und Attribut von Thot, dem Gott der Weisheit und der Wissenschaften. Im Christentum ist die Schreibfeder ein Symbol für Gelehrsamkeit und die Evangelisten.

## Schriftrolle

Wie die Schreibfeder ist die Schriftrolle ein Symbol der Gelehrsamkeit, des Wissens, so z. B. im alten Ägypten, wo sie mit dem Papyrus als dem Wahrzeichen von Unterägypten in Verbindung gebracht wurde. Im Buddhismus steht sie für die Entfaltung der Lehre; in China symbolisiert sie Langlebigkeit und Gelehrtentum. Im Judentum ist die Thora, das heilige Buch, eine Schriftrolle.

## Schuh

Ebenso wie der ▶Fuß ein Sinnbild des Besitzes und der Macht, gleichzeitig aufgrund der Form und des Ineinanderpassens von Schuh und Fuß aber auch ein Sexualund Fruchtbarkeitssymbol, was in vielen alten Bräuchen zum Ausdruck kommt. In manchen Gegenden überreichte der Bräutigam seiner Braut zum Zeichen der Verlobung ein Paar Schuhe. Auch der Brauch, am Nikolaustag einen Schuh vor die Tür zu stellen, der dann mit Äpfeln, Nüssen und anderen Gaben gefüllt wird, ist aus dieser Fruchtbarkeitssymbolik heraus zu erklären.

Schuhe können aber auch Standessymbol sein wie z. B. der ▶Bundschuh, den die aufständischen Bauern zu ihrem Wahrzeichen erhoben. Das Ausziehen der Schuhe beim Betreten heiliger Stätten bedeutet Reinigung, Ehrerbietung und das Zurücklassen alles Irdischen.

## Schuppen
Ein Sinnbild für Panzer und Schutz.

## Schüssel, Schale
Hat teil an der Symbolik aller ▶Gefäße. Eine Schüssel Wasser steht für das weibliche, empfangende Prinzip und Fruchtbarkeit. Die Almosenschale versinnbildlicht das Sich-Fernhalten vom Leben; Entsagung; die Aufgabe des eigenen Ichs, so z. B. im Buddhismus, wo sie ein Attribut der Mönche ist. ▶Kelch ▶Gral

## Schütze ▶▶Astrologische Zeichen, S. 46
▶Pfeil ▶Bogen

## Schwalbe
Als Zugvogel, der jedes Jahr im Frühling wiederkehrt, ist die Schwalbe in westlichen Ländern wie auch in China Frühlingsbote und Glücksbringer. Nach chinesischem Glauben bringt die Schwalbe, die am Haus nistet, Glück, Erfolg und Kindersegen. Da man früher glaubte, die Schwalbe könne ihren Jungen durch den Saft des ▶Schöllkrauts das Augenlicht schenken, wurde sie im Christentum zum Auferstehungssymbol.

## Schwan
Wegen seiner rein weißen Farbe ist der Schwan in fast allen Kulturen ein Symbol des Lichts, der Reinheit und der Sonne. So war er z. B. als Sinnbild der Reinheit und des Lichts das heilige Tier Apollons – möglicherweise aber auch deshalb, weil der Schwan nach einem alten Volksglauben in seinem Todesgesang Prophezeiungen ausspricht, daher als ein Tier der Weissagung gilt und Apollon der Gott des Orakels in Delphi war. Der Schwan war auch eine Erscheinungsform des Himmelsgottes Zeus/Jupiter, in der er Leda beiwohnte.

## Schwarz ▶▶Symbolik der Farben, S. 152

## Schwefel
In der Alchemie ist der Schwefel der Geist, das „nicht brennende Feuer", das männliche, feurige Prinzip; Trockenheit; Härte; Vereinigung; genaues und theoretisches Wissen. Der Schwefel „fixiert" das flüchtige Quecksilber. Schwefel und Quecksilber sind die beiden fundamentalen Zeugungskräfte des Universums, die dadurch, dass sie aufeinander einwirken, flüchtig werden, sich also in Geist verwandeln. Im Christentum wird der Schwefel mit Hölle und Teufel in Verbindung gebracht.

## Schwein
Das Schwein ist wegen seiner zahlreichen Nachkommen ein uraltes Symbol der Fruchtbarkeit und symbolisiert häufig auch Glück und Wohlstand; andererseits steht es für Gefräßigkeit, Habgier, Wollust und alles Unreine.

Da das Schwein sich im Schlamm suhlt und Schweinefleisch Trichinen auf den Menschen übertragen kann, galt und gilt das Schwein vielfach als unreines Tier – noch heute ist in unserem Sprachgebrauch „Schwein" ein Schimpfwort für einen unsauberen Menschen oder (im übertragenen Sinn) für jemanden mit schlechtem Charakter. In der Bibel galt das Schwein als unrein, und sein Fleisch durfte deshalb einem Gebot Gottes zufolge nicht gegessen werden. Noch heute gilt bei vielen orientalischen Völkern wie z. B. Juden und Muslimen Schweinefleischverbot.

Woher das Schwein seine Symbolbedeutung als Bringer von Glück und Reichtum (Sparschwein, Glücksschwein, die Redensart „Schwein haben") im westlichen Kulturkreis hat, ist nicht hundertprozentig geklärt – vielleicht leitet sich dies aus seiner uralten Fruchtbarkeitssymbolik her. ▶Eber

### Schwelle

Ein Symbol für den Übergang vom Profanen zum Heiligen oder Eintritt in eine neue Welt; spielt in der Symbolik der ▶Initiation und des ▶Übergangs eine wichtige Rolle. Das Versinken im Wasser, das Betreten eines dunklen Waldes oder eine Tür in einer Wand sind Schwellensymbole für das Betreten des gefahrvollen Unbekannten. Wächter an der Schwelle, die es zu überwinden gilt, ehe der Held (▶Heros) den

*Das Schwert symbolisiert den allerhöchsten Richter, Gottvater, 15. Jh.*

geheiligten Bereich betreten kann, sind Hunde, Drachen, Schlangen und andere Ungeheuer. ▶Tür

### Schwert

Ein Symbol der Macht, Autorität, Rechtsprechung und Königswürde; häufig mit Feuer, Blitz und Sonne assoziiert und Attribut vieler Kriegs- und Gewittergottheiten; wird aber auch zur Unterwelt in Beziehung gesetzt. So ist es z. B. die Waffe ägyptischer Unterweltsdämonen und bedroht in der germanischen und finnischen Mythologie die ins Totenreich Hinabgestiegenen.

Im Christentum wird es meist in der Hand Gottes dargestellt und dient der Bestrafung bzw. dem Gericht über sündige Menschen. So lässt Gott z. B. nach dem Sündenfall den Eingang zum Paradies von einem Cherub mit flammendem Schwert bewachen. In Bildern des Jüngsten Gerichts wird Christus oft mit einem aus seinem Mund hervorkommenden zweischneidigen Schwert dargestellt – Sinnbild des göttlichen Richterspruchs, der die Seelen der guten, gläubigen Menschen ins Himmelreich aufnimmt und die Sünder verdammt.

Auch der kosmische oder Sonnenheld (▶Heros), der Besieger von Drachen und dämonischen Mächten, trägt ein Schwert. In Heldensagen besitzt es häufig magische Kräfte und hat oft auch einen Namen. Auch in China ranken sich viele Sagen und Geschichten um die magischen Fähigkeiten von Schwertern.

Auf metaphysischer Ebene ist das Schwert Symbol für Einsicht und Urteilskraft; die durchdringende Kraft des Intellekts; geistige Entscheidung; die Unverletzlichkeit des Heiligen. So symbolisiert es z. B. im Buddhismus und Hinduismus die Macht der Erkenntnis und Erleuchtung – die Zerstörung der Illusion bzw. Nicht-Erkenntnis. Auch im Taoismus steht das Schwert für alles durchdringende Einsicht und Sieg über die Unwissenheit; in Japan symbolisiert es Mut und Stärke.

Im Islam ist das Schwert ein Symbol des Heiligen Krieges und der Gläubigen im Kampf gegen die Ungläubigen sowie des Menschen im Kampf gegen seine eigene Bosheit.

Als Macht-, Herrschafts- und Rechtssymbol gehört das Schwert zu den ▶Reichsinsignien; in psychoanalytischer Interpretation und als Traumsymbol ist es ähnlich wie andere schwertähnliche Waffen ein Phallussymbol (während die Scheide für das weibliche Prinzip steht).

Das Damoklesschwert ist (in Anlehnung an die griechische Sage von dem Günstling des Tyrannen Dionysios von Syrakus, der über seinem Haupt ein Schwert an einem Pferdehaar aufhängte) Sinnbild für eine stets drohende Gefahr. ▶Lanze ▶Pflug

**Schwertlilie** ▶Iris

**Scylla** ▶Fabelwesen

**See**
Das weibliche, feuchte Prinzip; oft Aufenthaltsort von Ungeheuern oder magischen weiblichen Mächten.

**Seele**
Die Seele wird meist als auffliegender ▶Vogel oder ▶Schmetterling dargestellt. In der christlichen Kunst wird sie manchmal als kleines Kind dargestellt, das nackt aus dem Munde kommt. In Griechenland und anderen Kulturkreisen verließ die Seele den Körper in Gestalt einer Schlange (als Symbol der Regeneration und Wiedergeburt). Auch der ▶Schatten ist ein häufig vorkommendes Symbol für die Seele. Auf dem schwierigen und gefahrvollen Weg ins Jenseits steht der Seele in vielen Religionen und Mythologien

ein Seelengeleiter (Psychopompos), häufig in Tiergestalt, zur Seite. ▶Schiff ▶Unterwelt

**Seelengeleiter** ▶Psychopompos

**Segen** ▶Hand

**Seil**
Das Seil hat Anteil an der Symbolik der ▶Schnur und aller ▶Bande; es kann binden und Grenzen setzen, aber auch Zugang zum Himmel gewähren. Bei den australischen Aborigines erzeugt der Medizinmann aus seiner eigenen Nabelschnur das Seil des Zugangs zu anderen Welten. In der vorbuddhistischen Religion von Tibet waren Himmel und Erde durch ein Seil miteinander verbunden, und die Götter kamen an diesem Seil herabgestiegen, um sich unter die Menschen zu mischen.

**Sense**
Ein Sinnbild für die Vergänglichkeit des Lebens und den Tod, das Durchschneiden des Lebensfadens; ein Attribut von Kronos/Saturn und den Figuren des Schnitters und Todes („Sensenmann").

*Der Schnitter mit der Sense, ein Sinnbild des Todes, beruft eine Seele aus der Welt ab. Vignette aus einem Stundenbuch vom Ende des 15. Jh.s*

Die Sense kann aber auch ein Symbol der Ernte und des Bauernstandes sein, so z. B. im kommunistischen Symbol ▸Hammer und Sichel.

## Sephiroth
In der Kabbala sind die zehn Sephiroth die Hauptaspekte bzw. -emanationen von Gott (▸kabbalistische Symbole, ▸Baum).

## Sexualsymbole ▸Frau ▸Mann
▸Phallus ▸Schlüssel

## Shakti ▸hinduistische Symbole ▸Frau

## Shiva ▸hinduistische Symbole ▸Mann

## Sichel ▸Sense

## Sieb
Ein Symbol für den Akt der Reinigung durch Aussieben des Wertlosen; Erwählung, Auswahl. Im Christentum symbolisiert es das Aussieben der Ungläubigen von den Gläubigen. Es ist ein Attribut der Tugend der Prudentia (Klugheit) und kann auch für das menschliche Gewissen stehen, das gute Dinge akzeptiert und schlechte zurückweist.

## Sieg
Die häufigsten Siegessymbole sind: ▸Palme, ▸Krone, ▸Girlanden, Kränze (u. a. aus ▸Lorbeer, ▸Efeu, ▸Myrte; ▸Kranz), Triumphbogen und Flügel.

## Siegel
Ein schon im Alten Orient, in der Antike und im Mittelalter und auch in den asiatischen Ländern verbreitetes und bis heute gebräuchliches Sinnbild der Autorität, der Macht oder des Besitzes; auch Beglaubigungs- und Vertragsabschlusszeichen. Das Siegel diente auch dem Verschluss wichtiger Schriftstücke, um sie vor unbefugter Öff-

nung zu schützen, und ist somit auch ein Symbol der Geheimhaltung. In der Bibel ist das Siegel ein Symbol der Gottzugehörigkeit.

## Signal
Jedes durch optische, akustische oder andere technische Mittel gegebene Zeichen mit einer unter den Benutzern vorher vereinbarten Bedeutung zur Übermittlung von Informationen über eine mehr oder weniger große Entfernung. Es kann sich um Lichtsignale oder Tonsignale in der Schifffahrt handeln oder um optische Signale im Schienen- oder Straßenverkehr. Als Signal gilt auch eine mimische Äußerung oder Bewegung eines Menschen, der diese mit einem anderen vereinbart hat. Auch physikalische, biologische und biochemische Prozesse arbeiten mit Signalen, durch die bestimmte Vorgänge initiiert, beeinflusst oder beendet werden.

## Signalflaggen ▸▸S. 374

## Signet
Ursprünglich verwendet für Buchdrucker-, Verleger und Firmenzeichen, die in der Frühzeit des Druckergewerbes auf dem Titelblatt angebracht wurden, um den Drucker oder Verleger eines Buches als Produzenten dieses Werkes auszuweisen. Die älteste Druckermarke verwendeten Johannes Fust und Peter Schöffer in dem 1457 erschienenen Werk „Mainzer Psalter".

## Sig-Rune
Das Schriftzeichen des Runenalphabets für den S-Laut. Wohl wegen der Lautgleichheit mit dem Wort „Sieg" und seiner aggressiven, blitzähnlichen Form ein faschistisches, antisemitisches Symbol und Sinnbild der Verehrung alles „Nordischen", „Germanischen", v. a. in Deutschland. Die einfache Sig-Rune, weiß auf schwarzem Grund, war

# Signalflaggen des internationalen Signalbuchs

In der Schifffahrt werden zur optischen Nachrichtenübermittlung Flaggen eingesetzt, die in einem international gültigen Flaggensystem festgelegt sind.

Dieses System besteht aus 26 Buchstabenflaggen (Flaggenalphabet), um die Buchstaben A bis Z darzustellen, und zusätzlich 10 Zahlenwimpeln, um die Zahlen von 0 bis 10 zu

übermitteln. Weiter existieren noch drei Hilfsstander und ein Antwortwimpel.

Einzelne Buchstabenflaggen und spezielle Kombinationen aus denselben können bestimmte Informationen oder Mitteilungen zwischen Schiffen übermitteln.

Im internationalen Signalbuch der Weltorganisation für die Seeschifffahrt

(IMCO) sind die Signalflaggen festgehalten.

Im Jahr 1857 wurde bereits das erste internationale Flaggenalphabet eingeführt. Seit dem Jahr 1934 ist eine Bearbeitung in Gebrauch.

Die NATO und die Kriegsmarinen verfügen über eigene Signalbücher, die in der Regel geheim gehalten werden.

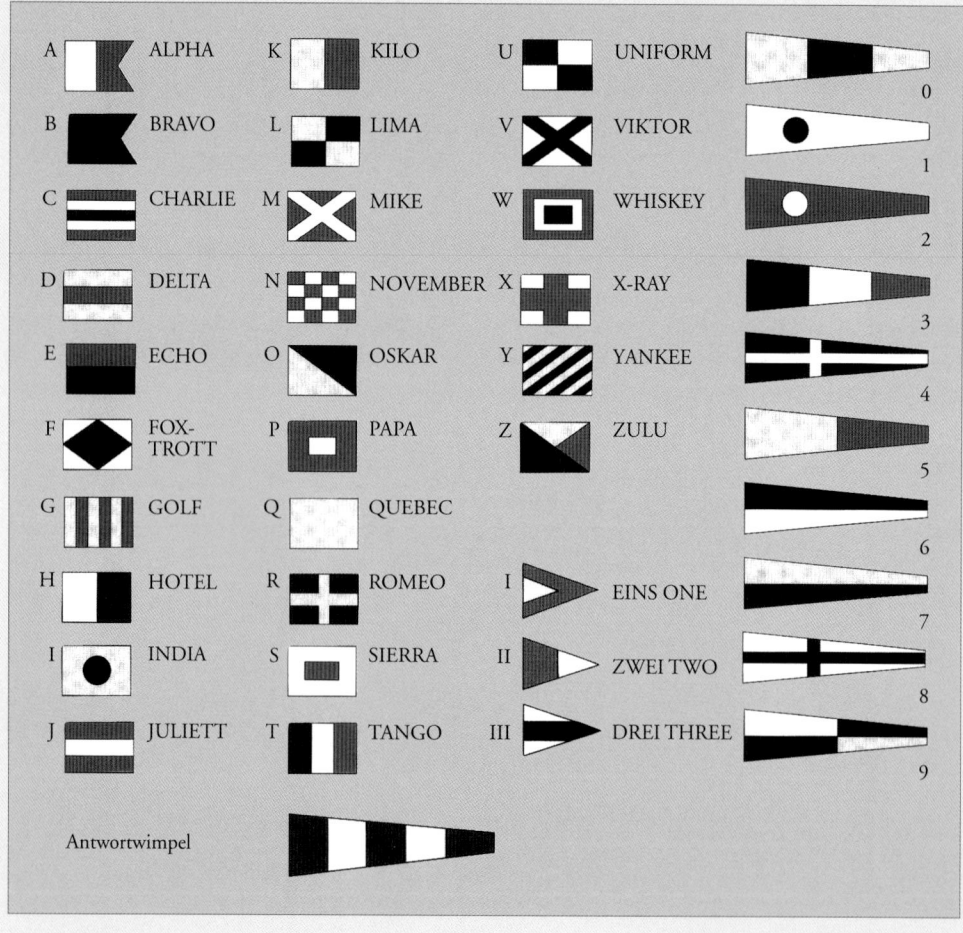

## Ein-Buchstaben-Signale

 *Ich habe Taucher unten; halten Sie bei langsamer Fahrt gut frei von mir.*

 *Nein*

 *Ich lade, lösche oder befördere gefährliche Güter.*

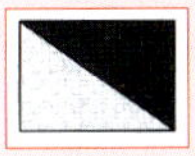

 *Mann über Bord.*

 *Ja*

 *Im Hafen: Alle Mann an Bord, da Fahrzeug auslaufen will.*
*Auf See bei Fischereifahrzeugen: „Meine Netze sind an einem Hindernis festgekommen."*

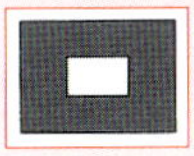

 *Halten Sie frei von mir; ich manövriere unter Schwierigkeiten.*

 *An Bord ist alles gesund und ich bitte um freie Verkehrserlaubnis.*

 *Ich ändere meinen Kurs nach Steuerbord.*

 *Halten Sie frei von mir; ich bin beim Gespannfischen.*

 *Ich bin manövrierunfähig; treten Sie mit mir in Verbindung.*

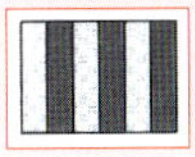

 *Meine Maschine geht rückwärts.*

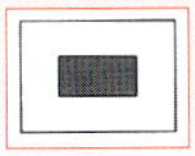

 *Ich benötige einen Lotsen.*
*Bei Fischereifahrzeugen.*

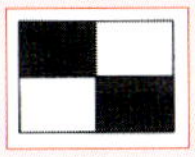

 *Sie begeben sich in Gefahr.*

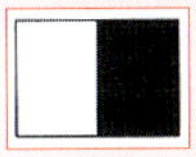

 *Ich habe einen Lotsen an Bord.*

 *Ich benötige Hilfe.*

 *Ich ändere meinen Kurs nach Backbord.*

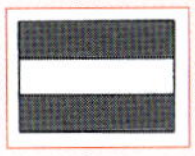

 *Ich benötige ärztliche Hilfe.*

 *Ich habe Feuer im Schiff und gefährliche Ladung an Bord; halten Sie gut frei von mir.*

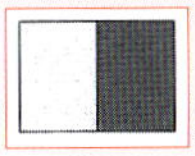

 *Unterbrechen Sie Ihr gegenwärtiges Manöver und achten Sie auf meine Signale.*

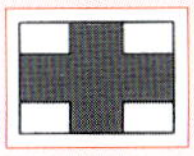

 *Ich möchte mit Ihnen in Verbindung treten.*

 *Ich treibe vor Anker.*

 *Bringen Sie Ihr Fahrzeug sofort zum Stehen.*

 *Ich benötige einen Schlepper.*
*Bei Fischereifahrzeugen, die auf Fangplätzen einander sehr nahe sind, bedeutet das Signal: „Ich setze Netze aus."*

 *Meine Maschine ist gestoppt und ich mache keine Fahrt durchs Wasser.*

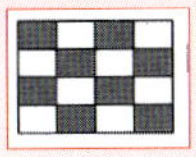

*Die doppelte Sig-Rune, ein Symbol der NSDAP*

Abzeichen des Deutschen Jungvolks in der Hitler-Jugend; die verdoppelte Sig-Rune war Symbol der NSDAP.

## Silber

Ein Symbol für den Mond, für Jungfräulichkeit und das weibliche Prinzip (während Gold für das männliche Prinzip steht) – die Königin wird durch Silber, der König durch Gold verkörpert. In der christlichen Symbolik ein Sinnbild der Keuschheit und Reinheit.

## Sirene ▸Fabelwesen

## Skalp

Bei den nordamerikanischen Indianern galt das Erbeuten eines Skalps als Zeichen für Tapferkeit und kriegerischen Erfolg. Der Skalp teilt mit dem Kopf, dem Haar und der Haut die Symbolbedeutung, dass er die Lebenskraft eines Menschen enthält; einen Skalp zu erbeuten bedeutete daher für den Indianer, sich die Lebenskraft der betreffenden Person zu Eigen zu machen.

## Skarabäus

Die Weibchen von Käfern der Gattung Scarabaeus (am bekanntesten der „Heilige Pillendreher") formen Dungkugeln, in die sie jeweils ein Ei legen und die sie über den Boden rollen und in der Erde vergraben. Der Mist dient den ausschlüpfenden Käferlarven als Nahrung. Im alten Ägypten glaubte man deshalb, dass der Skarabäus aus der Erde entstehe, und dachte sich den Urgott Chepre in Skarabäus-Gestalt als Sinnbild ständiger Urzeugung, aus sich selbst heraus schaffender Kraft. Häufig wird der Skarabäus dargestellt, wie er die Sonnenscheibe anschiebt und damit der Sonne hilft, wieder aufzugehen; daher war er in Ägypten auch Auferstehungs- und Glückssymbol und ein beliebtes Amulett.

## Skelett

Ebenso wie der ▸Schädel ein Symbol für Tod, Sterblichkeit, das rasche Vorübergehen von Zeit und Leben (oft auch im Sinne eines Memento mori). Zusammen mit Sense und Stundenglas verkörpert das Skelett den Schnitter, den Sensenmann, der das Leben abschneidet. Es wird auch mit dem Toten- und Unterweltsgott der Maya assoziiert.

## Skorpion

Der Skorpion mit seinem Giftstachel ist meist ein Sinnbild gefährlicher, todbringender Mächte und wurde auch häufig mit der Hölle bzw. der Unterwelt in Verbindung gebracht. So wird im mesopotamischen Gilgamesch-Epos der Eingang zur Hölle von zwei Skorpionmenschen bewacht. In der Bibel erscheint der Skorpion, der dem Menschen mit seinem Stachel Schmerzen zufügt, als Symbol für die Strafe Gottes (Offenbarung des Johannes 9,3 ff.); im Lukas-Evangelium (10,19) ist er ebenso wie die Schlange ein Sinnbild des Teufels. Auch im Mittelalter verkörperte er Satan und die Ungläubigen.

Lediglich im alten Ägypten erscheint der Skorpion in positiver Bedeutung: Die Göttin Selkis – Beschützerin der Toten – wurde in Skorpiongestalt verehrt. Der Skorpion ist auch ein Tierkreiszeichen (▶▶astrologische Zeichen, S. 46).

## Skylla ▶Fabelwesen

## Smaragd ▶Edelsteine

## Soma

Im Hinduismus (Rigveda) der berauschende Saft einer Götterpflanze, der im vedischen Opferritual den Göttern dargebracht wurde und den auch die Brahmanen tranken. Er sollte übernatürliche Kräfte verleihen, wurde auch „Wasser des Lebens" oder „Wein der Unsterblichkeit" genannt und wie ein Gott verehrt. Die Brahmanenpriester bereiteten ihn, indem sie die Schösslinge der (bisher nicht identifizierten) Soma-Pflanze zwischen Steinen pressten, den Saft durch ein Sieb passierten, mit Gerstensaft und Milch vermischten und dann den Göttern darbrachten. Der süße, braune Saft rief ekstatische Rauschzustände hervor.

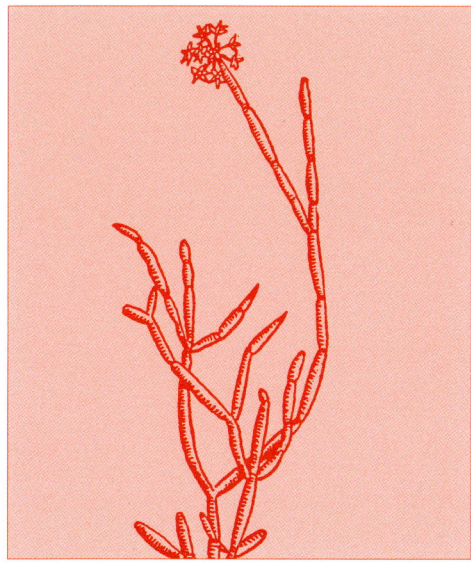

*Die legendäre Soma-Pflanze (alte orientalische Abbildung)*

## Sommer ▶Jahreszeiten

## Sonne

Als Quell des Lichts und der Wärme, Ursprung der Fruchtbarkeit und des Lebens, als Himmelskörper, der jeden Abend versinkt und jeden Morgen strahlend neu aufersteht, spielte die Sonne im Denken vieler Kulturen eine beherrschende Rolle und wurde vielfach auch kultisch verehrt. Man dachte sie sich als Kugel, Rad oder Scheibe und stellte sie auch so dar; weitere häufige Darstellungsformen bzw. Symbole der Sonne sind die Scheibe mit Strahlen oder mit Flügeln (mit denen sie über das Himmelsgewölbe fliegt), das Sonnenrad (ein ▶Rad mit eingezeichnetem Kreuz als Bild für den Lauf der Sonne um die Erde bzw. die vier Himmelsrichtungen) und in gleicher Bedeutung das Hakenkreuz (▶Swastika). Auch als allsehendes Auge des Himmels wird die Sonne dargestellt. Vielfach stellte man sie sich auch als Vogel vor, wobei vor allem starke, majestätische Vögel wie Falke und Adler die Sonnensymbolik übernahmen.

Auch der Sonnenlauf durch den Tag und durch das Jahr gab Anlass zu vielen verschiedenen Interpretationen. So sah man im Sonnenuntergang und in dem von der Sommersonnenwende an beginnenden Abstieg der Sonne am Himmel ein Sinnbild des Todes oder des Abstiegs in die Unterwelt oder eine Nachtfahrt durchs Meer; der morgendliche Sonnenaufgang im Osten und der mit der Wintersonnenwende beginnende Aufstieg der Sonne am Himmel wurde mit Auferstehung, unerschöpflicher Lebenskraft und Unsterblichkeit gleichgesetzt.

Aus dem Lauf der Sonne ist auch die symbolische Bedeutung der Himmelsrichtungen entstanden: Da die Sonne im Osten aufgeht, wurde die positive Auferstehungs- und Unsterblichkeitssymbolik auf diese

Himmelsrichtung übertragen; so ist z. B. die Ostung vieler sakraler Bauten und Gräber zu verstehen (d. h. die West-Ost-Richtung der Hauptachse, u. a. bei christlichen Kirchen). Aus der Antike wurde im frühen Christentum der Brauch übernommen, sich beim Gebet der aufsteigenden Sonne (Christus) zuzuwenden. Der Westen hingegen steht als Himmelsrichtung, in der die Sonne untergeht, für Finsternis, Kälte, Tod und die Unterwelt. So liegt z. B. das Totenreich der Kelten (Avalon) im Westen. In der christlichen Symbolik gilt der Westen als Ort der Finsternis, Sitz der Dämonen und des Teufels (daher besonderer Schutz der Westseiten von Kirchen durch Darstellungen des heiligen Michael als Teufelsbezwinger oder Darstellungen des Jüngsten Gerichts). Eine ähnlich negative Symbolik hat der Norden, in dem die Sonne nie zu sehen ist: Für die Chinesen war der Norden das Land der Finsternis und der Toten.

Der fast weltweit verbreitete Sonnenkult brachte eine Vielfalt an Sonnengottheiten hervor, die entweder mit der Sonne identifiziert wurden (wie z. B. der griechische Sonnengott Helios, der Tag für Tag mit seinem Pferdegespann über den Himmel fährt) oder sonnenhafte, „lichte" Eigenschaften besaßen (also das Gute, Wohltätige, Majestätische verkörperten) wie z. B. der babylonische Marduk, der ägyptische Osiris und der griechische Apollon. Die ägyptischen Sonnengötter waren Re und Aton; im japanischen Shintoismus wurde die Sonnengöttin Amaterasu verehrt; bei den Azteken hieß der Sonnengott Tonatiuh. Die Attribute und Symbole der Sonnengottheiten entsprechen großenteils denen der Sonne: Sonnenscheibe, Flügelsonne, ein von Pferden gezogener, häufig goldener Sonnenwagen oder ganz allgemein die goldene Farbe.

In den meisten Überlieferungen ist die Sonne der universelle Vater und der Mond die Mutter, allerdings gibt es auch ein paar Ausnahmen: In der Symbolik der nordamerikanischen Indianer, der Maori, der Germanen, des pazifischen Raums und der Japaner ist der Mond die männliche und die Sonne die weibliche Macht.

Uralt ist die Vorstellung, dass man den Lauf der Sonne als Leben spendender Macht durch bestimmte Kulte und Riten aufrechterhalten bzw. feiern müsse; so brachten die Azteken ihrem Sonnengott beispielsweise Sonnenopfer dar, um den Lauf der Sonne sicherzustellen. Auch die Sonnenwenden wurden mit festlichen Ritualen und Zeremonien begangen.

Das Christentum übernahm die vorchristliche Sonnensymbolik und bezog sie auf Jesus Christus, seine Auferstehung und seine Eigenschaft als „Licht der Welt". Daher wird das Sonnenrad häufig mit dem Christusmonogramm (▶Christussymbole) kombiniert; und die goldene Sonnenscheibe (manchmal mit eingezeichnetem Kreuz) erscheint als Heiligenschein (▶Nimbus) über dem Haupt Gottes, Christi und der Heiligen. Aus diesem Grund werden auch seit dem frühen Christentum Kirche, Apsis und Altar nach Osten gerichtet – als Hinwendung zu Jesus Christus als der aufgehenden Sonne (Auferstehung) und dem Licht der Welt.

In China entspricht die Sonne dem Yang, dem männlichen Prinzip (▶Yin-Yang), und steht mit dem Osten (der Himmelsrichtung des Sonnenaufgangs) in Verbindung; außerdem ist sie ein Symbol des Frühlings und des Kaisers. Das Sonnentier der chinesischen Mythologie ist der ▶Rabe.

Im Hinduismus ist der dreifache Baum mit drei Sonnen ein Bild für die Trimurti, die Hindu-Trinität der drei Götter Brahma, Vishnu und Shiva. Im Islam symbolisiert die Sonne das Auge Allahs, alles sehend und allwissend. Sie ist das Herz des Weltalls und das Zeichen Gottes im Himmel und auf Erden.

Als politisches Symbol steht die Sonne für gottähnliche Herrschaft und Macht, oft auch für die göttliche Abstammung des Herrschers. Viele Herrscherhäuser leiteten ihre Abstammung von einer Sonnengottheit ab, so z. B. die altägyptischen Pharaonen, die Herrscher der Inka und der japanische Tenno.

## Sonnenblume

Die Inkas verehrten die Sonnenblume als heiliges Symbol ihres Sonnengottes. Auch bei den nordamerikanischen Plains-Indianern galt die Sonnenblume als heilig: Sie legten Schalen mit Sonnenblumenkernen auf die Gräber ihrer Toten, die ihnen auf der Reise ins Jenseits als Nahrung dienen sollten.

*Die Sonnenblume (hier in einer Abbildung aus dem „Herball" von Gerard, London, 1633) galt bei den Indianern als heilige Pflanze.*

## Sonnenschirm ▶Schirm

## Sonnentanz

Bei den Prärie- und Plainsindianern verbreitete, alljährlich (meist im späten Frühjahr oder Frühsommer) stattfindende Welterneuerungs- und Fruchtbarkeitszeremonie mit kosmologischer Symbolik, mit Mutproben für die jungen Männer verbunden, bei der durch Fasten, Tanzen und Selbstfolterung Visionen (▶Rausch) erlangt werden sollen, die dem Einzelnen und dem Stamm Kraft bringen. Gefeiert wird dabei die Wiederkehr der Sonne; gleichzeitig ist der Sonnentanz eine Vereinigung mit der Kraft der Sonne. Das Sonnentanzzelt steht für die Welt, und der Sonnenpfahl in der Mitte ist die Weltachse bzw. das heilige Zentrum; an seiner Spitze befindet sich das Nest des mythischen Donnervogels, eines Sinnbilds des Großen Geistes.

## Spatz ▶Sperling

## Specht

In manchen Kulturen wird der Specht als prophetischer Vogel verehrt; bei Südseevölkern und nordamerikanischen Indianern und auch in manchen indogermanischen Überlieferungen ist er der Vogel, der den Menschen das Feuer brachte. In der christlichen Symbolik wird sein beständiges Klopfen mit dem „Gebet ohne Unterlass" des frommen Christen assoziiert; als Würmervertilger (Wurm = Schlange = Symbol Satans) ist er auch ein Christussymbol.

## Speer ▶Lanze

## Sperling, Spatz

Bei den Griechen war dieser Vogel wegen seiner Vermehrungsfreudigkeit ein Attribut der Liebesgöttin Aphrodite; in der christlichen Symbolik des Mittelalters wurde er zum Sinnbild der Unkeuschheit. Auch in China gilt der Sperling als sinnlicher Vogel und ist deshalb ein Symbol des Penis; das Essen seines Fleisches soll die sexuelle Kraft stärken.

## Spiegel

Ein Gegenstand mit sehr vielfältiger symbolischer Bedeutung; aufgrund seines Glanzes häufig mit Reinheit und Göttlichkeit (dem hellen, glänzenden Schein göttlicher Wahrheit) in Verbindung gebracht. Da er alles widerspiegelt und der Selbstbetrachtung dient, kann er auch für Wahrheit, Versenkung und Selbsterkenntnis stehen. Im antiken Volksglauben dienten Spiegelamulette der Abwehr von Unheil.

Der Spiegel spielt in vielen Religionen eine wichtige Rolle. Zusammen mit dem Schwert und dem Juwel ist er einer der drei Schätze des Shintoismus und steht für die Wahrheit. Im shintoistischen Heiligtum in Ise wird ein Spiegel als Leib der Sonnengöttin Amaterasu verehrt. Auch in vielen anderen Shinto-Schreinen sind Spiegel aufgestellt, weil sie die Reinheit des göttlichen Sinns symbolisieren, der alles widerspiegelt und nichts für sich behält.

Im Christentum ist der glänzende Spiegel ebenfalls Sinnbild der Reinheit und Unbeflecktheit und daher ein Mariensymbol (auch deshalb, weil Gott mithilfe des reinen Spiegels von Marias Jungfräulichkeit seinen Sohn – sein Spiegelbild – hervorbrachte). Maria wird daher als „speculum sine macula" (unbefleckter Spiegel) bezeichnet.

In der Mystik (v. a. bei Jakob Böhme) wurde der Spiegel zum Sinnbild für die Offenbarung einer verborgenen göttlichen Wirklichkeit.

Der Spiegel kann auch für Selbsterkenntnis stehen, so z. B. im Taoismus: Schaut man in sein eigenes Wesen hinein, so wird das Böse abgetötet; man erblickt die Schrecken seiner Widerspiegelung, und „wenn sich das Böse selbst erkennt, so zerstört es sich". Der Spiegel symbolisiert auch den Geist und die Ruhe des Weisen: „Der Geist des Weisen, der in sich ruht, wird zum Spiegel des Universums" (Tschuan Dsu). Im Hinduismus hingegen erinnert der Spiegel daran, dass alle Abbilder und Formen bloße Reflexionen sind – nur Illusionen, Schein (Maya), Erfindungen des Denkens.

## Spiegelbild

Ein Spiegelbild im Wasser, in einem Fluss oder Glas verkörpert die zeitliche, vergängliche Welt der Erscheinungen. Es kann aber auch – entsprechend der Spiegelsymbolik – ein Symbol für die Wahrheit sein.

## Spielkarten

Unsere heutigen Spielkarten sind aus der Kleinen Arkana der Tarotkarten (▶▶Orakelsystem Tarock, S. 390) hervorgegangen, die vor Jahrhunderten durch wahrsagende Zigeuner bei uns eingeführt wurden. Sie sind in vier Farbsätze gegliedert, die jeweils ein gemeinsames Symbol (Pik, Kreuz, Herz oder Karo) tragen. Die beiden Farben der vier Farbsätze (Rot und Schwarz) symbolisieren den Dualismus, der sich durch die ganze Welt und unser ganzes Leben zieht: Die roten Farben (Herz, Karo) stehen für die warmen Jahreszeiten und die Kräfte des Lichts, die schwarzen (Pik, Kreuz) repräsentieren die kalten Jahreszeiten und die Mächte                          der Finsternis. Alle vier Zeichen auf den Karten sind Lebenssymbole: Pik (aus der Tarotfarbe der Schwerter hervorgegangen) = ein Blatt, der Weltenbaum; Herz (aus der Tarotfarbe der Kelche hervorgegangen) = das Lebens- und Weltzentrum; Karo bzw. Rhombus (aus der Tarotfarbe der Münzen hervorgegangen) = das weibliche Prinzip; Kreuz (aus

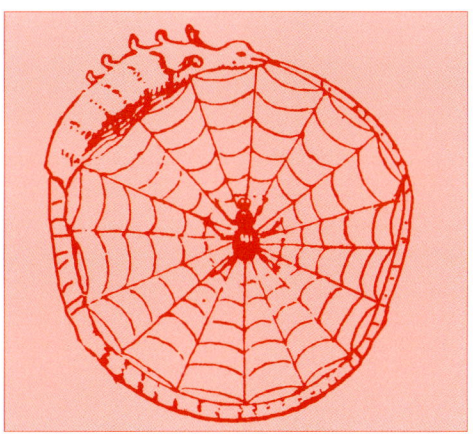

*Das Spinnennetz mit der ewigen Weberin Maya, das von der ihren eigenen Schwanz fressenden Schlange Uroboros umschlossen wird*

der Tarotfarbe der Stäbe hervorgegangen) = das Kleeblatt oder das männliche Prinzip. Der Joker ist ein Bild des ▶Narren und hat teil an seiner Symbolik („Narrenfreiheit" – man kann ihn für jede beliebige Karte einsetzen).

## Spindel/Spinnen

Die Spindel ist ein Attribut aller Muttergöttinnen (▶Mutter), Mondgöttinnen (▶Mond) und Schicksalsgöttinnen (als Spinnerinnen bzw. Weberinnen des Schicksals). Schicksalsgöttinnen treten häufig in Dreiergruppen auf als Symbol für die drei Mondphasen bzw. für Geburt, Leben und Tod, Vergangenheit, Gegenwart und Zukunft. Von den drei Schicksalsgöttinnen sind für gewöhnlich zwei gut und hilfreich, die dritte hingegen ist böse und grausam und schneidet den Lebensfaden ab (so z. B. bei den griechischen Moiren und ihrem römischen Pendant, den Parzen). ▶Spinne ▶Weben

## Spinne

Die Große Mutter als Weberin der Welt und des Schicksals (▶Spindel) wird bisweilen als riesige Spinne dargestellt; die Spinne ist aufgrund ihrer symbolischen Verwandtschaft mit der Tätigkeit des Spinnens und Webens auch ein Attribut solcher Göttinnen. Die Spinne in der Mitte ihres Netzes kann auch die Sonne verkörpern, die von ihren in alle Richtungen reichenden Strahlen umgeben ist.

Im Christentum wurde die Spinne wegen ihrer Giftigkeit und weil sie ihre Opfer aussaugt, zum Sinnbild des Bösen und des Teufels. Im Hinduismus und Buddhismus ist die Spinne mit ihrem Netz ein Symbol für die Illusion der Erscheinungswelt (Maya). In China gilt sie als Glückssymbol; wenn sie an einem Faden vom Netz hintergleitet, kündigt dies Glück an, das vom Himmel herabkommt. ▶Spindel ▶Weben ▶Gewebe

## Spinnennetz

Hat Anteil an der Symbolik des ▶Labyrinths als der gefahrvollen Reise der Seele. Im Hinduismus und Buddhismus ist das Spinnennetz das Gewebe der illusionären Welt der Erscheinungen (Maya); im Christentum steht es für die Fallstricke der Welt, des Teufels und der menschlichen Schwäche.

## Spirale

Ein sehr vielschichtiges und weit verbreitetes Symbol, das seit dem Paläolithikum verwendet wird und u. a. im vordynastischen Ägypten, auf Kreta, in Mykene, Mesopotamien, Indien, China, Japan, im präkolumbianischen Amerika, in Europa, Skandinavien und Großbritannien anzutreffen ist; man findet es auch im pazifischen Raum, jedoch nicht auf Hawaii. Spiralmotive sind schon aus prähistorischer Zeit auf Felsbildern und Megalithbauten erhalten; im alten Ägypten fand man sie auf Grabmalereien und Skarabäen.

Das Spiralmotiv kann verschiedene

Bedeutungen haben; nicht immer lässt es sich eindeutig interpretieren. Man vermutet, dass damit häufig die zyklischen Bewegungen von Himmelskörpern wie Sonne oder Mond dargestellt werden sollten.

In den frühen Mittelmeerkulturen findet man Spiralen in der Genitalgegend von weiblichen Statuetten – vermutlich stehen sie hier (ähnlich wie das verwandte Motiv des ▶Labyrinths) für Fruchtbarkeit, das sich entfaltende Leben. Ebenso kann die Spirale für den Lebens- und Entwicklungsweg eines Menschen von der Geburt bis zum Tod stehen oder auch ganz allgemein ein Sinnbild des ewigen Werdens und Vergehens, der Zyklen der Natur und allen Lebens (z. B. des Laufs der Jahreszeiten) sein.

Die ebenfalls häufig vorkommende Doppelspirale, die beide Richtungen in sich vereint (einmal von innen nach außen und einmal von außen nach innen) steht möglicherweise für Leben und Tod oder das Zu- und Abnehmen des Mondes.

Die Spirale wird durch alles symbolisiert, was schnecken-, schrauben- oder spiralförmig ist: Schneckenhäuser, Seemuscheln, das Ohr, die Tentakel des Oktopus, Tierhörner.

## Spitze
Zum Himmel, auf das Göttliche hin gerichtetes Trachten und Streben; auch ein Phallussymbol. Im Christentum steht die Kirchturmspitze für den himmelwärts weisenden Finger Gottes.

## Springbrunnen ▶Quelle ▶Brunnen

## Stab, Stock
Ein uraltes Symbol der Macht und Kraft, dem schon seit alters auch magische oder heilende Kräfte zugeschrieben wurden (Zauberstab, Wünschelrute, Äskulapstab). Als Phallussymbol ist er auch ein Sinnbild der Fruchtbarkeit; außerdem hat er Anteil

an der Symbolik des Lebensbaums (▶Baum). Der grünende Stab kann ein Zeichen Gottes sein (so z. B. im 4. Buch des Mose 17,16 ff. oder in der Tannhäusersage). Der von einem Pinienzapfen gekrönte und mit Weinlaub umwundene Thyrsosstab der Dionysosmysterien und im Kult antiker Muttergottheiten vereinigt gleich drei wichtige Fruchtbarkeitssymbole in sich; außerdem ist er ein phallisches Symbol und Sinnbild der Lebenskraft.

Aufgrund der magischen Kraft, die dem Stab innewohnt, kann Moses mit ihm in der Wüste Wasser aus dem Felsen schlagen. Auch Christus wirkt zahlreiche seiner Wunder mit einem Stab in der Hand. Aus dieser uralten Tradition ist auch unser heutiger Gebrauch des Zauberstabs zu erklären.

Im alten Ägypten waren Krummstab und Fliegenwedel die Hauptattribute von Osiris als Richter der Toten; der Stab mit der Schreibfeder war ein Sinnbild für die Seelenerweckung und Attribut von Thot. Im Buddhismus ist der Stab ein Symbol für Buddhas Amtsstab, d. h. seine Lehre.

Als gute ▶Hirten tragen Christus und die Apostel den ▶Hirtenstab, aus dem sich später der Bischofsstab ableitete. Der Pilgerstab ist als Symbol der Wanderschaft (Wanderstab) zu interpretieren (▶Pilger).

Der Stab kann aber auch ein Sinnbild weltlicher Macht und Würde sein; so erhielten der griechischen Mythologie zufolge die Könige vom Himmelskönig Zeus ihren Herrscherstab (skeptron), aus dem sich das spätere ▶Zepter herleitete. ▶Aronstab ▶Äskulapstab ▶Caduceus

## Stechpalme
Im Christentum ist die Stechpalme (ebenso wie Eiche und Espe) manchmal als der Baum des Kreuzes dargestellt; ihre stachligen Blätter stehen für die Dornenkrone und damit für die Passion, und ihre roten Bee-

ren symbolisieren das Blut Christi. Ihr wird auch eine Unheil abwendende Kraft zugeschrieben.

## Stein

Wegen seiner Härte, seiner oft seltsamen Form und seiner manchmal außerirdischen Herkunft als Meteorstein war der Stein schon seit alters ein Sinnbild göttlicher Mächte. In altsemitischer Zeit gab es heilige Steine, die als Behausung der Gottheit galten und daher mit Blut oder Öl eingerieben wurden. Ein Stein war Kultsymbol der Mutter- und Fruchtbarkeitsgöttin Kybele. Auch der griechische Götterbote Hermes wurde manchmal durch einen Steinhügel oder -haufen verkörpert. Der Steinaltar in christlichen Kirchen steht für die Gegenwart Gottes.

Wegen ihrer Unverrückbarkeit können Steine und Felsen ein Symbol der Unzerstörbarkeit, Ewigkeit, Standhaftigkeit und Zuverlässigkeit („Fels in der Brandung") sein. Der Apostel Petrus als Felsen, auf dem Jesus seine Kirche erbaut (Matthäus 16,18), ist ein Symbol seiner Standhaftigkeit im Glauben. In China gilt der Stein ebenso wie der Felsen als ein Symbol der Langlebigkeit.

Vielfach galten Steine und Felsen auch als heilige Mitte bzw. Zentrum der Welt (▶Omphalos), so z.B. der Marmorkegel im Heiligtum in Delphi oder die ▶Kaaba in Mekka. Steine stehen an geweihten Stätten häufig zusammen mit Bäumen, um einen heiligen Ort oder ein religiöses Ereignis zu bezeichnen: der Stein als das Dauerhafte, Statische und der Baum als das sich Verändernde und Ausbreitende. Hohe, aufrecht stehende Steine, Säulen oder Pfeiler sind eine Weltachse (▶Achse).

Konische Steine und Steinhügel oder -säulen teilen die Symbolik der aufrecht stehenden Steine, können aber auch Phallussymbole sein. Kubische Steine stehen für Stabilität und statische Vollkommenheit und sind in dieser Symbolbedeutung die Grundsteine sakraler Bauwerke. Kugelförmige Steine sind Bilder für den Mond und somit für das weibliche Prinzip. Unbehauener Stein ist die prima materia, das Weibliche, und ist in Zusammenhang zu sehen mit den männlichen Symbolen des Meißels und aller Schneidgeräte, die dieser Urmaterie Form und Gestalt verleihen. Der bearbeitete oder polierte Stein steht für den Charakter, an dem gearbeitet worden ist. Schwere Steine oder Felsbrocken, die einen Brunnen, eine Quelle oder eine Höhle mit einem Schatz verdecken und so den Zugang zu dem Schatz bzw. den Wassern des Lebens unmöglich machen, stehen für die Schwierigkeiten und Bedingungen, die überwunden bzw. erfüllt werden müssen, ehe der Held die Wasser des Lebens oder die esoterischen Schätze verborgenen Wissens finden kann.

Märtyrer, die gesteinigt wurden, tragen in christlichen Darstellungen als Symbol ihrer Todesart häufig einen Stein in der Hand. Steine können auch ein Symbol der Hartherzigkeit („Herz aus Stein") sein. Eine besondere Bedeutung hat der Stein als Stein der Weisen in der Alchemie als verjüngendes Elixier und Substanz zur Verwandlung unedler Metalle in Gold; im übertragenen Sinn ist er ein Symbol des geläuterten, geistigen Menschen. ▶Edelsteine

## Steinbock ▶▶Astrologische Zeichen, S. 46

## Steinkreis ▶Kreis

## Stern

Wie alle Himmelskörper (Sonne, Mond) wurden auch die Sterne in vielen polytheistischen Religionen als Gottheiten oder Sitz von Gottheiten verehrt, so z.B. bei den Assyrern und Babyloniern. Sterne sind

Kennzeichen aller Himmelsköniginnen, die auch häufig eine Sternenkrone tragen wie z. B. die ägyptische Himmelsgöttin Isis und die kanaanäische Fruchtbarkeitsgöttin Astarte. Wo Sterne am Gewölbe eines Tempels oder einer Kirche dargestellt sind, weisen sie auf deren himmlische Bedeutung hin.

Eine Form dieser Astralmythologie, die in Sternen Verkörperungen oder Symbole göttlicher Macht sieht, ist die Astrologie (▶▶astrologische Zeichen, S. 46), die den einzelnen Planeten bestimmte Eigenschaften und Einflüsse auf das Schicksal der Menschen zuschreibt.

Auch im Christentum spielt die Sternensymbolik eine wichtige Rolle; z. B. bezeichnet Jesus Christus sich als „hell strahlenden Morgenstern". Zum Zeichen ihrer Weltherrschaft trägt auch die Jungfrau Maria als Himmelskönigin in christlichen Darstellungen Sternenmantel oder Sternenkrone.

Ein Stern kann auch als Heilszeichen die Geburt eines Gottes anzeigen oder Heiligen

*Diese alchemistische Zeichnung (14. Jh.) zeigt Merkur in Gestalt von Pan. Im Hintergrund der Stern als Sinnbild des Strebens und der Vollkommenheit.*

den Weg weisen; oder er kann für das Streben nach hohen Dingen, eventuell sogar nach dem Unerreichbaren stehen („nach den Sternen greifen") und Hoffnung symbolisieren (weil er im Dunkeln leuchtet).

Sterne haben auch als politische Symbole eine wichtige Bedeutung: so z. B. der Davidsstern (▶Judentum) und der fünfzackige Freiheitsstern, der als Freiheitssymbol z. B. im amerikanischen Sternenbanner enthalten ist. Als roter Stern ist der fünfzackige Stern eines der bekanntesten kommunistischen Symbole, das den heilbringenden Charakter der kommunistischen Lehre versinnbildlichen soll.

### Sternzeichen ▶▶Astrologische Zeichen, S. 46

### Steuerruder

Ein Symbol der Führung, Kontrolle und Sicherheit; Attribut der griechisch-römischen Schicksalsgöttin Tyche/Fortuna, die das Steuerruder des menschlichen Geschicks in den Händen hält.

### Stieglitz

Da der Stieglitz (auch Distelfink) Distelsamen frisst und die Distel eine Heilpflanze ist, symbolisiert dieser Vogel Heilung und – im weiteren Sinn – Jesus Christus als Heiland. Da die stachelige Distel Leid und Schmerz verkörpert und der Stieglitz darüber hinaus die Passionsfarbe Rot auf der Stirn trägt, wurde er auch zum Passionssymbol. In der christlichen Kunst wird er daher meist in Zusammenhang mit den Leiden Christi und mit Christus als dem Erlöser dargestellt.

### Stier

Ein uraltes Fruchtbarkeitssymbol (das männliche, solare Prinzip, die männliche Zeugungskraft), das in vielen Kulturen als göttliches Wesen verehrt wurde bzw. Attri-

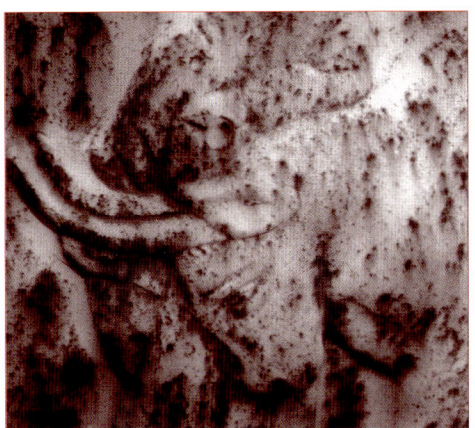

*Der Stier symbolisiert Kraft und Fruchtbarkeit, gleichzeitig war er ein beliebtes Opfertier.*

but von Gottheiten (v. a. Schöpfer-, Himmels-, Fruchtbarkeits- und Wettergottheiten) war, und zwar (als solares Tier) häufig in weißer Farbe. Der Himmels- und Gewittergott Zeus konnte sich in einen Stier verwandeln. Fruchtbarkeitsgottheiten wie z. B. Dionysos wurden häufig mit Stierkopf oder ▶Hörnern dargestellt.

Der Stier war auch ein beliebtes Opfertier. Früher waren Stieropfer zu Neujahr üblich und symbolisierten den Tod des Winters und die Geburt der schöpferischen Lebenskraft. Auch im alten Kreta gab es Stieropfer. Ein weißer Stier war das heilige Tier des babylonischen Gottes Marduk. Auch der hinduistische Schöpfer- und Zerstörergott Shiva reitet auf einem weißen Stier (Nandi), einer Manifestation seiner Zeugungskraft. Der Stier ist auch ein Sternzeichen (▶▶astrologische Zeichen, S. 46).

## Stinktier

Das Stinktier galt bei den Hopi-Indianern wegen seines alles durchdringenden Gestanks als Sinnbild der Leben spendenden Sonne.

## Stock ▶Stab

## Stolz

Die Eigenschaft des Stolzes wird durch den ▶Löwen, den ▶Adler, den ▶Pfau und den ▶Spiegel symbolisiert.

## Storch

In der Antike war der Storch ein Sinnbild der fürsorglichen Liebe von Kindern zu ihren Eltern, da man glaubte, dass flügge gewordene Jungstörche ihre Eltern ernährten. Im ▶Physiologus wurde er als Schlangenvertilger zum Sinnbild Christi und wegen seiner regelmäßigen Wiederkehr im Frühjahr außerdem Auferstehungssymbol.

Aufgrund derselben Eigenschaft – als jedes Frühjahr wiederkehrender Zugvogel – war der Storch im Volksglauben auch Frühlingsbote und Glücksbringer. (So glaubte man z. B., dass Störche nur auf Häusern nisten, in denen Frieden herrscht.) Die Tatsache, dass er jedes Jahr zur Zeit des Erwachens der Fruchtbarkeit in der Natur (Frühling) wiederkehrt, hat ihm vielleicht auch seinen sprichwörtlichen Ruf als Kinderbringer eingebracht. Aber auch eine andere Deutung dieser uralten Vorstellung ist möglich: Der Storch wird als Wasservogel mit den Wassern der Schöpfung assoziiert; Kinder, die „der Storch bringt", liegen im Schoß der Mutter Erde und in den fruchtbaren Wassern und werden von Störchen gefunden, die nach Fischen suchen.

## Strahlen

Die göttlichen Strahlen der ▶Sonne bzw. von Sonnengöttern. Ein Strahlenkranz steht für Weisheit, Heiligkeit, Reinheit des Herzens oder auch für das Übernatürliche.

## Strauß

Im alten Ägypten symbolisierte die Straußenfeder Wahrheit und Gerechtigkeit (da alle Federn völlig gleich sind). Daher findet man solche Federn als Kopfschmuck von

Gottheiten (als den „Herren der Wahrheit") in Szenen des Gerichts über die Toten. Sie sind u. a. ein Attribut von Maat, der Göttin der Wahrheit, Ordnung und Gerechtigkeit, und von Osiris als dem Richter über die Toten.

Im ▶Physiologus wird die antike Naturvorstellung zitiert, dass der Strauß seine Jungen von der Sonne ausbrüten lasse; so wurde er zum Sinnbild Christi, der durch Gottvater auferweckt wurde, und zum Auferstehungssymbol.

Über Grabmälern aufgehängt, ist das Straußenei ein Symbol für die Auferstehung und das ewige Leben.

## Strömen

Ein Symbol für göttliche Kraft – entweder in Gestalt von ▶Strahlen, die von der Sonne ausgehen, oder von Wasser aus ▶Quellen, Springbrunnen (▶Brunnen), Vasen usw. Ströme, die von einer Vase oder dem Körper einer Gottheit ausgehen, stellen die Ausgießung der Wasser göttlicher Großzügigkeit, des Lebens und der Fruchtbarkeit dar.

## Strudel

Eine Kombination der Symbolik der ▶Spirale und des ▶Wassers als Quell des Lebens und schöpferischer Kraft. So heißt es z. B. bei Hesiod, dass Aphrodite den strudelnden Wassern entstieg.

## Stufen

Ebenso wie ▶Leiter und ▶Treppe ein Sinnbild des ▶Aufstiegs, ein Symbol für das Überschreiten des profanen Raums und den Eintritt in einen geweihten, heiligen Raum. Stufen zu einem Altar oder Thron stehen für den Priester oder weltlichen Herrscher, der die Autorität oder Erlaubnis des Himmels besitzt, die zum Himmel führenden Stufen hinaufzuschreiten. Stufen können

auch für verschiedene Grade einer ▶Initiation stehen.

## Stundenglas, Sanduhr

Ein Symbol für Zeit, Vergänglichkeit und die Geschwindigkeit, mit der das Leben verrinnt; das Ablaufen einer Frist; den Tod. Das Stundenglas ist ein Attribut des „Sensenmannes", der den Tod verkörpert und als Gerippe Stundenglas und Sense in der Hand hält. In der christlichen Kunst wird die Verkörperung der Tugend der Temperantia (Mäßigkeit) häufig mit einem Stundenglas in der Hand dargestellt.

## Stupa

Buddhistisches Heiligtum; ursprünglich ein Grabmal, in dem sterbliche Überreste und Reliquien Buddhas und anderer Heiliger beigesetzt wurden.

Stupas symbolisieren bestimmte wichtige Ereignisse in Buddhas Leben, die an dem jeweiligen Ort, an dem sie errichtet wurden, stattfanden, und stehen außerdem für seinen Eintritt ins Nirvana – die Erleuchtung. Die quadratische oder kubische Basis stellt die Erde dar, die verschiedenen Stufen repräsentieren die Daseinsebenen, und die Kuppel steht für die Himmel. Der Pfahl an der Spitze der Kuppel ist die Weltachse (▶Achse), das Weltzentrum (▶Omphalos).

## Sturm ▶Unwetter ▶Wind

## Stute ▶Pferd

## Sündenbock

Ein Sinnbild für die Übertragung von Schuld auf jemand anderen.

## Swastika, Hakenkreuz

Ein sehr altes und komplexes Symbol, das bis in prähistorische Zeit zurückreicht und in fast in allen Kulturkreisen verbreitet ist.

Ursprünglich war sie ein Sonnensymbol, das oft zusammen mit der Sonnenscheibe dargestellt wurde (▶Sonne). Als solches wurde sie verschieden gedeutet: als sich drehende Sonne, die Strahlen der Mittagssonne, der Sonnenwagen, die vier Himmelsrichtungen, der Lauf der Sonne um die Erde etc.

Die Swastika tritt sowohl in Kombination mit Göttern als auch mit Göttinnen auf. Ihre Darstellung zusammen mit dem weiblichen Prinzip führte zu der Annahme, dass sie die vier Mondphasen darstellt; doch meist wird sie mit solaren Tieren und Symbolen der männlichen Schöpferkraft wie z. B. Löwe, Widder, Hirsch, Pferd etc. assoziiert. Man findet sie u. a. auf Altären, Figuren, Priestergewändern, Urnen, Vasen, Gerätschaften, Keramiken, Waffen, Schilden, Kleidungsstücken und Münzen.

Stets ist sie ein Glückssymbol, ein gutes Omen oder Symbol des Segens und guter Wünsche. Im Buddhismus ist das Hakenkreuz das Siegel von Buddhas Herz: es symbolisiert das Rad der Lehre Buddhas und ist ein Glückszeichen, das auf Buddhastatuen häufig auf seiner Brust, aber auch auf dem Fußabdruck Buddhas erscheint. Auch im Hinduismus ist die Swastika ein Glückssymbol, das auf vielen Tempeln und Kunstobjekten zu finden ist.

Erst um die Wende vom 19. zum 20. Jh. erhielt das Hakenkreuz seine heutige negative Symbolbedeutung: Damals wurde es in Deutschland und Österreich zum Symbol des Antisemitismus. Später übernahm Adolf Hitler die Swastika als propapagandistisches Werkzeug und machte das Hakenkreuzbanner zur Flagge seiner NSDAP. Neofaschistische Gruppierungen verwenden das Swastika-Symbol auch heute noch.

## Sykomore

In Ägypten galt die Sykomore als Lebensbaum und war ein Sinnbild der Himmels-

göttin Nut. Auf altägyptischen Abbildungen der Sykomore steht neben ihr ein Gefäß, aus dem Wasser (Symbol der Fruchtbarkeit und der Wasser des Lebens) fließt. Da aus der Frucht der Sykomore eine milchige Flüssigkeit austritt, wurde sie auch mit der Muttergöttin Hathor assoziiert.

## Symbol

Ein Symbol ist ein Begriff oder ein Zeichen, der/das stellvertretend für einen (meist abstrakten oder komplexen) Sachverhalt bzw. eine Sache, ein Gefühl oder eine Idee steht. Im religiösen Sinn ist es ein kultisches Zeichen, das eine Fülle irrationaler Bedeutungen und Zusammenhänge in sich vereinigt. So steht das christliche Symbol des Kreuzes für den Opfertod Jesu Christi und gleichzeitig ganz allgemein für den christlichen Glauben. Der Begriff Symbol gilt auch für neu geschaffene Zeichen, Marken und Signale wie z. B. die fünf Ringe als Markenzeichen der Olympischen Spiele.

*Symbole als Piktogramme werden heutzutage für die unterschiedlichsten Anlässe und Aufgaben geschaffen. Ihre Funktion: Sie müssen dem Betrachter eine bestimmte Information eindeutig vermitteln.*

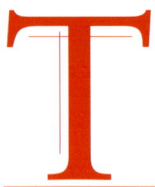

T

## Tafel, Täfelchen

Ein Symbol für das Schicksal, die Aufzeichnung aller vergangenen und zukünftigen Dinge. Schicksalstafeln in den Händen eines Gottes, Königs oder Priesters symbolisieren den Zugang zu geheimem, esoterischem oder magischem Wissen. Sie verleihen Allmacht und magische Kräfte und helfen bei der Überwindung der Mächte des Chaos und des Bösen. In der Bibel sind die Gesetzestafeln die Gebote Gottes. In China gilt die Tafel als Zeichen der Würde.

## Tafelrunde

Die von den zwölf Rittern des Königs Artus gebildete Tischgesellschaft versammelte sich (zur Vermeidung von Rangunterschieden) an einer runden Tafel, die ein kosmisches Zentrum (▶Omphalos) war und – der Symbolik des ▶Kreises entsprechend – für Vollkommenheit stand. Die aus zwölf Rittern bestehende Tafelrunde bildet eine symbolische Parallele zum Abendmahl, der letzten gemeinsamen Mahlzeit Christi mit den Aposteln, ebenfalls zwölf an der Zahl.

## T'ai-chi ▶Yin-Yang

## Talisman

Ein Gegenstand, dem magische Kräfte zugeschrieben werden und der als Glücksbringer wirken soll (im Unterschied zum in erster Linie Unheil abwehrenden ▶Amulett; trotzdem werden beide Begriffe häufig synonym gebraucht). Als Talismane konnten sowohl künstliche als auch natürliche Gegenstände dienen; auf ihnen angebrachte Bilder oder Inschriften (z. B. heilige Sprüche, Gottesnamen, magische Formeln) sollten ihre Glück bringende Macht verstärken.

## Tamburin

Die Zaubertrommel des Schamanen, die zusammen mit ▶Trommel und ▶Becken bei ekstatischen Tänzen und Orgien verwendet wurde.

## Tanne ▶Weihnachtsbaum

## Tanz, Tanzen

Ursprünglich war der Tanz ein rein kultischer, magischer oder religiöser Akt; erst viel später gewann er seine erotische und gesellschaftliche Bedeutung.

In vielen alten Kulturen und bei den Naturvölkern diente bzw. dient der Tanz der Beschwörung von Gottheiten oder übernatürlichen Kräften. So sind z. B. die Tänze der nordamerikanischen Indianer zu verstehen: Der Indianer tanzt, um sich auf die Jagd oder einen Kampf vorzubereiten und die Geister um Hilfe dabei anzurufen.

## Tarock ▶▶Orakelsystem Tarock, S. 390

## Tau

Da sie in der Nacht vom Himmel herabfallen und in der Morgensonne prächtig glitzern, sind Tautropfen häufig ein Symbol göttlichen Segens und göttlicher (oder herrscherlicher) Gnade. Manchmal wird auch der männliche Samen poetisch als Tau umschrieben.

## Taube

Aufgrund ihres Gurrens und ihres Liebesspiels wurde die Taube schon früh zum Symbol der Liebe und Attribut vieler Liebes- und Fruchtbarkeitsgöttinnen. In China sind Tauben, da sie meist paarweise auftreten, ein Sinnbild der Treue. Im Alten Testament symbolisiert die Taube Arglosigkeit und Unschuld und diente als Opfertier zur Wiedergutmachung von Sünden. Eine Taube über der Kanzel steht für Gott, der die Menschen durch den Heiligen Geist Wahrheit und Weisheit lehrt. Als Friedenssymbol erlangte die Taube auch politische Bedeutung.

## Taufbecken

In quadratischer Form ist das Taufbecken ein Symbol für die Heilige Stadt; als Fünfeck steht es für die fünf Wunden Christi; als Achteck verkörpert es die Zahl Acht, die Regeneration bedeute.

## Taufe

Das wichtigste Sakrament, durch das der Täufling in die christliche Gemeinde aufgenommen wird. Durch die Taufe werden die Sünden getilgt, und der Täufling empfängt den Heiligen Geist. Ihren Ursprung hat die christliche Taufe in den rituellen Waschungen der antiken Mysterien und orientalischen Religionen; hinter allem steckt die uralte Symbolbedeutung des Wassers als Medium der Reinigung und Erneuerung.

## Taukreuz ▶Kreuz

## Tempel

Eine Kultstätte, zum Zeichen der Unvergänglichkeit meist aus Stein errichtet. In den meisten Religionen ist im Tempel (der „Wohnstatt" oder dem „Haus" und gleichzeitig Anbetungsort der Gottheit) ein Kultbild oder sonstiges Idol aufgestellt. Als sakrales Bauwerk ist der Tempel ein Abbild des Kosmos und wird mit der Weltachse assoziiert.

## Tetramorph ▶Evangelistensymbole

## Teufel, Satan

Die Personifikation des Bösen und der Empörung gegen Gott bzw. (in polytheistischen Religionen) gegen eine Gottheit, die das Gute verkörpert, gibt es in vielen Reli-

*Der Antichrist versucht in den Himmel einzudringen. Dabei unterstützen ihn drei Teufel, die in der Luft herumschwirren. Links flüstert ein weiterer Teufel einem Geistlichen Lügen ein. „Schedels Chronik", 1493*

gionen. In der christlichen Kunst wird er häufig mit tierischen Zügen dargestellt, und zwar von solchen Tieren, die das Böse, Unheimliche, die Mächte des Chaos und der Finsternis repräsentieren: z. B. mit Fledermausflügeln, als Bock (▶Ziege) bzw. mit ▶Hörnern (als Sinnbild des Lasters der Lüsternheit), als ▶Schlange, ▶Drache oder auch als ▶Skorpion. Häufig gilt die rote Farbe bei Tieren als Zeichen der Zugehörigkeit zur Hölle: So tauchten z. B. auch der hinterlistige ▶Fuchs und das behende ▶Eichhörnchen als Satanssymbole auf. Auch in vielen Ungeheuern wie dem Basilisk oder dem Leviathan (▶Fabelwesen) sind teuflische Mächte verkörpert. Die Farbe des Teufels ist Schwarz. Er wird auch häufig als Herr der ▶Fliegen bezeichnet.

# Tarock: Orakelsystem mit Tradition

Ein Tarockdeck besteht aus 78 Karten, die sich in zwei große Gruppen gliedern, in die Großen Arkana (22 Karten) und die Kleinen Arkana (56 Karten). Die Karten der Großen Arkana (das lateinische Wort „arcanum" bedeutet so viel wie Geheimnis), auch Trumpfkarten genannt, sind bei der Deutung des Spiels besonders wichtig. Die Karten der Kleinen Arkana lassen sich in vier Farbsätze unterteilen: in die Stäbe (Kartenbild: Eichel, Kreuz), die Schwerter (Kartenbild: Blatt, Pik), die Kelche (Kartenbild: Herz) und die Münzen (Kartenbild: Karo, Schelle). Diese vier Sätze sind in fortlaufender Reihenfolge benannt vom Ass (eins) bis zur Zahl 10. Dazu kommen die vier Hofkarten (König, Königin, Ritter, Bube). Den Stäben wird das Element des Feuers zugewiesen, den Schwertern die Luft, den Kelchen das Wasser und den Münzen die Erde. Die Entstehung des Tarocks ist weitgehend unbekannt. Man glaubt seine Wurzeln in der altägyptischen und indischen Religion zu erkennen. Vor vielen Jahrhunderten führten die Zigeuner die Tarock-Karten in Europa ein.

## Die Großen Arkana

### Der Narr
*Der Narr steht für Unbedarftheit, Leichtsinn, Torheit, Impulsivität.*

### Der Gaukler
*Oft auch als Zauberer, Magier oder König Karneval dargestellt. Der Gaukler steht für Initiative, Selbstvertrauen, Originalität, Weisheit, Willenskraft.*

### Die Päpstin
*Oft auch als Hohepriesterin dargestellt. Diese Spielkarte steht für Weisheit, Erleuchtung, Kenntnisreichtum, Wissen.*

### Die Kaiserin
*Die Karte steht für Verständnis, Trost, Sicherheit, Fruchtbarkeit, vor allem aber für weiblichen Instinkt.*

### Der Kaiser
*Die Karte repräsentiert irdische Macht, Befehlsgewalt, Tugend, den Beschützer.*

### Der Papst
*Oft auch als Hohepriester oder Hierophant bezeichnet. Eigenschaften dieser Karte sind: Erleuchtung, spirituelle Erkenntnis, Hang zur Abstraktion, Unterwerfung unter moralische Spielregeln.*

### Die Liebenden
*Auch: die Liebe, die Entscheidung. Die Karte steht für Liebesdinge ganz allgemein, kann auch auf eine anstehende Liebesbeziehung hinweisen, auf Hindernisse zwischen den beiden Liebenden, oder andeuten, dass endlich eine Entscheidung in Liebesdingen getroffen werden muss.*

### Der Wagen
*Der Sinn dieser Karte ist ganz offenkundig: Sieg, Überwindung von Problemen durch kluge Planung, Fortschritt.*

### Die Gerechtigkeit
*Wer diese Karte zieht, dem wird Gerechtigkeit widerfahren. Die Frau mit der Waage in der Hand symbolisiert die übergeordnete, neutrale Gerechtigkeit.*

### Der Einsiedler

*Oft auch dargestellt als Zeit, der Bucklige oder als Gelehrter. Die Karte steht für Besonnenheit, Einsicht, Umsicht, Klugheit.*

### Die Kraft

*Die Karte bedeutet Kräftebesitz, Festigkeit, Mut, Männlichkeit, Kampfbereitschaft, Durchsetzungsvermögen.*

### Das Rad

*Die Karte symbolisiert den ewigen Kreislauf, das Auf und Ab des Schicksals.*

### Der Gehängte

*Die Karte bedeutet eine Prüfung oder ein Opfer, das man bringen muss.*

### Der Tod

*Die Karte bedeutet nicht den physischen Tod, sondern das Ende von etwas Altem, eine Veränderung, einen Neubeginn, die Erneuerung einer Beziehung.*

### Der Teufel

*Die Karte bedeutet Verhängnis, Unordnung, Chaos, Raserei, Zorn, Wut, blinde Leidenschaft, böse Kräfte.*

### Der Turm

*Die Karte steht für ein Unglück, das man sich selbst zuzuschreiben hat.*

### Der Stern

*Die Karte steht für Verständnis, Weisheit, Einfühlungsvermögen, Begeisterung, aber auch für die Freude am Schönen.*

### Der Mond

*Die Karte steht für Betrug, Hinterhalt, Irrtümer, Verleumdung, Träumerei, Illusionen.*

### Die Sonne

*Diese Karte strahlt Zuversicht aus, verheißt Glück, Freude, Wohlstand, eine glückliche Verbindung.*

### Der Engel (das Gericht)

*Ein positiver Neubeginn steht bevor.*

### Das Universum

*Dargestellt auch als Welt. Die Karte steht für Erfolg, Ekstase, Erfüllung, Belohnung.*

### Die Mäßigkeit

*Hinter diesem Symbol stehen Geduld, Anpassung, Offenheit, Maßhalten und Warten.*

# Die Kleinen Arkana

## Die Schwerter

Die Schwerter sind ein Symbol des Adels, der Kriege führt und absolute Herrschaft über seine Untertanen ausübt. Daher sind die meisten Schwerter-Karten nicht positiv zu werten: Sie symbolisieren Hass, Gewalt und Machtausübung und stehen für die Feinde des Fragestellers – Menschen oder Ereignisse, die ihm schaden können.

EL REY DE ESPADAS

### König der Schwerter

*Ein Mann, der (dem Fragenden gegenüber oder allgemein) Autorität und Macht besitzt. Dieser Mensch verfolgt nur seine eigenen Interessen und kann auch rücksichtslos oder sogar skrupellos sein. Er beherrscht Menschen und Situationen. Es kann sich auch um einen ehrgeizigen Menschen, einen Konkurrenten oder (in der Liebe) einen wertlosen oder bösartigen Mann handeln, auf den man sich nicht einlassen sollte.*

### Königin der Schwerter

*Eine Frau, die Macht und Autorität besitzt. Sie hat nur ihre eigenen Interessen und Ziele im Auge, ist egoistisch und unter Umständen sogar boshaft und grausam. Die Karte kann auch für einen schmerzlichen Verlust, eine Trennung oder Notsituation stehen.*

### Ritter der Schwerter

*Warnung vor einem Feind oder Menschen, der dem Fragesteller schaden kann (zum Beispiel ein Spion, falscher Freund oder Heuchler). Es handelt sich um einen jungen Mann, der zwar weniger mächtig als der König der Schwerter, aber egoistisch, hinterhältig und grausam ist und notfalls auch über Leichen geht, wenn ihm jemand im Weg steht. Die Karte kann auch Konflikte, Widerstand oder Zerstörung ankündigen.*

### Bube der Schwerter

*Diese Karte steht für einen falschen Freund. Dieser Mann ist unter Umständen attraktiv, aber heimtückisch und egoistisch, neidisch und boshaft. Die Karte kann auch schlechte Nachrichten, boshaften Klatsch, Verrat oder Betrug ankündigen.*

### Ass der Schwerter

*Diese Karte bedeutet Sieg, Triumph, Macht, Wohlstand und die Erreichung aller Ziele.*

### Zwei der Schwerter

*Eine günstige Karte, die Freundschaft und Einigkeit (beispielsweise einen Bund mit Gleichgesinnten zur Erreichung eines gemeinsamen Ziels) verheißt.*

### Drei der Schwerter

*Zerfall eines Bündnisses; Streitigkeit, Konflikt und Trennung (unter Umständen auch Ehe-*
*scheidung). Das Bündnis geht deshalb in die Brüche, weil von vornherein Egoismus im Spiel war. Nun muss man seine Interessen wahren, um keine Nachteile zu erleiden; denn die anderen werden genau das Gleiche tun.*

### Vier der Schwerter

*Der Fragende muss in sich gehen und in der Einsamkeit – auf sich selbst gestellt – nach einer Lösung seines Problems suchen. Er braucht jetzt Ruhe (vielleicht eine Erholungspause von dem, was er gerade durchgemacht hat) und muss genau über seine nächsten Schritte nachdenken. Vorsicht und sorgfältige Planung bringen Erfolg.*

### Fünf der Schwerter

*Das Scheitern eines Plans, Unglück, großer Verlust oder gar Ruin steht bevor. Es kommt eine schwere Zeit, in der man nicht viel mehr tun kann als durchzuhalten, so gut es eben geht.*

### Sechs der Schwerter

*Eine Reise oder ein Besuch steht bevor; es kann auch eine Nachricht (beispielsweise eine Liebeserklärung) oder eine Veränderung (in der Regel zum Positiven) sein.*

### Sieben der Schwerter

*Diese Karte verheißt Hoffnung und neues Selbstvertrauen. Das Schlimmste ist überstanden; jetzt kann man Erfolg haben, sollte sich aber vor Selbstüberschätzung hüten und auf keinen Fall versuchen, etwas mit Gewalt durchzusetzen.*

### Acht der Schwerter

*Eine Warnung vor unerwartetem Unheil, beispielsweise einer Krankheit oder Verletzung, einem Verlust oder einer schlech-*

ten Nachricht. Mit Vorsicht und Bedachtsamkeit kann man das Unheil jedoch abwenden. Man sollte seine Situation und die Menschen in seinem Umfeld einer genauen Prüfung unterziehen.

### Neun der Schwerter
*Diese Karte kündigt einen Fehlschlag oder ein Unglück und große Verzweiflung an. Das kann eine Krankheit, ein Geldverlust oder irgendein anderes Leid sein; es kann sich aber auch um einen schlimmen Feind handeln.*

### Zehn der Schwerter
*Eine Warnung vor Not, Sorgen, Kummer und dem Scheitern von Plänen.*

### Die Kelche
Die Kelche sind ein Symbol für den Stand der Geistlichkeit und repräsentieren daher Glauben und selbstlose Liebe. Sie sind meist positiv zu werten und bedeuten, dass jemand den Fragesteller liebt oder dass ihm glückliche Ereignisse bevorstehen.

EL REY DE COPAS

### König der Kelche
*Ein guter, gerechter Mann; häufig ein Vater oder eine väterliche Figur, die dem Fragesteller wohl gesonnen ist und ihm helfen kann. Ein Mensch, dem man vertrauen kann, oder gute Aussichten für Pläne und Projekte.*

### Königin der Kelche
*Eine gütige, großzügige Mutterfigur, die Intelligenz, Weisheit und ein gutes Urteilsvermögen besitzt und bereit ist, dem Fragenden zu helfen. (Kann auch eine gute Freundin, eine zuverlässige, treue Ehefrau oder die wahre Liebe eines Mannes sein.)*

### Ritter der Kelche
*Ein ehrlicher, intelligenter, hilfsbereiter junger Mann; häufig ein Liebender oder Geliebter. Diesem Mann kann man bedenkenlos sein Vertrauen und seine Liebe schenken; er wird die Fragestellerin nicht enttäuschen. Die Karte kann auch eine gute Nachricht oder eine Einladung ankündigen oder ein Hinweis darauf sein, dass man seine wahre Liebe bald findet.*

### Bube der Kelche
*Ein junger Mann oder eine junge Frau; kann ein Bruder oder eine Schwester sein. Ein sensibler junger Mensch, der dem Fragenden in nächster Zeit einen Gefallen tun oder einen wertvollen Dienst erweisen wird. Die Karte, die stets positiv zu werten ist, kann auch eine Nachricht, die Ankunft eines Menschen oder die Geburt eines Kindes ankündigen.*

### Ass der Kelche
*Ein Symbol für Fruchtbarkeit, Fröhlichkeit und Feste; die*

Karte kann auch den Beginn einer glücklichen, dauerhaften Liebe verheißen.

### Zwei der Kelche
*Ein Symbol für eine glückliche Partnerschaft oder Gemeinschaft. Das kann eine neue oder bereits bestehende Beziehung sein; auf jeden Fall aber ist sie harmonisch.*

### Drei der Kelche
*Diese Karte verheißt Erfolg und Erfüllung im Beruf, genauso aber auch in einer privaten Beziehung, und dies besonders in Liebesangelegenheiten.*

### Vier der Kelche
*Die Karte besagt, dass der Betreffende erreichen kann, was er sich wünscht, es aber nicht zu schätzen weiß, weil er zur Unzufriedenheit oder zu unberechtigtem Misstrauen neigt oder eine zu negative Einstellung hat. Sie kann auch bedeuten, dass man keine Beziehung eingeht, weil man bei jedem potenziellen Partner ein „Haar in der Suppe" findet und das Gute, das vielleicht so nahe liegt, nicht erkennt.*

### Fünf der Kelche
*Diese Karte warnt den Betroffenen, dass er immer nur das Negative und nicht das Positive sieht.*

### Sechs der Kelche
*Diese Karte erinnert an eine Zeit, in der der Fragesteller glücklich war, und will ihm damit sagen, dass er wieder glücklich sein kann.*

### Sieben der Kelche
*Diese Karte symbolisiert Fantasien und Visionen, Träumereien und Luftschlösser.*

### Acht der Kelche

*Die Karte kündigt an, dass man bekommen wird, was man sich wünscht, oder mit seinem Plan oder Projekt Erfolg haben wird.*

### Neun der Kelche

*Alles, worauf man hofft, wird bald in Erfüllung gehen.*

### Zehn der Kelche

*Die Karte steht für Zufriedenheit und Harmonie in jeder Hinsicht: befriedigende Leistungen, eine positive Beziehung zu anderen.*

### Die Münzen

Die Münze ist das Symbol der Kaufleute. Daher stehen die Münzen-Karten für materielle und geschäftliche Dinge im Leben.

EL REY DE OROS

### König der Münzen

*Ein Mann in mächtiger, einflussreicher Position. Seine Macht ist jedoch positiver als die des Königs der Schwerter: Er ist hilfreich und weise, fördert Kultur und Wissenschaften, ist dem Fragenden wohl ge-*

*sonnen und kann ihm Rat und Inspiration geben. Die Karte kann auch Geschäftssinn symbolisieren oder finanzielle Sicherheit voraussagen.*

### Königin der Münzen

*Diese Karte steht für eine angesehene, gütige, großzügige Frau, die sich aber nicht ausnutzen lässt. Sie ist intelligent und kann gut mit Geld umgehen.*

### Ritter der Münzen

*Ein netter Mensch, aber nicht immer hundertprozentig zuverlässig. Er kann oberflächlich und abenteuerlustig sein, übernimmt in der Regel nicht gern Verantwortung und arbeitet nicht konsequent an der Erreichung seiner Ziele. Es kann sein, dass er den Fragesteller enttäuschen wird. Die Karte kann auch Streit und unerfüllte Erwartungen verheißen.*

### Bube der Münzen

*Ein kultivierter, manchmal auch künstlerisch veranlagter junger Mann – sensibel, nachdenklich und verletzlich. Oft ist er so in sein Studium vertieft, dass er die Realität darüber vergisst. Die Karte kann auch eine Nachricht, eine Freude oder Luxus voraussagen.*

### Ass der Münzen

*Diese Karte verheißt Erfolg, das Gelingen von Projekten und materiellen Gewinn, aber auch Glück bei der Gestaltung einer wichtigen zwischenmenschlichen Beziehung.*

### Zwei der Münzen

*Die Zwei der Münzen verheißt Fröhlichkeit und Spaß oder auch eine gute Nachricht.*

### Drei der Münzen

*Diese Karte steht für handwerkliches, berufliches oder*

*kaufmännisches Geschick und den geschäftlichen und materiellen Erfolg.*

### Vier der Münzen

*Diese Karte symbolisiert den Besitz des Fragestellers und zeigt an, dass er das Gefühl hat, diesen schützen zu müssen.*

### Fünf der Münzen

*Eine Warnung vor materiellen Problemen oder Verlusten, eventuell sogar vor einem Totalverlust und Armut. Man muss sehr vorsichtig sein, um den drohenden Ruin abzuwenden.*

### Sechs der Münzen

*Die bisherigen Probleme des Fragenden sind gelöst. Seine finanzielle Situation ist gesichert. Nun kann er sich neuen Aufgaben zuwenden und auch anderen Menschen finanziell beistehen.*

### Sieben der Münzen

*Diese Karte symbolisiert wohlverdienten materiellen Gewinn und Wachstum: Man erntet nun die Früchte seiner Arbeit oder des Guten, das man früher getan hat.*

### Acht der Münzen

*Der Fragesteller besitzt alle Fähigkeiten, die er braucht, um sein Ziel zu erreichen, und setzt sie auch richtig ein. Er wird den Erfolg erlangen, den er verdient hat.*

### Neun der Münzen

*Diese Karte symbolisiert Erfolg, materielle Sicherheit und Stabilität. Der Fragesteller besitzt die nötige Weisheit und Erfahrung, um richtig zu planen, alle Probleme zu lösen und seine Ziele zu erreichen – sofern er sie nicht schon erreicht hat.*

## Zehn der Münzen

*Der Fragesteller ist beruflich und finanziell abgesichert und genießt wohlverdientes Ansehen. Die Karte kann auch eine Erbschaft voraussagen.*

## Die Stäbe

Die Stäbe sind ein Symbol für die Klasse der Bauern und Leibeigenen. Sie hatten es sehr schwer, im Leben etwas zu erreichen. Daher weisen die Stäbe-Karten auf die Fähigkeit hin, trotz großer Widerstände Erfolg zu haben und sich durchzusetzen. Sie sind in der Regel positiv zu werten.

EL REY DE BASTOS

## König der Stäbe

*Dieser König ist ein wohlhabender, allseits angesehener Mann, der hervorragende Leistungen erbringt und großen Erfolg zu verzeichnen hat. Er kann dem Fragesteller mit Rat und Tat zur Seite stehen und ihm auch finanziell helfen. Die Karte kann auch für eine vielversprechende Situation oder günstige geschäftliche Voraussetzungen stehen.*

## Königin der Stäbe

*Eine wohlhabende Frau, die sich ihren Besitz aus eigener Kraft verdient hat. Materieller Besitz und Luxus sind ihr wichtig. Diese Frau ist im Allgemeinen großzügig, liebevoll, hilfsbereit und aufrichtig. Sie ist vernünftig und denkt stets praktisch.*

## Ritter der Stäbe

*Ein treuer, selbstloser, vertrauenswürdiger junger Mann, der bereit ist, für den Fragesteller ein Opfer zu bringen; das kann beispielsweise ein guter Freund oder ein hilfreicher Verwandter sein.*

## Bube der Stäbe

*Diese Karte kann für einen jungen Mann oder eine junge Frau mit großem beruflichem und materiellem Erfolg stehen. Die Person ist großzügig, hilfsbereit und aufrichtig, sensibel und treu.*

## Ass der Stäbe

*Ein Symbol für einen Neuanfang oder eine Erbschaft, Zufriedenheit und Erfolg. Dies kann der Beginn eines geschäftlichen Projekts oder eine Erfindung sein; die Karte zeigt an, dass der Fragesteller in der Lage ist, das begonnene Projekt zum Erfolg zu führen.*

## Zwei der Stäbe

*Diese Karte sagt ein unerwartetes Ereignis voraus. Zumindest ist es ein unvorhergesehenes Problem – ein Hindernis, das die Pläne des Fragestellers stört.*

## Drei der Stäbe

*Ein Hinweis darauf, dass der Fragesteller seine Probleme lösen kann – aber nur, wenn er ruhig und gelassen bleibt und umsichtig und vernünftig han-*

*delt. Impulsives Vorgehen ist jetzt nicht angebracht.*

## Vier der Stäbe

*Eine schwere Zeit ist vorüber – die Probleme sind gelöst. Nun kann der Fragesteller sich entspannen und sein Leben genießen. Die Karte verheißt Freude und Harmonie im Beruf und im Privatleben. Sie steht auch für Fröhlichkeit und Geselligkeit.*

## Fünf der Stäbe

*Diese Karte bedeutet, dass der Fragesteller gierig nach Profit strebt. Er wird jedoch eine Zeit lang Entbehrungen hinnehmen müssen.*

## Sechs der Stäbe

*Die Karte verheißt gute Neuigkeiten oder Geschenke. Eine Hoffnung erfüllt sich; ein Sieg oder Erfolg steht bevor.*

## Sieben der Stäbe

*Die Karte bedeutet, dass der Fragende Erfolg haben wird, wenn er Mut und Entschlossenheit beweist.*

## Acht der Stäbe

*Jetzt ist die Zeit günstig, um mit Volldampf auf sein Ziel zuzusteuern. Der Erfolg ist dem Fragesteller beinahe gewiss. Jetzt wird vieles in Bewegung geraten.*

## Neun der Stäbe

*Ein Symbol für gute geleistete Arbeit. Der Fragesteller hat seine Aufgabe bewältigt; er besitzt Mut und Selbstdisziplin.*

## Zehn der Stäbe

*Der Fragende traut sich viel zu und geht daher hohe Risiken ein.*

## Thron

Der Sitz geistlicher und weltlicher Autorität; ein Herrschaftssymbol bei Gottheiten (z. B. der ägyptischen Himmelskönigin Isis oder dem christlichen Gottvater) und weltlichen Herrschern (Königen, Kaisern, Pharaonen). Der Thron steht auf einem erhöhten Podium als Weltenberg bzw. Weltzentrum (▶Omphalos). Seine Höhe symbolisiert gleichzeitig auch die Überlegenheit des Herrschers gegenüber seinen Untertanen.

## Thyrsosstab ▶Stab

## Tiamat ▶Fabelwesen

## Tiara ▶Krone

## Tiere

Tiere haben eine äußerst vielfältige Symbolbedeutung. Sie können das Triebleben symbolisieren – die Instinkte und Gefühle, die überwunden werden müssen, ehe der Mensch ins Reich des Geistigen oder Göttlichen vordringen kann; die animalische Natur des Menschen. Diese Symbolbedeutung wird auch von vielen ▶Fabelwesen mit tierhaften Zügen übernommen. Tiere, die in Mythos oder Legende erschlagen oder gezähmt werden müssen, stehen für die unter Kontrolle gebrachten animalischen Triebe des Menschen oder für Satan, die Mächte der Finsternis, die es zu besiegen gilt. Auch als Traumsymbol können Tiere die animalische Seite unseres Wesens, unsere Sexualität, unsere Triebe repräsentieren.

Manche Tiere stehen für das Gute oder Göttliche in der Welt (meist sind dies solare Tiere, die Anteil an der Symbolbedeutung der Sonne haben, wie z. B. Löwe, Pferd oder Einhorn), während andere das Böse, Satan, das Chaos oder die Mächte der Finsternis verkörpern und häufig lunare Züge haben (z. B. die Schlange, der Skorpion

und viele tierische Fabelwesen wie beispielsweise der Drache). Kämpfe zwischen solchen Tieren stellen die beiden widerstreitenden Mächte des Universums dar, das Positive und das Negative, das Gute und das Böse. So ist in der Regel auch der Kampf zwischen Mensch und Tier in Mythen, Heldensagen und Legenden zu verstehen.

Schon in vorgeschichtlicher Zeit wurden bestimmte Tiere aufgrund ihrer Eigenschaften (z. B. Schnelligkeit, Kraft, Fruchtbarkeit, Häutung oder der Fähigkeit zu fliegen) mit kosmischen oder göttlichen Kräften identifiziert. Meist wurde das Tier dabei nicht als der eigentliche Gott, sondern nur als dessen äußere Erscheinungsform verehrt.

Häufig gehörten Tieropfer zu den Kulthandlungen, mit denen Götter verehrt oder um Beistand angerufen wurden (▶Opfer).

Auch im Christentum stehen bestimmte Tiere symbolisch für Gott, werden aber nicht mit ihm identifiziert – so z. B. das ▶Lamm für Jesus Christus und die ▶Taube für den Heiligen Geist. Im ▶Physiologus und den auf der Basis dieses Volksbuchs entstandenen ▶Bestiarien wurden tatsächliche oder auch nur vermeintliche Eigenschaften und Verhaltensweisen von Tieren, die uns mit unserem heutigen naturwissenschaftlichen Kenntnisstand teilweise recht absonderlich vorkommen, in moralisierender Absicht zu christlich-religiösen Inhalten in Beziehung gesetzt. Auch in der Heraldik verkörpern Tiere bestimmte (in der Regel positive) Eigenschaften des Besitzers des jeweiligen Wappens.

Oft kommt in der Tiersymbolik aber auch das Gefühl einer großen inneren Verwandtschaft zwischen Mensch und Tier zum Ausdruck – so z. B. in der Vorstellung vieler Naturvölker, die in bestimmten Tieren ihre Ahnen (▶Totem) sahen oder glaubten, dass eine bestimmte Tierart ihnen das

Feuer oder andere lebensnotwendige Dinge gebracht habe.

In diesem Kontext ist auch das Motiv der hilfreichen und dankbaren Tiere zu verstehen, das in ►Märchen immer wieder vorkommt: Der Märchenheld hilft einem Tier aus der Not, und es zeigt sich dafür erkenntlich, indem es ihm seinerseits bei der Lösung seiner Aufgabe hilft oder ihn aus einer Gefahr errettet.

## Tierkreis

Die Reihe der zwölf Sternbilder, die von der Sonne in einem Jahr durchlaufen werden; hat teil an der zyklischen Symbolik des Kreises (►►astrologische Zeichen, S. 46).

## Tiger

Der Tiger kann Mut, Stärke, Königswürde, aber auch Grausamkeit symbolisieren. Im alten Ägypten war er ein Attribut von Seth als dem Zerstörer des Osiris. In China gilt er als Symbol der Tapferkeit, denn man schreibt ihm die Fähigkeit zu, Dämonen zu vertreiben. Der Tiger ist auch ein wichtiges ►►Feng-Shui-Symbol (S. 160) und eines der zwölf chinesischen Tierkreiszeichen (►►astrologische Zeichen, S. 46).

## Tipi ►Zelt

## Titanen ►Riese

## Tod

Häufig verwendete Todessymbole sind: der Totenschädel, oft in Kombination mit zwei gekreuzten Skelettknochen. Ein häufiges Todessymbol ist auch das ►Schiff oder Boot als Sinnbild der Reise der Seele ins Jenseits. ►Leitern oder ►Treppen als Symbol für den Aufstieg ins Jenseits hat man auf Grabbeigaben in Indien und Ägypten, aber auch bis ins späte Mittelalter hinein gefunden. Im Mittelalter wurde der Tod häufig als Perso-

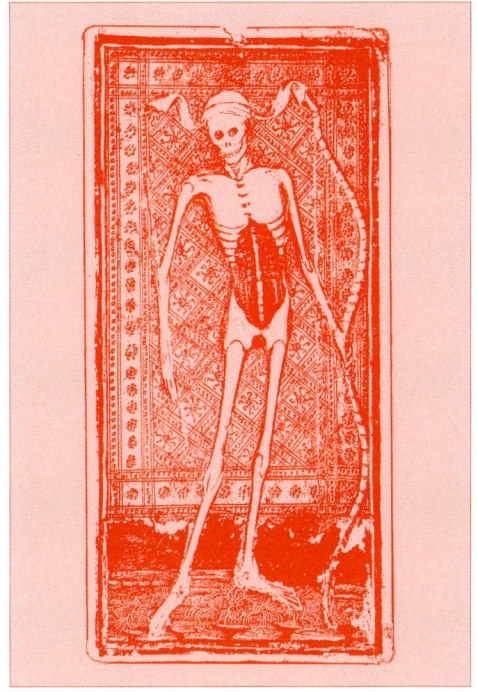

*Der Tod muss nicht immer den physischen Tod bedeuten, als Symbol steht er auch für das Absterben eines alten Zustands. Die Abb. zeigt ein Tarockspiel aus dem 15. Jh.*

nifikation dargestellt: so z. B. als skelettförmiger Sensenmann (Schnitter) mit Sichel und Stundenglas in der Hand, gelegentlich auch als Skelett, das mit einem jungen Mädchen tanzt oder es von der Erde wegführt.

In der christlichen Kunst und auf christlichen Grabmälern wird aber auch häufig der positive Aspekt des Todes (die Wiederauferstehung, das ewige Leben nach dem Tod) betont.

Als Traumsymbol deutet der Tod nicht auf einen tatsächlichen, physischen Tod voraus, sondern bedeutet vielmehr, dass ein bestimmter Lebensabschnitt zu Ende gegangen ist und ein Neubeginn bevorsteht.

## Tonsur

Das Scheren des Haupthaares, entweder

ganz oder unter Belassung eines Haarkranzes, ist ein symbolischer Ausdruck der Buße und Hingabe an Gott. Es steht für den Verzicht auf die Zeugungskräfte der Natur und das Betreten des geistlichen Pfades der Selbstverleugnung und Absage an die Welt.

**Topas** ▶Edelsteine

**Topf** ▶Kessel

**Tor** ▶Tür

**Totem, Totempfahl**
Der Begriff „Totem" leitet sich von einem Wort der nordamerikanischen Ojibwa-Indianer („ot-oteman" = Verwandtschaft, Sippe) her. Ein Totem ist eine Tierart, mit der sich ein bestimmter Clan oder eine Sippe besonders verbunden fühlt – meist aufgrund des Glaubens an eine Abstammung von diesem Tier. Der Totemismus ist u. a. bei den Indianern an der amerikanischen Nordwestküste und bei den australischen Aborigines verbreitet und mit ganz bestimmten Tabus und Ritualen verbunden: Das Totemtier darf von „seinem" Clan weder gejagt noch getötet noch verzehrt werden.

**Totengötter** ▶Tod

**Totenreich** ▶Jenseits ▶Unterwelt

**Totentanz** ▶Tod

**Trankopfer** ▶Opfer

**Transformation** ▶Verwandlung

**Transvestismus**
Transvestismus kommt u. a. im Schamanismus und bei vielen Initiationszeremonien vor, wo er auch Identitätsverlust (d. h.

*Diese siebenstufige Wendeltreppe symbolisiert den mühsamen Weg eines spirituellen Reifungsprozesses. J. Bowering „Arbeitstafel für den 2. Grad", 1819*

Tod vor der Wiedergeburt) bedeuten kann (▶Initiation). Frauenkleidung oder die Kleider der Mutter zu tragen, symbolisiert bei Initiationsriten die Rückkehr in den Mutterschoß (Regressus ad uterum).

**Traumsymbole** ▶▶S. 400

**Treppen**
Ein Symbol für den Übergang zu einer neuen, höheren, häufig göttlichen Seinsebene (Osiris ist der „Gott der Treppen", die zum Himmel führen); deckt sich weitgehend mit der Symbolbedeutung des ▶Aufstiegs, der ▶Stufen und der ▶Leiter. Wendeltreppen sind ein Symbol für das Geheimnisvolle.

**Triade**
Bezeichnung für eine Dreiheit (Trias) von Göttern, die sich von der Trinität (Dreieinigkeit bzw. ▶Dreifaltigkeit) dadurch unterscheidet, dass Letztere ein „drei-in-einem" ist (z. B. Gottvater, Jesus Christus und der Hei-

lige Geist), während die Glieder einer Triade eigenständige Wesenheiten sind: beispielsweise Osiris – Isis – Horus im alten Ägypten. Die Triade wird häufig durch ein Dreieck, manchmal auch durch einen Dreizack symbolisiert.

**Trickster** ▶Schelm

**Trigramme** ▶Ba Gua

**Trimurti**
Die hinduistische Götterdreiheit (Triade): Brahma als der Schöpfer, Vishnu als der Bewahrer, Shiva als der Zerstörer; häufig dargestellt als ein Körper mit den Köpfen der drei Gottheiten.

**Trinität**
Die Heilige Dreifaltigkeit (▶Dreifaltigkeitssymbole)

**Trinken**
Eine göttliche Flüssigkeit (z. B. ▶Wein, ▶Soma, ▶Milch usw.) zu trinken, steht symbolisch für das Einsaugen göttlichen Lebens und göttlicher Kraft. Aus demselben Becher zu trinken, ist in Riten ein Zeichen für Vereinigung, Ehe.

**Triton** ▶Fabelwesen

**Trommel**
Die Trommel spielt bei magischen und kultischen Ritualen vieler Naturvölker eine Rolle. Im Schamanismus dient sie zur Beschwörung der Geister, bei den Lappen und bei sibirischen Völkern soll sie die Seelenreise des Schamanen ermöglichen. Zusammen mit Becken und ▶Tamburin wurde sie bei ekstatischen Tänzen (z. B. im Dionysos- und Kybele-Kult) verwendet. Die Trommel in der Hand des hinduistischen Gottes Shiva ist ein Symbol für den

Pulsschlag der Schöpfung, den ewigen Rhythmus des Alls.

In Ostafrika ist die Trommel ein monarchisches Symbol; ihr Bedeutungsgehalt entspricht dem unserer Krone.

**Truhe** ▶Schatz

**Tür, Tor**
Ein Symbol der Abgrenzung und zugleich des Übergangs, der Schwelle zwischen zwei verschiedenen Bereichen (oft zwischen profanem und sakralem Bereich).

Da Türen als Eintritts- und Verbindungsstelle zwischen innen und außen besonders gefährdet sind, werden sie häufig durch Unheil abwehrende Inschriften oder bestimmte symbolische Darstellungen geschützt; so nagelte man z. B. in China zur Dämonenabwehr eine Metallscheibe mit der Darstellung eines Tierkopfes ans Tor, der wie ein ▶Löwe aussah.

**Turban** ▶islamische Symbole

**Turm**
Der Turm ist ein ambivalentes Symbol: einerseits Sinnbild des Strebens nach Höherem, nach dem Göttlichen oder der Verbindung zur göttlichen Welt; andererseits kann er aber auch für Hochmut und Anmaßung stehen: für den Menschen, der „zu hoch hinauswill".

In positiver Bedeutung des Wegweisers zum Himmel oder der Verbindung zur himmlischen Welt erscheint der Turm z. B. als Kirchturm oder Minarett der islamischen Moschee. Doch der Bau des Turms zu Babel, der bis zum Himmel reichen sollte, ist ein Sinnbild des Hochmuts und der Selbstüberhebung des Menschen. Der Leuchtturm, auf den das Lebensschiff zusteuert, ist auf frühchristlichen Grabdarstellungen ein Symbol für den himmlischen Hafen.

# Traumsymbole: Bilder des Unterbewussten

Die Welt unserer Träume ist ein sehr komplexer Bereich. Der Mensch beschäftigt sich seit Jahrtausenden damit, was die einzelnen Bilder in den Träumen bedeuten, wie sie in Bezug stehen zum Leben des Menschen.

Die moderne Gehirnforschung konnte erst mit Entdeckung der Technik der Elektroenzephalographie (EEG) die Natur der Träume entschlüsseln. So wissen wir heute, was während des Schlafs passiert. Jeder von uns träumt, und zwar jede Nacht, selbst dann, wenn wir uns nicht mehr daran erinnern können. 20 % unserer gesamten Schlafzeit träumen wir.

Wir kennen heute fünf verschiedene Schlafstadien. Nach dem Einschlafen verbringt man ungefähr 15 Minuten im Schlafstadium eins. Dann geht es für wei-

tere 10 Minuten in das Stadium zwei. Beide Stadien stellen eine Art von leichtem Schlaf dar, aus dem man leicht geweckt werden kann. Erst jetzt gelangen wir in den Tiefschlaf der Stadien drei und vier. Nach weiteren 30 bis 40 Minuten kommen wir im fünften Stadium an, dem

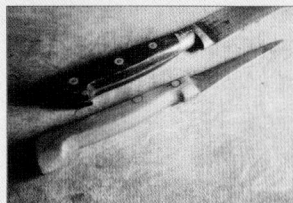

*Traumsymbole haben zwar eine allgemein gültige Bedeutung, sollten aber dennoch individuell interpretiert werden.*

REM-Schlaf. Diese Phase ist nach der Beobachtung benannt, dass der Mensch dabei heftige Augenbewegungen ausführt (REM = rapid eye movement). Der REM-Schlaf ist die Phase der Träume. Das EEG zeigt eine Art von Wachzustand an.

Das Traumgeschehen scheint sehr unsystematisch zu sein; wir erleben unsere Träume als bunt, wirr und fantasievoll. Träume lassen sich aber durchaus in bestimmte Kategorien einteilen.

Eine charakteristische Traumart ist der Erlebnistraum, in dem Tagesereignisse verarbeitet werden.

Angstträume stellen sich meistens als Todes-, Verfolgungs- oder Aggressionsträume dar.

Glücksträume sind das Gegenteil, oft jedoch nicht eine direkte Spiegelung glückhafter Umstände des Alltags, sondern ein Ausgleich für tagsüber erlittene Entbehrungen.

Körperträume gelten als Warnungen; sie teilen gesundheitliche Störungen und Krankheiten mit, wollen darauf aufmerksam machen, dass mit unserem Körper etwas nicht in Ordnung ist: eine Warnung des Unterbewusstseins sozusagen an die Adresse unseres Bewusstseins.

Ebenso künden Warnträume Gefahren oder Krankheiten an; meistens sind sie genährt durch kleine Beobachtungen aus dem Alltag und erklären sich deutlich als Kommunikation des Unterbewusstseins mit dem Bewusstsein.

Präkognitive Träume nehmen auf merkwürdige Weise (da unseren rationalen Erklärungsversuchen weitgehend entzogen) künftige Ereignisse vorweg.

Wunschträume zaubern eine Gegenwelt in unseren Traumfantasien herbei; sie haben Verdrängungs- und Entlastungsfunktion.

„Ich nehme den Traum als das, was er ist." Dieses Bekenntnis stammt von dem Psychoanalytiker Erich Fromm. „Träume", so Fromm weiter, „sollte man als das nehmen, was sie sind." Träume sind ein

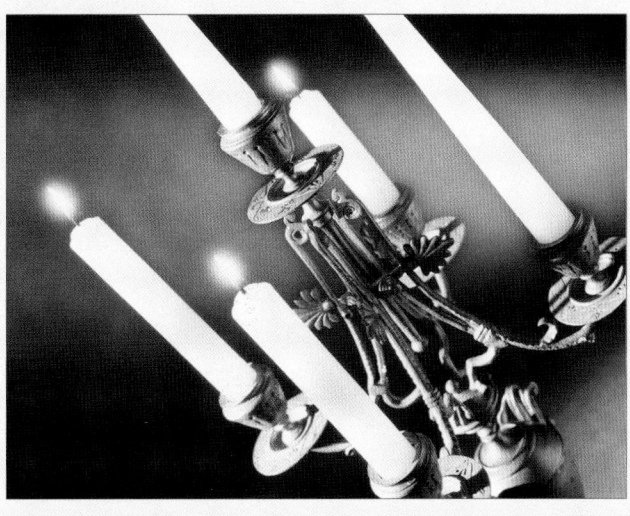

reales Erleben auf der Ebene unseres Unterbewusstseins.

Die Theorie von Sigmund Freud, der zum ersten Mal das Traumgeschehen überhaupt systematisch aufgearbeitet hatte, ist freilich heute überholt. Freuds Theorie vom Traum als Wächter des Schlafs, als Angst machende Gegenwelt, vor der wir geschützt werden müssen, gilt heute nicht mehr. Unsere Traumbilder sprechen eine klare, unverhüllte Sprache. Deshalb kann man sie auch gut deuten. Freuds Schüler C. G. Jung deutete die Bilder unserer Träume als Urbilder (Archetypen), die einem kollektiven Unbewussten der Menschheit entstammen. Dies heißt, dass Traumbilder sich erschließen, deuten lassen. Dass dieses oder jenes Bild symbolhaft für eine bestimmte Lebenssituation steht. Insofern kann man Träume als verschlüsselte Botschaften unseres Unterbewusstseins verstehen. Wenn es gelingt, sie zu deuten und den Lebensumständen des Träumenden zuzuordnen, so lassen sich letztendlich auch Handlungskonsequenzen formulieren, die die spezifischen Lebensprobleme lösen helfen, auf die die Traumbilder ja gewissermaßen wie ein Hilferuf hinweisen.

Wir wissen heute, dass in allen Träumen immer wieder typische Bilder vorkommen, die aus allen Lebensbereichen stammen. Ethnologische Besonderheiten sind dabei natürlich auch zu berücksichtigen. Ein Europäer wird zumin-

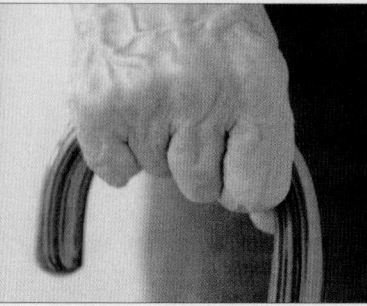

*Traumbilder sind oft fast surreal „komponiert" und haben selten einen unmittelbaren Bezug zur Wirklichkeit des Träumenden.*

dest in Nuancen anders träumen als ein Mensch in Indien, denn das kulturelle Umfeld prägt Leben und Bewusstsein.

Dennoch lassen sich Traumsymbole typisieren. So kehrt das Symbol des Fliegens immer wieder in den Träumen aller Menschen. Die für den Einzelnen gültige Deutung muss jedoch auf sehr persönliche Weise erfolgen und die individuellen Lebensumstände berücksichtigen. So wie jeder Mensch seine Umwelt persönlich und unverwechselbar betrachtet, so individuell ist auch die Wahl seiner Traumbilder.

Man muss bei einer Trauminterpretation auch die einzelnen Bilder in Zusammenhang zueinander sehen. Sie sind wie die einzelnen Steinchen eines Puzzles.

Man kann nun einen Katalog von Traumsymbolen, sozusagen gewisse allgemein gültige Standards, herausarbeiten und auch deren Bedeutung beschreiben, jedoch den Sinn des gesamten Traumgeschehens zu erschließen, erfordert einfühlsame Traumarbeit.

Wir haben versucht, exemplarisch Traumbilder, die am häufigsten vorkommen, ins fotografische Bild umzusetzen. Diese Bilder wollen nur eine Anmutung sein. Sie haben natürlich keinerlei Allgemeingültigkeit, denn jeder generiert seine Traumsymbole auf andere Weise. Wenn sich tausend Menschen einen Koffer vorstellen, werden dies in Wirklichkeit 1000 in Details unterschiedliche Koffer sein.

## Übergangsriten, Rites de passage

Der Begriff „Rites de passage", der 1909 von dem französischen Ethnologen Arnold van Gennep geprägt wurde, bezeichnet Zeremonien und Rituale, die mit dem Übergang von einer Lebensphase in eine andere (z. B. Eintritt ins Jünglingsalter oder in eine religiöse Gemeinschaft, Heirat, Tod) verbunden sind. Er spielt in der Völkerkunde und Religionswissenschaft, aber z. T. auch in der Literaturwissenschaft eine wichtige Rolle.

Diese Übergangsriten weisen in vielen Kulturen auffallende Ähnlichkeiten auf: So finden dabei meistens Reinigungsrituale und ein rituelles Durchlaufen von Tod und Wiedergeburt statt – entsprechend der Auffassung, dass der Mensch erst einmal das Stadium des Todes und sogar des gefahrvollen Durchgangs durch die Unterwelt durchlaufen muss, um als neuer Mensch, innerlich geläutert und gereift, wiedergeboren werden zu können.

Wichtige Übergangsriten sind z. B. alle christlichen Sakramente wie ▶Taufe, Firmung bzw. Konfirmation, Letzte Ölung (▶Öl), die im Judentum und Islam übliche Beschneidung (▶islamische Symbole; ▶Judentum, Symbole) und die bei vielen Naturvölkern übliche ▶Initiation.

Viele Märchen, Mythen und Heldenepen beinhalten Elemente eines solchen Übergangs, wobei hier häufig die Symbolik des „schwierigen Übergangs" mit hereinspielt: des Übergangs vom Profanen zum Heiligen; der Rückkehr zum Paradies, der Erlangung höherer Bewusstseinsebenen. Bei einem solchen Übergang kommen häufig Motive wie die enge Pforte, das Nadelöhr, der schmale oder gefährliche Grat bzw. die sehr schmale ▶Brücke, das Durchkommen zwischen zwei Mühlsteinen, die zusammenschlagenden Felsen, die Wand ohne Tür, zu überwindende Ungeheuer (▶Fabelwesen) wie Skylla und Charybdis usw. vor.

## Udjat ▶Auge

## Ufer

Als Traumsymbol steht das Ufer für die Grenze oder Schwelle zwischen Bewusstem (Land) und Unbewusstem (Wasser).

## Uhr

Ebenso wie die Sanduhr (▶Stundenglas) ein Sinnbild der verrinnenden Zeit, der Vergänglichkeit und des Todes.

## Umgang

Das Umgehen, Umtanzen oder Umreiten eines Objekts oder Heiligtums hat Anteil an der Symbolik des ▶Kreises als etwas Magischem und/oder Göttlichem. Es kann Unheil abwehrende Bedeutung haben: Man errichtet damit einen unsichtbaren, magischen Kreis rund um etwas, das geschützt oder in Besitz genommen werden soll.

## Umhang ▶Mantel

## Umschließen

Alle umschließenden Formen sind Symbole des Weiblichen (▶Frau), der Großen ▶Mutter in ihrem Aspekt des Schutzes, der Zuflucht und Nahrung und des Mutterschoßes. Symbolisiert wird dies u. a. durch die Höhle, die Stadt, den Tempel, die Kirche, das Haus, das Zelt, einen Zaun oder eine Mauer, ein Grab, einen Sarg oder eine Truhe und ▶Gefäße wie Kessel, Kelch, Becher usw.

## UNO-Weltkugel

Das Emblem der Vereinten Nationen zeigt

eine Weltkarte mit den Breitengraden als konzentrischen Kreisen, umrahmt von zwei Olivenzweigen als Friedenssymbolen.

### Unsichtbarkeit

Unsichtbarkeit ist in Mythen und Märchen ein wichtiges Motiv: Der Held besitzt oder erwirbt die Fähigkeit, sich unsichtbar zu machen, und erreicht dadurch sein Ziel bzw. bewältigt seine Aufgabe. Die Unsichtbarkeit kann als symbolischer Tod interpretiert werden (der Held ist nicht mehr sichtbar, d. h., er stirbt – zumindest vorübergehend – für diese irdische, materielle Welt) und hat daher Anteil an der Todes- und Wiedergeburtssymbolik der ▶ Initiation. Symbolisiert bzw. erlangt wird die Unsichtbarkeit häufig durch eine Tarnkappe (▶ Kappe) oder einen Mantel oder Umhang.

### Unsterblichkeitskraut ▶ Pilz

### Unterwelt

In den Vorstellungen vieler Religionen das unter der Erde gelegene Reich der Verstorbenen, in dem häufig auch ein Totengericht stattfindet oder die sündigen Toten durch Folterqualen bestraft werden.

Beherrscht wird die Unterwelt von Unterwelts- bzw. Totengöttern (▶ Tod). Im griechischen Mythos ist die Unterwelt der Hades, in dem der gleichnamige Unterweltsgott herrscht. In der römischen Mythologie entsprach dem Hades der Orcus.

Häufig ist die Unterwelt verbunden mit der Vorstellung eines Meeres oder Flusses, über den die Toten erst einmal fahren müssen, um dorthin zu gelangen, und von einem Tier oder Ungeheuer (im griechischen Mythos ist es der dreiköpfige Hund Kerberos, in der germanischen Mythologie der riesige Höllenhund Garm; ▶ Hund, ▶ Fabelwesen), das den Eingang bewacht, damit keiner der Verstorbenen entkommen,

aber auch kein unbefugter noch lebender Mensch hineingelangen kann.

### Unwetter

Die Schöpfungskraft, der Bringer des fruchtbar machenden Regens. ▶ Blitz und ▶ Donner sind Attribute von Himmels-, Wetter- und Fruchtbarkeitsgottheiten.

### Ur-Ei ▶ Ei

### Urne

Das weiblich-empfangende und umschließende Prinzip; hat Anteil an der Symbolik aller ▶ Gefäße und des ▶ Grabes. Urnen, aus denen Flammen schlagen, versinnbildlichen die Auferstehung, das neue Leben, welches aus dem Tode hervorgeht.

### Uroboros

Die Schlange, die sich in den eigenen Schwanz beißt, ist ein universales Symbol der Ewigkeit und Unendlichkeit. Sie findet sich erstmals auf einem vergoldeten Schrein Tutanchamuns (um 1340 v. Chr.) und spielte in esoterischen Geheimbünden (bei den Freimaurern und Theosophen) und in der Alchemie eine Rolle.

*Der Uroboros hat wie der Kreis weder Anfang noch Ende. A. Eleazar, „Donum Dei“, 1735*

# V

## Vajra

Im Hinduismus der Blitzstrahl bzw. Donnerkeil des Gottes Indra – jenes Gottes, der das Wetter beherrscht, Regen, Blitz und Donner sendet und daher als Quelle der Fruchtbarkeit verehrt, als Herrscher über die Unwetter aber gleichzeitig auch gefürchtet wurde. Wie der Blitz ist der Vajra sowohl Tod bringend als auch Leben spendend. Im Buddhismus hat der Donnerkeil eine ganz andere Bedeutung: Er ist Symbol der Leere, die das unzerstörbare wahre Wesen alles Seienden ist.

## Vampir

Verstorbener, der unverwest in der Nacht seinem Grab entsteigt und Lebenden Blut absaugt. Der Vampir wird oft als Fledermaus dargestellt und symbolisiert die menschliche Eigenschaft hinterhältiger Ausbeutung.

*Der Vampir entstammt dem slawischen und griechischen Volksglauben.*

## Vase

Vase, Wassertopf und Wasserkrug haben Anteil an der Symbolik des ▶Gefäßes und symbolisieren die kosmischen Wasser, die Große Mutter, das weiblich-empfangende Prinzip und Fruchtbarkeit. Daher ist die Vase häufig ein Attribut von Muttergöttinnen und enthält Wasser als fruchtbar machendes Element oder auch das Wasser des Lebens.

Eine Vase, aus der Flammen schlagen, ist ein Bild für die Vereinigung von Feuer und Wasser; eine Vase voller Blumen oder sprießender Zweige ist ein Sinnbild der Fruchtbarkeit; eine überfließende Vase steht für eine gütige weibliche Gottheit oder die Große Mutter, die die Wasser des Lebens und der Fruchtbarkeit über die ganze Welt ausgießt.

Im alten Ägypten war die Vase als Sinnbild für die belebenden Kräfte der Natur ein Attribut von Isis und Osiris. In China ist das Wortzeichen für Vase und Flasche („p'ing") gleich lautend mit dem Wort für Frieden; daher ist die Vase ein Friedenssymbol, dessen Bedeutung – je nachdem, welche Blumen man hineinsteckt – entsprechend variiert werden kann. Ein Bild mit den Blumen der vier ▶Jahreszeiten in einer Vase bedeutet z. B., dass man dem Beschenkten Frieden zu allen Zeiten wünscht.

Im Christentum ist eine Vase mit einer ▶Lilie ein Sinnbild für die Verkündigung; eine leere Vase auf einem Grab bedeutet, dass die Seele den Leib verlassen hat. In der Astrologie ist die Vase ein Attribut des Tierkreiszeichens Wassermann.

## Vater

In den meisten Religionen – außer im Christentum, Judentum und Islam – existieren sowohl männliche als auch weibliche bzw. Vater- und Muttergottheiten – Him-

*Das Veilchen – ein Symbol der Demut und Bescheidenheit (hier in einer Darstellung aus den „Commentaires" von Mattioli, Lyon, 1579)*

*Vereinigung bedeutet Verschmelzung von Gegensätzen, von Feuer und Wasser, von Frau und Mann. „Praetiosissimum Donum Dei", 17. Jh.*

melsgötter und -göttinnen, die zusammen ein Paar bilden (z. B. Zeus und Hera, Jupiter und Juno, Isis und Osiris). Die ihnen zugeordneten Himmelskörper, Tiere und sonstigen Symbole entsprechen dabei im Wesentlichen denjenigen von ▶Mann und ▶Frau.

**Veilchen**
Seit dem christlichen Mittelalter ein Symbol der Demut und Bescheidenheit oder auch der Schüchternheit junger Mädchen (auch heute noch in der Redensart vom „Veilchen, das im Verborgenen blüht"). Aufgrund seiner violetten Farbe wurde das Veilchen auch zum Passionssymbol. Das weiße Veilchen ist ein Attribut der Jungfrau Maria.

**Venus** ▶▶Astrologische Zeichen, S. 46

**Verbene** ▶Eisenkraut

**Verbundene Augen** ▶Blindheit

**Vereinigung**
Symbole der Vereinigung sind alle miteinander gepaarten Gegensätze: der vollständige Kreis, zwei ineinander greifende Kreise, das doppelte Dreieck, der ▶Androgyn; Bäume mit ineinander verschlungenen Zweigen; das ▶Yin-Yang-Symbol; ▶Yoni und ▶Lingam. ▶Sexualsymbole ▶Mann ▶Frau ▶Ehe

**Vereinte Nationen** ▶UNO-Weltkugel

**Vergissmeinnicht**
Einer alten Legende zufolge soll Gott, nachdem er das Paradies erschaffen hatte, allen Pflanzen einen Namen gegeben und nur das kleine, unscheinbare Vergissmeinnicht dabei übersehen haben. Als es ihn fragte, wie es denn heißen solle, nannte er es „Vergissmeinnicht", damit es nie wieder in Vergessenheit geraten solle. Daher war das Ver-

gissmeinnicht bei den germanischen Völkern Europas schon immer ein Symbol der Liebe, Freundschaft und Erinnerung, dessen Blüten und Wurzeln in Liebeszaubern verwendet wurden.

## Vergoldung
Die Vergoldung oder Rotbemalung eines Gegenstands hat solare Bedeutung (▶Sonne); sie verkörpert das Strahlen göttlicher Kraft oder die Macht des Feuers (▶▶Die Symbolik der Farben, S. 152).

## Verkehrszeichen ▶▶S. 410

## Verlegermarken, Druckermarken, Signets
Ursprünglich ein Holzschnittornament, dass ein Buch als Produkt einer bestimmten Druckerei oder später eines Verlages ausweist. Seit Ende des 19. Jh.s verwenden Verlage solche Signets in verstärktem Maße.

## Verlorener Gegenstand
Die Suche nach einem verlorenen Gegenstand (z. B. nach dem heiligen ▶Gral) ist ein in Mythen, Märchen und Heldenepen häufig vorkommendes Motiv und symbolisiert die Suche nach Unsterblichkeit, geistigen Schätzen, Erleuchtung, dem Göttlichen oder dem Paradies.

## Vertikale
Die Vertikale steht für das Himmlische, Göttliche, Transzendente (bzw. für das Streben danach), während die Horizontale die Ebene des irdischen, materiellen Seins verkörpert. Die vertikale Achse kann auch eine Verbindung zwischen dem Heiligen und dem Profanen, zwischen dieser Welt und der höheren symbolisieren.

## Verwandlung
Die Verwandlung des Helden oder der Heldin eines Märchens oder einer Sage aus der

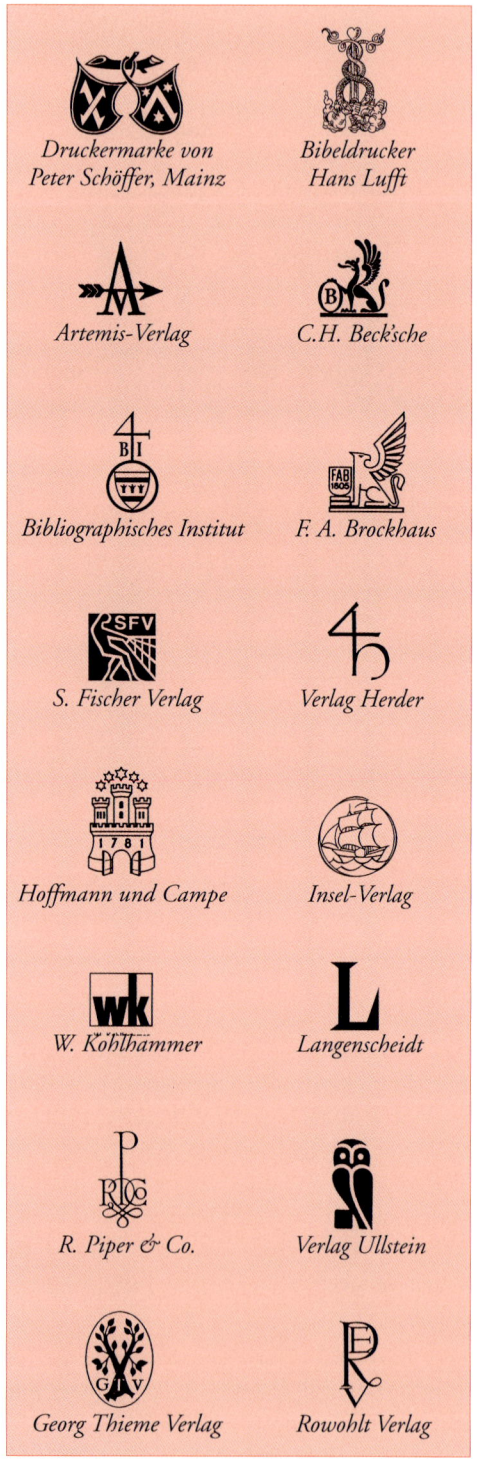

Druckermarke von
Peter Schöffer, Mainz

Bibeldrucker
Hans Lufft

Artemis-Verlag

C.H. Beck'sche

Bibliographisches Institut

F. A. Brockhaus

S. Fischer Verlag

Verlag Herder

Hoffmann und Campe

Insel-Verlag

W. Kohlhammer

Langenscheidt

R. Piper & Co.

Verlag Ullstein

Georg Thieme Verlag

Rowohlt Verlag

Gestalt eines gefangen gehaltenen Tiers, Vogels oder anderen Wesens symbolisiert die Befreiung der Seele aus ihren äußeren Grenzen und den Beschränkungen der materiellen Welt – meist nach bestandenen Prüfungen und Proben oder durch die Vermittlerrolle selbstloser Liebe. Sie steht auch für die innere Transformation der auf die niederen Dinge gerichteten Natur des Menschen.

## Victory-Zeichen, V-Zeichen

Das bekannteste Zeichensymbol, mit dem die Bewohner von deutschen Truppen besetzter Länder im Zweiten Weltkrieg ihren Widerstandswillen gegen die Herrschaft des Nationalsozialismus bekundeten, ist das Victory-Zeichen: ein von Daumen und Mittelfinger gebildetes und in die Höhe gehaltenes V (für englisch „victory" bzw. französisch „victoire" = Sieg).

**Vier** ▶▶Symbolik der Zahlen, S. 452

**Vierzig** ▶▶Symbolik der Zahlen, S. 452

## Viper

Im alten Ägypten war die Viper ein Sonnentier und symbolisierte Königswürde, Macht und Herrschaft. Im Christentum steht sie – ähnlich wie die Schlange – für das Böse, den Teufel.

**Visionen** ▶Medizin ▶Rausch

**Vlies** ▶Haut ▶Goldenes Vlies

## Vogel

Aufgrund seiner Flugfähigkeit wurde der Vogel schon immer mit dem Göttlichen, dem Aufstieg zum Himmel und dem Weiterleben der menschlichen Seele nach dem Tode in Verbindung gebracht. Uralt ist die Vorstellung, dass die Seele nach dem Tod in Gestalt eines Vogels (oder auch eines Schmetterlings) ihren Körper bzw. das Grab verlässt. Dieser Glaube war z. B. im alten Ägypten verbreitet: Die Seele (Ba) wird in Gestalt eines Vogels mit Menschenkopf dargestellt, und man glaubte, dass sie sich nach dem Tode des Menschen frei bewegen könne. Der sagenhafte Vogel Benu (▶Fabelwesen) verkörperte die Seele des Osiris.

Auch im Schamanismus symbolisiert der Vogel den Aufstieg in höhere Bereiche; Vogelkleider und -federn werden von Schamanen bei ihren Riten getragen und sollen der Seele Schwingen verleihen.

Vögel wurden auch in vielen Kulturen als Erscheinungsform oder Attribut der Sonne bzw. bestimmter Sonnengottheiten verehrt; insbesondere Raubvögeln wie Adler oder Falke und auch manchen vogelgestaltigen ▶Fabelwesen wie dem Phönix oder dem sagenhaften hinduistischen Vogel Garuda wurden solare Eigenschaften zugeschrieben. Solche Vögel sind gleichzeitig auch Vertreter des Reichs des Lichts, der göttlichen Mächte, und kämpfen gegen das Böse und die Mächte der Finsternis

Vögel begleiten häufig den Helden eines Märchens oder Epos (▶Heros), wenn er den Drachen sucht oder mit ihm kämpft, und geben ihm geheimen Rat.

Sumpf- und Wasservögel wie z. B. Storch oder Gans hingegen werden – der Symbolik des ▶Wassers entsprechend – in Sagen, Mythen und Religionen häufig mit Geburt und Leben assoziiert.

Vögel, die über den Köpfen von Menschen schwebend dargestellt sind, symbolisieren in der Regel die Sphären der Luft und des Lichts und die dort wohnenden Götter und Geistwesen.

In der christlichen Kunst können Vögel die geretteten Seelen, die Seligen im ewigen Himmelreich versinnbildlichen.

**V-Zeichen** ▶Victory-Zeichen

# Zeichen des Straßenverkehrs

Mit dem Aufkommen und der stetigen Weiterentwicklung des Straßenverkehrs wurde es notwendig, Zeichen zur Regelung des Verkehrs zu finden.

Die Straßenverkehrszeichen entwickelten sich zuerst auf nationaler Basis, wobei sich die Gestalter an den Grundsatz hielten, möglichst inhaltlich einfache und sofort rezipierbare Symbole zu finden, deren Inhalt jedermann auf Anhieb deutlich wird. Wichtig ist es, dass die Bedeutung eines Verkehrszeichens blitzschnell erkannt und begriffen wird.

Natürlich wurden bei der Gestaltung dieser Symbole örtliche Besonderheiten berücksichtigt. So gibt es in Australien Verkehrszeichen, die ein Känguruh abbilden oder in Wüstengebieten Warnhinweise auf Kamele, die eine Straße kreuzen können.

Im Lauf der Zeit wurden die Verkehrszeichen international vereinheitlicht. Die in der Bundesrepublik Deutschland gültigen Verkehrszeichen sind in der Straßenverkehrsordnung zusammengefasst und orientieren sich an der europäischen Regelung. Die im Jahr 1968 von der UN beschlossene Konvention

*Lichtzeichen werden an besonderen Gefahrenstellen gerne durch zusätzliche Verkehrszeichen ergänzt.*

über internationale Verkehrszeichen wurde durch ein europäisches Zusatzabkommen vom 1.5.1971 ergänzt, in welchem die für die europäischen Staaten geltenden Verkehrszeichen festgelegt sind.

Man unterscheidet in Gefahr-, Vorschrift- und Richtzeichen, die jeweils mit verschiedenen Zusatzzeichen versehen sein können.

Gefahrenzeichen (§43 der Straßenverkehrsordnung Nr. 101-200) mahnen den Verkehrsteilnehmer, sich auf die angekün-

*Für öffentliche Verkehrsmittel (Bus und Straßenbahn) gibt es eigene Lichtsignalanlagen.*

digten Gefahren einzustellen. Außerhalb geschlossener Ortschaften stehen sie in der Regel 150-250 Meter vor der Gefahrenstelle, im Ort jeweils 50 Meter davor.

Die Kategorie der Vorschriftzeichen (Nr. 210-300) enthält Gebote und Verbote. Dazu rechnet man auch weiße Markierungen auf der Straßenoberfläche.

Richtzeichen (Nr. 301-400) geben besondere Hinweise zur Erleichterung des Verkehrs, sie können auch Anordnungen beinhalten.

Die Zeichen zur Wegweisung (Nr. 4001-500) zählen zu der Kategorie Richtzeichen.

Die Verkehrszeichen werden ergänzt durch Verkehrseinrichtungen (z.B. Blinklichtzeichen und Schranken) und Lichtzeichen (so genannte Verkehrssignal- und Lichtsignalanlagen). Diese haben vor den Verkehrszeichen grundsätzlich Vorrang, ebenso die Weisungen von Polizeibeamten.

Lichtsignalanlagen (Verkehrsampeln) arbeiten normalerweise mit drei übereinander angeordneten Signallichtern (von oben nach unten) in Rot, Gelb und Grün. Sie sind an Knotenpunkten (Kreuzungen) angebracht und sperren die

Fahrt in bestimmten Richtungen. Rot bedeutet „anhalten", Grün „freie Fahrt". Gelb ordnet an, vor der Kreuzung auf das nächste Zeichen zu warten bzw. die Kreuzung zu räumen. Blinkt das gelbe Licht, so signalisiert dies, dass der Fahrer in dieser Richtung warten muss.

Gelbes Blinklicht ergänzt auch andere Verkehrssignale, beispielsweise ein Warnzeichen vor einem Bahnübergang. In diesem Fall signalisiert das gelbe Blinklicht, dass der Information des Warnzeichens in diesem Augenblick eine besondere Achtung beizumessen ist.

*Vor Einführung der Ampeln wurde der Verkehr von Polizeibeamten geregelt. Dies ist aber auch heute noch der Fall, wenn eine Anlage gestört ist und ausfällt.*

*Der Bahnverkehr (▸▸ Seite 124) hat ebenfalls eine eigene Signalsprache.*

# Zeichen des Straßenverkehrs: Gefahrenzeichen

Gefahrenstelle

Kreuzung oder Ein-
mündung mit Vorfahrt

Kurve (rechts)

Doppelkurve
(zunächst rechts)

Gefälle

Steigung

unebene Fahrbahn

Schnee- und Eisglätte

Schleudergefahr bei
Nässe oder Schmutz

Steinschlag

Splitt, Schotter

Seitenwind

verengte Fahrbahn

einseitig rechts
verengte Fahrbahn

Baustelle

*Stau*

*Gegenverkehr*

*bewegliche Brücke*

*Ufer*

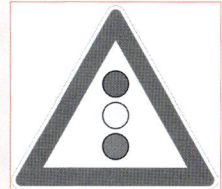

*Lichtzeichenanlage*

*Fußgänger*

*Fußgängerüberweg*

*Kinder*

*Radfahrer kreuzen*

*Viehtrieb, Tiere*

*Wildwechsel*

*Flugbetrieb*

*Bahnübergang mit Schranken oder
Halbschranken*

*unbeschrankter
Bahnübergang*

*einstreifige Bake (rechts), zweistreifige
Bake (links) vor dem Bahnübergang*

# Zeichen des Straßenverkehrs: Vorschriftzeichen

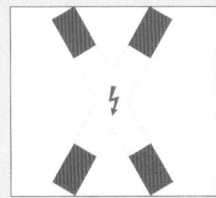

*Andreaskreuz*

*Vorfahrt gewähren!*

*Halt! Vorfahrt gewähren!*

*Rechts vorbei!*

*Rechts!*

*Hier rechts!*

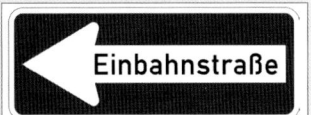

*Einbahnstraße*

*Taxenstand*

*Straßenbahnen oder Linienbusse*

*Radfahrer*

*Reiter*

*Fußgänger*

*gemeinsamer Fuß- und Radweg*

*getrennter Rad- und Fußweg*

*Linienomnibusse*

Dem Gegenverkehr
Vorrang gewähren!

Beginn eines Fußgän-
gerbereichs

Ende eines Fußgänger-
bereichs

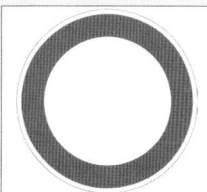

Verbot für Fahrzeuge
aller Art

Verbot für Kraftwagen und sonstige mehrspurige Kraftfahrzeuge

Verbot für Kraftfahrzeuge mit einem
zulässigen Gesamtgewicht über 3,5 t

Verbot für Radfahrer

Verbot für Krafträder

Verbot für Fußgänger

Verbot für Krafträder
und Kraftfahrzeuge

Verbot für kennzeichnungspflichtige
Kraftfahrzeuge mit gefährlichen Gütern

Verbot für Fahrzeuge über
angegebenes tatsächliches Gewicht

Verbot für Fahrzeuge über angegebene tatsächliche Achslast

Verbot für Fahrzeuge
über angegebene Breite

Verbot für Fahrzeuge über
angegebene Höhe

# Zeichen des Straßenverkehrs: Vorschriftzeichen

Verbot für Fahrzeuge
über angegebene Länge

Verbot der Einfahrt

Schneeketten sind
vorgeschrieben

Verbot für Fahrzeuge mit
wassergefährdender Ladung

Verbot bei Smog oder zur Verminde-
rung schädlicher Luftverunreinigungen

Wendeverbot

Verbot des Fahrens ohne
einen Mindestabstand

zulässige Höchstge-
schwindigkeit

Beginn der Zone mit zulässiger
Höchstgeschwindigkeit

Ende der Zone mit zulässiger Höchstgeschwindigkeit

vorgeschriebene
Mindestgeschwindigkeit

Überholverbot für
Kraftfahrzeuge aller Art

Überholverbot für Kfz mit
einem zulässigen Gesamt-
gewicht über 3,5 t

Ende der zulässigen Höchstgeschwindigkeit

Ende der vorgeschrie-
benen Mindest-
geschwindigkeit

# Zeichen des Straßenverkehrs: Richtzeichen

*Ende Überholverbot*

*Ende des Überholverbots für Kfz mit zulässigem Gesamtgewicht über 3,5 t*

*Ende sämtlicher Streckenverbote*

*Haltverbot*

*eingeschränktes Haltverbot*

*Zone mit eingeschränktem Haltverbot*

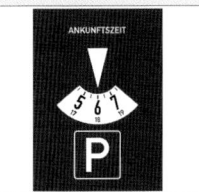

*Parkscheibe*

*Ende eines eingeschränkten Haltverbotes für eine Zone*

*Schleudergefahr bei Nässe oder Schmutz*

*Vorfahrt*

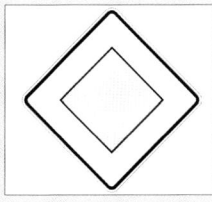

*Vorfahrtstraße*

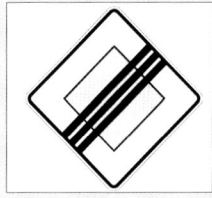

*Ende der Vorfahrtstraße*

*Vorrang vor dem Gegenverkehr*

*Ortstafel (Vorderseite)*

*Ortstafel (Rückseite)*

# Zeichen des Straßenverkehrs: Richtzeichen

*Parkplatz*

*Parken auf Gehwegen*

*Parken und Reisen*

*Wanderparkplatz*

*Beginn des verkehrsbe-
ruhigten Bereichs*

*Ende des verkehrsberu-
higten Bereichs*

*Autobahn*

*Kraftfahrstraßen*

*Ausfahrt von der
Autobahn*

*Ausfahrt Autobahn*

*Ende der Autobahn*

*Ende der
Kraftfahrstraße*

*Fußgängerüberweg*

*Einbahnstraße*

*Wasserschutzgebiet*

Fußgängerunter-
oder -überführung

Verkehrshelfer

Sackgasse

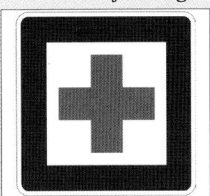

erste Hilfe

Pannenhilfe

Polizei

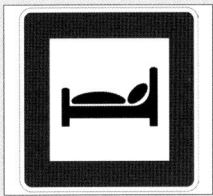

Autobahnhotel

Autobahngasthaus

Autobahnkiosk

Richtgeschwindigkeit

Ende der Richtge-
schwindigkeit

Ortshinweistafel

touristischer Hinweis

Seitenstreifen
nicht befahrbar

Zollstelle

# Zeichen des Straßenverkehrs: Richtzeichen

*Vorwegweiser zur
Autobahn*

*Vorwegweiser für be-
stimmte Verkehrsarten*

*Ankündigungstafel*

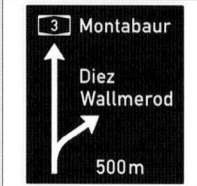

*Vorwegweiser auf
Autobahnen*

*Ankündigungsbake
(dreistreifig)*

*Entfernungstafel*

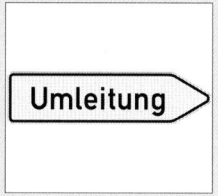

*Umleitungswegweiser*

*nummerierte Umleitung*

*Umleitungsankündigung*

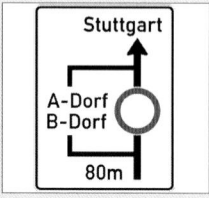

*Planskizze für Umleitung*

*Ende einer Umleitung*

*Bedarfsumleitung*

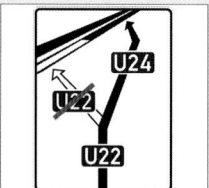

*Bedarfsumleitungstafel*

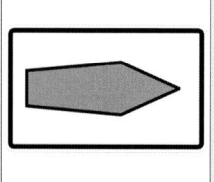

*Umlenkungspfeil*

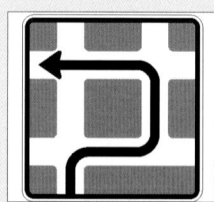

*schwierige Verkehrsführung*

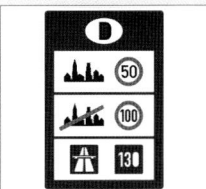

*Informationstafel an*
*Grenzübergängen*

*Knotenpunkte der*
*Autobahnen*

*Nummernschild für*
*Bundesstraßen*

*Nummernschild für*
*Autobahnen*

*Laternenschild*

*Nummernschild für*
*Europastraßen*

*Wegweiser auf*
*Bundesstraßen*

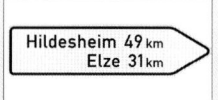

*Wegweiser auf sonstigen Straßen*
*mit größerer Verkehrsbedeutung*

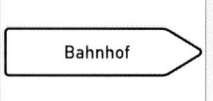

*Wegweiser auf sonstigen Straßen*
*mit geringerer Verkehrsbedeutung*

*Wegweiser für be-*
*stimmte Verkehrsarten*

*Wegweiser zur*
*Autobahn*

*Wegweiser zu innerörtlichen Zielen*
*und zu Einrichtungen mit erheb-*
*licher Verkehrsbedeutung*

*Straßennamensschild*

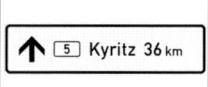

*Wegweiser innerorts*
*auf Bundesstraßen*

*Wegweiser innerorts*
*auf sonstigen Straßen*

*Wegweisertafel*

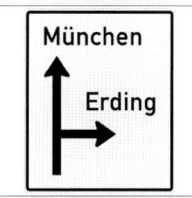

*Vorwegweiser*

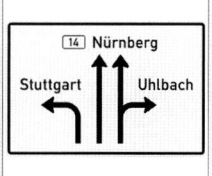

*gegliederter Vorwegweiser*

# W

Eine Waage, auf der drei Steine liegen, ist ein Symbol der Dreifaltigkeit. In der Astrologie ist die Waage eines der zwölf Tierkreiszeichen (▶▶astrologische Zeichen, S. 46).

## Waage

Ein fast weltweit verbreitetes Symbol des Gleichgewichts, der Ausgewogenheit und Gerechtigkeit, im weiteren Sinn auch des weltlichen und göttlichen Gerichts. So wird z. B. Justitia, die altrömische Personifikation der Gerechtigkeit, meist mit einer Waage in der Hand dargestellt. Beim ägyptischen Totengericht wird das Herz des Toten auf einer Waage gegen ein Symbol der Wahrheit abgewogen und darf weder für zu leicht noch für zu schwer befunden werden; eine genaue Beschreibung dieses Vorgangs findet sich im ägyptischen Totenbuch. In der altiranischen Religion wägt Gott Raschnu beim Totengericht die Geister auf der Brücke des Schicksals. In diesen Kontext gehört auch die christliche Vorstellung von der Wägung der Seelen durch den Erzengel Michael beim Jüngsten Gericht und die Waage in der Katakombenkunst und in anderen christlichen Darstellungen. Im Islam ist Erzengel Gabriel der „Seelenwäger".

*Vor dem Richterstuhl des Allmächtigen wird über jede Seele gerecht befunden. Gute und böse Taten werden sorgfältig „gewogen".*

## Wachs

Wachs galt als Träger der Lebenssubstanz; daher wurden in Hexerei und Zauberkunst häufig Wachsbilder verwendet, um Macht über Menschen zu erlangen.

## Wachsamkeit

Sinnbilder der Wachsamkeit sind der ▶Hahn, der ▶Löwe, der Hund und im weiteren Sinn alle Wächtergestalten wie z. B. ▶Schlangen, ▶Drachen und Ungeheuer (▶Fabelwesen). Bewacher von Schätzen, Unterweltspforten usw. hindern den Menschen daran, zu weit oder zu schnell vorwärts zu gehen und mehr an okkultem oder esoterischem Wissen kennen zu lernen, als er in seinem momentanen Entwicklungsstadium verkraften kann.

## Wachtel

In China ein Symbol des Mutes, da auf dem Land neben Hahnenkämpfen früher auch häufig Wachtelkämpfe veranstaltet wurden.

## Wächter ▶Wachsamkeit

## Waffen

Ein Symbol für Macht, Herrschaft, Schutz, aber auch Zerstörung. Waffen in den Händen von Gottheiten symbolisieren gleichzeitig auch Befreiung und Erneuerung, da sie die Unkenntnis und das niedrigere Ich des Menschen zerstören, um ihm den Zugang zu höherem Bewusstsein und zur Erleuchtung zu ermöglichen. Die Aneignung von Waffen ist ein Symbol dafür, dass die Kräfte des Besiegten in den Besitz des Siegers übergehen.

## Wagen

Nach dem Glauben vieler alter Völker fahren die Götter in einem Wagen über den Himmel. Die Eigenschaften und Absichten des Wagenlenkers werden dabei durch das Gespann symbolisiert; so bedeuten weiße Pferde z. B. Geistigkeit, Reinheit, Sonnenkraft, während das Katzengespann der germanischen Göttin Freyja lunare und magische Kräfte verkörpert. Thors Wagen wird von zwei Böcken oder Ziegen (Symbolen der Fruchtbarkeit) gezogen. Kybele fährt einen Wagen, der von Löwen gezogen wird; auf Muschelhörnern blasende Tritonen ziehen den Wagen Poseidons. Wagen und Pferde sind auch kriegerische Attribute des römisch-griechischen Kriegsgottes Ares/Mars. Der hinduistische Gott Indra fährt in einem goldenen Wagen. Im Kult der germanischen Göttin Nerthus spielte ein von zwei Kühen gezogener und von einem Priester begleiteter Prozessionswagen eine wichtige Rolle.

Ein feuriger, zum Himmel emporfahrender Wagen ist ein Symbol des Übergangs ins Jenseits. Der heilige Franz von Assisi wird in einem feurigen Wagen gen Himmel fahrend dargestellt. Die in manchen alten Kulturen (z. B. bei den Kelten und Italikern) üblichen Grabbeigaben in Wagenform sind vielleicht ebenso zu deuten. Auch im Buddhismus ist das Fahrzeug bzw. ▶ Schiff ein Symbol für den Weg des Menschen zur Erlösung.

In der christlichen Kunst und Legende können Kampfwagen, Wagen, Karren oder Arche die Kirche als ein Gefährt versinnbildlichen, das die Gläubigen in den Himmel bringt; der Wagen bedeutet Triumph.

## Wägen ▶ Waage

## Wagenlenker

In der Antike ein Sinnbild der Beherrschung, durch die die Pferde (die für die Leidenschaften und animalischen Triebe des Menschen stehen) gezügelt werden. Der Wagenlenker steht auch für den Verstand, die Intelligenz bzw. den Geist, der den Körper leitet.

## Wal

Der Bauch des Wals ist sowohl ein Ort des Todes als auch der Wiedergeburt, so z. B. im Alten Testament (Buch Jona) in der bekannten Geschichte von dem Propheten Jonas, der vor Gottes Auftrag, Ninive zur Buße zu rufen, zu fliehen versucht. Jonas wird von einem großen Fisch (Wal) verschlungen und erst nach drei Tagen wieder an Land gespien. Daraufhin begibt er sich nach Ninive, und die Bevölkerung leistet seinem Bußruf wider Erwarten Folge.

Vom Wal verschlungen zu werden, bedeutet das Eintreten in die Finsternis des Todes und der Unterwelt; wieder aus dem Wal herauszukommen, steht für den Austritt aus der Höhle der Initiation in ein neues Leben, Auferstehung. In der christlichen Symbolik stellt der Wal den Teufel dar, und sein Bauch ist die Hölle.

## Wald

Vor allem in Mythen und Märchen und im Volksglauben hat der Wald eine wichtige symbolische Bedeutung. Meist steht er wegen seiner Undurchdringlichkeit und Dunkelheit für das Unbekannte, Geheimnisvolle, sowohl im positiven als auch im negativen Sinn: Hier sind gute und böse Fabelwesen zu Hause – Hexen und Zwerge, Elfen und Feen, Drachen und andere Ungeheuer; hier geschehen seltsame Dinge, für die es keine natürliche Erklärung gibt. In tiefenpsychologischer Interpretation steht der Wald für das Unbewusste.

Häufig wachsen die Helden bzw. Heldinnen von Märchen und mittelalterlichen Ritterdichtungen in einem Wald auf; oder sie müssen sich in einen Wald hineinwagen, wo sie tierischen oder übermenschlichen Wesen begegnen. Für den Märchenhelden ist der Wald ein Ort der Prüfung und der Initiation. Der Eintritt in einen dunklen, verzauberten Wald ist ein Schwellensymbol: Er steht für die Seele, die in ein Reich neuer Erfahrungen und unbekannter Gefahren eintritt, die symbolisch stirbt und beim Verlassen des Waldes als neuer Mensch wiedergeboren wird. Wenn der Held den Wald durchquert und all seine Bewährungsproben dort bestanden hat, ist er an seinem Ziel angelangt und innerlich gereift.

Weit verbreitet ist im Volksglauben die Vorstellung von Waldgeistern, die im Wald leben und manchmal als heilkundige Naturdämonen beschrieben werden, häufig aber auch als Schreckgestalten, mit denen man Kindern droht.

In Religionen vieler Kulturen ist der Wald oder Hain ein magischer oder heiliger Ort, an dem der Mensch den Göttern besonders nahe ist. Auch bei den Kelten und Germanen spielten Haine als Heiligtümer eine wichtige Rolle. In China galt der Wald als unheimlich und gefahrvoll, wohl auch wegen der Banditen und Tiger. Auch in China und ebenso in Japan ist der Glaube an Waldgeister verbreitet.

## Walnuss

Nüsse, v. a. Walnüsse, wurden schon immer mit Fruchtbarkeit und reichem Kindersegen assoziiert; in dieser Bedeutung wurden Walnüsse bei griechischen und römischen Hochzeiten gereicht oder verstreut.

## Wanderung, Wanderer

Im Gegensatz zum Pilger, der einen geraden und zielgerichteten Weg verfolgt, bewegt sich der Wanderer häufig ziellos voran – er begibt sich auf eine Reise oder ein Abenteuer, ohne zu wissen, wohin ihn das führen

*Darstellung des „ewigen Juden" bei seiner Wanderung auf dem Weg über einen Friedhof. (Lithografie von Gustave Doré)*

wird und was für Gefahren ihm dort begegnen können. Daher ist die Wanderung (oder auch die Reise) ein beliebtes Symbol für das menschliche Leben mit all seinen Irrungen, Wirrungen, Gefahren und Ungewissheiten.

Im Buddhismus symbolisiert das Wandern das Samsara – den Zustand des im Kreislauf von Geburt, Tod und Wiedergeburt befangenen Menschen, der so lange durch viele Leben wandern muss, bis er Erleuchtung und Befreiung erlangt hat.

## Wappen ▶▶ S. 426

## Wappenlilie

In der Heraldik spielt die ▶Lilie eine wichtige Rolle. Sie ist ein Sinnbild der Muttergottes und aller Menschen, die sich ihrem Patronat unterstellten, so z. B. bei den Königen von Frankreich. In ihrer Dreiteiligkeit ist sie gleichzeitig ein Symbol für die Heilige Dreifaltigkeit.

Waschung ▶Ablution

## Wasser

Als Ursprung allen Lebens und Sinnbild der Fruchtbarkeit spielte das Wasser schon in prähistorischer Zeit eine wichtige Rolle im Denken und Fühlen der Menschen, was die häufigen Abbildungen von Wellen- und Zickzackbändern (die wohl Flüsse darstellen sollen) in vielen frühen, vom Ackerbau abhängigen Kulturen belegt. Auch das uralte Motiv des ▶Mäanders symbolisiert vermutlich die Wellenbewegung des Wassers.

Wegen seiner Formlosigkeit galt das Wasser in vielen Religionen und Schöpfungsmythen als das Chaos oder die Urmaterie, aus der alles entstanden ist. So tauchte z. B. in der ägyptischen Mythologie aus dem durch den Gott Nun verkörperten Urgewässer der Urhügel empor; im Hinduismus ruht auf den Wassern das Weltenei, die Wohnstatt Brahmas vor Anbeginn der Schöpfung. Im alten Ägypten stand Wasser für Geburt, Wachstum und die Fruchtbarkeit der Wasser des Nil. In der Bibel (1. Buch des Mose 1,2) lag „Finsternis ... über der Urflut und Gottes Geist schwebte über dem Wasser", ehe er mit seinem Schöpfungswerk begann.

Als Urchaos wird das Wasser auch gelegentlich mit den Mächten der Finsternis und des Bösen assoziiert; so dachte man sich das Urmeer als von zahlreichen bösen ▶Fabelwesen oder auch von riesigen ▶Schlangen bevölkert. Denn als potenzielle tödliche Gefahr für den Fischer oder Seefahrer war das Wasser nicht nur Ursprung allen Lebens, sondern gleichzeitig auch eine alles verschlingende Macht. So wurde es zum Symbol für Tod und Wiedergeburt, Reinigung und Erneuerung und spielt als solches in vielen Mythen und Religionen eine wichtige Rolle: zerstörerischer Ozean auf der einen Seite, „Wasser des Lebens" auf der anderen. Die biblische Sintflut zerstört alles, ermöglicht aber gleichzeitig auch ein besseres, von Sündhaftigkeit befreites Leben.

Wasser als Element der Reinigung und Erneuerung spielt auch bei den in vielen Religionen üblichen Waschungen (▶Ablution), beim Besprengen oder Sich-Bekreuzigen mit Weihwasser und beim Sakrament der ▶Taufe eine Rolle.

In der Regel gilt das Wasser als weibliches ▶Element (im Gegensatz zum männlichen Element des Feuers); in China ist es dem weiblichen Prinzip Yin zugeordnet, und Feuer und Wasser gingen nach chinesischer Vorstellung aus dem großen Einen (T'ai-chi) hervor (▶Yin-Yang). Das Wasser wird der Nacht, das Feuer dem Tag zugeordnet. Für den chinesischen Philosophen Lao-tse ist das Wasser ein Vorbild für das richtige Verhalten, durch das der Schwache den Starken bezwingen kann.

Das Wasser ist in seiner Symbolik eng mit dem ▶Mond verwandt; beide stehen für das weibliche Prinzip und für Leben, Tod und Wiedergeburt.

*Auch der Wasserfall zeigt das ewige Fließen, das Schöpfung und Vergänglichkeit zugleich symbolisiert (chinesisches Gemälde, 12. Jh.).*

# Wappen: Die Kunst der Heraldik

Den Themenkomplex, der mit Wappen und ihrer Verwendung zusammenhängt, bezeichnet man als „heraldisch": Die Heraldik umfasst also Wappenkunde und Wappenkunst.

Die mittelalterlichen Herolde, von Fürsten berufene Wappenkundige im ritterlichen Kriegs- und Turnierwesen, entwickelten aus langjähriger Erfahrung das Regelwerk der Wappenkunst. Obwohl es damals keine internationalen Konferenzen gab, fand die grundsätzliche Gestaltung der Wappen rasch allgemeine Anerkennung.

Das Ziel eines Wappens war es, dass jederzeit auch unter ungünstigen Sichtverhältnissen zweifelsfrei identifiziert werden konnte, zu welcher Partei jemand gehörte. Die Erkennbarkeit musste auch auf größere Entfernungen gewährleistet sein, selbst dann, wenn das Wappenbild verkleinert dargestellt war.

Aus dieser Notwendigkeit heraus entstand die Hauptregel der Heraldik, nach der Metall nicht auf Metall und Farbe nicht auf Farbe liegen darf. Dies bedeutete, dass in jedem Wappenschild immer Gold oder Silber vorkommen musste. Wichtig war weiterhin, dass sich das Wappenbild problemlos auf Rüstungsteilen des mittelalterlichen Kriegshandwerks, besonders auf dem Kampfschild, darstellen ließ.

Die Wappen moderner Staaten üben ebenfalls eine heraldische Funktion aus. Wappen können aber auch bestimmte Personengruppen oder einzelne Personen repräsentieren. Beispielsweise kann ein Club sich eines Wappens bedienen, das völlig neu kreiert wird, doch auch eine Privatperson kann sich ein Wappen verschaffen, das entweder auf eine lange Familientradition zurückgeht oder ohne historische Wurzeln rein fiktiv gestaltet wird. Auch die Werbegrafik benutzt gerne den heraldischen Stil, weil sich damit unterschwellig ein Gefühl von Tradition vermitteln lässt, d. h., es wird der Eindruck erweckt, als entstamme eine bestimmte Firma einem alten Adelsgeschlecht.

*Der kolorierte Holzschnitt von 1550 zeigt den Fähnrich Hans von Sachsen.*

*Der Holzschnitt stellt den deutschen König und römischen Kaiser Sigismund dar. Das Adlerwappen gilt als Zeichen der Königswürde, der Doppeladler als Kaisersignum.*

*Das kunstvolle Wappen eines Buchbinders mit einer Buchpresse im Schild*

*Wappen des Hl. Römischen Reichs Deutscher Nation (um 1590)*

*Reichsadler des Deutschen Kaiserreichs (1889–1918)*

*Bundeswappen des Deutschen Bundes (1848)*

*Reichswappen der Weimarer Republik (1919)*

*Hoheitszeichen des Deutschen Reiches (1935–1945)*

# Wappen: Historische deutsche Wappen

*Heraldisches Hoheitszeichen des Memellandes*

*Staatsflagge der DDR von 1959–1990*

*Länderwappen in der DDR: Brandenburg*

*Länderwappen in der DDR: Mecklenburg*

*Länderwappen in der DDR: Sachsen*

*Länderwappen in der DDR: Thüringen*

*Länderwappen in der DDR: Sachsen-Anhalt*

# Wappen: Elemente moderner Werbegrafik

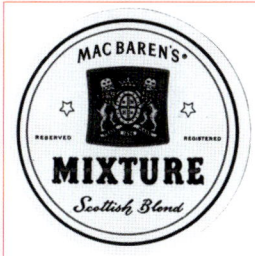

# Wappen: Städtewappen von A bis Z

Die meisten Gemeinden, selbst wenn sie keine „Stadt" sind, besitzen heute ein Wappen. Die Wappen der Hauptstädte und anderer bedeutender Städte verraten die historischen Wurzeln. Manche Wappen gehören zur Kategorie der redenden Wappen, beispielsweise die Wappen von Berlin und Bern mit dem Bären oder London mit dem Georgskreuz.

*Abidjan*

*Addis Abeba*

*Algier*

*Amsterdam*

*Asunción*

*Athen*

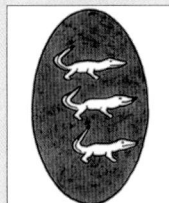
*Bamako*

*Banjul*

*Belfast*

*Belgrad*

*Berlin*

*Bern*

*Bissau*

*Bogotá*

*Bonn*

*Bratislava*

*Brazzaville*

*Brüssel*

*Budapest*

*Buenos Aires*

Bukarest

Canberra

Caracas

Casablanca

Chicago

Dakar

Delhi

Den Haag

Dublin

Edinburgh

Frankfurt am Main

Freetown

Genf

Guanabara

Guatemala

Hamburg

Helsinki

Jerusalem

Kampala

Kingston

Kinshasa

Kioto

Kopenhagen

Lagos

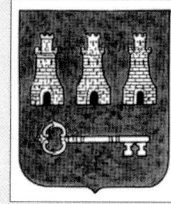

La Habana

La Paz

Libreville

Lima

Lissabon

London

Los Angeles

Lourenço Marques

Luanda

Luxemburg

Lyon

Madrid

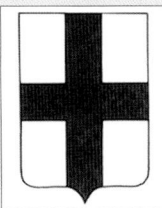

Mailand

Manila

Marseille

Mexiko

Monaco

Montevideo

Montreal

Moskau

Nairobi

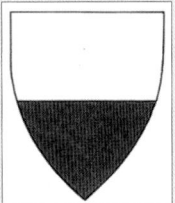

N'Djamena

Neapel

New York

Osaka

Oslo

Ottawa

Panama

Paris

Port-au-Prince

Prag

Pretoria

Quebec

Quito

Rangun

Reims

Reykjavik

Rom

Salisbury

San Francisco

San José de Costa Rica

San Marino

Santa Isabel

Santiago de Chile

Santo Domingo

Seoul

Singapur

Sofia

Stockholm

Tananarive

Tokio

Toronto

Vaduz

Warschau

Washington

Wellington

Wien

Windhuk

Winnipeg

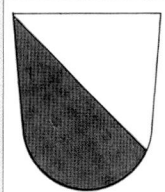
Zürich

# Die Wappen der Bundesrepublik Deutschland

*Farben: Schwarz, Rot, Gold*

*Bundesflagge*

*Bundesdienstflagge*

*Bundeswappen*

*Dienstflagge der Seestreitkräfte
der Bundeswehr*

*Erkennungszeichen für
Flugzeuge und Kampffahrzeuge
der Bundeswehr*

*Kleines Bundessiegel
als Stempel*

# Die Wappen und Flaggen der Länder der BRD

## Baden-Württemberg
*Landesfarben: Schwarz, Gold*

*Großes Landeswappen*

*Landesflagge*

*Kleines Dienstsiegel*

## Bayern
*Landesfarben: Weiß und Blau*

*Großes Staatswappen*

*Staatsflagge (Streifenflagge)*

*Staatsflagge (Rautenflagge)*

*Siegel mit großem Staatswappen*

# Berlin

*Landesfarben: Weiß, Rot*

*Landeswappen*

*Landesflagge*

*Kleines Landessiegel*

# Brandenburg

*Landesfarben: Rot, Weiß*

*Landeswappen*

*Landesflagge*

*Großes Landessiegel*

## Bremen

*Landesfarben: Rot, Weiß*

*Großes Wappen*

*Staatsflagge mit Flaggenwappen*

*Großes Siegel*

## Hamburg

*Landesfarben: Weiß, Rot*

*Großes Landeswappen*

*Landesflagge*

*Großes Dienstsiegel*

## Hessen

*Landesfarben: Rot, Weiß*

*Kleines Landessiegel*

*Landesflagge*

*Landeswappen*

## Mecklenburg-Vorpommern

*Landesfarben: Ultramarinblau, Weiß, Gelb, Weiß, Zinnoberrot*

*Großes Landessiegel*

*Landesflagge*

*Großes Landeswappen*

## Niedersachsen

*Landesfarben: Schwarz, Rot, Gold*

*Kleines Landessiegel*

*Landesflagge*

*Landeswappen*

## Nordrhein-Westfalen

*Landesfarben: Grün, Weiß, Rot*

*Landeswappen*

*Landesflagge*

*Kleines Landessiegel*

## Rheinland-Pfalz

*Landesfarben: Schwarz, Rot, Gold*

*Landeswappen*

*Landesflagge*

*Kleines Landessiegel*

## Saarland

*Landesfarben: Schwarz, Rot, Gold*

*Landeswappen*

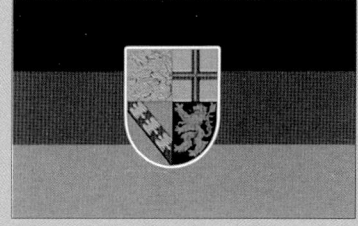

*Landesflagge*

*Kleines Landessiegel als Druckstempel*

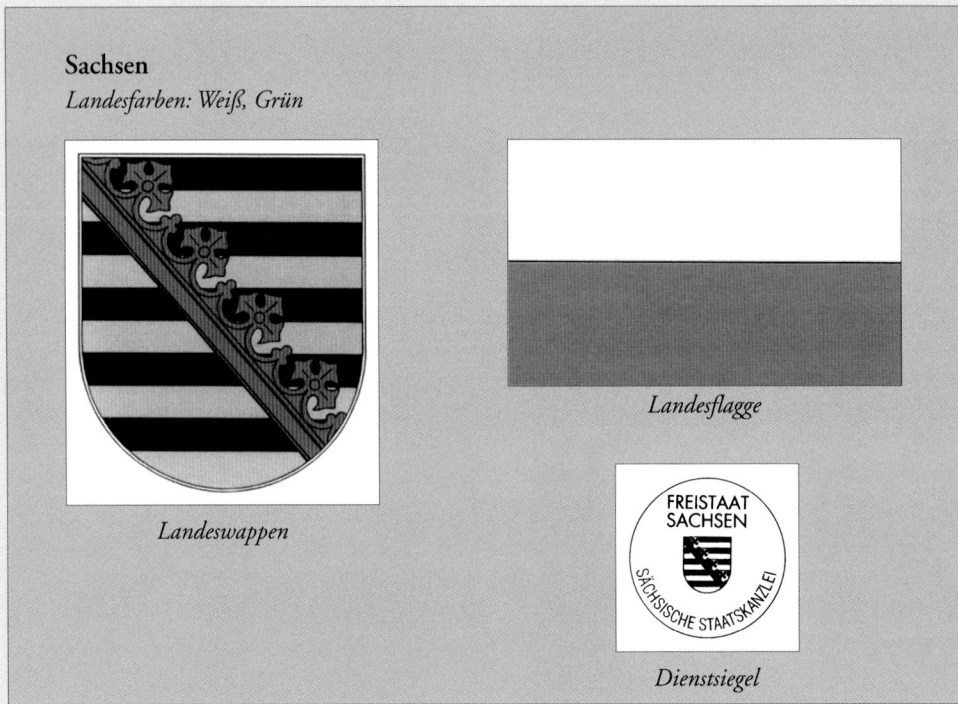

## Sachsen

*Landesfarben: Weiß, Grün*

*Landeswappen*

*Landesflagge*

*Dienstsiegel*

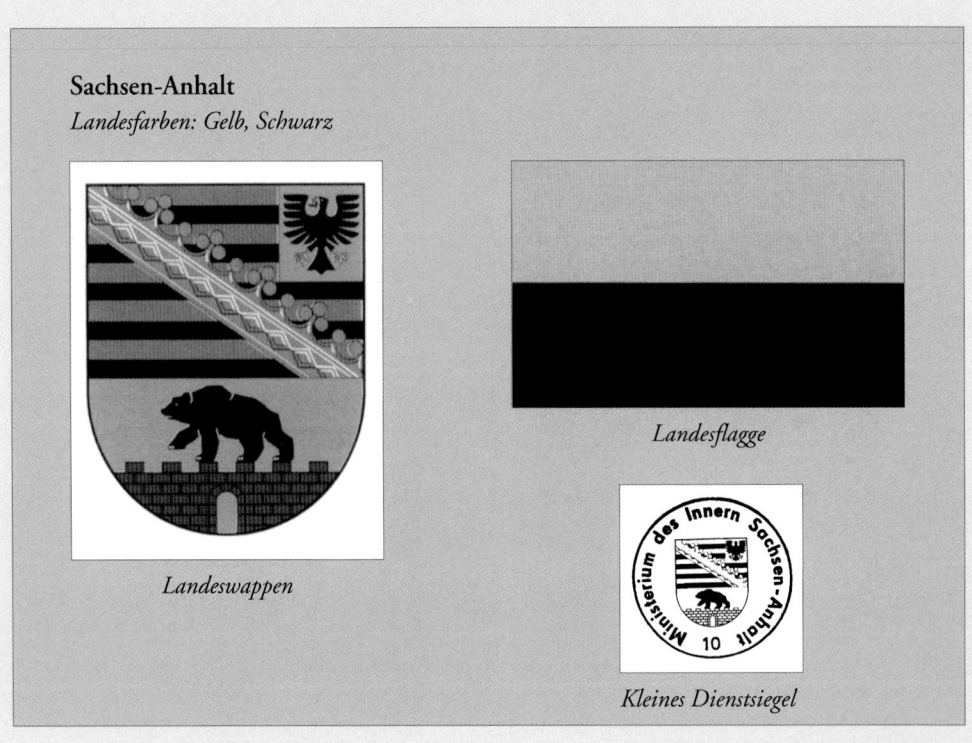

## Sachsen-Anhalt

*Landesfarben: Gelb, Schwarz*

*Landeswappen*

*Landesflagge*

*Kleines Dienstsiegel*

## Schleswig-Holstein
*Landesfarben: Blau, Weiß, Rot*

*Landeswappen*

*Landesflagge*

*Landessiegel*

## Thüringen
*Landesfarben: Weiß, Rot*

*Landeswappen*

*Landesflagge*

*Landessiegel*

### Wassermann

Eines der zwölf Tierkreiszeichen (▶▶astrologische Zeichen, S. 46)

### Weben

Ein Symbol für die Erschaffung des Universums und das „Gewebe" der Welt und des Schicksals. Die Urweberin, die Große Weberin, erschafft das Universum und webt auf dem Webstuhl des Lebens das Schicksal aller Menschen. Die Symbolik des Webens ist eng verwandt mit der des Spinnens (▶Spindel): Alle Göttinnen des Schicksals und der Zeit sind Spinnerinnen und Weberinnen. So hat z. B. die ägyptische Göttin Neith als Weberin der Welt die Spinne als Attribut. In der germanischen Mythologie sind die Nornen die Weberinnen des Schicksals.

Im Hinduismus ist der Schöpfergott Brahma „der, auf dem die Welten als Kett- und Schussfaden gewebt werden" (Upanischaden). Alles im Kosmos ist durch ein unsichtbares Gewebe miteinander verbunden.

### Webstuhl

Ein Symbol für das Geschick, die Zeit und das ▶Weben des Schicksals; Attribut von Penelope und Arachne.

Weg ▶Aufstieg ▶Abstieg ▶Übergangsriten ▶Pilger ▶Reise ▶Wanderung

### Weide

In der Antike galt die Weide als unfruchtbar; man glaubte, dass sie ihren Samen abwerfe, ehe er reif werde. Aus diesem Grund empfahl Pedanios Dioskurides zerriebene Weidenblätter zur Empfängnisverhütung, und die Weide wurde zum Symbol der Keuschheit und zur heiligen Pflanze der jungfräulichen Göttin Persephone; daher wurde sie auch mit der Unterwelt in Verbindung gebracht.

Im Christentum werden am Palmsonntag statt echter Palmblätter Weidenzweige geweiht, die vor Blitzschlag, Unwetter und bösen Einflüssen schützen sollen.

In China sind Weide und Weidenzweige ein Sinnbild des Frühlings und werden daher in vielen Redewendungen mit Erotik in Verbindung gebracht: „Weidengefühle" sind eine Umschreibung für sexuelles Verlangen, „Blumen und Weiden" eine Bezeichnung für Freudenmädchen. Außerdem werden der Weide dämonenabwehrende Kräfte zugeschrieben.

### Weihnachtsbaum

Etwa seit dem 16. Jh. bildete sich u. a. in Deutschland der mit Lichtern und Schmuck oder Süßigkeiten und anderen Gaben besteckte Tannenbaum als bekanntestes Symbol des Weihnachtsfests heraus. Jedes Licht symbolisiert eine Seele; gleich-

*Das Symbol des Weihnachtsfestes, der geschmückte Tannenbaum, entstand erst im 16. Jh.*

zeitig stellen die Lichter auch Sonne, Mond und Sterne dar, die an den Zweigen des Weltenbaumes (▶Baum) scheinen.

## Weihrauch

Schon im 4. und 5. Jtsd. v. Chr. wurde zu Ehren orientalischer Gottheiten (z. B. Baal) Weihrauch geopfert. Die Maya verbrannten bei Zeremonien zur Anbetung ihrer Götter ebenfalls Weihrauch.

Auch im Alten Testament wird Weihrauch als Bestandteil von Räucherwerk zu Ehren Gottes erwähnt, und es wird streng untersagt, ein solches Räucherwerk nur um des Duftes willen herzustellen. Im Neuen Testament gehört Weihrauch (als Symbol der Opferung und des Gebets) zu den kostbaren Geschenken, die die drei Weisen aus dem Morgenland dem Jesuskind darbringen. Die Räucherung während der Messe und anderer liturgischer Verrichtungen kam erst im 4./5. Jh. n. Chr. auf. ▶Räucherung

*Die Weintrauben und der Weizen in Botticellis „Madonna der Eucharistie" stehen für das Wunder der Verwandlung von Leib und Blut Jesu Christi in Brot und Wein.*

## Wein

Bei vielen Völkern galt Wein als Lebenselixier und Unsterblichkeitstrank. In verschiedenen Religionen gab es Weingottheiten, die meist gleichzeitig auch Vegetations- und Fruchtbarkeitsgötter waren: So galt im alten Ägypten der Vegetationsgott Osiris als „Herr des Weines". Im antiken Griechenland wurde Dionysos, im alten Rom Bacchus als Gott der Vegetation, des Weins und der Fruchtbarkeit verehrt. Ihr Kult hatte ekstatische, orgiastische Züge und war meist auch mit sexuellen Exzessen verbunden. In der Bibel spielt der Wein bei Festen, aber auch beim Opferkult eine Rolle. Beim heiligen Abendmahl steht er für das ▶Blut Jesu Christi, in Anlehnung an die Worte Jesu bei der Kelchübergabe beim letzten Abendmahl.

## Weinstock, Weinberg

Weinstock und Weintraube sind – ähnlich wie der ▶Wein – uralte Symbole der Fruchtbarkeit und des Lebens. Rebzweig und Weintrauben gehören zu den Attributen des griechisch-römischen Fruchtbarkeits- und Vegetationsgottes Dionysos/Bacchus. Im Alten Testament sind Weinberg und Weinstock Sinnbilder des auserwählten Volkes Israel (Jesaja 5,7, Hosea 10,1). Im Neuen Testament bezeichnet Jesus sich „wahren Weinstock" und seine Jünger als die Reben, die nur Früchte tragen können, wenn sie bei ihm bleiben (Johannes 15,1 ff.). Der Weinberg verkörpert auch die Kirche und die Gläubigen.

In der Kunst erscheint der Weinstock manchmal auch als Lebensbaum (▶Baum). Ist er mit Tauben in den Zweigen dargestellt, so symbolisiert er die in Christus ruhenden Seelen. Der Weinstock mit Kornähren (= Brot) ist ein Sinnbild für die Eucharistie.

### Weintraube

Ein Attribut von Gottheiten des Ackerbaus und der Fruchtbarkeit (z. B. Dionysos) und – wie der ▶Wein – ein Symbol des Lebens, der Fruchtbarkeit und Unsterblichkeit.

### Weiß ▶▶Die Symbolik der Farben, S. 152

### Weißdorn

Im europäischen Volksglauben eine Wunderpflanze, der man Unheil abwendende Kräfte zuschrieb; Geister und Feen trafen sich an Weißdornbüschen. Außerdem ein Symbol der Keuschheit und Jungfräulichkeit.

### Weizen ▶Korn

### Wellen

Wie das Wasser in unaufhörlicher Bewegung, bedeuten Wellen Veränderung, Illusion, Nichtigkeit, Betriebsamkeit.

### Weltesche ▶Yggdrasil

### Wettersymbole ▶▶S. 446

### Widder

Ein Symbol der physischen Stärke und männlichen Zeugungskraft und als solches Attribut oder Erscheinungsform zahlreicher Schöpfergottheiten.

*Der Widder – Symbol männlicher Zeugungskraft*

In vielen Religionen war der Widder ein Opfertier (▶Opfer).

### Wind

Als geheimnisvolles Naturphänomen wurden Wind und Sturm früher in vielen Kulturen als Götter verehrt, so z. B. der japanische Sturmgott und Herr des Meeres Susa-no-o und der germanische Sturm-, Kriegs- und Todesgott Odin. Winde sind in vielen Religionen Götterboten und können die Anwesenheit einer Gottheit anzeigen, besonders der ▶Wirbelwind.

In der Bibel haben Wind und Sturm eine vielfältige symbolische Bedeutung. So steht der Sturm z. B. beim Propheten Jeremias für das göttliche Strafgericht; im Neuen Testament kündigt ein heftiger Sturm das Herabkommen des Heiligen Geistes auf die Jünger an Pfingsten an.

### Windmühle

Die Windmühle hat Anteil an der Symbolik des ▶Windes und der Luft, ist aber auch ein Sinnbild für Ernte und Fruchtbarkeit.

### Winter ▶Jahreszeiten

### Wirbelwind

Wirbelwinde galten als eine Manifestation von Energie in der Natur und wurden mit Göttern, übernatürlichen Kräften oder Wesen in Verbindung gebracht, die auf Wirbeln dahinfahren oder aus ihnen sprechen.

### Wolf

Meist ist der Wolf wegen seiner Raubgier und Gefährlichkeit ein Symbol des Bösen, Dämonischen, der Wildheit und Grausamkeit, der Zerstörung und des Todes.

Bei den Germanen war der Fenriswolf oder Fenrir ein gefährlicher Dämon, den die Asen aufzogen, aber dann mit einer

*Der Werwolf fällt Tiere und Menschen an und zerreißt sie (eine Darstellung von 1685).*

unzerreißbaren Schnur fesselten, weil sie sich vor ihm zu fürchten begannen.

Der Glaube an Werwölfe (Menschen, die sich nachts in Wölfe verwandeln) wurzelte in der nordgermanischen Vorstellung, dass die Seele den schlafenden Menschen verlässt und Wolfsgestalt annimmt.

Auch in Fabeln und Märchen verkörpert der Wolf die Falschheit und das Böse, ebenso im Christentum, wo Jesus in der Bergpredigt vor den Wölfen im Schafspelz (falschen Propheten) warnt.

### Wolken

Wolken wurden schon immer mit dem Göttlichen assoziiert. So trug der syrische Sturm- und Wettergott Baal den Beinamen „Wolkenreiter". Im Alten Testament ist die Wolke ein Zeichen der Gegenwart Gottes. Beim Jüngsten Gericht sitzt Jesus auf einer Wolke. Gottvater wird in der christlichen Kunst häufig als Hand dargestellt, die aus einer Wolke hervorkommt. In China sind Wolken ein Symbol des Glücks und des Friedens. „Wolken und Regen" ist eine Umschreibung für den Geschlechtsverkehr.

### Wort

Das Wort galt früher in vielen Kulturen als schöpferische Kraft und Träger göttlicher Macht. Die Worten zugeschriebene starke Wirkung zeigt sich auch in den buddhistischen und hinduistischen ▶Mantras und in Zaubersprüchen und -formeln.

### Würfel, Kubus

Hat Anteil an der symbolischen Bedeutung des ▶Quadrats als Sinnbild des Festen, Dauerhaften und der Erde. In der traditionellen Architektur wird der Kubus als Grundstein und für den unteren Teil des Baus benutzt und der Kreis der Kuppel darauf als das Höhere: Erde und Himmel. Als Inbegriff der Stabilität und Dauerhaftigkeit kann der Würfel bzw. Kubus auch zum Symbol des Göttlichen werden. Das islamische Zentralheiligtum, die ▶Kaaba, ist ein Würfel.

### Würfelspiel

Eines der ältesten Glücksspiele und daher auch ein Symbol für das Glück und das Schicksal, das in der Hand der Götter liegt.

### Wurm

Ein Symbol für Tod und Zersetzung.

### Wüste

Als Ort der Dürre, Unfruchtbarkeit und Lebensfeindlichkeit meist ein negatives Symbol.

# Wettersymbole: Meteorologische Zeichen

Um meteorologische Beobachtungen auf speziellen Wetterkarten oder in Beobachtungs- und zusammenfassenden Jahrbüchern rasch, übersichtlich und für jeden Experten auf Anhieb verständlich aufzuzeichnen, wurden von der WMO (Weltorganisation für Meteorologie) international gültige Zeichen und Buchstaben (meteorologische Zeichen) entwickelt und festgelegt.

Für die einzelnen Wetterphänomene (z. B. Art und Intensität von Regen) gibt es Zeichen, mit denen sich Wettererscheinungen sehr differenziert beschreiben lassen. Die zahlreichen Wetterstationen rund um den Globus übermitteln ihre Mess- und Beobachtungsdaten an die nationalen Zentralen der Wetterdienste, die diese mittels elektronischer Datenverarbeitung aufbereiten und den internationalen Wetterdiensten zur Verfügung stellen.

Die Wetterdaten selbst werden mittels Zahlencodes übermittelt und für die Darstellung in den Wetterkarten in Symbole übersetzt. Ziel ist es, diese Daten als Wettervorhersagen den verschiedenen Interessenten zugänglich zu machen. In Form von Wetterkarten – dies sind vereinfachte Landkarten, in welche die Wetterlage zu einem bestimmten Zeitpunkt mithilfe der meteorologischen Symbole eingetragen wird – wird die Wettersituation anschaulich vermittelt.

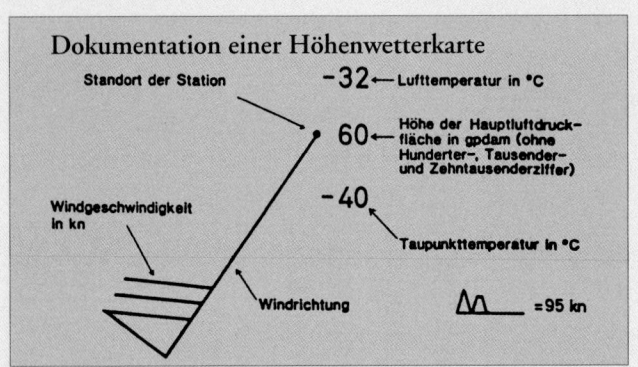

**Dokumentation einer Höhenwetterkarte**

Standort der Station
-32 ← Lufttemperatur in °C
60 ← Höhe der Hauptluftdruckfläche in gpdam (ohne Hunderter-, Tausender- und Zehntausenderziffer)
-40
Windgeschwindigkeit in kn
Taupunkttemperatur in °C
Windrichtung
ᐱᐱ = 95 kn

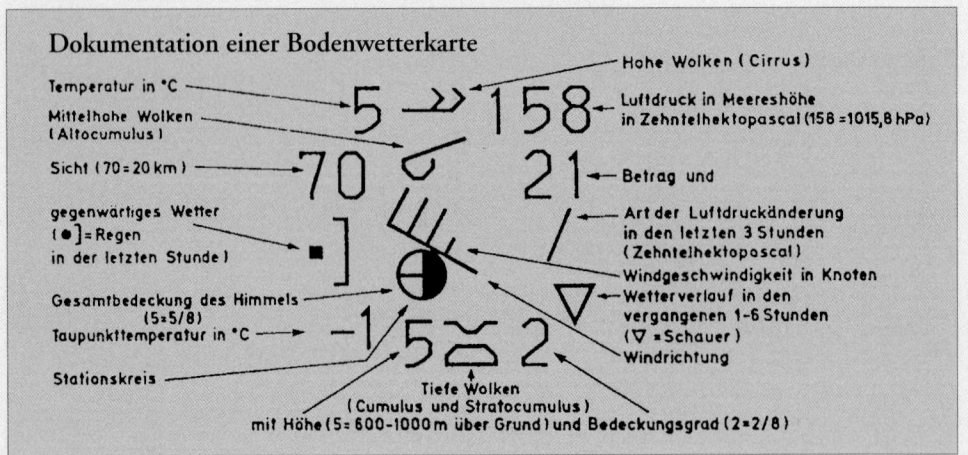

**Dokumentation einer Bodenwetterkarte**

Temperatur in °C
Mittelhohe Wolken (Altocumulus)
Sicht (70 = 20 km)
gegenwärtiges Wetter ( ● ] = Regen in der letzten Stunde )
Gesamtbedeckung des Himmels (5 = 5/8)
Taupunkttemperatur in °C
Stationskreis
Hohe Wolken ( Cirrus )
Luftdruck in Meereshöhe in Zehntelhektopascal (158 = 1015,8 hPa)
Betrag und
Art der Luftdruckänderung in den letzten 3 Stunden ( Zehntelhektopascal )
Windgeschwindigkeit in Knoten
Wetterverlauf in den vergangenen 1-6 Stunden (∇ = Schauer )
Windrichtung
Tiefe Wolken ( Cumulus und Stratocumulus ) mit Höhe ( 5 = 600-1000 m über Grund ) und Bedeckungsgrad ( 2 = 2/8 )
5 ≫ 158
70 21
-1 5 2

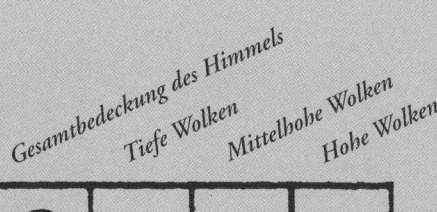

| Gesamtbedeckung des Himmels | Tiefe Wolken | Mittelhohe Wolken | Hohe Wolken |
|---|---|---|---|
| 1 | | | |
| 2 | 11 | 20 | 29 |
| 3 | 12 | 21 | 30 |
| 4 | 13 | 22 | 31 |
| 5 | 14 | 23 | 32 |
| 6 | 15 | 24 | 33 |
| 7 | 16 | 25 | 34 |
| 8 | 17 | 26 | 35 |
| 9 | 18 | 27 | 36 |
| 10 | 19 | 28 | 37 |

1   wolkenlos
2   1/8 Bedeckung
3   2/8 Bedeckung
4   3/8 Bedeckung
5   4/8 Bedeckung
6   5/8 Bedeckung
7   6/8 Bedeckung
8   7/8 Bedeckung
9   8/8 Bedeckung
10   Himmel nicht erkennbar
11   Cumulus humilis oder Cumulus fractus
12   Cumulus mediocris oder Cumulus congestus
13   Cumulonimbus calvus
14   Stratocumulus cumulogenitus
15   Stratocumulus
16   Stratus nebulosus oder Stratus fractus
17   Stratus fractus oder Cumulus fractus
18   Cumulus und Stratocumulus
19   Cumulonimbus capillatus
20   Altostratus translucidus
21   Altostratus opacus oder Nimbostratus
22   Altocumulus translucidus
23   Altocumulus lenticularis
24   Altocumulus translucidus oder Altocumulus
     opacus, zunehmend
25   Altocumulus cumulogenitus
26   Altocumulus duplicatus oder Altocumulus
     opacus oder Altocumulus mit Altostratus oder
     Nimbostratus
27   Altocumulus castellanus oder Altocumulus floccus
28   chaotischer Himmel
29   Cirrus fibratus
30   Cirrus spissatus
31   Cirrus spissatus cumulogenitus
32   Cirrus uncinus oder Cirrus fibratus
33   Cirrus- und/oder Cirrostratus-Aufzug, < 45°
     über Horizont
34   Cirrus- und/oder Cirrostratus-Aufzug, > 45°
     über Horizont
35   Cirrostratus, 8/8 Bedeckung
36   Cirrostratus, < 8/8 Bedeckung
37   Cirrocumulus

1  feuchter Dunst
2  Bodennebel (bis 2 m), einzelne Bänke
3  Bodennebel, zusammenhängend
4  Wetterleuchten
5  Industrierauch
6  trockener Dunst
7  Trübung durch Staub
8  aufgewirbelter Staub oder Sand
9  Kleintrombe
10  Sand- oder Staubsturm im Gesichtskreis
11  nach Sprühregen
12  nach Regen
13  nach Schnee
14  nach Schneeregen
15  nach gefrorenem Regen (Glatteis)

16  nach Regenschauer
17  nach Schneeschauer, nach Schneeregenschauer
18  nach Hagel- oder Graupelschauer
19  nach Nebel
20  nach Gewitter
21  leichter oder mäßiger Sand- oder Staubsturm, nachlassend
22  leichter oder mäßiger Sand- oder Staubsturm, gleich bleibend
23  leichter oder mäßiger Sand- oder Staubsturm, zunehmend
24  schwerer Sand- oder Staubsturm, nachlassend
25  schwerer Sand- oder Staubsturm, gleich bleibend
26  schwerer Sand- oder Staubsturm, zunehmend
27  leichtes oder mäßiges Schneefegen

28  starkes Schneefegen

29  leichtes oder mäßiges Schneetreiben

30  starkes Schneetreiben

31  Nebel im Gesichtskreis, aber nicht an
    der Station

32  Nebelschwaden

33  Nebel, Himmel erkennbar, in der letzten
    Stunde dünner geworden

34  Nebel, Himmel nicht erkennbar

35  Nebel, Himmel erkennbar, in der letzten
    Stunde gleich bleibend

36  Nebel, Himmel nicht erkennbar, in der letzten
    Stunde gleich bleibend

37  Nebel, Himmel erkennbar, in der letzten
    Stunde eingesetzt oder dichter geworden

38  Nebel, Himmel nicht erkennbar, in der letzten
    Stunde eingesetzt oder dichter geworden

39  Nebel, Himmel erkennbar, schlägt sich als
    Raureif nieder

40  Nebel, Himmel nicht erkennbar, schlägt sich
    als Raureif nieder

41  leichter Sprühregen mit Unterbrechung

42  leichter Sprühregen ohne Unterbrechung

43  mäßiger Sprühregen mit Unterbrechung

44  mäßiger Sprühregen ohne Unterbrechung

45  starker Sprühregen mit Unterbrechung

46  starker Sprühregen ohne Unterbrechung

47  gefrierender Sprühregen, leicht

48  gefrierender Sprühregen, mäßig oder stark

49  Sprühregen mit Regen, leicht

50  Sprühregen mit Regen, mäßig oder stark

51  leichter Regen mit Unterbrechung

52  leichter Regen ohne Unterbrechung

53  mäßiger Regen mit Unterbrechung

54  mäßiger Regen ohne Unterbrechung

55  starker Regen mit Unterbrechung

56  starker Regen ohne Unterbrechung

57  gefrierender Regen, leicht

58  gefrierender Regen, mäßig oder stark

59  Regen oder Sprühregen und Schnee, leicht

60  Regen oder Sprühregen und Schnee, mäßig
    oder stark

61  leichter Schneefall mit Unterbrechung

62  leichter Schneefall ohne Unterbrechung

63  mäßiger Schneefall mit Unterbrechung

64  mäßiger Schneefall ohne Unterbrechung

65  starker Schneefall mit Unterbrechung

66  starker Schneefall ohne Unterbrechung

67  Eisnadeln

68  Schneegriesel

69  vereinzelte Schneesterne

70  Eiskörner

71  leichter Regenschauer

72  mäßiger oder starker Regenschauer

73  sehr starker Regenschauer

74  leichter Schneeregenschauer

75  mäßiger oder starker Schneeregenschauer

76  leichter Schneeschauer

77  mäßiger oder starker Schneeschauer

78  leichter Graupelschauer

79  mäßiger oder starker Graupelschauer

80  leichter Hagelschauer (ohne Donner)

81  mäßiger oder starker Hagelschauer (ohne Donner)

82  Gewitter während der letzten Stunde, leichter Regen

83  Gewitter während der letzten Stunde, mäßiger
    oder starker Regen

84  Gewitter während der letzten Stunde, leichter
    Schnee, Schneeregen, Graupel oder Hagel

85  Gewitter während der letzten Stunde, mäßiger
    oder starker Schnee, Schneeregen, Graupel oder
    Hagel

86  leichtes oder mäßiges Gewitter mit Regen, Schnee
    oder Schneeregen

87  leichtes oder mäßiges Gewitter mit Graupel oder
    Hagel

88  starkes Gewitter mit Regen, Schnee oder Schnee-
    regen

89  Gewitter mit Staub- oder Sandsturm

90  starkes Gewitter mit Hagel oder Graupel

# X/Y

## X

Als die römische Zahl Zehn übernimmt das X die Symbolik der Vollkommenheit und Vollständigkeit dieser Zahl; als ▶Andreaskreuz symbolisiert es den Märtyrertod dieses schottischen Nationalheiligen. Die Römer benutzten es als Grenzkreuz; daher kann es eine Grenze bzw. Schranke symbolisieren.

## Y

Als Gabel bezeichnet das Y die Gestalt des Menschen. Für Pythagoras war es ein Symbol des menschlichen Lebens: Der Fuß steht für die Unschuld des Kindes; die auseinander strebenden Arme symbolisieren

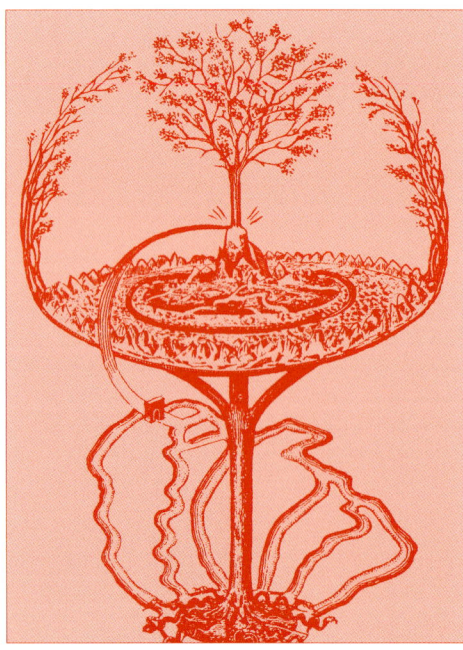

*Die Weltesche Yggdrasil, die aus der Unterwelt durch die Welt der Menschen in die Welt der Götter hineinwächst und als Weltachse alle drei miteinander vereint.*

die Wahl zwischen Gut und Böse im Leben des Erwachsenen. Als Gabelkreuz spielt das Y auch in der christlichen Symbolik eine Rolle (▶Kreuz).

## Yantra ▶Mandala

## Yggdrasil

In der altnordischen Mythologie die Weltesche, der heilige, immergrüne Baum, der das Universum trägt und am Leben erhält und dessen Zweige sich über die gesamte Erde ausbreiten. Unter seinen Wurzeln entspringen drei Quellen, die Midgard (die von den Menschen bewohnte Welt), Utgard (den von Menschen unbewohnten Weltteil, wo Riesen und Dämonen herrschen) und Niflheim (die Unterwelt) miteinander verbinden. In manchen Darstellungen wächst Yggdrasil auch aus der Unterwelt durch die Menschenwelt in die Welt der Götter hinein. Sie ist ▶Baum des Lebens bzw. Weltenbaum, Quell des Lebens, Weltachse (▶Achse) und Weltmittelpunkt (▶Omphalos) zugleich und wird von mythischen Tieren bewohnt: An ihren Zweigen fressen vier Hirsche (die vier Winde bzw. vier Himmelsrichtungen), in ihrer Krone sitzt ein Adler, an ihrer Wurzel nagt der leichenfressende Unterweltsdrache Nidhögg, und zwischen diesen beiden Tieren eilt das Eichhörnchen Ratatoskr hin und her und schürt ihren Streit.

## Yin-Yang

Das Wechselspiel zwischen den beiden polaren Kräften Yin und Yang ist ein wichtiger Aspekt des chinesischen Denkens. Yin bedeutet, ins Deutsche übersetzt, die „nördliche, schattige Seite des Hügels"; Yang ist die helle, der Sonne zugewandte Seite. Dementsprechend werden dem Yin die Eigenschaften Kälte, Dunkelheit, Erde, Nacht, Mond, Wasser, Winter, Traurigkeit,

*Das Yin-Yang-Symbol*

Stille und Passivität zugeordnet; Yang hingegen repräsentiert Helligkeit, Licht, Tag, Sonne, Himmel, Sommer, Wärme, Bewegung, Aktivität und Heiterkeit. Yin steht für das weibliche, Yang für das männliche Prinzip – allerdings nur im übertragenen Sinn und nicht in der konkreten Bedeutung von Mann oder Frau: Das Yin symbolisiert die passive, weibliche, instinktive und intuitive Natur, die Seele, die Tiefe, das Weiche und Geschmeidige; ihm wird alles zugeordnet, was dunkel ist und zum feuchten Prinzip gehört, wie z. B. die Farbe Schwarz, die Erde, das Tal, Bäume, Nachttiere und Wesen, die in den Wassern oder an feuchten Orten leben, sowie die meisten Blumen. Das Yang hingegen ist das aktive Prinzip, der Geist, das Rationale, die Höhe, die Ausdehnung, das Positive, das Harte und Unnachgiebige und wird dargestellt durch alles, was hell, trocken und hoch ist, wie der Berg, die Himmel, alle Sonnentiere und -vögel.

Doch obwohl Yin und Yang Polaritäten sind, bedingen und durchdringen sie sich gegenseitig – es besteht ein fließender Übergang zwischen ihnen. Das eine Prinzip kann ohne das andere nicht existieren; die beiden bilden zusammen ein Ganzes, das eine geht ständig ins andere über wie Tag und Nacht.

Dies wird durch das Yin-Yang-Symbol – das Tai-Chi – sehr deutlich zum Ausdruck gebracht: Es besteht aus einem Kreis, der durch eine S-förmige Linie in zwei Hälften geteilt wird – die eine schwarz, die andere weiß. Der Kreis steht für das Universum; die schwarze Hälfte symbolisiert Yin, die weiße Yang. In der weißen Hälfte befindet sich ein kleiner schwarzer Kreis, in der schwarzen Hälfte ein weißer. Die geschwungene Linie symbolisiert den fließenden Übergang zwischen den beiden Prinzipien Yin und Yang; die beiden kleinen Kreise bedeuten, dass Yin stets auch Elemente von Yang beinhaltet, und umgekehrt.

Manchmal (z. B. in den ▶▶Hexagrammen des I Ging, S. 224) wird Yin auch durch eine unterbrochene und Yang durch eine durchgezogene Linie dargestellt.

Nach der chinesischen Lebensphilosophie sollte zwischen diesen beiden Polen ein dynamisches, harmonisches Gleichgewicht herrschen: Manchmal überwiegt das eine, dann wieder das andere, so wie es manchmal Tag und dann wieder Nacht ist; doch grundsätzlich sollten die beiden in einem ausgewogenen Verhältnis zueinander stehen.

## Yoni

(Sanskrit „Schoß, Ursprung, Quelle") Im Hinduismus das weibliche Schöpfungsprinzip als Urgrund allen Lebens. Symbolisiert wird es entweder durch das weibliche Geschlechtsorgan oder durch ein mit der Spitze nach unten zeigendes Dreieck. Gleichzeitig ist die Yoni das Hauptsymbol der Shakti, der Gefährtin des Gottes Shiva, und wird häufig in Vereinigung mit dem ▶Lingam (dem Phallus und Hauptsymbol Shivas) dargestellt. ▶hinduistische Symbole.

# Z

## Zähne

Ähnlich wie die Haare sind auch die Zähne ein Symbol der Lebenskraft. Deshalb können ein Verlust der Zähne oder schadhafte Zähne im Traum auf sexuelle Störungen bzw. Versagensängste, Potenzverlust oder Kastrationsangst hindeuten.

Hinduistische Gottheiten in ihrem schrecklichen, Furcht erregenden Aspekt – beispielsweise Kali, die Zerstörerin – werden als Bild ihrer Aggressivität und der Bedrohung, die von ihnen ausgeht, häufig mit langen Fangzähnen dargestellt.

In China galten gute, gleichmäßige, lückenlose Zähne als Merkmal weiblicher Schönheit.

## Zahlensymbolik ▶▶S.454

## Zapfen ▶Pinie

## Zauberin

Das weibliche Prinzip in seinem zerstörerischen Aspekt (z.B. die Zauberin Kirke in der griechischen Mythologie).

## Zauberstab ▶Stab

## Zeder

Wegen ihrer Höhe galt die Zeder im Alten Testament als ein Symbol der Stärke, Unzerstörbarkeit und des Majestätischen, Erhabenen. Wie alle immergrünen Nadelbäume steht sie außerdem für Unsterblichkeit. Ihr Holz wurde wegen seiner Dauerhaftigkeit (man glaubte, dass es niemals faule) zum Bau des salomonischen Tempels verwendet, und es wurden auch Parallelen zwischen dem dauerhaften Zedernholz und dem unverweslichen Leib Christi hergestellt.

## Zehntausend

In der chinesischen Symbolik ist „wan", was so viel wie 10 000 bedeutet, das Unzählbare, d.h. Unendlichkeit und Unsterblichkeit. Dargestellt wird es als Hakenkreuz, Mäanderornament oder sich dahinschlängelnder Wasserlauf.

## Zeichensprache, Taubstumme ▶▶S.460

## Zeit

Gottheiten der Zeit gab bzw. gibt es in vielen Kulturen. Im Hinduismus ist es die zerstörerische Göttin Kali, im antiken Griechenland war es Chronos (Kronos) in Gestalt eines geflügelten (als Sinnbild des Entschwindens der Zeit), bärtigen Greises (als Symbol der Vergänglichkeit). Chronos wurde häufig mit dem ebenfalls als greisenhaft dargestellten römischen Gott Saturn gleichgesetzt.

Symbole der Zeit sind das Stundenglas, die Uhr, die Sichel, die Schlange, das sich drehende Rad, manchmal auch der Kreis. Lunare Tiere und Symbole (▶Mond) stehen ebenfalls im Zusammenhang mit der Zeit.

## Zelt

Diese Wohnstätte von Hirten- und Nomadenvölkern und Wanderern hat in jeder Kultur eine etwas andere Bedeutung: Bei den asiatischen Nomadenvölkern ist sie ein Sinnbild des die Erde überspannenden Himmels. In dieser Bedeutung erscheint sie auch in Psalm 104,2 („... du spannst den Himmel aus wie ein Zelt") und noch in unserer heutigen poetischen Umschreibung „Himmelszelt".

Das Zelt kann aber auch ein Sinnbild der Vergänglichkeit alles Irdischen und des menschlichen Lebens sein; so ist im 1. Brief des Petrus (1,13 f.) vom „Abbruch des Zeltes" als Umschreibung für den Tod die Rede.

Bei den nordamerikanischen Indianern ist das Zelt oder Tipi als Mikrokosmos ein Abbild des Makrokosmos. Bei den Sioux waren die Zeltdörfer stets kreisförmig, da der Kreis bei diesen Indianern als Symbol der Stammeseinheit galt. Der Führer des Stammes erhielt das Zelt auf der Westseite, da man von dort aus nach Osten sah. Von dort kam nach dem Glauben der Sioux das Licht und die Weisheit (die aufgehende Sonne), daher galt dies als besonderer Ehrenplatz: Ein Häuptling musste stets im Licht der Weisheit leben, um seinen Stamm richtig führen zu können. In der Mitte des Dorfes stand – als heiliges Zentrum – das Zelt des Feuerbewahrers. (Da das Feuer für die Sioux ein heiliges Sinnbild des Großen Geistes Wakan Tanka war, durfte es niemals erlöschen.) Diese Art der Zeltanordnung wurde auch von anderen Prärieindianern wie z.B. den Cheyenne übernommen, die mit den Sioux in Kontakt kamen.

Die Öffnung an der Spitze eines Zeltes bzw. Tipis steht symbolisch für den Zugang zum Himmel und zur Macht des Großen Geistes.

Das Sonnentanzzelt ist ebenfalls ein heiliges Zentrum (▶Sonnentanz).

### Zentaur ▶Fabelwesen

### Zentrum

Totalität; Ganzheit; der Ursprung jeglicher Existenz. Um die Vorstellung von der Weltachse (▶Achse) bzw. dem Mittelpunkt oder Nabel der Welt (▶Omphalos), die in vielen Religionen und Mythologien eine Rolle spielt, rankt sich eine reiche Symbolik.

Als Zentrum des Menschen und Sitz seiner Lebenskraft galt schon seit alters her das ▶Herz. Der ▶Herd im Haus und der ▶Altar im Tempel oder in der Kirche bilden ebenfalls ein heiliges Zentrum.

Jedes irgendwie hervorgehobene oder emporragende Zentrum eines Kreises – z.B. der zentrale Buckel auf manchen antiken Metallspiegeln oder die Öffnung in einer Kuppel – symbolisiert die Sonnentür bzw. die Himmelspforte, den höchsten Punkt des Universums und das obere Ende der Weltachse, einen Punkt, an dem Himmel und Erde miteinander in Verbindung treten und kommunizieren können. Diese Symbolik ist in vielen orientalischen Traditionen und auch im Christentum zu finden.

Symbole für das Zentrum sind der Pfeiler, der Weltenbaum (▶Baum), der heilige ▶Berg, die ▶Quelle bzw. der ▶Brunnen des Lebens, der ▶Herd, die ▶Pyramide und ganz allgemein jeder heilige, geweihte Raum. Auf dem christlichen Kreuz wird der zentrale Punkt bisweilen durch einen Edelstein oder eine Blume kenntlich gemacht.

### Zepter

Ein stabähnliches Symbol der Macht und Würde, das vom Herrscher in den Händen gehalten wird und in seiner Symbolbedeutung dem ▶Stab entspricht. Es ist ein Attribut von Himmelsgöttern (z.B. von Osiris als dem Richter der Toten und vom griechisch-römischen Zeus/Jupiter) und weltlichen Herrschern und bedeutet, dass der Herrscher die Weltachse (▶Achse), der Weltenbaum (▶Baum) und Mittelpunkt der Welt ist. Im Buddhismus und Hinduismus entspricht dem Zepter der ▶Vajra.

Das chinesische, aus Holz oder Jade gefertigte Zepter ist kein Herrschaftssymbol, sondern bedeutet so viel wie „nach Belieben" oder „wie man will". Häufig über-reicht man es alten Männern als Geschenk; das bedeutet, dass man dem Beschenkten wünscht, es möge alles nach seinem Wunsch gehen. Oft findet man es auch als Attribut buddhistischer Figuren. In Japan symbolisiert das Zepter Autorität und wird von Äbten getragen.

# Symbolik der Zahlen

Schon seit Jahrtausenden wird Zahlen eine symbolische Bedeutung zugeschrieben; man sah in ihnen ein Mittel zur Erkenntnis der Welt, ein Spiegelbild der Weltordnung und der göttlichen Ordnung. Warum bestimmten Zahlen eine besondere Bedeutung zugeschrieben wurde und heute noch wird, lässt sich für uns heutzutage nicht immer eindeutig nachvollziehen.

### Eins
Die Eins steht für den noch undifferenzierten Uranfang, die Ureinheit, aus der alle Dinge hervorgegangen sind und in die sie letzten Endes auch wieder zurückkehren. Daher ist sie auch ein Symbol für Gott.

### Zwei
Die Zwei steht für die Spaltung der durch die Eins symbolisierten Einheit. Damit ist sie Ausdruck der Unvollkommenheit, der Polarität, aber auch der Zwietracht: Auffallend sind die vielen Wörter und Redewendungen mit negativer Bedeutung, die sich aus der Zahl Zwei herleiten (Zwietracht, Zwist, Zweifel, „mit zwei Zungen reden").

### Drei
Die Drei spielt in allen Religionen eine wichtige Rolle. Sehr häufig sind Götterdreiheiten (Triaden). Auch die heilige Dreifaltigkeit (Gottvater, Jesus und Heiliger Geist) gehört hierher. Der Drei kommt daher fast überall eine tiefere Bedeutung zu: In Märchen begegnet sie uns häufig in Form von Prüfungen, die der Held bestehen, oder Rätseln, die er lösen muss, um an sein Ziel zu gelangen. Auch Schicksalsgottheiten treten in der Regel in der Dreierzahl auf. Die Drei gilt auch als Glückszahl.

### Vier
Als Zahl der Himmelsrichtungen ist die Vier Symbol für den Kosmos und somit eng mit der Symbolik des Vierecks verwandt. Als grundlegendem, universalem Ordnungsprinzip kommt ihr im menschlichen Leben, in der Religion und Mythologie eine wichtige Bedeutung zu: Es gibt vier Jahreszeiten, vier Lebensalter, vier Elemente, vier Temperamente, vier Paradiesflüsse, vier Evangelisten.

### Fünf
Die Fünf spielt im Denken vieler Kulturen (vielleicht u.a. wegen der Fünfzahl der Finger an einer Hand) eine wichtige Rolle: Die Chinesen kennen zusätzlich zu unseren vier Himmelsrichtungen noch eine fünfte (die Mitte) und haben auch fünf Elemente (Erde, Feuer, Wasser, Holz, Metall). Die Hinduisten stellten sich ihren Gott Shiva zeitweise mit fünf Gesichtern vor oder verehrten ihn in Gestalt von fünf Lingam-Darstellungen. Der Islam kennt fünf Säulen der Frömmigkeit: fünfmaliges Beten am Tag, Bekenntnis, Almosengeben, Fasten im Monat Ramadan und die Wallfahrt nach Mekka. Die Symbolik der Fünf ist eng verwandt mit der des Fünfsterns (Pentagramm): Für Pythagoras stand die Gestalt des Menschen mit ausgestreckten Armen und Beinen für die Harmonie, die Vollkommenheit des Mikrokosmos Mensch.

### Sechs
Im chinesischen „I Ging" werden jeweils zwei Trigramme (Dreistrichzeichen) zu einem Hexagramm (Sechsstrichzeichen) verbunden; diese Hexagramme bilden die Grundlage des jahrtausendealten chinesischen Orakelsystems. Nach der biblischen Schöpfungsgeschichte wurde die Welt in sechs Tagen erschaffen.

Auch das Christusmonogramm, ein sechsarmiges Zeichen, steht für die Macht Christi. Der Kirchenvater Augustinus sah die besondere Bedeutung der Sechs darin, dass sie die Summe der ersten drei Zahlen (Eins, Zwei und Drei) darstellt.

## Sieben

Der Sieben kommt als Zahl der in der Antike bekannten Planeten und der Wochentage besondere Bedeutung zu: Der siebte Tag ist der heilige Tag, an dem Gott sein Schöpfungswerk vollendete. Daher ist die Sieben im Judentum und Christentum und auch im Islam die Zahl der Vollkommenheit, eine heilige Zahl, die immer wieder vorkommt: z. B. im siebenarmigen Leuchter (der Menorah) im Judentum oder in der Bibel im apokalyptischen Buch mit sieben Siegeln und in den sieben mageren und sieben fetten Jahren.

## Acht

Als verdoppelte Vier teilt die Acht die Symbolbedeutung der Vier als Sinnbild des Kosmos. Allgemein ist die Acht eine Zahl der Regeneration, Wiedergeburt und Erneuerung. Im Christentum und Judentum steht die Acht ebenfalls für einen Neubeginn: Acht Menschen wurden während der Sintflut in Noahs Arche gerettet; das achteckige Taufbecken symbolisiert den achten Schöpfungstag (die mit der Auferstehung Jesu Christi beginnende neue Schöpfung, an der der Täufling durch die Taufe teilhat); am achten Tag nach der Geburt findet bei den Juden die Beschneidung statt.

## Neun

Als potenzierte Drei ist die Neun Inbegriff höchster Vollkommenheit und ähnlich wie die Sieben in vielen Religionen, Sagen und Mythen eine Zahl mit besonderer Bedeutung: So gibt es im Christentum neun Engelschöre; Jesus starb in der neunten Stunde am Kreuz. Der germanische Gott Odin hing neun Nächte am Weltenbaum; und die neunstöckige buddhistische Pagode entspricht den neun Himmeln.

## Zehn

Die Bedeutung der Zahl Zehn als Grundlage unseres Dezimalsystems ist wohl auf die Anzahl der Finger an unseren beiden Händen zurückzuführen. Schon in der Antike galt die Zehn als vollkommene Zahl, weil sie alle Zahlen von 1 bis 9 in sich einschließt. Die Tetraktys ($1 + 2 + 3 + 4 = 10$) machte die Zehn bei den Pythagoreern zu einer göttlichen, geheimnisvollen Zahl. Auch in der Bibel spielt sie eine wichtige Rolle: Von Adam bis Noah sind es zehn Generationen; es gibt zehn Gebote, und Jesu Herrschaft dauert zehn mal zehn mal zehn Jahre.

## Zwölf

Die Zwölf spielt als Zahl der Stunden eines Tages, Zahl der Monate eines Jahres und der Sternzeichen im Tierkreis eine Rolle. In der Bibel symbolisiert die Zahl Auserwählung und göttliche Vollkommenheit: Es gibt zwölf Söhne Jakobs als Stammväter der zwölf Stämme, zwölf Apostel, zwölf Tore des himmlischen Jerusalem; Jesus kam mit zwölf Jahren in den Tempel.

## Dreizehn

Die Dreizehn gilt als Unglückszahl, da sie die Zwölf als vollkommene Zahl (der Stunden des Tages bzw. der Monate des Jahres) überschreitet; besonders deutlich wird das in der Redewendung „Jetzt schlägt's dreizehn!". In der Bibel saß Christus beim heiligen Abendmahl zusammen mit dreizehn Personen am Tisch; einer davon (Judas) verriet ihn und starb bald darauf durch Selbstmord.

**Zerberus** ▸Fabelwesen

**Zerbrechen**

Das In-Stücke-Brechen (z. B. ▸sterbender Götter oder des Mannes bei der ▸Initiation) verkörpert Tod und Wiedergeburt und die Vielfalt, die aus der Einheit hervorgeht. Zerbrochenes Glas versinnbildlicht – wie z. B. in der bekannten Redensart „Glück und Glas, wie leicht bricht das" die Vergänglichkeit allen menschlichen Glücks.

Wenn man einen für einen Toten bestimmten Gegenstand zerbricht, „tötet" man damit symbolisch diesen Gegenstand und erlöst die Seele des Verstorbenen, sodass die Toten ihn endlich in die andere Welt mitnehmen können (▸Zerstückelung).

Das Brotbrechen bei rituellen Mahlzeiten hat die positive Bedeutung des Miteinander-Teilens; beim heiligen Abendmahl steht es für die Verteilung des Leibes Christi auf die vielen Mitglieder einer Gemeinde.

**Zerstückelung**

Die Todes- und Wiedergeburtssymbolik der ▸Initiation; steht für die Unumgänglichkeit des Todes des alten Ichs vor der Reintegration und Wiedergeburt. Symbolische Zerstückelung ist häufig ein wichtiger Bestandteil der Initiation von Schamanen. Zerstückelung kann aber auch für die beiden einander ergänzenden Phasen der Einheit und Teilung, Desintegration und Reintegration stehen und die Vielfalt und Desintegration bei der Schöpfung symbolisieren – die Vielheit, die aus dem Einen hervorgeht.

Zerstückelung ist eng verbunden mit Opferung (▸Opfer). Götter wie Osiris oder Dionysos – zerstückelt, zerstreut und reintegriert – stehen für die Vielfalt der manifesten Welt während der Schöpfung und für die letztendliche Wiederherstellung der Ur-Einheit.

**Zickzack**

Ein Symbol des ▸Blitzes und Attribut aller Sturm- und Wettergottheiten. Der Zickzack teilt außerdem die Symbolbedeutung des ▸Dreizacks und des Donnerkeils (▸Donner).

**Ziege**

Vor allem als Ziegenbock ein Sinnbild der Männlichkeit, Fruchtbarkeit, überschäumenden Lebenskraft und schöpferischen Energie, während die weibliche Ziege das weibliche, nährende, mütterliche Prinzip symbolisiert. So wurde beispielsweise in der griechischen Mythologie der Himmelsgott Zeus als Knabe von der Nymphe Amaltheia mit Ziegenmilch ernährt; manchmal wird Amaltheia auch selbst als Ziege dargestellt. Der Ziegenbock hingegen war Reittier des Fruchtbarkeitsgottes Dionysos und des Hirtengottes Pan, die (ebenso wie die ▸Satyrn) auch häufig bocksgestaltig oder mit ▸Hörnern dargestellt wurden.

Im Christentum wurde die Fruchtbarkeitssymbolik des Ziegenbocks negativ umgedeutet: Er wurde zum Sinnbild der Lüsternheit und zum Symbol Satans, der in der christlichen Kunst häufig in Bocksgestalt oder mit Hörnern dargestellt wird.

Der Ziegenbock spielte auch als Opfertier eine Rolle. Junge Ziegenböcke wurden Silvanus und Faunus als Göttern der Vegetation und des Frühlings geopfert; in kanaanäischen und babylonischen Todes- und Auferstehungsriten opferte man sie stellvertretend für den ▸sterbenden Gott.

In China ist die Ziege eines der zwölf Tierkreiszeichen (▸▸astrologische Zeichen, S. 46).

**Ziegenfisch** ▸Fabelwesen

**Zikade**

Im alten China symbolisierte die Zikade

Unsterblichkeit bzw. das Weiterleben nach dem Tod; daher war es üblich, Toten eine Zikade aus Jade in den Mund zu legen. Auch im antiken Griechenland war die Zikade ein Sinnbild der Unsterblichkeit, denn man nahm an, dass sie kein Blut habe und sich nur von Tau ernähre. Einem griechischen Mythos zufolge wurde Tithonos, der Bruder des Priamos, wegen seiner Schönheit von der Göttin Eos entführt, die Zeus bat, ihn unsterblich zu machen. Leider vergaß sie, Zeus auch um ewige Jugend für ihren Geliebten zu bitten, sodass er allmählich immer älter und schwächer wurde, bis sie ihn schließlich in eine Zikade verwandelte.

### Zikkurat

Der mesopotamische Tempelturm sollte den heiligen ▶Berg symbolisieren, die Wohnstatt der Gottheit; er war eine Weltachse (▶Achse), eine vertikale Verbindung zwischen Himmel und Erde, Erde und Unterwelt und das Vorbild für die biblische Erzählung vom Turmbau zu Babel (▶Turm).

### Zinnober

Dieses rote, quecksilberhaltige Mineral war die Grundsubstanz der taostischen Alchemie und in vielen Elixieren enthalten, die den Menschen zu einem langen Leben verhelfen oder sie gar unsterblich machen sollten; in Wirklichkeit jedoch führte der exzessive Genuss solcher zinnoberhaltiger Elixiere nicht selten zum Tode.

### Zirkel ▶Kreis

### Zitrone

Früher war die Zitrone in Mitteleuropa ein Symbol des Lebens und spielte daher im Brauchtum bei Taufen und Hochzeiten, v. a. aber als Grabbeigabe eine Rolle. Im Buddhismus ist die Fingerzitrone zusammen mit dem Pfirsich und dem Granatapfel eine der drei ▶Glücksfrüchte.

### Zügel

In christlichen Darstellungen ein Attribut der Tugend der Temperantia (Mäßigung), die die wilden Leidenschaften und Begierden zügelt. ▶Wagenlenker

### Zunge

Im Christentum ist die Feuerzunge ein Symbol des Heiligen Geistes, der den Jüngern an Pfingsten in dieser Gestalt erschien (▶Feuer). Eine abgeschnittene oder herausgerissene Zunge ist ein Symbol des Martyriums und Attribut verschiedener Heiliger, u. a. des Johannes Nepomuk.

Dicke, fleischige Zungen sind in der orientalischen Kunst häufig Kennzeichen von Dämonen; auch in der christlichen Kunst des Mittelalters wird Satan häufig mit dicker, herausgestreckter Zunge dargestellt. Auch weibliche Ungeheuer (▶Fabelwesen) und Gottheiten in ihrem schrecklichen, zerstörerischen, verschlingenden Aspekt werden häufig mit besonders großer, langer oder heraushängender Zunge dargestellt, so z. B. die Gorgonen und die hinduistische Göttin Kali.

In der Sexualsymbolik hat die Zunge wegen ihrer penisähnlichen Form phallische Bedeutung.

### Zweig

Der Zweig hat Anteil an der Symbolik des ▶Baums. Der Lebensbaum und die Fruchtbarkeit werden manchmal durch einen Zweig dargestellt, daher war er ein beliebtes Braut- bzw. Hochzeitssymbol; Zweige an Häusern, die „den Maien wiederbringen", wie beispielsweise der Hagedornzweig zum Maibeginn, waren ein Frühlings-Fruchtbarkeits-Ritus.

Goldene und silberne Zweige haben magische Bedeutung: Der goldene Zweig ist ein Bindeglied zwischen dieser Welt und der anderen, das Eintritt in die himmlische Welt verschafft, und hat somit Anteil an der Symbolik des Zauberstabs (▶Stab); in der griechischen Mythologie befähigte ein goldener Zweig Äneas, durch die Unterwelt zu gehen und dennoch zu überleben. Der Priester des heiligen Hains der römischen Jagdgöttin Diana am See Nemi erwarb sich sein Amt dadurch, dass er seinen Vorgänger mit einem goldenen Zweig tötete. Der silberne Zweig versinnbildlicht die Verbindung zwischen dieser Welt und dem Märchenland, der Zauberwelt.

Der schon längst verdorrt geglaubte, aber dann doch wieder grünende Zweig (grünender ▶Stab) kann ein Zeichen Gottes sein und göttliche Gnade symbolisieren.

## Zwerg

In Volksglaube, Sage und Märchen häufig vorkommende kleine Wesen von menschlicher oder menschenähnlicher Gestalt; meist leben sie in unterirdischen Behausungen (in Bergen, Höhlen, unter Baumwurzeln) in Gruppen oder ganzen Völkern zusammen; oft üben sie Handwerkerberufe aus. Zwerge können niedlich oder auch hässlich sein; meist sind sie dem Menschen wohl gesonnen oder helfen ihm sogar, wie z. B. die Heinzelmännchen oder die sieben Zwerge im Märchen von Schneewittchen. Es gibt aber auch heimtückische, bösartige Zwerge. Häufig haben sie übermenschliche Kraft oder magische Fähigkeiten, sind z. B. im Besitz einer Tarnkappe oder können sich auf andere Weise unsichtbar machen. Oft bewachen sie Schätze wie z. B. Alberich im Nibelungenlied. Im Gegensatz zu den Riesen sind sie stets klug, listig und scharfsinnig. Im Hinduismus ist der Zwerg oder Dämon unter dem Fuß des tanzenden

*Zwerge können dem Menschen gegenüber zauberhaft freundlich sein, aber auch abgrundtief bösartig (Illustration eines Märchenbuchs, 19. Jh.).*

Shiva ein Symbol für die menschliche Unwissenheit.

## Zwiebel

Ein Symbol für die Vielfalt in der Einheit, aber auch für Offenbarung durch das Abstreifen der Häute, um zum Zentrum zu gelangen. Vielfach wurden der Zwiebel auch Unheil abwendende Kräfte zugeschrieben.

## Zwielicht

Ein Symbol für Ungewissheit, Ambivalenz, den Bereich zwischen einem Zustand und einem anderen; hat Anteil an der Symbolbedeutung der ▶Schwelle.

## Zwillinge

Da die Menschen für die Zwillingsgeburt früher keine biologische Erklärung hatten, hielten sie sie vielfach für etwas Wunderbares, Übernatürliches; dementsprechend reich ist die Symbolik, die sich in vielen Kulturen um das Zwillingsmotiv rankt.

Zwillinge waren häufig Götter oder Söhne von Göttern und vollbrachten besondere Heldentaten. Oft verkörpern die beiden Brüder zwei verschiedene oder einander entgegengesetzte Prinzipien – z.B. Sterblichkeit und Unsterblichkeit, Irdisches und Göttliches. Häufig liegen sie miteinander im Streit, und der eine erschlägt den anderen; dann stehen sie für den ewigen Widerstreit der Prinzipien von Gut und Böse, Licht und Finsternis, Himmel und Erde. (Dieses Motiv kommt übrigens auch bei ▶Brüdern, die keine Zwillinge sind, wie z.B. Kain und Abel, sehr häufig vor.)

Zweigeschlechtige Zwillinge galten in vielen Kulturen als Fruchtbarkeitssymbole oder wurden sogar zu Fruchtbarkeitsgöttern erhoben, so z.B. in dem nordgermanischen Mythos von dem Geschwister- und Ehepaar Freyr und Freyja, die beide Fruchtbarkeitsgottheiten waren.

Die griechischen Dioskuren Kastor und Polydeukes (Letzterer ist bekannter unter seinem römischen Namen Pollux) waren Söhne des Zeus und des Spartanerkönigs Tyndareos (wobei der sterbliche Kastor häufig als Sohn des Tyndareos und der unsterbliche Pollux als Sohn des Zeus angesehen wurde). Die beiden vollbrachten zahlreiche Heldentaten: Kastor war ein berühmter Rossebändiger, Pollux ein begnadeter Faustkämpfer. Gemeinsam eroberten sie die von Theseus geraubte Helena zurück und nahmen am Zug der Argonauten teil. Außerdem galten sie als ritterliche Beschützer von Kampfspielen, Helfer in Schlachten und Retter in der Seenot.

Romulus und Remus, die sagenhaften Gründer Roms, waren Zwillingssöhne des Kriegsgottes Mars und der Vestalin Rhea Silvia. Rhea Silvia war die Tochter des Königs Numitor von Alba Longa, der von seinem Bruder Amulius des Thrones beraubt worden war. Amulius ließ die neugeborenen Zwillinge aussetzen, doch sie wurden von einer Wölfin gesäugt, von einem Hirten aufgezogen und gründeten schließlich die Stadt Rom.

Für besondere Unternehmen wurden früher häufig Zwillingsbrüder an die Spitze der Heere gestellt, da man ihnen besonderen Heldenmut und vielfach auch übernatürliche Kräfte zuschrieb – so z.B. Hengist und Horsa, die der Legende nach die Anführer der Angeln bei der Landnahme Englands waren.

In indianischen Mythen ist von Zwillingen oft einer gut und der andere böse, und die beiden kämpfen miteinander. Der Gute überlebt, aber der Böse hinterlässt Spuren des Bösen in der Welt.

In der Astrologie sind die Zwillinge eines der zwölf Tierkreiszeichen (▶▶astrologische Zeichen, S. 46).

**Zwölf** ▶▶ Die Symbolik der Zahlen, S. 452

## Zypresse

Dieser Baum war wie viele immergrüne Pflanzen – sicherlich auch wegen seines dauerhaften Holzes und weil er sehr alt wird – ein Symbol der Langlebigkeit bzw. Unsterblichkeit. Im alten Rom galt er als Baum des Todes, wurde zur Unterwelt in Beziehung gesetzt und daher häufig auf Gräbern angepflanzt; auch im Christentum und im Islam war die Zypresse wegen ihrer Beziehung zur Unsterblichkeit und zum Paradies ein beliebter Friedhofsbaum und ist auch häufig auf christlichen Sarkophagen abgebildet. In China findet man Zypressen ebenfalls häufig auf Gräbern. Auch in der neueren Malerei ist die Zypresse ein Todessymbol (z.B. in Böcklins „Toteninsel" und bei van Gogh, wo sie auf seinen eigenen Tod vorausdeutet).

# Zeichensprache: Die Sprache der Taubstummen

Auch mit den Händen kann man sprechen. Jedem ist das Victory-Zeichen – mit dem Zeige- und dem Mittelfinger bildet man ein „V" – bekannt, ebenso der so genannte „Stinkfinger", mit dem sich vornehmlich Autofahrer in Ermangelung verbaler Kommunikation in Stresssituationen gerne beleidigen. Taubstumme, also gehörlose Menschen, die aufgrund ihrer angeborenen oder in früher Kindheit erworbenen Gehörlosigkeit ihre Sprachfähigkeit nicht entwickeln konnten und so weder hören noch sprechen können, haben ein spezielles Zeichensystem entwickelt, mit dem sie sich verständigen können. So werden die Buchstaben z. B. mit ganz bestimmten Hand- und Fingerbewegungen ausgedrückt.

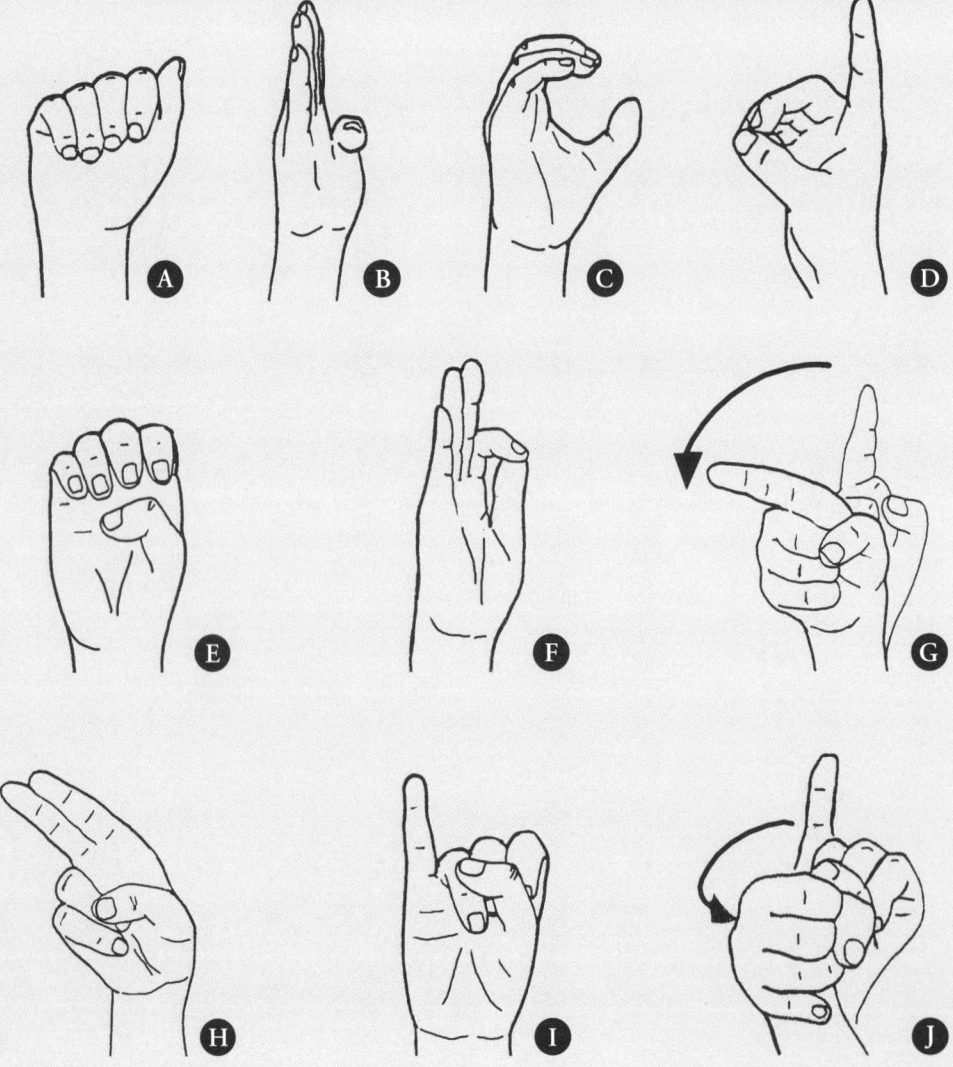

# Literatur

**Bahn, Peter:** Familienforschung, Ahnentafel,
Wappenkunde, Niedernhausen/Ts., 1986

**Barthel, Gustav:** Konnte Adam schreiben?, Köln, 1972

**Bauer, Wolfgang, Dümotz, Irmtraud und Golowin, Sergius:**
Lexikon der Symbole, Wiesbaden, 1994

**Bellinger, Gerhard J.:** Knaurs großer Religionsführer, München, 1990

**Bellinger, Gerhard J.:** Knaurs Lexikon der Mythologie, München, 199)

**Beurmann, Arno:** Der Aberglaube der Jäger Hamburg, Berlin, 1961

**Biedermann, Hans:** Knaurs Lexikon der Symbole, Augsburg, 2002

**Binder, Dieter A.:** Die diskrete Gesellschaft, Graz, Wien, Köln, 1988

**Bruce-Mitford, Miranda:** Zeichen & Symbole, Stuttgart, Zürich, 1997

**Buschmann; Kehr; Schabacker; Spitlbauer:** Warenkunde und
Verbraucherwissen, München, 1991

**Caplin, Steve:** icon design, München, 2001

**De Vries, S. Ph.:** Jüdische Riten und Symbole, Wiesbaden, 1982

**Doucet:** Geschichte der Geheimwissenschaften, München, 1980

**Eberhard, Wolfram:** Lexikon chinesischer Symbole, Köln, 1987

**Eichenberger, Willy:** Flugwetterkunde, Zürich, 1990

Fachwissen Bekleidung, Haan-Gruiten, 2001

**Fazzioli, Edoardo:** Gemalte Wörter, Wiesbanden, 2003

**Fichtl, Friedemann:** Der Teufel sitzt im Chorgestühl, Eschbach, 1985

**Fiebig, Johannes:** Tarot, München, 2002

**Fiedler, Joachim:** Bahnwesen, Düsseldorf, 1999

**Földes-Papp, Károly:** Vom Felsbild zum Alphabet, Stuttgart, 1996

Formelzeichen, Formelsatz, Mathematische Zeichen und Begriffe,
Berlin, Köln, 1984

**Frevert, Walter:** Das jagdliche Brauchtum, Stuttgart, 2001

**Friedrich, Horst:** Alchemie: was ist das?, Hohenpeißenberg, 1996

**Friedrich, Johannes:** Geschichte der Schrift, Heidelberg, 1966

**Frutiger, Adrian:** Der Mensch und seine Zeichen, Wiesbaden, 2001

**Fügner, Willy G.:** Runen, Symbole und das Schöpfungsziel, Stuttgart, 1985

**Gebelein, Helmut:** Alchemie, München, 1991

**Geeb; Kirchner; Thiemann:** Deutsche Orden und Ehrenzeichen,
Köln, Berlin, Bonn, München, 1985

**Giles, Cynthia:** Tarot, Solothurn, Düsseldorf, 1994

**Göschel, Heinz (hrsg.):** Lexikon Städte und Wappen der DDR, Leipzig, 1984

**Graf, Eckhard:** Mythos Tarot, Ahlerstedt, 1989

**Hamkens, Freerk Haye:** Sinnbilder auf Grabsteinen von Schleswig bis Flandern,
Brüssel, 1942

**Harnisch, Günter:** Das große Traumlexikon, Freiburg, Basel, Wien, 2000

Herder Lexikon Symbole, Freiburg, Basel, Wien, 1978

Hoheitszeichen der Staaten – Flaggen, Köln, 1990

**Holtorf, Jürgen; Lock, Karl-Heinz:** Freimaurer, München, 1993

**Ibou, Paul:** Famous Animal Symbols, Zandhoven, 1991

**Jackson, Donald:** Alphabet. Die Geschichte vom Schreiben, Frankfurt a. M., 1981

**Jaskolski, Helmut:** Das Labyrinth, Stuttgart, 1994

**Jung, C. G.:** Traumsymbole des Individuationsprozesses, Freiburg, 1991

**Karlgren, Bernhard:** Schrift und Sprache der Chinesen, Berlin, Heidelberg, 2001

**Kaspar, Peter Paul:** Geheiligte Zeiten, Wien, Freiburg, Basel, 1989

**Knaut, Horst:** Das Testament des Bösen, Stuttgart, 1979

**Koerner, Joseph Leo:** Die Suche nach dem Labyrinth, Frankfurt, 1983

**Kuchling, Horst:** Taschenbuch der Physik, Leipzig, Köln, 1995

**Ladner, Gerhart B.:** Handbuch der frühchristlichen Symbolik, Stuttgart, Zürich, 1992

**Laitenberger; Bassier:** Wappen und Flaggen der BRD und ihrer Länder, Köln, Berlin, Bonn, München, 2000

**Latz, Gottlieb:** Die Alchemie, Dreieich,

Lexikon der östlichen Weisheitslehren, Bern, München, Wien, 1986

**Lüdy jun. Dr.:** Alchemistische und chemische Zeichen, Burgdorf, 1928

**Lurker, Manfred (hrsg.):** Wörterbuch der Symbolik, Stuttgart, 1983

**MacKenzie, Norman:** Geheimgesellschaften, Genf, 1969

**Meyer, F. S.:** Handbuch der Ornamentik, Wien, 2002

**Miers, Horst E.:** Lexikon des Geheimwissens, Freiburg i. Br., 1970

**Mohr, Gerd-Heinz:** Lexikon der Symbole, Freiburg i. Br., 1991

**Möschwitzer, Albrecht:** Formeln der Elektrotechnik und Elektronik, München, Wien, 1986

**Moser, Bruno:** Bilder, Zeichen und Gebärden, München, 1986

**Néret, Gilles:** Devils, Köln, 2003

**Netz, Heinrich:** Formeln des technischen Grundwissens, München, Wien, 1976

**Neubecker, Ottfried:** Heraldik, Wappen, Ihr Ursprung, Sinn und Wert, Frankfurt, 1977

**Norie, J. W. und Hobbs, J. S.:** Flaggen aller seefahrenden Nationen, Hamburg, 1987

**Owuso, Heike:** Symbole der Indianer Nordamerikas, Darmstadt, 1998

**Panati, Charles:** Populäres Lexikon der religiösen Gegenstände und Gebräuche, Frankfurt a. M., 1998

**Pedersen, Christian F.; Petersen, Wilhelm:** Internationales Wappen- und Flaggenlexikon in Farben, Berlin, 1970

**Rabbow, Arnold:** dtv-Lexikon politischer Symbole, München, 1970

**Riedel, Ingrid:** Formen, Stuttgart, 1990

**Schurdel, Harry D.:** Flaggen & Wappen Deutschland, Augsburg, 1995

**Schütt, Hans-Werner:** Auf der Suche nach dem Stein der Weisen, München, 2000

**Schwarz-Winklhofer, I. und Biedermann, H. (hrsg.):** Das Buch der Zeichen und Symbole, Graz, 1972

Seemannschaft, Handbuch für den Yachtsport, Bielefeld, 2001

Soldan-Heppe: Geschichte der Hexenprozesse, Hanau

**Stiebner Erhardt D.; Urban, Dieter:** Zeichen + Signets, München, 1993

**Tafuri, Manfredo:** The Sphere and the Labyrinth, Cambridge, London, 1987

**Urech, Edouard:** Lexikon christlicher Symbole, Konstanz, 1992

**Wagner, Dirk:** Alle Flaggen der Welt von A-Z, München, 2002

**Wills, Franz Hermann:** Schrift und Zeichen der Völker von der Urzeit bis heute, Wien, 1977

**Wirth, Oswald:** Die Magie des Tarot, Bern, 1998

**Wirth, Werner (hrsg.):** Flaggenatlas Erde, Gotha, 2000

**Zeuske, Max:** Die Conquista, Leipzig, 1992